Juridicum – Familienunternehmen und Recht

Reihe herausgegeben von

Stefanie Jung, Heilbronn, Deutschland

Philipp Maume, München, Deutschland

Marco Staake, Wuppertal, Deutschland

Familienunternehmen bilden die größte Gruppe von Unternehmen in der Bundesrepublik und gelten als das „Rückgrat der deutschen Wirtschaft“. Diese Schriftenreihe rückt Familienunternehmen in das Zentrum der juristischen Forschung und ist darauf ausgerichtet, die Besonderheiten und die Andersartigkeit von Familienunternehmen gegenüber gewöhnlichen Unternehmen auszuloten. Insbesondere soll das Verhältnis vom „Unternehmen“ und der „Familie“ und die sich daraus ergebenden Interessenlagen beleuchtet sowie der Frage nachgegangen werden, ob und wenn ja, wie sich diese Besonderheiten auf rechtliche Gestaltungsoptionen auswirken sollten. Weiter gefasst hat sich die Reihe zum Ziel gesetzt, Regulierung aus dem Blickwinkel von Familienunternehmen zu untersuchen, um die damit verbunden besonderen Herausforderungen zu ergründen. Das Recht der Familienunternehmen ist in diesem Sinne eine vielschichtige Schnittstellenmaterie zwischen Gesellschaftsrecht, Erbrecht, Familienrecht, Vertragsrecht und Steuerrecht. Aber auch andere Teilrechtsgebiete wie das Stiftungsrecht, das Kapitalmarktrecht, das Vermögensverwaltungsrecht und die außerrechtlichen Aspekte der Familienunternehmen sollten Berücksichtigung finden. Gleichzeitig möchte diese Schriftenreihe auch interdisziplinären Forschungsprojekten ein Forum bieten. Die Schriftenreihe ist offen für Dissertationen, Habilitationsschriften, Tagungsbände und ähnliche Formate.

Richard Knaup

Die gesellschaftsrechtliche Treuepflicht in Familiengesellschaften

Springer

Richard Knaup
Juristische Fakultät
Ruhr-Universität Bochum
Bochum, Deutschland

Inauguraldissertation zur Erlangung des akademischen Grades eines Doktors der Rechte durch die Juristische Fakultät der Ruhr-Universität Bochum

ISSN 3059-4200 ISSN 3059-4219 (electronic)
Juridicum – Familienunternehmen und Recht
ISBN 978-3-658-50769-5 ISBN 978-3-658-50770-1 (eBook)
https://doi.org/10.1007/978-3-658-50770-1

Die Deutsche Nationalbibliothek verzeichnet diese Publikation in der Deutschen Nationalbibliografie; detaillierte bibliografische Daten sind im Internet über https://portal.dnb.de abrufbar.

Planung/Lektorat: Karina Kowatsch
Springer ist ein Imprint der eingetragenen Gesellschaft Springer Fachmedien Wiesbaden GmbH und ist ein Teil von Springer Nature.
Die Anschrift der Gesellschaft ist: Abraham-Lincoln-Str. 46, 65189 Wiesbaden, Germany

Meiner Familie

Vorwort

Diese Arbeit wurde im Juli 2024 von der Juristischen Fakultät der Ruhr-Universität Bochum als Dissertation angenommen. Die mündliche Prüfung fand am 2. Juli 2025 statt. Rechtsprechung und Literatur konnten bis zu diesem Tag berücksichtigt werden.

Mein Dank gilt zunächst meiner Doktormutter, Frau Prof. Dr. Katharina Uffmann, die mir in der ohnehin schon turbulenten Zeit der Coronapandemie erlaubt hat, extern an ihrem Lehrstuhl zu promovieren. Sie hat mir die größtmöglichen Freiheiten sowohl bei der Auswahl meines Forschungsthemas als auch beim Verfassen meiner Arbeit gewährt. Zudem stand sie mir insbesondere in den entscheidenden Phasen des Promotionsprozesses stets unterstützend zur Seite. Mein Dank gilt ebenso Herrn Prof. Dr. Marco Staake für die zügige Erstellung des Zweitgutachtens.

Im Laufe der Promotionszeit hatte ich unzählige juristische und nicht-juristische Wegbegleiter. Diese hatten immer ein offenes Ohr für meine – mal mehr und mal weniger ergiebigen – Ideen im Rahmen meiner Forschung. Sie haben mir außerdem erlaubt, die mentalen Auszeiten zu nehmen, die ein erfolgreiches Promotionsprojekt zwangsläufig benötigt. Mein Dank gilt insoweit insbesondere Hilke und Konrad Knaup, Ursula und Klaus Stumpe, Alexander und Philipp Büth, Jan-Niklas Marth, Maximilian Schmelz, Marcel Ringens, Thomas Meisner und Marcel Schulzek.

Zuletzt möchte ich ganz besonders bei dir bedanken, liebe Marie. Du hast mir während des gesamten Promotionszeitraums als Ruhepol in meinem Leben die notwendige Kraft gegeben, weiterzugehen. Ohne deine Unterstützung wäre diese Dissertation nie entstanden.

Bochum, im Oktober 2025 Richard Knaup

Interessenkonflikt Der/die Autor*in hat keine für den Inhalt dieses Manuskripts relevanten Interessenkonflikte.

Inhaltsübersicht

Inhaltsverzeichnis

Abkürzungsverzeichnis

a.A.	andere Ansicht
AbgabenDV-LA	Durchführungsverordnung über Ausgleichsabgaben nach dem Lastenausgleichsgesetz
Abs.	Absatz
AcP [Zeitschrift]	Archiv für die civilistische Praxis
a.E.	am Ende
AG [Zeitschrift]	Die Aktiengesellschaft
a.F.	alte Fassung
AktG	Aktiengesetz
Anh.	Anhang
AO	Abgabenordnung
Art.	Artikel
Aufl.	Auflage
Az.	Aktenzeichen
BB [Zeitschrift]	Betriebs Berater
BC [Zeitschrift]	Zeitschrift für Bilanzierung, Rechnungswesen und Controlling
Bd.	Band
Bearb.	Bearbeiter
BeckOGK	beck-online Großkommentar
BeckOK	Beck'scher Online-Kommentar
BeckRS	Beck-Rechtsprechung
Begr.	Begründer
begr. v.	begründet von
BetrVG	Betriebsverfassungsgesetz
BFH	Bundesfinanzhof
BFuP [Zeitschrift]	Betriebswirtschaftliche Forschung und Praxis
BGB	Bürgerliches Gesetzbuch
BGH	Bundesgerichtshof
BGHZ	Entscheidungen des Bundesgerichtshofes in Zivilsachen
BJR	Business Judgment Rule

BSG	Bundessozialgericht
bspw.	beispielsweise
BT-Drs.	Bundestagsdrucksache
BVerfG	Bundesverfassungsgericht
bzgl.	bezüglich
bzw.	beziehungsweise
DB [Zeitschrift]	Der Betrieb
ders.	derselbe
dies.	dieselbe
DNotZ [Zeitschrift]	Deutsche Notar-Zeitschrift
DR [Zeitschrift]	Deutsches Recht
DrittelbG	Drittelbeteiligungsgesetz
DStR [Zeitschrift]	Deutsches Steuerrecht
ebd.	ebenda
Einl.	Einleitung
ErbR [Zeitschrift]	Erbrecht
ErbStB [Zeitschrift]	Erbschaft-Steuerberater
EWiR [Zeitschrift]	Entscheidungen zum Wirtschaftsrecht
f.	folgende [Seite]
ff.	folgende [Seiten]
Fn.	Fußnote
Fordh. L. Rev [Zeitschrift]	Fordham Law Review
FS	Festschrift
FuS [Zeitschrift]	Zeitschrift für Familienunternehmen und Strategie
GbR	Gesellschaft bürgerlichen Rechts
gem.	gemäß
GesE	Gesetzesentwurf
GesR	Gesellschaftsrecht
GG	Grundgesetz
ggf.	gegebenenfalls

g.h.M.	ganz herrschende Meinung
GmbH	Gesellschaft mit begrenzter Haftung
GmbHG	Gesetz betreffend die Gesellschaften mit beschränkter Haftung
GmbHR [Zeitschrift]	GmbH-Rundschau
Großkomm.	Großkommentar
GWR [Zeitschrift]	Gesellschafts- und Wirtschaftsrecht
Hdb.	Handbuch
HGB	Handelsgesetzbuch
h.M.	herrschende Meinung
Hrsg.	Herausgeber
hrsg. v.	herausgegeben von
i.d.R.	in der Regel
i.E.	Im Ergebnis
i.R.d.	im Rahmen der/des
i.R.v.	im Rahmen von
i.S.d.	im Sinne der/des
IStR [Zeitschrift]	Internationales Steuerrecht
i.V.m.	in Verbindung mit
J. Corp. L. [Zeitschrift]	The Journal of Corporation Law
JW [Zeitschrift]	Juristische Wochenschrift
JuS [Zeitschrift]	Juristische Schulung
JZ [Zeitschrift]	Juristenzeitung
Kap.	Kapitel
KG	Kommanditgesellschaft
KGaA	Kommanditgesellschaft auf Aktien
KK	Kurz-Kommentar
KMU	kleine und mittelständische Unternehmen
KölnKomm	Kölner Kommentar
KTS [Zeitschrift]	Zeitschrift für Insolvenzrecht
LG	Landgericht

Ls.	Leitsatz
LZ [Zeitschrift]	Leipziger Zeitschrift für Deutsches Recht
m. Anm.	mit Anmerkung(en)
MittBayNot [Zeitschrift]	Mitteilungen des Bayerischen Notarvereins
MittRhNotK [Zeitschrift]	Mitteilungen der Rheinischen Notarkammer
M.M.	Mindermeinung
MoPeG	Gesetz zur Modernisierung des Personengesellschaftsrechts
MünchAnwHdbErbR	Münchener Anwaltshandbuch Erbrecht
MünchAnwHdbPersGesR	Münchener Anwaltshandbuch Personengesellschaftsrecht
MünchHdbGesR	Münchener Handbuch des Gesellschaftsrechts
MünchVertrHdb	Münchener Vertragshandbuch
MünchKomm	Münchener Kommentar
m.w.N.	mit weiteren Nachweisen
n.F.	neue Fassung
NJW [Zeitschrift]	Neue Juristische Wochenschrift
NJW-RR [Zeitschrift]	Neue Juristische Wochenschrift Rechtsprechungs-Report
NK	Nomos Kommentar
NotBZ [Zeitschrift]	Zeitschrift für die notarielle Beratungs- und Beurkundungspraxis
Nr.	Nummer(n)
Nw. U. L. Rev. [Zeitschrift]	Northwestern University Law Review
NZA-RR [Zeitschrift]	Neue Zeitschrift für Arbeitsrecht Rechtsprechungs-Report
NZG [Zeitschrift]	Neue Zeitschrift für Gesellschaftsrecht
NZS [Zeitschrift]	Neue Zeitschrift für Sozialrecht
o.g.	oben genannte(n)
OHG	Offene Handelsgesellschaft
OLG	Oberlandesgericht
PersGes	Personengesellschaft(en)
PU [Zeitschrift]	Praxis Unternehmensnachfolge

RegE	Regierungsentwurf
RFamU [Zeitschrift]	Recht der Familienunternehmen
RG	Reichsgericht
RGZ	Entscheidungen des Reichsgerichts in Zivilsachen
Rn.	Randnummer(n)
RNotZ [Zeitschrift]	Rheinische Notar-Zeitschrift
s.	siehe
SE	Europäische Gesellschaft (Societas europaea)
SGB	Sozialgesetzbuch
s.o.	siehe oben
sog.	sogenannte
u.a.	unter anderem
UmwG	Umwandlungsgesetz
U. Pa. L. Rev. [Zeitschrift]	University of Pennsylvania Law Review
v.	vom
VersR [Zeitschrift]	Versicherungsrecht
vgl.	vergleiche
Vorb.	Vorbemerkungen (zu)
VVG	Versicherungsvertragsgesetz
Warn.	Rechtsprechung des BGH in Zivilsachen, Hrsg.: Warneyer
WiB [Zeitschrift]	Wirtschaftsrechtliche Beratung
WM [Zeitschrift]	Wertpapiermitteilungen
WPg [Zeitschrift]	Die Wirtschaftsprüfung
z.B.	zum Beispiel
ZCG [Zeitschrift]	Zeitschrift für Corporate Governance
ZEV [Zeitschrift]	Zeitschrift für Erbrecht und Vermögensnachfolge
ZfKE [Zeitschrift]	Zeitschrift für KMU und Entrepreneurship
ZGR [Zeitschrift]	Zeitschrift für Unternehmens- und Gesellschaftsrecht
ZHR [Zeitschrift]	Zeitschrift für das gesamte Handelsrecht und Wirtschaftsrecht
Ziff.	Ziffern(n)

ZIP [Zeitschrift]	Zeitschrift für Wirtschaftsrecht
ZKM [Zeitschrift]	Zeitschrift für Konfliktmanagement
ZPO	Zivilprozessordnung
ZRP [Zeitschrift]	Zeitschrift für Rechtspolitik

Einleitung

§ 1. Ziel der Untersuchung

Die gesellschaftsrechtliche Treuepflicht[1] ist das Objekt einer inzwischen über einhundertjährigen Rechtsprechungsentwicklung[2] und unzähliger Ausführungen in der rechtwissenschaftlichen Literatur.[3] Sie wird teilweise als richterrechtliche Generalklausel eingeordnet,[4] andere klassifizieren sie schlicht als Gewohnheitsrecht.[5] Nach *K. Schmidt* macht die Treuepflicht jedenfalls „*einen wesentlichen Teil der »ungeschriebenen Legalordnung« im Gesellschaftsrecht aus*“[6]. Vor dem Hintergrund der Dauer und Intensität der Auseinandersetzung der Rechtswissenschaft mit dem Rechtsinstitut verwundert es zunächst, wie unscharf die Treuepflicht sich auch heute noch darstellt. So existiert nach wie vor keine allgemein anerkannte Definition, teilweise sind auch die intensitäts- und inhaltsbestimmenden Parameter nicht abschließend geklärt.[7] Diese Unschärfe resultiert u.a. aus der Funktion der Treuepflicht, für alle nicht oder nicht bis ins letzte Detail geregelten Konstellationen, die im Laufe des Gesellschaftsverhältnisses auftreten, eine Pflicht des Treueverpflichteten zur mehr oder weniger starken Berücksichtigung der Interessen des

---

1 Im weiteren Verlauf dieser Arbeit wird diese als „Treuepflicht“ bezeichnet.

2 Wohl beginnend mit RG, Urteil v. 3.4.1908, Az. II 608/07, Warn. 1908 (Nr. 464), 356; letzte grundlegende Änderung der Rechtsprechung mit BGH, Urteil v. 20.3.1995, Az. II ZR 205/94 („Girmes“), NJW 1995, 1739; zuletzt BGH, Urteil v. 25.11.2011, Az. II ZR 122/09, NJW 2011, 1667 (Rn. 21); BGH, Urteil v. 9.6.2015, Az. II ZR 420/13, NJW 2015, 2882 (Rn. 23) m. Anm. *Schimrick*; BGH, Teilversäumnis- und Endurteil v. 14.2.2019, Az. IX ZR 149/16, NJW 2019, 1289 (Rn. 16 ff.).

3 Vgl. nur *Hachenburg*, LZ 1907, 460 (464 ff.); *Hueck*, in: FS Hübner, 1935, 72; *Zöllner*, Schranken mitgliedschaftlicher Stimmrechtsmacht, 1963, 335 ff.; *Winter*, Mitgliedschaftliche Treubindungen im GmbH-Recht, 1988; *Jilg*, Die Treuepflicht des Aktionärs, 1995; *K. Schmidt*, GesR, 4. Aufl. 2002, 587 ff.; *Wiedemann*, GesR Bd. II, 2004, 192 ff.; *Baumgärtner*, Rechtsformübergreifende Aspekte der gesellschaftsrechtlichen Treuepflicht im deutschen und angloamerikanischen Recht, 1990; *Beckerhoff*, Treuepflichten bei der Stimmrechtsausübung und Eigenhaftung des Stimmrechtsvertreters, 1996; zuletzt etwa *Mann*, Abdingbarkeit und Gegenstand der gesellschaftsrechtlichen Treuepflicht, 2018; *Haunschild*, Die Abdingbarkeit der Treuepflicht im Gesellschaftsrecht, 2018; *Ridder*, Ebenenübergreifende Treuepflichten in der Kapitalgesellschaft & Co. KG, 2018.

4 Vgl. nur *Stimpel*, in: Pehle/Stimpel, Richterliche Rechtsfortbildung, 1969, 15 (18); *ders.*, in: FS 25 Jahre BGH, 1975, 13 (19); *Gesell*, in: Prinz/Kahle, Beck'sches Hdb. PersG, 5. Aufl. 2020, § 4 Rn. 155; *Hüffer*, in: FS Steindorff, 1990, 59 (69 ff.); *Schäfer*, in: Staub, HGB, 6. Aufl. 2024, § 105 Rn. 268; s. auch *Häsemeyer*, ZHR 160 (1996), 109 (113 f.); ohne Einordnung etwa *Merkt*, in: MünchKomm GmbHG, 5. Aufl. 2025, § 13 Rn. 94.

5 So schon *Hueck*, Der Treuegedanke im modernen Privatrecht, 1947, 9; s. auch *Seibt*, in: Scholz, GmbHG, 13. Aufl. 2022, § 14 Rn. 64; *Lutter*, ZHR 162 (1998), 164 (166); als „*durch Richterrecht ausgeformter, gewohnheitsrechtlich anerkannter Rechtssatz des Gesellschaftsrechts*“ bezeichnet bei *Michalski*, NZG 1998, 460 (460).

6 *K. Schmidt*, GesR, 4. Aufl. 2002, 588; zuletzt ablehnend gegenüber einer gesetzlichen Kodifizierung GesE BReg, Entwurf eines Gesetzes zur Modernisierung des Personengesellschaftsrechts (MoPeG), BT-Drs. 19/27635, 140.

7 Hierzu unten unter § 3.

R. Knaup, *Die gesellschaftsrechtliche Treuepflicht in Familiengesellschaften*,
Juridicum – Familienunternehmen und Recht,
https://doi.org/10.1007/978-3-658-50770-1_1

Treueberechtigten zu schaffen.[8] Die Funktion streckt den Anwendungsbereich der Treupflicht so über unterschiedlichste Umgebungen und Sachverhalte, weshalb die hierzu jeweils ergangenen Ausführungen der Rechtswissenschaft sich nur schwer vergleichen und zu einem stimmigen Gesamtbild zusammenführen lassen.

Eine sowohl in gesellschaftsrechtlicher als auch in tatsächlicher Hinsicht besondere Umgebung stellt die Familiengesellschaft dar. Dem Begriff der Familiengesellschaft fehlt es – insoweit nicht unähnlich zur Treuepflicht – an einer allgemein anerkannten Definition.[9] Vor dem Hintergrund der Unterschiede hinsichtlich Rechtsform, Jahresumsatz, Mitgliederzahl sowie weiterer rechtlicher und tatsächlicher Gegebenheiten potenzieller Familiengesellschaften verwundert dies auch nicht.[10] Nichtsdestotrotz hat die Behandlung der rechtlichen Besonderheiten der Familiengesellschaft in den letzten Jahren erheblich an Bedeutung gewonnen.[11] Diese Entwicklung ist längst überfällig, machen die von Familiengesellschaften getragenen Unternehmen doch den ganz überwiegenden Teil der in Deutschland tätigen, nicht-öffentlichen Unternehmen aus.[12] Eine tiefergehende Auseinandersetzung mit der Treuepflicht in der besonderen Umgebung der Familiengesellschaft fehlt im Mosaik der Erschließung der gesellschaftsrechtlichen Besonderheiten der Familiengesellschaft aber noch. Zwar gibt es vereinzelt Untersuchungsansätze, diese beziehen sich jedoch entweder auf bestimmte Rechtsformen[13], bieten nur einen sehr knappen Überblick[14] oder legen den Schwerpunkt der Untersuchung auf bestimmte Familiengesellschaftstypen bzw. bestimmte Besonderheiten.[15] Die Treuepflicht hat aber für alle

---

8 Hierzu unten unter § 3.A.

9 Hierzu unten unter § 4.A.

10 Hierzu etwa *Felden/Hack/Hoon*, Management von Familienunternehmen, 2. Aufl. 2019, 16 ff. Wenn die Familiengesellschaft doch definiert wird, dann meist mit dem Ziel, für den jeweiligen Untersuchungszweck eine fruchtbare Grundlage zu schaffen und gleichzeitig so allgemein wie möglich zu bleiben, um nicht unnötig potenzielle Familiengesellschaften von gefundenen Ergebnissen auszuschließen.

11 S. aus der Zeitschriftenliteratur etwa *Ulmer*, ZIP 2010, 549; *ders.*, ZIP 2010, 805; *Scherer*, BB 2010, 323; *Uffmann*, ZIP 2015, 2441; *Fleischer*, ZIP 2016, 1509; *ders.*, NZG 2017, 1201; *Sanders*, NZG 2017, 961; *Reich/Bode*, ZIP 2018, 305; s. auch die seit 2022 monatlich erscheinende Zeitschrift RFamU; monografisch u.a. *Hueck*, Familienverfassung, 2017; *Schmeing*, Konfliktmanagement in Familienunternehmen, 2018; *Krämer*, Sonderrecht der Familiengesellschaften, 2019; *Bong*, Gesellschaftsrechtliche Wirkungen einer Familienverfassung, 2022.

12 Die *Stiftung Familienunternehmen* geht in einer Studie davon aus, dass 90% der deutschen Unternehmen familienkontrolliert sind und ungefähr 17 Millionen Menschen beschäftigen, vgl. *Stiftung Familienunternehmen*, Die volkswirtschaftliche Bedeutung der Familienunternehmen, 5. Aufl. 2019, 5.

13 So die bisher einzige Monografie, die sich schwerpunktmäßig mit der Treuepflicht in Familiengesellschaften auseinandersetzt, allerdings nur im Hinblick auf Familienpersonengesellschaften, *Fries*, Familiengesellschaft und Treuepflicht, 1971.

14 *Priester*, in: Tröger/Wilhelmi, Rechtsfragen der Familiengesellschaften, 2006, 53; *K. Schmidt/Fleischer*, in: MünchKomm HGB, 5. Aufl. 2022, § 140 Rn. 35.

15 Meist liegt das Augenmerk auf der generationsübergreifenden Familiengesellschaft mit besonderem Gesellschaftszweck, vgl. *Holler*, DStR 2019, 931 (939 ff.); *ders.*, in: MünchHdbGesR Bd. 7, 6. Aufl. 2020, § 75 Rn. 355 ff.; *ders./Mann*, NZG 2021, 402; unter knapper Einbeziehung der Verwandtschaft

potenziellen Familiengesellschaften eine vergleichsweise hohe Bedeutung. Die meist emotional geprägte Beziehung zwischen den Akteuren in der Familiengesellschaft kann Rationalitätsdefizite bedingen und Streitigkeiten weit über das normale Maß hinaus eskalieren lassen, sodass es der verhaltenskorrigierenden Wirkung der Treuepflicht in Familiengesellschaften deutlich eher bedarf. Gleichzeitig weisen insbesondere die generationsübergreifende Familiengesellschaft und ihre Familiengesellschafter in ihrem Interesse an einem langfristigen Bestand der Gesellschaft und des Gesellschaftsvermögens eine besondere Vulnerabilität gegenüber der Rechtsausübung der Gesellschafter und Gesellschaftsorgane auf.

Die vorliegende Arbeit soll einen Beitrag zur Schließung der sich so darstellenden Lücke in der rechtswissenschaftlichen Erforschung der Familiengesellschaft leisten. Dabei soll im Sinne einer praxisorientierten Dissertation ein Forschungsergebnis erreicht werden, welches es möglichst allen potenziellen Familiengesellschaften erlaubt, Nutzen aus der Erörterung zu ziehen und die in der eigenen Gesellschaft bestehenden Treuepflichten möglichst genau zu bestimmen. Zudem soll am Ende der Arbeit eine kurze Empfehlung zum Umgang mit der Treuepflicht speziell in generationsübergreifend ausgerichteten Familiengesellschaften gegeben werden, da sich insbesondere bei diesem Familiengesellschaftstyp regelmäßig ein Bedürfnis nach einer bewussten Regelung der Treuepflicht ergibt.

---

aber *Krämer*, Sonderrecht der Familiengesellschaften, 2019, 206 f., 221 ff.; für die Einflüsse einer Familienverfassung vgl. *Hueck*, Familienverfassung, 2017, 271 ff.; *Bong*, Gesellschaftsrechtliche Wirkungen einer Familienverfassung, 2022, 388 ff.

§ 2. Gang der Untersuchung

Die Untersuchung beginnt mit einer isolierten Darstellung der Treuepflicht (§ 3) und der Familiengesellschaft (§ 4) im Allgemeinen Teil. Im Rahmen dieser Darstellung sollen sowohl für das Rechtsinstitut der Treuepflicht als auch für die besondere Umgebung der Familiengesellschaft bereits allgemeine, nicht unmittelbar den Untersuchungsgegenstand betreffende Unklarheiten beseitigt werden, um die gezielte Erörterung der Treuepflicht in Familiengesellschaften im Besonderen Teil vorzubereiten. Vor dem Hintergrund der Bedeutung der Auslegung des Gesellschaftsvertrags für die Bestimmung der konkreten Treuepflicht schließt der Allgemeine Teil mit einer Untersuchung der Besonderheiten der Vertragsauslegung in Familiengesellschaften ab (§ 5).

Im Anschluss werden auf Grundlage der im Allgemeinen Teil erzielten Ergebnisse die Besonderheiten der Treuepflicht in der Familiengesellschaft untersucht. Dieser Besondere Teil beginnt mit einer Untersuchung der Auswirkungen der verwandtschaftlichen Beziehung der Gesellschafter auf die mitgliedschaftliche Treuepflicht (§ 6). Hieran schließt sich eine ausführliche Erörterung der mitgliedschaftlichen Treuepflicht in planvoll generationsübergreifend ausgerichteten Familiengesellschaften an (§ 7). In den letzten Kapiteln des Besonderen Teils werden die Einflüsse der Stammesorganisation (§ 8), die organschaftliche Treuepflicht (§ 9), die Einflüsse der Familienverfassung (§ 10) und zuletzt die Auswirkungen der Existenz familienfremder Gesellschafter im Gesellschafterkreis (§ 11) untersucht.

Die Arbeit endet mit einer Erörterung des besonderen Nutzens einer Treuepflichtklausel für planvoll generationsübergreifend ausgerichtete Familiengesellschaften und dem Entwurf einer solchen Gesellschaftsvertragsklausel (§ 12) sowie einer Zusammenfassung der im Allgemeinen Teil und im Besonderen Teil erzielten Ergebnisse (§ 13).

Allgemeiner Teil

Die Untersuchung der Besonderheiten eines Rechtsinstituts innerhalb einer speziellen Umgebung setzt zunächst eine Auseinandersetzung mit dessen Grundsätzen, also eine Untersuchung der nicht durch umgebungsbedingte Eigenarten verzerrten Form des Rechtsinstituts sowie die separate Untersuchung der sich potenziell auf das Rechtsinstitut auswirkenden, besonderen Umgebung voraus. Der Diskussion über die Besonderheiten der Treuepflicht in Familiengesellschaften soll daher die isolierte Darstellung der zugrundeliegenden Themenfelder in diesem Allgemeinen Teil vorangestellt werden. Im Sinne einer übersichtlichen Gesamtstruktur werden dabei die Treuepflicht und die Familiengesellschaft insbesondere im Hinblick auf isolierbare Probleme, die für den Besonderen Teil maßgeblich sein werden, untersucht. Zudem soll ob der herausragenden Bedeutung, die dem Gesellschaftsvertrag sowohl für die Treuepflicht als auch für die Besonderheiten der Familiengesellschaft zukommt, über die Auslegung von Familiengesellschaftsverträgen gesprochen werden.

§ 3. Gesellschaftsrechtliche Treuepflicht

Eine allgemein anerkannte Definition für die Treuepflicht existiert nicht. Teilweise wird ihr Kern im Gesellschafterbereich in der Weise definiert, dass sie Schädigungsunterlassung und Interessenwahrung des Treueverpflichteten gegenüber den Treueberechtigten gebiete.[16] Andere Stimmen lassen von dieser Beschreibung Teile entfallen und konzentrieren die Definition entweder auf das Schädigungsverbot[17] oder allein auf die Interessenwahrungspflicht.[18] Oft wird auch erst gar nicht der Versuch einer Definition unternommen, vielmehr wird die Treuepflicht in ihrer Gänze als Ansammlung von Einzelpflichten beschrieben.[19]

16 Vgl. *Winter*, Mitgliedschaftliche Treubindungen im GmbH-Recht, 1988, 2 f. m.w.N.; s. auch *Freese*, Die positive Treuepflicht, 1970, 29 f. Für den Organbereich werden meist Definitionen gewählt, die die intensivere Bindung des treueverpflichteten Organmitglieds an die Interessen des Treueberechtigten erkennen lassen, s. etwa *Fleischer*, WM 2003, 1045 (1045) m.w.N.

17 *Hueck*, Der Treuegedanke im modernen Privatrecht, 1947, 15, der aber auch die Pflicht zur Förderung der Interessen des Treueberechtigten umfasst sieht.

18 *K. Schmidt*, GesR, 4. Aufl. 2002, 587 f. Von *Mann* wurde angemerkt, dass das Verbot der Schädigung schon vom Gebot der Interessenwahrung umfasst sei. Er vereinfacht die Interessenwahrung im Weiteren, sodass im Ergebnis „*für die relativierte Variante der Treuepflicht* [im Gesellschafterbereich] *das Fördern und Wahren der Interessen des Treueberechtigten und für die intensive Variante* [im Geschäftsleiterbereich] *verbleibt, alleine die Interessen des Treueberechtigten im Auge zu haben*“, *Mann*, Abdingbarkeit und Gegenstand der gesellschaftsrechtlichen Treuepflicht, 2018, 28.

19 Insoweit von einem „*Sammelbecken*“ im Geschäftsleiterbereich sprechend *Wiedemann*, ZGR Sonderheft Nr. 13, 1998, 5 (20 f.); *ders.*, GesR Bd. II, 2004, 192. Die Ausweitung des Anwendungsbereichs

R. Knaup, *Die gesellschaftsrechtliche Treuepflicht in Familiengesellschaften*,
Juridicum – Familienunternehmen und Recht,
https://doi.org/10.1007/978-3-658-50770-1_2

Letztlich kann die Definition in dieser Arbeit aber dahinstehen.[20] Denn die gängigen Beschreibungen der Treuepflicht bieten keinen Mehrwert, da sie keinen Ansatzpunkt für die besondere Gestalt des Rechtsinstituts in einer bestimmten Umgebung darstellen können. Hierfür müsste die Definition die Funktion, Wirkweise sowie intensitäts- und inhaltsbestimmende Parameter der Treuepflicht einfangen. Gerade diese Aspekte sind es nämlich, die die Treuepflicht in der Weise erfassen, wie sie Grundlage für eine Ermittlung von umgebungsbedingten Besonderheiten sein kann. Eine derartige Beschreibung existiert für die Treuepflicht nicht. Daher soll der Schwerpunkt dieses Kapitels auf der Ermittlung der Funktion, des Geltungsbereichs, der Wirkweise sowie insbesondere der Intensität und des Inhalts der Treuepflicht liegen.

A. Funktion

Jeder Gesellschaft im deutschen Gesellschaftsrecht, die keine Einpersonengesellschaft ist, liegt ein Zusammenschluss natürlicher oder juristischer Personen zugrunde.[21] Die Personen verfolgen mit der Gründung und dem Betrieb der Gesellschaft einen bestimmten gemeinsamen Zweck, Gesellschaftszweck genannt.[22] Der Zusammenschluss basiert dabei vornehmlich auf der Vorstellung, die Ressourcenbündelung biete für den Einzelgesellschafter eine risikoärmere, ressourcenschonendere und erfolgversprechendere Verfolgung des gemeinsamen Ziels.[23]

Zur Verfolgung des Gesellschaftszwecks und zur Wahrung der Eigeninteressen der Gesellschafter werden Gesellschaftern und Gesellschaftsorganen bzw. deren Mitgliedern mit Gründung der Gesellschaft diverse Rechte gewährt. Diese Rechte können gesetzlichen vorgesehen sein oder im Gesellschaftsvertrag[24] individuell vereinbart werden. Die Ausübung dieser Rechte durch die Organmitglieder und Gesellschafter kann zuweilen unmittelbar und mittelbar enorm schädigende Wirkung für die Interessen der Gesellschaft und für die Interessen der Gesellschafter mit sich bringen. Dies droht insbesondere immer dann, wenn der Handelnde die Interessen der Gesellschaft oder Gesellschafter außer Acht lässt und divergierende Eigen- bzw. Fremdinteressen verfolgt. Zudem können den Mitgesellschaftern und Gesellschaftsorganen auch in tatsächlicher Hinsicht Einwirkungs-

---

der Treuepflicht im Aktienrecht kritisierend *Martens*, in: K. Schmidt, Rechtsdogmatik und Rechtspolitik, 1990, 251 (258 f.).

20 S. für eine umfangreiche Auseinandersetzung mit der Begriffsbestimmung etwa *Mann,* Abdingbarkeit und Gegenstand der gesellschaftsrechtlichen Treuepflicht, 2018, 26 ff.

21 *Lutter*, AcP 180 (1980), 84 (88 f.).

22 Vgl. grundlegend BGH, Urteil v. 29.1.1951, Az. IV ZR 171/50, NJW 1951, 308.

23 Vom „*Personenverband als Zweckgemeinschaft*" sprechend *Lutter*, AcP 180 (1980), 84 (89 f.).

24 Sofern in dieser Arbeit nicht ausdrücklich unterschieden wird, soll der Begriff „Gesellschaftsvertrag" neben den Gesellschaftsverträgen von Personengesellschaften auch Satzungen von Kapitalgesellschaften umfassen.

möglichkeiten auf die (Vermögens-)Interessen zukommen.[25] Durch den Zusammenschluss in einer Gesellschaft setzen die Einzelgesellschafter ihre (Vermögens-)Interessen also dem Einfluss anderer Personen und damit nicht immer beherrschbaren Gefahren aus.

Die Schranken der Ausübung von Gesellschafter- und Organrechten sowie sonstiger Verhaltensweisen werden teilweise durch gesetzliche Vorgaben und (gesellschafts-)vertragliche Vereinbarungen vorgegeben. Die gesetzlichen Vorgaben und privatautonomen Vereinbarungen können aber – aufgrund immanenter Unvorhersehbarkeit und teilweise aufgrund einer gerade gewünschten Wahrung der Flexibilität der Akteure – nicht jede erdenkliche Konstellation im Vorhinein ausdrücklich regeln.[26] In diesem Fall ist zuvorderst durch die Auslegung des Gesellschaftsvertrags eine Regelung zu ermitteln.[27] Darüber hinaus bietet das Rechtsinstitut der Treuepflicht den Interessen der Gesellschaft und den in der Gesellschaft eingeflochtenen Interessen des Einzelgesellschafters Schutz. Durch die Treuepflicht werden die Mitgesellschafter und Geschäftsleiter dazu verpflichtet, bei Ausübung der ihnen zustehenden Rechte den Gesellschaftszweck zu fördern und/oder in verschiedenerlei Hinsicht Rücksicht auf die Interessen der Gesellschaft und Mitgesellschafter zu nehmen.[28] Aus ihr können sich im äußersten Fall konkrete Handlungspflichten ergeben.[29]

Die Funktion der Treuepflicht kann in deren Gestalt als Zweckförder- und Rücksichtnahmepflicht nach den hergebrachten Ansätzen der deutschen Rechtswissenschaft dabei auf zweierlei Weise verstanden werden. Zunächst könnte man in ihr eine Art institutionalisiertes Vertrauen der Gesellschafter auf gegenseitige Loyalität und Interessenwahrung durch Mitgesellschafter und Geschäftsleiter sehen („Theorie des Vertrauens").[30] Die Gesellschafter haben sich zusammengeschlossen, um ein gemeinsames Ziel zu verfolgen. Hierfür vertrauen sie den treueverpflichteten Mitgesellschaftern und den Gesellschaftsorganen Einflussmöglichkeiten auf ihre Interessen an. Mit diesem Anvertrauen

---

[25] Mit Beispielen *Mann*, Abdingbarkeit und Gegenstand der gesellschaftsrechtlichen Treuepflicht, 2018, 36 f.; s. auch *Löhnig*, Treuhand, 2006, 160 f., 833.

[26] *Lutter*, AcP 180 (1980), 84 (102).

[27] Hierzu unten unter § 3.C.II.

[28] Vgl. im Gesellschafterbereich für die OHG *Schäfer*, in: Staub, HGB, 6. Aufl. 2024, § 105 Rn. 275, 236; für die Aktiengesellschaft vgl. BGH, Urteil v. 1.2.1988, Az. II ZR 75/87 („Linotype"), NJW 1988, 1579 (1581 f.) m. Anm. *Timm*; BGH, Urteil v. 20.3.1995, Az. II ZR 205/94 („Girmes"), NJW 1995, 1739 (1741). Für den Geschäftsleiterbereich vgl. etwa *Fleischer*, WM 2003, 1045 (1045). Für ökonomische Grundlagen der Treuepflicht als Vertragsschließungsmechanismus für offengelassene Regelungen eingehend *Janke*, Gesellschaftsrechtliche Treuepflicht, 2003, 151 ff.

[29] *Schäfer*, in: Habersack/Schäfer, Das Recht der OHG, 2. Aufl. 2019, § 105 Rn. 230. Hierzu unten unter § 3.E.IV.

[30] Funktion und Dogmatik der Treuepflicht sind eng verknüpft, weshalb in den Fundstellen teils eine Vermischung beider Bereiche zu erkennen ist, vgl. *Hueck*, in: FS Hübner, 1935, 72 (72 f., 80); *ders.*, Der Treuegedanke im Privatrecht, 1947, 9 ff.; *Raiser*, ZHR 151 (1987), 422. Zur Dogmatik unten unter § 3.B.II.

fremder Interessen muss eine spiegelbildliche Interessenwahrungspflicht für die Akteure einhergehen. Diese Stütze im Vertrauensgedanken war schon bei Begründung der Treuepflicht in der Rechtsprechung des Reichsgerichts angenommen worden.[31] In der Zeit des Nationalsozialismus wurde der Vertrauensgedanke – auch durch den Einfluss der damaligen Staatsideologie – zunehmend stärker bemüht.[32] Der BGH befreite die Treuepflicht später zwar wieder von den ideologischen Verfärbungen dieser Zeit,[33] die Funktionsbegründung blieb zunächst aber konsistent.[34]

Heute wird die Funktion der Treuepflicht hingegen vornehmlich in der Kompensation der oben geschilderten Rechtsmacht der Gesellschafter und Organmitglieder zur Einwirkung auf die Interessen der Treueberechtigten gesehen.[35] Sie fungiere als notwendiges Gegengewicht zur Einflussmöglichkeit des Verpflichteten auf die Interessen des Berechtigten („Korrelationstheorie").[36]

Wie richtigerweise von *Mann* angemerkt wurde, beschreiben diese Ansichten letztlich nur *„zwei Seiten derselben Medaille"*.[37] Der Gesellschafter *vertraut* Mitgesellschaftern und Geschäftsleitern eine gewisse *Rechtsmacht* in Bezug auf seine eigenen Interessen an.[38] Ob aufgrund des *subjektiven* Vertrauens oder aufgrund der *objektiven* Rechtsmacht, letztlich soll mit der Treuepflicht der sorgsame Umgang mit den anvertrauten Interessen sichergestellt werden. Die Treuepflicht beschränkt daher entweder die Ausübung der Rechte des Treueverpflichteten oder sie verpflichtet ihn gar aus sich selbst heraus zu einer Duldung, Handlung oder Unterlassung.[39] Ihre Funktion ist damit letztlich eine Beschränkung bzw. rechtliche Sicherung des Verhaltens des Verpflichteten zugunsten der Interessen des Begünstigten.[40]

---

31 RG, Urteil v. 3.4.1908, Az. II 608/07, Warn. 1908 (Nr. 464), 356: *„Grundsätzlich müssen die Gesellschaftsverträge, die auf einem besonderen Vertrauen zu beruhen pflegen, in erhöhtem Maße von den Grundsätzen von Treu und Glauben beherrscht sein. Unter den Gesellschaftern muß in Gesellschaftsangelegenheiten Offenheit und Ehrlichkeit die Richtschnur bilden."* In der Literatur wegweisend *Hueck*, in: FS Hübner, 1935, 72.

32 S. hierzu die folgenden Ausführungen in RG, Urteil v. 4.12.1934, Az. II 62/34, RGZ 146, 71 (76): *„das heutige Staatswesen durchsetzenden Gemeinschaftsgedanken: es sollte das Treueverhältnis der einzelnen Mitglieder einer Gemeinschaft gegenüber dieser in größerem Maße als bisher betont und zur Richtschnur für das Handeln des Einzelmitglieds gemacht"* werden.

33 Vgl. *Schäfer*, in: MünchKomm BGB, 9. Aufl. 2024, § 705 Rn. 273.

34 BGH, Urteil v. 28.4.1954, Az. II ZR 211/53, NJW 1954, 998 (999).

35 Grundlegend *Zöllner*, Schranken mitgliedschaftlicher Stimmrechtsmacht, 1963, 342 ff.; *Mestmäcker*, Verwaltung, Konzerngewalt und Rechte der Aktionäre, 1958, 214.

36 Vgl. etwa *Lutter*, AcP 180 (1980), 84 (102 f.); *Hopt*, ZGR 2004, 1 (17 f.); *Kübler/Waltermann*, ZGR 1991, 161 (166 f.).

37 *Mann*, Abdingbarkeit und Gegenstand der gesellschaftsrechtlichen Treuepflicht, 2018, 35.

38 *Mann* bevorzugt aber insbesondere in den Fällen, in denen zwischen Treueverpflichteten und Treu berechtigten keine persönliche Bindung und damit kein besonderes Vertrauensverhältnis besteht die *objektive* Funktionsbegründung der Kompensation der Rechtsmacht des Treueverpflichteten, vgl. *Mann*, Abdingbarkeit und Gegenstand der gesellschaftsrechtlichen Treuepflicht, 2018, 35.

39 Hierzu ausführlich unten unter § 3.E.IV.

40 Zur korrespondierenden Wirkweise der Treuepflicht unten unter § 3.C.

In den letzten zwei Jahrzehnten hat sich in der deutschen Rechtswissenschaft zudem eine rechtsökonomische Funktionsbegründung der mitgliedschaftlichen[41] Treuepflicht etabliert, die vorher insbesondere in der englischen und US-amerikanischen Rechtsökonomie für der Treuepflicht ähnliche Institute dieser Rechtsordnungen entwickelt wurde.[42] Dabei wird die in der hiesigen Einleitung zu den etablierten Funktionsbegründungen aufgezeigte Unvollständigkeit von Gesellschaftsverträgen herangezogen und die Treuepflicht – in Anlehnung an die Korrelationstheorie, aber unter stärkerer Betonung des langfristigen Zeithorizonts des Gesellschaftsvertrages – unter Verweis auf die einem offenen Vertrag immanente Gefahr eines *ex-post* Opportunismus sowohl für die Interessen von Minderheits- als auch von Mehrheitsgesellschaftern als ein allgemeines Lösungsprinzip für zum Zeitpunkt der Zusammenschließung noch unbekannter Streitigkeiten klassifiziert.[43] Die Treuepflicht solle bei Auftreten vertraglich nicht eindeutig geregelter Sachverhaltskonstellationen richtungsweisendes Prinzip für deren Bewältigung sein, wobei aber umstritten ist, inwieweit nicht ausdrückliche Vereinbarungen und gegenseitige Verhaltenserwartungen der Gesellschafter durch die Treuepflicht zu schützen sind.[44]

B. *Wirkungsbereich und dogmatische Grundlage*

I. Wirkungsbereich

Für den Wirkungsbereich ist zunächst zwischen der *mitgliedschaftlichen*, die Gesellschafter verpflichtenden und der *organschaftlichen*, die Organmitglieder der Gesellschaft verpflichtenden Treuepflicht zu unterscheiden.

1. Mitgliedschaftlich

Für die Ermittlung des Wirkungsbereichs der mitgliedschaftlichen Treuepflicht ist es wichtig, zwei Stoßrichtungen abzugrenzen: Zum einen, welche Gesellschaftsformen von der Treuepflicht erfasst werden, ob die Treuepflicht also etwa nur in Personengesellschaften Wirkung entfaltet. Zum anderen ist zu ermitteln, wen die Treuepflicht zu wessen Gunsten bindet, sprich wer Treuverpflichteter und wer Treueberechtigter ist. Für ein tieferes Verständnis insbesondere der Treuepflicht zwischen den Gesellschaftern (*horizontale* Treue-

---

41 Zur Unterscheidung zwischen mitgliedschaftlicher und organschaftlicher Treuepflicht ausführlich unten unter § 3.B.I.

42 Jeweils mit Nachweisen zur englischen und US-amerikanischen Literatur *Fleischer*, ZGR 2001, 1 (4 f.); *ders.*, ZHR 168 (2004), 673 (683); *ders.* NZG 2013, 361 (362 f.); *Schmolke*, Grenzen der Selbstbindung, 2014, 596 f.

43 *Fleischer*, ZGR 2001, 1 (5).

44 Hierzu unten unter § 3.E.I.

pflicht) bietet sich zunächst ein Blick auf die historische Entwicklung der Rechtsprechung an.[45] Vorweggenommen werden kann hier, dass den Alleingesellschafter nach heute g.h.M. keine Treuepflichten treffen, weshalb diese Konstellation bei der hiesigen Betrachtung außenvorbleibt.[46]

a. Historische Entwicklung der erfassten Rechtsformen und Rechtsbeziehungen

Die historische Entwicklung der von der mitgliedschaftlichen Treuepflicht erfassten Rechtsformen und Rechtsbeziehungen lässt sich in die jeweilige Rechtsprechung des Reichsgerichts und des BGH unterteilen.

(i). Reichsgericht

Die ersten eine mitgliedschaftliche Treuepflicht oder zumindest eine besondere gesellschaftsrechtliche Ausprägung des Grundsatzes von Treu und Glauben anerkennenden Urteile des Reichsgerichts finden sich zu Beginn des 20. Jahrhunderts.[47] Diese Entscheidungen bezogen sich dabei stets auf Personengesellschaften. Das Reichsgericht verortete im Recht der Personengesellschaften unmittelbar im Gebot von Treu und Glauben aus § 242 BGB eine erhöhte Loyalitätspflicht der Gesellschafter, eine Art Vorläufer der heutigen Treuepflicht.[48] Der Gesellschaftsvertrag begründe – wie ein Arbeitsvertrag – als Langzeitvertrag mit Gewährung erheblichen Einflusses auf die gegenseitigen Interessen ein besonderes Nähe- und Vertrauensverhältnis zwischen den Parteien, welches über das Vertrauensverhältnis sonstiger Schuldverhältnisse hinausgehe. Dieses erzeuge eine gegenüber anderen Schuldverhältnissen äquivalent gehobene Pflicht zur Treue.[49] Damit

---

45 Die nachstehende Darstellung der Rechtsprechungsentwicklung folgt der deutlich ausführlicheren Analyse bei *Kern*, Die Bedeutung der gesellschaftsrechtlichen Treuepflicht im Insolvenzplanverfahren, 2017, 70 ff. Hierbei ist gezwungenermaßen bereits auf die konkret betroffenen Treueverpflichteten und -berechtigten sowie die dogmatischen Hintergründe einzugehen, da diese insbesondere für die Entwicklung der von der Treuepflicht erfassten Rechtsformen eine entscheidende Rolle gespielt haben. Es soll aber nach Möglichkeit nicht vorgegriffen werden, sodass sich die Ausführungen zu diesen Bereichen auf das Nötigste beschränken.

46 BGH, Urteil v. 28.9.1992, Az. II ZR 299/91, NJW 1993, 193 (194); *Altmeppen*, in: Altmeppen, GmbHG, 11. Aufl. 2023, § 13 Rn. 58 ff. m.w.N.

47 RG, Urteil v. 3.4.1908, Az. II 608/07, Warn. 1908 (Nr. 464), 356; RG, Urteil v. 16.1.1913, Az. II 530/12, JW 1913, 429 (430).

48 RG, Urteil v. 3.4.1908, Az. II 608/07, Warn. 1908 (Nr. 464), 356; RG, Urteil v. 16.1.1913, Az. II 530/12, JW 1913, 429 (430); RG, Urteil v. 11.11.1933, Az. I 130/33, RGZ 142, 212 (215 f.); RG, Urteil v. 26.2.1937, Az. II 200/36, JW 1937, 1986 m. Anm. *Dietrich*; RG, Urteil v. 17.1.1940, Az. II 126/39, RGZ 162, 388 (394); RG, Urteil v. 1.4.1943, Az. II 138/42, RGZ 171, 51 (54). Grundlegend für die Literatur und bereits unter Befürwortung einer (abgeschwächten) Geltung in Kapitalgesellschaften später *Hueck*, in: FS Hübner, 1935, 72.

49 S. erneut RG, Urteil v. 3.4.1908, Az. II 608/07, Warn. 1908 (Nr. 464), 35. In der Literatur später *Hueck*, in: FS Hübner, 1935, 72.

war der Treuepflicht – bzw. ihrem rechtsevolutionären Vorgänger – ein starker personen- und vertrauensbezogener Aspekt immanent.

Hatte die Literatur zwar teilweise auch für Kapitalgesellschaften die Anwendung des Grundsatzes von Treu und Glauben angeregt,[50] lehnte das Reichsgericht eine solche Übertragung zunächst ab.[51] Die Gesellschafter einer Kapitalgesellschaft hätten sich untereinander nicht unmittelbar vertraglich gebunden, weshalb eine Anwendung des § 242 BGB ausscheiden müsse.[52] Eine Anwendung des § 157 BGB, wie sie von *Hachenburg* schon 1907 vorgeschlagen worden war[53], wurde wegen der mit der Anerkennung einhergehenden Unsicherheiten ob der Unschärfe des daraus hervorgehenden Treuebegriffs abgelehnt.[54] In einem ersten Urteil betreffend die Stimmacht der Mehrheitsaktionäre einer Aktiengesellschaft wurde daher noch festgestellt, dass diesen grundsätzlich keine Grenzen aufgrund einer die Interessen der Minderheitsaktionäre schädigenden Wirkung gesetzt seien, da die Minderheitsgesellschafter sich im Moment des Aktienerwerbs mit ihrer unterlegenen Position abgefunden und damit ihre Interessen dem bestimmenden Einfluss der Mehrheitsgesellschafter ausgesetzt hätten.[55] Eine Grenze der Stimmmacht erkannte das Reichsgericht erst bei Erreichen der Schwelle der §§ 138, 826 BGB, also erst bei einem Mehrheitsverhalten, welches eine vorsätzliche, sittenwidrige Schädigung der Minderheits- oder Gesellschaftsinteressen darstelle.[56] Das zu diesem Zeitpunkt im Personengesellschaftsrecht bereits anerkannte, besondere Näheverhältnis der Gesellschafter als Grundlage besonderer Verhaltenspflichten fand also zunächst kein kapitalgesellschaftsrechtliches Pendant.[57]

Das Reichsgericht rückte in den nächsten Jahren nicht von seiner Sichtweise ab.[58] Auch im „*Deutsche Bergbaugewerkschaft*“-Urteil aus dem Jahre 1923 stellte es wieder auf das Erreichen der Schwelle zur Sittenwidrigkeit gem. §§ 138, 226, 826 BGB ab, um eine Begrenzung von Mehrheitsrechten in der Aktiengesellschaft zu begründen. [59]

---

50 Für die GmbH *Hachenburg*, LZ 1907, 460 (464 ff.).

51 Hierzu sogleich.

52 Vgl. hierzu und zur Lösung über die Annahme eines „*Organisationsvertrags*“ der Gesellschafter später *Winter*, Mitgliedschaftliche Treubindungen im GmbH-Recht, 1988, 61 f. m.w.N.

53 *Hachenburg*, LZ 1907, 460 (464 ff.).

54 RG, Urteil v. 29.11.1912, Az. II 369/12, RGZ 81, 37 (39 f.); RG, Urteil v. 10.1.1928, Az. II 173/27, RGZ 119, 386 (387); jeweils mit kurzer Behandlung der Idee *Hachenburgs*.

55 RG, Urteil v. 8.4.1908, Az. I 595/07 („Hibernia“), RGZ 68, 235 (245 f.).

56 RG, Urteil v. 8.4.1908, Az. I 595/07 („Hibernia“), RGZ 68, 235 (243 ff.); RG, Urteil v. 1.5.1908, Az. II 623/07, RGZ 68, 314 (317).

57 Dies leuchtet für die Aktiengesellschaft ob der damals für Personengesellschaften vorgebrachten Begründung der Annahme einer Treuepflicht, durch den gemeinsamen Abschluss des Gesellschaftsvertrages entstehe ein besonderes Nähe- und Vertrauensverhältnis, zunächst auch ein, gibt es doch keinen Vertragsschluss und damit auch kein auf dem Vertragsschluss beruhendes Vertrauen zwischen Aktionären.

58 RG, Urteil v. 1.5.1908, Az. II 623/07, RGZ 68, 314; RG, Urteil v. 22.6.1923, Az. II 888/22, RGZ 107, 72; RG, Urteil v. 30.3.1926, Az. II 226/25, RGZ 113, 188.

59 RG, Urteil v. 20.10.1923, Az. V 830/22, BeckRS 1923, 100323.

Bedeutung erlangte das Urteil aber durch die Erweiterung des Tatbestands der Sittenwidrigkeit auf die *„Ausbeutung der Mehrheitsrechte gegenüber der Minderheit und die Verfolgung eigensüchtiger Interessen [...] unter bewusster Hintansetzung des Wohles der Gesellschaft“*.[60] Die aus dem Gesellschaftsvertrag hergeleiteten Rechte seien dem Gesellschafter grundsätzlich im Gesellschafts- und eben nicht im Eigeninteresse verliehen worden, was bei der Ausübung der Rechte den Gesellschaftsinteressen grundsätzlich Vorrang verleihe und bei Missbrauch die Sittenwidrigkeit begründen könne.[61] Fehlte es dieser Handhabung mangels Verankerung im Grundsatz von Treu und Glauben denklogisch an einer Bezeichnung als „Treuepflicht“ und blieb sie noch deutlich hinter dem Umfang dieses Grundsatzes, wie er in der Personengesellschaft inzwischen fester Bestandteil der Rechtsprechung war, zurück, so schuf sie doch eine der heutigen Treuepflicht ähnliche Begrenzung des Stimmrechts von Mehrheitsgesellschaftern in der Kapitalgesellschaft.[62] An seine Grenzen stieß das Abstellen auf den Maßstab der Sittenwidrigkeit aber immer dort, wo irgendein Verhalten der Gesellschafter innerhalb der Grenzen der Sittlichkeit betroffen war.[63] Damit eignete sich die Konstruktion nicht, um der Rechtsprechung Eingriffe in einen Großteil der inneren Ordnung einer Kapitalgesellschaft zu gewähren.[64]

Diese Beschränkung fiel Anfang der 1930er-Jahre, als das Reichsgericht erstmals auf § 242 BGB abstellte, um Loyalitätsverletzungen in einer Kapitalgesellschaft zu beurteilen.[65] Zudem benannte das Reichsgericht – freilich unabhängig von der Geltung des Grundsatzes von Treu und Glauben aus § 242 BGB – eine Pflicht der Mehrheitsgesellschafter einer Aktiengesellschaft, die Belange der Minderheit bei ihrer Entscheidungsfindung zu berücksichtigen und die der Minderheit zustehenden *„Rechte nicht über Gebühr zu verkürzen.“*[66] Diese Pflicht wurde im Laufe der darauffolgenden Jahre als „Treuepflicht“ bezeichnet.[67] Das Reichsgericht konsolidierte die Anwendbarkeit des § 242 BGB und diese „Treuepflicht“ im Laufe der 1930er-Jahre schließlich zu einem ganzheitlichen Ansatz für die Treuepflicht in Kapitalgesellschaften.[68]

---

60 RG, Urteil v. 20.10.1923, Az. V 830/22, BeckRS 1923, 100323 (Rn. 4).

61 Vgl. RG, Urteil v. 20.10.1923, Az. V 830/22, BeckRS 1923, 100323 (Rn. 4).

62 Vgl. ausführlich *Kern,* Die Bedeutung der gesellschaftsrechtlichen Treuepflicht im Insolvenzplanverfahren, 2017, 73 f. m.w.N.

63 Hierzu später *Zöllner*, Schranken mitgliedschaftlicher Stimmrechtsmacht, 1963, 291 f.

64 So später angemerkt von *Zöllner*, Schranken mitgliedschaftlicher Stimmrechtsmacht, 1963, 291 f.

65 RG, Urteil v. 6.2.1932, Az. V 235/31, JW 1932, 1647 m. Anm. *Hachenburg*. Die Literatur hatte dies vorher teilweise gefordert, vgl. die Darstellung bei *Ritter*, JW 1934, 3025 (3027).

66 RG, Urteil v. 31.3.1931, Az. II 222/30 („Victoria“), RGZ 132, 149 (163); s. auch RG, Urteil v. 4.12.1934, Az. II 62/34, RGZ 146, 71 (76).

67 Die Wahl dieser Bezeichnung war wohl, wie die starke Erhöhung der Intensität der Treuepflicht zu dieser Zeit, zumindest partiell nationalsozialistischen Einflüssen geschuldet, s. hierzu bereits Fn. 32.

68 Insoweit für eine Treuepflicht, die *„das gesamte Aktienrecht* [...] *beherrscht“*, wenn auch unter Ablehnung einer Treuepflicht der Aktionäre untereinander RG, Urteil v. 21.9.1938, Az. II 183/37, RGZ 158, 248 (254 f.); s. vorher schon RG, Urteil v. 22.1.1935, Az. II 198/34, RGZ 146, 385 (395 f.).

(ii). BGH

Der BGH übernahm das Rechtsinstitut der Treuepflicht für seine Rechtsprechung.[69] Er erkannte dabei auch eine Reihe wichtiger Errungenschaften der späteren reichsgerichtlichen Rechtsprechung an, namentlich die Geltung des Grundsatzes von Treu und Glauben und Existenz einer *vertikalen* Treuepflicht in Kapitalgesellschaften.[70] Der BGH stellte insofern aber klar, dass die Interessen des Gesellschafters grundsätzlich nicht hinter denen der Gesellschaft zurückbleiben müssen.[71] Gleichzeitig wurde auch vom BGH die Maßgeblichkeit der Enge der persönlichen Beziehung der Gesellschafter hervorgehoben, die zu einer stärkeren Treuepflicht in einer GmbH als in einer Aktiengesellschaft führe.[72] Eine Treuepflicht der Gesellschafter untereinander (sog. *horizontale* Treuepflicht) wurde für die Kapitalgesellschaft zu diesem Zeitpunkt gänzlich abgelehnt.[73]

Die erste große Änderung seiner Rechtsprechung zur Treuepflicht vollzog der *BGH* im *„ITT"*-Urteil. Hier entschied er erstmals, dass die Treuepflicht in der GmbH nicht nur zwischen Gesellschafter und Gesellschaft, sondern auch horizontal, also zwischen den Gesellschaftern wirke.[74] Als Grund hierfür wurde die häufig vorliegende, hohe Einflussmöglichkeit der Gesellschafter auf die Organisation und wirtschaftliche Betätigung der GmbH in der Praxis genannt, die ähnlich derer der Gesellschafter in Personengesellschaften sei.[75] Die damit einhergehende Rechtsmacht der Mehrheitsgesellschafter im Hinblick auf die Belange der Mitgesellschafter müsse eine Kompensation in Form einer Rücksichtnahmepflicht erfahren, was eine horizontale Treuepflicht der Mehrheitsgesellschafter zu den Minderheitsgesellschaftern erfordere.[76]

In der Literatur wurde nach diesem Durchbruch angenommen, dass die seit der Zeit des Reichsgerichts anerkannte horizontale Wirkung der Treuepflicht in Personen-

---

69 Soweit ersichtlich erstmals in BGH, Urteil v. 1.4.1953, Az. II ZR 235/52, NJW 1953, 780.

70 BGH, Urteil v. 9.6.1954, Az. II ZR 70/53, BGHZ 14, 25 (Rn. 31) (schon unter Bezeichnung als *„Treupflicht"* für die GmbH). Argumentativ an eine horizontale Treuepflicht bei personalistischer Ausgestaltung der GmbH angenähert, letztlich aber auf die Beziehung zwischen Gesellschaft und Gesellschafter abstellend BGH, Urteil v. 1.4.1953, Az. II ZR 235/52, NJW 1953, 780 (781).

71 BGH, Urteil v. 9.6.1954, Az. II ZR 70/53, BGHZ 14, 25 (Rn. 31). Nach *Schäfer*, in: Staub, HGB, 6. Aufl. 2024, § 105 Rn. 269, fand in der frühen BGH-Rechtsprechung insgesamt eine Befreiung der Treuepflicht *„von zeitgebundenen ideologischen Verfälschungen"* statt. *Wiedemann*, GesR Bd. I, 1980, 431 (Fn. 19), spricht insoweit bzgl. der Rechtsbegrenzung der Gesellschafterrechte von einer Rückführung *„auf das richtige Maß"* durch den BGH.

72 BGH, Urteil v. 9.6.1954, Az. II ZR 70/53, BGHZ 14, 25 (Rn. 31); vgl. zu den diesem Urteil vorhergehenden Literaturmeinungen die Verweise des BGH. Hinsichtlich einer Treuepflicht der Aktionäre wurden in der Literatur hingegen Bedenken geäußert, s. schon *Hueck*, in: FS Hübner, 1935, 72 (73); *ders.*, Der Treuegedanke im modernen Privatrecht, 1947, 14 f.

73 Für die Personengesellschaft war dies seit der ersten Annahme der Treuepflicht in der Rechtsprechung des Reichsgerichts anerkannt.

74 BGH, Urteil v. 5.6.1975, Az. II ZR 23/74 („ITT"), NJW 1976, 191 m. Anm. *Ulmer.*

75 BGH, Urteil v. 5.6.1975, Az. II ZR 23/74 („ITT"), NJW 1976, 191 m. Anm. *Ulmer.*

76 BGH, Urteil v. 5.6.1975, Az. II ZR 23/74 („ITT"), NJW 1976, 191 m. Anm. *Ulmer.*

gesellschaften vom BGH nun für sämtliche Kapitalgesellschaften, also auch für die Aktiengesellschaft angenommen würde.[77] Im kurz nach dem „*ITT*"-Urteil ergangenen „*Audi/NSU*"-Urteil entschied der BGH jedoch noch gegenteilig.[78] Erst mehr als eine Dekade später entschied er im „*Linotype*"-Urteil, dass auch der Mehrheitsaktionär einer horizontalen Treuepflicht gegenüber den Mitgesellschaftern unterliege.[79] Maßgeblich für den Sinneswandel war die Gesamtentwicklung der Treuepflichtdebatte, namentlich die o.g. Verschiebung der Funktionsbegründung der Treuepflicht. Als Zweck der Treuepflicht wurde zunehmend nicht mehr die Absicherung des subjektiven Vertrauensverhältnisses der Gesellschafter, sondern vielmehr die Schaffung eines Gegengewichts zu mit der objektiven Rechtsmacht der Gesellschafter einhergehenden Missbrauchsmöglichkeiten gesehen.[80] Dieses Gegengewicht wurde aber auch in der Aktiengesellschaft benötigt. Somit hinderten die rechtsformabhängigen Besonderheiten der Aktiengesellschaft die Anerkennung einer horizontalen Treuepflicht für Mehrheitsaktionäre nicht mehr.

Die letzte wegweisende Entscheidung, die die Treuepflicht zu ihrem heutigen Erscheinungsbild formte, findet sich im „*Girmes*"-Urteil.[81] Ebenfalls aus der Überlegung heraus, die Treuepflicht habe eine Kompensationsfunktion äquivalent zur Rechtsmacht des Gesellschafters wurde nun festgestellt, dass „*auch dem Kleinaktionär Rechte zu*[stehen], *deren Wahrnehmung im Einzelfall in einer Art und Weise möglich ist, die den gesellschaftsbezogenen Belangen der übrigen Aktionäre nachteilig sein kann und deren Ausübung daher unter das Gebot der Rücksichtnahme auf diese Interessen zu stellen ist.*"[82] Daher müsse auch der Minderheitsgesellschafter der horizontalen Treuegesellschaft unterliegen.[83] Die Treuepflicht präsentierte sich nach diesem Urteil weitestgehend in ihrer heutigen Form.[84]

---

77 Diese Erwartungshaltung leuchtet ob der Argumentationslinie des BGH nicht ein, stellte das *ITT*-Urteil doch gerade auf Ähnlichkeiten zwischen der GmbH und Personengesellschaften ab, die in einer Aktiengesellschaft meist schlichtweg nicht existieren. Zudem hatte der BGH zuvor die horizontale Treuepflicht für Aktionäre ausdrücklich abgelehnt, s. die Umwandlung einer Aktiengesellschaft in eine KG und die erst im Anschluss angenommene horizontale Wirkung der Treuepflicht BGH, Urteil v. 27.10.1955, Az. II ZR 310/53, NJW 1955, 1919 (1921).

78 BGH, Urteil v. 16.2.1976, Az. II ZR 61/74 („Audi/NSU"), JZ 1976, 561 m. Anm. *Lutter*.

79 BGH, Urteil v. 1.2.1988, Az. II ZR 75/87 („Linotype"), NJW 1988, 1579 (1581 f.) m. Anm. *Timm*.

80 *Becker*, ZGR 1986, 383 (398 ff.); *Lutter*, JZ 1976, 225 (229, 231); *ders.*, JZ 1976, 562 (563). Hierzu auch schon oben unter § 3.A.

81 BGH, Urteil v. 20.3.1995, Az. II ZR 205/94 („Girmes"), NJW 1995, 1739.

82 BGH, Urteil v. 20.3.1995, Az. II ZR 205/94 („Girmes"), NJW 1995, 1739 (1741). Die Literatur begrüßte die Entscheidung des BGH, eine Treuepflicht der Minderheitsaktionäre anzuerkennen weitestgehend, s. nur *Henze*, BB 1996, 489 (490); *Lutter*, JZ 1995, 1053; *Marsch-Barner*, ZIP 1996, 853 (854).

83 BGH, Urteil v. 20.3.1995, Az. II ZR 205/94 („Girmes"), NJW 1995, 1739 (1741).

84 Vor dem Hintergrund der Gesamtentwicklung schon vor dem „Girmes"-Urteil von einem „*Siegeszug des Treuepflicht-Gedankens*" sprechend *Immenga*, in: FS 100 Jahre GmbHG, 1992, 189.

b. Heutiger Wirkungsbereich

Die *mitgliedschaftliche* Treuepflicht erfasst die Gesellschafter von Personen- und Kapitalgesellschaften. Wie in der obigen Darstellung der Rechtsprechungsentwicklung bereits gesehen, erfasst die Treuepflicht heute auch in Kapitalgesellschaften nicht mehr nur die Beziehung des Gesellschafters zur Gesellschaft (sog. *vertikale* Treuepflicht), sondern seit den verschiedenen Erweiterungen durch den BGH auch die Beziehung sämtlicher Gesellschafter untereinander (sog. *horizontale* Treuepflicht).[85] Durch die Verschiebung der Funktionsbegründung hin zur Kompensation der Rechtsmacht ist diese zweidimensionale Wirkung der Treuepflicht heute für sämtliche Gesellschaftsformen anerkannt, der insbesondere für Publikumsgesellschaften erhobene Einwand des fehlenden gegenseitigen Vertrauens der Gesellschafter greift nicht mehr.[86] In der jeweiligen Beziehung hat der Gesellschafter sich dem Treueberechtigten gegenüber treu und rücksichtsvoll zu verhalten. Er muss – abstrakt gesagt – den Gesellschaftszweck fördern und Schaden von der Gesellschaft abwenden sowie Rücksicht auf die gesellschaftsbezogenen Interessen seiner Mitgesellschafter nehmen.[87]

Wiedemann hat die mitgliedschaftliche Treuepflicht einer weiteren Teilung unterzogen, indem er der organschaftlichen und mitgliedschaftlichen Treuepflicht die spezifische mehrheitsbezogene Treuepflicht als dritte Ausformung an die Seite gestellt hat.[88] Zwar ist es richtig, dass sich mit der Mehrheitsmacht spezifische Gefahren insbesondere auf der horizontalen Ebene ergeben. Diese fordern aber wiederum nicht eine funktionell (oder dogmatisch) abweichende Treuepflicht. Vielmehr geht es hier – wie beim Minderheitsgesellschafter auch – um die Kompensation der Rechtsmacht des Gesellschafters und das in der Verleihung der Rechtsmacht zum Ausdruck kommende Vertrauen der Mitgesellschafter. Die Rechtsmacht steigt beim Mehrheitsgesellschafter lediglich spiegelbildlich zu seinem Stimmanteil stark an.[89]

Neben diesem persönlichen Anwendungsbereich der mitgliedschaftlichen Treuepflicht ist auch ihr zeitlicher Anwendungsbereich zu beachten. Hier ist im Schrifttum sowohl für den vormitgliedschaftlichen als auch für den nachmitgliedschaftlichen Zeitraum anerkannt, dass Loyalitäts- und Rücksichtnahmepflichten bestehen.[90] Im nachmitgliedschaftlichen Raum erwachsen diese unzweifelhaft aus der Treuepflicht selbst, während im

---

85 Zuletzt BGH, Teilversäumnis- und Endurteil v. 14.2.2019, Az. IX ZR 149/16, NJW 2019, 1289 (Rn. 17).
86 BGH, Urteil v. 20.3.1995, Az. II ZR 205/94 („Girmes"), NJW 1995, 1739 (1741).
87 Vgl. bspw. für die OHG *Schäfer*, in: Staub, HGB, 6. Aufl. 2024, § 105 Rn. 275 ff.; vgl. für die Aktiengesellschaft BGH, Urteil v. 1.2.1988, Az. II ZR 75/87 („Linotype"), NJW 1988, 1579 (1581 f.) m. Anm. *Timm*; BGH, Urteil v. 20.3.1995, Az. II ZR 205/94 („Girmes"), NJW 1995, 1739 (1741).
88 *Wiedemann*, in: FS Heinsius, 1991, 949 (950).
89 Vgl. *Seibt*, in: Scholz, GmbHG, 13. Aufl. 2022, § 14 Rn. 68 f.
90 *Wilhelm*, Dritterstreckung im Gesellschaftsrecht, 2017, 260 ff.

vormitgliedschaftlichen Raum teilweise auf die Rechtsfigur der *culpa in contrahendo* abgestellt wird.[91]

2. Organschaftlich

Von der die Gesellschafter treffenden mitgliedschaftlichen Treuepflicht ist die *organschaftliche* Treuepflicht zu unterscheiden. Sie bindet die Gesellschaftsorgane in Personen- und Kapitalgesellschaften zugunsten der Gesellschaft. Eine unmittelbare Treuepflicht der Gesellschaftsorgane gegenüber den Gesellschaftern existiert nach g.h.M. hingegen nicht.[92]

3. Überschneidungen

Die organschaftliche und mitgliedschaftliche Treuepflicht kann sich in der Person des geschäftsführenden Gesellschafters oder eines Gesellschafters, der zugleich Beiratsmitglied ist, überschneiden, sich ergänzen und gelegentlich sogar kollidieren.[93] Welche Treuepflicht die Person des geschäftsführenden Gesellschafters in welcher Intensität trifft, hängt davon ab, in welcher Funktion er handelt. Wenn er als Geschäftsführer handelt, greift die strengere organschaftliche Treuepflicht, die die mitgliedschaftliche Treuepflicht grundsätzlich überlagert. Handelt er hingegen nicht als Geschäftsführer, verbleibt seine mitgliedschaftliche Treuepflicht, die wegen der Stellung als Organmitglied aber erhöht sein kann.[94]

4. Treuepflicht der Gesellschaft

Sowohl gegenüber den Gesellschaftern als auch gegenüber den Organmitgliedern besteht auch eine Treuepflicht der Gesellschaft.[95] Diese hat praktisch eine deutlich geringere Relevanz als die gegenläufigen Treuepflichten und soll daher nachstehend nicht

---

91 Ausführlich zum Streitstand *Wilhelm*, Dritterstreckung im Gesellschaftsrecht, 2017, 260 ff.

92 Aus der Literatur etwa *Fleischer*, WM 2003, 1045 (1046); *Kumpan*, Der Interessenkonflikt im Deutschen Privatrecht, 2014, 116 m.w.N.

93 *Wiedemann*, in: FS Heinsius, 1991, 949 (951); vgl. auch *Pentz*, in: Rowedder/Pentz, GmbHG, 7. Aufl. 2022, § 13 Rn. 48 m.w.N.

94 So lässt sich etwa an Übervorteilungsmöglichkeiten denken, die der geschäftsführende Gesellschafter durch einen auf seiner Organmitgliedschaft beruhenden Informationsvorsprung gegenüber den nicht an der Geschäftsführung beteiligten Mitgesellschaftern hat, vgl. für die Situation des Anteilserwerbs durch einen Mitgesellschafter *Fleischer/Harzmeier*, NZG 2015, 1289 (1295 f.).

95 Für die Treuepflicht gegenüber dem Organmitglied etwa *Oetker*, in: Henssler/Strohn, Gesellschaftsrecht, 6. Aufl. 2024, § 35 GmbHG Rn. 18; gegenüber den Gesellschaftern etwa *Verse*, in: Henssler/Strohn, Gesellschaftsrecht, 6. Aufl. 2024, § 14 GmbHG Rn. 92 ff. (GmbH); *Götze*, in: MünchKomm AktG, 6. Aufl. 2024, Vor. § 53a Rn. 33 ff. (Aktiengesellschaft).

näher beleuchtet werden.

II. Dogmatische Grundlage

Für die dogmatische Grundlage ist erneut zwischen der *mitgliedschaftlichen* und der *organschaftlichen* Treuepflicht zu unterscheiden.

1. Mitgliedschaftlich

Wie aus der obigen Rechtsprechungsentwicklung ersichtlich, liegt der Ursprung der mitgliedschaftlichen Treuepflicht im Recht der Personengesellschaften und dort im Grundsatz aus Treu und Glauben aus § 242 BGB. Als argumentative Grundlage für die Steigerung der Intensität dieses Grundsatzes über das Maß eines normalen Schuldverhältnisses hinaus wurden die hohen Einwirkungsmöglichkeiten auf die Interessen der anderen Gesellschafter und die lange Vertragsdauer, die ein Gesellschaftsvertrag üblicherweise aufweist, genannt. Auch heute sieht ein Teil der Literatur die dogmatische Grundlage der mitgliedschaftlichen Treuepflicht im Grundsatz von Treu und Glauben aus § 242 BGB.[96] Hierfür spreche neben den o.g. Argumenten auch die Nutzbarmachung des Wertesystems des Grundsatzes von Treu und Glauben, die Überschneidungen der Funktionskreise der Treuepflicht und des § 242 BGB[97] sowie die fehlende Subsumierbarkeit beider Rechtsinstitute, die eine Konkretisierung im Einzelfall erforderlich mache.[98]

Diese dogmatische Verankerung in § 242 BGB wird in der Literatur aber auch abgelehnt. Besonders die fehlende unmittelbare Übertragbarkeit auf die Gesellschafter von Kapitalgesellschaften ist regelmäßiger Kritikpunkt.[99] Denn diese schließen gerade keinen Vertrag untereinander, sondern verpflichten sich nur gegenüber der Gesellschaft selbst. Hierdurch fehle die Grundlage für eine *horizontale* Treuepflicht der Gesellschafter unmittelbar in § 242 BGB. Dieses Hindernis wird von den Vertretern einer vollumfänglichen dogmatischen Verankerung in § 242 BGB dadurch umgangen, dass zwischen den Gesellschaftern – unabhängig von der Gesellschaftsform – eine Sonderverbindung angenommen wird.[100] Diese Sonderverbindung gründe auf der gemeinsamen Bezeichnung und Verfolgung eines Ziels durch den Gesellschafterkreis. Den anderen Kapitalgesell-

---

96 Etwa *K. Schmidt*, GesR, 4. Aufl. 2002, 588; *Hennrichs*, AcP 195 (1995), 221 (228 ff.); wohl auch *Häsemeyer*, ZHR 160 (1996), 109 (113 f.); *Altmeppen*, in: Altmeppen, GmbHG, 11. Aufl. 2023, § 13 Rn. 31.

97 *Hennrichs*, AcP 195 (1995), 221 (230).

98 *Hennrichs*, AcP 195 (1995), 221 (231); kritisch *Lutter*, AcP 180 (1980), 84 (103).

99 Vgl. für das Problem der materiellen Grenzen des § 242 BGB nur *Kern*, Die Bedeutung der gesellschaftsrechtlichen Treuepflicht im Insolvenzplanverfahren, 2017, 86 f. m.w.N.

100 Vgl. etwa *Winter*, Mitgliedschaftliche Treuebindungen im GmbH-Recht, 1988, 62 ff.; *Hennrichs*, AcP 195 (1995), 221 (238 ff.).

schaftern werde eine Einflussmöglichkeit auf die eigenen Interessen gewährt, die durch eine rein deliktische oder sittliche Begrenzung nicht adäquat erfasst würde.[101] Die Sonderverbindung führe daher auch ohne Vertrag – wie etwa das Rechtsinstitut der *culpa in contrahendo* im vorvertraglichen Zeitraum – zu einer besonderen Rücksichtnahmepflicht, hier in Form der Treuepflicht.[102]

Die Kritiker der dogmatischen Verankerung in § 242 BGB stützen die dogmatische Herleitung selbst meist auf den rechtsformübergreifenden Rechtsgedanken des § 705 BGB, die Zweckförderpflicht.[103] Die Zweckförderpflicht verpflichtet jeden Gesellschafter, das bei Gründung der Gesellschaft gemeinsam festgelegte Ziel, den Gesellschaftszweck, zu verfolgen. Die Ausgestaltung des Gesellschaftsvertrags konkretisiert dabei die Art und Weise, in welcher der Gesellschaftszweck durch die Gesellschafter zu verfolgen ist. Hierdurch werde gleichzeitig die konkrete Gestalt und Intensität der Treuepflicht vorgegeben.[104] Bei diesem Begründungsmodell ist die Verankerung unmittelbar in einer gesellschaftsrechtlichen Vorschrift vorteilhaft. Probleme ergeben sich aber immer dann, wenn nicht der Gesellschaftszweck bzw. das Gesellschaftsinteresse selbst, sondern nur die Interessen der Mitgesellschafter berührt sind.[105] So kann eine Zweckförderpflicht schwerlich etwaige Rücksichtnahmepflichten bei fehlender Berührung des Gesellschaftszwecks begründen.[106]

Eine dritte Strömung in der Literatur möchte die vorgenannten Probleme der herrschenden Begründungsmodelle dadurch lösen, dass sowohl § 242 BGB als auch § 705 BGB als dogmatische Grundlage herangezogen werden, teilweise in Kombination mit dem Gesellschaftsvertrag.[107] Rechtsbeschränkungen sollen dabei aus § 242 BGB folgen,

---

101 *Hennrichs*, AcP 195 (1995), 221 (242 ff.).

102 Vgl. *Hennrichs*, AcP 195 (1995), 221 (242 ff.).

103 *Lutter*, AcP 180 (1980), 84 (102 ff.); *Nehls*, Die gesellschaftliche Treuepflicht im Aktienrecht, 1993, 36 ff.; *Grigoleit*, Gesellschafterhaftung für interne Einflussnahme im Recht der GmbH, 2006, 300 ff.; eine ausführliche Darstellung der Ansicht und ihrer Schwächen findet sich bei *Dembski*, Gesellschaftsrechtliche Treubindungen von Nichtmitgliedern, 2009, 57 ff.; s. auch *Martens*, Mehrheits- und Konzernherrschaft in der personalistischen GmbH, 1970, 70 f.

104 *Lutter*, AcP 180 (1980), 84 (102 ff.).

105 Vgl. *Winter*, Mitgliedschaftliche Treuebindungen im GmbH-Recht, 1988, 13 f.; *Armbrüster*, Die treuhänderische Beteiligung an Gesellschaften, 2001, 335 f.; *Dembski*, Gesellschaftsrechtliche Treubindungen von Nichtmitgliedern, 2009, 59.

106 Sofern aber das Verhalten gegenüber den anderen Gesellschaftern deren Interessen so stark beeinträchtigt, dass das Vertrauen, wie es notwendige Grundlage der kontinuierlichen Gesellschafterbeziehung ist, zerstört wird, ist das Gesellschaftsinteresse doch betroffen. Hierzu unten unter § 3.D.II.1.a.

107 *Häuser*, Unbestimmte „Maßstäbe" als Begründungselement richterlicher Entscheidungen, 1981, 176 ff.; *Winter*, Mitgliedschaftliche Treubindungen im GmbH-Recht, 1988, 13 ff.; *Beckerhoff*, Treupflichten bei der Stimmrechtsausübung und Eigenhaftung des Stimmrechtsvertreters, 1996, 41 f. Der BGH hat in letzter Zeit vermehrt allein auf den Gesellschaftsvertrag abgestellt, ohne auf die dogmatische Grundlage näher einzugehen, vgl. BGH, Urteil v. 25.1.2011, Az. II ZR 122/09, NJW 2011, 1667 (Rn. 21); BGH, Urteil v. 9.6.2015, Az. II ZR 420/13, NJW 2015, 2882 (Rn. 23) m. Anm. *Schimrick*. Auf den Gesellschaftsvertrag und § 242 BGB abstellend *Weller*, ZHR 175 (2011), 110 (118).

positive Handlungspflichten hingegen aus § 705 BGB.[108] Wiederum andere leiten die Treuepflicht aus der Vertragsauslegung ab.[109]

Letztlich kann die mitgliedschaftliche Treuepflicht mit all diesen Modellen mehr oder weniger stimmig dogmatisch untermauert werden. Eine unmittelbare Folge für die Gestalt der Treuepflicht ergibt sich nicht. Wie *Mann* richtigerweise konstatiert hat, beruht die mitgliedschaftliche Treuepflicht nämlich jedenfalls auf dem Gesellschaftsvertrag und dessen konkreter Ausgestaltung durch die Gesellschafter.[110] Die verschiedenen Begründungsmodelle haben auch keine materiellen Auswirkungen. Statt einer Entscheidung des Streits wird daher teilweise auf die gewohnheitsrechtliche Anerkennung des gesellschaftsrechtlichen Instituts hingewiesen.[111] Auch für die Zwecke dieser Arbeit bedarf es keiner Entscheidung des Streits.

2. Organschaftlich

Ähnlich verhält es sich mit der dogmatischen Begründung der *organschaftlichen* Treuepflicht. Für diese wird in der Literatur auf die Rechtsverhältnisse des Organmitglieds mit der Gesellschaft abgestellt. Dies sind zum einen das Anstellungsverhältnis (resultierend aus dem Dienst- bzw. Geschäftsbesorgungsvertrag)[112], zum anderen das Organverhältnis (resultierend aus der Bestellung)[113], jeweils in Verbindung mit § 242 BGB.[114] Teilweise wird auch auf beide Rechtsverhältnisse abgestellt.[115] Materielle Auswirkungen auf die Treuepflicht hat auch dieser Streit nicht.[116] Aus diesem Grund bedarf es hier keiner Entscheidung.

III. Zusammenfassung

Die Treuepflicht ist heute sowohl in Personen- als auch in Kapitalgesellschaften fester Bestandteil des gesellschaftsrechtlichen Gefüges. Sie bindet rechtsformunabhängig

---

108 *Häuser*, Unbestimmte „Maßstäbe" als Begründungselement richterlicher Entscheidungen, 1981, 182; so heute etwa auch *Pentz*, in: Rowedder/Pentz, GmbHG, 7. Aufl. 2022, § 13 Rn. 36.

109 Hierfür unter Hinweis auf das US-amerikanische Recht und unter Integrierung der Modelle des § 242 BGB und des § 705 BGB eintretend *Mann, Abdingbarkeit und Gegenstand der gesellschaftsrechtlichen Treuepflicht*, 2018, 71 f.

110 *Mann*, Abdingbarkeit und Gegenstand der gesellschaftsrechtlichen Treuepflicht, 2018, 72. Zur Modifikation der Treuepflicht ausführlich unten unter § 3.G.

111 Vgl. etwa *Heimann*, Die kartellrechtliche Zulässigkeit von Wettbewerbsverboten in Gesellschaftsverträgen von OHG und KG, 1966, 7 f.; s. auch *Paschke*, in: FS Serick, 1992, 313 (320 f.).

112 OLG Köln, Urteil v. 10.1.2008, Az. 18 U 1/07, NZG 2009, 306 (307).

113 OLG Oldenburg, Urteil v. 17.2.2000, Az. 1 U 155/99, NZG 2000, 1038 (1039); *Koch*, AktG, 19. Aufl. 2025, § 84 Rn. 10.

114 Vgl. *Altmeppen*, ZIP 2008, 437 (440).

115 *Altmeppen*, ZIP 2008, 437 (440); s. auch *Grunewald*, in: MünchKomm HGB, 5. Aufl. 2022, § 165 Rn. 15.

116 Vgl. nur *Fleischer*, WM 2003, 1045 (1046).

jeden Gesellschafter in ihrer Gestalt als *mitgliedschaftliche* Treuepflicht. Hier ist zwischen der *vertikalen* Treuepflicht gegenüber der Gesellschaft und der *horizontalen* Treuepflicht, die zur Rücksichtnahme auf die Interessen der Mitgesellschafter verpflichtet, zu unterscheiden. Darüber hinaus bindet die Treuepflicht in ihrer *organschaftlichen* Gestalt die Gesellschaftsorgane. Diese sind gegenüber der Gesellschaft treuepflichtig. Die dogmatische Grundlage ist sowohl im Gesellschafter- als auch im Geschäftsleiterbereich seit jeher strittig, der Streit bedarf aber keiner Entscheidung, da sich aus den Ansätzen keine materiellen Unterschiede ergeben.

C. Wirkweise

Nachfolgend soll die Wirkweise der Treuepflicht untersucht werden. Wie sich im Laufe der Darstellung zeigen wird, bietet sich die Wirkweise dazu an, die Treuepflicht von der (ergänzenden) Vertragsauslegung abzugrenzen.

I. Wirkweise der Treuepflicht

Die Wirkweise der Treuepflicht wird in der Literatur für Gesellschafter- und Geschäftsleiterbereich meist so zusammengefasst, dass sie auf vorhersehbare Weise unvorhergesehene Vertragslücken schließt.[117] Wie oben an anderer Stelle bereits erwähnt, können die gesellschaftsvertraglichen Vereinbarungen sowie der Dienst- bzw. Geschäftsbesorgungsvertrag eines Organmitglieds nicht jede erdenkliche Konstellation, die in der Vertragslaufzeit auftritt, präzise regeln, teilweise werden entsprechende Regelungen auch bewusst nicht getroffen.[118] Die Treuepflicht soll dem Verpflichteten für diese unbestimmten Bereiche eine bestimmte Verhaltensanleitung an die Hand geben.

Dabei ist zwischen dem Entscheidungsprozess und der konkreten Entscheidung des Verpflichteten zu differenzieren.[119] Die Treuepflicht gebietet dem Treueverpflichteten in ihrer weniger strengen Form, bei der Ausübung der ihm zustehenden Rechte den Zweck der Gesellschaft zu fördern und die Interessen der Gesellschaft und die gesellschaftsbezogenen Interessen der Gesellschafter zu berücksichtigen.[120] In ihrer strengeren Form verlangt die Treuepflicht vom Treueverpflichteten, ausschließlich das Wohl und Wehe

---

117 *Fleischer*, ZGR 2001, 1 (4); *Wiedemann*, GesR Bd. II, 2004, 198; *Schmolke*, Grenzen der Selbstbindung, 2014, 597 ff.; eingehend zuletzt *Mann*, Abdingbarkeit und Gegenstand der gesellschaftsrechtlichen Treuepflicht, 2018, 38 ff. m.w.N.

118 Hierzu oben unter § 3.A.

119 S. hierzu die umfangreichen Ausführungen bei *Mann,* Abdingbarkeit und Gegenstand der gesellschaftsrechtlichen Treuepflicht, 2018, 38 ff.

120 Vgl. für die OHG etwa *Schäfer*, in: Staub, HGB, 6. Aufl. 2024, § 105 Rn. 275 ff.; vgl. für die Aktiengesellschaft BGH, Urteil v. 1.2.1988, Az. II ZR 75/87 („Linotype"), NJW 1988, 1579 (1581 f.) m. Anm. *Timm*; BGH, Urteil v. 20.3.1995, Az. II ZR 205/94 („Girmes"), NJW 1995, 1739 (1741).

des Treueberechtigten zu berücksichtigen.[121] Die Treuepflicht wirkt damit verbindlich im Bereich der vor einer jeden Entscheidung liegenden Phase der Entscheidungsfindung. Sie verpflichtet innerhalb dieser Phase mindestens zur Abwägung der Interessen des Treueberechtigten mit denen des Treueverpflichteten, in der strengeren Variante schreibt sie für den Abwägungsprozess gar den absoluten Vorrang der Interessen des Treueberechtigten vor.[122]

Einerseits wird der Verpflichtete hierdurch in seiner freien Entscheidungsfindung beschränkt. Andererseits eröffnet die Treuepflicht dem Verpflichteten für die konkrete Entscheidung, die am Ende der Phase der Entscheidungsfindung steht, eine gewisse Freiheit. Es wird durch die Treuepflicht nämlich kein bestimmter Erfolg als Ergebnis des Entscheidungsprozesses gefordert. Dem Treueverpflichteten stehen im Regelfall mehrere konkrete Handlungsoptionen als Ergebnis eines treuepflichtkonformen Entscheidungsprozesses zur Auswahl, sei es i.R.d. strengen oder weniger strengen Variante der Treuepflicht. Für welche dieser Handlungsoptionen er sich letztlich entscheidet, steht ihm grundsätzlich frei. Die Treuepflicht macht ihm insoweit nach der Durchführung des Abwägungsprozesses keine Vorgaben. Daher ist der Treuepflicht eine gewisse *Offenheit* immanent.[123] Diese *Offenheit* lässt sich am ehesten mit den Ermessensregelungen im öffentlichen Recht vergleichen.[124] Hinsichtlich der konkreten Entscheidung ist gerichtlich nur überprüfbar, ob der Treueverpflichtete die Abwägung (das Ermessen) insgesamt fehlerhaft ausgeübt hat; innerhalb eines zulässigen Abwägungsprozesses ist die konkrete Entscheidung des Treueverpflichteten hingegen nicht überprüfbar. Wie im öffentlichen Recht auch, wird es Konstellationen geben, die bei pflichtgemäßer Einbeziehung der Interessen des Treueberechtigten in den Entscheidungsprozess nur in einer einzigen konkreten Entscheidung münden können („Ermessensreduzierung auf Null").[125] In einigen typischen Ausprägungen der Treuepflicht, welche dem Treueverpflichteten von Beginn an keine Auswahlmöglichkeit lassen und eine unbedingte Unterlassungspflicht begründen (wie etwa dem Wettbewerbsverbot oder der Geschäftschancenlehre) ist hingegen der Interessenkonflikt des Treueverpflichteten bereits im Vorhinein so offensichtlich, dass

---

[121] Meist im Geschäftsleiterbereich, vgl. bspw. BGH, Urteil v. 10.2.1977, Az. II ZR 79/75, WM 1977, 361 (Rn. 13); *Fleischer*, WM 2003, 1045 (1045); *Fleischer*, in: BeckOGK AktG, Stand 1.6.2025, § 93 Rn. 148; *Hopt/Roth*, in: Hirte/Mülbert/Roth, Großkomm. AktG, 5. Aufl. 2014, § 93 Rn. 227.

[122] Zum entsprechenden Inhalt der Treuepflicht ausführlich unten unter § 3.E.II.

[123] Für den Gesellschafterbereich etwa *Cahn*, in: FS Wiese, 1998, 71 (79); *Raiser*, ZHR 151 (1987), 422 (422); *Fischer*, in: FS Barz, 1974, 33 (36): die Gesellschafterrechte und -pflichten tragen i.V.m. der Treuepflicht *„eine gewisse Elastizität in sich"*. Vgl. für den Gesellschafter- und Geschäftsführerbereich *Grundmann*, Treuhandvertrag, 1997, 145 f.; *Holler/Mann*, NZG 2021, 402 (403); s. auch *Löhnig*, Treuhand, 2006, 834.

[124] *Timm*, ZGR 1987, 403 (410) (für den Gesellschafterbereich); s. zudem die eingehenderen Erörterungen zu Gesellschafter- und Geschäftsleiterbereich bei *Mann*, Abdingbarkeit und Gegenstand der gesellschaftsrechtlichen Treuepflicht, 2018, 39 f.

[125] *Lutter*, JZ 1995, 1053 (1055). Hierzu unten unter § 3.E.IV.

schon kein Entscheidungsprozess anzusetzen ist.[126]

Der Wechsel aus beschränkender und offener Wirkweise bringt einen entscheidenden Vorteil mit sich: Während die Funktion der Treuepflicht, die Kompensation der mit der anvertrauten Rechtsmacht einhergehenden Missbrauchsmöglichkeiten, durch das Gebot der Interessenberücksichtigung innerhalb des Entscheidungsprozesses erfüllt wird, bewahrt die Offenheit dem Treueverpflichteten einen Handlungsspielraum, der zur situationsgerechten und rechtssicheren Entscheidung benötigt wird. Dem Treueverpflichteten kann auch im Bereich der intensiveren Variante der Treuepflicht nicht abverlangt werden, in komplexen und unübersichtlichen Situationen, wie sie im Wirtschaftsleben häufig vorkommen, stets die eine richtige Entscheidung zu treffen, wie sie sich aus einer gerichtlichen Überprüfung *ex-post* ergäbe.[127] Zum einen ist diese *ex-ante* nicht immer sicher zu ermitteln. Diese Unsicherheit und die mit einer falschen Entscheidung verbundenen (Haftungs-)Folgen[128] könnten zu zögerlichem Verhalten und mangelnder Risikobereitschaft des Treueverpflichteten führen, was wiederum schädlich für die Gesellschaft sein könnte. Zum anderen ginge der Gesellschaft der Nutzen der Entscheidungsflexibilität des Treueverpflichten verloren. Der Treueverpflichtete würde bei einer stärker verengenden Wirkweise im Bereich der konkreten Entscheidung nämlich zu einer bloßen Ausführungsstelle degradiert. Insbesondere Geschäftsleiter werden aber regelmäßig nach ihren Kenntnissen und Fähigkeiten ausgewählt, gleiches gilt in geringerem Maße für Mitgesellschafter in personalistisch strukturierten Gesellschaften. Die flexible Ausübung der ihnen übertragenen Rechte bewahrt bestmöglich die Wirkung dieser Kenntnisse und Fähigkeiten, sodass sie vorteilhaft für die Gesellschaft eingesetzt werden können. Die Wirkweise der Treuepflicht schafft damit einen schonenden Ausgleich zwischen dem Interesse des Treueberechtigten am sorgsamen Umgang mit der einem Dritten anvertrauten Rechtsmacht und der Erhaltung der Flexibilität des Treueverpflichteten für die Gesellschaft.

II. Ansatzpunkt zur Abgrenzung der Treuepflicht zur (ergänzenden) Vertragsauslegung

Zur Schließung von Vertragslücken bietet sich auch ein anderes Rechtsinstitut an: die

126 Für die ausführliche Einordnung dieser Fallgruppe der Handlungsverbote in die beschränkende und gleichzeitig offene Wirkweise der Treuepflicht vgl. *Mann,* Abdingbarkeit und Gegenstand der gesellschaftsrechtlichen Treuepflicht, 2018, 40 ff.

127 Insofern ergeben sich Ähnlichkeiten zum Ermessensspielraum der Geschäftsleitung nach der BJR aus § 93 Abs. 1 Satz 1 AktG. Hierzu und zur Abgrenzung zwischen BJR und Treuepflicht *Taube*, Die Anwendung der Business Judgement Rule auf den GmbH-Geschäftsführer, 2018, 53 ff.

128 Vgl. für eine Schadensersatzhaftung aus der Verletzung der gesellschaftsrechtlichen Treuepflicht (bzw. deren rechtsevolutionären Vorgängers) durch ein schuldhaftes Gesellschafterverhalten, welches den Mitgesellschafter zur Kündigung bewegt bereits RG, Urteil v. 6.2.1917, Az. II 403/16, RGZ 89, 398 (400). Zu den Rechtsfolgen der Treuepflichtverletzung unten unter § 3.F.

(ergänzende) Vertragsauslegung. Damit ist die Frage nach der Abgrenzung zur Treuepflicht aufgeworfen. Die Rechtsinstitute ergänzen sich in ihrer Wirkung teilweise gegenseitig, stehen dabei aber stets eigenständig nebeneinander.[129] Die Abgrenzung kann dabei über die Wirkweise gelingen.[130] Nachstehend wird hierfür das Verhältnis der Auslegung von Gesellschaftsverträgen zur mitgliedschaftlichen Treuepflicht beleuchtet.

In Rechtsprechung und Literatur herrscht bezüglich der Auslegung von Gesellschaftsverträgen gesetzestypischer Personengesellschaften[131] – zumindest im Ausgangspunkt – weitestgehend Einigkeit.[132] Maßgeblich sind die §§ 133, 157 BGB, die eine *subjektive* Vertragsauslegung gebieten. Ziel der Auslegung ist es, den übereinstimmenden, wirklichen Willen der Parteien bei Vertragsabschluss zu ermitteln. Dafür sind neben dem Vertragswortlaut als Ausgangspunkt der Auslegung sowohl Entstehungsgeschichte und Systematik, Sinn und Zweck des Vertrags sowie die Besonderheiten seiner Durchführung zu berücksichtigen.[133] Die Vorstellung der Gründer bei Vertragsschluss kann dem Vertrag insgesamt eine *Grundtendenz* geben, die bei der Auslegung zu berücksichtigen ist (so etwa die gemeinsame Vorstellung eines Ausschlusses nicht mit den Gründern verwandter Dritter).[134] Zu beachten ist darüber hinaus die Möglichkeit einer anhaltenden, einverständlichen Missachtung der schriftlich fixierten Regelungen des Gesellschaftsvertrags, die zu einer Auslegung anhand des Verständnisses, welches der tatsächlichen Handhabung entspricht, führt (*Auslegung anhand einverständlicher Übung*).[135] Insgesamt kann die Auslegung so ergeben, dass der Gesellschaftsvertrag eine Regelung enthält, die im Widerspruch zu seinem konkreten Wortlaut bzw. sonst objektiv ermittelbaren Gehalt steht (*falsa demonstratio non nocet*).[136] Die erläuternde Auslegung der Satzungen von Kapital-

---

129 *Mann*, Abdingbarkeit und Gegenstand der gesellschaftsrechtlichen Treuepflicht, 2018, 38 f., 55 ff.

130 *Mann*, Abdingbarkeit und Gegenstand der gesellschaftsrechtlichen Treuepflicht, 2018, 38 f., 55 ff.

131 Zur abweichenden Auslegung bei der Publikumspersonengesellschaft unten unter § 5.A.I. Für Personengesellschaften, die von vornherein durch einen größeren Personenkreis gegründet wurden gilt zwar grundsätzlich auch die subjektive Auslegung, allerdings hat *Grunewald* insoweit richtigerweise darauf hingewiesen, dass praktisch häufig eine objektive Auslegung geboten sein wird, da ein tatsächlich gleichlaufendes subjektives Verständnis, welches vom objektiven Gehalt des Vertrages abweicht mit wachsender Gesellschafterzahl zunehmend unwahrscheinlicher wird, vgl. *Grunewald*, ZGR 1995, 68 (75 f.).

132 Vgl. etwa die Nachweise bei *Schäfer*, in: MünchKomm BGB, 9. Aufl. 2024, § 705 Rn. 173 (Fn. 467).

133 *Schäfer*, in: MünchKomm BGB, 9. Aufl. 2024, § 705 Rn. 173. Die Besonderheiten der Durchführung führen beim Gesellschaftsvertrag als Langzeitvertrag, der den Ordnungsrahmen für teils unkalkulierbare Gegebenheiten in der Zukunft regeln soll, zum Erfordernis eines am Ziel des Vertrages orientierten Verständnisses (sog. *dynamisches Vertragsverständnis*), vgl. *Grunewald*, ZGR 1995, 68 (69).

134 *Wiedemann*, DNotZ-Sonderheft 1977, 99 (104 f.); *Grunewald*, ZGR 1995, 68 (69).

135 *Grunewald*, ZGR 1995, 68 (69) m.w.N. Zur Auslegung nach den Grundsätzen der konkludenten Vertragsänderung s. auch *Schäfer*, in: MünchKomm BGB, 9. Aufl. 2024, § 705 Rn. 174; *Sanders*, in: BeckOGK HGB, Stand 15.4.2025, § 105 Rn. 146; s. auch BGH, Urteil v. 29.3.1996, Az. II ZR 263/94, NJW 1996, 1678 (1680). Diese konkludente Vertragsänderung durch einverständliche Übung wurde vom BGH für die Publikumsgesellschaft aber abgelehnt, vgl. BGH, Urteil v. 5.2.1990, Az. II ZR 94/89, NJW 1990, 2684.

136 *Grunewald*, ZGR 1995, 68 (69 f.).

gesellschaften ist stark umstritten. Hierauf soll an dieser Stelle aber noch nicht eingegangen werden.[137]

Darüber hinaus gibt es noch die ergänzende Vertragsauslegung, die der Schließung von Vertragslücken dient, welche durch das Fehlen oder die Unwirksamkeit einer gesellschaftsvertraglichen Regelung entstanden sind. Hierfür wird der hypothetische Wille der Parteien, wie er sich bei Kenntnis von der Regelungsbedürftigkeit zum Zeitpunkt des Vertragsschlusses dargestellt hätte, herangezogen. Stimmt der hypothetische Willen überein, ist dieser anzusetzen; er geht dem dispositiven Gesetzesrecht vor.[138]

Wie die Treuepflicht auch, schließt die Vertragsauslegung also auf vorhersehbare Weise Lücken im vertraglichen Pflichtenkatalog. Der Betroffene kann den Vertragstext untersuchen und – entweder unmittelbar aus dem Vertragswerk oder unter Berücksichtigung ihm bekannter sonstiger Umstände – eine Verhaltenspflicht oder das Fehlen einer solchen für sich ableiten. Allerdings wird ihm dabei keine Interessengewichtung mit an die Hand gegeben. Während die Treuepflicht selbst den Entscheidungsprozess des Treueverpflichteten verbindlich regelt und dabei die einfließenden Interessen aus sich heraus gewichtet, ist der Vertragsauslegung eine Wertung fremd.[139] Die Vertragsauslegung nimmt als Rechtsinstitut selbst keinen gestaltenden Einfluss, vielmehr dient sie als *Instrument zur Ermittlung* eines bereits vor ihrer Anwendung geltenden, in den Gesellschaftsvertrag eingeflossenen Willens der Gesellschafter. Die Wirkweisen der Rechtsinstitute – gestaltend im Fall der Treuepflicht, bloß wiedergebend im Fall der Vertragsauslegung – unterscheiden sich also grundlegend.[140] Über dieses Merkmal kann daher eine trennscharfe Abgrenzung der Rechtsinstitute erfolgen.[141]

Dies bedeutet freilich nicht, dass Vertragsauslegung und Treuepflicht im Einzelfall nicht ineinander spielen. Die Literatur nimmt zu ihrem Verhältnis bisher nicht ausführlich Stellung und erwähnt diese gegenseitige Einflussnahme der Rechtsinstitute nur sehr punktuell.[142] Zunächst wird in der gesellschaftsrechtlichen Literatur zur Auslegung des

---

[137] Hierzu unten unter § 5.A.II.

[138] *Sauter*, in: Prinz/Kahle, Beck'sches Hdb. PersGes, 5. Aufl. 2020, § 2 Rn. 72; *Wertenbruch*, in: Ebenroth/Boujong/Joost/Strohn, HGB, 4. Aufl. 2020, § 105 Rn. 103; *Fleischer*, in: MünchKomm HGB, 5. Aufl. 2022, § 105 Rn. 170; *Habersack/Schäfer*, in: Habersack/Schäfer, Das Recht der OHG, 2. Aufl. 2019, § 105 Rn. 197 f.; für die GmbH etwa *Heinze*, in: MünchKomm GmbHG, 5. Aufl. 2025, § 2 Rn. 190 m.w.N.

[139] *Mann*, Abdingbarkeit und Gegenstand der gesellschaftsrechtlichen Treuepflicht, 2018, 38 f.

[140] Vereinfacht gesagt gibt die (ergänzende) Vertragsauslegung ohne inhaltliche Einflussnahme unten das aus, was oben eingelegt wurde, wohingegen die gesellschaftsrechtliche Treuepflicht das Eingelegte eigenständig gewichtet und so das Endresultat beeinflusst.

[141] Auch der BGH nimmt eine Selbstständigkeit an, ohne dies jedoch ausdrücklich zu erwähnen, vgl. die eigenständige Nennung beider Rechtsinstitute innerhalb einer Entscheidung in BGH, Urteil v. 10.6.1965, Az. II ZR 6/63, WM 1965, 744 (Rn. 9, 12).

[142] *Prütting*, in: Lange/Windthorst, Sicherung des Familieneinflusses in Familienunternehmen, 2017, 35 (45), weist darauf hin, dass das Verhältnis von Gesellschaftszweck, Gesellschaftsvertrag und den

Gesellschaftsvertrags häufig vorgebracht, dass die Treuepflicht bei mehrdeutigem Gesellschaftsvertragswortlaut die Gesellschafter hin zu einem gewissen Verständnis beeinflussen kann.[143] Dies ist sicherlich richtig, dennoch ist das Verhältnis von Auslegung und Treuepflicht i.d.R. ein anderes.

Wie sich im Laufe dieser Arbeit zeigen wird, besteht nicht nur die Grundlage der Treuepflicht im Gesellschaftsvertrag bzw. dem hierdurch begründeten Gesellschaftsverhältnis, auch sind Intensität und konkreter Inhalt der Treuepflicht maßgeblich von der Ausgestaltung des Gesellschaftsverhältnisses durch den Gesellschaftsvertrag und seine Nebenvereinbarungen abhängig.[144] Die Treuepflicht innerhalb einer Gesellschaft wird daher durch die Gesellschafter selbst bestimmt, allerdings in den wenigsten Fällen bewusst und ausdrücklich, etwa in Form einer ausdrücklichen Abbedingung in einer Gesellschaftsvertragsklausel.[145] Die Intensität und der Inhalt der Treuepflicht müssen in diesen Fällen durch die Gesellschafter oder den entscheidenden Richter anhand einer Gesamtschau mehrerer Parameter, die sich aus dem Gesellschaftsvertrag, den Nebenvereinbarungen, dem durch dieses Gesamtvertragswerk begründeten Gesellschaftsverhältnis und der konkreten Situation ergeben, ermittelt werden. Für die Ermittlung der Wirkungen der Treuepflicht ist daher ein vollständiger Überblick über das Gesamtvertragswerk der Gesellschaft vonnöten. Die Gesellschaftsverträge und Nebenvereinbarungen treffen in der Praxis jedoch unabhängig vom Fehlen einer ausdrücklichen Bestimmung der Treuepflicht auch nicht für jede Konstellation ausdrückliche Regelungen, ja lassen gar ganze Bereiche der Zusammenarbeit ungeregelt. Zudem können sie unklar formuliert sein oder ihnen kann eine Grundtendenz innewohnen, die sich nicht unmittelbar aus dem Wortlaut ergibt, sondern über den ganzen Vertrag hinweg angelegt ist.[146] Um zu wissen, wie sich ein durch das Vertragswerk begründetes Gesellschaftsverhältnis in seiner Gesamtheit darstellt, muss daher die Vertragsauslegung herangezogen werden. Erst dann kann die sich aus dem Vertragswerk und der jeweiligen Situation ergebende, konkrete Treuepflicht für den Einzelfall abgeleitet werden. Die Ermittlung des tatsächlich vereinbarten Inhalts des Gesellschaftsvertrags und etwaiger Nebenvereinbarungen geht damit denklogisch der Ableitung der sich aus diesen Verträgen ergebenden Treuepflicht vor.[147]

Treuepflichten nicht wirklich geklärt ist und kein allumgreifendes Muster existiert, was insbesondere anhand der Abdingbarkeitsdebatte deutlich werde. Hierzu i.R.d. Abdingbarkeitsdebatte ausführlich *Mann,* Abdingbarkeit und Gegenstand der gesellschaftsrechtlichen Treuepflicht, 2018, 55 ff.

143 Vgl. etwa *Schäfer*, in: MünchKomm BGB, 9. Aufl. 2024, § 705 Rn. 175; *Ulmer/Löbbe*, in: Habersack/Casper/Löbbe, GmbHG Großkomm., 3. Aufl. 2019, § 2 Rn. 204.

144 Hierzu unten unter § 3.D. und unten unter § 3.E.

145 Hierzu unten unter § 3.G.

146 Zur Grundtendenz ausführlich unten unter § 5.B.II.1.

147 Vgl. *Prütting/Schirrmacher*, ZGR 2017, 829 (851), die die Unterschiede zwischen Treuepflicht und Auslegung über die dogmatischen Grundlagen der Treuepflicht ermitteln. Sie lehnen die Einordnung der Treuepflicht als Auslegungsmaxime letztlich strikt ab und kommen zum Ergebnis, dass *„der Gehalt der Treuepflicht selbst erst durch Auslegung extrapoliert werden"* muss.

Damit ist für das Verhältnis von Vertragsauslegung und Treuepflicht festzuhalten: Die Vertragsauslegung ist der Treuepflicht grundsätzlich vorgeschaltet.[148] Ausnahmen können sich aber insofern ergeben, dass die Treuepflicht den Treueverpflichteten im Einzelfall auf ein gewisses Verständnis mehrdeutiger Vertragsklauseln verpflichten kann.

D. Ermittlung der Intensität der mitgliedschaftlichen Treuepflicht nach Zöllner

In der Literatur zur Treuepflicht wird regelmäßig über Umfang, Intensität, Inhalt oder Ausmaß der Treuepflicht gesprochen, wobei die Begriffe nicht immer einheitlich verwendet werden. Die Intensität der Treuepflicht soll hier als das von einer konkreten Situation unabhängige, allgemeine Maß der geschuldeten Treue der Gesellschafter gegenüber der Gesellschaft und den Mitgesellschaftern verstanden werden.[149] Dabei nimmt diese allgemeine Intensität jedoch auch Einfluss auf den konkreten Umfang und den konkreten Inhalt der Treuepflicht im Einzelfall.[150] Der Umfang der Treuepflicht soll nachstehend als der räumlich-zeitliche Wirkungsbereich der Treuepflicht verstanden werden. Der Inhalt der Treuepflicht soll als das Maß der in einer konkreten Situation geschuldeten Einbeziehung fremder Interessen in den Entscheidungsprozess des Treueverpflichteten und die aus dieser Einbeziehung erwachsenden Folgen für die Handlungsoptionen des Treueverpflichteten verstanden werden.[151]

Zur Bestimmung der Intensität der Treuepflicht im Gesellschafterbereich hat *Zöllner* anhand des Gesellschafterstimmrechts drei Parameter herausgearbeitet, die in der rechtswissenschaftlichen Literatur vielfach – wenn auch teilweise unter anderer Bezeichnung – für sonstige Rechtsausübungen der Gesellschafter neben dem Stimmrecht übernommen wurden.[152] Dies sind die Intensität des Gemeinschaftsverhältnisses zwischen den Gesellschaftern, das Ausmaß des gegenseitigen Vertrauens und das Ausmaß der jeweils eingeräumten Rechtsmacht, die allesamt mehr oder weniger stark durch den Gesellschaftsvertrag und die sich hieraus ergebende Realstruktur der Gesellschaft bestimmt werden.[153] Die Realstruktur der Gesellschaft erfasst – losgelöst vom gesetzlichen Leitbild der zugrundeliegenden Rechtsform – die tatsächliche Ausgestaltung der Gesellschaft

148 Hierzu und insgesamt ausführlich zur Abgrenzungsfrage wohl nur *Mann,* Abdingbarkeit und Gegenstand der gesellschaftsrechtlichen Treuepflicht, 2018, 56; *Prütting/Schirrmacher*, ZGR 2017, 829 (849 ff.). Den Übergang zwischen Treuepflicht und ergänzender Auslegung ohne nähere Begründung als „fließend" bezeichnend *Roth*, in: Hopt, HGB, 44. Aufl. 2025, § 105 Rn. 115.

149 Vgl. *Zöllner*, Schranken mitgliedschaftlicher Stimmrechtsmacht, 1963, 337 ff.; zu den Auswirkungen der Intensität auf den Umfang und konkreten Inhalt der Treuepflicht im Einzelfall unten unter § 3.D.IV.

150 Hierzu auch unten unter § 3.D.IV.

151 Hierzu unten unter § 3.E.

152 *Zöllner*, Schranken mitgliedschaftlicher Stimmrechtsmacht, 1963, 338 ff.; s. auch *Lutter,* AcP 180 (1980), 84 (105 ff., 128 f.); vgl. für die GmbH *Winter*, Mitgliedschaftliche Treubindungen im GmbH-Recht, 1988, 186 ff.; *Seibt*, in; Scholz, GmbHG, 13. Aufl. 2022, § 14 Rn. 76.

153 *Zöllner*, Schranken mitgliedschaftlicher Stimmrechtsmacht, 1963, 338 ff.

und des Gesellschafterverhältnisses durch die Gesellschafter im Gesellschaftsvertrag, etwaigen Nebenvereinbarungen und im täglichen Gesellschaftsleben.[154]

I. Intensität des Gemeinschaftsverhältnisses

Erster Ansatzpunkt für die Intensitätsbestimmung der Treuepflicht ist, ob das Gemeinschaftsverhältnis der Gesellschafter mehr oder weniger intensiv ausgestaltet ist.[155] Die Treuepflicht wirkt hier umso intensiver, je mehr der Person der Gesellschafter selbst durch den Gesellschaftsvertrag Relevanz eingeräumt wird. Sind die Gesellschafter im Gesellschaftsvertrag als bloße Kapitalgeber vorgesehen und sind sie als Personen dadurch beliebig austauschbar, wirkt die Treuepflicht weniger intensiv.[156] Hierdurch entsteht in Personengesellschaften i.d.R. eine intensivere Treuepflicht, die die Gesellschafter zu einer höheren Rücksichtnahme auf die Gesellschaftsinteressen und mitgliedschaftlichen Interessen der übrigen Gesellschafter verpflichtet. Denn in Personengesellschaften sind die Gesellschafter von Gesetzes wegen gemeinsam zur Geschäftsführung berufen (vgl. § 715 BGB, § 116 Abs. 1 HGB), sodass ihre Person meist entscheidend für den Entschluss zur Zusammenarbeit ist.[157] Wenn etwa durch die Beeinträchtigung der Interessen eines Gesellschafters Unfrieden im Gesellschafterkreis entsteht und ein Gesellschafter sich aus der Gesellschaft zurückzieht, geht der Gesellschaft ein wesentlicher Teil, der nicht beliebig austauschbar, sondern vielmehr Baustein der „DNA" der Gesellschaft ist, verloren. Bei Anlegern von Kapitalgesellschaften kann hingegen typischerweise ein neuer Gesellschafter gefunden werden, ohne dass der innere Kern des Zusammenschlusses berührt wird. Die Intensität des Gemeinschaftsverhältnisses in Personengesellschaften ist damit i.d.R. deutlich höher.

Hier besteht ein enger Zusammenhang zur obigen Diskussion um die Geschichte und Dogmatik der Treuepflicht in Kapitalgesellschaften. Die Kapitalgesellschafter bündeln zuvorderst ihr Kapital, in Personengesellschaften stehen beim Zusammenschluss hingegen Person und Fähigkeiten der Mitgesellschafter im Mittelpunkt. Damit soll freilich nicht gesagt sein, dass stets nur in Personengesellschaften ein intensives Gemeinschaftsverhältnis existiert. Die Realstruktur einer GmbH kann beispielsweise eine besondere Nähe und

---

154 Vgl. *Lutter,* AcP 180 (1980), 84 (105 ff.); *Fleischer*, in: MünchKomm HGB, 5. Aufl. 2022, § 105 Rn. 323; *Schäfer*, in: Staub, HGB, 6. Aufl. 2024, § 105 Rn. 273. Anhand der Maßgeblichkeit der Realstruktur für die Intensität der Treuepflicht zeigt sich sehr deutlich, dass die Gestaltung der mitgliedschaftlichen Treuepflicht den Gesellschaftern obliegt und oft mangels ausdrücklicher Vereinbarung über die Ausgestaltung des Gesellschaftsverhältnisses durch den Gesellschaftsvertrag ermittelt wird, hierzu auch unten unter § 3.G.II.

155 *Zöllner*, Schranken mitgliedschaftlicher Stimmrechtsmacht, 1963, 338 f.

156 Mit Beispielen *K. Schmidt*, GesR, 4. Aufl. 2002, 592.

157 Die Gesellschaft ist eine echte Arbeitsgemeinschaft, nicht nur ein Vehikel zur Kapitalbündelung.

ein intensives Gemeinschaftsverhältnis der Gesellschafter aufweisen, welches sie eher an den Idealtypus einer Personengesellschaft heranrückt, während eine Publikumspersonengesellschaft sich durch stark kapitalistische Züge ähnlich einer Aktiengesellschaft auszeichnet.[158] Daher ist nicht das gesetzliche Leitbild der Rechtsform entscheidend, sondern vielmehr die konkrete Ausgestaltung im Einzelfall („Realstruktur").[159] Die Rechtsform alleine kann also allenfalls Anhaltspunkte für die Bestimmung der Intensität der Treuepflicht bieten.

Insgesamt kann der Parameter der Intensität des Gemeinschaftsverhältnisses nach *Zöllner* nicht besonders hoch gewichtet werden.[160] Die Feststellung eines geringen Grads persönlicher Bindung könne nur dazu führen, dass die private Betätigung der Gesellschafter eine Befreiung von der durch die Treuepflicht vorgegebenen Rücksichtnahmepflicht erfährt.[161] Eine Auswirkung auf die Rücksichtnahmepflicht hinsichtlich der mitgliedschaftlichen Belange der Mitgesellschafter wird hingegen abgelehnt.[162] Damit legt der Parameter eher die Intensität im Hinblick auf den räumlich-zeitlichen Wirkungsbereich der Treuepflicht (Umfang) fest, als die inhaltliche Intensität zu beeinflussen.

II. Ausmaß des gegenseitigen Vertrauens

Anders verhält es sich mit dem zweiten Parameter *Zöllners* zur Bestimmung der Intensität der Treuepflicht, dem Ausmaß des gegenseitigen Vertrauens.[163] Der enge Bezug von Vertrauen und Treue ist bereits i.R.d. Funktionsbegründung („Theorie des Vertrauens") deutlich geworden.[164] Wegen der Unschärfe des Begriffs des persönlichen Vertrauens und der mit einer subjektiven Interpretation einhergehenden Rechtsunsicherheit, kann für die Bestimmung der Intensität im mitgliedschaftlichen Bereich nur auf ein *institutionalisiertes Vertrauen* der Akteure abgestellt werden. Institutionalisiertes Vertrauen beschreibt das Vertrauen, wie es in der Verleihung von Einwirkungsmöglichkeiten auf das Gesellschaftsinteresse und die mitgliedschaftlichen Belange der Mitgesellschafter an den Treueverpflichteten im Gesellschaftsvertrag zum Ausdruck kommt.[165] Wenn dem Gesell-

158 Vgl. etwa *Fleischer*, in: MünchKomm HGB, 5. Aufl. 2022, § 105 Rn. 323.
159 *Winter*, Mitgliedschaftliche Treubindungen im GmbH-Recht, 1988, 168 f.
160 *Zöllner*, Schranken mitgliedschaftlicher Stimmrechtsmacht, 1963, 339.
161 Ebd.
162 Ebd.
163 Ebd., 339 ff.
164 Hierzu oben unter § 3.A.
165 *Zöllner*, Schranken mitgliedschaftlicher Stimmrechtsmacht, 1963, 341 f. Vgl. auch BGH, Urteil v. 5.6.1975. Az. II ZR 23/74 („ITT"), NJW 1976, 191 m. Anm. *Ulmer*; *Winter*, Mitgliedschaftliche Treubindungen im GmbH-Recht, 1988, 16 ff.; *Immenga*, Die personalistische Kapitalgesellschaft, 1970, 264 ff., 274 ff.; *Dorpalen*, ZHR 102 (1936), 1 (19); *Lutter*, AcP 180 (1980), 84 (114); s. hierzu auch *Weisser*, Corporate Opportunities, 1991, 133 f.

schafter im Gesellschaftsvertrag weitreichende Möglichkeiten zur Einflussnahme auf das Gesellschaftsinteresse und die mitgliedschaftlichen Belange seiner Mitgesellschafter zugesprochen werden, kommt darin ein hohes ihm entgegengebrachtes Vertrauen zum Ausdruck.[166] Die Intensität der Treuepflicht steigt entsprechend.[167] Zudem wird auch hier wieder deutlich, warum die Treuepflicht in Personengesellschaften in bloß überblicksartigen Darstellungen in der Literatur als intensiver beschrieben wird. Denn in den dem gesetzlichen Leitbild entsprechenden Personengesellschaften wird zumeist eine hohe Einwirkungsmöglichkeit der Gesellschafter auf die Gesellschaftsinteressen und die mitgliedschaftlichen Interessen der Mitgesellschafter bestehen (so etwa durch Blockademöglichkeiten bei Abstimmungen gem. § 715 Abs. 3 BGB, § 109 Abs. 3 HGB). In Kapitalgesellschaften wird für die Gesellschafter i.d.R. keine Entgegenbringung besonderen Vertrauens in Form einer Übertragung großer Einflussmöglichkeiten festgestellt werden können. Aber auch hier bleibt anzumerken, dass es durchaus Gestaltungen geben kann, welche die Tendenz des gesetzlichen Leitbilds umkehren. So mag die Satzung einer GmbH einem Gesellschafter bedeutenden Einfluss auf die Gesellschaftsinteressen gewähren, während einem Kommanditisten in einer Publikums-KG im Gesellschaftsvertrag überhaupt keine nennenswerte Einflussmöglichkeit verliehen wird. Der Rechtsform kommt folglich auch hier nur eine Indizwirkung zu.

Es stellt sich die Frage, was genau Inhalt dieser der Rechtsmacht des Treueverpflichteten unterliegenden Interessen des Treueberechtigten sein kann und inwiefern man die konkrete Rechtsmacht bezogen auf diese Interessen messen kann. Hierfür ist zwischen der horizontalen und der vertikalen Treuepflicht zu unterscheiden.

1. Gegenüber der Gesellschaft

a. Gesellschaftsinteresse

Das Gesellschaftsinteresse ist letztlich das im Gesellschaftsvertrag von den Gesellschaftern gemeinsam festgelegte Interesse.[168] Maßgeblich ist insoweit zuvorderst der Gesellschaftszweck, wobei auch unterhalb des Gesellschaftszwecks liegende Interessen, wie sie dem Gesellschaftsvertrag zu entnehmen sind, das Gesellschaftsinteresse ausfüllen können.[169] Nach hiesiger Ansicht können zudem omnilaterale Vereinbarungen aller

---

166 Hier zeigt sich wieder die Spiegelbildlichkeit subjektiven Vertrauens und objektiver Rechtsmacht.

167 Die allgemeine Kritik hieran ablehnend, aber erkennend, dass durch diese Erkenntnis für die „*Lösung des Einzelfalls nicht viel gewonnen*" ist *Hennrichs*, AcP 195 (1995), 221 (237 ff.).

168 S. nur *Schäfer*, in: MünchKomm BGB, 9. Aufl. 2024, § 705 Rn. 278.

169 Vgl. etwa *Weber*, in: Hölters/Weber, AktG, 5. Aufl. 2025, § 76 Rn. 19; anders wohl *Verse*, in:

Gesellschafter zur Auslegung des Gesellschaftsvertrags und damit auch zur Ermittlung des Gesellschaftsinteresses der Personen- und auch der Kapitalgesellschaft herangezogen werden.[170]

Unter die Beeinträchtigung des Gesellschaftsinteresses kann auch die Beeinträchtigung privater Belange von Mitgesellschaftern fallen. Die nicht-mitgliedschaftlichen Interessen der Mitgesellschafter sind insoweit zu berücksichtigen, als die notwendige Vertrauensbasis, die dem Zusammenschluss zugrunde liegt und auf die die Gesellschaft zur Zweckverfolgung angewiesen ist andernfalls zerstört würde.[171] Eine durch in den Privatbereich fallendes Verhalten zu erschütternde Vertrauensbasis und eine dementsprechende Verbindung von privatem und mitgliedschaftlichem Bereich wird regelmäßig nur bei einer Gesellschaft vorliegen, die eine „echte Arbeitsgemeinschaft" darstellt, also bei einer stark personalistischen Gesellschaft.[172] Da die Gesellschaft hier zu ihrer fortlaufenden Zweckverfolgung in besonderer Weise auf eine intakte Vertrauensbasis der Gesellschafter angewiesen ist, kann eine Beeinträchtigung privater Belange der Mitgesellschafter ausnahmsweise eine Beeinträchtigung der Interessen der Gesellschaft darstellen.[173] Wie sehr ein die Privatinteressen des Mitgesellschafters berührendes Verhalten geeignet ist, die notwendige Vertrauensbasis der Gesellschafter zu zerstören, ist für den Einzelfall festzustellen.

b. Bestimmung der Einwirkungsmacht

Welche Einwirkungsmacht der Gesellschafter bezüglich der Gesellschaftsinteressen konkret hat, ist eine Frage des Einzelfalls. Hier muss eine abstrakte Folgenbetrachtung anhand der dem Treueverpflichteten zustehenden rechtlichen und tatsächlichen Einwirkungsmöglichkeiten vorgenommen werden. Für die abstrakte Bestimmung der Einwir-

---

Henssler/Strohn, Gesellschaftsrecht, 6. Aufl. 2024, § 14 GmbHG Rn. 104. Ausführlich zur Frage, ob neben den Gesellschafterinteressen auch Stakeholderinteressen vom Gesellschaftsinteresse umfasst sein können *Lepiarczyk*, Die materielle Kontrolle des Umwandlungsbeschlusses bei der Kapitalgesellschaft, 2014, 150 ff. Insoweit eine terminologische Abschichtung zwischen rein am Verbandszweck orientiertem Gesellschaftsinteresse und der Diskussion um die Berücksichtigung von Stakeholder-Interessen i.R.d. Unternehmensinteresses empfehlend *Verse/Obradović*, in: MünchKomm AktG, 6. Aufl. 2025, § 186 Rn. 110.

170 Hierzu unten unter § 3.E.III.

171 *Zöllner*, Schranken mitgliedschaftlicher Stimmrechtsmacht, 1963, 349, unter Hinweis auf den Tatbestand in BGH, Urteil v. 30.11.1951, Az. II ZR 109/51, NJW 1952, 461. Vgl. auch *Lutter*, AcP 180 (1980), 84 (128 f.); BGH, Urteil v. 9.11.1972, Az. II ZR 30/70, NJW 1973, 92; aktienrechtlich BGH, Urteil v. 22.6.1992, Az. II ZR 178/90, NJW 1992, 3167 (3171).

172 Vgl. nur *Lutter*, AcP 180 (1980), 84 (128 f.).

173 Der Erfassung privater Belange durch die Treuepflicht vornehmlich in Gesellschaften mit engem Gemeinschaftsverhältnis entspricht damit den Wertungen des ersten Parameters *Zöllners*, der Intensität des Gemeinschaftsverhältnisses, welche die Intensität der Treuepflicht in Bezug auf deren räumlich-zeitlichen Umfang festlegt.

kungsmacht kann der Umfang der Beteiligung des Gesellschafters als Indiz herangezogen werden. Je höher der Umfang der Beteiligung des Gesellschafters ist, desto eher spricht dies für starke rechtliche und tatsächliche Einflussmöglichkeiten auf die Interessen der Gesellschaft.[174] Damit ist nicht gesagt, dass bei Fehlen einer tatsächlichen Einwirkungsmöglichkeit auf die Interessen des Berechtigten überhaupt keine Treuepflicht bestünde.[175] Die Treuepflicht ist dann nach einer Feststellung des Fehlens theoretischer Einwirkungsmöglichkeiten nur deutlich weniger intensiv.

Wie *Zöllner* auch in späteren Ausführungen zur Treuepflicht betont, kann hier eine Korrelation zwischen dem Maß der zwischen den Gesellschaftern getroffenen Vereinbarungen und dem feststellbaren Vertrauen beobachtet werden.[176] Je eher dem Gesellschafter „Freiraum" gelassen wird, dieser also nicht durch ausdrückliche Vereinbarungen in seinen Handlungen beschränkt ist, desto höher ist grundsätzlich das ihm entgegengebrachte Vertrauen der übrigen Gesellschafter.[177]

2. Gegenüber den Mitgesellschaftern

In einigen Konstellationen ist das Gesellschaftsinteresse in seiner Form als „gebündeltes Interesse" aller Gesellschafter nicht betroffen, es lässt sich aber ein Betroffensein der über die „gebündelten Interessen" aller Gesellschafter hinausgehenden Einzelinteressen bestimmter Gesellschafter feststellen. Dies ist insbesondere bei Fragen der Organisation und des Machtgefüges in der Gesellschaft der Fall, wenn die Mehrheit Entscheidungen trifft, die die Rechte der Minderheit beschneiden.[178] Wichtig ist, dass es sich bei den Interessen um „mitgliedschaftliche Interessen" handeln muss, d.h. die Interessen müssen gesellschaftsbezogen sein.[179] Inwiefern dies der Fall ist, muss im Zweifelsfall durch Auslegung ermittelt werden, wobei der Gesellschaftszweck und sonstige gesellschafts-

---

174 Von einem typischen „*Gradmesser der rechtlichen und tatsächlichen Einflussmöglichkeiten*" sprechend *Seibt,* in: Scholz, GmbHG, 13. Aufl. 2022, § 14 Rn. 76; vgl. für den Umfang der Beteiligung als Parameter zur Bestimmung der konkreten Treuepflichtbindung auch BGH, Urteil v. 5.6.1975, Az. II ZR 23/74 („ITT"), NJW 1976, 191 (191) m. Anm. *Ulmer.*

175 Vgl. zu der heute von der g.h.M. abgelehnten „wirkungsbezogenen Treuepflicht" nur *Götze,* in: MünchKomm AktG, 6. Aufl. 2024, Vor. § 53a Rn. 32 m.w.N.

176 Vgl. die Ausführungen *Zöllners* im Diskussionsbericht geführt von *Schumann,* in: Tröger/Wilhelmi, Rechtsfragen der Familiengesellschaften, 2006, 61 (62).

177 Ebd.

178 Vgl. nur *Götze,* in: MünchKomm AktG, 6. Aufl. 2024, Vor. § 53a Rn. 31 f. m.w.N.

179 Vgl. zur Besonderheit bei konzernrechtlichen Sachverhalten BGH, Urteil v. 5.6.1975, Az. II ZR 23/74 („ITT"), NJW 1976, 191(192) m. Anm. *Ulmer*: „*Die gesellschaftsrechtliche Treupflicht ist zwar stets Inhalt eines bestimmten einzelnen Gesellschaftsverhältnisses und deshalb grundsätzlich auch nur auf Rechte, Pflichten und Interessen innerhalb dieser Gesellschaft bezogen.*" S. auch *Winter*, Mitgliedschaftliche Treubindungen im GmbH-Recht, 1988, 19, 188; *Lutter* AcP 180 (1980), 84 (129), wobei *Lutter* auf die ausnahmsweise Berücksichtigungsfähigkeit privater Interessen der Mitgesellschafter i.R.d. Gesellschaftsinteresses „*an ungetrübter Zusammenarbeit*" hinweist.

vertragliche Bestimmungen relevant sind.[180] Für die Bestimmung der Einwirkungsmacht kann hier auf die obigen Ausführungen zur Bestimmung der Einwirkungsmacht bei Betroffensein der Gesellschaftsinteressen verwiesen werden. Entscheidend ist die Feststellung, wie stark der Treueverpflichtete die Interessen der Mitgesellschafter beeinträchtigen könnte.

III. Ausmaß der jeweils eingeräumten Rechtsmacht

Der letzte intensitätsbestimmende Parameter *Zöllners*, das Ausmaß der jeweils eingeräumten Rechtsmacht, liegt inhaltlich nah am zweiten Parameter. Hier geht es um die Stärke der dem Gesellschafter verliehenen Macht, in Mitgesellschafter- und Gesellschaftsinteressen einzugreifen, allerdings nicht aus der Sicht einer Vertrauensbekundung der Mitgesellschafter durch die Verleihung dieser Rechte, sondern der Einräumung der mit dem Recht einhergehenden Macht durch die Rechtsordnung. Die Rechtsordnung geht grundsätzlich davon aus, dass die Ausübung eines Rechts keine unberechtigte Schädigung anderer darstellt.[181] Dies ist nach *Zöllner* in „normalen" Schuldverhältnissen auch grundsätzlich richtig, genüge aber nicht in den Fällen, in denen eine langfristige Einwirkungsmöglichkeit auf fremde Interessen unter sich wandelnden Gegebenheiten bestehe, da dort ein weiter Ermessensspielraum zur Flexibilitätserhaltung gewährt werden müsse.[182] Dies sei im Gesellschafterbereich genau der Fall. Daher ergebe sich aus der gesetzlichen Stärke der Rechtsmacht eines Gesellschafters eine äquivalent hohe Rücksichtnahmepflicht.[183]

IV. Abschließend zur Intensität der Treuepflicht

Keiner dieser Parameter kann die Intensität der Treuepflicht vollständig allein bestimmen, es kommt für die Ermittlung der Intensität im Einzelfall vielmehr auf ihr Zusammenwirken an. Die so festgestellte Intensität der Treuepflicht kann sich in mehrerlei Hinsicht auswirken. Zum einen kann sie den konkreten Umfang bzw. Wirkungsbereich der Treuepflicht, d.h. den Bereich, in welchem die Treuepflicht im Einzelfall relevant wird, beeinflussen. Zum anderen kann sie auf die Konkretisierung des Inhalts der Treuepflicht Einfluss nehmen, indem sie die Gewichtung divergierender Interessen im Abwägungsprozess innerhalb der Entscheidungsfindung des Treueverpflichteten prägt.[184]

---

180 *Seibt*, in: Scholz, GmbHG, 13. Aufl. 2022, § 14 GmbHG, § 14 Rn. 76.
181 *Zöllner*, Schranken mitgliedschaftlicher Stimmrechtsmacht, 1963, 342.
182 Ebd., 342 f.
183 Ebd., 343.
184 Hierzu unten unter § 3.E.II.2.c.(i).(2).

E. Ermittlung des konkreten Inhalts

Die gängigen Beschreibungen des Inhalts der Treuepflicht sind in dieser Arbeit schon genannt worden. In der milderen Variante gebietet die Treuepflicht, bei der Entscheidungsfindung die Interessen des Treueberechtigten zu berücksichtigen.[185] In der intensiveren Variante gebietet sie, ausschließlich das Wohl und Wehe der Gesellschaft in der Entscheidungsfindung zu berücksichtigen.[186] Zudem wurde bereits über die besondere Wirkweise der Treuepflicht gesprochen, die ein Ansetzen in der Entscheidungsfindungsphase des Treueverpflichteten vorsieht.[187]

Im Kern geht es bei der Ermittlung des Inhalts der Treuepflicht darum, zu bestimmen, welches Maß an Zweckförderung und Rücksichtnahme gegenüber der Gesellschaft und welches Maß der Rücksichtnahme gegenüber den Gesellschaftern berechtigterweise vom Treueverpflichteten erwartet werden kann, wobei für den mitgliedschaftlichen Bereich der Gesellschaftsvertrag entscheidend für die Ermittlung der Berechtigung dieser Erwartung ist.[188] Da Gesellschaftsverträge üblicherweise keine ausdrückliche Regelung der Treuepflicht enthalten, muss die Berechtigung der Verhaltenserwartung und damit der Inhalt der Treuepflicht im Einzelfall aus dem Gesellschaftsvertrag, etwaigen einbeziehungsfähigen Nebenvereinbarungen und dem so geschaffenen Gesellschaftsverhältnis ermittelt werden.[189] Eine allgemeingültige Formel für eine exakte „Berechnung" konkret treuepflichtkonformen Verhaltens des Treueverpflichteten lässt sich vor dem Hintergrund der Diversität der durch die Treuepflicht erfassten Gesellschaftsformen, deren jeweiliger Ausgestaltung im Gesellschaftsvertrag, den verschiedenen tatsächlichen Gegebenheiten in der Gesellschaft sowie den unterschiedlichen Anwendungsbereichen der Treuepflicht nicht aufstellen. Rechtsprechung und Literatur haben jedoch Parameter entwickelt, die für die Inhaltskonkretisierung im Einzelfall maßgeblich sein können. Bevor diese dargestellt werden, soll jedoch die umstrittene Frage der Einbeziehungsfähigkeit impliziter

185 Grundsätzlich nur im Gesellschafterbereich, vgl. bspw. für die OHG *Schäfer*, in: Staub, HGB, 6. Aufl. 2024, § 105 Rn. 276 f.; vgl. für die Aktiengesellschaft BGH, Urteil v. 1.2.1988, Az. II ZR 75/87 („Linotype"), NJW 1988, 1579 (1581 f.) m. Anm. *Timm*; BGH, Urteil v. 20.3.1995, Az. II ZR 205/94 („Girmes"), NJW 1995, 1739 (1741).

186 Meist im Geschäftsleiterbereich, vgl. bspw. BGH, Urteil v. 10.2.1977, Az. II ZR 79/75, WM 1977, 361 (Rn. 13); *Fleischer*, WM 2003, 1045 (1045); *Fleischer*, in: BeckOGK AktG, Stand 1.6.2025, § 93 Rn. 148; *Hopt/Roth*, in: Hirte/Mülbert/Roth, Großkomm. AktG, 5. Aufl. 2014, § 93 Rn. 227.

187 Hierzu oben unter § 3.C.I.

188 So für die mitgliedschaftliche Treuepflicht anschaulich BGH, Urteil v. 25.1.2011, Az. II ZR 122/09, NJW 2011, 1667 (Rn. 21): *„Grundlage solcher Treuepflichten eines Gesellschafters kann jedoch stets nur die auf dem konkreten Gesellschaftsverhältnis beruhende berechtigte Erwartungshaltung der übrigen Gesellschafter sein. Der Gesellschaftsvertrag bildet die Grundlage der gesellschafterlichen Treuepflicht und bestimmt damit auch deren Inhalt und Umfang; der einzelne Gesellschafter ist nur insoweit verpflichtet, wie er es im Gesellschaftsvertrag versprochen hat.*" Vgl. auch BGH, Urteil v. 9.6.2015, Az. II ZR 420/13, NJW 2015, 2882 (Rn. 23) m. Anm. *Schimrick*.

189 Hierzu und zur diesbezüglichen Maßgeblichkeit der Auslegung des Gesellschaftsvertrags bereits oben unter § 3.C.II.

Gesellschaftervereinbarungen in den Schutzbereich der mitgliedschaftlichen Treuepflicht geklärt werden.

I. Implizite Vereinbarungen und berechtigte Erwartungen im mitgliedschaftlichen Bereich

In der internationale Rechtsökonomie herrscht seit geraumer Zeit Streit über die Grenzen des allgemeinen, der Funktion der Treuepflicht[190] gerecht werdenden Inhalts der mitgliedschaftlichen Treuepflicht bzw. funktionell ähnlicher Rechtsinstitute anderer Rechtsordnungen, der sich anhand von Konstellationen des innergesellschaftlichen *ex-post* Opportunismus in geschlossenen Gesellschaften vollzieht.[191] Ausgangspunkt ist die Überlegung, dass treuwidriger Opportunismus gegenüber den anderen Gesellschaftern im mitgliedschaftlichen Bereich letztlich stets ein Verhalten verlangt, welches gegen die Abreden der Gesellschafter verstößt.[192] Anhand von Mehrheits-Minderheits-Konflikten wird die sich daran anschließende Frage behandelt, ob ein treuwidriges Verhalten nur dann vorliegt, wenn gegen explizite Vereinbarungen der Gesellschafter verstoßen wird oder ob auch implizite Vereinbarungen und die auf ihnen beruhenden, berechtigten Erwartungen der Gesellschafter Teil des Schutzbereichs der Treuepflicht sind.[193] Diese Debatte lässt sich auf den gesamten Inhalt der mitgliedschaftlichen Treuepflicht übertragen.

Gegen die Einbeziehung impliziter Vereinbarungen in den Schutzbereich der Treuepflicht wird angeführt, dass die Gesellschafter hierdurch dazu animiert würden, die innergesellschaftlichen Verhältnisse und insbesondere die Frage nach dem Verhältnis von innergesellschaftlicher Handlungs- und Gestaltungsfreiheit der Mehrheit und Schutz der Minderheit nicht mehr selbst zu regeln.[194] Für eine Einbeziehung spreche hingegen, dass die Gesellschafter in der Rechtswirklichkeit häufig keine bis ins kleinste Detail ausverhandelten Gesellschaftsverträge, die jede denkbare Konstellation erfassen, formulieren und dies tatsächlich auch gar nicht können.[195] Würde man die Gesellschafter durch die Nichtberücksichtigung impliziter Vereinbarungen hierzu anhalten, wird von den Befürwortern des Schutzes berechtigter Erwartungen zudem der Verlust der notwendigen

---

190 Hierzu oben unter § 3.A.

191 Aus der deutschen Rechtswissenschaft wohl nur *Bachmann/Eidenmüller/Engert et al.*, Rechtsregeln für die geschlossene Kapitalgesellschaft, 2012, 50 ff.; *Klöhn*, AcP (216) 2016, 281 (310 ff.), jeweils m.w.N. aus der englischen, US-amerikanischen und französischen Rechtsökonomie.

192 *Klöhn*, AcP (216) 2016, 281 (310).

193 *Bachmann/Eidenmüller/Engert et al.*, Rechtsregeln für die geschlossene Kapitalgesellschaft, 2012, 50 ff.; *Klöhn*, AcP (216) 2016, 281 (310 ff.), jeweils m.w.N. aus der englischen, US-amerikanischen und teils aus der französischen Rechtsökonomie.

194 Vgl. *O'Kelley*, 87 Nw. U. L. Rev. (1992) 216 (247).

195 *Klöhn*, AcP (216) 2016, 281 (312).

Vertrauensbasis der Gesellschafter befürchtet („*crowding out*").[196] Von *Klöhn* wurde zudem richtigerweise darauf hingewiesen, dass sich auch die Begrenzung auf die Durchsetzung lediglich explizit aufgenommener Regelungen mittels der Treuepflicht dem Vorwurf der fehlenden Rechtssicherheit nicht vollkommen entziehen kann, da diese Regelungen der Auslegung zugänglich sind, also die Gefahr einer Fehlinterpretation durch den treueverpflichteten Gesellschafter oder den entscheidenden Richter besteht.[197]

Richtig ist, dass implizite Vereinbarungen und auf ihnen beruhende Erwartungen der Gesellschafter über die mitgliedschaftliche Treuepflicht zu schützen sind, sofern diese Erwartungen berechtigt, also nicht bloß einseitige Wunschvorstellungen oder vage Hoffnungen sind.[198] Denn die impliziten Vereinbarungen sind zwar nicht ausdrücklich Teil des Gesellschaftsvertrags geworden, da sie nicht unmittelbar in die Willenserklärungen der Gesellschafter aufgenommen wurden. Sie ergeben sich aber mittelbar aus diesen ausdrücklich getroffenen Regelungen. Zieht man die herkömmlichen Funktionsbegründungen der Treuepflicht, die Vertrauenstheorie und die Korrelationstheorie, heran, ergibt sich die Notwendigkeit einer Anwendbarkeit der Treuepflicht auf nicht ausdrücklich geregelte Sachverhalte. Zum Zeitpunkt des Zusammenschlusses vertrauen die Gesellschafter ihren Mitgesellschaftern nämlich bereits durch Gewährung einer gewissen Rechtsmacht in der Gesellschaft bei gleichzeitiger Nichtregelung jeder denkbaren zukünftigen Konstellation implizit einen sorgsamen Umgang mit den Gesellschaftsinteressen und ihren mitgliedschaftlichen Interessen an.[199] Würde man nun vertreten, dass die Gesellschafter außerhalb eindeutig statuierter Grenzen frei von jeglicher Pflicht zur Berücksichtigung fremder Interessen wären, würde dies verkennen, dass die Gesellschafter auch ohne ausdrückliche Aufnahme von abstrakten Verhaltenspflichten in den Vertragstext zum Vertragszeitpunkt erkennbar davon ausgehen, dass innerhalb der Gesellschaft grundlegende Verhaltensstandards gelten, die nicht für jegliche Konstellation einzeln festgeschrieben werden müssen. Letztlich würde man also bei Ablehnung der Schutzwürdigkeit impliziter Vereinbarungen den gemeinsamen Willen der Gesellschafter unberücksichtigt lassen.[200] Der BGH scheint zumindest mittelbar dieser Ansicht zu folgen und gewährt den impliziten Vereinbarungen grundsätzlich Einzug in die Inhaltskonkretisierung der Treuepflicht.[201] Er führt insofern aus, dass Grundlage der Treuepflicht „*stets nur die auf dem*

---

[196] *Blair/Stout*, 149 U. Pa. L. Rev. (2001) 1735 (1806 f.); *Means*, 79 Fordh. L. Rev. (2010) 1161 (1191 f.); so auch *Bachmann/Eidenmüller/Engert et al.*, Rechtsregeln für die geschlossene Kapitalgesellschaft, 2012, 51 f.; *Klöhn*, AcP (216) 2016, 281 (312).

[197] *Klöhn*, AcP (216) 2016, 281 (312).

[198] Vgl. *Bachmann/Eidenmüller/Engert et al.*, Rechtsregeln für die geschlossene Kapitalgesellschaft, 2012, 52.

[199] Hierzu oben unter § 3.A.

[200] *Klöhn*, AcP (216) 2016, 281 (312).

[201] Bzgl. der Zustimmungspflichten des Gesellschafters zur Vertragsänderung ausdrücklich BGH, Urteil

konkreten Gesellschaftsverhältnis beruhende berechtigte Erwartungshaltung der übrigen Gesellschafter sein" kann.[202]

Damit sind zugleich die Grenzen des Inhalts der Treuepflicht angesprochen. Die auf impliziten Vereinbarungen beruhenden Erwartungen sind nur dann *berechtigte* Erwartungen, wenn sie nicht einseitige Wunschvorstellungen oder vage Hoffnungen einer der Vertragsparteien sind.[203] Vielmehr bedarf die Erwartungshaltung einer Legitimierung durch einen gewissen Widerhall im Gesellschaftsvertrag oder in der bisherigen Handhabung des Gesellschaftsverhältnisses. Die mitgliedschaftliche Treuepflicht soll also letztlich nicht eine Idealvorstellung des Gesellschafters über das Verhalten seiner Mitgesellschafter sichern, sondern nur das durch die tatsächlich getroffenen Vereinbarungen und Verhaltensweisen – auch implizit – zugesicherte Verhalten des jeweiligen Gesellschafters. Dabei stellen ausdrücklich festgeschriebene und nicht durch eine anhaltende, schlüssige Vertragspraxis konkludent geänderte [204] Vertragsregelungen erkennbar eine erste Grenze berechtigter Erwartungen dar.[205] Zur Ermittlung der Berechtigung einer Verhaltenserwartung im Bereich fehlender vertraglicher Regelungen müssen nach Maßgabe der BGH-Rechtsprechung zunächst der Gesellschaftsvertrag sowie weitere das Gesellschaftsverhältnis berührende Umstände im Hinblick auf ihnen innewohnende Hinweise für die Existenz einer impliziten Vereinbarung ausgewertet werden. Letztlich geschieht dies durch die Auslegung des Gesellschaftsvertrags und gegebenenfalls seiner Nebenvereinbarungen[206], welche die konkrete Gestalt der Treuepflicht erst „extrapoliert".[207] Die einbeziehungsfähigen Parameter des Gesellschaftsverhältnisses können dabei so vielschichtig sein, wie das Gesellschaftsverhältnis selbst.[208] Als eine die Vielzahl denkbarer Parameter einschränkende Grenze sind aber die Kosten der Ermittlung zu nennen. Sofern die Gesellschafter Erwartungen haben, deren Berechtigung sich nur mit sehr hohem Aufwand verifizieren lässt, ist zu unterstellen, dass die entsprechende Erwartungshaltung

---

v. 25.1.2011, Az. II ZR 122/09, NJW 2011, 1667 (Rn. 21); BGH, Urteil v. 9.6.2015 – II ZR 420/13, NJW 2015, 2882 (Rn. 23) m. Anm. *Schimrick*; s. auch OLG Düsseldorf, Urteil v. 27.6.2014, Az. I-16 U 149/13. So in der Literatur daraufhin etwa auch *Born*, in: Ebenroth/Boujong/Joost/Strohn, HGB, 4. Aufl. 2020, § 109 Rn. 20. Ansatzweise zuvor schon *Zöllner* in einer Diskussion um die Treuepflicht in Familiengesellschaften, vgl. den Diskussionsbericht bei *Schumann*, in: Tröger/Wilhelmi, Rechtsfragen der Familiengesellschaften, 2006, 61 (62).

202 BGH, Urteil v. 25.1.2011, Az. II ZR 122/09, NJW 2011, 1667 (Rn. 21)

203 *Bachmann/Eidenmüller/Engert et al.*, Rechtsregeln für die geschlossene Kapitalgesellschaft, 2012, 52; *Klöhn*, AcP (216) 2016, 281 (312 f.).

204 Etwa zur Änderung des Unternehmensgegenstandes durch schlüssiges Verhalten in Personengesellschaften BGH, Urteil v. 21.2.1978, Az. KZR 6/77, NJW 1978, 1001 (1001).

205 *Klöhn*, AcP (216) 2016, 281 (311 f.).

206 Zur Maßgeblichkeit von Nebenvereinbarungen für den Inhalt der Treuepflicht unten unter § 3.E.III.

207 Hierzu oben unter § 3.C.II.

208 Vgl. insoweit auch die Aufzählung abwägungsrelevanter Umstände, die von Rechtsprechung und rechtswissenschaftlicher Literatur für die Inhaltskonkretisierung der Treuepflicht angeführt werden unten unter § 3.E.II.2.c.

nicht berechtigt ist.[209]

Letztlich lässt sich für den Inhalt der Treuepflicht im mitgliedschaftlichen Bereich damit festhalten, dass dieser sich aus den von den Gesellschaftern in das Gesellschaftsverhältnis eingebrachten, berechtigten Erwartungen hinsichtlich gegenseitigen Verhaltens speist.[210] Dies gilt sowohl für das Maß der Zweckförderung bzw. der vertikalen Treuepflicht als auch für das Maß der gegenseitigen Rücksichtnahmepflichten bzw. horizontalen Treuepflicht. Versucht man diese Feststellung mit der Wirkweise der Treuepflicht in Einklang zu bringen, scheint damit auf den ersten Blick ein Widerspruch zu bestehen. Denn die Treuepflicht hat eine teilweise „offene" Wirkweise, sodass dem Treueverpflichteten eigentlich nur eine Abwägung der Interessen des Treueberechtigten mit Eigeninteressen oder eine ausschließliche Orientierung an den Interessen des Treueberechtigten abverlangt wird, ohne eine konkrete Handlung zu fordern. Genau eine solche scheint aber die „berechtigte Erwartung" vorzugeben. Dem ist aber nicht so. Die Erwartung der Gesellschafter wird in den wenigsten Fällen auf eine konkrete Handlung bzw. Unterlassung gerichtet sein. Vielmehr geht es darum, wie sehr die Gesellschafter voneinander allgemein die Einbeziehung der Gesellschafts- und Mitgesellschafterinteressen in ihren Entscheidungsprozess einfordern, also um die Bestimmung einer abstrakten Rücksichtnahmeerwartung. Zwar mag es im Einzelfall eine Konkretisierung der Erwartung auf eine einzige treuekonforme Handlung geben, insbesondere bei Handlungspflichten.[211] Auch in solchen Fällen ergibt sich die konkret geschuldete Handlung aber aus einer Pflicht des Treueverpflichteten, die Interessen des Treueberechtigten angemessen zu berücksichtigen. Die Treuepflicht verengt hier bei ordnungsgemäßer Einbeziehung der berechtigten Erwartungen den Spielraum des Gesellschafters von vornherein so stark, dass nur eine bestimmte Handlung bzw. Unterlassung den Erwartungen an eine Interessenberücksichtigung gerecht wird.[212]

II. Inhaltskonkretisierung in der Rechtsprechung und Literatur

Nachdem feststeht, dass die Treuepflicht im mitgliedschaftlichen Bereich nicht nur die ausdrücklichen Vereinbarungen der Gesellschafter schützt, sondern zudem auch die impliziten Vereinbarungen und darauf beruhende berechtigte Erwartungen der Mitgesellschafter, sind die in Rechtsprechung und Literatur entwickelten Maßstäbe zur Inhalts-

---

209 *Klöhn*, AcP (216) 2016, 281 (312 f.); s. auch *Armour/Whincop*, 26 J. Corp. L. (2001), 983 (989); s. auch aus der Perspektive der erhöhten Prozesskosten und unter Nennung internationaler Lösungsmodelle *Bachmann/Eidenmüller/Engert et al.*, Rechtsregeln für die geschlossene Kapitalgesellschaft, 2012, 52 f.

210 Insoweit zur Modifikationsmöglichkeit der Gesellschafter unten unter § 3.G.

211 Hierzu unten unter § 3.E.IV.

212 Hierzu auch unten unter § 3.E.IV.

konkretisierung im Einzelfall zu untersuchen. Hier ist in einem ersten Schritt insbesondere entscheidend, welcher Interessenkreis in der konkreten Situation betroffen ist. Für den betroffenen Interessenkreis ist – aus der Sicht des Treueverpflichteten – zwischen dem *fremden* und dem *auch-fremden* Interessenkreis zu unterschieden. Die Unterscheidung erfolgt also danach, ob berechtigte Eigeninteressen des Treueverpflichteten berührt sind.

1. Fremder Interessenkreis/Uneigennützige Rechte

a. Allgemeines und Einordnung organschaftlichen Handelns

Bei Handeln im fremden Interessenkreis sind grundsätzlich nur berechtigte Interessen des Treueberechtigten berührt. Prominentestes Beispiel ist die tägliche Geschäftsführung, unabhängig davon, ob sie durch einen Gesellschafter oder einen Fremdgeschäftsführer erfolgt. In diesem Fall sind primär die (Vermögens-)Interessen der Gesellschaft betroffen, der Treueverpflichtete entscheidet in diesem Bereich über eine ausschließlich dem Treueberechtigten zugewiesene Rechtsposition. Er hat daher beim oben beschrieben Abwägungsprozess im Rahmen seiner Entscheidungsfindung ausschließlich das Wohl und Wehe der Gesellschaft anzusetzen.[213] Parallel vorliegende Eigen- oder Drittinteressen dürfen hier nur Einfluss finden, sofern sie den Interessen der Gesellschaft nicht entgegenstehen.[214]

Die Organmitglieder handeln bei Ausübung der ihnen zustehenden Befugnisse grundsätzlich ausschließlich im fremden Interessenkreis, sodass sie ausschließlich das Gesellschaftsinteresse in ihrer Entscheidungsfindung anzusetzen haben. Für die organschaftliche Treuepflicht sind jedoch auch Grenzen anerkannt, die den unbedingten Vorrang des Gesellschaftsinteresses ausnahmsweise aussetzen. So darf der Treueverpflichtete bei Verhandlung über oder Verlängerung seines Anstellungsvertrages zuvorderst seine eigenen wirtschaftlichen Interessen ansetzen.[215] Zudem setzen das Recht auf freie Entfaltung der Persönlichkeit und auf Privatsphäre der Treuepflicht Grenzen.[216]

---

213 Vgl. die Nachweise bei *Mann*, Abdingbarkeit und Gegenstand der gesellschaftsrechtlichen Treuepflicht, 2018, 43 f.

214 *Zöllner*, Schranken mitgliedschaftlicher Stimmrechtsmacht, 1963, 344, 346; *Lutter*, AcP 180 (1980), 84 (116); *Winter*, Mitgliedschaftliche Treubindungen im GmbH-Recht, 1988, 20, 121; *Immenga*, in: FS 100 Jahre GmbHG, 1992, 189 (200); *Wiedemann*, GesR Bd. I, 1980, 434 f.; *Schäfer*, in: MünchKomm BGB, 9. Aufl. 2024, § 705 Rn. 278.

215 H.M., vgl. *Fleischer*, WM 2003, 1045 (1047); *ders.*, in: MünchKomm GmbHG, 4. Aufl. 2023, § 43 Rn. 203; strenger *Ziemons*, in: Michalski/Heidinger/Leible/J. Schmidt, GmbHG, 4. Aufl. 2023, § 43 Rn. 223 f.; *Hopt/Roth*, in: Hirte/Mülbert/Roth, Großkomm. AktG, 5. Aufl. 2014, § 93 Rn. 243 ff.

216 *Cahn*, in: KölnKomm AktG, 4. Aufl. 2023, § 93 Rn. 113; *Hopt/Roth*, in: Hirte/Mülbert/Roth, Großkomm. AktG, 5. Aufl. 2014, § 93 Rn. 235; *Ziemons*, in: Michalski/Heidinger/Leible/J. Schmidt, GmbHG, 4. Aufl. 2023, § 43 Rn. 222.

b. Bestimmung des Interessenkreises als fremd im Gesellschafterbereich

Schwieriger als im Organbereich ist die Bestimmung des Interessenkreises als ausschließlich fremd im mitgliedschaftlichen Bereich, also bei Handeln der Gesellschafter. Für die im fremden Interessenkreis eingeräumten Rechte der Gesellschafter ist die Bezeichnung als *uneigennützige* Rechte gebräuchlich.[217] Diese Rechte sind dem Gesellschafter verliehen worden, um den Gesellschaftszweck zu fördern und eben nicht, um seine Eigeninteressen zu verfolgen.[218] Er hat daher bei der Ausübung dieser Rechte den Gesellschaftsinteressen den absoluten Vorrang in seinem inneren Entscheidungsprozess einzuräumen, zur Berücksichtigung parallel vorliegender Eigeninteressen fehlt insoweit die Berechtigung. Neben der Geschäftsführungs- und Vertretungsbefugnis werden zur Kategorie der uneigennützigen Rechte üblicherweise das Stimm- und Weisungsrecht in Angelegenheiten der Geschäftsführung, das Widerspruchsrecht in Bezug auf Geschäftsführungsangelegenheiten, das Recht zur Erhebung von Auflösungs- und Ausschließungsklagen, das Recht zur Entziehung von Geschäftsführungs- und Vertretungsbefugnis und die Feststellung des Jahresabschlusses gezählt.[219]

Richtig ist insoweit, dass die vorgenannten Rechte grundsätzlich den Interessen der Gesellschaft zu dienen bestimmt sind. Dem Gesellschafter wurden sie üblicherweise zur Erfüllung seiner Zweckförderpflicht verliehen.[220] Allerdings kann dies im Einzelfall auch anders sein. Die Frage, ob ein Recht dem Gesellschafter nicht doch (auch) zur Verfolgung eigener Interessen eingeräumt wurde, sodass die Ausübung nicht allein im *fremden* Interessenkreis liegt, ist stets eine solche des Einzelfalls. Insofern ist im Zweifel durch Auslegung zu ermitteln, wem die Verleihung des Rechts nach dem Gesellschafterwillen dienen soll.[221] Dabei ist zu beachten, dass der Übergang zwischen eigennützigen und uneigennützigen Rechten fließend sein kann.[222] Dies gilt insbesondere für Stimmrechte, was eine genaue Interessenkreiseinordnung des Beschlussgegenstandes[223] notwendig macht.[224]

Unter das Handeln im fremden Interessenkreis, bei welchem eine Einstellung eigener Interessen in den Entscheidungsprozess des Treueverpflichteten nur nachrangig erfol-

---

217 Zur Einordnung der uneigennützigen Rechte in den fremden Interessenkreis *Immenga*, in: FS 100 Jahre GmbH, 1992, 189 (199 f.). Teilweise werden diese Rechte auch „Pflichtrechte" genannt.

218 Schon früh die Wichtigkeit der Nähe des verliehenen Rechts zur Zweckverfolgung betonend *Zöllner*, Schranken mitgliedschaftlicher Stimmrechtsmacht, 1963, 344 ff.

219 Vgl. *Schäfer*, in: Habersack/Schäfer, Das Recht der OHG, 2. Aufl. 2019, § 105 Rn. 232, 235; s. auch die Auflistung der *„eigennützigen Handlungspflichten"* bei *Michalski*, NZG 1998, 460.

220 *Geibel*, in: BeckOGK BGB, Stand 15.12.2024, § 705 Rn. 303.

221 So auch *Geibel*, in: BeckOGK BGB, Stand 15.12.2024, § 705 Rn. 304.

222 *Zöllner*, Schranken mitgliedschaftlicher Stimmrechtsmacht, 1963, 344 f.

223 Hierzu auch unten unter § 3.E.V.1.

224 Vgl. *Raiser*, in: Habersack/Casper/Löbbe, GmbHG Großkomm., 3. Aufl. 2019, § 14 Rn. 88.

gen darf, werden auch das Wettbewerbsverbot[225] und die Geschäftschancenlehre[226] gefasst. In beiden Fällen sind zwar auch die Vermögensinteressen des Treueverpflichteten berührt, verliert dieser doch die Möglichkeit, eine (günstige) Geschäftsbeziehung einzugehen. Hier kollidieren die Interessen des Treueverpflichteten aber schon so offensichtlich und stark mit denen des Treueberechtigten, dass eine ausschließliche Orientierung am Wohl und Wehe der Gesellschaft geboten ist, welche zwangsläufig in einer – im Falle des Wettbewerbsverbots gesetzlich in § 117 Abs. 1 HGB verankerten – Unterlassungspflicht mündet, ohne dass es eines Abwägungsprozesses bedarf.[227] Der geschäftsführende Gesellschafter bzw. Fremdgeschäftsführer kann aber vom Wettbewerbsverbot und der Anwendung der Geschäftschancenlehre befreit werden, wobei die Einzelheiten umstritten sind.[228]

2. Auch-fremder Interessenkreis/Eigennützige Rechte

Bei Handeln des Gesellschafters im auch-fremden Interessenkreis ist hingegen feingliedriger vorzugehen. Handeln im auch-fremden Interessenkreis liegt immer dann vor, wenn nicht nur die Interessen des Treueberechtigten, sondern auch berechtigte Interessen des Treueverpflichteten betroffen sind.[229]

a. Grundsätzliches

Für die Gesellschafterrechte, die in den auch-fremden Rechtskreis fallen, wird häufig die Bezeichnung *eigennützige* oder *auch-eigennützige* Rechte gewählt.[230] Solche eigennützigen Gesellschafterrechte sind beispielsweise – wiederum unter dem Vorbehalt der Bestimmung qua Auslegung im Einzelfall – Vermögensrechte auf Gewinn, Auseinandersetzungsguthaben und Aufwendungsersatz, Kontrollrechte wie etwa das Stimmrecht außerhalb von Geschäftsführungsangelegenheiten und das Recht auf Einsicht in die

---

225 Für die Aktiengesellschaft vgl. § 88 Abs. 1 AktG. Für die GmbH existiert eine solche ausdrückliche Regelung nicht. § 71 GmbHG RegE 1971 sah die Kodifizierung vor, ist aber nicht Gesetz geworden. Stattdessen wird das Wettbewerbsverbot aus der Treuepflicht hergeleitet und auf die entsprechende Anwendung des § 88 Abs. 1 AktG gestützt, vgl. *Paefgen*, in: Habersack/Casper/Löbbe, GmbHG Großkomm., 3. Aufl. 2020, § 43 Rn. 82 ff. m.w.N.

226 BGH, Urteil v. 23.9.1985, Az. II ZR 257/84, NJW 1986, 584; BGH, Urteil v. 8.5.1989, Az. II ZR 229/88, NJW 1989, 2687; zur Anwendbarkeit auf die GbR vgl. BGH, Urteil v. 4.12.2012, Az. II ZR 159/10, NZG 2013, 216; allg. zur Geschäftschancenlehre *Fleischer*, NZG 2013, 361.

227 Hierzu schon oben unter § 3.C.I.

228 Vgl. statt vieler *Paefgen*, in: Habersack/Casper/Löbbe, GmbHG Großkomm., 3. Aufl. 2020, § 43 Rn. 103 m.w.N.

229 Hierzu sogleich.

230 Vgl. nur *Schäfer*, in: MünchKomm BGB, 9. Aufl. 2024, § 705 Rn. 279; *Geibel*, in: BeckOGK BGB, Stand 15.12.2024, § 705 Rn. 304.

Geschäftsunterlagen und Rechnungslegung. [231] Eines der stärksten eigennützigen Rechte ist das Kündigungsrecht des Gesellschafters, durch welches er die gemeinsame Zweckverfolgung mit den anderen Gesellschaftern beendet.[232] Zudem können den Gesellschaftern in ihrem Interesse Sonderrechte im Gesellschaftsvertrag zugesprochen werden, die dann als eigennützig einzuordnen sind.[233]

Die eigennützigen Rechte sind dem Gesellschafter nicht verliehen worden, um durch ihre Ausübung den Gesellschaftszweck zu fördern. Vielmehr wird die Auslegung des Gesellschaftsvertrags regelmäßig ergeben, dass die o.g. Rechte vornehmlich dem Interesse des Gesellschafters selbst dienen sollen, sei es zur Gestaltung der Gesellschaft, an welcher er sich beteiligt hat oder zur Kontrolle des Umgangs der Geschäftsleitung mit seinem in der Gesellschaft liegenden Vermögen.[234] Damit fallen diese Rechte zuvorderst in seinen Rechts- und Interessenkreis. Bei ihrer Ausübung nimmt der Gesellschafter aber Einfluss auf die Angelegenheiten der Gesellschaft und seiner Mitgesellschafter, sodass auch deren Interessenkreise betroffen sind. Als Beispiel mag das Stimmrecht zur Änderung des Gesellschaftsvertrags dienen. Ein Gesellschafter, der die nötige Stimmacht zur alleinigen Änderung des Gesellschaftsvertrags innehat, kann in Eigenregie die gesamte Struktur der Gesellschaft, also das Fundament des Zusammenschlusses der Gesellschafter ändern. So kann er die Rechte seiner Mitgesellschafter beschneiden oder die Struktur der Gesellschaft allein an seinen Eigeninteressen ausrichten. Die Stimmrechtsausübung ginge also mit einem erheblichen Eingriff in den Interessenkreis der Mitgesellschafter einher. Gleiches gilt für einen Minderheitsgesellschafter, dem eine Sperrminorität für Änderungen des Gesellschaftsvertrags zukommt. Er kann beispielsweise zur erfolgreichen Zweckverfolgung notwendige Anpassungen des Gesellschaftsvertrags verhindern und die Gesellschafts- und Mitgesellschafterinteressen so erheblichen Gefahren aussetzen. Bei Ausübung der eigennützigen Gesellschafterrechte ist also häufig auch der *fremde* Interessenkreis berührt.

Bei Handeln im auch-fremden Interessenkreis greift zunächst die mildere Variante der Treuepflicht. Wenn ein Handeln im auch-fremden Interessenkreis vorliegt, ist den berührten Interessen des Treueberechtigten im oben beschriebenen Abwägungsprozess i.R.d. Entscheidungsfindung nicht *per se* der Vorrang vor den Eigeninteressen zu gewähren.[235] Der Treueverpflichtete muss die Interessen des Treueberechtigten innerhalb seiner Entscheidungsfindung grundsätzlich lediglich berücksichtigen, sie also in seinen inneren Abwägungsprozess einstellen. Eine Durchsetzung seiner eigenen Interessen zum Nachteil

---

231 Vgl. nur *Schäfer*, in: MünchKomm BGB, 9. Aufl. 2024, § 705 Rn. 279.
232 Vgl. *Schäfer*, in: Staub, HGB, 6. Aufl. 2024, § 132 Rn. 17.
233 Vgl. etwa *Sanders*, in: BeckOGK HGB, Stand 15.4.2025, § 105 Rn. 409.
234 Vgl. nur *Geibel*, in: BeckOGK BGB, Stand 15.12.2024, § 705 Rn. 303.
235 BGH, Urteil v. 9.6.1954, Az. II ZR 70/53, BGHZ 14, 25 (Rn. 31).

der Interessen des Treueberechtigten im Abwägungsprozess ist nicht nur nicht ausgeschlossen, sondern stellt vielmehr den Regelfall dar.[236] Grundsätzlich hat die Treuepflicht damit im auch-fremden Interessenkreis nur eine leicht beschränkende Wirkung.[237]

b. Willkürverbot, Verhältnismäßigkeitsgrundsatz

Wie stark die divergierenden Interessen der Gesellschaft oder Mitgesellschafter im Abwägungsprozess genau zu gewichten sind, hängt letztlich von den Umständen des Einzelfalls ab. Der Treueverpflichtete darf gegenüber Gesellschaft und Mitgesellschaftern jedenfalls nicht willkürlich, also ohne hinreichenden Sachgrund handeln.[238] Sollte keine Willkür vorliegen, dürfen die Interessen des Treueberechtigten nur insoweit beeinträchtigt werden, wie dies in einem angemessenen Verhältnis zu dem erstrebten Zweck steht (Verhältnismäßigkeit).[239]

Für die Verhältnismäßigkeitsprüfung müssen vom Treueverpflichteten auf einer ersten Stufe die betroffenen Interessen der Gesellschaft, die gesellschaftsbezogenen Interessen der Mitgesellschafter und sogar etwaige schützenswerte Interessen Dritter ermittelt und sich bewusstgemacht werden.[240] Sodann hat der Treueverpflichtete unter Berücksichtigung der Intensität der Treuepflicht und der Wirkungsdauer und -stärke der voraussichtlichen Interessenbeeinträchtigung auf der zweiten Stufe nach für ihn gleich geeigneten Mitteln zur Erreichung seines Ziels, welche das Gesellschafts- und die Mitgesellschafterinteressen aber weniger stark beeinträchtigen, zu suchen.[241] Je eher gleich geeignete Alternativen zur Verfügung stehen, die die Interessen des Treueberechtigten tendenziell weniger beeinträchtigen, desto eher verliert sein eigenes Interesse an der konkreten Maßnahme an Schutzwürdigkeit.[242] Zuletzt sind die so auf der ersten Stufe ermittelten und innerhalb der zweiten Stufe überprüften Interessen in einer

---

236 Vgl. etwa *Sanders*, in: BeckOGK HGB, Stand 15.4.2025, § 105 Rn. 409.

237 *Schäfer*, in: Habersack/Schäfer, Das Recht der OHG, 2. Aufl. 2019, § 105 Rn. 230 f., 235; *Wiedemann*, GesR Bd. I, 1980, 431 ff. Hierzu auch unten unter § 3.E.IV.

238 Vgl. *Hueck*, in: FS Hübner, 1935, 72 (81 f.); *Schäfer*, in: Staub, HGB, 6. Aufl. 2024, § 105 Rn. 272, 275; *ders.*, in: MünchKomm BGB, 9. Aufl. 2024, § 705 Rn. 279.

239 Ebd.; s. auch BGH, Urteil v. 5.7.1999, Az. II ZR 126/98, NJW 1999, 3197 (3198). So auch schon *Lutter*, AcP 180 (1980), 84 (116); s. auch *Wiedemann*, GesR Bd. I, 1980, 435; *Lieder*, in: Michalski/Heidinger/Leible/J. Schmidt, GmbHG, 4. Aufl. 2023, § 13 Rn. 159 m.w.N.

240 Das nachfolgende dreistufige System wurde – soweit ersichtlich – in dieser Klarheit für die Treuepflicht in anderer Reihenfolge erstmals von *Hennrichs*, AcP 195 (1995), 221 (248 ff.), aus der Sicht des entscheidenden Richters entwickelt, folgt aber weitestgehend der Verhältnismäßigkeitsprüfung im öffentlichen Recht. Die Anwendung der Verhältnismäßigkeitsprüfung i.R.d. Treuepflicht ist allgemein anerkannt, s.o.; vgl. vorher auch schon (bezogen auf Mehrheits-Minderheitskonflikte) *Dreher*, DStR 1993, 1632 (1634); s. auch *Hey*, Freie Gestaltung in Gesellschaftsverträgen und ihre Schranken, 2004, 333 f.; wie hier *Haunschild*, Die Abdingbarkeit der Treuepflicht im Gesellschaftsrecht, 2018, 36 f.

241 Zuletzt *Haunschild*, Die Abdingbarkeit der Treuepflicht im Gesellschaftsrecht, 2018, 37.

242 *Haunschild*, Die Abdingbarkeit der Treuepflicht im Gesellschaftsrecht, 2018, 37.

Verhältnismäßigkeitsprüfung im engeren Sinne durch den Gesellschafter gegeneinander abzuwägen.[243] Letztlich geht es bei dieser Abwägung darum, zu ermitteln, welcher Grad der Loyalität und Rücksichtnahme in der konkreten Situation „*von dem Treueverpflichteten aufgrund seines - auf gegenseitig* [sic] *angelegten - Versprechens auf Unternehmenszweckförderung und seiner Teilhabe an dem zur Verfolgung des statutarischen Zwecks bestehenden Gemeinschaftsverhältnis vom Treuepflichtberechtigten erwartet werden darf.*“[244] Maßgeblich sind hier dann die schon angesprochenen konkreten Umstände des Einzelfalls, insbesondere die Zweckverfolgungsnähe, die Schutzwürdigkeit des verfolgten Ziels des Treueverpflichteten, der Grad der Beeinträchtigung der Interessen des Treueberechtigten und die Intensität der Treuepflicht.[245]

c. Typische abwägungsrelevante Umstände

Eine abstrakte und abschließende Aufzählung der abwägungsrelevanten Umstände ist nicht möglich, nachfolgend sollen aber die üblicherweise wichtigsten Faktoren näher untersucht werden. Dabei ist zwischen der Abwägung mit Gesellschaftsinteressen und mit Mitgesellschafterinteressen zu unterscheiden. Bei der Abwägung bleibt unabhängig von der Person des Treueberechtigten aber stets zu beachten, dass die Geltendmachung der eigennützigen Gesellschafterrechte grundsätzlich eine Durchsetzung eigener Interessen erlaubt, sodass für eine Durchsetzung der Interessen des Treueberechtigten gewichtige Umstände zu verlangen sind.

(i). Gegenüber der Gesellschaft

(1). Zweckverfolgungsnähe

Ist der Interessenkreis der Gesellschaft berührt, ist vor allem die Nähe des vom Gesellschafter ausgeübten Rechts zum Gesellschaftszweck entscheidend. Dabei geht es zum einen um eine abstrakte Nähe des auszuübenden Rechts, wie sehr dieses also eher den eigennützigen oder uneigennützigen Rechten zuzuordnen ist, zum anderen um eine konkrete Folgenbetrachtung der geplanten Rechtsausübung durch den Gesellschafter. Je näher das Recht nach der Auslegung des Gesellschaftsvertrags den uneigennützigen,

---

243 *Hennrichs*, AcP 195 (1995), 221 (252 f.); *Haunschild*, Die Abdingbarkeit der Treuepflicht im Gesellschaftsrecht, 2018, 37.

244 *Selbt*, In: Scholz, GmbHG, 13. Aufl. 2022, § 14 Rn. 68, unter Hinweis auf OLG Düsseldorf, Urteil v. 14.3.1996, Az. 6 U 119/94, ZIP 1996, 1083 (1087); s. auch *Lutter*, AcP 180 (1980), 84 (102 f.).

245 Zuletzt BGH, Teilversäumnis- und Endurteil v. 14.2.2019, Az. IX ZR 149/16, NJW 2019, 1289 (Rn. 19); *Lieder*, in: Michalski/Heidinger/Leible/J. Schmidt, GmbHG, 4. Aufl. 2023, § 13 Rn. 155 ff. m.w.N.

zur Zweckförderung verliehenen Rechten steht und je eher die Ausübung geeignet ist, die erfolgreiche Zweckverfolgung zu verhindern oder zu erschweren, desto höher sind die Interessen der Gesellschaft zu gewichten.[246]

(2). Intensität der Treuepflicht

Der Aspekt der abstrakten Intensität der Treuepflicht ist i.R.d. Abwägung naturgemäß ebenfalls zu beachten, wenn er auch durch die Einbeziehung der Zweckverfolgungsnähe des Gesellschafterrechts schon Einfluss auf in die Abwägung nimmt. Je höher die Intensität der Treuepflicht durch eine tendenziell personalistische Realstruktur der Gesellschaft und eine dem Gesellschafter eingeräumte Rechtsmacht bezüglich der Gesellschaftsinteressen als Ausdruck des gegenseitigen Vertrauens der Gesellschafter letztlich ist, desto eher ist dem Gesellschafter eine erhöhte Pflicht zur Rücksichtnahme auf das Verbandsinteresse zuzumuten.[247]

(3). Situative Aspekte und in der Person des Gesellschafters liegende Umstände

Zu diesen jeder Abwägung zugrundeliegenden Faktoren treten situative Aspekte, die insbesondere für die konkrete Folgenbetrachtung des Gesellschafterhandelns wichtig sind. Wenn die Gesellschaft sich etwa in einer wirtschaftlichen Schieflage befindet, kann dem Gesellschafter eher abverlangt werden, dass er seine eigenen Interessen zeitweise zurückstellt und denen der Gesellschaft Vorrang einräumt.[248]

Je nach Sachverhalt können nach umstrittener Ansicht auch Umstände in der Person des Gesellschafters Abwägungsrelevanz erlangen, etwa besondere Verdienste des betroffenen Gesellschafters um die Gesellschaft oder die Dauer seiner Mitgliedschaft.[249] Dieser Ansicht ist zu folgen, sofern sich hieraus ein berechtigtes Vertrauen dieses Gesellschafters ergibt, dass seine Verdienste um die Gesellschaft und seine lange Verbundenheit mit selbiger von den übrigen Gesellschaftern insbesondere im Rahmen von Ausschließungssachverhalten berücksichtigt werden, was aber grundsätzlich der Fall ist.

---

246 *Zöllner*, Schranken mitgliedschaftlicher Stimmrechtsmacht, 1963, 344 ff.; *Schäfer*, in: Habersack/Schäfer, Das Recht der OHG, 2. Aufl. 2019, § 105 Rn. 232, 235; *Beurskens*, in: Noack/Servatius/Haas, Beck'scher KK GmbHG, 24. Aufl. 2025, § 13 Rn. 63; *Wiedemann*, GesR Bd. I, 1980, 434 f.

247 Vgl. *Schäfer* in: Staub, HGB, 6. Aufl. 2024, § 105 Rn. 273.

248 Vgl. nur etwa *Sanders*, in: BeckOGK HGB, Stand 15.4.2025, § 105 Rn. 411.

249 H.M. für die Abwägung in Ausschlusssachverhalten, vgl. *Seibt*, in: Scholz, GmbHG, 13. Aufl. 2022, Anh. § 34 Rn. 33 m.w.N.; wohl a.A. *Stefanink/Punte*, GWR 2018, 403 (406).

(ii). Gegenüber den Mitgesellschaftern

Eigenständige Bedeutung erlangt der Schutz der Mitgesellschafterinteressen nur, sofern nicht zugleich die inhaltsgleichen Interessen der Gesellschaft negativ berührt sind.[250] Eine Beeinträchtigung privater Belange fällt wegen der potenziell vertrauenszerstörenden Wirkung – wie gesehen[251] – wenn überhaupt unter die Beeinträchtigung des Gesellschaftsinteresses, sodass die Beeinträchtigung der privaten Gesellschafterinteressen hier keine eigenständige Bedeutung erlangt. Der Mitgesellschafter kann aber in mitgliedschaftlichen Interessen beeinträchtigt werden, selbst wenn das Gesellschaftsinteresse nicht negativ berührt ist. Eine solche Konstellation ist etwa bei der Beschneidung von Gesellschafterrechten der Minderheitsgesellschafter durch den Mehrheitsgesellschafter, der hierzu seine Stimmmehrheit ausnutzt, gegeben.[252]

Für die Abwägung können hier die schon für das Gesellschaftsinteresse genannten Aspekte eine Rolle spielen. Besonders hervorzuheben ist dabei das durch die tatsächliche Ausgestaltung der Gesellschaft begründete Näheverhältnis, das Anhaltspunkte dafür bietet, wie „eng" die Zusammenarbeit zwischen den Gesellschaftern sein soll und wieviel Rücksichtnahme auf die gegenseitigen Belange dabei geschuldet wird. Darüber hinaus können ein durch besondere Maßnahmen geschaffenes Vertrauen in ein bestimmtes Verhalten[253] bzw. tatsächliche Umstände aus der Vergangenheit des Gesellschaftsverhältnisses, die ein persönliches Vertrauen begründet haben[254], einzubeziehen sein. Weiterhin können die Teilnahme bzw. die Verweigerung der Teilnahme an unbedingt notwendigen Sanierungsmaßnahmen eine Rolle für Ausschließungssachverhalte spielen.[255]

Insbesondere in Mehrheits-Minderheitskonflikten, in denen der Mehrheitsgesellschafter die Gesellschafterrechte – zumindest vordergründig – im Interesse der Gesellschaft beschneiden will, ist für die Abwägung wichtig, ob die Maßnahme zur Wahrung der Interessen der Gesellschaft geeignet ist (Geeignetheit) und ob nicht ähnlich wirksame Alternativmaßnahmen existieren, die die Minderheitsgesellschafter weniger belasten (Erfor-

---

[250] *Schäfer*, in: Habersack/Schäfer, Das Recht der OHG, 2. Aufl. 2019, § 105 Rn. 236.

[251] Hierzu oben unter § 3.D.II.1.a.

[252] Hierzu schon oben unter § 3.D.II.2.

[253] *Seibt*, in: Scholz, GmbHG, 13. Aufl. 2022 § 14 Rn. 76; *Lieder*, in: Michalski/Heidinger/Leible/J. Schmidt, GmbHG, 4. Aufl. 2023, § 13 Rn. 155.

[254] *Geibel*, in: BeckOGK BGB, Stand 15.12.2024, § 705 Rn. 300.

[255] So wird es als treuwidrig erachtet, wenn Gesellschafter sich einer dringend notwendigen Sanierungsmaßnahme entgegenstellen, gleichzeitig aber nicht aus der Gesellschaft ausscheiden wollen, vgl. zuletzt BGH, Urteil v. 9.6.2015, Az. II ZR 420/13 („Sanieren oder Ausscheiden III"), NJW 2015, 2882 (Rn. 22 f.) m.w.N. auch zu vorigen Urteilen. Dabei geht es eigentlich um die treuwidrige Verweigerung der Zustimmung zum eigenen Ausscheiden des Gesellschafters, die Unzumutbarkeit der Weiterarbeit mit dem sich der Sanierung verweigernden Gesellschafter ergibt sich aber (mittelbar) aus der Verweigerung einer für das Gesellschaftsinteresse förderlichen Maßnahme, von der der unwillige Gesellschafter später ohne eigene Leistung profitieren würde. Hierzu unten unter § 3.E.V.4.

derlichkeit).[256]

III. Einfluss von Nebenvereinbarungen

Ist der Gesellschaftsvertrag meist der Standort, an welchem die Gesellschafter den Großteil der gesellschaftsrelevanten Fragen regeln und der folglich die wichtigste Quelle für die Ermittlung und Bestimmung treuepflichtrelevanter Parameter ist, so finden sich in der Praxis neben dem Gesellschaftsvertrag doch häufig schuldrechtliche Nebenabreden mit Gesellschaftsbezug, die einige oder alle Gesellschafter geschlossen haben. Der Regelungsinhalt und -umfang kann dabei stark unterschiedlich ausfallen. Es stellt sich die Frage nach dem Verhältnis von Treuepflicht und Nebenvereinbarungen.[257]

Zunächst ist hier festzustellen, dass omnilaterale Nebenvereinbarungen – nach hiesiger Ansicht auch in Kapitalgesellschaften – zur Auslegung des Gesellschaftsvertrags herangezogen werden können.[258] Da die Auslegung des Gesellschaftsvertrags der Treuepflicht grundsätzlich vorgeschaltet ist,[259] nehmen die Nebenvereinbarungen zumindest mittelbar schon über die Auslegung des Gesellschaftsvertrags Einfluss auf die Treuepflicht.

In Personengesellschaften können Nebenvereinbarungen, an denen sich sämtliche Gesellschafter beteiligt haben, wegen fehlender Formerfordernisse einen Gesellschafterbeschluss zur Änderung des Gesellschaftsvertrags darstellen, mithin also selbst Teil des Gesellschaftsvertrags sein.[260] Die Abgrenzung von Gesellschaftsvertrag und Nebenvereinbarung ist somit oft schon nicht trennscharf möglich, sofern alle Gesellschafter an einer Nebenvereinbarung beteiligt sind. Daher können schuldrechtliche Nebenabreden aller Gesellschafter die Treuepflicht in der Personengesellschaft unmittelbar modifizieren.

In Kapitalgesellschaften könnte dieser unmittelbaren Wirkung der Nebenabreden das Trennungsprinzip entgegenstehen. Danach ist die Ebene der Gesellschaft als Ausdruck ihrer Eigenständigkeit strikt von derjenigen der schuldrechtlichen Nebenabreden der Gesellschafter zu trennen.[261] Die Rechtsprechung hat entsprechend dieses Grundsatzes eine Konkretisierung des Gesellschaftsinteresses durch außerstatuarische Vereinbarungen der Gesellschafter allgemein abgelehnt.[262] Auch in der Literatur besteht zumindest

---

256 *Dreher*, DStR 1993, 1632 (1634).
257 Zur Familienverfassung im Besonderen unten unter § 1.
258 Hierzu unten unter § 5.A.III.
259 Hierzu oben unter § 3.C.II.
260 Vgl. etwa *Prütting/Schirrmacher*, ZGR 2017, 829 (837 f.).
261 Vgl. etwa *Pentz*, in: MünchKomm AktG, 6. Aufl. 2024, § 23 Rn. 200; *Wicke*, in: MünchKomm GmbHG, 5. Aufl. 2025, § 3 Rn. 141 ff.
262 BGH, Urteil v. 20.1.1983, Az. II ZR 243/81 („Kerbnägel"), NJW 1983, 1910 (1911); OLG Stuttgart, Urteil v. 7.2.2001, Az. 20 U 52/97, BB 2001, 794 (797).

darüber Einigkeit, dass Nebenvereinbarungen die Treuepflicht auf der Ebene der Hauptgesellschaft nicht zulasten der Kapitalgesellschaft modifizieren können.[263] In der Literatur werden vom strikten Trennungsprinzip in Bezug auf die Treuepflicht aber auch Ausnahmen zugelassen, wenn die horizontale Treuepflicht der Gesellschafter untereinander modifiziert wird oder die Modifikation der vertikalen Treuepflicht nicht zulasten der Gesellschaft geht und eine Vereinbarung aller Gesellschafter, also nicht nur bestimmter Gesellschaftergruppen vorliegt.[264] So könne eine Nebenvereinbarung insbesondere das Gesellschaftsinteresse näher ausgestalten und auf die Interessenabwägung des Treueverpflichteten ausstrahlen.[265]

Im Ausgangspunkt ist der herrschenden Ansicht zuzustimmen, dass auch omnilaterale Nebenvereinbarungen wegen des Trennungsprinzips nicht unmittelbar zur Modifikation der Treuepflicht in Kapitalgesellschaften herangezogen werden können. Allerdings können die Nebenvereinbarungen i.R.d. durch die Treuepflicht ausgelösten Interessenermittlung und -abwägung mittelbar sehr wohl Gewicht erlangen. Denn die rechtlichen Verständigungen der Gesellschafter, die einen Bezug zum Gesellschaftsverhältnis haben, können zu berücksichtigen sein, da die Gesellschafter hier gemeinsam ihre Vorstellungen vom Inhalt des Gesellschaftsinteresses und von gegenseitigen Rücksichtnahmepflichten dokumentiert bzw. konkretisiert haben. Die Vereinbarung löst damit bei den jeweils an ihr beteiligten Gesellschaftern die berechtigte Erwartung aus, dass sich auf Gesellschaftsebene entsprechend der auch aus den Nebenvereinbarungen zu entnehmenden Leitlinien verhalten wird. Dies gilt umso mehr, wenn ein entsprechendes Verhalten auf der Gesellschaftsebene für einen gewissen Zeitraum auch tatsächlich erfolgt. Dies ist i.R.d. der Interessenermittlung und -abwägung zu berücksichtigen.[266] Das Maß der geschuldeten Treue wird so innerhalb der durch die Satzung vorgegebenen Grenzen konkretisiert.[267] Dogmatischer Anknüpfungspunkt für die Begründung und Ausgestaltung der Treuepflicht bleibt weiterhin das Gesellschaftsverhältnis auf der Grundlage des Gesellschaftsvertrags, unabhängig von *unmittelbaren* außerstatuarischen Einflüssen. Der Inhalt der Treuepflichten wird in den durch die Satzung vorgegebenen Grenzen aber durch die

---

263 *Ulmer*, NJW 1987, 1849; *Winter*, ZHR 154 (1990), 259 (268 ff.).

264 Vgl. schon *Hoffmann-Becking*, ZGR 1994, 442 (458 f.) m.w.N.; *Weber*, DStR 1997, 824 (828); *Noack*, Gesellschaftsvereinbarungen bei Kapitalgesellschaften, 1994, 161 ff.; *Lieder*, in: in Fleischer/Kalss/Vogt, Aktuelle Entwicklungen im deutschen, österreichischen und schweizerischen Gesellschafts- und Kapitalmarktrecht, 2012, 231 (253). Für eine ausführliche Darstellung verschiedener Argumente zur Berücksichtigung von Nebenabreden i.R.d. Treuepflichtkonkretisierung, im Ergebnis selbst aber ablehnend *Söntgerath*, Vermittelte Mehrheit, 2010, 387 ff.

265 *Hoffmann-Becking*, ZGR 1994, 442 (458 f.).

266 Vgl. *Wicke*, in: MünchKomm GmbHG, 5. Aufl. 2025, § 3 Rn. 149; *Lieder*, in: in Fleischer/Kalss/Vogt, Aktuelle Entwicklungen im deutschen, österreichischen und schweizerischen Gesellschafts- und Kapitalmarktrecht, 2012, 231 (253).

267 I.E. ebenso *Kinzl*, Gesellschaftervereinbarungen, 2021, Kap. 11 § 29 Rn. 10; *Weber*, DStR 1997, 824 (828).

berechtigte Erwartungshaltung der Gesellschafter, die aus den außerstatuarischen Nebenvereinbarungen hervorgeht, konkretisiert. Die Treuepflicht ist also auch in Kapitalgesellschaften offen für den Einfluss außerstatuarischer Umstände in den Grenzen des Gesellschaftsstatuts.[268]

Damit steht jedoch gleichzeitig fest, dass bei Eintritt eines Neugesellschafters nur insofern eine mittelbare Wirkung der Nebenvereinbarungen i.R.d. Interessenabwägung angenommen werden kann, wie der Neugesellschafter Partei der Nebenvereinbarung ist, sonst von ihm erwartet werden kann, dass er den Grundsätzen der Nebenvereinbarung auf der Gesellschaftsebene folgt oder er durch die Einbeziehung der Nebenvereinbarung i.R.d. Interessenabwägung – insbesondere bei der horizontalen Treuepflicht der Altgesellschafter – nicht negativ berührt wird.[269] Etwas anderes kann sich nach hiesiger Ansicht bezüglich der Auslegung des Gesellschaftsvertrags anhand der Nebenvereinbarungen aller Altgesellschafter ergeben, wenn der Neugesellschafter bei Eintritt Kenntnis von der Nebenvereinbarung und der dieser Nebenvereinbarung entsprechenden Auslegung des Gesellschaftsvertrags hat oder haben muss und ihr nicht widerspricht.[270]

IV. Wirkung der Treuepflicht

Mit den vorstehenden Ausführungen ist deutlich geworden, dass die Interessenberücksichtigung, die die Treuepflicht dem Treueverpflichteten zugunsten des Treueberechtigten innerhalb seiner Entscheidungsfindung[271] abverlangt, im mitgliedschaftlichen Bereich stark unterschiedlich ausfallen kann. Die Bandbreite der Vorgaben reicht von einer ausschließlichen Orientierung der Entscheidungssuche an den Interessen des Treueberechtigten hin zu einer schlichten Interessenberücksichtigung ohne nennenswerten Einfluss auf die Entscheidungsfindung. Entsprechend dieser unterschiedlichen Anforderungen an den Entscheidungsprozess fällt die konkrete Wirkung der Treuepflicht, wie sie sich als Ergebnis eines treuepflichtkonformen Entscheidungsprozesses darstellt, stark unterschiedlich aus. Sofern der Treueverpflichtete eine korrekte Interessenabwägung vornimmt, kann die konkrete Wirkung von einer leichten Rechtsausübungsbeschränkung, die dem Treueverpflichteten mit Ausnahme extrem interessenschädigender Handlungen freie Entscheidung lässt, bis hin zur Begründung einer konkreten Handlungs- oder Duldungspflicht reichen, je nachdem wie eng der „Korridor" an treuepflichtkonformen

268 S. auch *Prütting*, in: Lange/Windthorst, Sicherung des Familieneinflusses in Familienunternehmen, 2017, 35 (44 ff.).

269 S. auch ebd., 35 (51). Insofern ergeben sich Ähnlichkeiten zur gespaltenen Auslegung des Gesellschaftsvertrags und dem nach hiesiger Ansicht gebotenen Schutz der Neugesellschafterinteressen unter gleichzeitiger Wahrung berechtigter Altgesellschafterinteressen, vgl. unten unter § 5.A.I.2.b.

270 Hierzu unten unter § 5.A.III., speziell zu Familiengesellschaftunten unten unter § 5.B.III.

271 Hierzu die Ausführungen zur Wirkweise der Treuepflicht oben unter § 3.C.I.

Handlungsoptionen durch die Einbeziehung der fremden Interessen in den Abwägungsvorgang letztlich genau gezogen wird.[272] Eine Schrankenfunktion kommt der Treuepflicht damit grundsätzlich relativ häufig zu, diese Schranken können sich dann ausnahmsweise so sehr zusammenziehen, dass es nur noch eine einzige treuepflichtkonforme Handlungsoption gibt, die wahrgenommen werden muss.[273] Dabei kommen Handlungs- oder Duldungspflichten naturgemäß eher im fremden Interessenkreis in Betracht.[274]

V. Fallgruppen

Auch wenn der konkrete Inhalt der Treuepflicht stets für den Einzelfall ermittelt werden muss, ist eine vorsichtige Typisierung anhand von Fallgruppen möglich.[275] Im Laufe dieser Abhandlung sind typische Einzelausprägungen der Treuepflicht bereits gelegentlich zur Sprache gekommen. Nachfolgend sollen einige dieser Einzelausprägungen, wie sie insbesondere für Familiengesellschaften relevant sind, kurz dargestellt werden.[276]

1. Stimmrecht und -pflicht des Gesellschafters

Die erste Fallgruppe betrifft gegenstandsübergreifend alle Sachverhalte, in denen der Gesellschafter sein Stimmrecht ausübt und etwaige diesbezügliche Stimmpflichten bzw. Zustimmungspflichten.[277] Insofern ist zunächst zwischen Angelegenheiten der Geschäftsführung, Vertragsänderungen und sonstigen Beschlussgegenständen zu unterscheiden.[278]

a. Stimmrechtsausübung in Angelegenheiten der Geschäftsführung

Wie bereits i.R.d. Darstellung des Treuepflichtinhalts im fremden Interessenkreis

---

272 Vgl. die „Spielraum"-Formulierung bei *Geibel*, in: BeckOGK BGB, Stand 15.12.2024, § 705 Rn. 304: *„Zur Auslotung des Spielraums, den ein Gesellschafter bei der Ausübung der auch eigennützig ausübbaren Rechte in der Gesellschaft hat, wird häufig ein an den Verhältnismäßigkeitsgrundsatz angelehnter Maßstab angewendet.*"

273 Vgl. *Schäfer*, in: MünchKomm BGB, 9. Aufl. 2024, § 705 Rn. 275 f.

274 Vgl. *Schäfer*, in: MünchKomm BGB, 9. Aufl. 2024, § 705 Rn. 275; *ders.*, in: Staub, HGB, 6. Aufl. 2024, § 105 Rn. 270 f.

275 *Geibel*, in: BeckOGK BGB, Stand 15.12.2024, § 705 Rn. 312.

276 Eine ausführliche Darstellung von Fallgruppen findet sich etwa bei *Seibt*, in: Scholz, GmbHG, 13. Aufl. 2022, § 14 Rn. 89 ff.; *Pentz*, in: Rowedder/Pentz, GmbHG, 7. Aufl. 2022, § 13 Rn. 43 ff.; *Geibel*, in: BeckOGK BGB, Stand 15.12.2024, § 705 Rn. 312 ff.; nach Schrankenfunktion und Handlungspflichten sortiert bei *Lieder*, in: Michalski/Heidinger/Leible/J. Schmidt, GmbHG, 4. Aufl. 2023, § 13 Rn. 160 ff.

277 Nachstehend geht es um Zustimmungspflichten, die Frage nach einer allgemeinen Stimmpflicht ist dem vorgeschaltet, vgl. *Böttcher/Otte/Dietlein*, in: BeckOGK HGB, Stand 1.3.2025, § 109 Rn. 191.

278 *Merkt*, in: MünchKomm GmbHG, 5. Aufl. 2025, § 13 Rn. 119 ff.

erwähnt, stellt das Stimmrecht der Gesellschafter in Geschäftsführungsangelegenheiten das Paradebeispiel für ein uneigennütziges Recht und die Anwendung der strengen Form der Treuepflicht im mitgliedschaftlichen Bereich, der ausschließlichen Orientierung am Gesellschaftsinteresse, dar.[279] Eine ausschließliche Orientierung am Gesellschaftsinteresse ist außerdem bei der Bestellung und Abberufung eines Geschäftsführers oder sonstigen Mitglieds der Gesellschaftsorgane geboten, wobei insoweit ein weiter Ermessenspielraum besteht.[280] Dies gilt auch für die rein faktische Durchsetzung von Geschäftsführungsentscheidungen, ebenso für etwaige Widerspruchs- und Weisungsrechte eines Minderheitsgesellschafters.[281] Insgesamt darf i.R.d. Geschäftsführung niemals die Wirkweise der Treuepflicht aus den Augen verloren werden, die den Gesellschaftern auch im Anwendungsbereich der strengen Variante der Treuepflicht einen relativ weiten Spielraum im Rahmen von Zweckmäßigkeitserwägungen überlässt.[282] Über die Anwendbarkeit der Treuepflicht darf nicht die Situation entstehen, dass der entscheidende Richter nachträglich die unternehmerischen Entscheidungen der Gesellschafter auf ihre Zweckmäßigkeit hin überprüft.[283]

b. Vertragsänderungen und Zustimmungspflicht

Vertragsänderungen betreffen Beschlüsse über eine Änderung des Gesellschaftsvertrags. Der Gesellschafter kann hier grundsätzlich auch Eigeninteressen in seinen Entscheidungsprozess einfließen lassen, das Stimmrecht ist regelmäßig nicht ausschließlich zur Zweckförderung verliehen.[284] Nichtsdestotrotz wird gerade in diesem Bereich immer wieder über die Existenz und Anforderungen einer Zustimmungspflicht der Gesellschafter diskutiert.[285]

In Rechtsprechung und Literatur wird von der g.h.M. die generelle Existenz von Zustimmungspflichten für verschiedene Vertragsänderungsbeschlüsse angenommen, die von der Änderung des Gesellschaftszwecks über Ausschlusssachverhalte und

---

279 Hierzu oben unter § 3.E.II.1.

280 *Seibt*, in: Scholz, GmbHG, 13. Aufl. 2022, § 14 Rn. 80, 96.

281 Vgl. *Merkt*, in: MünchKomm GmbHG, 5. Aufl. 2025, § 13 Rn. 135, unter Hinweis u.a. auf BGH, Urteil v. 5.6.1975, Az. II ZR 23/74 („ITT"), NJW 1976, 191; *Lieder*, in: Michalski/Heidinger/Leible/J. Schmidt, GmbHG, 4. Aufl. 2023, § 13 Rn. 166.

282 *Beurskens*, in: Noack/Servatius/Haas, Beck'scher KK GmbHG, 24. Aufl. 2025, § 13 Rn. 63 ff.; *Pentz*, in: Rowedder/Pentz, GmbHG, 7. Aufl. 2022, § 13 Rn. 48.

283 OLG Düsseldorf, Urteil v. 14.3.1996, Az. 6 U 119/94, ZIP 1996, 1083 (1087 f.).

284 Vgl. *Seibt*, in: Scholz, GmbHG, 13. Aufl. 2022, § 14 Rn. 99; *Böttcher/Otte/Dietlein*, in: BeckOGK HGB, Stand 1.3.2025, § 109 Rn. 191; s. auch *Altmeppen*, in: Altmeppen, GmbHG, 11. Aufl. 2023, § 13 Rn. 54; s. auch *Ulmer*, in: FS Möhring, 1975, 295 (300 f.).

285 Dies gilt auch für Geschäftsführungsangelegenheiten, hierzu sogleich.

Vertragsanpassungen bis hin zur Auflösung der Gesellschaft reichen.[286] Eine Zustimmungspflicht wird vor allem immer dann relevant, wenn dem betroffenen Gesellschafter aufgrund seiner Stimmrechtsmacht eine Blockademöglichkeit im Hinblick auf das Erreichen der erforderlichen Mehrheit zukommt bzw. wenn der Beschluss der Einstimmigkeit oder der expliziten Zustimmung des einzelnen Gesellschafters bedarf.[287]

Allerdings sind die Hürden für die konkrete Annahme einer Zustimmungspflicht von der Rechtsprechung sehr hoch gesetzt worden. Mit der Annahme einer Zustimmungspflicht erfolgt ein starker Eingriff in die Rechte des Gesellschafters, der gerechtfertigt sein will. Zum einen ist daher nach der Rechtsprechung des BGH für die Annahme einer Zustimmungspflicht nötig, dass die Vertragsänderung im Interesse der Gesellschaft oder der übrigen Gesellschafter zur Erhaltung wesentlicher gemeinsam geschaffener Werte oder zur Vermeidung nachhaltiger Verluste erforderlich ist, zum anderen muss die Änderung dem von der Stimmpflicht betroffenen Gesellschafter zumutbar sein, wobei es einer Abwägung mit seinen Interessen bedarf.[288] Für die Erforderlichkeit finden sich von „einfacher" über „dringende" Erforderlichkeit bis hin zur „existenziellen Bedeutung" des betroffenen Beschlusses diverse Begrifflichkeiten.[289]

c. Zum Bestehen eines einheitlichen Maßstabs für die treuebedingte Stimmpflicht

Die zunächst unterschiedlich erscheinenden Anforderungen, die die Rechtsprechung im Laufe der Jahre an das Bestehen einer Pflicht zur Zustimmung zu Vertragsänderungen gestellt hat, sind jeweils nur eine begriffliche und inhaltliche Präzisierung des bei der Treuepflicht stets zu beachtenden Verhältnismäßigkeitsprinzips.[290] Der treueverpflichtete Gesellschafter, der seine Zustimmung verweigern möchte, hat nach den oben zum Inhalt der Treuepflicht dargestellten Grundsätzen und den Anforderungen an das Bestehen einer Handlungspflicht nur dann in einem bestimmten Sinne abzustimmen, wenn das Einstellen der Gesellschafts- und Gesellschafterinteressen in seinen Entscheidungsprozess zu dem Ergebnis führt, dass nur die Zustimmung zur bislang verweigerten Maßnahme

---

286 Vgl. hierzu und zur M.M., die eine Vertragsanpassung über § 313 BGB im Ausnahmefall anwenden will, die Darstellung und Nachweise bei *Reif/Walter*, JuS 2021, 630 (634).

287 *Enzinger*, in: MünchKomm HGB, 5. Aufl. 2022, § 119 Rn. 25.

288 Vgl. etwa BGH, Urteil v. 10.6.1965, Az. II ZR 6/63, WM 1965, 744 (Rn. 13); BGH, Urteil v. 28.4.1975, Az. II ZR 16/73, NJW 1975, 1410 (1411); zur Anwendbarkeit auf die (personalistische) GmbH BGH, Urteil v. 25.9.1986, Az. II ZR 262/85, NJW 1987, 189 (190); BGH, Urteil v. 26.1.1961, Az. II ZR 240/59, NJW 1961, 724 (724 f.).

289 Vgl. die Nachweise bei *Holler*, in: MünchHdbGesR Bd. 7, 6. Aufl. 2020, § 75 Rn. 374 f.

290 Die Darstellung der Abwägung erweckt teilweise den Eindruck, sie erfolge im „luftleeren Raum", genau genommen geht es aber um eine durch den Gesellschafter vorzunehmende Prüfung seiner Handlungsoptionen auf „Treuepflichtkonformität".

treuepflichtkonform ist.[291] Die Prüfungspunkte der Erforderlichkeit und Zumutbarkeit spiegeln diesen Aspekt kumulativ wider. Denn nur wenn die Interessenabwägung es dem Gesellschafter aufgibt, seine eigenen Interessen hintenanzustellen (Zumutbarkeit) und nur, wenn es keine andere Handlungsoption zur treuepflichtkonformen Wahrung der Interessen des Treueberechtigten gibt (Erforderlichkeit), hat sich der „Korridor" der denkbaren Handlungsalternativen für den Treueverpflichteten ausreichend verengt, um ihm eine Handlungspflicht aufzuerlegen.

Durch die begriffliche Steigerung der Erforderlichkeit[292] der Zustimmung bzw. die Substitution der Erforderlichkeit mit Anforderungen wie der „zwingenden Gebotenheit"[293] wird zum Ausdruck gebracht, dass die Abwägung der Interessen beim Prüfungsmerkmal der Zumutbarkeit letztlich ohnehin nur dann zu einer Zustimmungspflicht führt, wenn die verfolgten Gesellschaftsinteressen ein hohes Gewicht haben[294] und einzig durch genau diese eine Maßnahme zielführend verfolgt werden können.[295] Dies entspricht der oben geäußerten Überlegung, dass die Treuepflicht den „Korridor" der Handlungsoptionen des Treueverpflichteten für das Bestehen einer Handlungspflicht so sehr verengen muss, dass nur noch „diese eine Handlung" Inhalt eines treuepflichtkonformen Verhaltens sein kann.[296] Eine solche Verengung wird regelmäßig nur unter außergewöhnlichen Umständen und nicht bei Betroffensein irgendeines gewöhnlichen Interesses der Gesellschaft vorliegen. Wann genau dies der Fall ist, ist eine Frage des Einzelfalls und über die genannten Richtlinien des BGH hinaus nicht abstrakt zu präzisieren. Auch hier zeigt sich wieder, dass die Treuepflicht – selbst innerhalb ihrer Fallgruppen – stets einer Konkretisierung anhand der Umstände des Einzelfalls bedarf.

Damit wird deutlich, dass die Ausübung des Stimmrechts bei Vertragsänderungen und die dortige Frage nach einer Zustimmungspflicht keinen besonderen Treuepflichtprüfungsmaßstab erfordern, mithin wie jede andere Rechtsausübung nach Verhältnis-

---

291 Mittlerweile h.M., vgl. *Böttcher/Otte/Dietlein*, in: BeckOGK HGB, Stand 1.3.2025, § 109 Rn. 193m.w.N. zur Rechtsprechung und Literatur.

292 Wobei sich schon die Frage stellt, wie eine Steigerung der Erforderlichkeit inhaltlich genau aussehen soll, da etwas entweder erforderlich ist oder eben nicht. Ebenfalls auf das Fehlen eines klaren Unterschieds hinweisend *Holler/Mann*, NZG 2021, 402 (408).

293 *Schöne*, in: BeckOK BGB, 68. Edition, Stand 1.11.2023, § 705 Rn. 106.

294 Dem BGH schwebt hier insbesondere die Erhaltung wesentlicher Werte und die Vermeidung wesentlicher Verluste vor, so BGH, Urteil v. 26.1.1961, Az. II ZR 240/59, NJW 1961, 724 (725): „*zum Zweck der Erhaltung wesentlicher Werte, die die Gesellschafter in gemeinsamer Arbeit geschaffen haben, oder zur Vermeidung wesentlicher Verluste, die die Gesellschaft anderenfalls erleiden könnte*"; vgl. auch BGH, Urteil v. 28.4.1975, Az. II ZR 16/73, NJW 1975, 1410 (1411): „*Erhaltung gemeinsam geschaffener Werte*"; BGH, Urteil v. 19.11.1984, Az. II ZR 102/84, NJW 1985, 972 (973): „*Erhaltung des im Rahmen des Gesellschaftsverhältnisses Geschaffenen*"; beinahe wortgleich zum ersten Urteil in dieser Fußnote etwa BGH, Urteil v. 20.10.1986, Az. II ZR 86/85, NJW 1987, 952.

295 In diese Richtung auch *Böttcher/Otte/Dietlein*, in: BeckOGK HGB, Stand 1.3.2025, § 109 Rn. 193; *Enzinger*, in: MünchKomm HGB, 5. Aufl. 2022, § 119 Rn. 28.

296 *Enzinger*, in: MünchKomm HGB, 5. Aufl. 2022, § 119 Rn. 28: „*Die Änderung des Vertrages gegen den Willen einzelner Gesellschafter darf* [...] *nur unter dem Gesichtspunkt der ultima ratio erfolgen.*"

mäßigkeitsgesichtspunkten im Einzelfall zu bewerten sind.[297] Es ergeben sich tatbestandlich auch keine Unterschiede zur Frage nach Zustimmungspflichten in Angelegenheiten betreffend die Geschäftsführung.[298] Zustimmungspflichten existieren auch in Geschäftsführungsangelegenheiten, generell wird sich vor dem Hintergrund des weiten Ermessensspielraums, der den Gesellschaftern trotz der Pflicht zur Orientierung ausschließlich an den Gesellschaftsinteressen zukommt, aber auch hier nur schwerlich feststellen lassen, dass der Spielraum der Gesellschafter sich zur Zustimmung zu genau diesem Beschluss verengt hat, zumal hier wie erwähnt keine Zweckmäßigkeitsprüfung durch den Richter stattfinden soll.[299]

d. Instrument des Minderheitenschutzes über die materielle Beschlusskontrolle

Der „Treuepflichtgedanke" wird in Verbindung mit Gesellschafterentscheidungen noch aus einem anderen Blickwinkel als der individuellen Treuepflicht, wie sie in dieser Arbeit bisher dargestellt wurde, relevant. Aus der Gestaltungsmacht, die den eine Stimmmehrheit auf sich vereinigenden Gesellschaftern – sofern die Stimmmehrheit formell zur Beschlussfassung berechtigt[300] – zukommt, ergibt sich die gesteigerte Gefahr[301], dass die Gesellschaftermehrheit ihre Belange gegenüber den übrigen Gesellschaftern ungehindert durchsetzt und so die Gesellschaft und Mitgliedschaft weitestgehend nach ihren Interessen dominieren und zulasten der Minderheitsgesellschafter umgestalten kann. Daher bedarf es bei Existenz des Mehrheitsprinzips in der Gesellschaft rechtsformübergreifend eines wirksamen Minderheitenschutzes.[302] Für die materielle Kontrolle von Mehrheitsbeschlüssen bietet die mitgliedschaftliche[303] Treuepflicht als rechtsformübergrei-

---

297 Nachweise zu den eine Stimmpflicht betreffenden Beschlussgegenständen aus der Rechtsprechung finden sich etwa bei *Enzinger*, in: MünchKomm HGB, 5. Aufl. 2022, § 119 Rn. 27.

298 Der BGH hat den Gleichlauf des Maßstabs für die Beschlussgegenstände „Vertragsänderungen" und „Geschäftsführungsangelegenheiten" zuletzt ausdrücklich genannt, vgl. BGH, Urteil v. 12.4.2016 II ZR 275/14 („Media-Saturn"), NJW 2016, 2739 (2739): *„Diese hohen Anforderungen, die vornehmlich an die Zustimmungspflicht zu Änderungen des Gesellschaftsvertrags gestellt werden, bestehen auch dann, wenn – wie hier – die Zustimmungspflicht zu Maßnahmen der Geschäftsführung in Rede steht"*.

299 Vgl. *Böttcher/Otte/Dietlein*, in: BeckOGK HGB, Stand 1.3.2025, § 109 Rn. 192. Für Beispiele einer Stimmpflicht in Geschäftsführungsangelegenheiten vgl. die Nachweise bei *Hillmann*, in: Henssler/Strohn, Gesellschaftsrecht, 6. Aufl. 2024, § 47 GmbHG Rn. 28. Kritisch gegenüber der jüngeren Rechtsprechung und mit der höheren Intensität der Treuepflicht in Geschäftsführungsangelegenheiten argumentierend *Schäfer*, in: MünchKomm BGB, 9. Aufl. 2024, § 705 Rn. 276.

300 Insoweit wird insbesondere die Mehrheitsklausel in Personengesellschaften relevant, hierzu unten unter § 4.B.IV.4.c.(i).

301 Insofern ist aber keine dritte „Kategorie" der Treuepflicht für die Mehrheitsgesellschafter anzunehmen, wie dies *Wiedemann*, in: FS Heinsius, 1991, 949 (950), tut. Hierzu auch schon oben unter § 3.B.I.1.b.

302 Nach *Wiedemann*, GesR Bd. I, 1980, 405, ist der Minderheitenschutz *„rechtsethisch notwendige Ergänzung des Mehrheitsprinzips"*.

303 Eine M.M. möchte die Beschlusskontrolle dogmatisch in der organschaftlichen Treuepflicht des

fendes Rechtsinstitut eine geeignete dogmatische Grundlage.[304]

Danach ist bei zustimmungslosem Eingriff in die Mitgliedschaftsrechte der Minderheitsgesellschafter neben der Verhältnismäßigkeitsprüfung, die der einzelne Gesellschafter individuell bei seiner Stimmabgabe vorzunehmen hat, eine sachliche Rechtfertigung für den Inhalt des Mehrheitsbeschlusses zu fordern (institutionelle Inhaltskontrolle).[305] Eine solche Rechtfertigung liegt nur vor, wenn der Beschluss im Interesse der Gesellschaft erforderlich und geboten und dem Minderheitsgesellschafter zumutbar ist.[306] Anders als i.R.d. individuellen Treuepflicht des jeweiligen Gesellschafters wird hier nicht auf den Entscheidungsprozess des Gesellschafters abgestellt, sondern unmittelbar der Inhalt des Beschlusses geprüft. Dabei ist die Prüfung offen, es wird also im Ausgangspunkt nicht von einem inhaltlich zulässigen Beschluss ausgegangen.[307] Der individuelle Treuepflichtverstoß kann, muss aber nicht mit dem Ergebnis der institutionellen Inhaltskontrolle übereinstimmen.[308] Wie *Haunschild* richtigerweise festgestellt hat, rücken damit bei der Beschlusskontrolle von Mehrheitsentscheidungen die Gesellschaftsinteressen deutlich stärker in den Fokus, als dies wegen der grundsätzlichen Eigennützigkeit des Stimmrechts i.R.d. individuellen Treuepflichtkontrolle der Fall ist.[309]

2. Mitteilungspflichten/Absichtserklärungen

Eine weitere Fallgruppe, die konkrete Handlungspflichten des Treueverpflichteten beinhaltet, ist die der Aufklärungs- und Informationspflichten des Gesellschafters und der Organmitglieder gegenüber der Gesellschaft und den Gesellschaftern.[310] Sofern die Treueberechtigten ohne Aufklärung ihre berechtigten Interessen nicht wahrnehmen können, ist der Treueverpflichtete unter Umständen verpflichtet, den Treueberechtigten ihm bekannte Informationen von sich aus mitzuteilen. Dies betrifft etwa die Aufklärung über

---

Organs „Gesellschafterversammlung" verankern, vgl. *Mülbert*, Aktiengesellschaft, Unternehmensgruppe und Kapitalmarkt, 2. Aufl. 1996, 212 ff.

304 Hier ist nach wie vor vieles streitig, angefangen von den erfassten Rechtsformen über die Frage, ob andere Schranken neben der Treuepflicht stehen oder aus dieser erwachsen und welche Beschlussgegenstände wie zu kontrollieren sind, vgl. für einen Überblick *Haunschild*, Die Abdingbarkeit der Treuepflicht im Gesellschaftsrecht, 2018, 39 f. m.w.N.

305 *Haunschild*, Die Abdingbarkeit der Treuepflicht im Gesellschaftsrecht, 2018, 40 m.w.N. Vgl. auch speziell zu unentziehbaren und unverzichtbaren Rechten unten unter § 4.B.IV.5.c.(i). und unten unter § 4.B.IV.5.c.(ii).

306 Vgl. *Haunschild*, Die Abdingbarkeit der Treuepflicht im Gesellschaftsrecht, 2018, 40 (Fn. 104).

307 Hierzu *K. Schmidt*, in: Hopt/Wiedemann, Großkomm. AktG, 4. Aufl. 2012, § 243 Rn. 47.

308 *K. Schmidt*, in: Hopt/Wiedemann, Großkomm. AktG, 4. Aufl. 2012, § 243 Rn. 47; *Haunschild*, Die Abdingbarkeit der Treuepflicht im Gesellschaftsrecht, 2018, 40 f.

309 *Haunschild*, Die Abdingbarkeit der Treuepflicht im Gesellschaftsrecht, 2018, 41.

310 Vgl. etwa *Weber*, Vormitgliedschaftliche Treuebindungen, 1999, 81; *Altmeppen*, in: Altmeppen, GmbHG, 11. Aufl. 2023, § 13 Rn. 51; *Wiedemann*, in: FS Heinsius, 1991, 949 (954); *Bayer*, in: Lutter/Hommelhoff, GmbHG, 21. Aufl. 2023, § 14 Rn. 36; *Lieder*, in: Michalski/Heidinger/Leible/J. Schmidt, GmbHG, 4. Aufl. 2023, § 13 Rn. 191.

eigene Absichten oder sich ergebende Interessenkonflikte des (geschäftsführenden) Gesellschafters oder Organmitglieds[311], den Hinweis auf vergangene Vertragsverletzungen[312] sowie beabsichtigte Änderungen der Beteiligungsstruktur[313] und – zumindest bei sehr intensiver Treuepflicht – sogar die Aufklärung eines geschäftsunerfahrenen Mitgesellschafters über die Bedeutung und Auswirkungen eines Beschlusses.[314] Zwischen Gesellschaftern ist insofern insbesondere die Berührung von Vermögensinteressen des Mitgesellschafters bedeutend.[315]

3. Gesellschafterausschluss und Kündigung

Im Zusammenhang mit der Beendigung eines Gesellschafterverhältnisses, sei es durch Kündigung der eigenen Mitgliedschaft oder durch Ausschluss eines Gesellschafters, ist ebenfalls stets die Treuepflicht zu beachten.[316] Im Rahmen des oben schon näher beleuchteten Stimmrechts der Gesellschafter kann als ein regelmäßig mit besonderen Interessen behafteter Beschlussgegenstand der Ausschluss eines Gesellschafters genannt werden (§ 727 BGB, § 134 HGB, im GmbHG[317] und im AktG[318] nicht grundlegend geregelt). Für die GmbH folgt die Möglichkeit, einen Gesellschafter auch außerhalb der gesetzlich fixierten Ausschließungstatbestände wegen eines wichtigen, in seiner Person liegenden Grundes auszuschließen, unmittelbar aus der Treuepflicht.[319] Für die Aktiengesellschaft wird bei schwersten Verfehlungen im Hinblick auf die Zwecksetzung der Gesellschaft teilweise ebenfalls die Möglichkeit zum Ausschluss angenommen.[320] Es muss, wenn der Aktionär einer personalistisch strukturierten Aktiengesellschaft schwerwiegende Vertragsverletzungen begeht, die die Zweckerreichung nachhaltig beeinträchtigen und Einzelmaßnahmen unterhalb der Schwelle des Ausschlusses keine Aussicht auf

---

311 *Wiedemann*, in: FS Heinsius, 1991, 949 (954); *Lieder*, in: Michalski/Heidinger/Leible/J. Schmidt, GmbHG, 4. Aufl. 2023, § 13 Rn. 191.

312 *Wiedemann*, in: FS Heinsius, 1991, 949 (954).

313 *Wiedemann*, in: FS Heinsius, 1991, 949 (954); *Lieder*, in: Michalski/Heidinger/Leible/J. Schmidt, GmbHG, 4. Aufl. 2023, § 13 Rn. 191.

314 BGH, Urteil v. 7.10.1991, Az. II ZR 194/90, NJW 1992, 300 (302); *Bayer*, in: Lutter/Hommelhoff, GmbHG, 21. Aufl. 2023, § 14 Rn. 36.

315 Für die GbR BGH, Urteil v. 9.9.2002, Az. II ZR 198/00, NJW-RR 2003, 169 (170); für die GmbH BGH, Urteil v. 11.12.2006, Az. II ZR 166/05, NJW 2007, 917.

316 *Pentz*, in: Rowedder/Pentz, GmbHG, 7. Aufl. 2022, § 13 Rn. 69; *Seibt* in: Scholz, GmbHG, 13. Aufl. 2022, § 14 Rn. 107 f.

317 Vgl. dort aber die gesetzlichen Ausschließungstatbestände der §§ 21, 28 Abs. 1, 34, 61 GmbHG, hierzu *Seibt* in: Scholz, GmbHG, 13. Aufl. 2022, Anh. § 34 Rn. 25.

318 Vgl. dort aber die gesetzlichen Ausschließungstatbestände der §§ 64, 237, 320 AktG, hierzu *Reinisch*, Der Ausschluß von Aktionären aus der Aktiengesellschaft, 1992, 17 ff

319 Hierzu mit ausführlichen Nachweisen zur historischen Entwicklung *Seibt* in: Scholz, GmbHG, 13. Aufl. 2022, Anh. § 34 Rn. 25.

320 Vgl. *Oechsler/Bachner*, in: MünchKomm AktG, 6. Aufl. 2025, § 237 Rn. 55 f.; zur Person des Aktionärs ebd., Rn. 54.

Erfolg haben, die Möglichkeit zum Ausschluss dieses Gesellschafters bestehen.[321]

Für den Ausschluss muss ein in der Person oder im Verhalten des auszuschließenden Gesellschafters liegender wichtiger Grund vorliegen, der es den Mitgesellschaftern unzumutbar macht, die Gesellschaft gemeinsam mit ihm weiter zu betreiben.[322] Rechtsformunabhängig ist der Ausschluss eines Gesellschafters für diesen eine extrem einschneidende Maßnahme, die seine mitgliedschaftlichen Interessen größtmöglich beeinträchtigt. Aus der Treuepflicht der Mitgesellschafter folgt daher stets die erhöhte Pflicht zur Suche nach Handlungsalternativen, die das Gesellschafts- und Eigeninteresse der Gesellschafter unter Schonung der Interessen des auszuschließenden Gesellschafters ebenfalls schützen können (*ultima ratio*). In der darauffolgenden Interessenabwägung ist zu berücksichtigen, inwiefern die notwendige Vertrauensbasis durch den auszuschließenden Gesellschafter bereits nachhaltig beeinträchtigt wurde, sprich ob und in welchem Umfang dieser Vertrags- und Treuepflichtverletzungen begangen hat oder sonst zu erwarten ist, dass die gemeinsame Zweckverfolgung in Zukunft durch den Mitgesellschafter gefährdet wird.[323] Andererseits können auch frühere Verfehlungen der die Ausschließung betreibenden Gesellschafter Abwägungsrelevanz erlangen.[324] Für den einzelnen Gesellschafter kann sich eine Pflicht zur Zustimmung zum Ausschluss eines anderen Gesellschafters und zur Betreibung der Ausschlussklage nach den o.g. Kriterien zur Zustimmungspflicht ergeben.[325] Der ergangene Ausschließungsbeschluss unterliegt der Beschlusskontrolle, die wie gesehen[326] tauglicher Ansatzpunkt für eine ergebnisoffene, treuepflichtorientierte Interessenabwägung ist.[327]

Das Kündigungsrecht ist dem Gesellschafter grundsätzlich im eigenen Interesse verliehen worden.[328] Im Personengesellschaftsrecht darf die Kündigung des Gesellschaftsverhältnisses nach § 725 Abs. 5 Satz 1 BGB ohne wichtigen Grund aber nicht zur Unzeit erfolgen, andernfalls ist nach § 723 Abs. 5 Satz 2 BGB Schadensersatz zu leisten. Der in dieser Beschränkung des Kündigungsrechts zum Ausdruck kommende Rechtsgedanke entspricht dem der Treuepflicht. Denn die ordnungsgemäße Interessenabwägung des

---

321 Vgl. *Oechsler/Bachner*, in: MünchKomm AktG, 6. Aufl. 2025, § 237 Rn. 56.

322 Vgl. etwa *Sosnitza*, in: Michalski/Heidinger/Leible/J. Schmidt, GmbHG, 4. Aufl. 2023, Anh. § 34 Rn. 8 ff.; *Staake*, in: MünchHdbGesR Bd. 9, 6. Aufl. 2021, § 51 Rn. 77; *Schulte*, in: MünchHdbGesR Bd. 1, 6. Aufl. 2024, § 104 Rn. 40 mit Beispielen aus der Rechtsprechung.

323 Vgl. etwa *Sosnitza*, in: Michalski/Heidinger/Leible/J. Schmidt, GmbHG, 4. Aufl. 2023, Anh. § 34 Rn. 15.

324 BGH, Urteil v. 13.2.1995, Az. II ZR 225/93, NJW 1995, 1358 (1359).

325 Insofern kann nichts anderes als bei Vertragsänderungen gelten, vgl. BGH, Urteil v. 28.4.1975, Az. II ZR 16/73, NJW 1975, 1410 (1411).

326 Hierzu oben unter § 3.E.V.1.d.

327 Hierzu und zum weiteren Verfahren (Ausschließungsklage) jeweils m.w.N. *Staake*, in: MünchHdbGesR Bd. 9, 6. Aufl. 2021, § 51 Rn. 171 ff. (OHG und KG); ebd., Rn. 85 ff. (GmbH); ebd., Rn. 159 (Aktiengesellschaft).

328 Vgl. etwa *Geibel*, in: BeckOGK BGB, Stand 15.12.2024, § 705 Rn. 304.

treueverpflichteten Gesellschafters wird selbst unter Berücksichtigung der Eigennützigkeit des Kündigungsrechts regelmäßig das Abwarten der die Unzeit begründenden Umstände gebieten. Der Grundsatz des Verbots der Kündigung zur Unzeit im Personengesellschaftsrecht wird auch auf die GmbH übertragen, wobei die Treuepflicht hier mangels gesetzlicher Regelung unmittelbar die Rechtsgrundlage bietet.[329] Weiterhin wirkt die Treuepflicht beschränkend in solchen Kündigungssachverhalten, in denen ein Gesellschafter eine zur Auflösung führende Kündigung ausspricht, obwohl er von den fortführungswilligen Mitgesellschaftern eine gesicherte Veräußerungsmöglichkeit für seinen Geschäftsanteil unter Vermeidung finanzieller Nachteile dargelegt bekommen hat.[330]

4. Nachschusspflicht und „Sanieren oder Ausscheiden"

Ob die Treuepflicht unter gewissen Umständen zu einer nicht oder nicht wirksam im Gesellschaftsvertrag geregelten Nachschusspflicht führen kann, ist umstritten.[331] Die hierfür erforderliche Erhöhung der Beiträge und Verpflichtung zur Leistung durch die jetzigen Gesellschafter erfordert eine Änderung des Gesellschaftsvertrags und die Zustimmung jedes betroffenen Gesellschafters.[332] Deshalb ist es richtig, hier zunächst die allgemeinen Kriterien zum Stimmrecht und insbesondere zur Stimmpflicht der Gesellschafter anzulegen.[333] Es bedarf also wie immer i.R.d. Treuepflicht im auch-fremden Interessenkreis, einer Abwägung der berührten Interessen. Dabei ist zu berücksichtigen, dass im Personengesellschaftsrecht nach § 710 BGB keine Pflicht der Gesellschafter, über den derzeit im Gesellschaftsvertrag festgelegten Betrag hinausgehend Einlagen zu leisten, vorgesehen ist und dementsprechend gewichtige, ja sogar ganz außergewöhnliche Umstände vorliegen müssen, um eine Zustimmungspflicht anzunehmen.[334] In der GmbH stellt sich die Lage ähnlich dar. Hier ist nach § 53 Abs. 3 GmbHG stets die Zustimmung des

329 *Pentz*, in: Rowedder/Pentz, GmbHG, 7. Aufl. 2022, § 13 Rn. 69.

330 BGH, Urteil v. 15.4.1985, Az. II ZR 274/83, NJW 1985, 1901 (1901).

331 Im Personengesellschaftsrecht zumindest für Kommanditisten eine Pflicht generell ausschließend *Müller*, DB 2005, 95 (95 f.); *K. Schmidt*, ZIP 1980, 328 (335); *Grunewald*, in: FS Großfeld, 1998, 319 (330 ff.); *dies.*, in: MünchKomm HGB, 5. Aufl. 2022, § 161 Rn. 27; *Meyer*, ZIP 2015, 256 (262); nur tendenziell eher ablehnend *Schäfer*, in: MünchKomm BGB, 9. Aufl. 2024, § 710 Rn. 11 f.; eine unmittelbare Nachschusspflicht auch im gesamten Personengesellschaftsrecht grundsätzlich ablehnend etwa *Wertenbruch*, DStR 2007, 1680 (1682 f.); s. auch die Übersicht über das Meinungsbild bei *Armbrüster*, ZGR 2009, 1 (20 f.).

332 Vgl. *Schäfer*, in: MünchKomm BGB, 9. Aufl. 2024, § 710 Rn. 2; *Roth*, in: Hopt, HGB, 44. Aufl. 2025, § 108 Rn. 12.

333 So auch BGH, Hinweisbeschluss v. 2.7.2007, Az. II ZR 181/06, NZG 2007, 860.

334 BGH, Urteil v. 4.7.2005, Az. II ZR 354/03, NJW-RR 2005, 1347 (1348); BGH, Urteil v. 23.1.2006, Az. II ZR 306/04, NJW-RR 2006, 827 (828); BGH, Urteil v. 5.3.2007, Az. II ZR 282/05, NJW-RR 2007, 757 (758); *v. Falkenhausen/H. C. Schneider*, in: MünchHdbGesR Bd. 1, 5. (Alt-)Aufl. 2019, § 60 Rn. 106; *Roth*, in: Hopt, HGB, 44. Aufl. 2025, § 108 Rn. 12; *Wiedemann*, GesR Bd. I, 1980, 395: *„wenn anders der Gesellschaftszweck nicht zu erreichen ist und sonst allen Beteiligten schwere Schäden zu entstehen drohen, also in extremen Situationen."*

Gesellschafters zur nachträglichen Etablierung einer Leistungspflicht einzuholen.[335] Daher ist die Interessenabwägung im Ausgangspunkt stark in Richtung der Interessen sanierungsunwilliger Gesellschafter verschoben. In der Aktiengesellschaft verhindert jedenfalls § 54 Abs. 1 AktG eine Nachschusspflicht.[336]

Die Sanierungsbedürftigkeit der Gesellschaft alleine kann jedenfalls nicht zur Begründung einer Nachschusspflicht ausreichen.[337] Ebenfalls kann nicht ausreichen, dass der Gesellschafter ohne besondere Mühen zur Leistung des Nachschussbetrages in der Lage ist[338], es gilt aber andersherum, dass der nachschießende Gesellschafter in jedem Fall seinen Lebensunterhalt weiter bestreiten können muss, eine Nachschusspflicht scheidet andernfalls aus.[339] Weiterhin muss das Sanierungskonzept eine sinnvolle und nachhaltige Sanierung versprechen.[340] Ein Beispiel für eine Nachschusspflicht aus der Treuepflicht findet sich in der Rechtsprechung – soweit ersichtlich – nicht, wodurch die Hürden für die Annahme einer entsprechenden Pflicht noch einmal deutlich werden.[341]

Hiervon zu unterscheiden ist jedoch die Frage, ob der nachschussunwillige Gesellschafter unter Umständen einem Gesellschafterbeschluss zustimmen muss, der die Beitragserhöhung zu Sanierungszwecken, aber keine Pflicht der Gesellschafter zur Teilnahme an den Nachschüssen vorsieht, sodass die sanierungswilligen Gesellschafter zumindest die Möglichkeit zum Einschießen von Kapital erhalten. Hier können eher Zustimmungspflichten entstehen, da zwar der Anteil des nicht an der Kapitalerhöhung teilnehmenden Gesellschafters durch eine Kapitalerhöhung verwässert wird, ihn aber immerhin keine finanzielle Zusatzbelastung in Form einer Zahlungspflicht trifft. Trotzdem wird man die Zustimmungspflicht hier nur in Ausnahmesituationen annehmen können, wenn im Gesellschaftsvertrag die Berechtigung der Erwartung der nachschusswilligen Gesellschafter, dass in einer solchen Situation die Zustimmung erteilt wird, angelegt ist.[342]

So verhält es sich auch mit der Schaffung eines „Wahlzwangs“ für die Gesellschafter einer sanierungsfälligen Gesellschaft. Sofern dem einzelnen Gesellschafter durch den Gesellschafterbeschluss als Alternative zur Teilnahme an der Sanierung die Pflicht zum

---

335 In der Aktiengesellschaft wird man vor dem Hintergrund des § 54 Abs. 1 AktG und der üblicherweise deutlich abgeschwächten Intensität der Treuepflicht von vornherein eine treuepflichtbasierte Pflicht zum nachträglichen Einschuss verneinen müssen, vgl. *Jungmann*, MünchHdbGesR Bd. 9, 6. Aufl. 2021, § 53 Rn. 171 m.w.N.

336 Vgl. *Koch*, AktG, 19. Aufl. 2025, § 54 Rn. 5; *Götze*, in: MünchKomm AktG, 6. Aufl. 2024, § 54 Rn. 8.

337 BGH, Urteil v. 4.7.2005, Az. II ZR 354/03, NJW-RR 2005, 1347 (1348); BGH, Urteil v. 23.1.2006, Az. II ZR 306/04, NJW-RR 2006, 827 (828).

338 *Schäfer*, in: MünchKomm BGB, 9. Aufl. 2024, § 710 Rn. 2.

339 Sogar ergänzt um das Erfordernis des Fehlens einer Einschränkung der eigenen Vermögensanlagepraxis des Gesellschafters bei *Wertenbruch*, DStR 2007, 1680 (1683).

340 *Seibt*, in: Scholz, GmbHG, 13. Aufl. 2022, § 14 Rn. 101.

341 Vgl. *v. Falkenhausen/H. C. Schneider*, in: MünchHdbGesR Bd. 1, 5. (Alt-)Aufl. 2019, § 60 Rn. 106; vgl. auch OLG Stuttgart, Urteil v. 31.3.2010, Az. 14 U 20/09, BeckRS 2010, 11561 (2. LS).

342 *Schöne*, in: BeckOK BGB, 68. Edition, Stand 1.11.2023, § 707 Rn. 10 f. m.w.N.

Ausscheiden auferlegt wird, der Gesellschafter also zu einer Wahl zwischen Nachschuss und Ausscheiden gezwungen wird, hat der BGH in seinen „Sanieren oder Ausscheiden"-Urteilen[343] für Publikumspersonengesellschaften unter gewissen Umständen eine Zustimmungspflicht zum Beschluss (und damit letztlich zum Ausscheiden) anerkannt. Wenn der sanierungsunwillige Gesellschafter – wenn auch mit einem deutlich geringeren Anteil – in der Gesellschaft verbliebe, entstünde andernfalls für die einschießenden Gesellschafter der unzumutbare Zustand, dass der sich verweigernde Gesellschafter (wenn auch mit einem nun geringeren Gesellschaftsanteil) von der erfolgreichen Sanierung profitieren würde.[344] Gleichzeitig werden die ausscheidenden Gesellschafter durch den entstehenden anteiligen Auseinandersetzungsfehlbetrag gem. § 737 BGB finanziell nicht stärker belastet, als dies im Falle des Scheiterns einer Sanierung und der Liquidation der Gesellschaft der Fall gewesen wäre.[345] Diese Wertungsgesichtspunkte machen ansatzweise deutlich, dass es sich genau genommen um eine Ausschließungsproblematik handelt, es also um die Zustimmungspflicht des Gesellschafters zu seinem eigenen Ausschluss geht.[346] Diese Rechtsprechung kann vor dem Hintergrund der Ausführungen zur Rechtsformunabhängigkeit der Treuepflicht auf andere Rechtsformen übertragen werden, sofern die Interessen dort ähnlich liegen.[347]

F. Rechtsfolgen der Treuepflichtverletzung

Wird die Treuepflicht verletzt, kommen verschiedene Rechtsfolgen in Betracht, die nachfolgend dargestellt werden sollen. Diese Rechtsfolgen sind für den konkreten Einzelfall zu bestimmen und können sich ergänzen oder überlagern.[348]

I. Primärleistungsanspruch und Stimmfiktion

Die Treuepflichtverletzung begründet zunächst einen Anspruch des Treueberechtigten

---

343 BGH, Urteil v. 19.10.2009, Az. II ZR 240/08 („Sanieren oder Ausscheiden I"), NJW 2010, 65; BGH, Urteil v. 25.1.2011, Az. II ZR 122/09 („Sanieren oder Ausscheiden II"), NJW 2011, 1667; BGH, Urteil v. 9.6.2015, Az. II ZR 420/13 („Sanieren oder Ausscheiden III"), NJW 2015, 2882 m. Anm. *Schimrick*.

344 BGH, Urteil v. 19.10.2009, Az. II ZR 240/08 („Sanieren oder Ausscheiden I"), NJW 2010, 65 (Rn. 31).

345 *Schäfer*, in: MünchKomm BGB, 9. Aufl. 2024, § 710 Rn. 12.

346 Vgl. *Schäfer*, in: MünchKomm BGB, 9. Aufl. 2024, § 710 Rn. 12 (Fn. 59). Zu Ausschließungssachverhalten schon oben unter § 3.E.V.3.

347 Mit Einschränkungen aber im Ergebnis bejahend etwa *Brand*, KTS 2011, 481 (Aktiengesellschaft); *Dorka/Derwald*, NZG 2010, 694 (Kommanditisten einer KG); *Priester*, ZIP 2010, 497 (GmbH); *Seibt*, in: Scholz, GmbHG, 13. Aufl. 2022, § 14 Rn. 101 (GmbH); die unmittelbare Übertragbarkeit ablehnend, aber eine Zustimmungspflicht in Kapitalgesellschaften dennoch für möglich haltend *Bacina/Redeker*, DB 2010, 996, (998 ff.) (Kapitalgesellschaften insgesamt); a.A. wohl *Weitnauer*, GWR 2011, 209; gegen eine Übertragbarkeit auf die Aktiengesellschaft aber für eine die Übertragbarkeit auf die GmbH *Baums*, Recht der Unternehmensfinanzierung, 1. Aufl. 2017, § 60 Rn. 26, 35 ff. m.w.N.

348 *Schäfer*, in: Staub, HGB, 6. Aufl. 2024, § 105 Rn. 284.

auf treuepflichtkonformes Handeln oder Unterlassen durch den Treueverpflichteten.[349] So besteht beispielsweise ein Anspruch auf Unterlassung des gegen das Wettbewerbsverbot verstoßenden Verhaltens oder ein Anspruch auf Mitteilung der treuepflichtwidrig zurückgehaltenen Informationen. Sofern ein Gesellschafter seine Zustimmung trotz einer aus der Treuepflicht resultierenden Pflicht hierzu verweigert, hat der Treueberechtigte einen Anspruch auf Erteilung der Zustimmung.[350] Diesen kann er im Wege der Leistungsklage durchsetzen.[351] Problematisch hieran ist im Falle der Zustimmungspflicht, dass das Zustandekommen des Beschlusses so zulasten der sich treuepflichtkonform verhaltenden Gesellschafter bis zur Rechtskraft des Urteils (§ 894 ZPO) aufgeschoben wird. Dies erscheint zumindest nicht in jeder Konstellation angemessen. Daher wird diskutiert, ob die Klagelast nicht auf den treuwidrig seine Zustimmung verweigernden Gesellschafter verlagert und die Zustimmung fingiert werden kann.[352] Der Rechtsprechung lässt sich insoweit keine einheitliche Linie entnehmen.[353] Der BGH hat in Publikumspersonengesellschaften etwa sogar für Grundlagengeschäfte eine Stimmfiktion angenommen[354], in anderen Gesellschaften jedoch grundsätzlich die existenzielle Bedeutung der zügigen Umsetzung von Beschlüssen verlangt, unabhängig davon, welchen beschlussgegenstand sie betreffen.[355]

Während in der Literatur vereinzelt vertreten wird, dass stets eine Zustimmungsfiktion zu erfolgen habe[356] und andere auf die Außenwirkung abstellen[357], differenziert die wohl h.M. nach Beschlussgegenständen. Bei Geschäftsführungs- und Vertretungsangelegenheiten wird die Zustimmung des sich verweigernden Gesellschafters fingiert, während für Grundlagenbeschlüsse eine Leistungsklage der übrigen Gesellschafter notwendig ist.[358]

349 *Geibel*, in: BeckOGK BGB, Stand 15.12.2024, § 705 Rn. 329.

350 Für die Aktivlegitimation ist zwischen Geschäftsführungsmaßnahmen (Gesellschaft) und Grundlagengeschäften (Gesellschafter) zu differenzieren, vgl. *Geibel*, in: BeckOGK BGB, Stand 15.12.2024, § 705 Rn. 329 m.w.N.

351 BGH, Urteil v. 29.5.1967, Az. II ZR 105/66, NJW 1967, 1963 (1965 f.); aus der Literatur etwa *Seibt*, in: Scholz, GmbHG, 13. Aufl. 2022, § 14 Rn. 122 m.w.N.

352 Vgl. nur die Nachweise bei *Schäfer* in: Staub, HGB, 6. Aufl. 2024, § 105 Rn. 286; *ders.*, in: MünchKomm BGB, 9. Aufl. 2024, § 705 Rn. 292 f.; *Enzinger*, in: MünchKomm HGB, 5. Aufl. 2022, § 119 Rn. 29.

353 Mit Nachweisen *Schäfer*, in: Staub, HGB, 6. Aufl. 2024, § 105 Rn. 286.

354 BGH, Urteil v. 5.11.1984, Az. II ZR 111/84, NJW 1985, 974.

355 Vgl. die Nachweise bei *Schäfer*, in: Staub, HGB, 6. Aufl. 2024, § 105 Rn. 286.

356 Auf die Funktionsweise des § 242 BGB verweisend und eine Berufung des treuwidrig handelnden Gesellschafters auf sein abweichendes Stimmverhalten daher ablehnend *Freitag*, in: Ebenroth/Boujong/Joost/Strohn, HGB, 4. Aufl. 2020, § 119 Rn. 40. Zustimmend *Holler*, in: MünchHdbGesR Bd. 7, 6. Aufl. 2020, § 75 Rn. 386; *ders./Mann*, NZG 2021, 402 (408 f.).

357 So noch *Ulmer*, in: Staub, HGB, 4. (Alt-)Aufl. 2004, § 105 Rn. 250.

358 S. schon *Hueck*, Das Recht der offenen Handelsgesellschaft, 1. Aufl. 1946, 175; weiterhin *Winter*, Mitgliedschaftliche Treubindungen im GmbH-Recht, 1988, 37; *Schäfer*, in: Staub, HGB, 6. Aufl. 2024, § 105 Rn. 286; *Enzinger*, in: MünchKomm HGB, 5. Aufl. 2022, § 119 Rn. 29; *Roth*, in: Hopt, HGB, 44. Aufl. 2025, § 108 Rn. 28; ausführlich *Sester*, Treupflichtverletzung bei Widerspruch und

Der herrschenden Meinung ist unter dem Eindruck der bisherigen Ausführungen zur Treuepflicht im Ergebnis meist zu folgen. Die in Geschäftsführungsangelegenheiten geforderte ausschließliche Orientierung am Interesse der Gesellschaft und deren Missachtung durch den seine Zustimmung verweigernden Gesellschafter rechtfertigen eine dieser hohen Treuepflichtintensität entsprechende Verschärfung auf Rechtsfolgenseite.[359] Demnach ist der Unterscheidung nach Geschäftsführungs- und Grundlagenbeschlüssen im Ergebnis meist zu folgen. Eigentlich geht es aber um die Einordnung des Stimmrechts als uneigennütziges oder eigennütziges Recht, was anhand des Beschlussgegenstandes für den Einzelfall zu bestimmen ist.[360] In besonderen Konstellationen, in denen das Grundlagengeschäft existenzielle Bedeutung für die Gesellschaft hat, sowie in Publikumsgesellschaften sind unabhängig von der Einordnung des Gesellschaftsrechts Ausnahmen – etwa in „Sanieren oder Ausscheiden"-Konstellationen – anzuerkennen.[361]

II. Sekundärleistungsanspruch

Sofern der Treueverpflichtete seine Treuepflicht verletzt hat und diese Pflichtverletzung zu vertreten hat, kann er zudem nach § 280 Abs.1 BGB zum Ersatz eines hierdurch entstandenen Schadens verpflichtet sein.[362] Der Sorgfaltsmaßstab des Gesellschafters wurde bis Ende 2023 dabei noch von § 708 BGB a.F. bestimmt, i.R.d. MoPeG wurde dieser aber aufgehoben, sodass in Zukunft der normale Sorgfaltsmaßstab des § 276 Abs.1, 2 BGB maßgeblich ist.[363]

III. Unwirksamkeit und Unbeachtlichkeit

Sofern ein Gesellschafter bei der Ausübung seiner Rechte die Schranken der Treuepflicht nicht beachtet, kann die Ausübung schlicht unwirksam und daher unbeachtlich sein.[364] Das gilt beispielsweise für einen treuepflichtwidrigen Widerspruch eines Gesellschafters zu Geschäftsführungsmaßnahmen.[365] Sofern es um die Frage geht, ob eine treuwidrige

---

Zustimmungsverweigerung im Recht der Personenhandelsgesellschaften, 1996, 134 ff.; vgl. auch die Darstellung bei *ders.*, BB 1997, 1 (3).

359 So grundsätzlich auch *Sester*, BB 1997, 1 (3).

360 Kritisch zur h.M. *Freitag*, in: Ebenroth/Boujong/Joost/Strohn, HGB, 4. Aufl. 2020, § 119 Rn. 40; unter besonderer Berücksichtigung der Familiengesellschaft auch *Holler*, in: MünchHdbGesR Bd. 7, 6. Aufl. 2020, § 75 Rn. 385 f.

361 *Geibel*, in: BeckOGK BGB, Stand 1.5.2019, § 706 Rn. 94.

362 Vgl. *Geibel*, in: BeckOGK BGB, Stand 15.12.2024, § 705 Rn. 331.

363 Hierzu aus dem Blickwinkel von Familiengesellschaften ausführlich *Habersack/Lüdeking*, RFamU 2022, 3.

364 *Schäfer*, in: Staub, HGB, 6. Aufl. 2024, § 105 Rn. 284 m.w.N.

365 H.M., vgl. *K. Schmidt/Bochmann*, in: Scholz, GmbHG, 13. Aufl. 2024, § 47 Rn. 32 m.w.N.; *Schäfer*, in: Staub, HGB, 6. Aufl. 2024, § 105 Rn. 284 m.w.N.

Stimmrechtsausübung lediglich unbeachtlich ist oder als Zustimmung gewertet werden kann, wird auf die obigen Ausführungen zum Primärleistungsanspruch verwiesen.[366]

IV. Beschlussmängel

Für Beschlussmängel ist nach den Rechtsformen zu unterscheiden. Für die Aktiengesellschaft ist mit den §§ 241 ff. AktG eine umfassende Regelung des Beschlussmängelrechts erfolgt. Hier führen nur wenige Ausnahmen zur Nichtigkeit des gesamten Beschlusses (vgl. § 241 AktG und die dortigen Verweise auf die anderen gesetzlichen Ausnahmen), die Aktionäre werden weitestgehend auf das fristgebundene Anfechtungsrecht (§§ 243 ff. AktG) verwiesen. Grund hierfür ist der häufig wechselnde Gesellschafterkreis, der sich möglichst auf die Wirksamkeit in der Vergangenheit gefasster Beschlüsse verlassen können muss.[367]

Für die GmbH und Personengesellschaften fand sich bis Ende 2023 keine gesetzliche Kodifikation des Beschlussmängelrechts. Für die GmbH ist in Rechtsprechung und Literatur aber – trotz der Unterschiede zur Aktiengesellschaft – schon recht früh weitestgehend das aktienrechtliche Beschlussmängelrecht übernommen worden.[368] Anders ist dies im Personengesellschaftsrecht. Nach g.h.M. führten Beschlussmängel dort (auch in Publikumspersonengesellschaften) zur Nichtigkeit des Beschlusses, auf welche sich jeder Gesellschafter fortan – notfalls mittels Feststellungsklage nach § 256 Abs. 1 ZPO – berufen konnte.[369] Allerdings konnten die Gesellschafter eine Frist für die Geltendmachung des Beschlussmangels in den Gesellschaftsvertrag aufnehmen, nach deren Ablauf ein Gesellschafter sich nicht mehr auf den Beschlussmangel berufen kann (Präklusion).[370] Ausnahmen galten für eine notwendige, aber fehlende Zustimmung der Gesellschafter, die nicht durch Fristablauf ersetzt wird.[371]

Diese Ausgangslage hat sich mit Beginn des Jahres 2024 jedoch für Personenhandelsgesellschaften geändert. Wegen der Rechtsunsicherheit, die mit dem beschriebenen Feststellungsmodell einhergeht, sieht der durch das MoPeG eingefügte § 110 HGB n.F. nun ein Anfechtungsmodell in Anlehnung an die §§ 241 ff. AktG vor. Danach ist ein Beschluss nichtig, wenn er zwingendes Gesetzesrecht oder absolut unentziehbare bzw. unverzichtbare Rechte verletzt.[372] Bei Verletzung dispositiven Gesetzesrechts oder der Regelungen des Gesellschaftsvertrags ist der Beschluss hingegen nicht mehr nichtig,

366 Hierzu oben unter § 3.F.I.

367 *Otte*, ZIP 2020, 1743 (1744).

368 Vgl. zu den Einzelheiten *Otte*, ZIP 2020, 1743 (1744) m.w.N.

369 BGH, Urteil v. 7.6.1999, Az. II ZR 278/98, NJW 1999, 3113 m.w.N.

370 *Böttcher*, in: BeckOGK HGB, Stand 15.8.2023, § 119 Rn. 187 m.w.N.

371 *Böttcher*, in: BeckOGK HGB, Stand 15.8.2023, § 119 Rn. 187 m.w.N.

372 Vgl. etwa *Böttcher*, in: BeckOGK HGB, Stand 15.8.2023, § 119 Rn. 215 m.w.N.

sondern lediglich anfechtbar.[373] Bei zustimmungsbedürftigen Beschlüssen ist der Beschluss so lange schwebend unwirksam, bis die Zustimmung erteilt oder verwehrt wurde, wobei die Verwehrung konkludent durch eine Nichtigkeitsklage zum Ausdruck gebracht werden kann.[374]

Nach der Regierungsbegründung ist grundsätzlich auch bei Verletzung der Treuepflicht von der Anfechtbarkeit des Beschlusses auszugehen[375], wobei hier erhebliche Abgrenzungsschwierigkeiten drohen, wenn bei Verletzung der Treuepflicht unklar ist, ob durch den Beschlussmangel nicht deren Kern als unverzichtbares oder zumindest unentziehbares Recht verletzt ist und folglich ebenfalls eine Nichtigkeit des Beschlusses in Betracht kommt.[376] Wie die Abgrenzung durch die Rechtsprechung genau gezogen wird, bleibt abzuwarten.

G. Modifikation

Als Modifikation der Treuepflicht soll in dieser Arbeit jede Änderung der Intensität, des Umfangs und Inhalts der Treuepflicht verstanden werden. Vor dem Hintergrund der überragenden Bedeutung des Gesellschaftsvertrags, des hierdurch begründeten Gesellschaftszwecks und der begründeten Realstruktur der Gesellschaft, des Gesellschaftsinteresses, etwaiger Nebenvereinbarungen sowie des Dienst- bzw. Geschäftsbesorgungsvertrags für Intensität, Umfang und Inhalt der Treuepflicht ist damit grundsätzlich jede Ausgestaltung des Gesamtvertragswerks als potenzielle Modifikation der Treuepflicht zu klassifizieren.[377] Ob die Parteien dabei ein Bewusstsein haben, konkret das Rechtsinstitut Treuepflicht zu beeinflussen, spielt keine Rolle. Die Ausgestaltung des Vertrags ist das Ergebnis des übereinstimmenden Willens der Parteien zur Strukturierung der Gesellschaft und der Zuteilung von Rechten und Pflichten an die Gesellschafter oder Organmitglieder der Gesellschaft. Die Parteien lassen ihre Vorstellungen von einzubringender Leistung und Rücksichtnahme sowie der Qualität des gegenseitigen Näheverhältnisses bereits in den Gesellschaftsvertrag, die Gesellschaftsstruktur oder geschlossene Nebenvereinbarungen einfließen. Der konkrete Inhalt und Umfang der Treuepflicht ist das mittelbare Ergebnis dieser Vorstellungen. Auf das Bewusstsein, das Rechtsinstitut

---

373 Vgl. etwa *Böttcher*, in: BeckOGK HGB, Stand 15.8.2023, § 119 Rn. 215 m.w.N.

374 Vgl. etwa *Böttcher*, in: BeckOGK HGB, Stand 15.8.2023, § 119 Rn. 215 m.w.N.

375 Regierungsentwurf MoPeG, Stand 8.1.2021, 270, online abrufbar unter https://www.bmj.de/SharedDocs/Gesetzgebungsverfahren/Dokumente/RegE_Personengesellschaftsrecht.pdf?__blob=publicationFile&v=3.

376 *Otte*, ZIP 2020, 1743 (1746).

377 Vgl. zur Bedeutung des Gesellschaftsvertrags für Umfang und Inhalt der mitgliedschaftlichen Treuepflicht erneut BGH, Urteil v. 25.1.2011, Az. II ZR 122/09, NJW 2011, 1667 (Rn. 21); BGH, Urteil v. 9.6.2015, Az. II ZR 420/13, NJW 2015, 2882 (Rn. 23) m. Anm. *Schimrick*; s. zudem oben unter § 3.D. und unter § 3.E.

Treuepflicht zu beeinflussen kann es vor diesem Hintergrund nicht ankommen.

Mit einer Modifikation im Sinne dieser Arbeit ist jedoch nicht die Beeinflussung solcher Rechtsinstitute gemeint, die eigenständig neben der Treuepflicht stehen. Hier sind insbesondere allgemeine Institute aus Treu und Glauben, die (ergänzende) Vertragsauslegung[378], die Sittenwidrigkeit gem. §§ 138 Abs. 1, 826 BGB, die Störung der Geschäftsgrundlage und die Sorgfaltspflicht zu nennen. Eine umfassende Abgrenzung zur Treuepflicht würden den Rahmen dieser Arbeit sprengen. Daher wird an dieser Stelle auf die ausführlicheren Abhandlungen in der gesellschaftsrechtlichen Literatur verwiesen, die sich dieser Abgrenzung widmen.[379] Vorsorglich sei gesagt, dass eine Veränderung der Treuepflicht über die Modifikation der Parameter, die die Treuepflicht formen, auch diese anderen, selbstständigen Rechtsinstitute beeinflussen kann. Solche potenziellen Auswirkungen sollten vor einer bewussten Modifikation der Treuepflicht in jedem Fall geprüft werden.

I. Ausdrückliche Modifikation und Treuepflichtklausel

1. Beweggründe für eine Modifikation

Mit dem oben angesprochenen, weiten Verständnis einer Modifikation der Treuepflicht ist nicht gesagt, dass eine bewusste Modifikation des Rechtsinstituts in der Praxis überhaupt nicht vorkommt. Die Treuepflicht eignet sich hervorragend als Instrument der Corporate Governance, sodass eine bewusste Modifikation sinnvoll sein kann.[380] Die Einzelausprägungen der Treuepflicht, die sich als Verbot darstellen, können i.R.d. Geschäftsführung auftretende *principal-agent*-Konflikte bereits von vornherein verhindern.[381] Zudem kann schon die Existenz der Treuepflicht – unabhängig von ihren konkreten Vorgaben – aufgrund ihrer besonderen Wirkweise und der mit einer Missachtung verbundenen Rechtsfolgen den Interessen der Treueberechtigten Schutz bieten. So muss ein Treueverpflichteter bei der Ausübung seiner Rechte stets die mit einer Missachtung der Treuepflicht einhergehende Gefahr einer gerichtlichen Auseinandersetzung, in Folge derer er sich etwaigen Schadensersatzansprüchen und der Auferlegung der Gerichtskosten (vgl. § 91 ZPO) ausgesetzt sehen kann, berücksichtigen und in seinen Entscheidungsprozess einstellen.[382] Unabhängig vom konkreten Inhalt der Treuepflicht wird der Treueverpflichtete

378 Hierzu bereits oben unter § 3.C.II.

379 Vgl. nur *Mann*, Abdingbarkeit und Gegenstand der gesellschaftsrechtlichen Treuepflicht, 2018, 50 ff. jeweils m.w.N.

380 Vgl. *Hopt*, ZHR 175 (2011), 444 (487 f., 494 f.).

381 So etwa das Wettbewerbsverbot, hierzu *Janke*, Gesellschaftsrechtliche Treuepflicht, 2003, 192 f.

382 Ausführlich zum spieltheoretischen Hintergrund der Entscheidung des Treueverpflichteten und der resultierenden Präventionswirkung *Janke*, Gesellschaftsrechtliche Treuepflicht, 2003, 194 ff.

zur Vermeidung dieser Rechtsfolgen regelmäßig bereits von vornherein eine besondere, teilweise sogar über das von der Treuepflicht geforderte Maß hinausgehende Vorsicht walten lassen, wenn seine Entscheidung fremde Interessenkreise berührt. Dieser meist wünschenswerte, präventive Effekt kann durch ausführliche Festschreibung von Verboten oder eine ausdrückliche Erhöhung der gesamten Treuepflicht in seiner Wirksamkeit erhöht werden. Dabei liegt der Fokus vornehmlich auf der mitgliedschaftlichen Treuepflicht, gebietet die organschaftliche Treuepflicht doch schon im Ausgangspunkt eine alleinige Orientierung an den Interessen der Gesellschaft.

Die gegenteilige Extremmodifikation dürfte gleichzeitig das prominenteste Beispiel für die bewusste Bestimmung von Intensität, Umfang und Inhalt der Treuepflicht sein: die vollkommene Abbedingung der Treuepflicht. Mag es vor dem Hintergrund des bisher in dieser Abhandlung Gesagten zunächst befremdlich anmuten, die Treuepflicht abzubedingen, gibt es bei genauerer Überlegung doch Argumente, welche eine Abbedingung – auch aus der Sicht des Treueberechtigten – sinnvoll erscheinen lassen. Die Treuepflicht öffnet das Innenleben der Gesellschaft dem Einfluss eines unabhängigen Dritten, dem des jeweils entscheidenden Richters. Vor dem Hintergrund der Wirkweise der Treuepflicht in der Phase der Entscheidungsfindung, die von außen nicht einsehbar ist, scheint es nicht ausgeschlossen, dass eine eigentlich treuepflichtkonforme Interessenabwägung des Treueverpflichteten durch den Richter im Nachhinein als treuwidrig eingestuft wird, da äußere Umstände auf eine – tatsächlich nicht vorliegende – Missachtung der Abwägungsvorgaben der Treuepflicht hindeuten.[383] Eine solche fehlerhafte Beurteilung durch den Richter würde die eigentlich mit der Treuepflicht verfolgten Interessen der Parteien, die Bewahrung des sorgsamen Umgangs mit den Interessen des Treueberechtigten durch den Treueverpflichteten, verfehlen.[384] Aus dieser Überlegung heraus kann sich zudem die obige Präventionsfunktion der Treuepflicht zu einer schädlichen Übervorsicht umkehren, die ein zögerliches Verhalten des Treueverpflichteten in Grenzfällen bedingt, da unter keinen Umständen der Anschein einer Treuepflichtverletzung entstehen soll.[385] Die Offenheit der Wirkweise der Treuepflicht kann sich so gerade hemmend auf die Entscheidungsfreudigkeit der Akteure auswirken. Dies kann letztlich auch die Interessen des Treueberechtigten beeinträchtigen. Eine Abbedingung mag von den Parteien als einzige Lösung angesehen werden, um eine Übervorsicht der Akteure und den Einfluss

---

383 Vgl. schon die entsprechenden Überlegungen für die Abbedingung im Geschäftsleiterbereich bei *Mann,* Abdingbarkeit und Gegenstand der gesellschaftsrechtlichen Treuepflicht, 2018, 134 ff.

384 *Mann,* Abdingbarkeit und Gegenstand der gesellschaftsrechtlichen Treuepflicht, 2018, 134.

385 Hierzu und zu weiteren Argumenten für die Sinnhaftigkeit der Abbedingung, wie etwa die Ausschaltung der Missbrauchsmöglichkeit für opportunistische Klagen oder die Gewinnung eines besonders fähigen Geschäftsleiters, bei dem jedoch offensichtliche Interessenkonflikte bestehen, *Mann, Abdingbarkeit und Gegenstand der gesellschaftsrechtlichen Treuepflicht*, 2018, 134 ff.; weiterhin *Schmolke*, Grenzen der Selbstbindung, 2014, 597 f.

von Unwägbarkeiten durch die Entscheidungsmacht eines Richters zu vermeiden.[386]

2. Treuepflichtklausel

Wenn die Treuepflicht in Gesellschaftsverträgen in der Praxis ausdrücklich modifiziert wird, dann meist nur im Hinblick auf prominente Einzelausprägungen, insbesondere das Wettbewerbsverbot.[387] Für die ausdrückliche Modifikation der gesamten Treuepflicht können im Gesellschaftsvertrag aber sog. Treuepflichtklauseln genutzt werden.[388] Soweit ersichtlich, hat die deutsche Rechtswissenschaft zu Treuepflichtklauseln bisher nur anlässlich einer im Jahre 2005 geplanten Implementierung einer entsprechenden Klausel in die Satzung der Infineon Technologies AG ausführlich Stellung genommen.[389] Die Klausel wurde insbesondere von Aktionärsschutzvereinigungen wegen befürchteter überbordender Beschränkungen des Stimmrechts der Aktionäre kritisiert und infolgedessen in ihrem Wortlaut stark beschnitten.[390] Auch der ursprüngliche Entwurf hatte allerdings nur klarstellenden Charakter und nicht etwa eine Verschärfung der Treuepflicht zum Gegenstand.[391] Auch eine Treuepflichtklausel mit nur klarstellendem Charakter kann für die Treuepflichtkonkretisierung in der entsprechenden Gesellschaft wichtig sein, führt die Klausel doch regelmäßig dazu, dass die Gesellschafter i.R.d. Vertragsanbahnung oder einer Vertragsänderung ausführlich über ihre gegenseitigen Erwartungen hinsichtlich der allgemeinen Zweckverfolgung und Rücksichtnahmepflichten sprechen, sodass berechtigte Erwartungen im Nachhinein einfacher von bloß einseitigen Wunschvorstellungen zu trennen sind.

---

386 Weiterhin existieren außergesetzliche Mechanismen, welche die Funktion der Treuepflicht zumindest teilweise erfüllen und die Wirkung einer Abbedingung abfedern können, vgl. *Mann,* Abdingbarkeit und Gegenstand der gesellschaftsrechtlichen Treuepflicht, 2018, 61 ff.

387 Zur Befreiung vom Wettbewerbsverbot etwa *Fleischer*, in: MünchKomm HGB, 5. Aufl. 2022, § 112 Rn. 55 ff.

388 *Winter*, Mitgliedschaftliche Treubindungen im GmbH-Recht, 1988, 190 ff., 215 ff.

389 Vgl. den Formulierungsvorschlag in der Einladung zur Hauptversammlung der Infineon Technologies AG v. 25.1.2005 (Top 7), nebst ausführlicher Analyse bei *Waclawik*, DB 2005, 1151; *Geier*, Gestaltungsfreiheit und Gestaltungsgrenzen der mitgliedschaftlichen Treupflicht des Aktionärs, 2007, 143 f.; *Kindler*, in: FS Spiegelberger, 2009, 778; für das Recht der GmbH und mit Verweisen auf rechtsformübergreifende Überlegungen *Schnorbus*, in: Rowedder/Schmidt-Leithoff, GmbH-Gesetz, 7. Aufl. 2022, § 53 Rn. 43 m.w.N.

390 Vgl. *Waclawik*, DB 2005, 1151 (1151). Zur Zulässigkeit der geänderten Klausel LG München I, Urteil v. 13.4.2006, Az. 5HK O 4326/05, MittBayNot 2007, 142.

391 Dies war schon i.R.d. Hauptversammlung der Infineon Technologies AG geäußert worden, vgl. den Sachverhalt bei LG München I, Urteil v. 13.4.2006, Az. 5 HK O 4326/05, MittBayNot 2007, 142 (143): „*Wir wollten einen allgemein anerkannten Aspekt der Gesellschafterstellung nur klarer herausarbeiten, insbesondere für unsere ausländischen Aktionäre*." Vgl. auch *Waclawik*, DB 2005, 1151 (1154); *Kindler*, in: FS Spiegelberger, 2009, 778 (789 f.); a.A. *Geier*, Gestaltungsfreiheit und Gestaltungsgrenzen der mitgliedschaftlichen Treupflicht des Aktionärs, 2007, 143 f.

II. Änderung treuepflichtrelevanter Parameter

Die Treuepflicht kann wie bereits erwähnt auch durch nicht-ausdrückliche Regelungen modifiziert werden. Wie gesehen, ist das gesamte Vertragswerk relevant für Intensität und Inhalt der Treuepflicht.[392] Darüber hinaus kann aus ausdrücklichen Regelungen zu Leistungs- und Rücksichtnahmepflichten eine Konkretisierung der Treuepflicht für ähnlich gelagerte oder verwandte Sachverhalte gewonnen werden.[393] So können ausdrücklich abgesenkte Leistungs- und Rücksichtnahmepflichten zu einer Absenkung der Treuepflicht insgesamt führen, da der Treueverpflichtete sich von vornherein zu einem geringeren Engagement in der Gesellschaft (Absenkung der Leistungspflichten) und einer geringeren Loyalität gegenüber den Treueberechtigten (Absenkung der Rücksichtnahmepflichten) verpflichtet. Spiegelbildlich kann eine Steigerung der Leistungs- und Rücksichtnahmepflichten zu einer erhöhten Treuepflicht führen.

III. Zulässigkeit

Während die Modifikation der Treuepflicht durch die Gesellschafter unstreitig möglich ist,[394] herrscht in den Randbereichen, insbesondere im Hinblick auf die vollkommene Abbedingung der Treuepflicht, seit geraumer Zeit Streit.[395] Eine tiefergehende Auseinandersetzung mit der Zulässigkeit der Abdingbarkeit würde den Rahmen dieser Arbeit sprengen. Jedenfalls in jüngerer Vergangenheit haben zwei Monografien zur Abdingbarkeit der Treuepflicht – unter Hinweis auf das Fortbestehen benachbarter Schutzmechanismen, etwa der allgemeinen Grenzen des § 242 BGB – dem Aspekt der Privatautonomie weitestgehend Vorrang eingeräumt und die grundsätzliche Zulässigkeit der Abbedingung der Treuepflicht im Gesellschafter- und Geschäftsleiterbereich angenommen.[396] Anders sei dies nur im Aktienrecht, wo die Satzungsstrenge aus § 23 Abs. 5 AktG zumindest der Abdingbarkeit der gesamten organschaftlichen Treuepflicht entgegenstehe.[397]

---

392 Hierzu oben unter § 3.D. und unter § 3.E.

393 Vgl. etwa die Maßgeblichkeit einer gesellschaftsvertraglichen Regelung zu Kapitalerhöhungen für die Frage nach einer treuebedingten Zustimmungspflicht zum eigenen Ausscheiden, die der BGH im „Sanieren oder Ausscheiden II"-Urteil letztlich abgelehnt hat, BGH, Urteil v. 25.1.2011, Az. II ZR 122/09 („Sanieren oder Ausscheiden II"), NJW 2011, 1667 (Rn. 21 f.).

394 Vgl. zuletzt BGH, Urteil v. 9.6.2015, Az. II ZR 420/13, NJW 2015, 2882 (Rn. 23) m. Anm. *Schimrick*.

395 Eine Übersicht zu den vertretenen Meinungen findet sich bei *Lieder*, in: Michalski/Heidinger/Leible/J. Schmidt, GmbHG, 4. Aufl. 2023, § 13 Rn. 150 ff.; *Fleischer/Harzmeier*, NZG 2015, 1289 (1290 f.).

396 Mit Ausnahme der Abdingbarkeit im Geschäftsleiterbereich der Aktiengesellschaft (Grund ist die Satzungsstrenge aus § 23 Abs. 5 AktG), vgl. *Mann*, Abdingbarkeit und Gegenstand der gesellschaftsrechtlichen Treuepflicht, 2018; *Haunschild*, Die Abdingbarkeit der Treuepflicht im Gesellschaftsrecht, 2018.

397 *Mann*, Abdingbarkeit und Gegenstand der gesellschaftsrechtlichen Treuepflicht, 2018, 181 ff.; *Haunschild*, Die Abdingbarkeit der Treuepflicht im Gesellschaftsrecht, 2018, 222 ff.

Ohne zu sehr vorgreifen zu wollen, kann jedenfalls gesagt werden, dass die Abbedingung der Treuepflicht vor dem Hintergrund der typischen Interessenlage in Familiengesellschaften dort auch regelmäßig nicht Gegenstand der Überlegungen der Gesellschafter sein wird. Vielmehr wird insbesondere bei Errichtung einer planvoll generationsübergreifend ausgerichteten Familiengesellschaft eher eine Verschärfung der Treuepflicht ins Auge gefasst werden, sodass der Streit über die Abdingbarkeit für die Zwecke dieser Arbeit nicht zu entscheiden ist.

In Übereinstimmung mit den obigen Ausführungen zur generellen Zulässigkeit der Modifikation der Treuepflicht wird hier davon ausgegangen, dass rechtsformübergreifend auch eine Verschärfung der Treuepflicht in einem Maße, wie es der typischen Interessenlage von Familiengesellschaften entspricht, zulässig ist, die allgemeinen Grenzen der Sittenwidrigkeit und anderer gesetzlicher Verbote also eingehalten werden.[398] Prozedural ist zu beachten, dass bei nachträglicher Einführung die Zustimmung aller Gesellschafter erforderlich werden kann, wenn die Klausel über die Verschärfung der Treuepflicht letztlich zu einer Beschränkung oder Entziehung sog. „unentziehbarer Rechte" führt.[399]

---

398 Vgl. *Fleischer/Harzmeier*, NZG 2015, 1289 (1297); für die Zulässigkeit einer umfassende Verschärfung im Gesellschaftsvertrag der Familiengesellschaft (Vorrang des Gesellschaftsinteresses auch bei Ausübung eigennütziger Gesellschafterrechte) auch *Lieder*, in: Michalski/Heidinger/Leible/J. Schmidt, GmbHG, 4. Aufl. 2023, § 13 Rn. 156; s. auch *Waclawik*, DB 2005, 1151 (1153 f.); ausführlich *Geier*, Gestaltungsfreiheit und Gestaltungsgrenzen der mitgliedschaftlichen Treupflicht des Aktionärs, 2007, passim. Für einzelne Anwendungsfälle der verschärften Treuepflicht in Familiengesellschaften wird die Zulässigkeit im Besonderen Teil geprüft, etwa für die Entscheidung des Gesellschafters zur Kündigung unten unter § 7.E.I. und für die Existenz familienfremder Gesellschafter unten unter § 11.B.

399 Zu unentziehbaren Rechten und dem Zustimmungserfordernis unten unter § 4.B.IV.5.c.(i).

§ 4. Familiengesellschaft

Den Ausführungen zu den Grundsätzen der Treuepflicht soll nun die isolierte Behandlung der besonderen Umgebung, deren Auswirkungen auf die Treuepflicht Untersuchungsgegenstand dieser Arbeit ist, folgen. Diese besondere Umgebung ist die der Familiengesellschaft. Dabei stellt sich – insoweit ähnlich zu den Ausführungen zur Treuepflicht oben – in einem ersten Schritt die Frage, welche Definition hier für die Familiengesellschaft angesetzt werden kann bzw. inwiefern die gängigen Definitionen fruchtbaren Boden für den Besonderen Teil dieser Arbeit bieten können. Sodann wird auf typische Besonderheiten von Familiengesellschaften eingegangen.

A. Begriff der Familiengesellschaft

Eine allgemein anerkannte Definition für die Familiengesellschaft existiert sowohl in der Rechtswissenschaft als auch in anderen wissenschaftlichen Fachbereichen nach wie vor nicht. Vor dem Hintergrund unterschiedlicher Rechtsformen, Jahresumsätze, Mitgliederzahlen sowie sonstiger rechtlicher und tatsächlicher Gegebenheiten potenzieller Familiengesellschaften verwundert dies auch nicht.[400] So findet sich heute ein bunter Strauß unterschiedlicher Legaldefinitionen, Abgrenzungskriterien der Rechtsprechung und zahlreicher Definitions- und Abgrenzungsversuche in der Literatur.[401] Diese sind meist von dem Bestreben getragen, für ihren jeweiliges Untersuchungszweck eine fruchtbare Grundlage zu schaffen und gleichzeitig so allgemein wie möglich zu bleiben, um nicht unnötig potenzielle Familiengesellschaften von gefundenen Ergebnissen auszuschließen. Dies muss auch für die vorliegende Arbeit gelten. Nachstehend sollen nach einer Übersicht über das aktuelle Meinungsbild zunächst die Anforderungen an das Verständnis für die weitere Bearbeitung konkretisiert werden.

I. Legaldefinitionen, Rechtsprechung und „Governance Kodex für Familienunternehmen"

Für die Familiengesellschaft finden sich außerhalb der Literatur zunächst Legaldefinitionen, Abgrenzungsansätze der Rechtsprechung zum Steuer- und Sozialrecht sowie eine Beschreibung im „Governance Kodex für Familienunternehmen".[402] So stellt § 1 Abs.1

400 Hierzu etwa *Felden/Hack/Hoon*, Management von Familienunternehmen, 2. Aufl. 2019, 16 ff.
401 Hierzu sogleich.
402 Ausführlich zu den hier genannten Legaldefinitionen, den Definitionen in der Rechtsprechung und der Beschreibung im „Governance Kodex für Familienunternehmen" *Krämer*, Sonderrecht der Familiengesellschaften, 2019, 40 ff. m.w.N.

Nr. 1 Satz 3 DrittelbG[403] strikt darauf ab, ob sämtliche Aktionäre einer Aktiengesellschaft oder KGaA untereinander i.S.d. § 15 Abs. 1 Nr. 2-8, Abs. 2 AO verwandt oder verschwägert sind. Ähnlich stellt § 41 Abs. 1 10. AbgabenDV-LA auf die Angehörigeneigenschaft der Gesellschafter von Kapitalgesellschaften ab, ohne eine solche aber für sämtliche Gesellschafter zu fordern. Vielmehr reicht entweder das unmittelbare oder mittelbare Halten von mehr als der Hälfte des Grundkapitals durch die Angehörigen einer Familie oder das kumulative unmittelbare oder mittelbare Halten von mehr als drei Vierteln des Grundkapitals durch Angehörige zweier Familien (vorausgesetzt, die Familie mit der geringsten Anteilsgröße hält mindestens ein Viertel des Grundkapitals) zur Bejahung der Eigenschaft als Familiengesellschaft aus.[404]

In der erbschafts- und einkommenssteuerrechtlichen Rechtsprechung wird zusätzlich zur Angehörigeneigenschaft der Gesellschafter auf deren tatsächliche Mitunternehmerschaft abgestellt.[405] In der Rechtsprechung zum Sozialrecht wurde hingegen nur auf den familiären Zusammenhalt der Gesellschafter im Einzelfall eingegangen, ohne die Familiengesellschaft genauer zu definieren.[406] Zuletzt findet sich im „Governance Kodex für Familienunternehmen" eine Beschreibung des Familienunternehmens. Danach stehen solche Unternehmen *„unter der bestimmenden Inhaberschaft einer oder mehrerer Familien, deren Intention es ist, diese für mindestens eine weitere Generation aufrechtzuerhalten."*[407] Diese Beschreibung hebt sich von den bisher besprochenen Definitionen insofern ab, dass sie eine willens- und zukunftsbezogene Komponente im Hinblick auf die Person der Gesellschafter aufweist.

II. Definitionsversuche in der Literatur

Noch vielfältiger ist das Meinungsbild in der Literatur. Teilweise erfolgt hier die Verbindung des Begriffs der Familiengesellschaft mit dem des „Mittelstands"[408], vereinzelt wird

---

403 § 1 Abs. 1 Nr. 1 Satz 3 DrittelbG stellt die Nachfolgeregelung zum wortgleichen § 76 Abs. 6 BetrVG a.F. dar.

404 Die Angehörigeneigenschaft wird dabei in § 42 10. AbgabenDV-LA definiert.

405 BFH, Urteil v. 5.6.1986, Az. IV R 52/82, ZIP 1986, 1551 (1553).

406 BSG, Urteil v. 8.12.1987, Az. 7 RAr 25/86, BB 1989, 72 (Rn. 31); BSG, Urteil v. 14.12.1999, Az. B 2 U 48/98 R, GmbHR 2000, 618 (Rn. 19); nun aber BSG, Urteil v. 29.8.2012, Az. B 12 KR 25/10 R, NZA-RR 2013, 252 (Rn. 30 ff.).

407 *Intes/FBN/DIE FAMILIENUNTERNEHMER*, Governance Kodex für Familienunternehmen, 4. Aufl. 2021, 11.

408 S. *Frank*, Die 'kleine' AG als Organisationsform für die Nachfolge in Familienunternehmen, 2002, 33, der zumindest einen Großteil der Familiengesellschaften dem „Mittelstand" zuordnet. Hieran wird u.a. von *Lange*, BB 2005, 2585, richtigerweise Kritik geäußert, da *„längst nicht alle mittelständischen Unternehmen zugleich Familienunternehmen sind und auch große Unternehmen im Einzelfall den Charakter eines Familienunternehmens besitzen können."* Vgl. für weitere bejahende und kritische Stimmen *Krämer*, Sonderrecht der Familiengesellschaften, 2019, 52 f. (Fn. 132).

sogar überhaupt keine Definition geboten.[409] In den meisten Werken findet sich aber zumindest der Versuch einer Abgrenzung anhand typischer Merkmale. Nachfolgend sollen die wichtigsten Strömungen dargestellt werden, ohne vertieft auf die jeweiligen Anforderungen einzugehen.[410]

1. Einfluss einer Familie auf die Gesellschaft

Die wohl weitläufigste Definition nimmt eine Strömung in der Literatur vor, die – wie andere Ansichten auch – einen maßgeblichen Einfluss einer oder mehrerer Familien auf die Gesellschaft ausreichen lässt, die Art der Einflussnahme aber nicht etwa auf eine Stimmmehrheit auf Gesellschafterebene oder die operative Leitung des Unternehmens verengt.[411] Es reicht demnach theoretisch irgendein maßgeblicher Einfluss der Familie auf die Gesellschaft aus, mag dieser praktisch auch meist nur bei Halten einer Mehrheit der kumulierten Stimmrechte durch familiär verbundene Personen bejaht werden.[412]

2. Einfluss einer Familie im Gesellschafterkreis

Eine mit der ersten Ansicht eng verbundene zweite Strömung konkretisiert die Art und Weise der Einflussnahme der Familie und stellt für die Definition der Familiengesellschaft – ähnlich zu den genannten Legaldefinitionen – auf das Vorhandensein eines gewichtigen Einflusses einer oder mehrerer Familien im Gesellschafterkreis ab.[413] Eine Gruppe verwandtschaftlich verbundener Gesellschafter muss demnach in der Lage sein, den Kurs der Gesellschaft bzw. des von der Gesellschaft getragenen Unternehmens durch ihre Gesellschafterstellung maßgeblich zu beeinflussen.[414] Mit dem Kriterium der „Maß-

---

409 Insoweit äußert *Lange*, BB 2005, 2585 (Fn. 7), seine Verwunderung über das Fehlen einer Definition für die Familiengesellschaft in *Sudhoff*, Familienunternehmen, 2. Aufl. 2005.

410 Auf die Anforderungen wird bei der Untersuchung typischer Besonderheiten der Familiengesellschaft eingegangen.

411 Vgl. etwa *Cordes*, in: FS Hennerkes, 2009, 151 (152); *Steinebach*, in: FS v. Rosen, 2008, 207 (210); *Mayer-Uellner/Otte*, NZG 2015, 737 (737); wohl auch *Habersack*, ZIP 2020, 2093 (2095 f.). Als regelmäßig notwendiges, wenn auch nicht immer hinreichendes Kriterium anerkennend zudem *Prütting/Schirrmacher*, ZGR 2017, 829 (832).

412 Hierzu ausführlicher unten unter § 4.B.I.

413 So etwa *Wiedemann*, GesR Bd. I, 1980, 118; *Sigle*, in: FS Rowedder, 1994, 459 (460); *Lange*, BB 2005, 2585 (2585 f.); als eines der prägenden Elemente bei *Uffmann*, ZIP 2015, 2441 (2443 f.); weitere Nachweise finden sich bei *Krämer*, Sonderrecht der Familiengesellschaften, 2019, 55 f. (Fn. 139). Teilweise wird sogar gefordert, dass für das Vorliegen einer Familiengesellschaft lediglich Familienangehörige dem Gesellschafterkreis angehören dürfen, vgl. *Mittelbach*, Angehörige als Arbeitnehmer und Gesellschafter, 3. Aufl. 1977, 124 f. Wiederum andere fordern – für die Aktiengesellschaft – zumindest das Halten einer satzungsändernden Mehrheit durch die familiär verbundenen Gesellschafter, vgl. *Fiegle*, BB 1953, 594 (595).

414 *Lange*, BB 2005, 2585 (2586), wobei die Unternehmerfamilie auch von der Öffentlichkeit und den Mitarbeitern wahrgenommen werden müsse; vgl. auch *Uffmann*, ZIP 2015, 2441 (2443 f.).

geblichkeit“ ist das Erfordernis einer Konzentration der Mehrheit der Stimmrechte[415] oder zumindest des Haltens einer Sperrminorität[416] in der Hand der Familie(n) verbunden. Für Publikumsgesellschaften wird in der Literatur zusätzlich darauf hingewiesen, dass auch eine Präsenzmehrheit, die sich aus dem erwartbaren Nichterscheinen eines Teils der Gesellschafter in der Gesellschafterversammlung ergibt, ausreicht, um die Gesellschaft effektiv zu kontrollieren.[417]

3. Zusätzliches Erfordernis der Vertretung in der Unternehmensleitung

Wiederum andere konkretisieren das Erfordernis des Einflusses der Familie insofern, dass zusätzlich zur Eigentümerstellung der Familie Familienmitglieder in der Unternehmensleitung vertreten sein müssen.[418] Der Einfluss auf der Gesellschafterebene allein und ein damit verbundener, nur mittelbarer Einfluss auf die Geschäftsleitung wird also nicht als ausreichend erachtet.

4. Transgenerationale Ausrichtung der Gesellschaft

Ähnlich zur Beschreibung der Familiengesellschaft im „Governance Kodex für Familienunternehmen“ stellen einige Stimmen in der Literatur – meist in Verbindung mit dem Erfordernis einer beherrschenden Stellung der Familie im Gesellschafterkreis – auf die familienorientierte Ausrichtung der Gesellschaft für die Zukunft ab.[419] Danach ist eine Gesellschaft erst dann Familiengesellschaft, wenn die beherrschende Stellung einer oder mehrerer Familien nicht nur dem gegenwärtigen Stand der Dinge entspricht, sondern – insbesondere durch gesellschaftsvertragliche Regelungen zur familieninternen Nachfolge – auch für die vorhersehbare Zukunft gesichert wird. Teilweise wird hier explizit der Aspekt, dass die Gesellschaft auf Dauer der Versorgung der Familie dienen soll, hervorgehoben.[420] Vereinzelt wird der generationsübergreifende Aspekt, der in den dieser Strömung zugehörigen Ansichten zum Ausdruck kommt, auch aus der Retrospektive ermittelt

---

[415] *Maier*, in: FS Sigle, 2000, 51; *Sigle*, in: FS Sigle, 2000, 301 (303).

[416] Für Aktiengesellschaften vgl. *Stiftung Familienunternehmen,* Börsennotierte Familienunternehmen in Deutschland, 2019, 9; s. auch *Priester*, in: Tröger/Wilhelmi, Rechtsfragen der Familiengesellschaften, 2006, 53 (55).

[417] Vgl. etwa *Rechenberg/Thies/Wiechers*, Handbuch Familienunternehmen und Unternehmerfamilien, 2. Aufl. 2020, 34.

[418] *Goebel,* in: FS Binz, 2014, 241 (241); weitere Nachweise finden sich bei *Krämer*, Sonderrecht der Familiengesellschaften, 2019, 56 (Fn. 140).

[419] *Kalss*, in: FS Binz, 2014, 343 (345); *Habersack*, in: MünchKomm AktG, 6. Aufl. 2024, Einl. Rn. 9; der „Fortführungswille“ der Gesellschafter als Element der *„idealtypischen Kriterien“* bei *Kalss/Probst*, Familienunternehmen, 2013, 16; vgl. auch die Nachweise bei *Krämer*, Sonderrecht der Familiengesellschaften, 2019, 57 (Fn. 141).

[420] *Frank*, Die 'kleine' AG als Organisationsform für die Nachfolge in Familienunternehmen, 2002, 42.

und mindestens eine tatsächlich bereits erfolgte Generationennachfolge gefordert.[421]

5. Familienwerte

Darüber hinaus finden sich verschiedene Definitionsansätze, die sich (zusätzlich) auf die Existenz und Akzeptanz von Familienwerten beziehen. Zum einen wird hier darauf abgestellt, dass verwandtschaftlich verbundene Gesellschafter die familiäre Verbundenheit und die sich selbst von der Familie gegebenen Prinzipien verinnerlichen und zur Leitmaxime ihrer unternehmerischen Tätigkeit machen.[422] Andere stellen (auch) auf die Kultur des von der Gesellschaft betriebenen Unternehmens ab und fordern, dass diese durch eine oder mehrere Familien geprägt wird.[423]

6. Selbsteinschätzung der Gesellschaft

Zuletzt könnte man noch eine durch Unternehmensvertreter abgegebene Selbsteinschätzung heranziehen. So haben *Woywode/Keese/Tänzler* in ihrer Untersuchung zur Corporate Governance in Familiengesellschaften unter besonderer Berücksichtigung von Aufsichtsgremien nicht auf objektive Merkmale, sondern lediglich auf die Selbstevaluierung der Gesellschaft abgestellt.[424] Dabei habe sich bei einer früheren Studie im Ergebnis gezeigt, dass die Selbsteinschätzungen weitestgehend mit den Ergebnissen einer objektiven Bestimmung der Familiengesellschaftseigenschaft, wie sie in der Wissenschaft vorherrscht, übereinstimmen.[425]

III. Anforderungen an das Begriffsverständnis in dieser Arbeit

Die obigen Definitionen sind zumeist von dem Anliegen getragen, für die Bearbeitung der jeweiligen Fragestellung ihrer Untersuchung eine fruchtbare Grundlage zu bieten.[426] Gleiches muss auch für die Begriffsbestimmung in dieser Arbeit gelten. Insofern besteht das Erfordernis, bereits an hiesiger Stelle der Arbeit die Vorgehensweise der Untersuchung

---

421 *Churchill/Hatten*, Family Business Review 10 (1), 1997, 53 (54).

422 *Hennerkes*, in: Hennerkes, Unternehmenshandbuch Familiengesellschaften, 1. Aufl. 1995, 2; ähnlich *Chua/Chrisman/Sharma*, Entrepreneurship Theory & Practice, 23 (4), 1999, 19 (35), nach denen "*vision, intentions, and behavior*" zur Abgrenzung der Familiengesellschaft von anderen Gesellschaften herangezogen werden sollten.

423 *Woywode/Keese/Tänzler*, ZGR 2012, 418 (422).

424 *Woywode/Keese/Tänzler*, ZGR 2012, 418 (423, 434).

425 Ebd. unter Verweis auf *Keese/Tänzler/Hauer*, ZfKE 58 (2010), 197.

426 Vgl. etwa *Möschel*, ZRP 2011, 116, der drei verschiedene, vom jeweiligen Erkenntnisinteresse abhängige Definitionen im wissenschaftlichen Schrifttum erkennt: die nominellen Familienunternehmen, die familienkontrollierten Unternehmen und die eigentümergeführten Unternehmen.

im Besonderen Teil zu berücksichtigen. Ziel der Arbeit ist es, die Besonderheiten der Treuepflicht im Umfeld der Familiengesellschaft möglichst genau zu ermitteln. Anhand der Ausführungen in Kapitel § 3 dieser Arbeit ist bereits jetzt ersichtlich, dass die Treuepflicht maßgeblich durch solche Parameter beeinflusst wird, die jeweils von der Ausgestaltung der Gesellschaft durch den Gesellschaftsvertrag und etwaigen tatsächlichen Besonderheiten der Gesellschaft im Einzelfall abhängen. (Potenzielle) Familiengesellschaften haben aber nicht die eine universelle Struktur oder den einen Standardgesellschaftsvertrag und weisen folglich nicht sämtliche Besonderheiten einer Familiengesellschaft in gleicher Weise auf. Vielmehr nutzen sie unterschiedliche Rechtsformen und gestalten den dort jeweils vorgegebenen gesetzlichen Rahmen so aus, wie sie es für ihre Belange als sinnvoll erachten. Sie weisen hinsichtlich der Unternehmensgröße, Mitgliederzahl, Historie und sonstigen tatsächlichen Gegebenheiten starke Unterschiede auf. So werden sich keine zwei Familiengesellschaften, unabhängig von der Definition, die im Vorhinein zu ihrer Kategorisierung angesetzt wurde, jemals exakt gleichen. Damit kann gleichzeitig festgehalten werden, dass keine zwei Familiengesellschaften je auf die exakt gleiche Art und Weise die Parameter, die für die Konkretisierung der Treuepflicht im Einzelfall maßgeblich sind, ausfüllen werden. Vor dem Hintergrund der Wandlungs- und Anpassungsfähigkeit der Treuepflicht ergibt sich daher das Problem, dass eine universelle Antwort auf die Frage nach der konkreten Treuepflicht in allen Familiengesellschaften nicht gegeben werden kann. Das Ziel der Arbeit muss sich also darauf beschränken, so genau wie möglich Tendenzen für die Treuepflicht in Familiengesellschaften zu ermitteln.

Für das weitere Vorgehen in dieser Arbeit erscheint die Abgrenzung des Begriffs der Familiengesellschaft über eine starre Definition, wie etwa das Halten einer Kapital- oder Stimmmehrheit durch eine Familie daher offensichtlich als nicht zielführend. Denn insofern können neben dem Abgrenzungskriterium der jeweiligen Definition keine Anhaltspunkte für etwaige andere Besonderheiten von Familiengesellschaften, die potenziell Einfluss auf die Treuepflicht haben, gewonnen werden. Sinnvoll erscheint es insofern eher, schon im Allgemeinen Teil die Besonderheiten der Familiengesellschaft, wie sie in der Wissenschaft herausgearbeitet wurden, in den Mittelpunkt der Betrachtung zu stellen und eine starre Definition der Familiengesellschaft überhaupt nicht vorzunehmen.[427]

---

427 Dieses Vorgehen ist im Bereich der rechtswissenschaftlichen Untersuchung der Familiengesellschaft keineswegs neu, vgl. etwa *Sigle*, in: FS Rowedder, 1994, 459 (460), der „*Unterscheidungskriterien*" zur Abgrenzung nutzt; vgl. auch *Holler*, in: MünchHdbGesR Bd. 7, 6. Aufl. 2020, § 75 Rn. 14. Ähnlich verhält es sich mit Untersuchungen, die einen Idealtypus der Familiengesellschaft entwerfen, von dem sich stärker oder weniger stark entfernt werden kann, ohne dass die Eigenschaft als Familiengesellschaft unmittelbar verloren geht, zur „großen Familien-KG" etwa *Ulmer*, ZIP 2010, 549 (552): „*typische*[ ] *Merkmale*"; s. auch *Woywode/Keese/Tänzler*, ZGR 2012, 418 (421 ff.); *Kalss/Probst*, Familienunternehmen, 2013, 15 f.; sehr ausführlich zu Leitbild und Idealtypus der generationsübergreifend ausgerichteten Familiengesellschaft *Krämer*, Sonderrecht der Familiengesellschaften, 2019, 62 ff., 80 ff. Zum Typus der generationsübergreifenden Familiengesellschaft unten unter § 4.B.IV.5.

Denn diese Besonderheiten sind es, die Familiengesellschaften von anderen Gesellschaften abheben und der Treuepflicht ein „besonderes Gewand" in der Umgebung der Familiengesellschaft geben können.

B. Besonderheiten der Familiengesellschaft

Nachstehend werden die typischen Besonderheiten der Familiengesellschaft dargestellt. Einschränkend muss gesagt werden, dass es hier in gewisser Hinsicht Verallgemeinerungen bedarf. Die jeweiligen typischen Merkmale der Familiengesellschaft bedürfen zumindest punktuell einer starren Definition, um eine Abgrenzung zu ermöglichen. Beispielsweise müssen die Begriffe der „Familie" und der „Kontrolle" beim typischen Merkmal der Kontrolle einer oder mehrerer Familien über die Gesellschaft definiert werden. Zudem kann bereits bei der abstrakten Betrachtung nicht jede Besonderheit gänzlich ohne Einfluss anderer Faktoren untersucht werden. Es soll jedoch so weit wie möglich eine isolierte Betrachtung erfolgen.

I. Bestimmender Einfluss familiär verbundener Personen auf Ebene des Gesellschafterkreises

Als typisches oder gar konstitutives Merkmal der Familiengesellschaften wird in der Literatur zuvorderst die bestimmende Einflussnahme familiär verbundener Personen auf der Ebene des Gesellschafterkreises genannt.[428] Insoweit stellen sich aber mehrere Abgrenzungsfragen: Wann sind die Gesellschafter familiär verbunden? Welche Mindestanforderungen sind an die Einflussnahme dieser Personen zu stellen, sprich welche Stimmrechts- oder Kapitalquote muss kumulativ erfüllt werden? Kann diese Quote von mehreren Familien, die untereinander nicht auf die definierte Weise familiär verbunden sind, kumulativ erfüllt werden?

1. Begriff der Familie

Der Begriff der „Familie" bedarf der Konkretisierung. Hierfür kann einerseits auf objektive, andererseits auf subjektive Merkmale abgestellt werden. Legaldefinitionen des Begriffs der Familie, die einen objektiven Ausgangspunkt bieten würden, existieren nicht.[429]

---

[428] Hierzu schon oben unter § 4.A.II.2.

[429] Vgl. die Darstellung der Normen, die den Begriff als gegeben voraussetzen bei *Krämer*, Sonderrecht der Familiengesellschaften, 2019, 83 f. m.w.N. Das BVerfG versteht unter einer Familie i.S.d. Art. 6 Abs. 1 GG zunächst vor allem die tatsächliche Lebens- und Erziehungsgemeinschaft der Kinder und ihrer Eltern, wobei das Verständnis – wenn doch abgeschwächt – auch über mehrere Generationen

Allerdings kann sich für die Bestimmung, ob es sich bei einer Personengruppe um eine Familie handelt auf das Vorliegen des objektiven Merkmals der verwandtschaftlichen Beziehung, wie es im Familienrecht nach § 1589 BGB bestimmt wird, gestützt werden.[430] Danach sind Personen, die von derselben Person abstammen, Mitglieder derselben Familie. Darüber hinaus können über § 1590 BGB die Ehepartner der so erfassten Personen und deren Verwandte als Schwägerschaft zur Familie gezählt werden.

Problematisch ist, dass bei Beschränkung auf dieses objektive Kriterium eine Kette an verwandtschaftlichen Beziehungen zu einem unüberschaubar weiten Kreis an Personen gesponnen werden kann. So kann ein gemeinsamer Vorfahre, der vor mehreren Jahrhunderten gelebt hat, ein Verbindungsglied für eine Verwandtschaftskette bieten, die sich über unzählige Personen erstreckt.[431] Dass dieser Ansatz allein letztlich also keine Begriffsbestimmung ermöglicht, ist offensichtlich. In der Literatur werden daher teilweise nur eng verwandte Personen als Familie qualifiziert.[432] Fraglich ist hier aber immer, wann eine ausreichende Nähe vorliegt.[433]

Vor dem Hintergrund, dass das Verwandtschaftsverhältnis der Gesellschafter vornehmlich über die tatsächlichen persönlichen Beziehungen der Gesellschafter untereinander und deren Einflussnahme auf die Gestaltung des Gesellschaftsvertrags und des Gesellschaftsverhältnisses rechtserheblich Einfluss nimmt[434], liegt es nahe, die Ausfüllung des Begriffs der Familie über das objektive Verwandtschaftsverhältnis hinaus durch ein subjektives Element zu stützen. Hierzu muss erfasst werden, ob die Personengruppe sich selbst als Familie definiert. Dies kann einerseits dadurch erfolgen, dass auf eine innere Einstellung der Personengruppe abgestellt wird.[435] An einer solchen Herangehensweise wird kritisiert, dass eine sichere Ermittlung der inneren Einstellung nicht möglich sei.[436] Daher müsse das subjektive Merkmal der Selbstdefinition der Personengruppe sich objektiv aus dem Gesellschaftsvertrag oder sonstigen Vereinbarungen auf der Gesellschaftsebene ergeben, sodass erkennbar ist, dass die Familie sich als „wirtschaftliche

---

hinweg reichen kann, vgl. etwa BVerfG, Beschluss v. 24.6.2014, Az. 1 BvR 2926/13, NJW 2014, 2853 (Rn. 22).

430 Vgl. für die Nutzbarmachung der §§ 1589, 1590 BGB die Nachweise bei *Krämer*, Sonderrecht der Familiengesellschaften, 2019, 84 (Fn. 238).

431 So ließe sich der Begriff Familie bei konsequenter Rückverfolgung der Vorfahren über Jahrtausende für einen Großteil der europäischen Bevölkerung verwenden, vgl. *Ralph/Coop*, PLos BioL 11 (5), 1.

432 *Bügler*, Familiengesellschaft im Steuerrecht, 1979, 13 f.

433 Eine ausführliche Darstellung insbesondere zu den verschiedenen Ansätzen zur Bestimmungen der notwendigen Nähe findet sich bei *Krämer*, Sonderrecht der Familiengesellschaften, 2019, 84 ff.

434 Vgl. nur *Prütting/Schirrmacher*, ZGR 2017, 829 (833 f.), die vom Widerstreit von Geld, Macht und Liebe auf der zweiten Planungs- und Entscheidungsebene sprechen; vgl. auch *Uffmann*, ZIP 2015, 2441 (2444).

435 Vgl. das „*Zusammengehörigkeitsgefühl*" und den „*Familiensinn*" bei *Knur*, Die Familiengesellschaft, 1941, 11; s. auch die darüberhinausgehenden Nachweise bei *Krämer*, Sonderrecht der Familiengesellschaften, 2019, 88 (Fn. 254).

436 *Krämer*, Sonderrecht der Familiengesellschaften, 2019, 88.

Einheit“ organisiert.[437]

Es ist sicher richtig, dass nach diesen Vorgaben eine rechtssichere Abgrenzung erfolgen kann. Allerdings ließe das Erfordernis einer Objektivierung des Familienverständnisses in den gesellschaftsvertraglichen Regelungen diejenigen Gesellschaften durch das Definitionsraster fallen, deren Gesellschafter eine solche Objektivierung (noch) nicht vorgenommen haben, jedoch innerlich allesamt die Eigenschaft als Familie akzeptieren und ein starkes Zusammengehörigkeitsgefühl empfinden, ja möglicherweise sogar unausgesprochen ein (teil-)altruistisches Vorgehen oder zumindest eine erhöhte Rücksichtnahme voneinander erwarten. Diese Gesellschafter haben mit der Akzeptanz der Eigenschaft als Familie ebenfalls die familiäre Beziehung als zweite Ebene neben derjenigen der Gesellschaft etabliert. Diese zweite Ebene kann diverse rechtserhebliche Besonderheiten und Herausforderungen mit sich bringen, die möglicherweise auch Einfluss auf die Treuepflicht haben. Es ist darüber hinaus nicht gesagt, dass die Gesellschafter ihre Eigenschaft als Familie für nebensächlich halten, nur weil sie (bisher) keine vertraglichen Regelungen, die diese Beziehung explizit auf die Gesellschaftsebene heben, getroffen haben.[438] Gerade ein gegenseitiges Vertrauen der Gesellschafter, auf der Basis einer engen und vertrauensvollen Zusammenarbeit solche Probleme, die erst in der Zukunft auftreten (etwa die Nachfolgeproblematik) einvernehmlich zu lösen, kann dazu führen, dass der Gesellschaftsvertrag „schlank“ gestaltet wird und eine objektivierte Definition der Familie als überflüssig erachtet wird.

Würde man hier eine objektive „Abschottung“ eines verwandtschaftlich verbundenen Kreises von Gesellschaftern nach außen, etwa durch Begrenzung der Anteilsübertragung nur auf Mitglieder der so definierten Familie[439], verlangen, würde zudem letztlich das Definitionsmerkmal der transgenerationalen Ausrichtung der Familiengesellschaft oder eines anderen Merkmals, mit dem die Familie ihre „Abschottung“ verbunden hat, „durch die Hintertür“ wieder eingeführt und zum Ausschlusskriterium gemacht.[440] Dass die Begrenzung der Definition der Familiengesellschaft durch ein starres Merkmal für diese Arbeit nicht zielführend ist, wurde bereits oben erläutert.[441] Damit soll nicht gesagt sein, dass der Selbstdefinition der Familie im Gesellschaftsvertrag oder in Nebenvereinbarungen überhaupt keine Bedeutung zukommt. Diese führt jedenfalls zu einem klaren Bekenntnis, wer an den besonderen Beziehungen der Familie unmittelbar partizipiert und möglicherweise in Zukunft partizipieren soll. Zudem erhält die familiäre Beziehung durch ihre

---

437 Vgl. *Krämer*, Sonderrecht der Familiengesellschaften, 2019, 89, wobei nur auf den Gesellschaftsvertrag Bezug genommen wird. S. dort auch die weiteren Nachweise in Fn. 258.

438 So aber *Krämer*, Sonderrecht der Familiengesellschaften, 2019, 89.

439 Hierzu unten unter § 4.B.IV.

440 Hierzu oben unter § 4.A.II.4.

441 Zu den Problemen der zu engen Begrenzung der Definition der Familiengesellschaft schon oben unter § 4.A.III.

explizite Nennung auf der Ebene der Gesellschaft eine qualitativ andere Bedeutung für das Gesellschaftsverhältnis, als wenn sie auf der außergesellschaftlichen Ebene verbleibt. Dies gilt insbesondere dann, wenn die Familienangehörigkeit einer Person bzw. eines Gesellschafters unmittelbar mit Rechtsfolgen verknüpft ist. Insofern ist – auch im Hinblick auf die Treuepflicht – durchaus zwischen denjenigen Gesellschaften, die eine Selbstdefinition und eine damit verbundene „Abschottung" vornehmen und solchen, die die familiäre Verbundenheit nur still zur Kenntnis nehmen zu differenzieren. Das Fehlen einer objektiven Selbstdefinition der Familie wird aber – zumindest für die Zwecke dieser Arbeit – nicht als Ausschlusskriterium verstanden. Damit reicht es nach hiesigem Verständnis für das Vorliegen einer „Familie" als Teilbegriff der Familiengesellschaft aus, wenn die Mitglieder der Personengruppe sich ihrer konkreten familiären oder schwägerlichen Verbindung bewusst sind. Sie müssen also jeweils wissen, in welchem Verwandtschaftsverhältnis sie zu den anderen Gesellschaftern stehen. Durch diese Lösung findet eine Begrenzung der oben genannten „Verwandtschaftsketten"-Problematik statt, die auf der einen Seite rechtssicherer als das Abstellen auf die emotionale Ausrichtung der Gesellschafter ist und andererseits eine unnötige Beschneidung der erfassten Familiengesellschaften vermeidet.

2. Qualität der Einflussnahme im Gesellschafterkreis

Der Einfluss familiär verbundener Personen im Gesellschafterkreis wird zuvorderst durch deren kumulierte Stimmrechte sowie gegebenenfalls durch eingeräumte Sonderrechte[442] geschaffen. Mittels der Stimmrechtsmacht auf Gesellschaftsebene können – bei Erreichen der notwendigen Quoren – Gesellschafterbeschlüsse im Sinne der familiär verbundenen Gesellschafter gefasst und die von der Gesellschaft getragenen oder gehaltenen Unternehmen und deren Leitung kontrolliert werden.[443] Für die notwendige Berechnung der Stimmrechtsmacht familiär verbundener Personen sind den familiär verbundenen Gesellschaftern dabei grundsätzlich auch solche Stimmrechte zuzurechnen, die von einer Gesellschaft gehalten werden, welche wiederum von den familiär verbundenen Personen kontrolliert wird.[444] Im Unterschied dazu verschaffen Vermögensrechte den Gesellschaftern keine direkten Einflussmöglichkeiten, sodass sie bei der hiesigen Betrachtung der Einflussnahme im Gesellschafterkreis außer Acht gelassen werden können.[445]

Für die Einflussnahme von familiär verbundenen Personen im Gesellschafterkreis ist

---

442 Hierzu unten unter§ 4.B.I.2.d.

443 Hierzu sogleich.

444 Zur Gesellschaftergesellschaft und den Problemen, die im Einzelfall zu einer anderen Wertung als der hiesigen führen können *Krämer*, Sonderrecht der Familiengesellschaften, 2019, 161 ff.

445 Hierzu ausführlich *Krämer*, Sonderrecht der Familiengesellschaften, 2019, 92 ff.

generell zwischen verschiedenen Stufen, unterschiedlich im Hinblick auf die Einflussqualität, zu unterscheiden.[446] Eine Familiengesellschaft kann im Laufe der Zeit – insbesondere, wenn das von der Gesellschaft getragene Unternehmen phasenweise stark wächst bzw. wachsen will und die Gesellschaft zur Kapitalbeschaffung erstmals oder zunehmend familienfremde Dritte als Gesellschafter aufnimmt – verschiedene dieser Stufen durchlaufen.[447] So wird die Gesellschaft in der Zeit unmittelbar nach ihrer Gründung häufig auf der ersten Stufe, derjenigen der höchsten Einflussnahme der Familie auf die Gesellschaft angesiedelt sein, sich mit der Zeit aber tendenziell in Richtung derjenigen Stufen bewegen, die einen schwächeren Einfluss der Familie bedeuten.

a. Ausschließlich Familiengesellschafter

Die „reine Familiengesellschaft“, deren Gesellschafterkreis sämtlich aus familiär verbundenen Personen besteht, stellt als erste Stufe die qualitativ stärkste Ausprägung der familiären Kontrolle über die Gesellschaft dar. Die Familienmitglieder können in dieser Konstellation ohne außerfamiliäre Blockademöglichkeiten die rechtsform- und gesellschaftsvertragsabhängigen Gesellschafterrechte ausüben und die Gesellschaft nach dem Familienkonsens beherrschen.[448] Dies ist insbesondere in Personengesellschaften, in denen das Einstimmigkeitsprinzip nicht im Gesellschaftsvertrag ausgeschlossen wurde, nützlich. Denn sonst muss die Familie sich bei sämtlichen Gesellschafterentscheidungen mit familienfremden Dritten auseinandersetzen.[449] Diese Form der Kontrolle über die Gesellschaft bringt zudem häufig eine spezifische Wert- und Kulturentwicklung im Gesellschafterkreis mit sich, die auf das getragene Unternehmen durchschlägt.[450] Plakativ lässt sich sagen, dass hier eine maximale Prägung der Gesellschaft und des getragenen Unternehmens durch die Familie erfolgt.

b. Gesellschaftsvertragsändernde Mehrheit

Stellt die „reine Familiengesellschaft“ aus den o.g. Gründen für Familien grundsätzlich die erstrebenswerteste personelle Zusammensetzung des Gesellschafterkreises dar, so

---

446 Vgl. *Krämer*, Sonderrecht der Familiengesellschaften, 2019, 90 ff., der jedoch – anders als die hiesige Arbeit – eine kumulierte Mehrheitsbeteiligung der Familienmitglieder als Mindestvoraussetzung ansieht.

447 S. zum Wandel der Verfassung der Gesellschaft mit der Zeit auch unten unter § 4.B.IV.2.

448 Dies gilt zumindest so lange, wie nicht eine Splittergruppe der Familie, die aber alleine die Mehrheit der Stimmrechte auf sich vereinigt ihre eigenen Vorstellungen, die vom Konsens der übrigen Familie abweichen, auf die Gesellschaftsebene trägt.

449 Zum Einstimmigkeitsprinzip etwa *Berger*, in: MünchHdbGesR Bd. 2, 6. Aufl. 2024, § 14 Rn. 31 ff.

450 Zu den besonderen Werten und der Unternehmenskultur auch unten unter § 4.B.III.

ist in der Praxis trotzdem häufig zu beobachten, dass mit fortschreitendem Wachstum des von der Gesellschaft getragenen Unternehmens auch familienfremde Gesellschafter in den Gesellschafterkreis aufgenommen werden.[451] Im Verhältnis zur „reinen Familiengesellschaft" als qualitativ höchste Stufe des familiären Einflusses auf der Ebene des Gesellschafterkreises stellt die nächsthohe Stufe das Halten einer gesellschaftsvertragsändernden Mehrheit der Stimmrechte durch die Familienmitglieder dar. Dies bedeutet für Personengesellschaften wegen des Einstimmigkeitsprinzips grundsätzlich weiterhin das Erfordernis einer „reinen Familiengesellschaft" im obigen Sinne. Allerdings wird in der Praxis meist eine Absenkung des Stimmerfordernisses im Gesellschaftsvertrag vereinbart, welche die erforderliche Stimmmehrheit für verschiedene Beschlussgegenstände, u.a. für Änderungen des Gesellschaftsvertrags festsetzt.[452] Die familiär verbundenen Gesellschafter müssen dann kumulativ über eine Stimmrechtsmacht in entsprechender Höhe verfügen.

Für die GmbH ergibt sich hingegen bereits aus § 53 Abs. 2 Satz 1 GmbHG, dass – vorbehaltlich einer anderslautenden gesellschaftsvertraglichen Regelung – eine Dreiviertelmehrheit der abgegebenen Stimmen zur Änderung der Satzung ausreicht. Die Stimmrechtsanteile der familienfremden Dritten können sich also auf bis zu 25 Prozent belaufen. Ähnlich verhält es sich grundsätzlich mit der Aktiengesellschaft, deren Satzung durch einen Hauptversammlungsbeschluss geändert werden kann, wenn mindestens drei Viertel des bei der Beschlussfassung vertretenen Grundkapitals dem entsprechenden Beschluss zustimmen (§ 179 Abs. 2 AktG).

Der Gesellschaftsvertrag ist die Basis, auf welcher der durch die Gesellschafter festgelegte Zweck verfolgt wird. Durch ihn werden die mitgliedschaftlichen Rechte und Pflichten, quasi die Spielregeln, die der Zusammenarbeit zugrunde liegen, begründet.[453] Sofern einer abgrenzbaren Gesellschaftergruppe die Macht zukommt, den Gesellschaftsvertrag zu ändern, ist diesen Personen – mit Ausnahme verschiedener die Minderheit schützender gesetzlicher Vorgaben und gesellschaftsrechtlicher Institute[454], u.a. der

451 *Klein*, Familienunternehmen – Theoretische Und Empirische Grundlagen, 3. Aufl. 2010, 109. Eine überzeugende Ablehnung derjenigen Ansichten, die die Eigenschaft als Familienunternehmen ablehnen wollen, sobald ein familienfremder Dritter Gesellschafter wird findet sich bei *Krämer*, Sonderrecht der Familiengesellschaften, 2019, 91.

452 Vgl. zu Grenzen und Gestaltungsmöglichkeiten dieser Mehrheitsklauseln nur *Borries*, NZG 2021, 194; *Heckschen/Bachmann*, NZG 2015, 531 m.w.N. Möglich sind neben dem nach Kapitalanteilen gewichteten Mehrheitsprinzip auch andere Modelle, etwa ein Stimmrecht pro Kopf. Zu den Voraussetzungen und Grenzen einer Mehrheitsklausel ausführlich unten unter § 4.B.IV.4.c.(i).

453 Vgl. nur *Fleischer/Mock*, NZG 2020, 161 (161): „*Urgrund mitgliedschaftlicher Rechte und Pflichten*".

454 So wird von der h.M. bei nachträglicher Einführung einer Satzungsregelung, die einen oder mehrere Gesellschafter begünstigt, verlangt, dass sämtliche Gesellschafter, die diese Begünstigung nicht betrifft bzw. die hierdurch benachteiligt würden, zustimmen, vgl. etwa für die Konstellation der Einführung von Mehrstimmrechten eines Gesellschafters nur *Römermann*, in: Michalski/Heidinger/Leible/J.

Treuepflicht – die Kontrolle über die Grundlage der Zusammenarbeit verliehen. Die Kontrolle der Familie über die Gesellschaft rückt somit nah an diejenige in der „reinen Familiengesellschaft“ heran.[455]

c. Einfache Mehrheit

Auf der qualitativ nächstniedrigeren Stufe findet sich die Konstellation, dass die familiär verbundenen Gesellschafter kumulativ die Mehrheit der Stimmrechte auf sich vereinigen, dabei allerdings unterhalb der Schwelle einer satzungsändernden Mehrheit bleiben. In Kapitalgesellschaften und in Personengesellschaften, die das Einstimmigkeitsprinzip durch das Mehrheitsprinzip ersetzt haben[456], können die familiär verbundenen Gesellschafter so noch maßgeblich auf die Geschäftsführung Einfluss nehmen.[457]

In der GmbH können mit der Mehrheit der abgegebenen Stimmen alle Angelegenheiten entschieden werden, die nicht die Änderung der Satzung betreffen (§ 47 Abs. 1 GmbHG). Der Gesellschafterkreis ist zwar auch hier nicht zur Geschäftsführung berufen, allerdings kann er der Geschäftsführung – insoweit mit deutlich verstärktem Einfluss im Verhältnis zur Aktiengesellschaft – Weisungen geben (§ 37 Abs. 1 GmbHG). Die Hauptversammlung der Aktiengesellschaft ist hingegen grundsätzlich für die Wahl des Aufsichtsrats zuständig (§ 101 Abs. 1 Satz 1 AktG), welcher wiederum den Vorstand bestellt (§ 84 Abs. 1 Satz 1 AktG). Hierbei reicht eine einfache Mehrheit der abgegebenen Stimmen für die Bestimmung der personellen Besetzung des Aufsichtsrats aus. Die familiär verbundenen Gesellschafter haben also die Kontrolle über die personelle Besetzung des Überwachungs- und über dieses zumindest mittelbar auch über die personelle Besetzung des Leitungsorgans der Gesellschaft.[458] Zudem ergibt sich insbesondere in börsen-

Schmidt, GmbHG, 4. Aufl. 2023, § 47 Rn. 366 m.w.N. Für Personengesellschaften vgl. *Westermann*, in: Westermann/Wertenbruch, Handbuch Personengesellschaften, 92. Lieferung 04.2025, Teil I § 24 Rn. 517 ff. Zum Bestimmtheitsgrundsatz unten unter § 4.B.IV.4.c.(i)., zur Kernbereichslehre unten unter § 4.B.IV.5.c.(i).

455 Zur Entbehrlichkeit einer Binnenorganisation (z.B. durch Stimmbindungsverträge) der familiär verbundenen Gesellschafter zumindest im Falle der generationsübergreifenden Ausrichtung des Gesellschaftsvertrags und/oder des Bestehens eines Familienkonsens, die Gesellschaft als Familienvermögen zu betrachten *Krämer*, Sonderrecht der Familiengesellschaften, 2019, 99 f., wobei jedoch die qualitative Steigerung des Familieneinflusses bei Vorliegen eines Organisationsmittels hervorgehoben wird.

456 Vgl. zu den Modalitäten des Mehrheitsprinzips in Personengesellschaften statt vieler nur *Vossler*, in: Heidel/Schall, HGB, 4. Aufl. 2024, § 109 Rn. 15 m.w.N.

457 Auch hier ist wiederum keine vertragliche Vereinbarung der familiär verbundenen Gesellschafter zur gezielten Nutzung der Mehrheitsmacht nötig, s. hierzu schon oben unter Fn. 455.

458 Die Kontrolle der Familie über die personelle Besetzung des Leitungsorgans ist bei Halten der Mehrheit der Stimmrechte nur dann gefährdet, wenn nicht die – jedoch übliche – Einzelwahlmethode für die Wahl der Aufsichtsratsmitglieder gilt, sondern in der Satzung die Verhältniswahl bestimmt wird, vgl. hierzu etwa *Grigoleit/Tomasic*, in: Grigoleit, AktG, 2. Aufl. 2020, § 101 AktG Rn. 11 f. Es ist zudem

notierten Aktiengesellschaften, die eine Vielzahl von Kleinanlegern als Gesellschafter haben, die Besonderheit, dass in der Hauptversammlung ein Teil der Gesellschafter erwartbar nicht erscheint, sodass der Familie auch bei einem kumulativen Stimmrechtsanteil knapp unterhalb der Hälfte aller Stimmrechte effektiv eine Stimmmehrheit zukommt.[459]

In Personengesellschaften gilt grundsätzlich das Einstimmigkeitsprinzip (§ 109 Abs. 3 HGB, § 715 Abs. 3 BGB), welches aber mithilfe von Regelungen im Gesellschaftsvertrag durch ein nach den jeweils getroffenen Bestimmungen geregeltes Mehrheitsprinzip ersetzt werden kann.[460] Zudem wird die eigentlich allen Gesellschaftern zustehende Geschäftsführungs- und Vertretungsbefugnis in der Praxis häufig auf bestimmte Gesellschafter begrenzt, denen gegenüber der Gesellschafterkreis weisungsbefugt ist.[461] Sofern die gesellschaftsvertraglichen Regelungen den familiär verbundenen Gesellschaftern eine effektive Kontrolle über die Geschäftsführung erlauben, ist von einer ausreichenden Einflussnahme und der Erfüllung des typischen Merkmals des bestimmenden Einflusses im Gesellschafterkreis in dieser Qualitätsstufe auszugehen.

d. Minderheit

Die qualitativ niedrigste Stufe des Einflusses familiär verbundener Personen auf der Gesellschafterebene stellt das Halten kumulierter Stimmrechte unterhalb der Mehrheitsschwelle dar. In der Literatur wird teilweise angenommen, dass stets jedenfalls ein kumuliertes Halten der Mehrheit der Stimmrechte erforderlich ist, um überhaupt von einer Familiengesellschaft sprechen zu können.[462] Dieser Ausschluss all jener Gesellschaften, in denen noch eine starke, familiär verbundene Minderheit vertreten ist, erscheint jedoch nicht sachgerecht.[463]

Das Erfordernis der Mehrheit der Stimmrechte auf der Gesellschafterebene selbst wird erhoben, um die Kontrolle der familiär verbundenen Gesellschafter über den Gesellschafterkreis und das zugrundeliegende Unternehmen sicher bestimmen zu können. Das leuchtet auch unmittelbar ein, denn die Stimmmehrheit garantiert – wie oben gesehen –

---

stets zu beachten, dass der Aufsichtsrat in der Wahl der Vorstandsmitglieder frei sein muss, vgl. BGH, Urteil v. 28.1.1953, Az. II ZR 265/51, NJW 1953, 740 (742).

459 Vgl. etwa *Rechenberg/Thies/Wiechers*, Handbuch Familienunternehmen und Unternehmerfamilien, 2. Aufl. 2020, 34.

460 Vgl. zu Grenzen und Gestaltungsmöglichkeiten dieser Mehrheitsklauseln nur *Borries*, NZG 2021, 194; *Heckschen/Bachmann*, NZG 2015, 531 m.w.N.

461 Vgl. zu Gestaltungsmöglichkeiten in Personenhandelsgesellschaften etwa *Scholl*, in: BeckOGK HGB, Stand 15.5.2025, § 116 Rn. 332 ff.

462 Etwa *Sigle*, in: FS Rowedder, 1994, 459 (460).

463 So auch *Rechenberg/Thies/Wiechers*, Handbuch Familienunternehmen und Unternehmerfamilien, 2. Aufl. 2020, 34; *Priester* in Tröger/Wilhelmi, Rechtsfragen der Familiengesellschaft, 2006, 53 (55); unter Hinweis auf die Wahrnehmung der Unternehmen in der Praxis *Holler*, in: MünchHdbGesR Bd. 7, 6. Aufl. 2020, § 75 Rn. 13 (Fn. 52).

grundsätzlich zumindest die personelle Besetzung der Leitungs- und Überwachungsorgane, wenn nicht sogar die unmittelbare Weisungskompetenz gegenüber der Geschäftsleitung, sodass etwaige übereinstimmende Vorstellungen der Familiengesellschafter auf den Gesellschafterkreis und das von der Gesellschaft getragene Unternehmen durchschlagen. Die Kontrolle garantiert also die Verknüpfung der Gesellschaft mit der Familie, aus welcher sich wiederum viele der zur Familiengesellschaft diskutierten Besonderheiten ergeben.

Allerdings kann sich die erforderliche Kontrolle der familiär verbundenen Gesellschafter auch aus einer Stimmminderheit in Verbindung mit anderen Instrumenten ergeben. Zu nennen sind hier zunächst Sonderrechte, die einem oder mehreren Familiengesellschaftern durch den Gesellschaftsvertrag oder Nebenvereinbarungen eingeräumt werden können.[464] So können einzelnen Gesellschaftern oder Gesellschaftergruppen Entsendungsrechte für ein Geschäftsleitungs- oder Aufsichtsorgan zustehen.[465] Damit kann der familiär verbundenen Gesellschafterminderheit tatsächlich auch weiterhin die Kontrolle über das von der Gesellschaft getragene Unternehmen zustehen. Zum anderen kann aus der Zeit der Mehrheitsherrschaft der familiär verbundenen Personen eine Familienbezogenheit des Gesellschaftsvertrags bestehen, welche die familiär verbundenen Gesellschafter mittels einer kumulativen Sperrminorität erhalten können.[466] Dieser Aspekt spricht insbesondere dann gegen die Einordnung der Minderheitsstellung als Ausschlusskriterium, wenn – wie in der hiesigen Arbeit – die Besonderheiten von Familiengesellschaften untersucht werden sollen, ohne die Familiengesellschaft explizit zu definieren. Denn viele der Besonderheiten einer Familiengesellschaft verschwinden nicht mit dem Verlust der Stimmmehrheitsmacht der familiär verbundenen Personen im Gesellschafterkreis. Vielmehr behält die Gesellschaft solche Besonderheiten, die durch jahrelanges Beherrschen der Gesellschaft durch die Familie in ihre Strukturen aufgenommen wurden. Die Macht zur Bewahrung dieser Besonderheiten wird jedenfalls in dieser Arbeit als ausreichender Umstand zur Erfüllung der Besonderheit des bestimmenden Einflusses familiär verbundener Personen im Gesellschafterkreis erachtet.

---

464 Vgl. für einen ausführlichen Überblick über die den familiär verbundenen Gesellschaftern oder Familienstämmen eingeräumten Sonderrechte unter Darlegung rechtsformspezifischer Besonderheiten *Holler*, in: MünchHdbGesR Bd. 7, 6. Aufl. 2020, § 75 Rn. 292 ff.

465 Vgl. für die GmbH (§ 52 Abs. 1 GmbHG) und zu den Schranken bei der Aktiengesellschaft etwa *Robertz*, MittRhNotK 1991, 239 (245 f.) m.w.N.; vgl. für den Beirat bzw. Aufsichtsrat von Personengesellschaften und Aktiengesellschaften (§ 101 Abs. 2 AktG) etwa *Gummert*, in: MünchAnwHdbPersGesR, 4. Aufl. 2023, § 11 Rn. 80.

466 Vgl. *Voigt*, Familienunternehmen, 1990, 23 f. So etwa im Hinblick auf die in den Gesellschaftsvertrag eingeflossenen Familienwerte oder den Gesellschaftszweck, vgl. unten unter § 4.B.III. und unter § 4.B.IV.5.b.

3. Mehrere Familien

Nachdem festgestellt ist, welche Voraussetzungen für eine ausreichende familiäre Verbundenheit der Gesellschafter zur Erreichung des Merkmals „Familie" bestehen und welche verschiedenen Stufen der Einflussmacht einer Familie im Gesellschafterkreis existieren, muss zuletzt über die Konstellation mehrerer Gesellschaftergruppen, die sich aus jeweils familiär verbundenen Personen im obigen Sinne zusammensetzen, zwischen denen aber keine familiäre Verbundenheit besteht, gesprochen werden. Sofern hier von keiner der Gesellschaftergruppen eine der o.g. Stufen der Kontrolle über den Gesellschafterkreis erreicht wird, stellt sich die Frage, ob die Anteile verschiedener Familien für die Ermittlung der Qualität des Einflusses auf Ebene des Gesellschafterkreises kumuliert betrachtet werden können. In der Literatur wird auch für solche Gesellschaften, deren Gesellschafterkreis von mehreren Familien beherrscht wird, grundsätzlich die Eigenschaft als Familiengesellschaft anerkannt.[467] Die über das (fehlende) Verwandtschaftsverhältnis abgrenzbaren Gruppen werden dabei jeweils als Familienstamm bezeichnet.[468] Um die „Mehrfamilien"-Familiengesellschaft von der normalen, im Streubesitz befindlichen Gesellschaft abzugrenzen, wird teilweise auf einen Mindestanteil der Stimmrechte, die jeder der Stämme halten muss, abgestellt.[469] Für die hiesige Untersuchung ist ob der Maßgeblichkeit der Qualität der familiären Kontrolle über die Gesellschaft jedoch vielmehr entscheidend, wann die Gesellschaftergruppen zusammen eine ausreichend sichere Kontrollposition erlangt haben.

Da die Stimmmacht sich nun aus der Kumulation des Einflusses verschiedener Familien zusammensetzt, reicht der Konsens bloß einer Familie zur effektiven Kontrolle der Gesellschaft nicht mehr aus. So muss sich nun jede Familie mit den jeweils anderen Familien einigen. Diesen Gruppen fehlt untereinander aber das Zusammengehörigkeitsgefühl, welches in Familien nach der hier gewählten Definition regelmäßig vorliegen wird.[470] Zudem ist es bei nicht-verwandten Personengruppen unwahrscheinlicher, dass diese die

---

467 Vgl. etwa *Foerster*, BB 2019, 1411 (1415); *Graf/Bisle*, DStR 2010, 2409 (2410); *Uffmann*, ZIP 2015, 2441 (2444); *Bartuschka*, CB 2017, 30 (30); s. auch die Bezeichnung *„Familiengesellschaftsvertrag"* für einen mehrere Familien umfassenden Vertrag bei *Waclawik*, in: Hannes, Formularbuch Vermögens- und Unternehmensnachfolge, 2. Aufl. 2017, C.1.40.

468 Hier ist zur Stammesorganisation in einer Gesellschaft, die nur von einer Familie beherrscht wird abzugrenzen. Diese werden ebenfalls als Familienstämme bezeichnet. Meist geht die Stammesorganisation dort auf eine Mehrpersonen-Gründergeneration zurück (etwa Geschwister), deren Rechtsnachfolger sich dann jedoch in Stämme untergliedern (bspw. Stamm Abkömmlinge Gründer A, Stamm Abkömmlinge Gründer B und Stamm Abkömmlinge Gründer C). Zu dieser Stammesorganisation innerhalb einer Familie unten unter § 4.B.IV.4.c.(ii).

469 Vgl. etwa *Voigt*, Familienunternehmen, 1990, 24, der das Halten von mehr als 25% der Stimmrechte durch jede der Familien fordert, wenn nicht die gemeinsamen Anteile i.H.v. einem Viertel der Stimmrechte gepoolt werden. Wie hier auf die vertragliche Organisation der Zusammenarbeit abstellend *Krämer*, Sonderrecht der Familiengesellschaften, 2019, 159 f.

470 So auch *Krämer*, Sonderrecht der Familiengesellschaften, 2019, 160.

gleichen Werte teilen, wie dies Familienmitglieder – etwa aufgrund gemeinsamer Erziehung oder geteilter Erfahrungen – deutlich eher tun.[471] Ein gezieltes und gemeinsames Vorgehen ist also deutlich unwahrscheinlicher. Daher wird hier bei Existenz mehrerer nicht untereinander verwandter Gesellschaftergruppen nur von der Erfüllung obiger Stufen des Einflusses auf der Ebene des Gesellschafterkreises ausgegangen, wenn deren Stimmrechte eine ausreichende Form der Organisation erfahren haben, die die gemeinsame Ausübung der kumulativen Machtposition gewährleistet. Zu nennen sind insoweit insbesondere Stimmbindungsverträge.

II. Unmittelbarer Einfluss der Familie auf der Unternehmensebene

Meist neben der Einflussnahme auf der Ebene des Gesellschafterkreises, wird als typisches Merkmal der Familiengesellschaft erachtet, dass das von der Familiengesellschaft getragene Unternehmen auch unmittelbar „familiengeführt" ist.[472] Während die Kontrolle über den Gesellschafterkreis der Familie die mittelbare Kontrolle über die Geschäftsleitung verschafft[473], nehmen zumindest die Familienmitglieder, die in der Geschäftsleitung vertreten sind, unmittelbar Einfluss auf das getragene Unternehmen.[474] Neben der Öffentlichkeitswirkung dieser Konstellation, die die Verbindung von Familie und Unternehmen für Dritte sichtbar macht[475], wurde insbesondere von *Krämer* die Repräsentationswirkung nach innen, zu den nicht an der Geschäftsführung beteiligten Gesellschaftern thematisiert.[476] Unter Anführung der Rechtsprechung des BSG, welches die Verbindung

471 Zur gegenseitigen Beeinflussung der Eltern und Kinder *de Mol/Lemmens/Verhofstadt/Kuczynski*, Psychologica Belgica, 2013, 53 (3), 7. Für die Beeinflussung der Eltern durch die Kinder und allgemein zu den Problemen des Nachweises der *parent-child value continuity* (Problem der Übereinstimmung anderer persönlichkeitsbildender Faktoren bei Eltern und Kindern wie Nachbarschaft, Ethnie etc.) auch *Knafo-Noam/Galansky*, 2008, Social and Personality Psychology Compass 2 (3), 1143.

472 Vgl. die ausführlichen Nachweise bei *Krämer*, Sonderrecht der Familiengesellschaften, 2019, 102 (Fn. 293). Für Ansätze einer statistischen Erhebung zur Übereinstimmung von Eigentum und Herrschaft in Familiengesellschaften vgl. *Ulrich/Speidel*, ZCG 2017, 197 (199 f.).

473 Vgl. zur Weisungskompetenz des Gesellschafterkreises und den rechtsformspezifischen Besonderheiten oben unter § 4.B.I.2.c.

474 Zum Begriff der „Geschäftsleitung" bzw. „Geschäftsführung" vgl. nur *Hadding/Kießling*, in: Soergel/Siebert, BGB, 13. Aufl. 2011, § 709 Rn. 3; *Lieder*, in: Erman, BGB, 17. Aufl. 2023, § 715 Rn. 4 f. Für die Bestimmung des Einflusses auf der Unternehmensebene muss auch der Einfluss der Familie über einen Beirat oder über ein anderes Aufsichts- bzw. Kontrollorgan berücksichtigt werden. Dieses kann ggf. gewichtigen Einfluss auf die Geschäftsleitung nehmen, sodass der Einfluss des Organs letztlich den Einfluss der Familie auf Ebene des Unternehmens erhöht. Hierzu wie zu weiteren Zwecken eines Beirats etwa *Hennerkes/Binz/May*, DB 1987, 469; *Woywode/Keese/Tänzler*, ZGR 2012, 418 (431 f.); *Wicke*, ZGR 2012, 450 (465 ff.); *Erker*, DStR 2014, 105 (106); *Sanders*, NZG 2017, 961 (965 ff.). Zum Aufsichts- bzw. Kontrollorgan ausführlich unten unter § 4.B.IV.4.b.

475 Vgl. *Lange*, BB 2005, 2285 (2586); *ders.*, in: FS Hennerkes, 2009, 135 (137); *Simon*, Familiendynamik, 2001, 359 (368); *Krämer*, Sonderrecht der Familiengesellschaften, 2019, 104 f.

476 *Krämer*, Sonderrecht der Familiengesellschaften, 2019, 105 ff.; zuvor ansatzweise schon *Lange*, in: FS Hennerkes, 2009, 135 (137).

von Geschäftsleiter und Gesellschafterkreis bei familiengeführten Familiengesellschaften wegen des familiären Vertrauens eher als Gemeinschaftsverhältnis denn als Weisungsverhältnis kategorisiert[477], weist er auf die potenziell erhöhte Identifikation der nicht an der Geschäftsleitung beteiligten Gesellschafter mit der Gesellschaft hin.[478] Dieser Gedanke leuchtet auch unmittelbar ein, haben die Gesellschafter so doch das Gefühl, „einer von ihnen" lenkt die Geschicke des Unternehmens im Tagesgeschäft. Daher kann auch dem Schluss *Krämers*, dass die familiär verbundenen Gesellschafter in dieser Konstellation zumindest tendenziell eher die Bereitschaft haben, ihre eigenen Belange zugunsten der Gesellschaft zurückzustellen, da sie weniger Sorgen vor einem Missbrauch haben, gefolgt werden.[479]

Über den Aspekt der Vertrauenssteigerung auf der Ebene der Gesellschafter hinaus ist in der Person des familienzugehörigen Geschäftsleiters eine besondere Motivationslage festzustellen.[480] Ist dieser zugleich Anteilseigner, hat er ein mit dem Gesellschafterkreis gleichlaufendes Interesse an der Wertsteigerung der Gesellschaft, die für Fremdgeschäftsleiter durch Incentivierungsinstrumente erst künstlich geschaffen bzw. gestützt werden müsste.[481] Über diesen – zugegebenermaßen jedem geschäftsführenden Gesellschafter immanenten – Vorteil hinaus wird in der Literatur auf die besondere Motivation des Geschäftsleiters, der sozialen Erwartungshaltung der mit ihm familiär verbundenen Gesellschafter gerecht zu werden, hingewiesen.[482] Zum einen spricht dies für ein tendenziell höheres Engagement des Geschäftsleiters, zum anderen dafür, dass er sich eher als Interessenvertreter der Familie denn des Unternehmens versteht und entsprechend agiert.[483] Die verwandtschaftliche Beziehung kann darüber hinaus den Informationsfluss zwischen Geschäftsleitung und Gesellschafterkreis erleichtern, bestehen doch tendenziell weniger Hemmschwellen zwischen Familienmitgliedern.[484]

Andererseits bringt die Besetzung des Geschäftsleitungsorgans nur mit Familienmit-

---

477 BSG, Urteil v. 17.5.2001, Az. B 12 KR 34/00, NZS 2001, 644 (645).

478 *Krämer*, Sonderrecht der Familiengesellschaften, 2019, 107.

479 Wobei *Krämer* in Einklang mit dem Großteil der Literatur darauf hinweist, dass diese Schlussfolgerung nur sehr eingeschränkt auf die Rechtswirklichkeit übertragbar ist.

480 Vgl. *Krämer*, Sonderrecht der Familiengesellschaften, 2019, 108 ff.

481 Bekannt ist das bei Fremdgeschäftsführern vorliegende Problem unter der Bezeichnung *principal-agent*-Theorie. Für eine Übersicht zu Hintergrund, Gefahren und der Incentivierung als Lösungsansatz vgl. aus der Rechtswissenschaft etwa *Riesenhuber*, in: BeckOGK BGB, Stand 1.6.2025, § 662 Rn. 15 ff.; aus der Betriebswirtschaftslehre vgl. zuletzt etwa *Schwope,* Die Dynamik von Principal-Agent-Modellen: Adverse Selektion und Moral Hazard, 2015, passim.

482 Für personalistische Gesellschaften von einem Kostenvorteil durch größeren Zusammenhalt und die disziplinierende Wirkung sozialer Normen (*Relational Governance*) sprechend *Bachmann/Eidenmüller/Engert et al.*, Rechtsregeln für die geschlossene Kapitalgesellschaft, 2012, 26 m.w.N.

483 Insofern kann aber die Gefahr opportunistischen Verhaltens derjenigen Familienmitglieder, die aktiv im Unternehmen mitarbeiten gegenüber den von der Geschäftsleitung ausgeschlossenen Familienmitgliedern entstehen, vgl. *Lange*, BB 2005, 2585 (2588).

484 Vgl. *Voigt*, Familienunternehmen, 1990, 41: „*Kommunikation ist kurz und effektiv*."

gliedern auch Probleme mit sich. So verschließt sich die Gesellschaft der Expertise solcher Geschäftsleiter, die das Merkmal der Familienzugehörigkeit nicht aufweisen. Dies ist insbesondere dann problematisch, wenn keines der Familienmitglieder diejenigen Qualifikationen besitzt, die zur erfolgreichen Geschäftsleitung üblicherweise notwendig sind. Selbst wenn die Familienmitglieder ausreichend qualifiziert sind, kann der konsequente Ausschluss Familienfremder schnell zu einer in der Familienkultur begründeten Betriebsblindheit der Geschäftsleitung führen, die nicht aufgebrochen wird.[485] Letztlich sprechen daher gute Gründe dafür, familienfremden Dritten zumindest partiell Zugang zur Geschäftsleitung oder zumindest zu einem Kontrollorgan zu verschaffen.[486] In der Praxis finden sich verschiedene Konstellationen, die qualitativ von der rein inhabergeführten Gesellschaft, über gemischte Geschäftsleitungsteams, die den Fremdgeschäftsleitern mehr oder weniger starken Einfluss zugestehen bis zur reinen Fremdgeschäftsleitung reichen.[487]

Die Fremdgeschäftsleitung ist für Kapitalgesellschaften bereits im Grundsatz der Fremdorganschaft angelegt.[488] Für Personengesellschaften ist hingegen die Selbstorganschaft vorgesehen, sodass das Geschäftsleitungsorgan nur von einem Gesellschafter besetzt werden kann (vgl. § 715 BGB; §§ 116, 124, 170 HGB).[489] Um Dritten die Geschäftsleitung anzuvertrauen, muss daher auf rechtsgeschäftliche Instrumente wie die Prokura (§§ 48 ff. HGB) oder Generalvollmacht (§§ 164 ff. BGB) zurückgegriffen werden.[490]

III. Familienwerte und spezifische Unternehmenskultur

Der Einfluss der Familie auf der Gesellschafter- und auf der Unternehmensleitungsebene führt regelmäßig zu einer weiteren Besonderheit von Familiengesellschaften: einer besonderen Gesellschafts- bzw. Unternehmenskultur.[491] Familien haben häufig ihnen eigene, d.h. von allen oder zumindest einem Großteil der Familienmitglieder geteilte Werte

485 Als Argument für die Beiratsbildung etwa bei *Hinterhuber/Minrath*, BB 1991, 1201 (1202); *Koeberle-Schmid*, DB 2009, 1249 (1253).

486 Für statistische Erhebungen zum Einsatz von Fremdmanagement in Familienunternehmen vgl. *Müller/Pfeiffer/Hülsbeck*, Gemischte Geschäftsführungsteams in Familienunternehmen, Studie pwc, Intes und WIFU, 2016.

487 Ausführlich zur qualitativen Ausprägung des Merkmals „Familieneinfluss auf Unternehmensebene" *Krämer*, Sonderrecht der Familiengesellschaften, 2019, 113 ff.

488 Zum Grundsatz der Fremdorganschaft *Müller*, in: Drinhausen/Eckstein, Beck'sches Hdb. AG, 3. Aufl. 2018, § 1 Rn. 88; für die GmbH auf die geringe Verbreitung der Drittorganschaft in der Praxis hinweisend *Ingo Saenger*, in: Saenger/Inhester, GmbHG, 5. Aufl. 2024, Einführung Rn. 18, 26 f.

489 Vgl. etwa *Schäfer*, in: MünchKomm BGB, 9. Aufl. 2024, § 715 Rn. 13 f.; *Habersack/Schäfer*, in: Habersack/Schäfer, Das Recht der OHG, 2. Aufl. 2019, § 109 Rn. 33 f.

490 *Habersack/Schäfer*, in: Habersack/Schäfer, Das Recht der OHG, 2. Aufl. 2019, § 109 Rn. 33 m.w.N.

491 *Woywode/Keese/Tänzler*, ZGR 2012, 418 (422).

und Zielvorstellungen. Dies leuchtet auch ein, teilen sie doch mehr als andere (Gesellschafter-)Gruppen gemeinsame Erfahrungen und beeinflussen sie sich zudem – insbesondere in der persönlichkeitsbildenden Entwicklungsphase der Kindheit und Jugend – untereinander, was tendenziell zu einer gewissen Perpetuierung des Wertekanons führt.[492] Die familienspezifischen Werte können entweder unausgesprochen bestehen, teilweise findet jedoch eine Aufzählung einer Reihe von Werten in der Präambel des Gesellschaftsvertrags oder aber in Nebenvereinbarungen der familiär verbundenen Gesellschafter und gegebenenfalls anderer Familienmitglieder, insbesondere in der Familienverfassung, Niederschlag.[493] So treten neben den Aspekt der (kurzfristigen) Gewinnerwirtschaftung oft weitere Motive, die Entscheidungen auf der Gesellschafter- und Unternehmensleitungsebene beeinflussen.[494] Diese Wertvorstellungen werden abseits von einer schriftlichen Verankerung praktisch durch die Einflussnahme der Familie auf das Unternehmen in selbiges getragen und kreieren so mit der Zeit eine spezifische Unternehmenskultur.[495] Hier ist insbesondere für die generationsübergreifende Familiengesellschaft der lange Einflusszeitraum zu beachten, den die Familie in Bezug auf die Gesellschaft und das getragene Unternehmen üblicherweise hat, der deutlich eher für eine entsprechende „Formung" der Gesellschafts- und Unternehmenskultur durch die Familie spricht.

Eine abschließende Aufzählung der in Familiengesellschaften anzutreffenden Werte ist vor dem Hintergrund der schieren Fülle der in der Literatur und Praxis aufzufindenden Beispiele nicht möglich.[496] Weiter erschwert wird eine Verallgemeinerung durch die unter-

---

492 Zur gegenseitigen Beeinflussung der Eltern und Kinder *De Mol/Lemmens/Verhofstadt/Kuczynski*, Psychologica Belgica, 2013, 53 (3), 7. Zur Beeinflussung der Eltern durch die Kinder und allgemein zu den Problemen des Nachweises der *parent-child value continuity* (Problem der Übereinstimmung anderer persönlichkeitsbildender Faktoren bei Eltern und Kindern wie Nachbarschaft, Ethnie etc.) auch *Knafo-Noam/Galansky*, 2008, Social and Personality Psychology Compass 2 (3), 1143.

493 Für die Besonderheit der Niederlegung von Bekenntnisses zum Familienunternehmen in der Präambel von Familiengesellschaftsverträgen vgl. *Fleischer/Mock*, NZG 2020, 161 (165). Die Familienverfassung durch die Festlegung von Zielen und Werten als Verbindung der Belange von Familie und Unternehmen bezeichnend *Reich/Bode*, DStR 2018, 305 (305). Eine nicht abschließende Aufzählung für Werte und Ziele in einer Familienverfassung findet sich bei *Koeberle-Schmid/Fahrion/Witt*, in: Koeberle-Schmid/Fahrion/Witt, Family Business Governance, 3. Aufl. 2018, 459 (461); für eine typische Familienverfassung unter Einschluss vieler der hier besprochenen Werte vgl. auch *Hueck*, Familienverfassung, 2017, 6 f.

494 Von „*andere*[n] *Wertschöpfungsaspekte*[n]" sprechend *Prütting/Schirrmacher*, ZGR 2017, 829 (834); zur Familie als „*irrationaler Störfaktor*" und zu Ansätzen für das strategische Management *Mühlebach*, Familyness als Wettbewerbsvorteil, 2004, 5, 29 ff. m.w.N.

495 Vgl. *Ulrich/Speidel*, ZCG 2017, 197 (200); empirisch *Tänzler*, Corporate Governance und Corporate Social Responsibility im deutschen Mittelstand, 2014, passim; *Woywode/Keese/Tänzler*, ZGR 2012, 418 (422).

496 Vgl. etwa die nicht abschließende Aufzählung bei *Koeberle-Schmid/Witt/Fahrion,* in: Koeberle-Schmid/Fahrion/Witt, Family Business Governance, 3. Aufl. 2018, 459 (461): „*Respekt, Toleranz, Solidarität, Bescheidenheit, Maßhalten, Bodenständigkeit, Verantwortung* [...] *Integrität, Sparsamkeit, Kontinuität* [...] *Verantwortungsbewusstsein und Professionalität* [...] *ethisches, nachhaltiges Handeln, soziale Verantwortung, Glaubwürdigkeit.*"

schiedliche Art von Werten, die den Familiengesellschaften zugesprochen werden und die unterschiedlich starken Einflüsse auf die jeweilige Unternehmenskultur. Eine Rundschau der einschlägigen Literatur lässt jedoch eine gewisse Kategorisierung zu, wobei Werte und die aus ihnen folgende Unternehmenskultur gegebenenfalls auch mehreren Kategorien zugeordnet werden können.

1. Kontinuität und Unabhängigkeit

Eine erste Kategorie stellen diejenigen Werte dar, die auf eine dauerhafte und familiengeführte Zukunft der Gesellschaft bzw. des getragenen Unternehmens gerichtet sind. Nach *Holler* sind insoweit die Unabhängigkeit und Nachhaltigkeit der Gesellschaft bzw. des von ihr getragenen Unternehmens die zentralen Werte, die (vermutlich) jeder Gesellschafterfamilie immanent sind.[497] Die Familie oder zumindest die Mehrheit der Mitglieder selbiger will regelmäßig die Kontrolle über die Gesellschaft erhalten (Unabhängigkeit), d.h. die Abwanderung stimmberechtigter Anteile an Familienfremde verhindern (*closed-shop* Strategie).[498] Zudem will sie einen langfristigen Bestand der Gesellschaft und des in ihr liegenden Vermögens für die Zukunft sichern (wirtschaftliche Nachhaltigkeit), regelmäßig verbunden mit der Vorstellung, die Gesellschaft werde auch dann noch von der Familie beherrscht und selbige versorgen.[499]

Die Ausrichtung am Wert der Nachhaltigkeit in Entscheidungen auf Gesellschafter- und Geschäftsleitungsebene bringt häufig eine Unternehmenskultur mit sich, in welcher kurzfristiges Gewinnstreben durch eine langfristige Strategie mit hohen (Re-)Investitionsbemühungen zum dauerhaften Erhalt der Wettbewerbsfähigkeit ersetzt wird. Diese Reinvestitionsfreudigkeit und die Risikoaversion[500] der Familiengesellschaften werden immer

---

497 Vgl. *Holler*, DStR 2019, 880 (883 f.); zuletzt beinahe wortgleich *ders.*, in: MünchHdbGesR Bd. 7, 6. Aufl. 2020, § 75 Rn. 17 f., wobei zu beachten ist, dass *Holler* diese Werte und ihre Auswirkungen in seinen Ausführungen zur generationsübergreifenden Familiengesellschaft durchgängig in den Mittelpunkt der Betrachtung stellt; um den Aspekt bzw. die Bezeichnung als Wunsch „*nach Beständigkeit und Sicherheit*“ ergänzt bei *Prütting/Schirrmacher*, ZGR 2017, 829 (834 f.); auf die Ansicht der Gesellschafter, dass die Gesellschaft „*Familienerbe*“ sei und die damit verbundene „*Achtung und Ehrfurcht gegenüber den Altvorderen*“ abstellend *Sigle*, in: FS Rowedder, 1994, 459 (663); vgl. auch *Achleitner*, in: FS Binz, 2014, 1 (2 f.); *Freudenberg*, in: FS Binz, 2014, 215 (217).

498 Hierzu ausführlich unten unter § 4.B.IV. Unter die Überschrift „*Werte und Ziele*“ gefasst etwa bei *Hueck*, Familienverfassung, 2017, 6. Die „Abschottung“ des Gesellschafterkreises nach außen spiegelt sich darüber hinaus in der Informationspolitik vieler Familiengesellschaften wider. Dies geht auf einen anderen Wert zurück, der in Familiengesellschaften üblicherweise hohes Ansehen genießt und zumindest mittelbar der Unabhängigkeit zugeordnet werden kann: die Bewahrung der Diskretion. Diese wird mit jeder Öffnung der Gesellschaft ein stückweit gefährdet; dies als dominierende Sorge der Familienmitglieder bei einem Börsengang bezeichnend *Grobecker/Hueck*, AG 2017, R140 (R140); *Oppitz*, in: Vogt/Fleischer/Kalss, Recht der Familiengesellschaften, 2017, 133 (133); *Fleischer/Maas*, DB 2021, 37 (40); s. auch *dies.*, AG 2021, 893.

499 Hierzu noch ausführlich unten unter § 4.B.IV.

500 Vgl. nur *Hiebl*, The Journal of Risk Finance 14 (1), 2012, 49.

wieder als Stärken des deutschen Mittelstandes und der deutschen Familiengesellschaften bezeichnet.[501] Sie speisen sich dabei aber nicht allein aus der Motivation, die Nachhaltigkeit des Unternehmens zu sichern. Vielmehr wirkt hier auch der Wert der Unabhängigkeit als Entscheidungsmotiv. Die Bewahrung der Unabhängigkeit geht mit dem Erfordernis einher, sich der Möglichkeit der Aufnahme von Eigenkapital durch die Ausgabe von neuen (stimmberechtigten) Anteilen an Dritte weitestgehend zu verschließen.[502] Insofern ist die Familiengesellschaft vornehmlich auf Selbstfinanzierung angewiesen.[503] Dies erfordert ein möglichst langfristiges unternehmerisches Denken, in welchem für Krisen vorgesorgt, eine ausreichende Liquidität sichergestellt und das Eigenkapital durch Gewinnthesaurierung gestärkt wird.[504]

Vor dem Hintergrund, dass der Aspekt der „Abschottung" des Gesellschafterkreises der Familiengesellschaft durch entsprechende Vertragsgestaltung (*closed-shop* Strategie) und wiederum aus dieser Besonderheit entspringende typische Merkmale einer Familiengesellschaft noch ausführlich untersucht werden, wird an dieser Stelle auf eine tiefergehende Darstellung der rechtlichen Umsetzung verzichtet und auf die entsprechenden Ausführungen unten verwiesen.[505]

2. Besonderes Verantwortungsbewusstsein für Mitarbeiter, Standort und Gesellschaft

Gänzlich anderer Art sind diejenigen Familienwerte, die sich nicht auf die Sicherung des Gesellschaftsvermögens und Familieneinflusses, sondern auf die Beziehung der Gesell-

---

[501] So wird auch von der Politik immer wieder die Krisenfestigkeit der Familiengesellschaften betont, die insbesondere in der Weltwirtschaftskrise 2008/2009 zu einem überdurchschnittlich guten Abschneiden des deutschen Mittelstandes geführt haben, vgl. etwa die Rede des Bundespräsidenten *Christian Wulff* anlässlich der „Tage der Familienunternehmer", 12.5.2011, online abrufbar unter https://www.bundespraesident.de/SharedDocs/Reden/DE/Christian-Wulff/Reden/2011/05/110512-Familienunternehmer-Muenchen.html; s. auch die Rede der damaligen Bundeskanzlerin *Angela Merkel* anlässlich des „Tages des deutschen Familienunternehmens" der Stiftung Familienunternehmen, 15.6.2012, online abrufbar unter https://www.bundeskanzlerin.de/bkin-de/aktuelles/rede-von-bundeskanzlerin-angela-merkel-anlaesslich-des-tages-des-deutschen-familienunternehmens-der-stiftung-familienunternehmen-479222. Für empirische Befunde zur Performance von Familiengesellschaften in der Weltwirtschaftskrise von 2008/2009 vgl. *Stiftung Familienunternehmen*, Familienunternehmen und die aktuelle Wirtschaftskrise – Eine empirische Bestandsaufnahme, 2009, passim. Für einen Bericht über die Ergebnisse einer Studie des Center for Family Business der Universität St. Gallen zur familienunternehmerischen Handhabung von Krisen vgl. *Frey/Sieger/Zellweger*, IO New Management 78 (11), 2010, 37.

[502] Vgl. *Sigle*, in: FS Rowedder, 1994, 459 (468); *Habersack,* in: Tröger/Wilhelmi, Rechtsfragen der Familiengesellschaften, 2006, 19 (21); *Ulmer*, ZIP 2010, 549 (550 f.); insoweit *„unleugbare Nachteile"* eines Börsengangs konstatierend *Fleischer/Maas,* DB 2021, 37 (40 f.); s. auch *Grobecker/Hueck*, AG 2017, R140 (R141).

[503] Vgl. *Ulmer*, ZIP 2010, 549 (550 f.); *Habersack*, ZIP 2020, 2093 (2097 f.).

[504] *Ulmer*, ZIP 2010, 549 (550 f., 553). Zur relativ hohen Eigenkapitalquote von Familiengesellschaften vgl. die Studie von *Knöll/Kettern*, Finanzierung, Analyse der aktuellen Finanzierungssituation von Familienunternehmen in Deutschland, 2012, 15 f.

[505] Hierzu ausführlich unten unter § 4.B.IV.

schaft zu ihren Mitarbeitern, die besondere Verbindung zum (Gründungs-)Standort und das allgemeine gesellschaftliche Verantwortungsgefühl der Familie beziehen.[506] Durch den Transfer dieser Werte in Gesellschafter- und Geschäftsleitungsentscheidungen wird die Unternehmenskultur oft derart beeinflusst, dass neben oder sogar vor die Ausrichtung der Gesellschaft auf nachhaltige Gewinnerzielung auch solche Wertschöpfungsaspekte treten, die weder das Unternehmen noch die Familie bzw. die Anteilseigner unmittelbar begünstigen.[507]

In den Vertragswerken von Familiengesellschaften findet sich etwa teilweise ein ausdrückliches „Bekenntnis" zum Gründungsstandort und – häufig hiermit korrespondierend – zum sorgsamen Umgang mit den Mitarbeitern.[508] Es leuchtet zudem im Hinblick auf die Unternehmenskultur auch ein, dass die familiäre Kontinuität auf Gesellschafter- und Geschäftsleiterebene, die jahrelange, besonders in den ersten Generationen sehr enge Zusammenarbeit mit den Mitarbeitern und die tatsächliche emotionale Verbundenheit zum Standort (Stichwort: Heimat) von den Entscheidungsträgern in vielen Situationen gedanklich nicht ausgeklammert werden. Insofern verwundert es nicht, dass Familienunternehmen im Vergleich zu „normalen" Unternehmen, insbesondere Publikumsgesellschaften, in Krisenzeiten häufig länger betriebsbedingte Kündigungen vermeiden.[509] Darüber hinaus wird in der Literatur auch auf den hohen Stellenwert der sozialen Verantwortung in Familiengesellschaften hingewiesen, der beispielsweise zu einer besonders ausgeprägten karitativen Betätigung der Gesellschaft bzw. des getragenen Unternehmens führen kann.[510] Den Familiengesellschaften kommt die so generierte Unterneh-

---

506 Auf gewisse Weise können Familiengesellschaften insofern als freiwillige Vorreiter der Corporate Social Responsibility gesehen werden, vgl. *Bochmann/Bron/Staake*, BB 2020, 1367 (1371). Zu beachten ist hier – insbesondere für den Umgang mit Mitarbeitern, und das allgemeine gesellschaftliche Engagement –, dass diese Aspekte auch dem Wert der „Nachhaltigkeit" dienen, schaffen sie doch die Grundlage für eine langfristige und fruchtbare Beziehung mit wichtigen Stakeholdern.

507 Von „*andere*[n] *Wertschöpfungsaspekte*[n]" sprechend *Prütting/Schirrmacher*, ZGR 2017, 829 (834), wobei hierzu auch der Schutz der Beschäftigten gezählt wird; s. auch *Ingelfinger*, in: FS Binz, 2014, 318; *Zinkann*, in: FS Binz, 2014, 854; zur Familie als „*irrationaler Störfaktor*" und zu Ansätzen für das strategische Management *Mühlebach*, Familyness als Wettbewerbsvorteil, 2004, 5, 29 ff. m.w.N.

508 Vgl. etwa für die Familienverfassung, deren typische Ausgestaltung sowie ein fiktives Szenario betreffend eine Standortverlagerung *Hueck*, Familienverfassung, 2017, 7, 230. Auch qualitative Aussagen zum Umgang mit Kunden, Lieferanten und der Umwelt einschließend *Holler*, in: MünchHdbGesR Bd. 7, 6. Aufl. 2020, § 75 Rn. 18. Vgl. auch die Ziff. 1 und 1.2 des Governance Kodex für Familienunternehmen, *INTES/FBN/DIE FAMILIENUNTERNEHMER*, Governance Kodex für Familienunternehmen, 4. Aufl. 2021, 11. Der Aspekt des hohen Stellenwerts des umsichtigen Umgangs mit Kunden spielt auch für den Wert der Nachhaltigkeit des Unternehmens eine wichtige Rolle, da eine langfristige Kundenbindung die Grundlage für den unternehmerischen Erfolg in der Zukunft bietet.

509 Vgl. für die TOP 500 Familienunternehmen für das Krisenjahr 2009 *Stiftung Familienunternehmen*, Die volkswirtschaftliche Bedeutung der Familienunternehmen, 2. Aufl. 2011, 1 f., wobei hier auch der Aspekt der Krisenfestigkeit von Familienunternehmen Einfluss auf den im Vergleich zu DAX-Unternehmen geringeren Verlust an Beschäftigten gehabt haben könnte.

510 Vgl. *Kalss/Probst*, Familienunternehmen, 2013, 703; s. auch erneut die Aufzählung bei *Koeberle-*

menskultur häufig durch ein verhältnismäßig positives Image sowohl bei Arbeitnehmern[511] als auch in der Gesamtbevölkerung[512] zumindest mittelbar zugute, wobei hierzu wohl auch Werte der ersten Kategorie, insbesondere die nachhaltige, nicht rein profitorientierte Ausrichtung beitragen.[513]

3. Zusammenarbeit und Verhalten der Familienmitglieder

Der letzten Kategorie werden hier solche Werte zugeordnet, die die Zusammenarbeit bzw. das Verhalten der Familienmitglieder untereinander und in der Außendarstellung betreffen. Zu nennen sind hier etwa die Schlagworte Respekt, Vertrauen, Rücksichtnahme, Toleranz, Bescheidenheit und Bodenständigkeit.[514] Oft werden sie auch bei schriftlicher Niederlegung nicht weiter definiert bzw. es werden aus ihnen keine unmittelbaren Verhaltensanforderungen an die Familienmitglieder formuliert. Insofern füllen die Familienmitglieder sie mit der Zeit durch ihre Handlungen nach ihrem eigenen Verständnis aus. Sie können bei schriftlicher Aufzählung, die in der Praxis insbesondere in der Familienverfassung erfolgt, auch durch weitere Vorgaben konkretisiert werden bzw. sich in der Entwicklung solcher Vorgaben niederschlagen.[515] Als besondere ausdrückliche Regelung der Beziehung der Familienmitglieder untereinander und zur Gesellschaft ist die des ausdrücklichen Vorrangs der Gesellschaft vor der Familie oder zumindest vor einzelnen Familienmitgliedern zu nennen.[516] Dabei geht dieser Vorrang der Gesellschaft neben den Werten, die eine gedeihliche Zusammenarbeit ausdrücken (Gemeinschaftssinn, Loyalität etc.) auch auf den Wert der Nachhaltigkeit zurück, erklärt diese Formulierung doch die für die Gesellschaft perspektivisch förderlichste und interessenschonendste Arbeits- und Verhaltensweise der Gesellschafter. Dieser Vorrang der Gesellschaft vor dem Einzelnen spiegelt sich oft auch in anderen Gestaltungsinstrumenten, die typisch für die Familiengesellschaft sind, wider.[517]

Schmid/Witt/Fahrion, in: Koeberle-Schmid/Fahrion/Witt, Family Business Governance, 3. Aufl. 2018, 459 (461): „*Verantwortungsbewusstsein,* […] *ethisches, nachhaltiges Handeln, soziale Verantwortung*".

[511] Vgl. etwa die statistische Erhebung bei *Rittmann/Müller*, Das Image deutscher Familienunternehmen 2021, Studie pwc, 2021, 16.

[512] Vgl. u.a. die Assoziation der Familienunternehmen mit regionalem Engagement ebd., 13.

[513] Vgl. für den Aspekt des nachhaltigen Wirtschaftens ebd., 19.

[514] Vgl. erneut die nicht abschließende Aufzählung bei *Koeberle-Schmid/Witt/Fahrion*, in: Koeberle-Schmid/Fahrion/Witt, Family Business Governance, 3. Aufl. 2018, 459 (461); s. auch *Hueck*, Familienverfassung, 2017, 6 f.

[515] Wobei die Rechtsverbindlichkeit solcher Vorgaben in der Familienverfassung problematisch ist, hierzu unten unter § 4.B.V.2.

[516] Vgl. *Hueck*, Familienverfassung, 2017, 6.

[517] Hierzu unten unter § 4.B.IV.

IV. Fortführungswille, generationsübergreifende Ausrichtung und resultierende Besonderheiten

Wie oben bereits festgehalten, ist es eine typische Wert- und Zielvorstellung der familiär verbundenen Gesellschafter, die Gesellschaft und das getragene Unternehmen langfristig unter der Kontrolle der Familie zu halten, also auch für die Zeit, in der der Gesellschafterkreis personell ganz oder teilweise neu besetzt wurde.[518] Dies ist oft mit dem Wunsch verbunden, die Gesellschaft möge auch in ferner Zukunft noch der Versorgung nachfolgender Generationen der Familie dienen.[519] Man spricht bei Bestehen eines auf die künftige Kontrolle der Familie über die Gesellschaft gerichteten Willens der Mehrheit der familiär verbundenen Gesellschafter auch vom Fort- oder Weiterführungswillen.[520] Seine Verwirklichung führt – selbst wenn der Wille nicht ausschließlich auf die Weitergabe von Anteilen an Abkömmlinge, sondern auch an andere Familienmitglieder gerichtet ist – zur Begründung einer transgenerationalen Familiengesellschaft, läuft die Perpetuierung der familiären Eigentümerschaft mit fortschreitendem Zeitablauf doch zwangsläufig auf eine Weitergabe „nach unten“, also an die nächste Familiengeneration hinaus. Teilweise wird der Fortführungswille oder eine aus ihm entspringende, bewusste Ausrichtung der Gesellschaft auf eine generationsübergreifende Familienkontrolle[521] gar zum konstitutiven Merkmal für Familiengesellschaften erhoben.[522] Aus ihm bzw. aus seiner Umsetzung durch die Gesellschafter ergeben sich darüber hinaus weitere charakteristische Besonderheiten der Familiengesellschaft.

Zur Ermittlung des Fortführungswillens bieten sich mehrere Ansätze an. In der Literatur wird etwa angeführt, dass die Existenz von Familienverfassungen, die sich auf das Verhalten der Familienmitglieder innerhalb der Gesellschaft beziehen, als Indiz für einen Fortführungswillen der an der Vereinbarung beteiligten Gesellschafter herangezogen werden könne.[523] Denn durch sie werde die dauerhafte Verbindung von Familie und Gesellschaft zum Ausdruck gebracht und den Familienmitgliedern zugleich ein Verhaltenskodex mit der Intention eines möglichst schonenden Umgangs mit der Gesellschaft zum Erhalt selbiger an die Hand gegeben, was eine gewollte dauerhafte Verbindung von

---

518 Hierzu oben unter § 4.B.III.1.

519 BGH, Urteil v. 9.12.1968, Az. II ZR 42/67, NJW 1969, 793 (794): „*ererbten Familienunternehmen* […], *das nach dem Willen des Erblassers die Lebensgrundlage aller Gesellschafter-Erben bilden soll*“; *Frank*, Die 'kleine AG' als Organisationsform für die Nachfolge in Familienunternehmen, 2002, 42.

520 Vgl. *Scherer*, BB 2010, 323; *Möschel*, in: ZRP 2011, 116 (117); *Bartuschka*, CB 2017, 30 (30); *Stiftung Familienunternehmen*, Die volkswirtschaftliche Bedeutung der Familienunternehmen, 2019, 51.

521 Nachstehend wird zur Bezeichnung solcher bewusst gestalteten Familiengesellschaften der Begriff der „planvoll generationsübergreifend ausgerichteten Familiengesellschaft“ genutzt.

522 Hierzu oben unter § 4.A.II.4. In ähnlicher Weise wird der objektivierte Fortführungswille immer wieder als „*Bekenntnis zur Familiengesellschaft*“ bezeichnet, vgl. etwa *Kalss/Probst*, Familienunternehmen, 2013, 125.

523 Vgl. etwa *Hueck*, Familienverfassung, 2017, 260.

Familie und Gesellschaft indiziere. Andere stellen für die Ermittlung eines Fortführungswillen darauf ab, ob in der Vergangenheit bereits Generationennachfolgen in der Gesellschaft stattgefunden haben, ob der Fortführungswille also bisher in der Gesellschaft gelebt wurde.[524] Die sichere Ermittlung des Fortführungswillens kann mit diesen Indizien allein allerdings nicht gelingen.[525] Hierzu bedarf es vielmehr einer belastbaren, objektiven Grundlage im Vertragswerk der Familiengesellschaft. Nachfolgend soll daher zunächst ermittelt werden, welche vertraglichen Regelungen insofern als ausreichend erachtet werden können, welche begleitenden Regelungen üblicherweise getroffen werden, wann ihre Einführung in der Praxis vorgenommen wird und welche weiteren Besonderheiten der Fortführungswille und die entsprechende transgenerationale Ausrichtung der Gesellschaft mit sich bringen. Für die vertraglichen Regelungen ist für Familiengesellschaften bereits an dieser Stelle auf eine weitere typische Besonderheit hinzuweisen. Insbesondere Familiengesellschaften, in denen bereits Generationennachfolgen erfolgt sind, zeichnen sich dadurch aus, dass sie neben dem Gesellschaftsvertrag eine ganze Reihe weiterer Nebenvereinbarungen nutzen.[526] Dabei stellt der Gesellschaftsvertrag zwar den zentralen Regelungsstandort für die nachfolgend relevanten Vereinbarungen dar[527], das restliche Vertragswerk ist dabei jedoch stets zu berücksichtigen.[528]

1. Ermittlung des Fortführungswillens und vertragliche Sicherstellung

a. Ausdrückliche Erklärung

Die Ermittlung des Fortführungswillens ist unproblematisch, wenn sich ein entsprechendes Bekenntnis aller oder zumindest der familiär verbundenen Gesellschafter im Vertragswerk der Gesellschaft findet.[529] Wie *Holler* richtigerweise angemerkt hat, findet das ausdrückliche Bekenntnis zum Willen, die Gesellschaft auch in Zukunft als von der Familie für die Familie beherrscht zu erhalten, in Formularhandbüchern und Gestaltungs-

---

524 Dies auch bei fehlender Aufnahme in das Vertragswerk für ausreichend erachtend *Kalss/Probst*, Familienunternehmen, 2013, 18.

525 Vgl. *Krämer*, Sonderrecht der Familiengesellschaften, 2019, 120 ff.

526 Insofern von einem „*Zwiebelschalenmodell*" sprechend *Fleischer* ZIP 2016, 1509 (1509); vgl. auch *Kalss/Probst*, Familienunternehmen, 2013, 49 f., 67 ff.; *Holler*, in: MünchHdbGesR Bd. 7, 6. Aufl. 2020, § 75 Rn. 86 f. Hierzu auch unten unter § 4.B.V.

527 *Holler*, in: MünchHdbGesR Bd. 7, 6. Aufl. 2020, § 75 Rn. 87.

528 Vgl. zu den typischen Nebenverträgen der Familiengesellschaft, insbesondere zur Familienverfassung auch unten unter § 4.B.V. und zu deren Relevanz hinsichtlich der Auslegung des Gesellschaftsvertrags unten unter § 5.B.III.

529 Vgl. *Kalss/Probst*, Familienunternehmen, 2013, 18; 125 f.; *Holler*, in: MünchHdbGesR Bd. 7, 6. Aufl. 2020, § 75 Rn. 39.

anleitungen aber weitestgehend keine Erwähnung.[530] Vielmehr wird sich hier auf die zur Verwirklichung des Fortführungswillens erforderlichen vertraglichen Anforderungen konzentriert.[531] Führt man sich vor Augen, dass bei Bestehen eines Fortführungswillens selbiger zugleich der Maßstab ist, an welchem sich die Tauglichkeit eines Gesellschaftsvertrags messen lassen muss, so verwundert es doch, dass viele Familiengesellschaften auf eine ausdrückliche Erklärung verzichten.[532] Insbesondere die Präambel eines Gesellschaftsvertrags bietet sich dazu an, den Fortführungswillen als Ausgangspunkt und ausdrücklichen Beweggrund für die Regelungen, die nachstehend im Gesellschaftsvertrag getroffen werden, festzuschreiben.[533] In der Praxis finden sich aber insbesondere in Familienverfassungen immer wieder mehr oder weniger eindeutige Formulierungen.[534] Problematisch ist insoweit oft die rechtliche Bindung der an der Familienverfassung beteiligten Familienmitglieder, welche nach wie vor nicht eindeutig geklärt ist.[535]

b. Anteilsvinkulierung und Vererblichkeit

Der Fortführungswille kann sich darüber hinaus durch Auslegung des Gesellschaftsvertrags und etwaiger Nebenvereinbarungen ergeben.[536] Problematisch an der sicheren Verwirklichung des Ziels, dauerhaft nur familiär verbundenen Personen die Kontrolle über die Gesellschaft zu ermöglichen, sind die Unwägbarkeiten, die mit dem langen Zeithorizont dieser Vorstellung und den Handlungsoptionen der (zukünftigen) Gesellschafter einhergehen. Mag der Gesellschafterkreis derzeit noch sämtlich die Weitergabe der Gesellschaftsanteile an familiär verbundene Personen planen, kann der Wille einzelner Gesell-

---

530 *Holler*, DStR 2019, 931 (933). Ein Formulierungsbeispiel findet sich aber bei *Kalss/Probst*, Familienunternehmen, 2013, 125: „*Die Vertragspartner erklären, dass es ihr Wille ist, den Fortbestand der Gesellschaft unter Erhaltung der familiären Gesellschafterstruktur zu gewährleisten. Ausdrücklicher Wunsch der Vertragspartner ist es auch, jede Änderung der Rechtsverhältnisse an den Geschäftsanteilen und die damit verbundenen Entgeltverpflichtungen so zu gestalten, dass die Liquidität der Gesellschaft bestmöglich geschützt und die Substanz des Unternehmens weitgehend geschont werden und diese für die anderen Gesellschafter leistbar sind. Bei Uneinigkeit der Gesellschafter gehen die Interessen der Gesellschaft jenen der einzelnen Gesellschafter jedenfalls vor.*“

531 Hierzu sogleich.

532 *Holler*, DStR 2019, 931 (933), stellt fest: „*Das Bekenntnis zum Familienunternehmen wird als solches in der Rechtsprechung und Literatur nur äußerst stiefmütterlich behandelt.*“

533 *Holler*, DStR 2019, 931 (934), unter Verweis auf die Beispiele bei *Hennerkes*, in: Hennerkes, Unternehmenshandbuch Familiengesellschaften, 1. Aufl. 1995, 2; s. auch *Pauli*, in: Spiegelberger, Unternehmensnachfolge, 3. Aufl. 2022, § 14 Rn. 29; *Kalss/Probst*, Familienunternehmen, 2013, 125.

534 Vgl. etwa die Beispielverfassung bei *Hueck*, Familienverfassung, 2017, 6; zum Bekenntnis der Unternehmerfamilie Hirter in ihrer Familienverfassung *Neumueller*, Family Compliance, 2020, 187.

535 Zur Familienverfassung unten unter § 4.B.V.2.

536 Zur Auslegung des Gesellschaftsvertrags und der Nebenvereinbarungen sowie diesbezüglichen Besonderheiten in Familiengesellschaften unten unter § 5.

schafter sich jederzeit hin zur Weitergabe an einen familienfremden Dritten ändern.[537] Sollten dann tatsächlich Anteile an Familienfremde „abwandern", kann die familiäre Kontrolle über die Gesellschaft, mag die Mehrheit der familiär verbundenen Gesellschafter auch zu jedem Zeitpunkt einen Fortführungswillen aufweisen, mehr und mehr abnehmen und schließlich sogar ganz verloren gehen.[538] Auch das ersatzlose Ausscheiden von Gesellschaftern kann – sofern bereits ein familienfremder Gesellschafter existiert – nach und nach zum Verlust der Kontrolle der familiär verbundenen Personen über die Gesellschaft führen.[539]

Neben dem Erfordernis, dass die Gesellschaft bzw. das von ihr gehaltene Vermögen zukünftig überhaupt in nennenswertem Umfang existiert, setzt die Verwirklichung des Willens, die Gesellschaft zur Versorgung der Familie in der Zukunft in Familienhand zu erhalten daher grundsätzlich eine vertragliche Absicherung voraus. Wie oben aufgezeigt, ist für die familiäre Kontrolle – mit Ausnahme solcher Konstellationen, in denen einer starken Minderheit durch andere Instrumente Kontrollmöglichkeiten zukommen – elementar, dass die familiär verbundenen Gesellschafter kumuliert die Mehrheit der Stimmrechte halten.[540] Die vertragliche Gestaltung in und um die Gesellschaft muss also den zukünftigen Erhalt der bestehenden Stimmrechtsanteile in der Hand solcher Personen, die Familienmitglied sind, sicherstellen.[541] Es bedarf daher erstens einer der Mehrheit zustehenden Möglichkeit, den Erwerb von Gesellschaftsanteilen durch familienfremde Dritte zu verhindern, eine sog. Vinkulierung der Anteile. Zweitens muss sichergestellt werden, dass die bestehenden Anteile spätestens mit dem Tod der jetzigen Gesellschafter auch an solche Personen übertragen werden, die das Merkmal der Familienzugehörigkeit nach dem Verständnis der jetzigen Gesellschafter aufweisen. Denn eine bloße

---

537 Verstärkt wird diese Problematik durch die typischen Entfremdungserscheinungen, die mit fortschreitender Generationenzahl üblicherweise auftreten, vgl. *Binz/Mayer*, NZG 2012, 201 (201). Hierzu auch unten unter § 4.B.IV.2.

538 Beispiel: Die fünf Schwestern A, B, C, D und E halten je 20% der stimmberechtigten Anteile an einer Gesellschaft. Während die übrigen vier Schwestern einen Fortführungswillen besitzen, überträgt E ihren Anteil an den familienfremden X. Einige Jahre später überträgt D ihren Anteil an den familienfremden Y, während A, B und C weiterhin einen Fortführungswillen aufweisen. Zuletzt verkauft C ihren Anteil an den familienfremden Z, während A und B weiterhin einen Fortführungswillen aufweisen. In jeder Veräußerungssituation hatte die Mehrheit der familiär verbundenen Gesellschafter einen Fortführungswillen. Trotzdem hat die Kontrolle der Familie über die Gesellschaft stetig abgenommen und ist letztlich verloren gegangen.

539 Beispiel: Die Brüder A, B, C und D halten je 13%, der familienfremde X die restlichen 48% der stimmberechtigten Anteile einer Gesellschaft. D scheidet ersatzlos aus der Gesellschaft aus, die Anteile wachsen den übrigen Gesellschaftern verhältniswährend an. Nun hält X mit über 55% der stimmberechtigten Anteile die Mehrheit der Stimmrechte. Die Kontrolle der Familie ist verloren gegangen.

540 Hierzu oben unter § 4.B.I.

541 Die Schaffung neuer Anteile kann in jeder Gesellschaftsform durch Halten der Mehrheit der Stimmrechte verhindert werden, sodass hierauf nachstehend nicht eingegangen wird. Für die Unzulässigkeit von Umgehungsversuchen durch ausscheidungswillige Gesellschafter vgl. *Binz/Mayer*, NZG 2012, 201 (207 ff.).

Vinkulierung der Anteile allein spricht nur dafür, dass der Gesellschafterkreis darüber entscheiden möchte, wen er aufnimmt, nicht, dass dies nur Familienmitglieder sein sollen. Dass dies (nur oder zumindest vornehmlich) Familienmitglieder sein sollen, muss also zusätzlich zum Ausdruck kommen.

Wenn die Gesellschafter eine entsprechende Gestaltung vornehmen, wird hierdurch gleichzeitig zum Ausdruck gebracht, dass der Gesellschafterkreis einen Fortführungswillen besitzt.[542] Sofern die Mehrheit im Gesellschafterkreis sich vom Fortführungswillen löst, wird sie dies – soweit möglich – hingegen umgekehrt durch Aufhebung der Veräußerungsschranken, denen ihre Anteile unterliegen, zum Ausdruck bringen. Somit kann auch bei einem zwischenzeitlichen Gesellschafterwechsel davon ausgegangen werden, dass ein Fortführungswille beim aktuellen Gesellschafterkreis besteht, wenn die vertragliche Gestaltung dies widerspiegelt.

Die Verhinderung des Erwerbs der Gesellschaftsanteile durch Familienfremde und die Sicherstellung der künftigen Übertragung lediglich auf Familienmitglieder kann zuvorderst im Gesellschaftsvertrag geregelt werden, ist aber nicht auf diesen beschränkt.[543] Es bestehen zwischen Personen- und Kapitalgesellschaften Unterschiede hinsichtlich des Regelungsbedarfs. Für die entsprechende Gestaltung haben sich dabei in den letzten Jahren zunehmend Standards in der Familiengesellschaftspraxis etabliert.[544]

(i). Personengesellschaften

In Personengesellschaften kann bereits nach dem dispositiven Recht der Eintritt eines familienfremden Gesellschafters durch die Gesellschafter verhindert werden. So bedarf das Wirksamwerden eines Anteilserwerbs unter Lebenden vorbehaltlich anderslautender Bestimmungen im Gesellschaftsvertrag der Zustimmung der übrigen Gesellschafter.[545] Für Verfügungen von Todes wegen ergab sich nach der bis zum 1.1.2024 geltenden gesetzlichen Ausgangslage gar, dass die GbR nach § 727 Abs. 1 BGB a.F. mit dem Tod eines der Gesellschafter aufgelöst oder bei einer Fortsetzungsklausel nach § 736 Abs. 1

542 Hierzu ausführlich *Holler*, in: MünchHdbGesR Bd. 7, 6. Aufl. 2020, § 75 Rn. 17 ff. In der hiesigen Betrachtung werden Ehevertrags- und Güterstandsklauseln sowie Zwerganteilsklauseln außer Acht gelassen, s. hierzu *Hennerkes/May*, NJW 1988, 2761 (2768); s. für die Ehevertrags- und Güterstandsklauseln auch *Scherer*, BB 2010, 323 (326 f.).

543 Eine Regelung in Nebenvereinbarungen ist ebenfalls möglich, vgl. für Familienpoolvereinbarungen neben der Aktiengesellschaft etwa *Hopt*, ZGR 1997, 1 (4).

544 Vgl. insoweit die in den nachstehenden Fußnoten aufgeführten Nachweise zu Formularhandbüchern.

545 Vgl. statt vieler *Pfeiffer/Timmerbeil,* in: Herrler, Gesellschaftsrecht in der Notar- und Gestaltungspraxis, 2. Aufl. 2021, § 16 Rn. 183; ausführlich *Stracke*, in: Sudhoff, Familienunternehmen, 2. Aufl. 2005, 729 ff.

BGB a.F. nur mit den übrigen Gesellschaftern weitergeführt wird.[546] Für die übrigen Personengesellschaften gilt hingegen, wie für die GbR nunmehr auch, seit jeher nach §§ 130 Abs. 1 Nr. 1, 161 Abs. 2 HGB, dass ein verstorbener persönlich haftender Gesellschafter ersatzlos aus der Gesellschaft ausscheidet. Folglich muss hier schon keine Regelung zur Verhinderung des Eindringens eines familienfremden Dritten für den Todesfall eines Mitgesellschafters getroffen werden. Regelungsbedarf besteht insofern nur für die Verfügung von Todes wegen über einen Kommanditanteil. Dieser ist nach § 177 HGB frei vererblich. Die Vererblichkeit kann jedoch durch eine qualifizierte Nachfolgeklausel auf Familienmitglieder beschränkt werden.[547] Alternativ kann der Gesellschaftsvertrag das ersatzlose Ausscheiden des verstorbenen Kommanditisten anordnen.[548] Wie aus diesem Überblick ersichtlich, bedarf es für den ersten Teilschritt zur Verwirklichung des mit dem Fortführungswillen verbundenen Wunsches der Verhinderung des Eindringens familienfremder Dritter bei Personengesellschaften weitestgehend keiner gesellschaftsvertraglichen Regelungen.

Umgekehrt ergibt sich aber aus der gesetzlichen Ausgangslage, die regelmäßig zu einem ersatzlosen Ausscheiden der Gesellschafter führen würde, dass die Gesellschafter, die einen Fortführungswillen besitzen, aktiv die Möglichkeit zur familieninternen Nachfolge schaffen müssen.[549] Hier sollte zunächst insbesondere die Blockademöglichkeit, die einzelnen Gesellschaftern hinsichtlich einer Übertragung unter Lebenden durch das Einstimmigkeitsprinzip zukommt, durch den Gesellschaftsvertrag ausgeschaltet werden. Ein Missbrauch dieser Möglichkeit durch einzelne Gesellschafter wird nämlich insbesondere mit zunehmender Gesellschafterzahl, wie sie in Familiengesellschaften häufig zu verzeichnen ist, immer wahrscheinlicher.[550] Dies kann zum einen durch die Aufnahme einer Mehrheitsklausel in den Gesellschaftsvertrag verhindert werden. Sofern die Mehrheit der zum jeweiligen Erwerbszeitpunkt vorhandenen Gesellschafter einen Fortführungswillen besitzt, wird sie der Anteilsübertragung an ein Familienmitglied zustimmen. Problematisch ist hier wiederum, dass die bloße Existenz einer Mehrheitsklausel nicht zwingend auf einen familienorientierten Fortführungswillen schließen lässt. Denn die Mehrheit kann hier genauso gut planen, in Zukunft auch der Veräußerung von Gesellschaftsanteilen an familienfremde Personen zuzustimmen. Möglicherweise will sie sich

546 Der seit dem 1.1.2024 geltende § 723 Abs. 1 BGB n.F. sieht nun vor, dass die GbR schon von Gesetzes wegen mit den übrigen Gesellschaftern weitergeführt wird und der verstorbene Gesellschafter ersatzlos ausscheidet. Insofern ergeben sich keine Besonderheiten mehr zu den übrigen Personengesellschaften, s. hierzu und zur Ausnahme für die Innengesellschaft *Otte*, ZIP 2021, 2162 (2165).

547 Vgl. nur *Reimann*, ZEV 2002, 487. Zu den qualifizierten Nachfolgeklauseln auch unten unter § 4.B.IV.1.b.(ii).

548 *Müller/Godron*, in: BeckOGK HGB, Stand 1.4.2025, § 177 Rn. 11 f.

549 *Scherer*, BB 2010, 323 (324).

550 Vgl. insoweit aber die Zustimmungspflicht zur Aufnahme eines Familienmitglieds aus der Treuepflicht unten unter § 7.E.IV.1.

durch die Mehrheitsklausel lediglich leidiger Blockadetaktiken i.R.v. Verkaufssituationen durch einzelne Gesellschafter entziehen. Um einen Fortführungswillen sicher feststellen zu können, reicht eine Mehrheitsklausel alleine daher nach hier vertretener Ansicht nicht aus.[551] Vielmehr muss sich aus dem Gesellschaftsvertrag dann ein Bekenntnis ergeben, die Gesellschaft in Zukunft in Familienhand zu erhalten.[552] Dies kann sich strukturell insbesondere daraus ergeben, dass nur für solche Erwerber, die die Eigenschaft der Familienangehörigkeit aufweisen die Anteilsübertragung mehr oder weniger stark erleichtert wird.[553] Für Verfügungen von Todes wegen muss hingegen – wie für die Begrenzung der Vererblichkeit von Kommanditanteilen – eine qualifizierte Nachfolgeklausel in den Gesellschaftsvertrag aufgenommen werden.[554] In dieser ist dann festzulegen, dass nur Familienmitglieder durch Verfügung von Todes wegen Gesellschafter werden können.

(ii). Kapitalgesellschaften

Die Anteile einer GmbH können gemäß § 15 Abs. 1 GmbHG unter Lebenden grundsätzlich an jede Person veräußert werden, für Aktiengesellschaften ergibt sich dies aus der Qualifikation des Anteils als Wertpapier.[555] Für Kapitalgesellschaften muss daher bereits die Anteilsvinkulierung von den Gesellschaftern selbst vorgenommen werden. Das Gesetz bietet den Gesellschaftern hier die Möglichkeit, die Anteilsübertragung unter Lebenden in der Satzung von der Zustimmung der übrigen Gesellschafter oder deren Mehrheit abhängig zu machen (§ 15 Abs. 5 GmbHG, § 68 Abs. 2 AktG).[556] Wegen der

---

551 Anders *Krämer*, Sonderrecht der Familiengesellschaften, 2019, 142 (s. dort auch Fn. 414).

552 Auch "Bekenntnis zur Familiengesellschaft" genannt, vgl. *Holler*, in: MünchHdbGesR Bd. 7, 6. Aufl. 2020, § 75 Rn. 34 ff., 37 ff., mit Nachweisen zur Rechtsprechung bei Rn. 40 ff. *Holler* erachtet das Bekenntnis zur Familiengesellschaft als „*konstitutiv für die gezielte und zweckgerichtete langfristige und generationsübergreifende Familienbindung*" (Rn. 36).

553 Bis hin zur Aufhebung des Zustimmungserfordernisses unter familiär verbundenen Personen, vgl. etwa *Schäfer* in: Staub, HGB, 6. Aufl. 2024, § 105 Rn. 331; *Wertenbruch*, in: Ebenroth/Boujong/Joost/Strohn, HGB, 4. Aufl. 2020, § 105 Rn. 274; rechtsformunabhängig *Schulte*, in: MünchHdb-GesR Bd. 1, 6. Aufl. 2024, § 36 Rn. 6; s. (zu Kapitalgesellschaften) auch *Wentrup*, in: Gebele/Scholz, Beck'sches Formularbuch Bürgerliches, Handels- und Wirtschaftsrecht, 14. Aufl. 2022, IX. Nr. 10 (§ 7 Abs. 1); *Ellesser/Lahme*, BB 2002, 2201 (2202 f.).

554 Ausführlich hierzu und zum Erfordernis, dass der Gesellschafter auch die erforderlichen erbrechtlichen Regelungen vornimmt *Kögel*, in: Scherer, MünchAnwHdbErbR, 6. Aufl. 2024, § 40 Rn. 46 ff.; *Blaum/Scholz*, in: Gebele/Scholz, Beck'sches Formularbuch Bürgerliches, Handels- und Wirtschaftsrecht, 14. Aufl. 2022, VIII.D.1. (§11 Anm. 41 f.)

555 Vgl. nur *Scherer*, BB 2010, 323 (323); *ders.*, in: Scherer/Blanc/Kormann et al., Familienunternehmen, 2. Aufl. 2012, Kap. 3 Rn. 8.

556 Vgl. für die GmbH etwa *Weigl*, in: Hannes, Formularbuch Vermögens- und Unternehmensnachfolge, 2. Aufl. 2017, C.1.30 (§ 9 Rn. 77 ff.); *Rohde*, GmbHR 2021, 530. Für die Aktiengesellschaft hierzu und zu weiteren Gestaltungsmöglichkeiten wie der Zuständigkeit zur Zustimmungserteilung vom Vorstand (gesetzliche Konzeption des § 68 Abs. 2 Satz 2 AktG) auf den Aufsichtsrat oder die Hauptversammlung zu übertragen etwa *Waclawik*, in: Hannes, Formularbuch Vermögens- und Unternehmensnachfolge, 2. Aufl. 2017, C.1.40 (§ 5 Rn. 9 ff.); *Wälzholz*, DStR 2004, 779 (781 f.).

Blockadeproblematik, die sich insbesondere mit wachsender Gesellschafterzahl auch in der rein von familiär verbundenen Personen kontrollierten Gesellschaft ergeben kann, wird für das Zustimmungserfordernis zur Anteilsübertragung eine Festsetzung auf das Erfordernis lediglich einer einfachen Mehrheit empfohlen.[557] Zudem muss die Satzung nach hier vertretener Auffassung – wie bei den Personengesellschaften – bereits eine Lockerung der Anteilsvinkulierung für die Übertragung auf solche Personen vorsehen, die das Merkmal der Familienzugehörigkeit aufweisen.[558]

Problematisch ist die Vererblichkeit von Anteilen an Kapitalgesellschaften, da diese nicht durch die Satzung eingeschränkt werden kann.[559] Die jetzigen Gesellschafter können ihren Gesellschaftsanteil also auch familienfremden Personen vererben. Es können in der Satzung aber Regelungen getroffen werden, dass der Anteil in diesem Fall nach entsprechendem Beschluss der Hauptversammlung[560] bzw. Gesellschafterversammlung[561] eingezogen wird oder – in der GmbH – die Erben den Anteil an Familienmitglieder abtreten müssen, wenn ansonsten eine Person, die nicht Familienmitglied ist, Gesellschafter würde.[562] Bei Einziehung des Anteils stellt sich – insoweit insbesondere für die Aktiengesellschaft – das bereits erörterte Problem, dass die Familie schrittweise ihre Stimmmehrheitsmacht verlieren kann, wenn in der Gesellschaft bereits familienfremde Gesellschafter existieren, deren Stimmanteil mit jeder Einziehung eines vormalig von Familienmitgliedern gehaltenen Anteils wächst.[563] Insoweit muss die gewünschte Nachfolge außerhalb der Satzung in Nebenvereinbarungen der familiär verbundenen Gesellschafter[564] sichergestellt werden, etwa durch Rückübertragungsvereinbarungen oder die Einbringung der Anteile z.B. in eine GbR.[565]

---

557 *Scherer*, BB 2010, 323 (324).

558 Hierzu oben unter § 4.B.IV.1.b.(i). Vgl. auch *Scherer*, BB 2010, 323 (324); *Waclawik*, in: Hannes, Formularbuch Vermögens- und Unternehmensnachfolge, 2. Aufl. 2017, C.1.40 (§ 5 Abs. 2 Rn. 9).

559 Vgl. für die GmbH nur *Verse*, in: Henssler/Strohn, Gesellschaftsrecht, 6. Aufl. 2024, § 15 GmbHG Rn. 26. Vgl. für die Aktiengesellschaft nur *Crezelius*, Unternehmenserbrecht, 2. Aufl. 2009, § 10 Rn. 380 m.w.N.

560 *Müller/Sass*, in: Keim/Lehmann, Beck'sches Formularbuch Erbrecht, 5. Aufl. 2023, G.I.9. (Anm. 2).

561 *Krause*, in: Scherer, Unternehmensnachfolge, 6. Aufl. 2020, § 14 Rn. 54 ff.

562 Hierzu und zu der Bewältigung der Abfindungsprobleme ausführlich *Perzborn*, RNotZ 2017, 405 (413 ff., 423 ff.); vgl. auch *Wentrup*, in: Gebele/Scholz, Beck'sches Formularbuch Bürgerliches, Handels- und Wirtschaftsrecht, 14. Aufl. 2022, IX.10. (§ 10 Anm. 2).

563 Hierzu oben unter § 4.B.IV.1. *Perzborn*, RNotZ 2017, 405 (426), empfiehlt daher alternativ zu nebenvertraglichen Gestaltungen den Formwechsel in eine GmbH und eine dortige Abtretungslösung.

564 Zu typischen Nebenvereinbarungen *Holler*, in: MünchHdbGesR Bd. 7, 6. Aufl. 2020, § 75 Rn. 132 ff.; s. auch unten unter § 4.B.V.

565 Zu den bestehenden Möglichkeiten *Perzborn*, RNotZ 2017, 405 (426) m.w.N.

c. Weitere (erforderliche) Regelungen zur Gewinnentnahme, Kündigung und Abfindung

Über die reine Sicherstellung der Kontrolle der Familie hinaus werden in Familiengesellschaften, deren Gesellschafter einen Fortführungswillen aufweisen, typischerweise weitere vertragliche Regelungen getroffen, entweder im Gesellschaftsvertrag oder in Nebenvereinbarungen sämtlicher oder nur der fortführungswilligen Gesellschafter. Diese sollen insbesondere den Erhalt des Vermögens der Gesellschaft bestmöglich sichern und schränken daher vor allem die Vermögensrechte der Gesellschafter ein. Wie bereits dargestellt, bringt die Abwehr familienfremder Gesellschafter und der weite Zeithorizont, der den Vorstellungen fortführungswilliger Gesellschafter zugrunde liegt, für die Familiengesellschaft eine weitgehende Angewiesenheit auf Selbstfinanzierung mit sich.[566] Daher haben der Erhalt des Gesellschaftsvermögens und einer ausreichenden Liquidität sowie umfangreiche Reinvestitionsbemühungen in Familiengesellschaften mit Fortführungswillen einen hohen Stellenwert. Dies schlägt sich auch im Vertragswerk nieder. So wird im Gesellschaftsvertrag regelmäßig eine Mindestthesaurierungsquote festgelegt und das Gewinnrecht der Gesellschafter entsprechend beschränkt.[567]

Darüber hinaus stellt das Kündigungs- und Abfindungsrecht der Gesellschafter in Personengesellschaften (vgl. §§ 725 ff. BGB) und der GmbH[568] besondere Anforderungen an die Gestaltungspraxis. Durch die Kündigung eines Gesellschafters geht ein Familiengesellschafter (und dessen Familienlinie) der Gesellschaft ersatzlos verloren. Durch den entstehenden Abfindungsanspruch kann sich die Familiengesellschaft zudem einem teils existenzgefährdenden Liquiditätsabfluss ausgesetzt sehen. Daher muss der Gesellschaftsvertrag – soweit gesetzlich zulässig – die Kündigungsmöglichkeiten oder die Abfindungshöhe möglichst begrenzen oder zumindest die Auswirkungen des Liquiditätsabflusses abfedern.[569]

---

566 Hierzu oben unter § 4.B.III.1. Vgl. auch erneut das Formulierungsbeispiel bei *Kalss/Probst*, Familienunternehmen, 2013, 125.

567 *Hennerkes/May*, NJW 1988, 2761 (2764 f.); *Scherer*, BB 2010, 323 (327 f.); s. auch *Westermann*, in: FS Hennerkes, 2009, 21 (22 ff.).

568 Ausführlich *Krämer*, Sonderrecht der Familiengesellschaften, 2019, 249 ff.

569 Vgl. *Mecklenbrauck*, BB 2000, 2001 (2001 ff.); *Scherer*, BB 2010, 323 (324 f.); *Ulmer*, ZIP 2010, 549 (553); *ders.*, ZIP 2010, 805 (805 ff.); ausführlich *Krämer*, Sonderrecht der Familiengesellschaften, 2019, 275 ff., 322 ff., der die Bewertung des Anteilswerts bei Familiengesellschaften nicht an den Erträgen der Gesellschaft, sondern anhand der tatsächlichen Gewinnausschüttungen der letzten Jahre vornehmen will und zumindest für solche Gesellschaften, deren Gesellschaftszweck derjenige des generationsübergreifenden Vermögenserhalts für die Familie ist (hierzu unten unter § 4.B.IV.5.b.) weitergehende Ausnahmen vom Grundsatz der Vollabfindung für zulässig erachtet. Eine Abfederung der Auswirkungen einer Kündigung kann auch durch die Nutzung möglichst langer Kündigungsfristen und der Streckung des Zahlungszeitraums erreicht werden. Zur Diskussion um eine Überarbeitung des § 738 BGB a.F. i.R.d. MoPeG hin zu einer Opt-In-Lösung zum vollständigen oder zumindest

2. Typische Phasen einer Familiengesellschaft mit generationsübergreifender Ausrichtung

Die genannten vertraglichen Regelungen bringen mit fortschreitendem Zeitablauf ein charakteristisches Durchschreiten verschiedener Phasen der Familiengesellschaft mit sich.[570] Diese Phase können dabei jeweils mehrere Jahrzehnte lang andauern. So findet sich im Ausgangsstadium der Gesellschaft eine Gründerpersönlichkeit oder eine Gründergeneration, die das getragene Unternehmen selbst vom ersten Tag an aufbaut, meist durch intensive Mitarbeit auf operativer Ebene.[571] Mit fortschreitendem Alter beginnen detailliertere Planungen der Gründer, das so erarbeitete Vermögen spätestens mit ihrem Tod sicher und möglichst reibungslos an Abkömmlinge und Ehepartner zu übertragen und gleichzeitig den Erfolg des Unternehmens für die Zukunft sicherzustellen. Um die bis dahin nur neben der Gesellschaft stehenden Personen an die Arbeit im Unternehmen „heranzuführen" und die Möglichkeit zur Korrektur sich dabei aufzeigender Mängel zu haben, ist es nicht unüblich, den designierten Nachfolgern bereits zu Lebzeiten der Gründer entweder nur auf der operativen Ebene oder durch die Übertragung von Anteilen auch auf der Gesellschaftsebene schrittweise Zugang zum Unternehmen zu verschaffen.[572] Die Gründer haben bis zu diesem Zeitpunkt noch die alleinige Kontrolle über die unternehmenstragende Gesellschaft und formen – eine vorausschauende und umsichtige Nachfolgeplanung vorausgesetzt – die Gesellschaft in Vorbereitung der Nachfolge ihren Vorstellungen entsprechend.[573] Wenn die Gründer hier einen Fortführungswillen im oben beschriebenen Sinne aufweisen, schlägt sich dieser üblicherweise in der Implementierung der bereits dargestellten vertraglichen Regelungsinstrumente der Anteilsvinkulierung und Kündigungs- bzw. Abfindungsbeschränkung nieder. Denn nur diese können auch für die Zeit nach einem Verlust der Kontrolle der Gründer über die Gesellschaft absichern, dass der Fortführungswille verwirklicht wird.[574] Die Gründer können hier auch schon Vorgaben zur Aufteilung der Kompetenzen zumindest ihrer unmittelbaren Nachfolger machen, etwa welcher der Nachfolger von der Geschäftsführung ausgeschlossen ist. Im Falle einer langfristigen Nachfolgeplanung und Fortführungsstrategie werden die Gründer hier zudem bereits auf ihre Vorstellungen passende gesellschaftsrechtlichen Strukturen sowie etwaige Grundlagen der Family Governance für ein möglichst erfolg-

---

weitreichenden Abfindungsausschluss vgl. *Hamburger Kreis Recht der Familienunternehmen*, NZG 2020, 104: *„Bestands-' oder aber auch ‚Verantwortungsgesellschaft*".

570 Für eine Typisierung anhand ihres „Drei-Dimensionen-Modells" *May/Koeberle-Schmid*, BFuP 2011, 656; *dies.*, BFuP 2012, 52.

571 *May/Koeberle-Schmid*, BFuP 2012, 52 (54).

572 Hierzu für die „Thronfolger-Konstellation" *Staake*, in: Röthel/K. Schmidt, Grundfragen der Organisation von Familienunternehmen, 2021, 126 (140 f.); vgl. auch *Baus*, Die Familienstrategie, 5. Aufl. 2016, 76 ff., die empfiehlt, die Erben in den gesamten Prozess der Nachfolgeplanung miteinzubeziehen.

573 Vgl. *Baus*, Die Familienstrategie, 5. Aufl. 2016, 76 ff.

574 Hierzu schon oben unter § 4.B.IV.1.

reiches Zusammenspiel von Unternehmen, Eigentum und Familie schaffen. Dies spiegelt sich beispielsweise in der Nutzung besonderer gesellschaftsrechtlicher Konstrukte, insbesondere der Holding-Lösung[575] und der Errichtung besonderer Organisations- und Entscheidungsstrukturen innerhalb der Gesellschaft wider.[576] Für die Family Governance kann durch die Gründer die Erarbeitung einer Familienverfassung durch die designierten Nachfolger und weitere Familienmitglieder angestrengt werden.[577]

Mit dem Übergang der Gesellschaftsanteile meist auf die unmittelbaren Abkömmlinge ist die Gesellschaft in der zweiten Generation zu einer sog. „Geschwistergesellschaft" geworden.[578] Die Gesellschafter halten hier normalerweise gleich hohe Anteile an der Gesellschaft. In der „Geschwistergesellschaft" sind oft noch einige oder alle Gesellschafter am operativen Geschäft beteiligt, wenn die Unternehmensleitung nicht vom Gründer oder der zweiten Generation selbst Dritten oder nur bestimmten Gesellschaftern anvertraut wurde. Sofern die Gründer selbst noch keine Vorgaben zur Weitergabe der Gesellschaftsanteile innerhalb der Familie getroffen haben und die „Geschwistergesellschaft" lediglich zufällig entsteht, wird dieser noch recht überschaubare Gesellschafterkreis realistischerweise meist der letzte sein, der sämtlich einen Fortführungswillen aufweist und diesen durch einheitlichen Beschluss in das Vertragswerk transferiert, um die Gesellschaft so planvoll generationsübergreifend auszurichten.[579] Zwar ist es nicht gänzlich ausgeschlossen, dass auch die dritte Generation noch einstimmig einen entsprechenden Beschluss fasst; ob der üblicherweise zunehmenden Gesellschafterzahl und der emotionalen Entfremdung einiger Gesellschafter vom Unternehmen ist die freiwillige Unterwerfung des eigenen Vermögens unter die notwendigen Schranken ab diesem Zeitpunkt aber nicht mehr von allen Gesellschaftern zu erwarten.

Nach der familieninternen Weitergabe der Anteile an die dritte Generation spricht man von einer sogenannten „Vetterngesellschaft" oder einem „Vetternkonsortium",[580] teilweise auch schon von einer „Familiendynastie".[581] Der Gesellschafterkreis ist nun wegen der häufig unterschiedlich hohen Anzahl an Nachfolgern der Gesellschafter der zweiten Generation nicht nur größer, sondern regelmäßig auch ungleicher geworden. Während manche Gesellschafter nämlich nur einen Nachfolger haben und ihre Anteile so ungeschmälert übertragen, teilen andere Gesellschafter ihre Anteile auf verschiedene Nachfolger auf, sodass im Gesellschafterkreis stark divergierende Anteilsgrößen für die

---

575 Hierzu und zur Anteilsvinkulierung in diesen Gesellschaften etwa *Binz/Mayer*, NZG 2012, 201 (208 f.). In der Holding werden dann die oben dargestellten vertraglichen Regelungen vorgenommen, vgl. ausführlich *Hübner*, in: Scherer, Unternehmensnachfolge, 6. Aufl. 2020, § 6 Rn. 1 ff., 152 ff.

576 Hierzu ausführlich unten unter § 4.B.IV.4.

577 Zur Familienverfassung ausführlich unten unter § 4.B.V.2.

578 *May/Koeberle-Schmid*, BFuP 2012, 52 (55 f.); *Baus*, Die Familienstrategie, 5. Aufl. 2016, 80 ff.

579 Zu den rechtlichen Implikationen vgl. unten unter § 4.B.IV.5.b.

580 *Megerle/Zenner*, ErbR 2016, 7 (8).

581 *May/Koeberle-Schmid*, BFuP 2012, 52 (56 f.); *Baus*, Die Familienstrategie, 5. Aufl. 2016, 86 ff.

Gesellschafter der dritten Generation entstehen. Spätestens hier existiert zudem – entweder nur in tatsächlicher Hinsicht, teilweise aber auch durch entsprechende vertragliche Gestaltung – eine Stammesorganisation, die die Gesellschafter anhand ihrer Abstammung von diesem oder jenem Gesellschafter der ersten oder zweiten Generation unterteilt.[582] Nach dieser dritten Generation wächst der Gesellschafterkreis üblicherweise stetig an, die Anteile werden tendenziell kleiner und die Gesellschafter entfernen sich emotional weiter von der Gesellschaft.[583] Insoweit ergeben sich zunehmend Ähnlichkeiten zu den Anlegern einer Publikumsgesellschaft, wobei die Anteile der Familiengesellschafter durch die besondere Vertragsgestaltung starken Beschränkungen unterliegen. Die Entfremdung und die insofern drohende vermehrte Verfolgung eigener Interessen durch die Gesellschafter gefährden die Erfüllung des Fortführungswillens. Bei vorausschauender Planung kann hier aber bereits durch die erste Generation gegengesteuert werden.[584]

3. Festschreibung des Vorrangs des Gesellschaftsinteresses

Besonders in Familiengesellschaften, die mehrere Generationennachfolgen durchlaufen haben, findet sich regelmäßig eine verhältnismäßig hohe Zahl an Gesellschaftern, welche jeweils nur kleine Anteile an der Gesellschaft halten.[585] Sind die Gesellschafter in den ersten Generationen üblicherweise noch sehr eng verwandt und liegt das Augenmerk der Family und Corporate Governance dort daher zuvorderst auf der Verhinderung oder Moderation emotional aufgeladener Streitigkeiten, die von der Familienebene auf die Gesellschaftsebene ausschlagen können, verschieben sich die typischen Gefahren mit Anwachsen des Gesellschafterkreises und fortschreitender Zersplitterung der Anteile. Neben der Erschwerung einer effizienten und zielgerichteten Beherrschung der Gesellschaft und des getragenen Unternehmens durch die Familie, die eine besondere Organisation nötig macht[586], droht insbesondere bei solchen Gesellschaftern, die nur noch verhältnismäßig kleine Anteile halten, eine zunehmende Entfremdung von der Gesellschaft.[587] Ist in den ersten Generationen noch ein starkes Zusammengehörigkeitsgefühl im Gesellschafterkreis zu beobachten und erachten die Gesellschafter die Familiengesellschaft als „ihre", kann das emotionale Verhältnis mit jeder Generation mehr dem eines Anlegers in einer anonymen Publikumsgesellschaft gleichen.[588] Hiermit geht die Gefahr einher, dass

---

582 Hierzu ausführlich unten unter § 4.B.IV.4.c.(ii).

583 *Binz/Mayer*, NZG 2012, 201; ausführlich zur Wichtigkeit der Wertebildung und -erhaltung in dieser Phase *Baus*, Die Familienstrategie, 5. Aufl. 2016, 86 ff.

584 Hierzu sogleich.

585 Vgl. *Ulmer*, ZIP 2010, 549 (552): *„nicht selten dreistellige Zahl"*.

586 Hierzu unten unter § 4.B.IV.4.

587 Ohne Pflege einer ausgeprägten Familienkultur von einer Entfremdung spätestens ab der dritten Generation ausgehend *Binz/Mayer*, NZG 2012, 201; s. auch *Holler*, ZIP 2018, 553 (555 f.).

588 *Zetzsche*, ZIP 2017, 945 (946): *„Vom Unternehmer zum Anleger"*.

ein freiwilliges Zurückstellen der Eigeninteressen der Gesellschafter, wie es in den ersten Generationen oft noch selbstverständlich ist, verloren geht[589] und die Gesellschafter zunehmend auf ihren persönlichen Vorteil bedacht sind. Neben etwaigen das Zusammengehörigkeitsgefühl der Gesellschafter stärkenden Maßnahmen, wie etwa der Durchführung regelmäßiger Familientage[590], findet sich daher im Vertragswerk um die Familiengesellschaft, namentlich in der Familienverfassung, teilweise die ausdrückliche Festschreibung des Vorrangs des Gesellschaftsinteresses vor Gruppen- oder Einzelinteressen (*business first/firm first*).[591] Andererseits kann auch explizit vorgesehen werden, dass stets die Familieninteressen oder die Interessen des eigenen Stammes bevorzugt verfolgt werden.[592] Diese Klauseln werden i.d.R. von der ersten oder zweiten Generation der Familiengesellschafter in Vorsehung der mit abweichenden Einzelinteressen einhergehenden Gefahren implementiert. Fraglich ist in jedem Fall immer die rechtliche Bindungswirkung bzw. die Reichweite der rechtlichen Wirkung, die u.a. vom Standort der entsprechenden Klausel abhängt. Eine „Interessenvorrangsklausel" unmittelbar im Gesellschaftsvertrag wird in der Literatur – soweit ersichtlich – überhaupt nicht erwähnt.[593]

4. Besonderes Organisationsbedürfnis

Wie bereits i.R.d. Darstellung der typischen Entwicklungsphasen einer generationsübergreifenden Familiengesellschaft oben beschrieben, besteht in Familiengesellschaften mit zunehmendem Anwachsen des Gesellschafterkreises und dem Wachstum des getragenen Unternehmens ein besonderes Organisationsbedürfnis.[594] Für die Organisation haben sich in der Gesellschaftspraxis typische Konstruktionen herausgebildet. So weist die

---

589 Zudem wird in der Literatur richtigerweise auf die autoritäre Macht der Gründergeneration hingewiesen, die die restlichen Gesellschafter eher zur Zurückstellung der eigenen Interessen veranlasst, mit der Zeit aber mehr und mehr verloren geht, vgl. *Holler*, MünchHdbGesR Bd. 7, 6. Aufl. 2020, § 75 Rn. 63. Hierzu auch unten unter § 4.B.IV.6.

590 Üblicher Regelungsstandort eines solchen Familientages ist die Familienverfassung *Foerster*, BB 2019, 1411 (1412); *Schulz/Werz*, ErbStB 2007, 310 (312); *Baus*, Die Familienstrategie, 5. Aufl. 2016, 50.

591 Vgl. für eine Formulierung in der Familienverfassung *Hueck*, Familienverfassung, 2017, 6: „*Wir legen hiermit fest, dass den Interessen des Unternehmens stets der Vorrang vor den Interessen der Familie, insbesondere vor den Interessen Einzelner eingeräumt wird (‚Firma geht vor Familie')*"; *Koeberle-Schmid/Witt/Fahrion*, in: Koeberle-Schmid/Fahrion/Witt Family Business Governance, 3. Aufl. 2018, 459, (461); vgl. auch das Formulierungsbeispiel bei *Kalss/Probst*, Familienunternehmen, 2013, 125: „*Bei Uneinigkeit der Gesellschafter gehen die Interessen der Gesellschaft jenen der einzelnen Gesellschafter jedenfalls vor*"; s. auch *Holler*, in: MünchHdbGesR Bd. 7, 6. Aufl. 2020, § 75 Rn. 63 ff.

592 *Holler*, in: MünchHdbGesR Bd. 7, 6. Aufl. 2020, § 75 Rn. 63, unter Verweis auf *Koeberle-Schmid/Witt/Fahrion*, in: Koeberle-Schmid/Fahrion/Witt Family Business Governance, 3. Aufl. 2018, 459 (461); *Baus*, Die Familienstrategie, 5. Aufl. 2016, 69 f.

593 Ein Entwurfsvorschlag für eine Treuepflichtklausel mit ähnlichem Inhalt findet sich unten unter § 12.B.III.

594 Hierzu oben unter § 4.B.IV.2.

große, generationsübergreifende Familiengesellschaft auch in Personengesellschaften (meist der (Kapitalgesellschaft & Co.) KG) regelmäßig eine stark körperschaftliche Organisation auf.[595]

a. Geschäftsführung

Die Geschäftsführung durch alle Gesellschafter, wie sie in Personengesellschaften (mit Ausnahme der Kommanditisten von Kommanditgesellschaften) gesetzlich vorgesehen ist, wird bei einer generationsübergreifenden Familiengesellschaft mit zunehmender Größe des Gesellschafterkreises stetig unüblicher. Der Gesellschaftsvertrag sieht regelmäßig vor, dass nur wenige Gesellschafter die Geschäftsführung wahrnehmen sollen, wobei über die personelle Besetzung häufig Streit entsteht.[596] Die Möglichkeit zum Eintritt in die Geschäftsführung wird dabei oft an eine Mindestqualifikation oder an einen Vergleich mit externen Bewerbern gebunden.[597] Teilweise wird das Management auch in Personengesellschaften über befristete Managergesellschafter oder über eine Komplementär-GmbH vollständig auf familienfremde Dritte übertragen und die Geschäftsführung durch Familienangehörige ausgeschlossen, um eine ausreichende Professionalität zu gewährleisten.[598] Zwischen der Geschäftsführung ausschließlich durch Familienangehörige oder ausschließlich durch Dritte finden sich verschiedene gemischt geführte Familienunternehmen.[599]

b. Fakultatives Aufsichts-, Beratungs- oder Unternehmensleitungsgremium (Beirat)

Familiengesellschafter entscheiden sich darüber hinaus häufig auch bei Nutzung solcher Rechtsformen, die gesetzlich – anders als die Aktiengesellschaft und die KGaA – keinen Aufsichtsrat vorsehen, für die Implementierung eines Aufsichts-, Kontroll- oder Beratungsgremiums als zusätzliches Gesellschaftsorgan im Gesellschaftsvertrag.[600] Diese fakultativen Gremien werden etwa als „Beirat", „Verwaltungsrat", „Gesellschafteraus-

---

595 *Ulmer*, ZIP 2010, 549 (552 f.).

596 Vgl. etwa das Beispiel bei *Baus*, Die Familienstrategie, 5. Aufl. 2016, 87 f.

597 Für die Aufstellung von Mindestanforderungen an die Person derjenigen Familienmitglieder, die Teil der Geschäftsführung werden wollen in einer Familienverfassung etwa *Hueck*, Familienverfassung, 2017, 7; für den Vergleich mit familienexternen Bewerbern vgl. *Breyer*, FuS 2015, 151 (154).

598 *Ulmer*, ZIP 2010, 549 (553); *Sigle*, in: FS Semler, 1993, 767; *Kalss/Probst*, Familienunternehmen, 2013, 359.

599 Vgl. zu den Möglichkeiten der Zusammensetzung der Geschäftsführung und den zentralen Regelungsproblemen ausführlich *Kalss/Probst*, Familienunternehmen, 2013, 351 ff.

600 Nach *Schweinsberg/Laschet*, Haftung und Compliance in Familienunternehmen, Studie INTES Akademie, 2010, 8, haben etwa 60 Prozent der Familiengesellschaften ein „Aufsichtsorgan". Für Beispiele in deutschen Familiengesellschaften s. etwa *Fleischer*, BB 2019, 2819 (2823).

schuss", „Ältestenrat", „Kuratorium" oder „Familienrat" bezeichnet, wobei die Bezeichnung oft auch von den Befugnissen des Gremiums abhängt.[601] Die Besetzungskriterien, Kompetenzen und Pflichten können sehr unterschiedlich ausgestaltet sein, sodass die Ähnlichkeit zum aktienrechtlichen Aufsichtsrat stark divergieren kann.[602]

Zum einen finden sich Beiräte, die lediglich aus Familiengesellschaftern bestehen, zum anderen kann die Aufnahme familienfremder Personen, etwa von Experten in verschiedenen für die Beiratstätigkeit wichtigen Feldern oder repräsentativen Persönlichkeiten vorgesehen sein.[603] Sofern dem Beirat Familienmitglieder angehören, findet sich im Gesellschaftsvertrag häufig eine Sitzverteilung nach Stämmen oder zumindest eine Begrenzung der Sitze je Stamm, um die Parität sicherzustellen.[604] Mit dem Ausscheiden eines Gründers oder Patriarchen bzw. einer Matriarchin aus der Geschäftsführung tritt dieser bzw. diese zudem oft als Vorsitzender bzw. Vorsitzende in den Beirat ein.[605]

Für die Zuweisung der Kompetenzen an den Beirat ergeben sich die Grenzen lediglich aus der Unentziehbarkeit der Kompetenzen anderer Gesellschaftsorgane.[606] Die Kompetenzen sollten ausdrücklich im Gesellschaftsvertrag festgelegt werden, können aber auch im Wege der Auslegung ermittelt werden.[607] Zunächst finden sich solche Beiräte, die überwiegend mit bekannten Persönlichkeiten besetzt sind und denen lediglich eine repräsentative Funktion zugunsten der Außenwirkung der Familiengesellschaft zukommt.[608]

Die wohl häufigste Konstellation ist die des lediglich beratenden Beirats, der die Geschäftsleitung in ihrer Arbeit unterstützen soll.[609] Für eine sinnvolle Beratung wird ein

601 Vgl. etwa *Altmeppen*, in: Altmeppen, GmbHG, 11. Aufl. 2023, § 52 Rn. 81; *Sanders*, NZG 2017, 961 (962). Nachstehen wird der Begriff „Beirat" stellvertretend für alle fakultativen Aufsichts- und Kontrollorgane genutzt.

602 Vgl. die Schlussbemerkungen zur Untersuchung der Beiratsnutzung in der Praxis bei *Barsch*, Die Rechtspraxis von Beiräten in Familienunternehmen, 2017, 289 f.; s. auch *Rosenbauer/Eichholz*, BC 2021, 87 (87 ff.); *Woywode/Keese/Tänzler*, ZGR 2012, 418 (431 ff.).

603 Vgl. etwa die Formulierung bei *Lorz*, in: Lorz/Pfisterer/Gerber, Beck'sches Formularbuch GmbH-Recht, 2010, N.III.2. (Rn. 25); zu den Argumenten für und gegen eine ausschließliche Besetzung mit Familienmitgliedern, etwa die Bewahrung möglichst hoher Diskretion, vgl. *Kalss/Probst*, Familienunternehmen, 2013, 425, 433, 439. Für einen ausführlichen Überblick über das rechtstatsächliche Vorkommen von fakultativen Beiräten sowie die Verteilung von Kompetenzen vgl. *Bartels/May/Rau*, Der Beirat in Familienunternehmen, Studie pwc, 2013, 14 ff.

604 Vgl. *Blaum/Scholz*, in: Gebele/Scholz, Beck'sches Formularbuch Bürgerliches, Handels- und Wirtschaftsrecht, 14. Aufl. 2022, VIII.D.2. (§ 6, Anm. 28). Zum Stammesprinzip unten unter § 4.B.IV.4.c.(ii).

605 *Werner*, ZEV 2010, 619; *Sanders*, NZG 2017, 961 (967).

606 Vgl. *Spindler/Kepper*, DStR 2005, 1738 (1742); *Kalss/Probst*, Familienunternehmen, 2013, 433; vgl. insofern zum Argument für die Zulässigkeit der (überwiegenden) Besetzung mit Gesellschaftsfremden auch *Spindler*, in: MünchKomm GmbHG, 4. Aufl. 2023, § 52 Rn. 793.

607 *Kalss/Probst*, Familienunternehmen, 2013, 438; *Grunewald*, in: MünchKomm HGB, 5. Aufl. 2022, § 161 Rn. 159.

608 Auch „Prominentenbeirat" genannt, vgl. etwa *Heermann*, in: Habersack/Casper/Löbbe, GmbHG Großkomm., 3. Aufl. 2020, § 52 Rn. 310.

609 Nach *Rieger/Sandmaier/Keese*, Firmenbeiräte mittelständischer Unternehmen, 2003, 57, haben 38,7% der Beiräte lediglich beratende Funktion.

solcher Beirat meist mit Experten aus den für die Unternehmensführung wichtigsten Bereichen besetzt.[610] Dabei ist der mit familienfremden Dritten besetzte Beirat insbesondere dann von erheblicher Wichtigkeit, wenn die Geschäftsführung nur Familienmitgliedern vorbehalten ist und daher eher eine Fehlerperpetuierung durch die personell (teilweise) deckungsgleiche Besetzung von Gesellschafterkreis und Geschäftsführung droht.

Dem Beirat kann darüber hinaus eine Überwachungsfunktion zukommen. Der Beirat kann zunächst die Geschäftsführung im Interesse der Gesellschaft und Gesellschafter überwachen.[611] Die Gesellschafterversammlung kann die Überwachung der Geschäftsführung bei steigender Komplexität der wirtschaftlichen Vorgänge im getragenen Unternehmen und Anwachsen des Gesellschafterkreises oft nicht mehr effektiv wahrnehmen, weshalb diese Aufgabe weitestgehend an einen dem aktienrechtlichen Aufsichtsrat gleichenden Beirat übertragen wird, welcher die Mitgliederversammlung dann regelmäßig über die Befunde informiert.[612] Teilweise finden sich auch Beiräte, die die Gesellschafterversammlung selbst überwachen sollen, insbesondere wenn, wie in Familiengesellschaften häufig zu beobachten, stark divergierende Gesellschafterinteressen die Funktionsfähigkeit der Versammlung bedrohen.[613]

Zuletzt gibt es solche Beiräte, denen eine unternehmensleitende Funktion zukommt. Die unternehmensleitende Funktion kann von der punktuellen Kompetenzzuweisung bis hin zur teilweisen Übertragung des Tagesgeschäfts reichen.[614] So kann dem Beirat die Kompetenz für Zustimmungsvorbehalte oder Weisungsbefugnisse gegenüber der Geschäftsführung, die Auswahl der Geschäftsführer oder gar die direkte organschaftliche Geschäftsführung eingeräumt werden.[615]

Neben einem solchen organschaftlichen Beirat kann auch ein schuldrechtlicher Beirat errichtet werden, der nicht im Gesellschaftsvertrag vorgesehen ist, also außerhalb des Organisationsgefüges der Gesellschaft steht und nach h.M. gewissen Kompetenzgrenzen unterliegt.[616] Solche schuldrechtlichen Beiräte sind in der Praxis vornehmlich auf die Repräsentation der Gesellschaft oder die Beratung von Gesellschaftsorganen

---

610 *Spindler*, in: MünchKomm GmbHG, 4. Aufl. 2023, § 52 Rn. 777 m.w.N.

611 *Spindler*, in: MünchKomm GmbHG, 4. Aufl. 2023, § 52 Rn. 778 m.w.N. Für die sich wandelnde Rolle des Beirats in den verschiedenen Phasen der Unternehmensentwicklung vgl. *Sanders*, NZG 2017, 961 (966 f.).

612 *Sigle*, in: FS Hoffmann-Becking, 2013, 1147 (1155 ff.).

613 *Spindler*, in: MünchKomm GmbHG, 4. Aufl. 2023, § 52 Rn. 779 m.w.N.

614 Vgl. *Vollmer*, WiB 1995, 578; zur Zulässigkeit des Ein-Kammer-Systems *Turner*, DB 1996, 1609.

615 Ausführlich zu den „Stufen" der Geschäftsführung durch den Beirat *Mutter*, in: MünchHdbGesR Bd. 2, 6. Aufl. 2024, § 8 Rn. 23 ff.; vgl. auch *Spindler*, in: MünchKomm GmbHG, 4. Aufl. 2023, § 52 Rn. 782 m.w.N.

616 Näher *Kalss/Probst*, Familienunternehmen, 2013, 433 f.; *Reichert/Ullrich*, in: Reichert, GmbH & Co. KG, 9. Aufl. 2024, § 19 Rn. 58 ff.; *Reichert*, in: FS Maier-Reimer, 2010, 543 (545); *Sanders*, NZG 2017, 961 (963).

gerichtet.[617]

Ein Beirat kann, unabhängig davon, ob er mittels Gesellschaftsvertrag oder schuldrechtlicher Vereinbarungen implementiert wird, auch als sog. Gruppenbeirat ausgestaltet sein, der Sachwalter für die der Gruppe zugehörigen Gesellschafter ist.[618] Der Gruppenbeirat kann lediglich beratende Funktion haben, soll er darüber hinaus Kompetenzen erhalten, die der Gesellschaftergruppe zustehen, muss die Implementierung im Gesellschaftsvertrag erfolgen.[619] Streitig ist, ob der Gruppenbeirat dann Organ der Gesellschaft ist, hierauf wird im Besonderen Teil dieser Arbeit näher eingegangen.[620]

c. Gesellschafterversammlung

Es wurde bereits an verschiedenen Stellen dieser Arbeit erörtert, welche Probleme sich in Bezug auf die anwachsende und zersplitternde Gesellschafterversammlung in der generationsübergreifend ausgerichteten Familiengesellschaft üblicherweise ergeben, insbesondere im Hinblick auf die steigende Wahrscheinlichkeit divergierender Interessenlagen und uneinheitlicher Abstimmungen, welche eine effektive Ausübung der Kontrolle der Familie über die Gesellschaft gefährden.[621] Neben den bereits erörterten Maßnahmen können die Kompetenzen und die Organisation der Gesellschafterversammlung auch aktiv im Gesellschaftsvertrag gestaltet werden. Hier findet sich oft eine Beschränkung der Kompetenzen der Gesellschafterversammlung auf das zulässige Mindestmaß, die Einführung von Mehrheitsklauseln und die Einteilung der Gesellschafter in Stämme unter Nutzung von Stammesvertretern.[622]

(i). Beschränkung auf Grundlagenentscheidungen und Einführung von Mehrheitsklauseln

Die Kompetenzen der Gesellschafterversammlung werden in generationsübergreifenden

617 *Reichert/Ullrich*, in: Reichert, GmbH & Co. KG, 9. Aufl. 2024, § 19 Rn. 59 m.w.N.; für die Zulässigkeit der Erweiterung des Kompetenzkatalogs auf die Überwachung der Geschäftsführung über die Einordnung des schuldrechtlichen Beirats als Erfüllungsgehilfen der Gesellschafterversammlung *Uffmann*, NZG 2015, 169 (172 ff.).

618 *Reichert/Ullrich*, in: Reichert, GmbH & Co. KG, 9. Aufl. 2024, § 19 Rn. 61; zur Abgrenzung qua Auslegung *Heermann*, in: Habersack/Casper/Löbbe, GmbHG Großkomm., 3. Aufl. 2020, § 52 Rn. 323.

619 *Reichert/Ullrich*, in: Reichert, GmbH & Co. KG, 9. Aufl. 2024, § 19 Rn. 61 m.w.N.

620 Hierzu unten unter § 9.C.II.

621 Hierzu oben unter § 4.B.IV.2.

622 *Ulmer*, ZIP 2010, 549 (552 f.). Die Einteilung in Stämme und die Einschaltung von Stammesvertretern wird dabei von *Ulmer* außerhalb der anderen typischen Besonderheiten genannt, da die Stammesbesonderheiten in jüngerer Vergangenheit zunehmend kritisiert worden sind. In der hiesigen Arbeit werden beide Aspekte als typische Besonderheiten der generationsübergreifenden Familiengesellschaft angesehen.

Familiengesellschaften häufig auf Grundlagenentscheidungen begrenzt und sonst weitestgehend einem Beirat übertragen.[623] In Gesellschaftsverträgen von Familiengesellschaften wird zudem regelmäßig das in Personengesellschaften bestehende Einstimmigkeitserfordernis durch sog. Mehrheitsklauseln ersetzt, um einzelnen Gesellschaftern deren Blockademöglichkeit zu entziehen.[624] Die Grenzen für solche Mehrheitsklauseln sind in der Rechtsprechung vielfach konturiert worden. Neben dem Kernbereich der Mitgliedschaft, der die materielle Wirksamkeit von Gesellschaftsbeschlüssen betrifft bzw. betraf und über den noch zu sprechen sein wird[625], war hier lange der sog. Bestimmtheitsgrundsatz als formelle Wirksamkeitsvoraussetzung relevant.[626] Nach dem Bestimmtheitsgrundsatz musste die Mehrheitsklausel für ihre Wirksamkeit diejenigen Beschlussgegenstände, die einer Mehrheitsentscheidung bzw. einer Entscheidung durch das festgelegte Quorum zugänglich sind, ausdrücklich bestimmen. Der einzelne Gesellschafter sollte so erkennen können, welche Beschlussgegenstände genau von der Mehrheitsklausel erfasst werden. Hierbei musste zwar theoretisch keine Aufzählung der Beschlussgegenstände in der jeweiligen Mehrheitsklausel erfolgen, praktisch war eine Formulierung, die die geforderte Klarheit besaß, aber meist nicht anders erzielbar.[627]

Wie die Literatur richtigerweise bemängelte, kann zum Zeitpunkt der Einführung einer Mehrheitsklausel in den Gesellschaftsvertrag häufig nicht abgesehen werden, welche Beschlussgegenstände genau sich in der Zukunft auftun werden.[628] Dies führte in der Kautelarpraxis meist dazu, dass unreflektiert sämtliche denkbaren Beschlussgegenstände aufgenommen wurden, was die eigentlich gewünschte Warnfunktion zusehend ins Leere laufen ließ.[629] Der Streit um die Sinnhaftigkeit des Bestimmtheitsgrundsatzes hat sich mittlerweile aber weitestgehend aufgelöst. Zunächst wurde der Bestimmtheitsgrundsatz vermehrt für Publikumspersonengesellschaften und sonstige mitgliederstarke, körperschaftlich organisierte Personengesellschaften gelockert.[630] Nachdem der Bestimmtheitsgrundsatz im „*OTTO*"-Urteil durch den BGH für sämtliche Personen-

623 *Ulmer*, ZIP 2010, 549 (552 f.).

624 Vgl. etwa für die Festlegung eines Quorums von 75% den Muster-Gesellschaftsvertrag bei *Lorz*, in: Lorz/Pfisterer/Gerber, Beck'sches Formularbuch GmbH-Recht, 2010, N.III.1. (§ 7 Abs. 3, Rn. 24 f.).

625 Hierzu unten unter § 4.B.IV.5.c.(i).

626 Vgl. etwa RG, Urteil v. 23.11.1917, Az. II 242/17, RGZ 91, 166; BGH, Urteil v. 12.11.1952, Az. II ZR 260/51, NJW 1953, 102; BGH, Urteil v. 13.7.1967, Az. II ZR 72/67, NJW 1967, 2157. Für die Rechtsprechungsentwicklung insgesamt vgl. *Goette*, in: FS Sigle, 2000, 145 (149 ff.).

627 Vgl. *Heckschen/Bachmann*, NZG 2015, 531 (532).

628 Vgl. *Goette/Goette*, DStR 2016, 74 (75 f.) m.w.N.

629 Vgl. ausführlich hierzu und zu weiteren Kritikpunkten mit Nachweisen zum Streitstand vor der Aufgabe des Bestimmtheitsgrundsatzes durch die Rechtsprechung *Schäfer*, in: MünchKomm BGB, 9. Aufl. 2024, § 714 Rn. 45 ff.

630 Vgl. die Darstellung der Entwicklung bei *Schäfer*, in: MünchKomm BGB, 9. Aufl. 2024, § 714 Rn. 47 m.w.N.

gesellschaften schon erheblich in seiner Reichweite beschränkt wurde[631], erfolgte im Jahr 2014 seine Aufgabe.[632] Mehrheitsklauseln sind daher nicht mehr einer vom Bestimmtheitsgrundsatz dominierten, restriktiven Auslegung, die auf die genaue Bezeichnung der Beschlussgegenstände angewiesen ist, unterworfen. Vielmehr kann nun anhand einer „normalen" Auslegung der Mehrheitsklausel ermittelt werden, welche Gegenstände nach dem Gesellschafterwillen von der Absenkung des Stimmerfordernisses erfasst sein sollen.[633]

Für Familiengesellschaften und dort insbesondere für die ersten Generationen, die den Gesellschaftsvertrag entsprechend den obigen Anforderungen ausgestalten wollen, bedeutet dies zunächst praktisch eine Entlastung, da das Erfordernis der Ermittlung und Aufzählung potenzieller Beschlussgegenstände in der Zukunft entfällt. Nichtsdestotrotz sollten die Gesellschafter überlegen, eine ausdrücklich nicht abschließende Aufzählung, die die wichtigsten betroffenen Beschlussgegenstände umfasst, aufzunehmen. Hierdurch können insbesondere zeit- und kostenraubende Streitigkeiten über die richtige Auslegung des Gesellschaftsvertrags und eine Fehlevaluation des eigentlichen Gesellschafterwillens durch den zuständigen Richter vermieden werden.[634] Weiterhin sollte die Klausel ausdrücklich auch Änderungen des Gesellschaftsvertrags dem Mehrheitsentscheid unterstellen.[635] Die Mehrheitsklausel gibt den Gesellschaftern zunächst die Legitimationsgrundlage, überhaupt einen Beschluss mit der festgelegten Mehrheit der Stimmen fassen zu können. In einem zweiten Schritt ist der Beschluss auf seine inhaltliche Zulässigkeit hin zu untersuchen.[636]

(ii). Stammesorganisation und obligatorische Vertretung

Eine weitere typische Besonderheit für die Organisation von großen Familien-

---

631 BGH, Urteil v. 15.1.2007, Az. II ZR 245/05 („OTTO"), NJW 2007, 1685; s. auch BGH, Urteil v. 24.11.2008, Az. II ZR 116/08 („Schutzgemeinschaftsvertrag II"), NJW 2009, 669. Zur Entwicklung der Rechtsprechung mit knapper Einordnung *Heckschen/Bachmann*, NZG 2015, 531 (533 f.).

632 BGH, Urteil v. 21.10.2014, Az. II ZR 84/13, NJW 2015, 859.

633 Vgl. *Schäfer*, in: MünchKomm BGB, 9. Aufl. 2024, § 714 Rn. 47; *Heckschen/Bachmann*, NZG 2015, 531 (534 f.).

634 Gestaltungshinweise finden sich etwa bei *Heckschen/Bachmann*, NZG 2015, 531 (536).

635 Ehemalige Senatsmitglieder halten selbst die ausdrückliche Ausweitung der Reichweite der Mehrheitsklausel auf Vertragsänderungen nicht mehr für nötig, vgl. etwa *Goette/Goette*, DStR 2016, 74 (77); s. auch die Anmerkungen von *Caliebe* im Diskussionsbericht von *Otte*, in: Gesellschaftsrechtliche Vereinigung, Gesellschaftsrecht in der Diskussion 2016 (VGR), 2017, 129 (130). Hiergegen wendet sich ein Teil der Literatur, der die Abschaffung des Bestimmtheitsgrundsatzes an sich aber begrüßt, vgl. *Schäfer*, NZG 2014, 1401 (1403); *ders*, in: FS Bergmann, 2018, 617 (619 f.). Letztlich kann die Rechtsunsicherheit in der Praxis durch ausdrückliche Aufnahme von Gesellschaftsvertragsänderungen in die Mehrheitsklausel vergleichsweise einfach beseitigt werden.

636 Hierzu unten unter § 4.B.IV.5.c.(i). Zum insoweit passenden Begriff der „Zweistufentheorie" *Goette/Goette*, DStR 2016, 74 (77).

gesellschaften findet sich im Stammesprinzip.[637] Für die Feststellung des Erreichens eines bestimmenden Einflusses auf die Gesellschaft qua kumulierter Stimmrechtsmacht wurde bereits über die Konstellation mehrerer Familienstämme, die jeweils aus familiär verbundenen Personen ohne familiäre Verbindung zu den anderen Stämmen bestehen, gesprochen.[638] Familienstämme existieren aber auch in Gesellschaften, deren Gesellschafter sämtlich familiär verbunden sind, in denen also nur eine Familie Anteile hält. Dabei geht die Einteilung der Gesellschafter in Stämme dann auf einen gemeinsamen Rechtsvorgänger der jeweiligen Stammesangehörigen – meist aus der Generation der Gründer oder der zweiten Generation – zurück.

(1). Grundsätzliches

Die Stammeszugehörigkeit ist zunächst einmal nur ein tatsächlicher Umstand im Sinne einer geteilten Eigenschaft der Gesellschafter, der Abstammung von einem ehemaligen Gesellschafter, die sich ohne weitere Organisation auch nur als solche äußert, insbesondere in einer engeren familiären Beziehung der Stammesangehörigen im Vergleich zur familiären Nähe gegenüber den Angehörigen anderer Stämme.[639] Die Gesellschafter können sich aber dazu entscheiden, die Stämme aktiv zur Organisation der Anteilsverteilung in der Familie und der Machtausübung im Gesellschafterkreis zu nutzen. Die Motivation der „Stammesgründer"[640] zur Schaffung entsprechender Strukturen besteht meist im Streben nach einer dauerhaften Machtbalance zwischen den zahlenmäßig voraussichtlich divergierenden Abkömmlingen von noch gleichmäßig beteiligten Gesellschaftern der ersten Generationen und der Sicherung einer funktionierenden, effektiven Gesellschafterversammlung zugunsten der Gesellschaft sowie eines einheitlichen Stammesvorgehens in wichtigen Entscheidungen zur bestmöglichen Nutzung der Stimmmacht des eigenen Stammes.[641] Zum einen sollen die Anteile eines Gesellschafters auf diese Weise nämlich auch im Falle einer starken Zersplitterung in Zukunft „zusammengehalten" werden, was den Einfluss des eigenen Stammes intakt lässt; zum anderen soll die

---

637 Nach *Kormann*, Zusammenhalt der Unternehmerfamilie, 2. Aufl. 2018, 215, weisen über 60% der Familiengesellschaften mindestens zwei Gesellschafterstämme auf. Zum Vergleich mit der Großfamilien-Organisation ohne Stammesprinzip, die insbesondere auf die Beiratsbildung angewiesen ist vgl. *Fleischer*, BB 2019, 2819 (2822 f.).

638 Hierzu oben unter § 4.B.I.3.

639 Wobei eine emotionale Verbindung und ein entsprechendes gemeinsames Agieren teilweise als ausreichend für die Qualifizierung als „Stammesorganisation" erachtet werden, vgl. *Koeberle-Schmid*, in: FS Binz, 2014, 371 (374); sich anschließend *Ammer*, Die Organisation der Unternehmerfamilie in Stämmen, 2017, 75. In einem solchen Fall eine Stammesorganisation richtigerweise als Ausnahme bezeichnend *Fleischer*, BB 2019, 2819 (2821).

640 Auch „Stammesväter" genannt.

641 *Sigle*, in: Liber amicorum Happ, 2006, 295 (295 f.); ausführlich *Ammer*, Die Organisation der Unternehmerfamilie in Stämmen, 2017, 82 ff. m.w.N.

vorgeschaltete Willensbildung auf der Ebene des Stammes die Willensbildung in der mitgliederstarken Gesellschafterversammlung vereinfachen und die optimale Nutzung der einem Stamm zustehenden Macht durch einheitliches Handeln sichern.[642]

Um die mit der Stammesbildung verfolgten Ziele zu erreichen, müssen die Stämme selbst wiederum geschaffen und organisiert werden. Teilweise werden hier Holdinggesellschaften unter Beteiligung der jeweiligen Stammesangehörigen gegründet, welche dann wiederum an der eigentlichen Familiengesellschaft beteiligt sind.[643] Andernfalls kann die Stammesbildung und -organisation im Gesellschaftervertrag der Familiengesellschaft[644] oder in Nebenvereinbarungen lediglich der jeweiligen Stammesangehörigen, insbesondere in Schutzgemeinschafts- und Poolverträgen[645], erfolgen.[646] Im Vertrag wird zunächst das Merkmal der Zugehörigkeit eines Gesellschafters und seiner Gesellschaftsanteile zu einem Stamm definiert (z.B. „Abkömmling Gesellschafter A").[647] Der Erhalt der so den Stämmen zugeordneten Anteile innerhalb selbiger ist dann – ähnlich zum Anteilserhalt in der Familie insgesamt – durch eine Anteilsvinkulierung mit Lockerungen zugunsten der Stammesangehörigen sicherzustellen.[648]

Den Familienstämmen werden teilweise Sonderrechte eingeräumt, insbesondere Mehrstimm- oder Vetorechte für Abstimmungen in der Gesellschafterversammlung sowie Vorschlags- oder Entsendungsrechte für die Besetzung der Geschäftsführung oder des

642 *Sigle*, in: Liber amicorum Happ, 2006, 295 (295 f.). Die Gesellschafterversammlung muss sich so nicht mit jedem Gesellschafter einzeln auseinandersetzen. In den Stämmen werden bereits Kompromisse geschlossen und der Stamm spricht im Idealfall durch einen gemeinsamen Vertreter „als ein Gesellschafter", was letztlich das Abbild eines kleinen Gesellschafterkreises in der eigentlichen Gesellschafterversammlung erzeugt. Vgl. auch *Kalss/Probst*, Familienunternehmen, 2013, 79.

643 *Wälzholz*, in: Sudhoff, Familienunternehmen, 2. Aufl. 2005, 74 f.; *Kormann*, in: Scherer/Blanc/Kormann et al., Familienunternehmen 2. Aufl. 2012, Kap. 6 Rn. 32; *Holler*, in: MünchHdbGesR Bd. 7, 6. Aufl. 2020, § 75 Rn. 98.

644 *Wälzholz*, in: Sudhoff, Familienunternehmen, 2. Aufl. 2005, 75 f.; *Holler*, in: MünchHdbGesR Bd. 7, 6. Aufl. 2020, § 75 Rn. 100. Für einen Muster-Gesellschaftsvertrag einer in Stämmen organisierten KG vgl. *Blaum/Scholz*, in: Gebele/Scholz, Beck'sches Formularbuch Bürgerliches, Handels- und Wirtschaftsrecht, 14. Aufl. 2022, VIII.D.2. (§ 2 Abs. 6, Anm. 5).

645 *Holler*, in: MünchHdbGesR Bd. 7, 6. Aufl. 2020, § 75 Rn. 100. Hierbei kann sich ergeben, dass durch den Abschluss der Nebenvereinbarung eine GbR entsteht, hierzu sogleich.

646 Ausführlich zu den Gestaltungsmöglichkeiten *Sigle*, in: Liber amicorum Happ, 2006, 295 (299 ff.). Zum Sonderfall der Auflage einer Stammesorganisation in einer Verfügung von Todes wegen ebd., 295 (308 f.); *Holler*, in: MünchHdbGesR Bd. 7, 6. Aufl. 2020, § 75 Rn. 102.

647 So etwa bei *Blaum/Scholz*, in: Gebele/Scholz, Beck'sches Formularbuch Bürgerliches, Handels- und Wirtschaftsrecht, 14. Aufl. 2022, VIII.D.2. (§ 2 Abs. 6, Anm. 5).

648 Vgl. etwa die dritte typische Klausel der Stammesorganisation bei *Fleischer*, BB 2019, 2819 (2821 f.); vgl. auch *Holler*, in: MünchHdbGesR Bd. 7, 6. Aufl. 2020, § 75 Rn. 100; vgl. auch die stammbezogene Vinkulierungsklausel in *Blaum/Scholz*, in: Gebele/Scholz, Beck'sches Formularbuch Bürgerliches, Handels- und Wirtschaftsrecht, 14. Aufl. 2022, VIII.D.2. (§ 15). Für Probleme, die sich aus zwischengeschalteten Holdings für die Vinkulierung in der Hauptgesellschaft ergeben können (Umgehungskonstellationen) etwa *Binz/Mayer*, NZG 2012, 201 (208 f.). Hierzu auch oben unter § 8.C.

(fakultativen) Aufsichts- bzw. Kontrollgremiums.[649] Hierdurch soll die Balance der Einflüsse der verschiedenen Stämme auf die Gesellschaft gewahrt werden.

Die häufig wichtigsten stammesinternen Regelungsfragen betreffen die Organisation der Willensbildung im Stamm und der Willensausübung des Stammes auf Ebene der Familiengesellschaft. Die Verwirklichung des mit der Stammerrichtung verfolgten Ziels der bestmöglichen Nutzung der kumulierten Macht im Gesellschafterkreis setzt ein möglichst einheitliches Vorgehen des Stammes in der Gesellschafterversammlung der Hauptgesellschaft voraus. Die vertraglichen Regelungen müssen daher sicherstellen, dass die Stimmabgabe der Stammesmitglieder in der Gesellschafterversammlung der Hauptgesellschaft einheitlich erfolgt und die Stammesangehörige möglichst nicht von der gemeinsamen Linie abweichen können. Hierfür kann eine vertragliche Verpflichtung zur Stimmabgabe auf Gesellschaftsebene entsprechend der auf der Ebene des Stammes getroffenen Entscheidung geschaffen werden (Stimmbindungsvereinbarung), welcher sich auch die Rechtsnachfolger der Gesellschafter des Stammes unterwerfen müssen.[650] Rechtlich ist das Verhältnis der beteiligten Gesellschafter insofern regelmäßig als Innen-GbR zu qualifizieren.[651] Der Zweck der GbR liegt dabei in der Bündelung der Stimmkraft der Stammesangehörigen zur Erhöhung des Stammeseinflusses und im Erhalt der kumulierten Stimmrechtsmacht für Stammesmitglieder in der Zukunft.[652] Die GbR weist regelmäßig selbst viele der in diesem Kapitel besprochenen Besonderheiten einer Familiengesellschaft auf, sodass von einer „Familiengesellschaft in der Familiengesellschaft" gesprochen werden kann.[653]

Die Qualifikation als GbR hat auch Folgen für die der Gesellschafterversammlung in der Hauptgesellschaft vorgeschaltete Willensbildung auf der Ebene des Stammes. Zur stammesinternen Willensbildung werden hier häufig vertragliche Regelungen getroffen, die insbesondere die Frage nach Stimmrechten der Stammesmitglieder innerhalb des Stammes und die notwendigen Mehrheiten zur Fassung eines „Stammeswillens" betreffen.[654] Dies ist auch empfehlenswert, da die Willensbildung andernfalls nach den

---

649 Hierzu und zum Ausreichen einer einfachen Stimmmehrheit im Stamm zur Ausübung der dem Stamm gemeinsam zustehenden Sonderrechte *Holler*, in: MünchHdbGesR Bd. 7, 6. Aufl. 2020, § 75 Rn. 129 ff.; s. auch das Vorschlagsrecht der Stämme im Muster-Gesellschaftsvertrag einer in Stämmen organisierten KG bei *Blaum/Scholz*, in: Gebele/Scholz, Beck'sches Formularbuch Bürgerliches, Handels- und Wirtschaftsrecht, 14. Aufl. 2022, VIII.D.2. (§ 6 Abs. 3.).

650 *Sigle*, in: Liber amicorum Happ, 2006, 295 (303); vgl. auch *Klein-Wiele*, NZG 2018, 1401 (1403 f.).

651 BGH, Urteil v. 13.6.1994, Az. II ZR 38/93, NJW 1994, 2536; BGH, Urteil v. 24.11.2008, Az. II ZR 116/08 („Schutzgemeinschaftsvertrag II"), NJW 2009, 669 (670) m.w.N.

652 BGH, Urteil v. 13.6.1994, Az. II ZR 38/93, NJW 1994, 2536; BGH, Urteil v. 24.11.2008, Az. II ZR 116/08(„Schutzgemeinschaftsvertrag II"), NJW 2009, 669 (670) m.w.N.

653 So *Priester*, in: Tröger/Wilhelmi, Rechtsfragen der Familiengesellschaften, 2006, 53 (55).

654 Zur Zulässigkeit der Abbedingung des Einstimmigkeitsprinzips und der Ersetzung durch eine Mehrheitsklausel (hierzu bereits oben unter § 4.B.IV.4.c.(i).) vgl. BGH, Urteil v. 24.11.2008, Az. II ZR 116/08 („Schutzgemeinschaftsvertrag II"), NJW 2009, 669 (670). Fraglich ist, ob der Gesellschaftsvertrag die Willensbildung im Stamm regeln kann. Dagegen *Roth*, in: Hopt, HGB, 44. Aufl. 2025, § 163 Rn. 10.

personengesellschaftlichen Regelungen der §§ 705 ff. BGB erfolgt, mithin u.a. unter dem Erfordernis der Einstimmigkeit der Stammesmitglieder steht. Bei fehlender ausdrücklicher Einführung einer Mehrheitsklausel kann hier aber möglicherweise die Auslegung des Gesellschaftsvertrags der GbR Abhilfe schaffen.

(2). Obligatorische Vertretung

Um die Gesellschafterversammlung und die Geschäftsführung, welche sich bei wachsendem Gesellschafterkreis zunehmend blockiert sehen kann (etwa durch Informationsanfragen vieler Gesellschafter)[655], zu entlasten, bestimmt insbesondere der Gesellschaftsvertrag der Familien-GmbH und Familien-KG[656] häufig, dass die Stämme obligatorisch durch gemeinsame Vertreter vertreten werden müssen („Vertreterklausel im engeren Sinne“).[657] Dieser gemeinsame Vertreter nimmt für die einem Stamm zugehörigen Gesellschafter deren Gesellschafterrechte, insbesondere das Stimmrecht, oft aber auch Informations-, Teilnahme- und Rederechte wahr. Die konkrete Reichweite der Vertretung ist im Zweifel durch Auslegung zu ermitteln.[658] Die Person des Vertreters kann bereits im Gesellschaftsvertrag bestimmt werden, oft finden sich aber lediglich Qualifikationsanforderungen.[659] Die Auswahl und Bestellung des Vertreters erfolgt, sofern die Person des Vertreters nicht durch den Gesellschaftsvertrag ausdrücklich bestimmt wird, durch Abstimmung der Vertretenen.[660] Damit ein gesellschaftsfremder Dritter als gemeinsamer Vertreter agieren darf, bedarf es einer entsprechenden gesellschaftsvertraglichen Regelung.[661] Das Rechtsverhältnis zwischen Vertreter und Stammesangehörigen ist als Auftrag (§§ 662 ff. BGB) bzw. als Geschäftsbesorgungsvertrag (§ 675 Abs. 1 BGB) zu quali-

---

655 *Grunewald*, ZEV 2011, 283 (285); *Holler*, in: MünchHdbGesR Bd. 7, 6. Aufl. 2020, § 75 Rn. 112.

656 Zur Unzulässigkeit der obligatorischen Vertretung in der Aktiengesellschaft vgl. nur die Darstellung bei *K. Schmidt*, ZHR 146 (1982), 525 (527) m.w.N.

657 Zur Zulässigkeit der Vertreterklausel BGH, Urteil v. 12.12.1966, Az. II ZR 41/65, NJW 1967, 826 (826 f.). Zur Vertreterklausel allgemein *Grunewald*, in: MünchKomm HGB, 5. Aufl. 2022, § 161 Rn. 179 ff.; *Liebscher*, in: MünchKomm GmbHG, 4. Aufl. 2023, § 48 Rn. 35; *Notz/Zinger*, in: BeckOGK HGB, Stand 1.1.2024, § 161 Rn. 150 f. Zu Sinn und Zweck der „Vertreterklausel im engeren Sinne“ ausführlich *Holler*, in: MünchHdbGesR Bd. 7, 6. Aufl. 2020, § 75 Rn. 112 m.w.N.

658 BGH, Urteil v. 12.12.1966, Az. II ZR 41/65, NJW 1967, 826.

659 *Enzinger*, in: MünchKomm HGB, 5. Aufl. 2022, § 119 Rn. 54; *Holler*, in: MünchHdbGesR Bd. 7, 6. Aufl. 2020, § 75 Rn. 113.

660 Die Modalitäten der Wahl des Vertreters richten sich dabei erneut entweder nach vertraglichen Bestimmungen oder nach den gesetzlichen Regeln einer Innen-GbR, wobei Letzteres umstritten ist, hierzu sogleich.

661 *Roth*, in: Hopt, HGB, 44. Aufl. 2025, § 163 Rn. 10; *Lieder*, in: Oetker, HGB, 8. Aufl. 2024, § 116 Rn. 25; *Enzinger*, in: MünchKomm HGB, 5. Aufl. 2022, § 119 Rn. 54; a.A. *Habersack/Schäfer*, in: Habersack/Schäfer, Das Recht der OHG, 2. Aufl. 2019, § 119 Rn. 62; ausführlich zur Vorgabe der Person des Vertreters durch die Ausgangsgesellschaft *Servatius*, Entscheidungsfindung mit Vertreterklausel in KG und GmbH, 2010, 186 ff.

fizieren.[662] Der Vertreter agiert weisungsgebunden (vgl. auch § 665 BGB) und muss bei fehlender Weisung seine Entscheidungen nach pflichtgemäßem Ermessen treffen.[663] Fraglich und umstritten sind aber die Grenzen und die genaue Einordnung einer obligatorischen Vertretung.

Zunächst einmal ist mit der h.M. von der generellen Zulässigkeit einer obligatorischen Vertreterklausel innerhalb des Gesellschaftsvertrags der Familiengesellschaft auszugehen, sofern die Familiengesellschaft nicht in der Rechtsform der Aktiengesellschaft organisiert ist.[664] In der Literatur ist stärker umstritten, wie das Innenverhältnis der durch einen gemeinsamen Vertreter vertretenen Gesellschafter rechtlich zu qualifizieren ist. Es bleibt der Gesellschaftergruppe grundsätzlich unbenommen, ihr Verhältnis untereinander selbst vertraglich auszugestalten, sofern die obligatorische Vertreterklausel hierzu schweigt.[665] Von einer Ansicht in der Literatur wird vertreten, dass sich das Innenverhältnis der Vertretenen bei Fehlen einer ausdrücklichen Regelung insgesamt nach den §§ 705 ff. BGB richtet, sodass für die Willensbildung der Vertretenen grundsätzlich das Einstimmigkeitserfordernis bestünde.[666] Dem steht eine Literaturmeinung gegenüber, die auf das Innenverhältnis der Gesellschafter das Gemeinschaftsrecht (§§ 741 ff. BGB) anwendet, welches insbesondere die Geltung des Mehrheitsprinzips (§ 745 Abs. 1 BGB) auch ohne ausdrückliche Vereinbarung mit sich bringt.[667] Der ersten Ansicht ist zu folgen. Die Gruppenvertretung soll nicht der Verwaltung eines gemeinsamen Rechts dienen.[668] Die einer obligatorischen Gruppenvertretung unterworfenen Gesellschafter verfolgen jeweils das Ziel, Einfluss auf die Gesellschaft zu nehmen. Wie *Holler* richtigerweise ausführt, bedarf dies im Falle eines obligatorischen Vertreters einer internen Organisation der Gruppe der Vertretenen.[669] Diese Organisation stellt eine gezielte gemeinsame

---

662 Vgl. nur *Notz/Zinger*, in: BeckOGK HGB, Stand 1.1.2024, § 161 Rn. 156.

663 *Sigle*, in: Liber amicorum Happ, 2006, 295 (302) m.w.N.; *Notz/Zinger*, in: BeckOGK HGB, Stand 1.1.2024, § 161 Rn. 156.

664 *K. Schmidt* ZHR 146 (1982), 525 (527); *Grunewald*, in: MünchKomm HGB, 5. Aufl. 2022, § 161 Rn. 182 ff. Zu den Grenzen der obligatorischen Vertretung auch ausführlich unten unter § 4.B.IV.4.c.(ii).(3).

665 Hierzu und zur Zulässigkeit einer Festlegung des Statuts der Vertretenengesellschaft innerhalb des Gesellschaftsvertrags der Hauptgesellschaft *Westermann*, in: Westermann/Wertenbruch, Handbuch Personengesellschaften, 92. Lieferung 04.2025, Teil I § 24 Rn. 537 f.; vgl. auch *Oetker*, in: Oetker, HGB, 8. Aufl. 2024, § 164 Rn. 30.

666 Vgl. etwa *Immenga*, ZGR 1974, 385 (395 f.); grundsätzlich auch *Enzinger*, in: MünchKomm HGB, 5. Aufl. 2022, § 119 Rn. 53; *Grunewald*, in: MünchKomm HGB, 5. Aufl. 2022, § 161 Rn. 194 f.; s. aus der Rechtsprechung auch BGH, Urteil v. 4.10.2004, Az. II ZR 356/03, NZG 2005, 33 (34) m.w.N.; zur Frage, ob nicht konkludent eine Mehrheitsklausel in den Gesellschaftsvertrag aufgenommen wurde, sogleich.

667 *K. Schmidt*, ZHR 146 (1982), 525 (540 f.). Hierzu und zur Rechtsprechung des BGH hinsichtlich der Übertragung des Rechtsgedankens des § 18 Abs. 1 GmbHG auch auf Personengesellschaften *Westermann*, in: Westermann/Wertenbruch, Handbuch Personengesellschaften, 92. Lieferung 04.2025, Teil I § 24 Rn. 537; offengelassen in BGH, Beschluss v. 6.10.1992, Az. KVR 24/91, NJW 1993, 1265 (1266 f.).

668 *Grunewald*, in: MünchKomm HGB, 5. Aufl. 2022, § 161 Rn. 195.

669 *Holler*, in: MünchHdbGesR Bd. 7, 6. Aufl. 2020, § 75 Rn. 119.

Zweckverfolgung, die der Organisation der Einflussinstrumente über den gemeinsamen Vertreter als Mittelsmann, dar. Diese gemeinsame Zweckverfolgung begründet eine Innen-GbR. Die erforderlichen Willenserklärungen der Gesellschafter werden konkludent entweder im Beitritt zur Familiengesellschaft und der damit einhergehenden Unterwerfung unter die Vertreterklausel[670] oder in der Bewältigung der mit der Vertretung verbundenen Organisationsanforderungen (etwa der Wahl des Vertreters[671]) vorliegen. Für dieses Ergebnis spricht auch, dass die Vertretenen so im Verhältnis zueinander der Treuepflicht unterliegen.[672] Fraglich ist mit diesem Ergebnis noch, ob für die Willensbildung in der entstandenen GbR stets das Einstimmigkeitsprinzip gilt oder ob nicht auch ohne ausdrückliche Festschreibung des Mehrheitsprinzips selbiges greift. Hier ergibt die Auslegung[673] regelmäßig, dass auch ohne ausdrückliche Einführung des Mehrheitsprinzips von dessen Geltung auszugehen ist.[674]

Während Vertreterklauseln in Familiengesellschaften zur Vereinfachung der Beschlussfassung in der Gesellschafterversammlung oft eine einheitliche Stimmausübung durch den Vertreter vorschreiben, ist umstritten, ob dies auch ohne eine solche Regelung zwingend ist.[675] Auch hier findet sich die Antwort in der Auslegung der Vertreterklausel. Die Auslegung wird insbesondere in der mitgliederstarken Familiengesellschaft regelmäßig ergeben, dass es nicht Sinn und Zweck der Vertreterklausel ist, die im Stamm vorhandenen Einzelstimmen „durch einen Mund" ungefiltert auf Gesellschaftsebene zu transferieren. Vielmehr wird sich ergeben, dass eine zweite Entscheidungsebene eingeführt werden soll.[676] Diese zweite Entscheidungsebene soll die störenden Effekte des großen Gesellschafterkreises durch Bündelung der Stammesinteressen und Filterung divergierender Einzelinteressen minimieren. Hierzu muss der Stimmvertreter einheitlich abstimmen. Die Vertreterklausel führt also zu einer Stimmbindung.[677]

---

670 *Immenga*, ZGR 1974, 385 (396) m.w.N.

671 *Hueck*, ZHR 125 (1963), 1 (13); ähnlich BGH, Urteil v. 12.12.1966, Az. II ZR 41/65, NJW 1967, 826 (827): „*Die Ernennung des Vertreters hat zur Folge, daß zwischen den Kommanditisten ein besonderes gesellschaftsähnliches Verhältnis entsteht.*"

672 *K. Schmidt/Grüneberg*, in: MünchKomm HGB, 5. Aufl. 2022, § 177 Rn. 17.

673 Zur Maßgeblichkeit selbiger bereits BGH, Urteil v. 12.12.1966, Az. II ZR 41/65, NJW 1967, 826 (827).

674 Mit Darlegung, warum das Einstimmigkeitserfordernis schon dem Willen der Vertretenen nicht entsprechen kann und letztlich dem Gesellschaftszweck zuwiderliefe *Grunewald*, in: MünchKomm HGB, 5. Aufl. 2022, § 161 Rn. 194 f.; *Holler*, in: MünchHdbGesR Bd. 7, 6. Aufl. 2020, § 75 Rn. 119.

675 Dafür *Sigle*, in: Liber amicorum Happ, 2006, 295 (302); *Holler*, in: MünchHdbGesR Bd. 7, 6. Aufl. 2020, § 75 Rn. 114, 121; im Zweifel für eine einheitliche Ausübung, ohne dass dies notwendig sei *Roth*, in: Hopt, HGB, 44. Aufl. 2025, § 163 Rn. 10.

676 BGH, Urteil v. 12.12.1966, Az. II ZR 41/65, NJW 1967, 826; s. auch schon die Beweggründe für die Stimmbindungsvereinbarung und die Einführung einer Vertreterklausel oben.

677 So auch *Holler*, in: MünchHdbGesR Bd. 7, 6. Aufl. 2020, § 75 Rn. 121 m.w.N.

(3). Grenzen der obligatorischen Vertretung

In der Literatur ist umstritten, ob die Vertreterklausel auch die Vertretung für Vertragsänderungen und andere Grundlagengeschäfte anordnen kann.[678] Dies wird man zumindest so lange für zulässig erachten können, wie den Vertretenen die Möglichkeit zur Abberufung des Vertreters zukommt.[679] Für die allgemeinen Grenzen der obligatorischen Vertreterklausel ist es wichtig, sich die Wirkung der Vertreterklausel zu vergegenwärtigen. Durch die Vertreterklausel werden die Rechte der Gesellschafter diesen nicht vollkommen entzogen, die Ausübung der Rechte steht aber unter dem Vorbehalt einer zulässigen Willensbildung in der Gruppe der Vertretenen und einer Anweisung an den Vertreter. Wie der BGH hierzu ausführt, werden *„die Mitgliedschaftsrechte der Kommanditisten zwar eingeschränkt […]. Sie bleiben aber, ohne ganz oder teilweise abgespalten zu werden, der Substanz nach voll in der Hand der einzelnen Kommanditisten*."[680] Fraglich ist, inwiefern den Gesellschaftern durch die Einschränkungen, die die Vertreterklausel ihren Mitgliedschaftsrechten auferlegt, hier eine nach § 138 Abs. 1 BGB rechtswidrige Entrechtung drohen kann.[681] Insoweit ist allgemein anerkannt, dass jedenfalls ein Eingriff in den sog. „Kernbereich der Mitgliedschaft" durch die Vertreterklausel unzulässig ist.[682] Der „Kernbereich der Mitgliedschaft" ist ein unbestimmter Rechtsbegriff, der der Ausfüllung bedarf.[683] Dieser Kernbereich setzt sich erstens aus den Gesellschafterrechten zusammen, die gegen den Willen des Gesellschafters nicht von der Mehrheit abbedungen werden können („relativ unentziehbare Mitgliedschaftsrechte") und zweitens aus solchen Rechten, die selbst mit Zustimmung des Gesellschafters nicht disponibel sind („unverzichtbare Mitgliedschaftsrechte").[684] Welche Rechte genau unter den Kernbereich fallen, ist nicht abschließend geklärt. Für den „unverzichtbaren Kernbereich" werden etwa das Austrittsrecht aus wichtigem Grund (§ 725 Abs. 5 BGB) oder das Recht, seinen Vertragspartner zu kennen, angeführt.[685] Die Unsicherheit der Reichweite des unbestimmten Rechtsbegriffs rührt u.a. daher, dass der Kernbereich nicht in jeder Rechtsform und

---

678 Dafür BGH, Urteil v. 7.12.1972, Az. II ZR 131/68, NJW 1973, 1602; *Grunewald*, in: MünchKomm HGB, 5. Aufl. 2022, § 161 Rn. 185; *Holler*, in: MünchHdbGesR Bd. 7, 6. Aufl. 2020, § 75 Rn. 124; dagegen *Drescher*, in: Ebenroth/Boujong/Joost/Strohn, HGB, 4. Aufl. 2020, § 114 Rn. 27.

679 *Grunewald*, in: MünchKomm HGB, 5. Aufl. 2022, § 161 Rn. 185 m.w.N.

680 BGH, Urteil v. 12.12.1966, Az. II ZR 41/65, NJW 1967, 826 (827).

681 Zum Terminus „Abspaltungsverbot" und der sinnvolleren Verortung in § 138 Abs. 1 BGB vgl. *Grunewald*, in: MünchKomm HGB, 5. Aufl. 2022, § 161 Rn. 183.

682 BGH, Beschluss v. 6.10.1992, KVR 24/91, NJW 1993, 1265 (1267); *Westermann*, Vertragsfreiheit und Typengesetzlichkeit im Recht der Personengesellschaften, 1970, 351 ff.; *Grunewald*, ZEV 2011, 283 (287); *dies.*, in: MünchKomm HGB, 5. Aufl. 2022, § 161 Rn. 184; *Heuking*, in: FS Lüer, 2008, 231 (233). Teilweise wird auch von „höchstpersönlichen Rechten" gesprochen, vgl. etwa *Oetker*, in: Oetker, HGB, 8. Aufl. 2024, § 164 Rn. 28.

683 Vgl. nur *Schäfer*, in: MünchKomm BGB, 9. Aufl. 2024, § 714 Rn. 50 ff. m.w.N.

684 *Schäfer*, in: MünchKomm BGB, 9. Aufl. 2024, § 714 Rn. 50 m.w.N.

685 Ausführlich hierzu *Holler*, in: MünchHdbGesR Bd. 7, 6. Aufl. 2020, § 75 Rn. 253.

innerhalb der Rechtsformen auch nicht in jeder Gesellschaft die gleichen Rechte umfasst (sog. „Relativität des Kernbereichs").[686] Vielmehr kommt es hier auf die Ausgestaltung und Struktur der Gesellschaft an.[687] Der Kernbereich muss also durch Auslegung ermittelt werden. Der so festgestellte Kernbereich ist gegen die – ebenfalls durch Auslegung zu ermittelnde[688] – Reichweite der Vertreterklausel zu stellen. Sofern sich Überschneidungen ergeben, ist die Vertretung nur noch in sehr begrenztem Umfang zulässig. Wie *Grunewald* richtigerweise festgestellt hat, ist hier aber eine Gestaltung der Vertreterklausel, die die Verfälschung des Gesellschafterwillens und damit die faktische Entziehung des Gesellschafterrechts ausschließt, möglich.[689] Hierzu muss neben der Weisungsgebundenheit des Vertreters insbesondere sichergestellt werden, dass der Vertreter in Kernbereichsangelegenheiten nicht einheitlich abstimmen muss.[690] In diesem Fall wird in den „Kernbereich der Mitgliedschaft" der Gesellschafter nicht eingegriffen.

(4). Abschließend zum Stammesprinzip

Es sei abschließend darauf hingewiesen, dass das Stammesprinzip in den letzten Jahren vielfach in die Kritik geraten ist, insbesondere vor dem Hintergrund des kompromisslosen „Stammesdenkens", welches die Interessen des eigenen Stammes vor die Interessen der Familie und der Gesellschaft stellt.[691] Hierzu dürften auch öffentlich gewordene Streitigkeiten zwischen verschiedenen Stämmen in prominenten Familiengesellschaften beigetragen haben.[692]

---

686 BGH, Urteil v. 10.10.1994, Az. II ZR 18/94, NJW 1995, 194 (195); zuletzt BGH, Urteil v. 21.10.2014, Az. II ZR 84/13, NJW 2015, 859 (Rn. 19); *Wiedemann*, GesR Bd. II, 2004, 220.

687 BGH, Urteil v. 10.10.1994, Az. II ZR 18/94, NJW 1995, 194 (195); zuletzt BGH, Urteil v. 21.10.2014, Az. II ZR 84/13, NJW 2015, 859 (Rn. 19); *Wiedemann*, GesR Bd. II, 2004, 220. Zum Kernbereich der Mitgliedschaft in der planvoll generationsübergreifend ausgerichteten Familiengesellschaft unten unter § 4.B.IV.5.c.(i).

688 BGH, Urteil v. 12.12.1966, Az. II ZR 41/65, NJW 1967, 826.

689 *Grunewald*, in: MünchKomm HGB, 5. Aufl. 2022, § 161 Rn. 184.

690 *Grunewald*, in: MünchKomm HGB, 5. Aufl. 2022, § 161 Rn. 184.

691 *Kormann*, Governance des Familienunternehmens, 2017, 497 ff.; *ders.* Zusammenhalt der Unternehmerfamilie, 2. Aufl. 2018, 218 ff. m.w.N.; insbesondere hinsichtlich der Überlegung, dass Patt-Situationen durch das Verbot von Poolverträge verhindert werden können, *Hennerkes/Kirchdörfer*, Die Familie und ihr Unternehmen, 3. Aufl. 2015, 144 f.; s. auch *Koeberle-Schmid*, in: FS Binz, 2014, 371 (382 f.); *Sigle*, in: Liber amicorum Happ, 2006, 295 (297 ff.).

692 S. etwa die Spaltung eines der größten Familienunternehmen Deutschlands, dem Oetker-Konzern, die aufgrund jahrelanger Streitigkeiten zwischen den Stämmen von den Akteuren als einziger Ausweg empfunden wurde, vgl. *Brück/Hielscher*, „Wie es zur Zerschlagung der Oetker-Gruppe kommen konnte", Online-Artikel des Magazins WirtschaftsWoche vom 3.11.2021, abrufbar unter https://www.wiwo.de/my/unternehmen/handel/protokoll-der-familienfehde-wie-es-zur-zerschlagung-der-oetker-gruppe-kommen-konnte/27677900.html?ticket=ST-5472837-akYIj32EPRsBWvtJc5K5-ap3.

5. Zum Typus der großen, generationsübergreifenden Familiengesellschaft

In den letzten Jahren ist in der Rechtswissenschaft hinsichtlich (mitgliederstarker) Familiengesellschaften, in denen ein Fortführungswille festgestellt werden kann, vermehrt über das Erfordernis eines in deren Typus begründeten Sonderrechts gesprochen worden. Ausgangspunkt war – soweit ersichtlich – eine auf mitgliederstarke Familienkommanditgesellschaften fokussierte Aufsatzreihe von *Ulmer* aus dem Jahr 2010.[693] Seitdem ist jedoch auch rechtsformübergreifend die Notwendigkeit eines Sonderrechts für Familiengesellschaften diskutiert worden.[694] Nachstehend soll kurz über die Grundlagen des Typenrechts, die Merkmale des Typus der generationsübergreifenden Familiengesellschaft, insbesondere den besonderen Gesellschaftszweck, das Bedürfnis nach einem Sonderrecht und in diesem Zusammenhang über die Kernbereichslehre gesprochen werden.

a. Grundlagen des Typus und eines typenbedingten Sonderrechts

Wie bereits gesehen, findet sich für Familiengesellschaften keine allgemeingültige Begriffsbestimmung.[695] Dies liegt in den Anforderungen, die der „Begriff" als Subsumtionsgrundlage mit sich bringt und der Verschiedenheit der Familiengesellschaften in der Praxis begründet. Der Begriff stellt abstrakt eine Reihe an Merkmalen auf.[696] Bei Erfüllung aller Merkmale fällt ein Sachverhalt unter diesen Begriff, fehlt auch nur ein Merkmal, fällt der Sachverhalt hingegen nicht unter diesen Begriff.[697] Wie gesehen, finden sich potenzielle Familiengesellschaften unterschiedlichster Ausgestaltung, sodass eine Bestimmung über einen „Begriff" nicht zielführend oder gar möglich erscheint. Anders verhält es sich mit dem „Typus". Dem Typus liegt ein „Leitbild" eines Sachverhalts zugrunde, quasi ein Idealzustand, für dessen Erreichung verschiedene Merkmale wichtig sein können. Die dem Typus so zugeordneten Merkmale können dann im unter den Typus zu subsumierenden Sachverhalt in unterschiedlicher Stärke vorliegen oder gar ganz entfallen, ohne dass der zu subsumierende Sachverhalt insgesamt einem Typus zuzuordnen ist oder aus

---

[693] Wohl ausgehend von der erstmaligen Befassung mit dem Sonderrecht der großen Familienkommanditgesellschaft bei *Ulmer*, ZIP 2010, 549; *ders.*; ZIP 2010, 805. Daran anschließend und ebenfalls auf Kommanditgesellschaften abstellend *Belz*, Die große Familienkommanditgesellschaft, 2018. S. auch *Holler*, BB 2012, 719.

[694] Unter Einschluss sämtlicher Personengesellschaften und der GmbH etwa *Krämer*, Sonderrecht der Familiengesellschaften, 2019. Ohne jegliche Rechtsformbeschränkungen etwa *Holler*, in: MünchHdb-GesR Bd. 7, 6. Aufl. 2020, § 75 Rn. 76 ff.

[695] Hierzu oben unter § 4.A.

[696] *Larenz*, in: FS Wilburg, 1975, 217 (221); *ders.*, Methodenlehre, 6. Aufl. 1991, 221.

[697] *Larenz*, in: FS Wilburg, 1975, 217 (221).

diesem herausfällt.[698] Es kommt hierfür vielmehr auf eine Gesamtschau der mehr oder weniger starken Erfüllung der Merkmale des Typus durch den zu subsumierenden Sachverhalt an. Ergibt sich eine ausreichende Nähe zum „Leitbild“ des Typus, liegt dieser Typus im Sachverhalt vor.[699]

Die Rechtsformen des deutschen Gesellschaftsrechts etwa sind durch ihre gesetzliche Verankerung qua Legaldefinition zunächst „Begriff“.[700] Allerdings liegt jedem Gesellschaftstyp ein „Leitbild“ zugrunde, von dem sich in der Rechtswirklichkeit durch die Ausgestaltung der Gesellschaft mehr oder weniger stark entfernt werden kann.[701] Sofern sich eine Gesellschaft in Richtung eines vom gesetzlichen Idealtypus der Rechtsform abweichenden Typus entwickelt hat, stellt sich die Frage nach einem Sonderrecht. Ein solches Sonderrecht wurde etwa durch die Rechtsprechung für Publikumspersonengesellschaften, die stark vom gesetzlichen Leitbild der Personengesellschaft abgerückt sind, entwickelt.[702] Für die Entwicklung eines Sonderrechts muss jedoch stets ein Bedürfnis bestehen, welches sich aus der besonderen Interessenlage der Akteure und der Unzulänglichkeit der bestehenden rechtlichen Vorgaben ergibt.[703]

b. Gesellschaftszweck und Typus

Soweit es um die Ermittlung der idealtypischen Merkmale des Typus der generationsübergreifenden Familiengesellschaft geht, kann weitestgehend auf die tatsächlichen Gegebenheiten sowie die Gestaltungs- und Organisationsmuster, die in diesem Unterkapitel über die Familiengesellschaft mit Fortführungswillen dargestellt wurden, verwiesen werden. Diese stellen Typusmerkmale der generationsübergreifenden Familiengesellschaft dar. Hierzu gehört insbesondere der Erhalt der familiären Prägung der Gesellschaft durch Anteilsvinkulierung, das in der Angewiesenheit auf Selbstfinanzierung und dem Wunsch nach Sicherung des Bestands der Gesellschaft und der Abwehr familienfremder Gesellschafter begründete Streben nach Einschränkung der Vermögensrechte der Gesellschafter, der zumindest im Laufe der Zeit stark anwachsende Gesellschafterkreis, das hieraus

---

698 *Pawlowski*, Methodenlehre für Juristen, 3. Aufl. 1999, 78; *Nitschke*, Die körperschaftlich strukturierte Personengesellschaft, 1970, 3 m.w.N.

699 Vgl. *Larenz*, Methodenlehre, 6. Aufl. 1991, 221; *Koller*, Grundfragen einer Typuslehre im Gesellschaftsrecht, 1967, 52.

700 *Koller*, Grundfragen einer Typuslehre im Gesellschaftsrecht, 1967, 50 f., 53.

701 Vgl. etwa *Kronke*, Stiftungstypus und Unternehmensträgerstiftung, 1988, 12. Für die rechtswissenschaftliche Praxis, ausländische Gesellschaften mittels des Typenvergleichs für das deutsche Recht zu erfassen vgl. die Einleitung bei *Röder*, IStR 2021, 795 (795 f.).

702 Vgl. etwa den Überblick bei *Thomas Heidel*, in: Dauner-Lieb/Langen, BGB Schuldrecht, 4. Aufl. 2021, § 705 Rn. 74.

703 Vgl. die Übersicht zu den Voraussetzungen für die Anerkennung eines typenorientierten Sonderrechts unter Hinweis auf die Entwicklung für Publikumspersonengesellschaften bei *Belz*, Die große Familienkommanditgesellschaft, 2018, 56 ff. m.w.N.

erwachsende Erfordernis einer körperschaftlichen Organisation unter weitestgehender Entmachtung der Gesellschafterversammlung sowie die Einteilung in Familienstämme und deren obligatorische Vertretung zur Erleichterung der Willensbildung im Gesellschafterkreis. Diese Merkmale entstammen letztlich unmittelbar oder mittelbar allesamt dem Bestreben der Gesellschafter, ihren Fortführungswillen in eine rechtliche Form zu „gießen". Das Leitbild der generationsübergreifenden Familiengesellschaft ist damit geprägt von dem Wunsch der (Gründungs-)Gesellschafter, das bisher aufgebaute Vermögen für die Familie und deren Versorgung in Zukunft zu sichern.

Es stellt sich insofern die Frage, ob die Implementierung gesellschaftsvertraglicher Regelungen zur Sicherung des langfristigen, familiären Erhalts der Gesellschaft eine weitere rechtliche Besonderheit mit sich bringt, die Merkmal des Typus der generationsübergreifenden Familiengesellschaft sein kann: den besonderen Gesellschaftszweck des generationsübergreifenden Vermögenshalts für die (Versorgung der) Familie. Speziell über diesen wurde in der Literatur in Verbindung mit dem besonderen Typus der generationsübergreifenden Familiengesellschaft in jüngerer Vergangenheit – namentlich von *Holler*[704], *Belz*[705] und *Krämer*[706] – vermehrt gesprochen.

(i). Allgemein zum Gesellschaftsweck

Der Gesellschaftszweck ist das überindividuelle Ziel des Zusammenschlusses mehrerer Personen im Verband und konstituierendes Merkmal für jede Gesellschaftsform (vgl. § 705 BGB, §§ 105, 161 HGB, § 1 GmbHG).[707] Nach § 705 BGB und § 1 GmbHG kann grundsätzlich jeder zulässige Zweck ideeller oder wirtschaftlicher Art verfolgt werden, etwa die Gewinnerzielung oder ein karitativer Zweck.[708] Dabei ist die Verfolgung mehrerer Zwecke nicht ausgeschlossen, wobei bei Fehlen eines ausdrücklichen Abstufungsverhältnisses eine Auflösung des Spannungsverhältnisses zwischen verschiedenen Zwecken im Einzelfall durch Abwägung und Ausgleich vorzunehmen ist.[709] Abzugrenzen ist der Gesellschaftszweck vom Unternehmensgegenstand, welcher eher Mittel zur Zweckverwirklichung ist und damit den sachlichen Tätigkeitsbereich (etwa: Unternehmens-

---

704 *Holler*, DStR 2019, 931 (935 ff.); *ders.*, in: MünchHdbGesR Bd. 7, 6. Aufl. 2020, § 75 Rn. 49 ff.

705 *Belz*, Die große Familienkommanditgesellschaft, 2018, 65 ff.

706 Ansatzweise *Krämer*, Sonderrecht der Familiengesellschaften, 2019, 76 ff.

707 BGH, Urteil v. 29.1.1951, Az. IV ZR 171/50, NJW 1951, 308; *Servatius*, in: Henssler/Strohn, Gesellschaftsrecht, 6. Aufl. 2024, § 705 BGB Rn. 2; *Raff*, in: Rowedder/Pentz, GmbHG, 7. Aufl. 2022, § 1 Rn. 7; *Grigoleit*, in: Grigoleit, AktG, 2. Aufl. 2020, § 1 Rn. 5; vgl. auch Lutter, AcP (180) 1980, 84 (89 f.).

708 Auch zu den Grenzen der Gesetzes- und Sittenwidrigkeit *Servatius*, in: Henssler/Strohn, Gesellschaftsrecht, 6. Aufl. 2024, § 705 BGB Rn. 4; *Raff*, in: Rowedder/Pentz, GmbHG, 7. Aufl. 2022, § 1 Rn. 11. Für die Aktiengesellschaft gilt dies ebenso, vgl. etwa *Grigoleit*, in: Grigoleit, AktG, 2. Aufl. 2020, § 1 Rn. 5 m.w.N.

709 *Harbarth*, in: MünchKomm GmbHG, 5. Aufl. 2025, § 53 Rn. 195; *Flume*, BGB AT, 1977, 41.

gegenstand der Herstellung und des Verkaufs von Waren zur Verwirklichung des Gesellschaftszwecks der Gewinnerzielung) beschreibt und in der GmbH und Aktiengesellschaft zwingend in die Satzung aufzunehmen ist (§ 3 Abs. 1 Nr. 2 GmbHG, §§ 23 Abs. 3 Nr. 2, 39 Abs. 1 AktG).[710] Der Regelzweck der GmbH und der Aktiengesellschaft besteht in der Erzielung von Gewinnen zu Gunsten des Gesellschaftsvermögens und der Steigerung des Werts der Gesellschaft.[711]

Der Gesellschaftszweck bestimmt und begrenzt die Richtung und Ziele der Gesellschaft und stellt den gröbsten Verhaltensmaßstab für Gesellschafter sowie für Gesellschaftsorgane dar.[712] Er ist mithin von maßgeblicher Bedeutung für das Innenverhältnis der Gesellschafter und die Beziehung der Gesellschafter zur Gesellschaft. Seine Änderung bedarf – im Gegensatz zur Änderung des Unternehmensgegenstandes, für den eine satzungsändernde Mehrheit ausreicht – der Zustimmung aller Gesellschafter (entsprechend § 33 Abs. 1 Satz 2 BGB[713]), sofern das Einstimmigkeitserfordernis nicht ausdrücklich im Gesellschaftsvertrag ersetzt wurde.[714] Diese Zustimmung kann ausdrücklich oder konkludent durch Zustimmung zu einer zweckändernden Gestaltung der Gesellschaft bzw. des Gesellschaftsvertrags erklärt werden.[715]

(ii). Implementierung des besonderen Gesellschaftszwecks und Ermittlung qua Auslegung

Der Gesellschaftszweck wird in der Praxis in den meisten Gesellschaftsverträgen nicht ausdrücklich festgelegt. In diesem Fall ist er durch Auslegung des Gesellschaftsvertrags zu ermitteln.[716] Das gilt auch für Familiengesellschaften und den besonderen Zweck des generationsübergreifenden Erhalts und der Verwaltung des in der Gesellschaft vorhandenen Vermögens zur Versorgung für die Familie in der Zukunft. [717] Wie *Holler*

---

710 Die genaue Abgrenzung, insbesondere inwiefern der Unternehmensgegenstand noch in den Gesellschaftszweck hineinspielt, ist umstritten, vgl. nur *Tieves,* Der Unternehmensgegenstand der Kapitalgesellschaft, 1998, 15 ff. m.w.N.

711 Vgl. für die GmbH *Fleischer*, in: MünchKomm GmbHG, 5. Aufl. 2025, § 1 Rn. 12; vgl. für die Aktiengesellschaft *Grigoleit*, in: Grigoleit, AktG, 2. Aufl. 2020, § 1 Rn. 7.

712 Vgl. etwa *Lutter*, AcP 180 (1980), 84 (90 f.).

713 S. hierzu nur *Noack*, in: Noack/Servatius/Haas, Beck'scher KK GmbHG, 24. Aufl. 2025, § 53 Rn. 35; *Wicke*, GmbHG, 5. Aufl. 2024, § 53 Rn. 15.

714 Vgl. *Noack*, in: Noack/Servatius/Haas, Beck'scher KK GmbHG, 24. Aufl. 2025, § 53 Rn. 35.Welche Erfordernisse genau bestehen ist rechtsformabhängig, vgl. *Holler*, in: MünchHdbGesR Bd. 7, 6. Aufl. 2020, § 75 Rn. 290 f.

715 Zur widerspruchslosen Hinnahme einer Zweckänderung BGH, Urteil v. 13.1.1955, Az. II ZR 249/53, NJW 1955, 457.

716 Hierzu und zu insofern maßgeblichen Faktoren *Fleischer*, in: MünchKomm GmbHG, 5. Aufl. 2025, § 1 Rn. 14 m.w.N. Zur Auslegung des Gesellschaftsvertrags und Besonderheiten in Familiengesellschaften ausführlich unten unter § 5.

717 Wie *Holler*, in: MünchHdbGesR Bd. 7, 6. Aufl. 2020, § 75 Rn. 282, feststellt, finden sich aber teilweise

richtigerweise herausgearbeitet hat, kann für Familiengesellschaften, die eine planvoll generationsübergreifende Ausrichtung im oben beschriebenen Sinne durch eine entsprechenden Gesellschaftsvertragsgestaltung erfahren haben, rechtsformunabhängig regelmäßig im Wege der Auslegung ermittelt werden, dass neben die Gewinnerzielung ein mindestens gleichwertiger, wenn nicht sogar vorrangiger zweiter Gesellschaftszweck tritt: der des Erhalts und der Verwaltung des in der Gesellschaft vorhandenen Vermögens für die (Versorgung der) Familie in der Zukunft.[718] Denn die Gesellschafter bringen mit der Implementierung der Veräußerungs-, Gewinn-, Kündigungs- und Abfindungsbeschränkungen konkludent den Willen zum Ausdruck, das getragene Unternehmen oder sonstige Vermögensgegenstände der Gesellschaft unter Beschränkung ihrer Rechte langfristig für die Familie in der Gesellschaft erhalten zu wollen. Dem Gesellschaftsvertrag kann so qua Auslegung zu entnehmen sein, dass sich der Gesellschaftszweck entsprechend geändert hat bzw. er ergänzt wurde.

(1). Gründergeneration als Begründer des besonderen Gesellschaftszwecks

Diese Zweckbestimmung geht entsprechend dem oben dargestellten, charakteristischen Verlauf einer Familiengesellschaft über mehrere Generationen meist auf den oder die Gründer zurück.[719] Die Gründer schaffen durch den gemeinsamen Entschluss, ihre Abkömmlinge aufzunehmen und durch die vertragliche Sicherstellung der Weitergabe der übertragenen Anteile wiederum an andere Familienmitglieder und des Schutzes des Vermögens eine konkludente Änderung bzw. Ergänzung des Gesellschaftszwecks, der bis dahin meist nur auf Gewinnerzielung und Wertsteigerung gerichtet war.[720] Wichtig ist hier, dass die entsprechende Änderung bzw. Ergänzung des Gesellschaftszwecks der einstimmigen Entscheidung der Gesellschafter bedarf. Eine Änderung des Gesellschaftsvertrags entgegen dem Willen eines Gesellschafters kann also nicht Grundlage einer entsprechenden Gesellschaftszweckänderung sein. Hier ist aber gegebenenfalls über die Schaffung einer GbR mit entsprechendem Zweck durch die übrigen Gesellschafter nachzudenken, welche sich insbesondere aus Nebenverträgen (insbesondere einer Poolvereinbarung), die die transgenerationale Ausrichtung absichern, ergeben kann.[721]

Ausführungen zum generationsübergreifenden Vermögenserhalt zur Versorgung der Familie in der Präambel des Gesellschaftsvertrags. Dies geschieht häufig im Zusammenhang mit der oben beschriebenen Festschreibung des Vorrangs des Gesellschaftsinteresses.

718 Mit ausführlicher Herleitung auf den vorhergehenden Seiten *Holler*, DStR 2019, 931 (938).

719 *Holler*, DStR 2019, 931 (938). Vgl. auch *Ulmer*, ZIP 2010, 549 (552).

720 Vgl. zur Maßgeblichkeit der Gründervorstellungen für den Gesellschaftszweck *Holler*, DStR 2019, 931 (938 f.), sowie für die Auslegung („Grundtendenz des Vertrages") unten unter § 5.B.II.1.

721 Hierzu auch unten unter § 5.B.III.

(2). Spätere Generationen als Begründer des Gesellschaftszwecks

Wie bereits in der Darstellung der typischen Phasen einer generationsübergreifend ausgerichteten Gesellschaft angeklungen, ist die Gründer- oder Zweitgeneration der Gesellschafter realistischerweise meist die letzte Generation, die die zur Sicherung des Fortführungswillens notwendigen vertraglichen Gestaltungen einvernehmlich für alle Gesellschafter vornehmen wird. In späteren Generationen werden hingegen tendenziell häufiger einzelne Gesellschafter der Beschränkung ihrer anteilsbezogenen Rechte widersprechen. Vor dem Hintergrund der grundsätzlich zur Zweckänderung erforderlichen Zustimmung aller Gesellschafter ist die Änderung des bisher rein gewinnorientierten Gesellschaftszwecks hin zu einem (auch) auf Sicherung des Vermögenserhalts für die Zukunft gerichteten Zwecks in der Hauptgesellschaft damit zu diesem Zeitpunkt regelmäßig ausgeschlossen. Allerdings kann sich bei nebenvertraglicher Gestaltung der Fortführungssicherstellung durch die übrigen Gesellschafter auch hier ergeben, dass die Gesellschafter sich wiederum zu einer Familienpersonengesellschaft mit dem besonderen Gesellschaftszweck des Erhalts der Anteile an der Hauptgesellschaft für ihre Abkömmlinge in der Zukunft zusammengeschlossen haben. Möglich erscheint es darüber hinaus auch, dass die einer generationsübergreifenden Ausrichtung ablehnend gegenüberstehenden Gesellschafter zu diesem Zeitpunkt aus der Hauptgesellschaft ausscheiden.

(3). Erneute Änderung des Gesellschaftszwecks

Es ist nicht ausgeschlossen, dass spätere Generationen sich (konkludent) wieder vom besonderen Gesellschaftszweck lösen. Dies kann insbesondere durch die einvernehmliche Aufhebung der Beschränkungen, die für die Anteile der Gesellschafter existieren, geschehen.[722] Darüber hinaus ist an eine Zweckänderung durch Konzernierungsvorgänge sowie Umstrukturierungen und Unternehmenstransaktionen zu denken, wobei hier bei Feststellung eines zweckändernden Vorgangs wiederum grundsätzlich die Zustimmung aller Gesellschafter zum Vorgang erforderlich wird.[723]

(iii). Rechtswirkung gegenüber fortan beitretenden Gesellschaftern

Die nach der Schaffung, Änderung bzw. Ergänzung des Zwecks beitretenden Gesellschafter müssen den Gesellschaftszweck für seine Geltung und Rechtskraft ihnen gegenüber nicht ausdrücklich akzeptieren; vielmehr reicht hier bereits der Beitritt zur Gesell-

---

722 *Belz*, Die große Familienkommanditgesellschaft, 2018, 87; vgl. für die Voraussetzungen, insbesondere die Zustimmungserfordernisse, am Beispiel der GmbH etwa *Blasche*, RNotZ 2013, 515 (525).

723 Vgl. *Holler*, in: MünchHdbGesR Bd. 7, 6. Aufl. 2020, § 75 Rn. 286 ff.

schaft selbst aus.[724] Ihre persönlichen Interessen sind strikt vom Gesellschaftszweck zu unterscheiden (der Zweck ist *überindividuell*).[725]

Holler stellt den besonderen Gesellschaftszweck – auch in anderen Publikationen seit der erstmaligen Ausarbeitung[726] – in den Mittelpunkt der Diskussion um den Vorrang des Gesellschaftsinteresses in Familiengesellschaften und erklärt ihn rechtsformunabhängig zum idealen Gestaltungsinstrument für Gründer, die ihre (langfristige) Nachfolge rechtssicher gestalten wollen.[727] Insofern hat er für die generationsübergreifenden Familiengesellschaften im zweiten Teil seiner 2019 erschienen Aufsatzreihe [728] ausführlich die Verrechtlichung des Vorrangs des Gesellschaftsinteresses durch die Erhebung der generationsübergreifenden Vermögensverwaltung und -erhaltung zum Gesellschaftszweck beleuchtet.[729] Vor dem Hintergrund der Maßgeblichkeit des Gesellschaftszwecks für die Treuepflicht soll hierauf an dieser Stelle aber noch nicht eingegangen werden.[730]

(iv). Zusammenfassend zum Typus der generationsübergreifenden Familiengesellschaft

Der Typus der generationsübergreifenden Familiengesellschaft besteht demnach aus den Merkmalen der rechtlichen und tatsächlichen Besonderheiten, die in diesem Kapitel § 4 weitestgehend bereits besprochen wurden. Zusätzlich hat sich gezeigt, dass der Typus einen besonderen Gesellschaftszweck aufweist, den der generationsübergreifenden Sicherung des Gesellschaftsvermögens für die (Versorgung der) Familie. Während *Belz* den Typus auf die Kommanditgesellschaft beschränkt, haben die Arbeiten von *Krämer* und insbesondere von *Holler* anschaulich dargelegt, dass der Typus der generationsübergreifenden Familiengesellschaft rechtsformunabhängig existiert.

c. Bedürfnis nach einem (ungeschriebenen) Sonderrecht

Speziell für die mitgliederstarke, generationsübergreifend ausgerichtete Familienpersonengesellschaft wird seit geraumer Zeit über die Existenz bzw. Notwendigkeit der Schaf-

---

724 *Holler*, DStR 2019, 931 (937).
725 Vgl. *Holler*, in: MünchHdbGesR Bd. 7, 6. Aufl. 2020, § 75 Rn. 56.
726 Vgl. insbesondere die Ausführungen bei *Holler*, in: MünchHdbGesR Bd. 7, 6. Aufl. 2020, § 75 Rn. 49 ff.; s. auch *ders./Mann*, NZG 2021, 402.
727 Vgl. das Fazit bei *Holler*, DStR 2019, 931 (942), in welchem er Gründern neben der ausdrücklichen Aufnahme des Gesellschaftszwecks in den Gesellschaftsvertrag auch die Aufnahme einer Klausel, die die spätere Zweckänderung regelt, empfiehlt.
728 Für den ersten Teil s. *Holler*, DStR 2019, 880.
729 *Holler*, DStR 2019, 931 (935 ff.).
730 Hierzu aber unten unter § 7.B.

fung eines (ungeschriebenen) Sonderrechts diskutiert.[731] Die von den Vertretern der Existenz eines Sonderrechts teilweise angeführte „*Freudenberg*"-Entscheidung[732], in welcher der BGH den Bestimmtheitsgrundsatz für die Mehrheitsklausel einer mitgliederstarken Familienpersonengesellschaft als unanwendbar erklärt hatte, taugt vor dem Hintergrund der nunmehr vollständigen Aufgabe des Bestimmtheitsgrundsatzes durch den BGH[733] und der ohnehin nicht auf die Besonderheiten als Familiengesellschaft abstellenden Begründung des Urteils kaum als Nachweis für die Existenz eines Sonderrechts.[734] Insbesondere der letztgenannte Aspekt des fehlenden Abstellens auf Besonderheiten der Familiengesellschaft hindert auch die argumentative Heranziehung des „*Röchling*"-Urteils[735], in welchem der BGH den Gesellschaftsvertrag einer mitgliederstarken Familienpersonengesellschaft objektiv auslegte.[736]

Ein Sonderrecht für Familiengesellschaften existiert demnach zurzeit nicht. Es stellt sich aber die Frage, ob ein Bedürfnis nach einem Sonderrecht für die mitgliederstarke, generationsübergreifend ausgerichtete Familienpersonengesellschaft besteht. Ein solches Bedürfnis würde bestehen, wenn das Personengesellschaftsrecht nicht dazu geeignet ist, die besonderen Interessen einer mitgliederstarken, generationsübergreifend ausgerichteten Familienpersonengesellschaft und ihrer Gesellschafter adäquat zu erfüllen.[737] Ein besonderes Interesse der mitgliederstarken, generationsübergreifend ausgerichteten Familiengesellschaft und ihrer Gesellschafter besteht in der Implementierung der den Fortführungswillen absichernden Regelungen im Gesellschaftsvertrag.[738] Soweit in diesem Unterkapitel § 4.B.IV. über notwendige Vertragsgestaltungen zur Sicherung des Fortführungswillens gesprochen wurde, ergab sich häufig das Problem, dass gewisse, teils von der Rechtsprechung noch nicht klar gezogene Gestaltungsgrenzen existieren.[739] Im Laufe dieses Kapitels war dies etwa bei den Kündigungs- und Abfindungsbeschränkungen für Gesellschafter oder bei der Ermittlung der zulässigen Reichweite der

---

731 Etwa *Ulmer*, ZIP 2010, 549; *ders.*, ZIP 2010, 805; *Lieder*, in: Vogt/Fleischer/Kalss, Recht der Familiengesellschaften, 2017, 27 (59 ff.); *Belz*, Die große Familienkommanditgesellschaft, 2018, passim; *Holler*, BB 2012, 719; *ders.*, in: MünchHdbGesR Bd. 7, 6. Aufl. 2020, § 75 Rn. 79 ff.; ablehnend für die GmbH *Fleischer*, in: MünchKomm GmbHG, 5. Aufl. 2025, Einl. Rn. 40; zur Beschränkung des Abfindungsanspruchs ausführlich *Krämer*, Sonderrecht der Familiengesellschaften, 2019, passim.

732 BGH, Urteil v. 15.11.1982, Az. II ZR 62/82 („Freudenberg"), NJW 1983, 1056; angeführt von *Ulmer*, ZIP 2010, 549 (553 f.).

733 Hierzu oben unter § 4.B.IV.4.c.(i).

734 *Lieder*, in: Vogt/Fleischer/Kalss, Recht der Familiengesellschaften, 2017, 27 (59 f.).

735 BGH, Urteil v. 22.5.1989, Az. II ZR 211/88 („Röchling"), NJW-RR 1989, 1259; angeführt von *Ulmer*, ZIP 2010, 549 (554).

736 *Lieder*, in: Vogt/Fleischer/Kalss, Recht der Familiengesellschaften, 2017, 27 (61 f.).

737 Hierzu oben unter § 4.B.IV.5.a.

738 *Holler*, BB 2012, 719.

739 Die Frage nach der allgemeinen Zulässigkeit der Perpetuierung von Unternehmen, wie sie von *Reuter*, Privatrechtliche Schranken der Perpetuierung von Unternehmen, 1973, 98 ff., 138 f., ausführlich behandelt wurde, spielt heute keine Rolle mehr, vgl. nur *Ulmer*, ZIP 2010, 549 (556 f.).

obligatorischen Gruppenvertretung der Fall. Im Kern geht es für die generationsübergreifend ausgerichtete Familiengesellschaft dabei um die Frage, wie stark die Mitgliedschaftsrechte des Gesellschafters zugunsten des Bestandsschutzes der Gesellschaft beschränkt werden dürfen. Während die Gesellschafter, welche entsprechende Vertragsgestaltungen vornehmen, den Wunsch nach einer langfristigen Ausrichtung der Gesellschaft und Sicherung des Gesellschaftsvermögens hegen, ist unklar, ob die Implementierung der zur Erfüllung dieses Wunsches notwendigen Vertragsklauseln zulässig ist, ob die Gestaltungsgrenzen hier also möglicherweise durch die Gesellschafter überschritten würden. Dann bestünde für Familiengesellschafter derzeit keine rechtssichere Möglichkeit, ihren Wunsch nach Schaffung einer generationsübergreifenden Ausrichtung in eine rechtliche Form zu „gießen". Dies könnte das Bedürfnis nach einem Sonderrecht für Familiengesellschaften begründen.

Als maßgebliche Gestaltungsgrenze speziell für den Eingriff in Gesellschafterrechte präsentierte sich lange die sogenannte Kernbereichslehre.[740] Diese könnte die Implementierung der den Interessen der mitgliederstarker, generationsübergreifend ausgerichteter Familienpersonengesellschaften entsprechenden Regelungen im Gesellschaftsvertrag hindern. Rechtsprechung und Literatur haben die Kernbereichslehre, ihren Inhalt und ihre Reichweite bisher insbesondere anhand der Zulässigkeit von Mehrheitsbeschlüssen in Personengesellschaften diskutiert. Es wurde in diesem Unterkapitel § 4.B.IV anlässlich der Einführung von Mehrheitsklauseln in generationsübergreifenden Familiengesellschaften bereits über die Aufgabe des Bestimmtheitsgrundsatzes auf Ebene der formellen Beschlusskontrolle durch die Rechtsprechung gesprochen.[741] Hier geht es nun um die materielle Zulässigkeit von Mehrheitsbeschlüssen.

(i). Kernbereichslehre, absolut und relativ unentziehbare Rechte und Eingriff in selbige

Die Kernbereichslehre wurde lange für die zweite, materielle Stufe der Prüfung der Zulässigkeit von auf Mehrheitsklauseln basierenden Beschlüssen in Personengesellschaften herangezogen. Inhaltlich wurden Gesellschafterrechte katalogartig danach aufgeteilt, ob sie überhaupt nicht oder nur mit Zustimmung des jeweilig betroffenen Gesellschafters durch Mehrheitsbeschluss beschränkt bzw. aufgehoben werden konnten.[742] Zumindest

---

740 Die Kernbereichslehre wird teilweise als eigenständige allgemeine Grenze der Gestaltungsfreiheit angesehen, ist richtigerweise jedoch dem Schutzbereich des § 138 Abs. 1 BGB zuzuordnen, hierzu ausführlich *Hey*, Freie Gestaltung in Gesellschaftsverträgen und ihre Schranken, 2004, 238 ff.; s. auch *Schäfer*, in: MünchKomm BGB, 9. Aufl. 2024, § 705 Rn. 138; *Reuter*, JZ 1986, 16 (23).

741 Hierzu oben unter § 4.B.IV.4.c.(i).

742 Vgl. nur *Böttcher/Otte/Dietlein*, in: BeckOGK HGB, Stand 1.3.2025, § 109 Rn. 120; *Servatius*, in: Henssler/Strohn, Gesellschaftsrecht, 6. Aufl. 2024, § 709 BGB Rn. 10.

terminologisch hat der BGH[743] sich inzwischen von der Kernbereichslehre distanziert und hierdurch von ausdrücklicher Zustimmung bis heftige Kritik verschiedene Reaktionen in der Literatur erzeugt.[744]

Inhaltlich hat der BGH an die Stelle der Kernbereichslehre nun eine am Treuepflichtgedanken orientierte Einzelfallprüfung bzw. Interessenabwägung gesetzt, die von einer strikten Kategorisierung absieht. Dabei hält sich die Prüfung im Ergebnis aber nah an der Kernbereichslehre. Aus diesem Grund kann die Rechtsprechung hier für die Ermittlung der Gestaltungsgrenzen in Familienpersonengesellschaften, die sich aus der Kernbereichslehre ergeben, herangezogen werden. Seine „absolut unverzichtbaren Rechte" dürfen dem Gesellschafter auch weiterhin nicht entzogen werden.[745] Bei Betroffenheit sog. „relativ unentziehbarer Rechte" der Gesellschafter prüft der BGH auf der zweiten Prüfungsebene nun, ob eine (antizipierte) Zustimmung der betroffenen Minderheitsgesellschafter vorliegt oder ob die Zustimmung aus wichtigem Grund entbehrlich ist.[746] Danach geht es bei der inhaltlichen Überprüfung der Beschneidung von Gesellschafterrechten im Zweifel darum, ob die Beschneidung unerlässlich bzw. notwendig und dem Gesellschafter im Rahmen einer Interessenabwägung mit den Gesellschaftsinteressen zumutbar ist.[747] Wenn ein Eingriff in ein relativ unentziehbares Recht nicht von einer Zustimmung des Gesellschafters gedeckt und eine solche Zustimmung auch nicht aus wichtigem Grund entbehrlich ist, bedeutet dies die Unwirksamkeit des Eingriffs gegenüber dem Gesellschafter.[748]

(ii). Bestimmung absolut und relativ unentziehbarer Rechte im Einzelfall

Es stellt sich die Frage, wann ein absolut oder relativ unentziehbares Recht, welches die vorstehend beschriebene Schutzposition der Gesellschafter und die entsprechende Gestaltungsgrenze für den Gesellschaftsvertrag mit sich bringt, überhaupt vorliegt.[749] Für die Bestimmung, ob ein Gesellschafterrecht relativ unentziehbar ist, stellt der BGH in seiner Rechtsprechung nicht erst seit der (terminologischen) Distanzierung von der Kernbe-

---

743 BGH, Urteil v. 21.10.2014, Az. II ZR 84/13, NJW 2015, 859 (Rn. 19).

744 Vgl. für die verschiedenen Reaktionen auf das Urteil nur den Überblick bei *Altmeppen*, NJW 2015, 2065 (2066).

745 Allerdings ist fraglich, ob unverzichtbare Rechte überhaupt anzuerkennen sind, hierzu sogleich.

746 Ausführlich unter Aufarbeitung des neuesten relevanten Urteils des BGH, Urteil v. 13.10.2020, Az. II ZR 359/18, NZG 2020, 1384, dargestellt bei *Borries*, NZG 2021, 194 (196 ff.). Zur Beschlusskontrolle anhand der Treuepflicht bereits oben unter § 3.E.V.1.d.

747 BGH, Urteil v. 21.10.2014, Az. II ZR 84/13, NJW 2015, 859 (Rn. 19); BGH, Urteil v. 13.10.2020, Az. II ZR 359/18, NZG 2020, 1384 (Rn. 21); zum Erfordernis, dass der Eingriff *„unerlässlich bzw. notwendig"* ist ausführlich *Borries*, NZG 2021, 194 (197 f.).

748 Vgl. BGH, Urteil v. 21.10.2014, Az. II ZR 84/13, NJW 2015, 859 (Rn. 13, 17).

749 Zur Bestimmung für Aktiengesellschaft und GmbH vgl. *Holler*, in: MünchHdbGesR Bd. 7, 6. Aufl. 2020, § 75 Rn. 258 f. m.w.N.

reichslehre auf die konkrete Struktur der jeweiligen Gesellschaft und eine etwaige besondere Stellung des betroffenen Gesellschafters ab.[750] Letztlich ist damit die Auslegung des Gesellschaftsvertrags entscheidend für die Bestimmung der relativ unentziehbaren Gesellschafterrechte. Ein Gesellschafterrecht kann folglich in einer Gesellschaft ein relativ unentziehbares Recht darstellen, in einer anderen Gesellschaft aber nicht den relativ unentziehbaren Rechten zuzuordnen sein.[751] *Ulmer* spricht insofern von der *„Relativierung des Kernbereichsvorbehalts"*.[752]

Weiterhin hat der BGH bei seiner Distanzierung von der Kernbereichslehre – zugegebenermaßen nur in einem Nebensatz – angedeutet, dass auch herkömmlich als absolut unentziehbar bzw. unverzichtbar erachtete Rechte unter Umständen nicht als solche anzuerkennen sind.[753] Diese Überlegungen werden dadurch gestützt, dass der BGH bereits vor 2014 in seiner bekannten Entscheidung „Sanieren oder Ausscheiden" bei Vorliegen eines wichtigen Grundes die Mitgliedschaft eines Gesellschafters als solche zur Disposition der Mitgesellschafter gestellt hat.[754] Der BGH führte somit 2014 gedanklich letztlich nur konsequent das weiter, was er in Bezug auf die Mitgliedschaftsstellung schon vorher erklärt hatte. Es muss abgesehen von gesetzlich vorgesehenen Mindestrechten keine Mitgliedschaftsrechte geben, die abstrakt aufgrund der Existenz der Mitgliedschaft bestehen. Die Rechtsposition die den Gesellschaftern zukommt, ist gleich in welcher Rechtsform kein abstraktes Gut, sie wird erst durch die Ausgestaltung der Gesellschaft und Gesellschafterstellung von den Gesellschaftern selbst geformt. Entsprechend erhält der einzelne Gesellschafter relativ oder absolut unentziehbare Gesellschafterrechte durch die erstmalige Schaffung der Gesellschaft in der Art und Weise, wie sie ihm die Gesellschafter zu diesem Zeitpunkt zuerkennen. Erst von da an kann der Gesellschafter sich auf die ihm so zugewiesene Rechtsposition berufen und diese gegebenenfalls durch Verweigerung seiner Zustimmung zum Rechtsentzug „verteidigen".

---

750 Vgl. BGH, Urteil v. 10.10.1994, Az. II ZR 18/94, NJW 1995, 194 (195); BGH, Urteil v. 21.10.2014, Az. II ZR 84/13, NJW 2015, 859 (Rn. 19).

751 So schon *Ulmer*, NJW 1990, 73 (80), auf den auch BGH, Urteil v. 21.10.2014, Az. II ZR 84/13, NJW 2015, 859 (Rn. 19), verweist. S. auch *Leuering/Rubner*, NJW-Spezial 2017, 655 (656). Zur Typisierung im Kernbereich *Sigle*, in: FS Hüffer, 2010, 973 (977 ff.).

752 *Ulmer*, NJW 1990, 73 (80). Später etwa *Holler*, ZIP 2010, 1678 (1680).

753 BGH, Urteil v. 21.10.2014, Az. II ZR 84/13, NJW 2015, 859 (Rn. 19): *„unverzichtbaren und schon deshalb unentziehbaren Rechten – unabhängig davon, ob und in welchem Umfang man solche überhaupt anerkennen will"*.

754 Wenn auch letztlich nur über die Zustimmungspflicht des betroffenen Gesellschafters, vgl. BGH, Urteil v. 19.10.2009, Az. II ZR 240/08 („Sanieren oder Ausscheiden I"), NJW 2010, 65 (Rn. 16, 23). Die Ausführungen des BGH zu unverzichtbaren Rechten im Jahr 2014 aus diesem Grund als nicht unberechtigt bezeichnend *Goette/Goette*, DStR 2016, 74 (77 f.).

(iii). Konsequenzen für das Bedürfnis nach einem Sonderrecht

Aus der Darstellung zum Kernbereich der Mitgliedschaft bzw. den relativ oder absolut unentziehbaren Rechten wird deutlich, dass die Implementierung der erforderlichen Gesellschaftsvertragsgestaltungen in generationsübergreifenden Familiengesellschaften auch ohne Anerkennung eines Sonderrechts zulässig ist.[755] Denn für die Existenz und konkrete Ausgestaltung einer der entsprechenden Gestaltung möglicherweise entgegenstehende Rechtsposition des Gesellschafters sind die vom Gesellschaftszweck und der Ausgestaltung der Gesellschaft abhängige Realstruktur der Gesellschaft und die Rechtsstellung des Gesellschafters in ebenjener Gesellschaft maßgeblich. Diese sind in der generationsübergreifenden Familiengesellschaft entscheidend durch die gesellschaftsvertraglichen Vereinbarungen zur Sicherstellung des langfristigen Gesellschaftserhalts in Familienhand und insbesondere durch den besonderen Gesellschaftszweck des generationsübergreifenden Vermögenserhalts für die Familie bestimmt.[756] Vereinfacht gesagt weist die Rechtsposition des Gesellschafters damit bereits durch Vorliegen einiger wichtiger Merkmale des Typus der generationsübergreifenden Familiengesellschaft genügend Anhaltspunkte für die Zulässigkeit weiterer Einschränkungen auf, unabhängig davon, ob sie beim erstmaligen Zusammenschluss oder durch einen Mehrheitsbeschluss in den Gesellschaftsvertrag eingeführt werden.[757] So erscheint es – vorbehaltlich einer einzelfallgerechten Bestimmung – zulässig, weitgehende Einschränkungen des Kündigungs-, Abfindungs-, Stimm- und Vertretungsrechts rechtsformübergreifend bereits nach der geltenden Rechtslage vorzunehmen, was dem Bedürfnis nach einem Sonderrecht entgegensteht.[758]

Damit besteht nach hier vertretener Auffassung grundsätzlich kein Erfordernis für ein typenbedingtes Sonderrecht. Vielmehr reicht die sorgfältige Berücksichtigung der Besonderheiten der generationsübergreifenden Familiengesellschaft in Fragen der Zulässigkeit gesellschaftsrechtlicher Gestaltungen schon nach heute bestehender Rechtslage aus.

---

755 Mit der Kernbereichsrelativität so schon vor dem 2014 ergangenen Urteil des BGH argumentierend *Holler*, BB 2012, 719 (720).

756 Vgl. für mögliche Ansatzpunkte für die Bestimmung des (fehlenden) Betroffenseins des Kernbereichs der Mitgliedschaft in der Familiengesellschaft und die herausragende Bedeutung des Gesellschaftszwecks sowie der Grundtendenz des Vertrages ausführlich und mit Beispielen *Holler*, in: MünchHdb-GesR Bd. 7, 6. Aufl. 2020, § 75 Rn. 260 f.

757 *K. Schmidt/Fleischer*, in: MünchKomm HGB, 5. Aufl. 2022, § 131 Rn. 198.

758 Für die GmbH sieht auch *Fleischer*, in: MünchKomm GmbHG, 5. Aufl. 2025, Einl. Rn. 40, vor dem Hintergrund der bereits bestehenden Gestaltungsmöglichkeiten keinen Bedarf für die Einführung eines Sonderrechts. Vgl. auch *Lieder*, in: Vogt/Fleischer/Kalss, Recht der Familiengesellschaften, 2017, 27 (59 ff.). Im Grundsatz zustimmend, den Verweis auf die bestehenden Gestaltungsmöglichkeiten vor ausdrücklicher Anerkennung der Besonderheiten der Familiengesellschaft durch die Rechtsprechung aber nicht für ausreichend erachtend *Holler*, in: MünchHdbGesR Bd. 7, 6. Aufl. 2020, § 75 Rn. 81 ff. Für Gestaltungsprobleme und Lösungsansätze in der Familien-AG vgl. *Wälzholz*, DStR 2004, 779; *ders.*, DStR 2004, 819.

Gleichzeitig werden damit auch Gesellschafter der generationsübergreifenden Familiengesellschaften vor einer überbordenden Anwendung eines Sonderrechts geschützt, da bei Anwendung allgemeiner gesellschaftsrechtlicher Grundsätze auf die Gesellschaft stets für den Einzelfall ermittelt werden muss, wie stark die Rechte der Gesellschafter bereits eingeschränkt sind und vor dem Hintergrund ihrer Rechtsposition und des Gesellschaftsinteresses noch eingeschränkt werden müssen und dürfen.[759]

d. Standortbestimmung im deutschen Gesellschaftsrecht

Der Typus der generationsübergreifenden Familiengesellschaft wurde zuletzt von *Krämer* ausführlich durch Vergleiche mit den gesetzlich vorgesehenen Rechtsformen und deren Leittypus in das deutsche Gesellschaftsrecht eingeordnet.[760] Dieser Einordnung kann weitestgehend zugestimmt werden. Danach stellt die generationsübergreifende Familiengesellschaft einen Mischtypus aus dem jeweiligen Idealtypus mehrerer gesetzlicher Rechtsformen dar. Zum einen zeigt sich eine leichte Nähe zum Idealtypus der Personengesellschaften in der Bedeutung des dauerhaften Erhalts einer familiären Prägung des Gesellschafterkreises (Anteilsvinkulierung), andererseits rückt die Gesellschaft mit ihrer körperschaftlichen Organisation (Einteilung in Geschäftsführung, Beirat, weitestgehend entmachtete Gesellschafterversammlung, gegebenenfalls Stämme mit obligatorischer Gruppenvertretung) in die Nähe des Idealtypus der Kapitalgesellschaften, insbesondere der AG, und mit ihrem großen, zunehmend ungleichen Gesellschafterkreis in die Nähe der Publikumsgesellschaften[761], während die starke Beschränkung der Rechte der Gesellschafter (Kündigungs-, Abfindungs-, Entnahme-, Entscheidungsrechte) bei gleichzeitiger Ausschüttung von Teilerträgen an die Gesellschafter und Perpetuierung der Gesellschafterstellung der Familie Ansätze für eine Vergleichbarkeit mit einem Wirtschaftsverein oder gar einer privatnützigen Stiftung bietet.[762]

6. Zum Gründer und Patriarchen

In generationsübergreifenden Familiengesellschaften existiert zwangsläufig ein Gründer oder eine Gründergeneration (nachstehend: „der Gründer"). Der Gründer, wie er in dieser Arbeit verstanden wird, kann dabei auch eine von den Gesellschaftern als „wahrer

---

759 Ähnlich zu einem Sonderrecht für Abfindungsbeschränkungen *Lieder*, in: MünchHdbGesR Bd. 9, 6. Aufl. 2021, § 3 Rn. 128 ff.

760 Vgl. *Krämer*, Sonderrecht der Familiengesellschaften, 2019, 165 ff.

761 Hierzu zuletzt ausführlich *Lang*, RFamU 2022, 299.

762 Vgl. *Krämer*, Sonderrecht der Familiengesellschaften, 2019, 165 ff. Für die Vergleichbarkeit mit der Stiftung schon *Reuter*, Privatrechtliche Schranken der Perpetuierung von Unternehmen, 1973, 87 ff.; ähnlich auch *Wiedemann*, GesR Bd. I, 1980, 121.

Gründer" empfundene Person aus der zweiten oder einer noch späteren Generation sein, die den Erfolg der Familiengesellschaft maßgeblich gefördert und das von der Gesellschaft getragene Unternehmen „groß gemacht" hat. Der Gründer kann, je nach Alter bzw. Stadium der Gesellschaft in der Position des Anteilseigners und/oder als Mitglied bzw. Vorsitzender eines Beirats auch nach einer (Teil-)Generationennachfolge noch in der Gesellschaft bzw. im getragenen Unternehmen aktiv sein.[763]

Dem Gründer wird häufig ein natürlicher, in der erbrachten Leistung und gesammelten Lebenserfahrung begründeter Respekt der übrigen Gesellschafter entgegengebracht,[764] der aber in der Durchschnittsfamiliengesellschaft in den letzten Jahrzehnten mit einem sich wandelnden Zeitgeist an Gewicht verloren haben dürfte. Wo früher unabhängig von rechtlichem Dürfen und tatsächlichen Können des Gründers dessen Entscheidungen von den übrigen Gesellschaftern unreflektiert „abgenickt" wurden, wird sich heute tendenziell schneller ein Widerstand entwickeln, der auch der effektiven Kontrollausübung der Gesellschaft über das Unternehmen im Wege stehen kann.[765] Gleichzeitig kann ein solcher Widerstand einen wichtigen Beitrag zu ausgewogeneren Entscheidungen darstellen.[766]

Trotz des zeitgeistbedingten Wandels der Einflussmöglichkeiten des Gründers wird man konstatieren können, dass diesem auch heute tendenziell eine höhere tatsächliche Macht in der Gesellschaft zukommt, als sich dies in der rein rechtlichen Stellung widerspiegelt. Gleiches gilt in älteren Familiengesellschaften für die erfahrensten Familienmitglieder, die über lange Zeit maßgeblich auf die Familiengesellschaft eingewirkt und deren Erfolg gefördert haben („Patriarch" oder „Matriarchin"). Dieser Umstand kann zu Problemen hinsichtlich eines gelungenen Übergangs der Gesellschaft in die Hände der nächsten Generation führen, wenn tatsächlich nur ein „halbherziger Machttransfer" im Gesellschafterkreis und in der Geschäftsführung stattfindet und der Gründer trotz seiner rechtlich nunmehr nur noch eingeschränkten Macht tatsächlich weiterhin die Geschicke der Gesellschaft und des getragenen Unternehmens lenkt.[767]

In diesem Unterkapitel § 4.B.IV. zur generationsübergreifenden Familiengesellschaft wurde bereits an einigen Stellen erwähnt, dass es meist der Gründer ist, der die notwendigen Vorkehrungen zur Sicherung seines Fortführungswillens trifft und die Gesellschaft

---

763 Hierzu die Ausführungen zu den Phasen der Familiengesellschaft oben unter § 4.B.IV.2. und zum Beirat oben unter § 4.B.IV.4.b.

764 Zur Strahlkraft von Gründungsunternehmern sogar über ihren Tod hinaus *Binz/Weinand*, in: MünchHdbGesR Bd. 9, 6. Aufl. 2021, § 45 Rn. 41 (Fn. 45).

765 Vgl. zum wandelnden Leitbild der Familie (von familiärer Subordination hin zur Selbstbestimmung und Eigenverantwortlichkeit) *Staake*, RFamU 2022, 49 (50). Vgl. auch die Formulierung bei *May/Ebel*, in May/Bartels, Governance im Familienunternehmen, 2017, 101 f.: *„Das bürgerlich-patriarchalische Zeitalter ist untergegangen und mit ihm die patriarchalische Autorität. Tradition und Autorität haben ihre Bindekraft verloren."*

766 Vgl. *Staake*, RFamU 2022, 49 (50).

767 Insofern geht *Priester*, in: Tröger/Wilhelmi, Rechtsfragen der Familiengesellschaften, 2006, 53 (59), von einer treuepflichtgestützten Rückzugspflicht auch hochverdienter Gründer aus.

so – entsprechend der obigen Ausführungen – hin zum besonderen Typus der generationsübergreifen Familiengesellschaft bewegt. Dabei wurde auch angesprochen, dass der Gründer von dem Gedanken getragen wird, die Gesellschaft möge in ferner Zukunft noch der Versorgung seiner Familie dienen. Dem steht in der Literatur ein interessanter Gedanke *Helmigs* entgegen, der eine andere Erklärung für die generationsübergreifende Ausrichtung von Familiengesellschaften durch ihre Gründer nennt: die Befriedigung eigener Eitelkeiten durch Schaffung und Absicherung eines ihnen selbst gewidmeten Denkmals in Gesellschaftsform.[768] Die generationsübergreifend ausgerichtete Gestaltung des Vertragswerks, die die Gründer üblicherweise vor Aufnahme weiterer Familienmitglieder vornehmen, würde tatsächlich auch diese Annahme stützen, erfordert die Sicherung der Existenz des „Eigendenkmals Gesellschaft" doch auch ebenjene Vorkehrungen. Bei genauer Betrachtung schließen sich der in der Literatur für eine generationsübergreifend ausgerichtete Familiengesellschaft vornehmlich genannte Zweck der Versorgung der Familie in der Zukunft und derjenige der Schaffung eines Eigendenkmals durch den Gründer auch nicht aus. Der besondere Gesellschaftszweck der Versorgung der Familie in der Zukunft könnte nämlich entweder als neben den Denkmalszweck tretender eigener Teil des Gesellschaftszwecks, als Incentivierung der zukünftigen Familienmitglieder für die Pflege des Denkmals oder aber gar als ansehensfördernde Geste des Gründers gegenüber seinen Nachfahren angesehen werden. Argumentativ lässt sich die Annahme eines Denkmalzwecks weithin mit der häufig anzutreffenden Verbindung des Gründernamens, also Vor- und Familiennamens, mit der Firma der Gesellschaft unterstützen. Inwiefern man einen „Denkmal-Willen" der Gründer im Einzelfall anerkennen kann, ist maßgeblich von der Auslegung des Vertragswerks der Familiengesellschaft abhängig. Hierbei stellt sich aber die Frage, welche zusätzlichen Vorkehrungen oder Anzeichen im auslegungsrelevanten Stoff neben der Bestandssicherung zu finden sein müssen, um einen dahingehenden Gründerwillen sicher festzustellen. Möglich erscheint es etwa, dass in auslegungsrelevanten Nebenvereinbarungen oder in der Präambel des Gesellschaftsvertrags die Unternehmensgeschichte wiedergegeben wird und dabei insbesondere die Leistungen des Gründers hervorgehoben werden.[769] Ob das allein aber ausreichen kann, erscheint zumindest zweifelhaft.

Für die Beweggründe zur Errichtung einer Familienstiftung, die weitestgehend auf die hier diskutierten Beweggründe für die Errichtung einer planvoll generationsübergreifend ausgerichtete Familiengesellschaft übertragbar sein dürften, hat eine Studie der *Stiftung Familienunternehmen* bezeichnenderweise ergeben, dass die Errichtung eines Eigendenkmals zwar gelegentlich ein zusätzlicher Beweggrund sein kann, dem Schutz des

---

768 *Helmig*, in: FS Binz, 2014, 285 (289).

769 Vgl. für eine Verankerung der Unternehmensgeschichte in Präambeln von Familienverfassungen *Reich/Bode*, DStR 2018, 305 (306).

getragenen Unternehmens allerdings ein deutlich höherer Einfluss auf die Entscheidung der Gründer bzw. Stifter zukommt.[770] Zwar erscheint es möglich, dass im Einzelfall auch ein im Vertragswerk angelegtes Interesse an der Wahrung der Reputation des Gründers die i.R.d. Treuepflicht zu treffende Interessenabwägung beeinflussen kann, etwa wenn die Gesellschafter oder Gesellschaftsorgane Umgang mit Kunden haben oder einzelne Gesellschafter einen Streit aus dem Familienkreis in die Öffentlichkeit tragen.[771] Vor dem Hintergrund, dass dieser Aspekt bei der Gründung in aller Regel hinter anderen Motiven zurücksteht, sich in den Vertragswerken der Familiengesellschaft selten ein eindeutiger Wille der Gründer, die Gesellschaft als ihr Denkmal zu errichten finden wird und generationsübergreifende Familiengesellschaften zudem i.d.R. ohnehin an einer Wahrung hohen Ansehens des Gründers und des Familiennamens in der Öffentlichkeit interessiert sind und diese durch die Verschriftlichung eines gemeinsamen Wertekanons zum inner- und außergesellschaftlichen Verhalten der Gesellschafter bereits in gewissem Maße absichern wollen, wird die Denkmalfunktion der Gesellschaft hier nicht weiter erörtert.

V. Nebenverträge und Familienverfassung

Als letzte typische Besonderheit soll über die Nebenverträge von Familiengesellschaften gesprochen werden, insbesondere über die Familienverfassung. Zwar werden die bisher behandelten Besonderheiten der Familiengesellschaft sich häufig im Gesellschaftsvertrag der Hauptgesellschaft wiederfinden, es ist jedoch in der Praxis – insbesondere, aber nicht nur bei generationsübergreifenden Familiengesellschaften – eine enorme Vielfalt und intensive Nutzung von Nebenverträgen zum Gesellschaftsvertrag zu beobachten („Zwiebelschalenmodell“).[772]

1. Typische Nebenvereinbarungen der Familiengesellschafter

Typische Nebenvereinbarungen sind etwa Schutzgemeinschaftsverträge, Konsortial- und Poolverträge, Stammesstatute oder sonstige Gesellschaftervereinbarungen zwischen Familiengesellschaftern oder Gruppen von Familiengesellschaftern.[773] Hier organisieren sich die Familiengesellschafter so, dass – entweder für die Familie oder für den Stamm

---

770 *Stiftung Familienunternehmen*, Stiftungsunternehmen in Deutschland, 2021, 32 f.

771 Zur Wichtigkeit des Familiennamens und wofür dieser steht, allerdings für die gesamte Familie, schon ansatzweise *Prütting/Schirrmacher*, ZGR 2017, 829 (834 f.).

772 Es werden die Ebenen Gesetz, Gesellschaftsvertrag, Gesellschaftervereinbarungen, Governance Kodex für Familienunternehmen und Familienverfassung als Schichten des übergreifenden Ordnungsrahmens, der die drei Teilbereiche eines Familienunternehmens – Unternehmen, Familie, Eigentum – verbindet (*Family Business Governance*), unterschieden, vgl. *Fleischer*, ZIP 2016, 1509 (1509 f.).

773 Vgl. etwa *Holler*, ZIP 2018, 553 (559 f.); *ders.*, in: MünchHdbGesR Bd. 7, 6. Aufl. 2020, § 75 Rn. 132 ff.

– eine dauerhafte Sicherung des Einflusses der Gesellschafter über die Gesellschaft erreicht wird. Sofern alle Gesellschafter der Hauptgesellschaft an der Nebenvereinbarung beteiligt sind (omnilaterale Vereinbarung) und diese sich auf das Gesellschaftsverhältnis aller Gesellschafter bezieht, kann die Gesellschaftervereinbarung in Personengesellschaften[774] den Rang eines Gesellschafterbeschlusses auf Ebene der Hauptgesellschaft erreichen.[775] Andernfalls werden nur die an der Nebenvereinbarung beteiligten Gesellschafter gebunden. Zwischen den an der Nebenvereinbarung beteiligten Gesellschaftern kann eine BGB-Innengesellschaft entstehen, was für den Einzelfall zu bestimmen ist.[776] Sofern im Erbfall keine Gesamtrechtsnachfolge vorliegt, geht die Stellung als Vertragspartei der Nebenvereinbarung nicht zwingend auf den Rechtsnachfolger des Gesellschaftsanteils über.[777] Die dauerhafte Verbindung von Gesellschaftsanteil und Beteiligung an der Nebenvereinbarung muss daher vertraglich sichergestellt werden.[778]

2. Familienverfassung

In der jüngeren Vergangenheit ist der Fokus der familiengesellschaftsrechtlichen Literatur vermehrt auf die Familienverfassung als besonderes außergesellschaftliches[779] Regelungsinstrument gerichtet worden, insbesondere unter dem Gesichtspunkt der Family Business Governance.[780] An ihrer Erarbeitung nehmen regelmäßig nicht nur die Gesellschafter teil, sondern darüber hinaus auch andere Familienmitglieder.[781] Unter den Begriff der Familienverfassung (auch: Familienstatut, Familiencharta, Familienprotokoll, Familienkodex)[782] werden stark unterschiedlich ausgestaltete Schriftstücke gefasst, sodass

[774] Für die Übertragbarkeit auf die GmbH und diesbezügliche Probleme *Wicke*, in: MünchKomm GmbHG, 5. Aufl. 2025, § 3 Rn. 145 m.w.N.

[775] *Holler*, ZIP 2018, 553 (560).

[776] *Holler*, ZIP 2018, 553 (560); vgl. auch *Kalss/Probst*, Familienunternehmen, 2013, 74 f. Es lässt sich auch bei diesen Gesellschaften von Familiengesellschaften sprechen, für die Stammesorganisation plakativ *Priester*, in: Tröger/Wilhelmi, Rechtsfragen der Familiengesellschaften, 2006, 53 (55): „*Familiengesellschaft in der Familiengesellschaft*".

[777] *Ulmer/Löbbe*, in: Habersack/Casper/Löbbe, GmbHG Großkomm., 3. Aufl. 2019, § 3 Rn. 118.

[778] *Holler*, in: MünchHdbGesR Bd. 7, 6. Aufl. 2020, § 75 Rn. 163 m.w.N.

[779] Außer Acht gelassen werden solche Familienverfassungen, die ausnahmsweise durch Gesellschafterbeschluss unmittelbar auf der Gesellschaftsebene angesiedelt sind, vgl. hierzu *Hueck*, Familienverfassung, 2017, 83 ff.

[780] *Kalss/Probst*, Familienunternehmen, 2013, 39 ff.; *Fleischer*, ZIP 2016, 1509; *Prütting*, in: Lange/Windthorst, Sicherung des Familieneinflusses in Familienunternehmen, 2017, 35 ff.; *Holler*, ZIP 2018, 553 (553); *Reich/Bode*, DStR 2018, 305; *Hamburger Kreis Recht der Familienunternehmen*, DB 2018, M26 (Nr. 3 f.); *Foerster*, BB 2019, 1411; *Felden/Peyerl*, PU 2021, 124; historisch-vergleichend *Fleischer*, NZG 2017, 1201; monografisch *Hueck*, Familienverfassung, 2017; *Bong*, Gesellschaftsrechtliche Wirkungen einer Familienverfassung, 2022; für eine qualitativ-empirische Untersuchung vgl. *Neumueller*, Family Compliance, 2020.

[781] Vgl. *Foerster*, BB 2019, 1411 (1411 f.) m.w.N.

[782] Vgl. *Fleischer*, ZIP 2016, 1509 (1510). Nachstehend wird einheitlich der Begriff „Familienverfassung" genutzt.

eine allgemeingültige Antwort auf die Frage der rechtlichen Einordnung nicht gegeben werden kann.[783] Es können aber Tendenzen für typische Regelungsinhalte ermittelt und diese dann eingeordnet werden.[784]

Die Familienverfassung wird teilweise als zentrale rechtliche Grundlage einer Familiengesellschaft definiert, die die Gesamtheit der Grundsätze, die die Gesellschaft zur Familiengesellschaft macht, festlegt.[785] Typische Regelungsgegenstände sind Werte, Ziele, Rollen der Familienmitglieder, Verhaltensmaßgaben für die Gesellschafter, Gewinnverteilungs-, Ausscheidens- und Beirats- bzw. Aufsichtsratsregelungen, Familieninstitutionen (z.B. der *Family Day*) sowie Bestimmungen zur Laufzeit und regelmäßigen Aktualisierung der Verfassung.[786] Insofern lässt sich teilweise eine Überschneidung mit typischen gesellschaftsvertraglichen Vereinbarungen der generationsübergreifenden Familiengesellschaft feststellen. Tatsächlich können dann im Gesellschaftsvertrag und in der Familienverfassung inhaltsgleiche oder aber sich widersprechende Regelungen existieren. Die Parteien der Familienverfassung legen regelmäßig fest, dass die Inhalte der Familienverfassung rechtlich unverbindlich sein sollen und lediglich eine moralische Bindung beabsichtigt ist, was in der Kautelarpraxis auch so empfohlen und bei fehlender, ausdrücklicher Klarstellung lange angenommen wurde.[787]

Eine umfassende Auseinandersetzung mit der Rechtsverbindlichkeit der Familienverfassung würde den Rahmen dieser Arbeit sprengen. Richtig ist, dass die einzelnen Bestandteile der Familienverfassung regelmäßig[788] als rechtlich unverbindliche Vereinbarungen wie etwa ein *Gentlemen's Agreement*, Gefälligkeitsverhältnis, rechtsgeschäftliche Naturalobligation, Absichtserklärung oder gar als bloße informatorische Bestandteile zu qualifizieren sind.[789] Die Familienverfassung insgesamt stellt in ihrer Gesamtheit eine Vereinbarung *sui generis* dar.[790] In den letzten Jahren hat sich entgegen der vormals in der Literatur proklamierten, umfassenden rechtlichen Unverbindlichkeit der Familienverfassung vermehrt die Erkenntnis durchgesetzt, dass zumindest von einer mittelbaren Teilrechtsverbindlichkeit der Familienverfassung ausgegangen werden kann.[791] So kann die

---

783 Vgl. *Hueck*, Familienverfassung, 2017, 59 ff., 129 ff.

784 So etwa auch *Foerster*, BB 2019, 1411 (1412). Für typische Inhalte vgl. *Hueck*, Familienverfassung, 2017, 5 ff.; *Neumueller*, Family Compliance, 2020, 69 ff.

785 So als Grundlage für das „verfasste Familienunternehmen" *Kalss/Probst*, Familienunternehmen, 2013, 39. Hier wird die Nähe der Familienverfassung zur generationsübergreifenden Familiengesellschaft, in welcher Familie und Gesellschaft eng und dauerhaft verknüpft sind, deutlich.

786 Vgl. nur *Foerster*, BB 2019, 1411 (1412) m.w.N.

787 *Fleischer*, ZIP 2016, 1509 (1510) m.w.N.; *Foerster*, BB 2019, 1411 (1412) m.w.N.

788 Eine ausdrücklich unmittelbar rechtsverbindliche Gestaltung bleibt natürlich möglich, zur Einordnung ausführlich *Hueck*, Familienverfassung, 2017, 129 ff.

789 Ausführlich *Hueck*, Familienverfassung, 2017, 179 ff.

790 *Hueck*, Familienverfassung, 2017, 195 f., wobei eine Gesellschaftsgründung regelmäßig zu verneinen sei.

791 Allgemein zur rechtlichen Wirkungskraft unverbindlicher Regelungen (*Soft Law*) *Hueck*, Familienverfassung, 2017, 197 f. m.w.N.

Familienverfassung etwa über ihre Funktion als Dokumentation einer innergesellschaftlichen Übung[792], über die Auslegung des Gesellschaftsvertrags oder die Konkretisierung der Treuepflicht letztlich mittelbar Bedeutung auf der Ebene der Gesellschaft erlangen.[793] In welchem Umfang die mittelbare Relevanz der Familienverfassung tatsächlich anzunehmen ist, soll im Hinblick auf die Auslegung des Gesellschaftsvertrags und die Treuepflicht im weiteren Verlauf der Arbeit näher beleuchtet werden.[794]

792 *Fleischer*, ZIP 2016, 1509 (1517); *Hueck*, Familienverfassung, 2017, 250 f.; zurückhaltender *Foerster*, BB 2019, 1411 (1417).

793 *Kalss/Probst*, Familienunternehmen, 2013, 97 ff., 101 ff.; *Fleischer*, ZIP 2016, 1509 (1517 ff.); *Hueck*, Familienverfassung, 2017, 252 ff., 267 ff.; *Foerster*, BB 2019, 1411 (1417 f.).

794 Zur Relevanz i.R.d. Auslegung und Treuepflicht unten unter § 5.B.III.2. bzw. § 1.

§ 5. Vertragsauslegung in Familiengesellschaften

Wie bereits i.R.d. Darstellung der Grundsätze der Treuepflicht gesehen, kommt dem Gesellschaftsvertrag und den Nebenvereinbarungen entscheidende Bedeutung für die Bestimmung der Intensität und des Inhalts der Treuepflicht im Einzelfall zu. Darüber hinaus ist anhand der obigen Behandlung der typischen Besonderheiten der Familiengesellschaft deutlich geworden, dass der Gesellschaftsvertrag und die typischen Nebenvereinbarungen der Familiengesellschaft die Grundlage der meisten Besonderheiten einer Familiengesellschaft bilden. Die Familiengesellschaften heben sich also zuvorderst durch ihre typischen Vereinbarungen in diesen Verträgen überhaupt erst nennenswert von sonstigen Gesellschaften ab. Damit überschneidet sich der Ort zur Bestimmung der Besonderheiten der Familiengesellschaft mit dem der die Treuepflicht formenden Parameter. Aus dieser Überschneidung ergibt sich für Familiengesellschaften in der Praxis bei der Ermittlung der konkreten Treuepflicht im Einzelfall zuallererst das Erfordernis, den jeweiligen Gesellschaftsvertrag und seine Nebenvereinbarungen auf die typischen Familiengesellschaftseigenschaften bzw. die Treuepflicht beeinflussenden Parameter hin zu untersuchen.

Nun könnte man meinen, dass vor dem Hintergrund der enormen Wichtigkeit klarer und verständlicher vertraglicher Regelungen – insbesondere für solche Gesellschaften, die bei Gründung planvoll auf eine generationsübergreifende Existenz ausgerichtet werden und deren Vertragswerk daher von einer Vielzahl verschiedener Personen auch in ferner Zukunft noch verstanden und beachtet werden muss[795] – in der Praxis bei Erstellung und bei späteren Änderungen des Gesellschaftsvertrags und seiner Nebenverträge äußerst penibel und sorgsam formuliert wird und die Verträge bei Nutzung verschiedentlicher Nebenvereinbarungen sauber aufeinander abgestimmt werden. Dies ist in der Praxis jedoch oft nicht der Fall. Vielmehr enthalten die Verträge teilweise mehrdeutige, widersprüchliche oder überhaupt keine Bestimmungen zu gewissen Regelungsbereichen. In diesen Fällen muss der entsprechende Vertragsinhalt durch erläuternde oder ergänzende Vertragsauslegung ermittelt werden. Dabei stellt sich die Frage, ob für die Familiengesellschaft besondere Auslegungsregeln gelten. Über diese Frage herrscht in Rechtsprechung und Literatur Streit.[796]

A. *Allgemein*

Zunächst werden die grundsätzlichen Auslegungsregeln für Gesellschaftsverträge und

---

795 Vor unzureichender Ausgestaltung warnend *Sigle*, in: FS Rowedder, 1994, 459 (469).

796 Zu den verschiedenen Ansichten unten unter § 5.B.

Nebenvereinbarungen untersucht. Wie sich zeigen wird, lässt sich rechtsformübergreifend ein einheitliches Auslegungssystem finden, das die Wahrung der konkret betroffenen, schützenswerten Interessen in den Mittelpunkt stellt.

I. Personengesellschaften

1. Grundsatz

In Rechtsprechung und Literatur herrscht bezüglich der erläuternden Auslegung von Gesellschaftsverträgen typischer Personengesellschaften [797] weitestgehend Einigkeit. [798] Maßgeblich sind die §§ 133, 157 BGB, die eine *subjektive* Vertragsauslegung gebieten. Ziel der Auslegung ist es, den übereinstimmenden, wirklichen Willen der Parteien bei Vertragsabschluss zu ermitteln. Dafür sind neben dem Vertragswortlaut[799] als Ausgangspunkt der Auslegung sowohl Entstehungsgeschichte, Systematik, Sinn und Zweck des Vertrags sowie die Besonderheiten seiner Durchführung zu berücksichtigen, die für alle Gesellschafter erkennbar waren (*Empfängerhorizont*).[800] Übereinstimmende Vorstellungen der Gründer und ihr Einfließen in das Vertragswerk können dem Vertrag insgesamt eine *Grundtendenz* geben, die bei der Auslegung zu berücksichtigen ist (so etwa die gemeinsame Vorstellung eines Ausschlusses nicht mit den Gründern verwandter Dritter).[801] Die Gesellschaft entwickelt mit fortschreitender Existenz aber üblicherweise ein Eigenleben, welches sich mehr und mehr von der subjektiven Vorstellung der Gründer zum Zeitpunkt des Vertragsschlusses entfernt. Grundsätzlich gilt daher, dass das Gründerverständnis zumindest mit der Zeit mehr und mehr an Bedeutung verliert.[802] Zu beachten ist darüber hinaus die Möglichkeit einer anhaltenden, einverständlichen Missachtung der schriftlich fixierten Regelungen des Gesellschaftsvertrags, die zu einer Auslegung,

---

797 Zur abweichenden Auslegung bei der Publikumspersonengesellschaft unten unter § 5.A.I.3. Für Personengesellschaften, die von vornherein durch einen größeren Personenkreis gegründet wurden gilt zwar grundsätzlich auch die subjektive Auslegung, allerdings hat *Grunewald* insoweit richtigerweise darauf hingewiesen, dass praktisch häufig eine objektive Auslegung geboten sein wird, da ein tatsächlich gleichlaufendes subjektives Verständnis, welches vom objektiven Gehalt des Vertrages abweicht mit wachsender Gesellschafterzahl zunehmend unwahrscheinlicher wird, vgl. *Grunewald*, ZGR 1995, 68 (75 f.).

798 Vgl. nur die Nachweise bei *Schäfer*, in: MünchKomm BGB, 9. Aufl. 2024, § 705 Rn. 175 (Fn. 467).

799 Erfasst ist auch die Präambel.

800 *Sanders*, in: BeckOGK HGB, Stand 15.4.2025, § 105 Rn. 140; *Schäfer*, in: MünchKomm BGB, 9. Aufl. 2024, § 705 Rn. 173 m.w.N. Die Besonderheiten der Durchführung führen beim Gesellschaftsvertrag als Langzeitvertrag, der den Ordnungsrahmen für teils unkalkulierbare Gegebenheiten in der Zukunft regeln soll, zum Erfordernis eines am Ziel des Vertrages orientierten Verständnisses (sog. *dynamisches Vertragsverständnis*), vgl. auch *Grunewald*, ZGR 1995, 68 (69).

801 BGH, Urteil v. 25.9.1986, Az. II ZR 272/85, NJW 1987, 890 (891); *Wiedemann*, DNotZ-Sonderheft 1977, 99 (104 f.); *Grunewald*, ZGR 1995, 68 (69).

802 *Schäfer*, in: MünchKomm BGB, 9. Aufl. 2024, § 705 Rn. 174.

welche der tatsächlichen Handhabung entspricht, führt (*Auslegung anhand einverständlicher Übung*).[803] Die Gesellschafter füllen den Vertrag dann mit der Zeit erst nach ihrem tatsächlichen Verständnis aus. Insgesamt kann die Auslegung so ergeben, dass der Gesellschaftsvertrag eine Regelung enthält, die im Widerspruch zu seinem konkreten Wortlaut bzw. sonst objektiv ermittelbaren Gehalt steht (*falsa demonstratio non nocet*).[804]

2. Eintritt eines Neugesellschafters

a. Objektive Auslegung

Mit der Möglichkeit der Auslegung des Gesellschaftsvertrags hin zu einem Verständnis, welches nicht dem objektiven Gehalt des Vertrages entspricht, ergeben sich aber Probleme, wenn seit der Gründung Gesellschafterwechsel stattgefunden haben. Fraglich und umstritten ist, wie sich ein Wechsel im Gesellschafterkreis, gleich ob ihm ein Anteilskauf, eine Schenkung oder ein Erbfall zugrunde liegt[805], auswirkt, wenn also (erstmals) eine Person in den Gesellschafterkreis eintritt, die nicht an der Vertragsentstehung beteiligt war. Wenn der Eintretende das subjektive Verständnis der übrigen Gesellschafter kennt oder hiervon nach seinem Eintritt erfährt, ohne zu widersprechen, gilt das bisherige subjektive Verständnis der Gründer selbstverständlich fort.[806] Was aber gilt, wenn der neu eintretende Gesellschafter bei Eintritt keine Kenntnis vom bisher einschlägigen Vertragsverständnis hatte, diese auch nicht haben musste[807] und dem subjektiven Verständnis bei späterer Kenntniserlangung widerspricht? Wird das Gründerverständnis, das keinen objektiven Widerhall im Gesellschaftsvertrag gefunden hat, ab diesem Zeitpunkt durch eine rein objektive Auslegung ersetzt, die nur die für jeden erkennbaren Inhalte des Vertrags und Umstände der Vertragsentstehung berücksichtigen muss?

---

803 *Grunewald*, ZGR 1995, 68 (69) m.w.N. Zur Auslegung nach den Grundsätzen über die konkludente Vertragsänderung s. auch *Schäfer*, in: MünchKomm BGB, 9. Aufl. 2024, § 705 Rn. 174, 56; *Sanders*, in: BeckOGK HGB, Stand 15.4.2025, § 105 Rn. 146; s. auch BGH, Urteil v. 29.3.1996, Az. II ZR 263/94, NJW 1996, 1678 (1680). Diese konkludente Vertragsänderung durch einverständliche Übung wurde vom BGH für die Publikumsgesellschaft aber abgelehnt, vgl. BGH, Urteil v. 5.2.1990, Az. II ZR 94/89, NJW 1990, 2684.

804 *Grunewald*, ZGR 1995, 68 (69 f.).

805 Zur Frage, ob sich Abweichungen für die Rechtsnachfolge im Wege der Erbfolge im Vergleich zum rechtsgeschäftlichen oder originären Erwerb ergeben *Grunewald*, ZGR 1995, 68 (79), die richtigerweise nicht zwischen Erben, sonstigen Rechtsnachfolgern und originärem Anteilserwerb eines Neugesellschafters unterscheidet, da die gleiche Schutzbedürftigkeit besteht.

806 *Grunewald*, ZGR 1995, 68 (78).

807 *Westermann*, Das Verhältnis von Satzungen und Nebenordnungen in der Kapitalgesellschaft, 1994, 25 (47), geht bei Beitritt zu einer (bisher) personalistischen GmbH von einer Erkundungspflicht aus; dagegen aber richtigerweise *Grunewald*, ZGR 1995, 68 (87, Fn. 84). Hierzu auch sogleich.

Wie *Grunewald*[808] und *Fleischer*[809] richtigerweise festgestellt haben, müssen zur Ermittlung der Antwort – wie immer i.R.d. Wahl der richtigen Auslegungsmethode[810] – die konkret betroffenen Interessen und die jeweilige Schutzwürdigkeit der Akteure berücksichtigt werden. Man könnte hier zunächst darauf abstellen, dass der neu eintretende Gesellschafter ohne Vorwissen oder Information durch seinen Rechtsvorgänger oder die anderen Gesellschafter keine Möglichkeit hat, das Bestehen bzw. den Inhalt eines besonderen subjektiven Vertragsverständnisses überhaupt zu erkennen und daher besonders schutzwürdig ist.[811] Auf der anderen Seite tritt der neue Gesellschafter – zumindest, wenn kein originärer Anteilserwerb vorliegt – vollumfänglich in die Position ein, die sein Rechtsvorgänger innehatte. Der Rechtsvorgänger hatte mit seinen Mitgesellschaftern ein übereinstimmendes Verständnis vom Gesellschaftsvertrag, welches bei Bevorzugung der Interessen des Neugesellschafters plötzlich ohne Mitwirkung der Altgesellschafter zumindest gegenüber dem Neugesellschafter[812] entfallen und durch ein objektives Verständnis ersetzt würde. Insoweit könnte man der Ansicht sein, dass eine Bevorzugung der Interessen des neu eintretenden Gesellschafters gegenüber denen der Altgesellschafter unbillig wäre.[813] Diese Blickweise würde aber verkennen, dass das Eintreten eines neuen Gesellschafters in die Gesellschaft für die Altgesellschafter i.d.R. nicht vollkommen überraschend kommt, sondern vielmehr von vornherein im Gesellschaftsvertrag der Personengesellschaft angelegt[814] und daher absehbar war.[815] Es ergibt sich folglich keine besondere Schutzwürdigkeit der Altgesellschafter, die auf Objektivierung ihrer Vorstellungen im Gesellschaftsvertrag hätten drängen[816] oder den Neugesellschafter vor Eintritt in die Gesellschaft über ihr Verständnis hätten informieren können.[817] Eine Erkundigungspflicht wird man dem Neugesellschafter daher grundsätzlich ebenfalls nicht auferlegen können, allenfalls wenn der Vertragstext offensichtlich mehrdeutige Formulierungen enthält und der neueintretende Gesellschafter es grob fahrlässig unterlässt,

808 *Grunewald*, ZGR 1995, 68.
809 *Fleischer*, DB 2013, 1466.
810 Zum einheitlichen Ansatz für Personen- und Kapitalgesellschaften unten unter § 5.A.II.
811 *Grunewald*, ZGR 1995, 68 (77).
812 Zur Frage nach der Zulässigkeit einer gespaltenen Auslegung unten unter § 5.A.I.2.b
813 Ablehnend *Grunewald*, ZGR 1995, 68 (77 f.).
814 Hierzu oben unter § 4.B.IV.1.b.(i).
815 *Grunewald*, ZGR 1995, 68 (77 f., Fn. 41), weist darauf hin, dass der Aspekt der Vorhersehbarkeit des Eintritts neuer Personen auch bei anderen Schuldverhältnissen eine objektive Interpretation nahelegen kann. Vgl. auch *Geibel*, in: BeckOGK BGB, Stand 15.12.2024, § 705 Rn. 99.
816 Die Verpflichtung der anderen Gesellschafter, einer Objektivierung des subjektiven Vertragsverständnisses zuzustimmen kann sich aus der Treuepflicht ergeben.
817 Alternativ wurde zuletzt vorgeschlagen, Klauseln in den Gesellschaftsvertrag aufzunehmen, die eine Fortgeltung des subjektiven Verständnisses festschreiben, da der Neugesellschafter dann vor dem Erwerb des Anteils um das Risiko eines besonderen Vertragsverständnisses wissen müsse, vgl. *Zwanzger*, Der mehrseitige Vertrag, 2013, 189.

entsprechenden Hinweisen nachzugehen.[818]

Damit gilt für die Gesellschaftsverträge gesetzestypischer Personengesellschaften grundsätzlich die subjektive Auslegung nach den §§ 133, 157 BGB. Das subjektive Verständnis kann unmittelbar durch ein objektives ersetzt werden, sofern ein neuer Gesellschafter in den Gesellschafterkreis rückt, ohne das bisherige Vertragsverständnis zu kennen oder kennen zu müssen und wenn er dem bisherigen Vertragsverständnis bei Kenntniserlangung widerspricht.

b. Einheitliche oder gespaltene Auslegung?

Fraglich ist damit nur noch, ob diese Objektivierung der Auslegung auch für diejenigen Konstellationen gilt, in denen der Neugesellschafter vom Auslegungsergebnis nicht betroffen ist oder ob es etwa zu einer gespaltenen Auslegung kommt, in welcher die Altgesellschafter sich untereinander weiterhin auf die subjektive Auslegung berufen können. Die wohl h.M. nimmt an, dass die Auslegung von Gesellschaftsverträgen stets einheitlich zu erfolgen hat.[819] Hiergegen haben sich zuletzt namentlich *Prütting/Schirrmacher* i.R.d. Erörterung einer Auslegungsrelevanz von lediglich durch die Altgesellschafter abgeschlossenen Nebenvereinbarungen ausgesprochen.[820]

Tatsächlich spricht vor dem Hintergrund der Maßgeblichkeit von Schutzwürdigkeitsaspekten vieles für die Zulässigkeit einer gespaltenen Auslegung. So wird der o.g. Konflikt zwischen den Interessen der Altgesellschafter und der Neugesellschafter für beide Gesellschaftertypen bestmöglich aufgelöst, wenn der Neugesellschafter auf den objektiven Gehalt des Vertrages vertrauen kann, die Altgesellschafter nach Möglichkeit aber weiterhin ihr Verständnis ansetzen dürfen.[821] Es ist nicht ersichtlich, welchen zusätzlichen Schutz eine durchgehende Objektivierung der Auslegung für die Neugesellschafter bedeuten würde, sodass mit einer einheitlichen Auslegung letztlich nur eine Beschränkung

---

818 Hierzu und zur Zumutbarkeit einer Nachforschung bei erkennbar unklarem Vertragstext und ausführlichen Verhandlungen mit den Altgesellschaftern *Grunewald*, ZGR 1995, 68 (78, 80), wobei diese Konstellation richtigerweise als Sonderfall bezeichnet wird. Wegen der Nähe der Gründer zum Gesellschaftsvertrag im Ergebnis auch im Falle einer unklaren Formulierung eine Nachforschungspflicht des Neugesellschafters ablehnend *Fleischer*, DB 2013, 1466 (1475); *Artmann*, in: Artmann/Rüffler/Torggler, Die Verbandsverfassung zwischen Satzung, Syndikatsvertrag und zwingendem Gesellschaftsrecht, 2013, 23 (32). Eine Nachforschungspflicht bei mehrdeutiger Formulierung hingegen immer annehmend *Wiedemann*, DNotZ-Sonderheft 1977, 99 (105).

819 Etwa *Thomas Heidel*, in: Dauner-Lieb/Langen, BGB Schuldrecht, 4. Aufl. 2021, § 705 Rn. 173. Vgl. auch die Nachweise bei *Schockenhoff*, ZGR 2013, 76 (88 f.).

820 *Prütting/Schirrmacher*, ZGR 2017, 829 (852 ff., 856 ff.). So im Ergebnis auch *Geibel*, in: BeckOGK BGB, Stand 15.12.2024, § 705 Rn. 99, unter Hinweis auf BGH, Urteil v. 22.5.1989, Az. II ZR 211/88 („Röchling"), NJW-RR 1989, 1259 (1260).

821 Insofern formulieren *Prütting/Schirrmacher* prägnant, dass die gespaltene Auslegung „*Vertrauen dort* [schützt], *wo es zurechenbar gesetzt und im Einzelfall enttäuscht worden ist*", *Prütting/Schirrmacher*, ZGR 2017, 829 (857).

der Altgesellschafterinteressen erreicht würde, ohne hierfür einen Gegenwert im Sinne eines Neugesellschafterschutzes zu erhalten.[822] Daher muss zumindest in den Fällen, in denen ein Betroffensein des Neugesellschafters sicher ausgeschlossen werden kann, eine gespaltene Auslegung möglich sein.[823] Für die Treuepflicht wird sich eine negative Auswirkung[824] der Geltung des subjektiven Vertragsverständnisses der Altgesellschafter auf die Interessen der Neugesellschafter zumindest bei Fragen der horizontalen Treuepflicht der Altgesellschafter zueinander meist nicht feststellen lassen. Damit ist es grundsätzlich möglich, dass die Treuepflicht zwischen einigen Gesellschaftern wegen der unterschiedlichen Vertragsauslegung mehr oder weniger stark ausgeprägt ist. Insofern erscheinen lediglich Sachverhalte kritisch, in denen das subjektive Vertragsverständnis der Altgesellschafter eine höhere Rücksichtnahmepflicht untereinander bestimmt als aus dem objektiven Vertragsgehalt ersichtlich ist. So könnte der Altgesellschafter etwa nach dem subjektiven Vertragsinhalt verpflichtet sein, einem Ausschluss eines anderen Altgesellschafters die Zustimmung zu verweigern, da unter den Altgesellschaftern eine erhöhte Toleranz für innergesellschaftliches Fehlverhalten gelten soll, wohingegen nach objektivem Vertragsgehalt die Zustimmung zum Ausschluss zwingend zu erteilen wäre. Der Neugesellschafter würde durch den Verbleib des störenden Altgesellschafters dann zumindest mittelbar benachteiligt. In einem solchen Fall muss der objektive Vertragsgehalt daher auch zwischen den Altgesellschaftern gelten; der Schutz des Neugesellschafters vor der mittelbaren Wirkung des subjektiven Verständnisses der Altgesellschafter geht vor. Als Argument gegen die gespaltene Auslegung insgesamt lassen sich solche Ausnahmekonstellationen aber nicht vorbringen.

3. Publikumspersonengesellschaften

Rechtsprechung[825] und Lehre[826] bewerten die Auslegung des Gesellschaftsvertrags auch in der Publikumspersonengesellschaft weitestgehend einheitlich. Der Gesell-

---

822 Insoweit ergeben sich Ähnlichkeiten zur umstrittenen Frage nach der Gebotenheit einer streng objektiven Auslegung von Satzungen bzw. korporativer Satzungsbestandteil, hierzu unten unter § 5.A.II.

823 So auch *Prütting/Schirrmacher*, ZGR 2017, 829 (859).

824 Diese argumentativ gegen die gespaltene Auslegung insgesamt vorbringend *Wiedemann*, DNotZ-Sonderheft 1977, 99, 106 f.; *Ulmer/Löbbe*, in: Habersack/Casper/Löbbe, GmbHG Großkomm., 3. Aufl. 2019, § 2 Rn. 195. Überzeugend hiergegen argumentierend aber *Prütting/Schirrmacher*, ZGR 2017, 829 (859).

825 Ständige Rechtsprechung, vgl. etwa BGH, Urteil v. 28.9.1978, Az. II ZR 218/77, NJW 1979, 419 (420); BGH, Urteil v. 24.3.2003, Az. II ZR 4/01, NJW-RR 2003, 820 (820 f.); BGH, Urteil v. 11.1.2011, Az. II ZR 187/09, NJW 2011, 921 (Rn. 12); zuletzt BGH, Urteil v. 11.9.2018, Az. II ZR 307/16, NJW 2019, 157 (Rn. 17).

826 Etwa *Stimpel*, in: FS Fischer, 1979, 771 (772); *Grunewald*, ZGR 1995, 68 (71 ff.); *dies.*, in: MünchKomm HGB, 5. Aufl. 2022, § 161 Rn. 115; *Schäfer*, in: MünchKomm BGB, 9. Aufl. 2024, § 705 Rn. 179; *Hopt*, in: Hopt, HGB, 44. Aufl. 2025, Anh. § 179 Rn. 10; *Thomas Heidel*, in: Dauner-Lieb/Langen, BGB Schuldrecht, 4. Aufl. 2021, § 705 Rn. 173.

schaftsvertrag ist danach streng *objektiv* auszulegen, sodass nur Wortlaut, Systematik und Zielsetzung des Gesellschaftsvertrags sowie andere öffentlich bekannte Umstände (Verkehrssitte, Handelsbrauch) und zugängliche Informationen (z.B. Handelsregisterunterlagen) für die Auslegung herangezogen werden können.[827] Grund hierfür ist das Eigenleben, welches eine Publikumspersonengesellschaft entwickelt sowie die hiermit kollidierende Schutzbedürftigkeit der vielen, häufig wechselnden Anleger, die ein individuelles Vertragsverständnis der bisherigen Gesellschafter nicht kennen (können).[828] Es soll insbesondere die Konstellation einer Übervorteilung der Neugesellschafter durch die Initiatoren der Publikumspersonengesellschaft vermieden werden.[829] Die objektive Auslegung des Gesellschaftsvertrags einer Publikumspersonengesellschaft, wie sie allgemeine Meinung ist, deckt sich im Ergebnis mit dem hier vertretenen Ansatz einer Ausrichtung an Schutzwürdigkeitsgesichtspunkten bei Eintritt von Neugesellschaftern.

Umstritten ist lediglich, ob der Gesellschaftsvertrag einer Publikumspersonengesellschaft, die bisher nur auf die Aufnahme einer Vielzahl verschiedener, im Einzelnen noch unbekannter Gesellschafter ausgerichtet ist, bei welcher die Phase der Aufnahme neuer Gesellschafter aber noch nicht begonnen hat, bereits der objektiven Auslegung unterliegt.[830] Auch hier ist wieder die Interessenlage der Beteiligten maßgeblich. Sofern die Gründer noch unter sich sind, stehen einer subjektiven Auslegung keine schützenswerten Interessen entgegen. Erst wenn Gesellschafter eintreten, die keine Kenntnis vom subjektiven Vertragsverständnis haben und haben müssen, muss eine Objektivierung der Vertragsauslegung erfolgen. Die Auslegung des Gesellschaftsvertrags einer Publikumspersonengesellschaft nach dieser Lösung stellt eine stringente Weiterführung der oben gefundenen Ergebnisse zur Auslegung der Gesellschaftsverträge gesetzestypischer Personengesellschaften dar. Die Auslegung des Gesellschaftsvertrags folgt damit für alle Personengesellschaften einheitlichen Prinzipien, wobei die Besonderheiten von Publikumspersonengesellschaften zu einer objektiven Auslegung führen, während die Gesellschaftsverträge gesetzestypischer Personengesellschaften oft über lange Zeit subjektiv auszulegen sind.

---

827 Das dynamische Vertragsverständnis kann über die Berücksichtigungsfähigkeit der Zielsetzung des Vertrages seine Bedeutung erhalten, vgl. *Grunewald*, in MünchKomm HGB, 5. Aufl. 2022, § 161 Rn. 121.

828 *Schäfer*, In: Staub, HGB, 6. Aufl. 2024, § 105 Rn. 236; *Grunewald*, in MünchKomm HGB, 5. Aufl. 2022, § 161 Rn. 121 ff.

829 *Grunewald*, in MünchKomm HGB, 5. Aufl. 2022, § 161 Rn. 123.

830 Wie hier für eine subjektive Auslegung *Grunewald*, in: MünchKomm HGB, 5. Aufl. 2022, § 161 Rn. 123; i.E. so auch *Beyer*, in: BeckOK HGB, 46. Edition, Stand 1.4.2025, § 161 Rn. 88.1; a.A. etwa *Westermann*, in: Erman, BGB, 16. (Alt-)Aufl. 2020, § 705 Rn. 34.

II. Kapitalgesellschaften

Die Auslegung der Satzungen von Kapitalgesellschaften wird in Rechtsprechung und Literatur hingegen schon im Ausgangspunkt deutlich heterogener beurteilt. Von der Rechtsprechung[831] und der herrschenden Ansicht in der Literatur[832] wird zwischen *korporativen* und *individualrechtlichen* Satzungsbestandteilen unterschieden. Korporative Satzungsbestandteile sind solche, die für einen unbestimmten Personenkreis, zu dem die gegenwärtigen und zukünftigen Gesellschafter und Gesellschaftsgläubiger gehören, Bedeutung erlangen.[833] Individualrechtliche Satzungsbestandteile betreffen dagegen nur die Beziehung der Gesellschaft zu bestimmten Gesellschaftern oder die Beziehung bestimmter Gesellschafter untereinander, sie könnten daher ebenso gut Inhalt einer schuldrechtlichen Nebenvereinbarung der betroffenen Gesellschafter sein.[834] Nach der herrschenden Ansicht sollen die korporativen Bestimmungen stets objektiv ausgelegt werden, sodass nur Wortlaut, Systematik und Zielsetzung der Satzung sowie andere öffentlich bekannte Umstände (Verkehrssitte, Handelsbrauch) und zugängliche Informationen (z.B. Handelsregisterunterlagen) für die Auslegung herangezogen werden können.[835] Die individualrechtlichen Satzungsbestandteile sollen hingegen der subjektiven Auslegung unterliegen.[836]

Eine a.A. stellt für die Wahl der Auslegungsmethode auf die tatsächliche Ausgestaltung der Gesellschaft ab, ob die Gesellschaft unabhängig von ihrer Rechtsform also eher

---

831 BGH, Urteil v. 9.6.1954, Az. II ZR 70/53, BGHZ 14, 25 (Rn. 27); seitdem etwa BGH, Urteil v. 13.7.1967, Az. II ZR 238/64, NJW 1967, 2159 (2160); BGH, Urteil v. 16.12.1991, Az. II ZR 58/91, NJW 1992, 892 (893); BGH, Urteil v. 11.10.1993, Az. II ZR 155/92, NJW 1994, 51 (52).

832 Etwa *Servatius*, in: Noack/Servatius/Haas, Beck'scher KK GmbHG, 24. Aufl. 2025, § 2 Rn. 26 ff.; *Altmeppen*, in: Altmeppen, GmbHG, 11. Aufl. 2023, § 2 Rn. 11 ff.; *Schäfer*, in: Henssler/Strohn, Gesellschaftsrecht, 6. Aufl. 2024, § 2 GmbHG Rn. 27; *Pentz*, in: MünchKomm AktG, 6. Aufl. 2024, § 23 Rn. 50 f.

833 Wegen der Erforderlichkeit der Festlegung innerhalb der Satzung auch „echte Satzungsbestanteile" genannt, teilweise auch „körperschaftliche Satzungsbestandteile". Vgl. für die Aktiengesellschaft BGH, Urteil v. 11.10.1993, Az. II ZR 155/92, NJW 1994, 51 (52) m.w.N. Zur Übertragbarkeit dieser Definition auf die GmbH und zu Beispielen für korporative Bestimmungen in der Rechtsprechung. vgl. *Ulmer/Löbbe*, in: Habersack/Casper/Löbbe, GmbHG Großkomm., 3. Aufl. 2019, § 2 Rn. 196.

834 Wegen der Zulässigkeit einer Regelung außerhalb der Satzung auch „unechte Satzungsbestandteile" genannt. Für die GmbH vgl. OLG Koblenz, Urteil v. 20.12.2007, Az. 6 U 1161/0, NZG 2008, 423 (424).

835 BGH, Urteil v. 9. 6. 1954, Az. II ZR 70/53, BGHZ 14, 25 (Rn. 27); BGH, Urteil v. 11.10.1993, Az. II ZR 155/92, NJW 1994, 51 (52); *Bormann/Stelmaszczyk*, in: Michalski/Heidinger/Leible/J. Schmidt, GmbHG, 4. Aufl. 2023, § 2 Rn. 90; *Ulmer/Löbbe*, in: Habersack/Casper/Löbbe, GmbHG Großkommentar, 3. Aufl. 2019, § 2 Rn. 195; *Altmeppen*, in: Altmeppen, GmbHG, 11. Aufl. 2023, § 2 Rn. 11. Ein dynamisches Vertragsverständnis gilt natürlich auch bei objektiver Satzungsauslegung fort. Es verschieben sich lediglich die Ermittlungsinstrumente, vgl. *Grunewald*, ZGR 1995, 68 (84, Fn. 64); zur Publikumspersonengesellschaft *dies.*, in: MünchKomm HGB, 5. Aufl. 2022, § 161 Rn. 121.

836 Zur Abgrenzung zwischen körperschafts- und individualrechtlichen Regelungen ausführlich *Hoffmann/Bartlitz*, in: Michalski/Heidinger/Leible/J. Schmidt, GmbHG, 4. Aufl. 2023, § 53 Rn. 12 ff.

körperschaftlich oder personalistisch strukturiert ist (Realstruktur).[837] Sofern etwa die Satzung einer personalistisch strukturierten GmbH betroffen ist, soll wegen der Nähe zu den Personengesellschaften zumindest für Satzungsbestimmungen, die sich auf das Innenverhältnis der Gesellschaft beziehen, die subjektive Auslegung gelten.

Wenn die strikte Unterscheidung der Auslegungsmethode nach der Art der Satzungsregelung vertreten wird, dann meist mit einem Hinweis auf die Notwendigkeit eines möglichst hohen Schutzes der Interessen der Neugesellschafter und Gesellschaftsgläubiger im Wirkungsbereich der korporativen Satzungsbestimmungen.[838] Diese Orientierung an der Schutzwürdigkeit der Interessen der betroffenen Personen(gruppen) ist durchaus vom richtigen Ausgangsgedanken getragen und wurde in der Literatur auch von Anhängern anderer Auslegungsgrundsätze als Leitmaxime für die Wahl der richtigen Auslegungsmethode bestimmt.[839] Insoweit wird von einigen Stimmen in der Literatur aber eingewandt, dass der starr objektiven Auslegung korporativer Satzungsbestandteile, wie sie die h.M. vornimmt, eine Gefahr der überschießenden Schutzgewährung innewohnt, die die berechtigten Interessen der gegenwärtigen Gesellschafter zugunsten tatsächlich nicht schutzwürdiger oder gar existenter Gläubiger- und Neugesellschafterinteressen vernachlässigt.[840] Es stellt sich insoweit tatsächlich die Frage, ob es in jeder Konstellation geboten ist, die Belange der Gründer bzw. gegenwärtigen Gesellschafter hinter abstrakte Interessen der Gläubiger und (möglicher) Neugesellschafter zu stellen. *Fleischer* hat zur Beantwortung ebenjener Frage verschiedene Szenarien aufgebaut und die jeweilige Interessenlage untersucht, um die Gebotenheit einer Satzungsobjektivierung zu ermitteln.[841] Für bloße Innenstreitigkeiten im unveränderten Gründergesellschafterkreis könne dabei schon kein Betroffensein zukünftiger Gesellschafter festgestellt werden, zudem würden die Gläubigerinteressen zumindest bei solchen Satzungsbestandteilen, die lediglich das Innenverhältnis berühren, nicht negativ beeinflusst.[842] Dieser Feststellung ist zuzustimmen. Bei strikt objektiver Auslegung wird hier letztlich nur eine Beschränkung der

---

837 *Wiedemann*, GesR Bd. I, 1980, 167 ff.; *ders.*, DNotZ-Sonderheft 1977, 99; *Noack,* Gesellschaftervereinbarungen bei Kapitalgesellschaften, 1994, 80 ff.; *Westermann*, Das Verhältnis von Satzungen und Nebenordnungen in der Kapitalgesellschaft, 1994, 25 (44 ff.); *K. Schmidt,* GesR, 4. Aufl. 2002, 87 ff.; *Grunewald*, ZGR 1995, 68 (86 ff.).

838 BGH, Urteil v. 11.10.1993, Az. II ZR 155/92, NJW 1994, 51 (52) m.w.N.

839 *Grunewald* ZGR 1995, 68 (87); *Fleischer*, DB 2013, 1466 (1473).

840 *Torggler*, in: FS Aicher, 2012, 781 (801); *Fleischer*, DB 2013, 1466 (1473 f.), unter Hinweis auf *Franz Bydlinskis* rechtstheoretisches Modell der *„relativen (zweiseitigen) Rechtfertigung“*, vgl. *Bydlinski*, System und Prinzipien des Privatrechts, 1996, 92; *ders.*, AcP 204 (2004), 309 (341). S. auch *Grunewald*, ZGR 1995, 68 (84); *Cramer*, in: Scholz, GmbHG, 13. Aufl. 2022, § 2 Rn. 44.

841 *Fleischer*, DB 2013, 1466 (1474 ff.).

842 *Fleischer*, DB 2013, 1466 (1474). *Grunewald*, ZGR 1995, 68 (88), weist unter Bezugnahme auf *Westermann*, Das Verhältnis von Satzungen und Nebenordnungen in der Kapitalgesellschaft, 1994, 25 (42), darauf hin, dass fast jede Vertragsbestimmung unter besonderen Umständen für die Gesellschaftergläubiger relevant werden kann, die Gläubiger sich berechtigterweise aber nur auf das verlassen können, was von § 10 GmbHG und § 15 HGB umfasst ist.

Gründerinteressen erreicht, ohne einen Gegenwert im Sinne eines konkreten Gläubiger- und Neugesellschafterschutzes zu schaffen.

Einer umfassenden subjektiven Auslegung des Kapitalgesellschaftsvertrags steht der Gläubigerschutz – wie *Fleischer* richtigerweise ausführt[843] – auch insgesamt nicht zwingend entgegen. Für den Gläubigerschutz sind meist Satzungsregelungen zu Vertretung und Kapitalausstattung der Gesellschaft relevant. Die Gesellschaftsgläubiger sind bei einer subjektiven Vertragsauslegung in diesen Bereichen aber keinesfalls schutzlos gestellt. Vielmehr geben gesetzliche Vorgaben zur zwingenden Vertretungsbefugnis der Geschäftsleiter, die Vorschriften zur Kapitalaufbringung und -erhaltung sowie die weitreichende gesetzliche Rechtsschein- und Vertrauenshaftung dem Gläubiger der Kapitalgesellschaft bereits jetzt gewichtige Instrumente zum Schutz seiner Interessen an die Hand.[844] Zudem zeigen die Regelungen zur Publizitätswirkung des Handelsregisters (§ 10 GmbHG, § 15 HGB), dass der gesetzliche Schutz der Gläubigerinteressen sich nur auf die eintragungspflichtigen Tatsachen bezieht. Daraus kann man folgern, dass eine Rücksichtnahme auf Gläubigerinteressen an einem belastbaren Vertragsverständnis nicht über diese Grenzen hinausreichen muss.[845] In der Literatur wird darüber hinaus darauf verwiesen, dass den Gläubigern neben der Satzung zahlreiche andere Informationsquellen zur Verfügung stehen und in der Praxis – insbesondere bei Fragen der Kreditgewährung – auch genutzt werden.[846] Die Gläubiger benötigen also jedenfalls nicht den absoluten Schutz, der ihnen durch den Ansatz der Rechtsprechung und herrschenden Meinung zuteilwird. Die Gläubigerinteressen stehen einer differenzierenden Auslegung, die statt der Rechtsform die konkrete Interessenlage berücksichtigt, demnach nicht entgegen.

Für die Konstellation des Eintritts neuer Gesellschafter in eine Kapitalgesellschaft kann hier auf die bereits i.R.d. Auslegung von Personengesellschaftsverträgen gewählte, die Neugesellschafterinteressen bestmöglich schützende Lösung verwiesen werden. Danach muss die Satzung objektiv ausgelegt werden, wenn der Neugesellschafter das individuelle Verständnis der bisherigen Gesellschafter nicht kannte und auch nicht kennen musste.[847] Dass die korporativen Bestimmungen zukünftige Gesellschafter einmal betref-

---

843 *Fleischer*, DB 2013, 1466 (1475 f.).

844 *Fleischer*, DB 2013, 1466 (1475), unter Verweis auf ausführlichere Darstellungen bei *Grunewald*, ZGR 1995 68 (88); *Jabornegg*, in: Artmann/Rüffler/Torggler, Die Verbandsverfassung zwischen Satzung, Syndikatsvertrag und zwingendem Gesellschaftsrecht, 2013, 1 (6); *Noack*, Gesellschaftervereinbarungen bei Kapitalgesellschaften, 1994, 83; *Rogier*, Die Auslegung von Gesellschaftsverträgen und Satzungen privatrechtlicher Personenverbände, 1981, 123 f.; *Schockenhoff*, ZGR 2013, 76 (91 f.); *Wiedemann*, DNotZ-Sonderheft 1977, 99 (107).

845 *Grunewald*, ZGR 1995, 68 (88); *Fleischer*, DB 2013, 1466 (1475).

846 *Schockenhoff*, ZGR 2013, 76 (92), verweist für potenzielle Kreditgeber auf die Möglichkeit der Einholung von aktuellen Kennzahlen, Auskunft bei einschlägigen Agenturen (etwa über die Kreditwürdigkeit), Sicherheiten und regelmäßigen Berichten der Geschäftsleiter zur Lage der Gesellschaft.

847 *Grunewald*, ZGR 1995, 68 (87); *Fleischer*, DB 2013, 1466 (1474) m.w.N.

fen könnten, reicht als abstrakter Umstand allein noch nicht aus, um eine Objektivierung des Satzungsverständnisses zu fordern.[848] Vielmehr bedarf es einer konkreten Schutzbedürftigkeit der Interessen eines eintretenden Neugesellschafters. In Konstellationen, in denen lediglich das Interesse der Altgesellschafter berührt ist, können diese sich untereinander weiterhin auf die subjektive Auslegung berufen.

Aus der von *Fleischer* vorgenommenen Analyse der konkreten Interessen der Gesellschaftsgläubiger und Neugesellschafter ergibt sich somit aber auch, dass dem Ansatz der zweiten, nach der Realstruktur der Kapitalgesellschaft differenzierenden Ansicht ebenfalls nicht zu folgen ist.[849] Denn die Ausgestaltung einer Gesellschaft als personalistisch oder kapitalistisch bietet zwar Anhaltspunkte für die Schutzbedürftigkeit der Akteure, sie liefert aber keine belastbare Aussage für die konkrete Schutzwürdigkeit im Einzelfall. Vielmehr müssen Interessenlage und Schutzwürdigkeit stets für die einzelne Gesellschaft und deren Gesellschafter evaluiert werden. Generell gilt aber, dass die personalistisch strukturierte Kapitalgesellschaft mit einem kleinen, geschlossenen Gesellschafterkreis deutlich häufiger eine Interessenlage aufweisen wird, in welcher die Satzung fortlaufend subjektiv ausgelegt werden kann. Damit kommt die zweite Ansicht, wenn auch mit einer abweichenden Herangehensweise, meist zu richtigen Ergebnissen.[850]

III. Nebenvereinbarungen

Nebenvereinbarungen unterliegen als individualrechtliche Vereinbarungen der subjektiven Auslegung.[851] Sofern eine Nebenvereinbarung also unklar oder unvollständig sein sollte, kann eine erläuternde oder ergänzende Auslegung anhand der §§ 133, 157 BGB erfolgen. Hierzu kann auch der Gesellschaftsvertrag der Hauptgesellschaft herangezogen werden.[852] Zu berücksichtigen ist darüber hinaus, dass eine Nebenvereinbarung selbst eine Innengesellschaft bürgerlichen Rechts begründen kann.[853] In dieser sind dann wiederum die o.g. Auslegungsregeln für Personengesellschaften zu beachten.

In Personengesellschaften können Nebenvereinbarungen, an denen sich sämtliche

848 Ähnlich *Schockenhoff*, ZGR 2013, 76 (95 f.).

849 Vgl. *Fleischer*, DB 2013, 1466 (1474 ff.).

850 So auch *Fleischer*, DB 2013, 1466 (1476) der mit Verweis auf *Schauer*, in: Fleischer/Kalss/Vogt, Aktuelle Entwicklungen im deutschen, österreichischen und schweizerischen Gesellschafts- und Kapitalmarktrecht, 2012, 201 (226), der Unterscheidung nach personalistischer und kapitalistischer Struktur zwar ihre rechtstatsächlich häufig richtigen Ergebnisse zugutehält, aber stärker die Interessenabwägung im Einzelfall in den Vordergrund stellen möchte.

851 S. nur *Kinzl*, Gesellschaftervereinbarungen, 2021, Kap. 5 § 9 Rn. 27 m.w.N.

852 Dies wird selbst von solchen Stimmen, die eine umgekehrte Heranziehung der Nebenvereinbarungen für die Auslegung von Satzungen nicht für möglich halten, angenommen, vgl. etwa *Pentz*, in: MünchKomm AktG, 6. Aufl. 2024, § 23 Rn. 200.

853 Hierzu bereits oben unter § 4.B.V.1.

Gesellschafter beteiligt haben, wegen fehlender Formerfordernisse einen Gesellschafterbeschluss zur Änderung des Gesellschaftsvertrags darstellen, mithin also selbst Teil des Gesellschaftsvertrags sein.[854] In der Kapitalgesellschaft stehen einer solchen unmittelbaren Ergänzung oder Änderung des Gesellschaftsvertrags durch einfache Nebenabreden indes Formerfordernisse entgegen (§§ 3, 53 Abs. 2, 54 Abs. 1 Satz 2 GmbHG; §§ 23 Abs. 3, 130 Abs. 1, 181 Abs. 1 Satz 2 AktG).[855]

In Personengesellschaften, deren Gesellschaftsverträge der subjektiven Auslegung zugänglich sind, stellen die allen Gesellschaftern bekannten Nebenvereinbarungen, die nicht unmittelbar Teil des Gesellschaftsvertrags sind, zudem eine der Erkenntnisquellen dar, die zur Ermittlung des tatsächlichen Willens bzw. Verständnisses der an ihr beteiligten Gesellschafter herangezogen werden kann.[856] Sofern Neugesellschafter von diesen Nebenvereinbarungen vor ihrem Eintritt Kenntnis hatten oder – etwa wegen einer ausdrücklichen Bezugnahme im Gesellschaftsvertrag bzw. in dessen Präambel – haben mussten, gilt der in den Nebenvereinbarungen deutlich werdende Wille der Gesellschafter auch weiterhin. Nach der hier gefundenen Lösung für die Zulässigkeit der gespaltenen Auslegung können Nebenvereinbarungen, an denen nicht sämtliche Gesellschafter beteiligt sind und von denen Neugesellschafter bei Eintritt keine Kenntnis hatten und haben mussten zudem für die Ermittlung des subjektiven Verständnisses der an diesen Vereinbarungen beteiligten Gesellschafter für ihre gegenseitigen Rechte und Pflichten auf Gesellschaftsebene herangezogen werden, sofern die Interessen der übrigen Gesellschafter hierdurch nicht negativ berührt werden.

In Kapitalgesellschaften könnte selbst dieser mittelbaren Wirkung der Nebenabreden für die Auslegung des Gesellschaftsvertrags das Trennungsprinzip entgegenstehen.[857] Danach ist die Gesellschaftsebene als Ausdruck ihrer Eigenständigkeit strikt von der Ebene der schuldrechtlichen Nebenabreden der Gesellschafter zu trennen.[858] Die Vertreter einer Auslegung von Satzungen am Maßstab der Realstruktur der betroffenen Gesellschaft halten die Heranziehung von Nebenabreden für die Auslegung des Gesell-

854 *Prütting/Schirrmacher*, ZGR 2017, 829 (837 f.).

855 Ebd., (838).

856 *Fleischer*, in: MünchKomm HGB, 5. Aufl. 2022, § 105 Rn. 115, 156. Die sog. Andeutungstheorie, nach welcher die außerurkundlichen Umstände für die Auslegung von formbedürftigen Verträgen nur bei (auch unvollständigem) Niederschlag in der Urkunde herangezogen werden können, gilt jedenfalls für Gesellschaftsverträge nicht, vgl. *Lieder*, in: Oetker, HGB, 8. Aufl. 2024, § 105 Rn. 132; *Wertenbruch*, in: Ebenroth/Boujong/Joost/Strohn, HGB, 4. Aufl. 2020, § 105 Rn. 102 m.w.N.

857 In der Rechtsprechung des BGH finden sich einige wenige Ausnahmen für die unmittelbare Wirkung einer Nebenvereinbarung auf der Gesellschaftsebene, die Literatur spricht sich mehrheitlich für eine strikte Trennung, also auch für die fehlende Relevanz i.R.d. Auslegung des Gesellschaftsvertrags und der Ausfüllung der gesellschaftsrechtlichen Treuepflicht aus, vgl. die Darstellung der Rechtsprechungsentwicklung und Literaturansichten bei *Hueck*, Familienverfassung, 2017, 241 ff., 244 ff.; vgl. auch *Wicke*, in: MünchKomm GmbHG, 5. Aufl. 2025, § 3 Rn. 141 ff.

858 Vgl. etwa *Pentz*, in: MünchKomm AktG, 6. Aufl. 2024, § 23 Rn. 200; *Wicke*, in: MünchKomm GmbHG, 5. Aufl. 2025, § 3 Rn. 141 ff. Für Ausnahmen in der BGH- Rechtsprechung vgl. schon die vorige Fn.

schaftsvertrags in personalistisch strukturierten Kapitalgesellschaften teilweise dennoch für möglich.[859] Vor dem Hintergrund der oben gefundenen Lösung für die Auslegung von Satzungen anhand konkreter Schutzwürdigkeitsaspekte stellt sich das Problem der Einbeziehungsfähigkeit von Nebenvereinbarungen der Gesellschafter hier aber schon nicht in gleicher Weise.[860] Soweit die Satzung einer subjektiven Auslegung zugänglich ist, können Nebenvereinbarungen, von deren Inhalt die konkret betroffenen Gesellschafter bei Eintritt Kenntnis hatten oder an denen sich die betroffenen Gesellschafter mit ihrem Beitritt beteiligt haben nach hier vertretener Ansicht auch für die Auslegung der Satzung herangezogen werden.[861] Die Nebenvereinbarungen verändern dann nicht die Satzung, sie dienen lediglich als Erkenntnisquelle zur Ermittlung des bereits auf der Gesellschaftsebene von den Gesellschaftern Gewollten.

IV. Ergänzende Vertragsauslegung

Bisher wurde nur über die erläuternde Auslegung der im Gesellschaftsvertrag und in Nebenverträgen getroffenen Regelungen gesprochen. Darüber hinaus gibt es noch die ergänzende Vertragsauslegung, die der Schließung von Vertragslücken dient, welche durch das Fehlen oder die Unwirksamkeit einer gesellschaftsvertraglichen Regelung entstanden sind. Hierfür wird der hypothetische Wille der Parteien, wie er sich bei Kenntnis von der Regelungsbedürftigkeit zum Zeitpunkt des Vertragsschlusses dargestellt hätte, herangezogen. Bei übereinstimmendem hypothetischem Willen ist dieser anzusetzen, er geht dem dispositiven Gesetzesrecht vor.[862]

V. Zwischenergebnis

I. Die Auslegung des Gesellschaftsvertrags gesetzestypischer Personengesellschaften richtet sich nach den §§ 133, 157 BGB. Es gilt zunächst das *subjektive* Verständnis der Gründer über den geschlossenen Vertrag, dessen Einfluss auf die Grundstruktur der

---

859 *Westermann*, Das Verhältnis von Satzungen und Nebenordnungen in der Kapitalgesellschaft, 1994, 25 (43 ff.).

860 So auch schon *Grunewald*, ZGR 1995, 68 (90).

861 *Grunewald*, ZGR 1995, 68 (90); *Schockenhoff*, ZGR 2013, 76 (103 f.); vgl. auch *Cramer*, in: Scholz, GmbHG, 13. Aufl. 2022, § 2 Rn. 44 f.; vgl. auch die Nachweise bei *Hoffmann-Becking*, ZGR 1994, 442 (455); ähnlich *Foerster*, BB 2019, 1411 (1413); für die Familienverfassung weist auch *Fleischer*, ZIP 2016, 1509 (1518), auf die zweifelhaften Ergebnisse hin, die eine kategorische Ablehnung der Auslegungsrelevanz hätte.

862 *Sauter*, in: Prinz/Kahle, Beck'sches Hdb. PersGes, 5. Aufl. 2020, § 2 Rn. 72; *Wertenbruch*, in: Ebenroth/Boujong/Joost/Strohn, HGB, 4. Aufl. 2020, § 105 Rn. 103; *Fleischer*, in: MünchKomm HGB, 5. Aufl. 2022, § 105 Rn. 170; *Habersack/Schäfer,* in: Habersack/Schäfer, Das Recht der OHG, 2. Aufl. 2019, § 105 Rn. 197 ff.; für die GmbH etwa *Heinze*, in: MünchKomm GmbHG, 5. Aufl. 2025, § 2 Rn. 190 m.w.N.

Gesellschaft zudem eine für die Auslegung stets zu beachtende *Grundtendenz* erzeugen kann. Der Einfluss des Gründerwillens nimmt aber jedenfalls mit der Zeit stetig ab. Das subjektive Verständnis der Altgesellschafter kann unmittelbar durch ein objektives Verständnis zu ersetzen sein, wenn Neugesellschafter das Altgesellschafterverständnis bei Eintritt nicht kennen und auch nicht kennen müssen und ihm bei späterer Kenntniserlangung widersprechen.

II. Für Kapitalgesellschaften wird in Rechtsprechung und Lehre meist eine streng *objektive* Auslegung der *korporativen* Gesellschaftsvertragsbestandteile vertreten. Diese Ansicht verkennt jedoch unzulässigerweise das Erfordernis, für die Objektivierung der Auslegung konkrete, schutzwürdige Interessen darzulegen, die die Interessen der Gründer und sonstigen Gesellschafter an einer subjektiven Auslegung überwiegen. Ein stets zu berücksichtigendes, schutzwürdiges Interesse der Gläubiger an einer starr objektiven Auslegung ist auch in Kapitalgesellschaften nicht zwingend feststellbar. Allerdings können hinzutretende Neugesellschafter ein solches schutzwürdiges Interesse vorweisen, sofern sie von der subjektiven Auslegung betroffen sind, zum Beitrittszeitpunkt keine Kenntnis von dieser hatten und auch nicht haben mussten. Die subjektive Auslegung wird dann durch eine objektive Auslegung ersetzt. Dabei bestehen grundsätzlich keine Nachforschungspflichten für Neugesellschafter hinsichtlich der subjektiven Auslegung. Eine solche kann nur angenommen werden, wenn die dem Neugesellschafter zugänglichen Quellen eindeutige Hinweise auf ein subjektives Verständnis geben, etwa weil der Vertragswortlaut uneindeutig oder widersprüchlich ist und im Rahmen langer Vertragsverhandlungen mit den Altgesellschaftern die Möglichkeit zur unkomplizierten Nachfrage bestand. Damit ist für Personen- und Kapitalgesellschaften ein einheitliches Auslegungssystem gefunden, welches sich an den konkreten Interessen der Gesellschafter und Gläubiger und deren Schutzwürdigkeit orientiert.

III. Das subjektive Verständnis der Altgesellschafter über den Gesellschaftsvertrag gilt zwischen diesen sowohl in Personen- als auch in Kapitalgesellschaften auch dann fort, wenn der Neugesellschafter hiervon bei Eintritt zwar keine Kenntnis hatte, ihm aber aus der partiell subjektiven Auslegung keine Nachteile erwachsen.

IV. Nebenvereinbarungen können in Personengesellschaften unmittelbar auf der Gesellschaftsebene Wirkung entfalten. In Personen- und Kapitalgesellschaften können Nebenvereinbarungen zudem mittelbare Wirkung entfalten, indem sie zur Auslegung des Gesellschaftsvertrags herangezogen werden (Quelle zur Ermittlung des subjektiven Verständnisses). Dies setzt aber die Beteiligung aller Gesellschafter oder zumindest die Kenntnis bzw. das Kennenmüssen der Neugesellschafter bei Beitritt voraus.

V. Neben der erläuternden Auslegung gibt es die ergänzende Auslegung. Durch diese werden Vertragslücken geschlossen, sofern sich ein übereinstimmender hypothetischer Wille der Gesellschafter in Bezug auf die fehlende Regelung zum Zeitpunkt des

Vertragsschlusses feststellen lässt.

B. *Besonderheiten in Familiengesellschaften*

Es stellt sich nun die Frage, ob und gegebenenfalls wie die Besonderheiten der Familiengesellschaft auf diese Auslegungsgrundsätze Einfluss nehmen können. Eine umfassende Stellungnahme unter Berücksichtigung sämtlicher Besonderheiten ist – soweit ersichtlich – bis heute nicht erfolgt, wenn überhaupt findet sich meist eine Beschränkung auf bestimmte Aspekte der typischen Familiengesellschaft.[863] Der BGH hat für die Auslegung von Familiengesellschaftsverträgen lediglich auf die Geltung der allgemeinen Auslegungsregeln verwiesen und gegen ein Sonderrecht argumentiert, dass eine sichere Abgrenzung der Familiengesellschaft zu sonstigen Gesellschaften nicht möglich sei.[864] Eine umfassende Stellungnahme kann und soll in dieser Arbeit vor dem Hintergrund der Schwerpunktsetzung und dem begrenzten Raum nicht gegeben werden. Es wird abzuwarten sein, ob die erhöhte Behandlung des Rechts der Familiengesellschaften sich zukünftig in einer vermehrten Befassung mit der Auslegung von Familiengesellschaftsverträgen niederschlägt.

I. Ansatzpunkte für einen Einfluss der typischen Besonderheiten von Familiengesellschaften

Zunächst sollen mögliche Ansatzpunkte für die Besonderheiten der Auslegung des Familiengesellschaftsvertrags ermittelt werden. Wie *Holler* zu Beginn seiner Untersuchung der Gesellschaftsvertragsauslegung richtigerweise festgestellt hat, kann wegen des Erfordernisses, dass die Familiengesellschafter ihre besonderen Ziele und Vorstellungen mangels gesetzlicher Kodifizierung selbstständig in eine rechtliche Form „gießen" müssen generell eine höhere Relevanz der Vertragsauslegung als in sonstigen Gesellschaften festgestellt werden.[865] Gleiches gilt wegen der häufig zu beobachtenden Nutzung verschiedentlicher Nebenvereinbarungen für die Frage nach der Berücksichtigungsfähigkeit

---

[863] Vgl. etwa den Fokus auf Nebenvereinbarungen und die Auslegungsrelevanz der so entstehenden Ebenen bei *Prütting/Schirrmacher*, ZGR 2017, 829; die Relevanz der Familienverfassung in den Mittelpunkt stellend *Hueck*, Familienverfassung, 2017, 252 ff.

[864] Der Begriff der Familiengesellschaft bilde *„kein sicheres und ein für allemal gültiges Unterscheidungsmerkmal"*, vgl. BGH, Urteil v. 16.2.1981, Az. II ZR 89/79, GmbHR 1982, 129 (Rn. 20); vgl. auch schon BGH, Urteil v. 9.6.1954, Az. II ZR 70/53, BGHZ 14, 25 (Rn. 27).

[865] Diese besonderen Ziele und Vorstellungen finden sich dabei insbesondere in der generationsübergreifend ausgerichteten Familiengesellschaft, weshalb die erhöhte Relevanz der Auslegung zuvorderst in solchen Gesellschaften festzustellen ist, vgl. *Holler*, in: MünchHdbGesR Bd. 7, 6. Aufl. 2020, § 75 Rn. 218.

von Nebenvereinbarungen für die Auslegung des Gesellschaftsvertrags.[866] Darüber hinaus weist *Holler* – wenn auch nicht i.R.d. Auslegung – auf die besondere Relevanz des Personengesellschaftsrechts hin, welche die Begründung von BGB-Gesellschaften durch Nebenvereinbarungen auch in Familienkapitalgesellschaften mit sich bringt.[867]

Weil nach hier vertretener Auffassung im Ausgangspunkt ohnehin keine rechtsformimmanenten Unterschiede für die Auslegung von Gesellschaftsverträgen und Satzungen bestehen, spielt diese Relevanz des Personengesellschaftsrechts in Familiengesellschaften für die hiesige Untersuchung der Vertragsauslegung nur eine untergeordnete Rolle. Da in Personengesellschaften aber auch nach den oben gefundenen Auslegungsregeln tendenziell häufiger ein subjektives Vertragsverständnis anzusetzen ist als in Kapitalgesellschaften, da hier eher die Kenntnis oder das Kennenmüssen eines Neugesellschafters vom Vertragsverständnis der Altgesellschafter angenommen werden kann und Personengesellschaften häufiger als geschlossene Gesellschaften ausgestaltet sind, in die schon keine neuen Gesellschafter eintreten, kann von einer leicht erhöhten Relevanz des subjektiven Vertragsverständnisses für die erläuternde und ergänzende Vertragsauslegung in Familiengesellschaften ausgegangen werden.

Für die Vertragsauslegung in Familiengesellschaften liegt zudem die Annahme nah, dass die familiäre Verbundenheit der Gesellschafter vor dem Hintergrund der höheren Wahrscheinlichkeit geteilter Erfahrungen und Werte sowie anderer häufig überschneidender Faktoren in der Person der Gesellschafter (Herkunft, Erziehung, soziale Klasse etc.) realistischerweise eher zu übereinstimmenden Vorstellungen und Begriffsverständnissen führt. Insoweit ist es wahrscheinlicher, dass die Gesellschafter den Vertragstext – entgegen dem Wortlaut – auf eine subjektive, familieninterne Weise verstehen, was bei Anwendbarkeit der subjektiven Auslegung zu einer erhöhten Relevanz des Grundsatzes *falsa demonstratio non nocet* führt. Weiterhin ist zu beachten, dass die Verträge von Familiengesellschaften zwar in besonderer Weise auf die Bedürfnisse ihrer jeweiligen Gesellschafter zugeschnitten werden müssen, sich in den letzten Jahren aber – auch aufgrund der vermehrten Befassung der Rechtswissenschaft mit der Familiengesellschaft – eine gewisse *best practice* insbesondere für die typischen Regelungen der generationsübergreifend ausgerichteten Familiengesellschaft etabliert hat.[868] Für solche Standardisierungen werden von der Rechtsprechung rechtliche Gesichtspunkte allgemeiner Art i.R.d. Berücksichtigung einer „allgemeinen Lebenserfahrung" bei der Auslegung im Zweifel ebenfalls erläuternd herangezogen.[869]

---

866 *Holler*, in: MünchHdbGesR Bd. 7, 6. Aufl. 2020, § 75 Rn. 219 ff.; *Prütting/Schirrmacher*, ZGR 2017, 829 (835), unter Hinweis auf *Fleischer*, ZIP 2016, 1509 (1509): *„Zwiebelschalenmodell"*.

867 *Holler*, in: MünchHdbGesR Bd. 7, 6. Aufl. 2020, § 75 Rn. 73.

868 *Holler*, DStR 2019, 880 (884 f.).

869 BGH, Urteil v. 20.12.1956, Az. II ZR 177/55, NJW 1957, 591 (592); dazu für Familiengesellschaften *Holler*, in: MünchHdbGesR Bd. 7, 6. Aufl. 2020, § 75 Rn. 230 f. m.w.N.

Die meisten Erörterungen zur Gesellschaftsvertragsauslegung in Familiengesellschaften konzentrieren sich aber auf die Besonderheiten, die speziell die generationsübergreifende Familiengesellschaft aufweist. Neben der bereits angesprochenen, intensiven Nutzung von Nebenvereinbarungen sind dies die besonderen Vorstellungen der Gründer und die strukturellen Ähnlichkeiten zur Publikumsgesellschaft, die die Ausrichtung auf regelmäßige Mitgliederwechsel – wenn auch nur innerhalb der der Familie – mit sich bringt. Auf diesen Aspekten soll daher nachstehend der Fokus liegen.

II. Generationsübergreifende Familiengesellschaft

1. Grundtendenz des Vertrages und Gründerverständnis

Die besonderen Vorstellungen der Gründer und ihr Niederschlag in entsprechenden Klauseln können dem Gesellschaftsvertrag wie gesehen eine Grundtendenz geben, die sowohl bei subjektiver als auch bei objektiver Auslegung zu beachten ist.[870] In der generationsübergreifend ausgerichteten Familiengesellschaft implementieren die Gründer häufig Vinkulierungsklauseln, Gewinn- und Abfindungsbeschränkungen, fakultative Kontrollorgane, Regelungen zur relativen Entmachtung des Gesellschafterkreises und Regelungen zu den Rechten und dem Verhältnis der Stämme.[871] Die hierin regelmäßig zum Ausdruck kommende Grundtendenz des Gesellschaftsvertrags generationsübergreifender Familiengesellschaften lässt sich dabei mit der „Abwehr familienfremder Dritter", dem „möglichst umfangreichen Erhalt des Vermögens für die zukünftige Familie" sowie gegebenenfalls mit der „Parität der Stämme" oder einer anderen Regelung zum Machtgefüge in der Gesellschaft zusammenfassen.[872] Sofern der Gesellschaftsvertrag eine solche Grundtendenz aufweist, muss die Auslegung sämtlicher Vertragsregelungen im Lichte dieser Grundtendenz erfolgen. Im Zweifel ist der Gesellschaftsvertrag also in einer Art und Weise auszulegen, die dem Schutz der familiären Prägung des Gesellschafterkreises, des Familienvermögens und des zum Ausdruck kommenden Machtverhältnisses in der Gesellschaft am besten Rechnung trägt.

Im Streit um die fortlaufende Berücksichtigungsfähigkeit des individuellen Gründerverständnisses vom Gesellschaftsvertrag wird in der Literatur angemerkt, dass der Gründer-

---

870 Hierzu oben unter § 5.A.I.1.

871 Hierzu oben unter § 4.B.IV.

872 *Holler*, DStR 2019, 880 (855): „*Erhaltung des Familienbesitzes*" sowie „*Unterbindung der Einflussnahme Dritter*"; *Grunewald*, ZGR 1995, 68 (69): „*Verteilung von Rechten und Pflichten nach Gesellschafterstämmen, Ausschluß von Familienfremden*"; um die „*langfristige Ausrichtung als Familiengesellschaft*" ergänzt bei *Sanders*, in: BeckOGK HGB, Stand 15.4.2025, § 105 Rn. 140. Für die Grundtendenz einer Familiengesellschaft, die Aufnahme familienfremder Gesellschafter zu verhindern auch BGH, Urteil v. 25.9.1986, Az. II ZR 272/85, NJW 1987, 890 (891 f.).

wille auch in der Familiengesellschaft mit der Zeit mehr und mehr an Gewicht verliert, wodurch eine objektive oder zumindest am Willen der jetzigen Gesellschafter orientierte Auslegung mehr und mehr in den Fokus rückt.[873] Von *Holler* wurde hiergegen eingewandt, dass bei generationsübergreifend ausgerichteten Familiengesellschaften, deren Gesellschafter sich innerhalb der Vorstellungen der Gründer halten, nicht gleichsam eine Lösung der Auslegung vom Gründerwillen erfolge.[874]

Richtig ist, dass auch in Familiengesellschaften, deren Vertragsauslegung kontinuierlich anhand subjektiver Kriterien erfolgt, das subjektive Verständnis der Gründer mit der Zeit an Bedeutung verliert. Denn auch Familiengesellschaften entwickeln ein Eigenleben und auch in Familiengesellschaften kann dieses Eigenleben in Verbindung mit dem hierin zum Ausdruck kommenden Willen der jetzigen Gesellschafter nicht unberücksichtigt bleiben. Allerdings wird das Gründerverständnis in Familiengesellschaften, in denen sich die nachfolgenden Generationen in den durch den Gründer implementierten, vertraglichen Schranken bewegen nicht nach und nach durch einen abweichenden, sondern vielmehr durch einen identischen Willen der jetzigen Gesellschafter ersetzt. Insofern zeigen sich im Ergebnis keine Unterschiede in der Auslegung, wenn die Gesellschafter sich – wie von *Holler* ohnehin für seine abweichende Ansicht argumentiert – fortwährend im Rahmen des Gründerverständnisses bewegen.

Über die objektiven Auslegungsregeln, genauer die Berücksichtigung der Systematik des Vertragswerks und das dynamische Vertragsverständnis, welches das Ziel der Gesellschaft berücksichtigt, kann zudem zumindest stückweise die Bedeutung des Gründerwillens erhalten werden.[875] Denn die Ausgestaltung des Gesellschaftsvertrags der Familiengesellschaft ist Ergebnis der Überlegungen der Gründer zur Ausrichtung der Gesellschaft anhand des Vertragsziels bzw. Gesellschaftszwecks. Der Gesellschaftszweck der generationsübergreifenden Familiengesellschaften ist parallel zur Grundtendenz regelmäßig der „Erhalt des Vermögens für die (Versorgung der) Familie in der Zukunft".[876] Sofern die Struktur der Gesellschaft und der Gesellschaftszweck fortlaufend konsistent bleiben, erfährt das Verständnis des Gründers hierüber faktisch weiter Einfluss.

---

873 *Schneider*, in: Gummert, MünchAnwHdbPersGesR, 4. Aufl. 2023, § 4 Rn. 141; s. auch *Schäfer*, in: MünchKomm BGB, 9. Aufl. 2024, § 705 Rn. 174 f.

874 Die Argumentation ist teilweise mit der Frage nach einer objektiven Auslegung des Gesellschaftsvertrags von auf regelmäßige Mitgliederwechsel angelegten, großen Familiengesellschaften verbunden und bezieht sich daher auf das subjektive Gründerverständnis insgesamt, vgl. *Holler*, in: MünchHdb-GesR Bd. 7, 6. Aufl. 2020, § 75 Rn. 236.

875 Vgl. *Grunewald*, in MünchKomm HGB, 5. Aufl. 2022, § 161 Rn. 121.

876 Hierzu oben unter § 4.B.IV.5.b.

2. Objektive oder subjektive Auslegung

Ob der Gesellschaftsvertrag einer generationsübergreifenden, auf ständige Mitgliederwechsel ausgerichteten Familiengesellschaft fortlaufend subjektiv ausgelegt werden kann, ist in der Literatur umstritten.[877] Keine der Ansichten argumentiert dabei tiefergehend mit einem „Sonderrecht der Familiengesellschaften", vielmehr wird vor allem auf bestehende, grundsätzliche Auslegungsregeln und insbesondere das von der Rechtsprechung entwickelte Sonderrecht für Publikumspersonengesellschaften zurückgegriffen. So wird von der herrschenden, die objektive Auslegung befürwortenden Ansicht insbesondere die Vergleichbarkeit der mitgliederstaken Familiengesellschaft mit Publikumsgesellschaften angeführt, teilweise verbunden mit einem Hinweis auf die besondere Schutzbedürftigkeit der Neugesellschafter[878] und die normative Einschränkung der jeweiligen Erklärungen der Gründungsgesellschafter.[879] Die Gegenansicht argumentiert für die Anwendbarkeit der subjektiven Auslegung hingegen vornehmlich mit der besonderen, vom Gründerwillen und dem Gesellschaftszweck geprägten Realstruktur sowie der mangelnden Abgrenzbarkeit der „großen, generationsübergreifenden Familiengesellschaft", die eine fortlaufende subjektive Auslegung unabhängig von der Mitgliederzahl aus Rechtssicherheitsgesichtspunkten erforderlich mache.[880] Der Streit ist dabei zu einem gewissen Grad Resultat der unterschiedlichen Ansätze für die allgemeinen Auslegungsregeln von Gesellschaftsverträgen.

Maßgeblich für die Frage, ob die grundsätzlich subjektive Auslegung (partiell) durch eine objektive Auslegung ersetzt wird, ist nach hiesiger Ansicht zu den allgemeinen Auslegungsregeln die rechtsformunabhängige, konkrete Schutzbedürftigkeit der Akteure. Diese muss aber jeweils für den Einzelfall ermittelt werden. Daher kann eine umfassende, alle Familiengesellschaften einschließende Antwort auf die Frage nach der richtigen Auslegungsmethode hier nicht gegeben werden. Es lassen sich für die typische Interessenlage bei Eintritt eines Neugesellschafters in die generationsübergreifende Familiengesellschaft aber Tendenzen ausmachen. Dabei ist zwischen der Schutzwürdigkeit solcher Neugesellschafter, die Familienmitglieder sind und der Schutzbedürftigkeit familienfremder Neugesellschafter zu unterscheiden.

---

877 Für eine objektive Auslegung *Lieder*, in: MünchHdbGesR Bd. 9, 6. Aufl. 2021, § 3 Rn. 122 ff., 125; *ders.*, in: Oetker, HGB, 8. Aufl. 2024, § 105 Rn. 132; *Wertenbruch*, in: Ebenroth/Boujong/Joost/Strohn, HGB, 4. Aufl. 2020, § 105 HGB Rn. 110; *Geibel*, in: BeckOGK BGB, Stand 1.1.2019, § 705 Rn. 70; *Sanders*, in: BeckOGK HGB, Stand 15.4.2025, § 105 Rn. 143; vgl. auch *Ulmer*, ZIP 2010, 549 (550, 554), unter Hinweis auf BGH, Urteil v. 22.5.1989, Az. II ZR 211/88 („Röchling"), NJW-RR 1989, 1259. Für eine fortwährende subjektive Auslegung wohl nur *Holler*, in: MünchHdbGesR Bd. 7, 6. Aufl. 2020, § 75 Rn. 232; inhaltsgleich *ders.*, in: MünchHdbGesR Bd. 9, 6. Aufl. 2021, § 30 Rn. 54 ff.; mit Einschränkungen auch *Kalss/Probst*, Familienunternehmen, 2013, 99; *Fleischer*, ZIP 2016, 1509 (1518).

878 Mit Einschränkungen *Lieder*, in: MünchHdbGesR Bd. 9, 6. Aufl. 2021, § 3 Rn. 123, 125 f. m.w.N.

879 *Geibel*, in: BeckOGK BGB, Stand 15.12.2024, § 705 Rn. 111.

880 *Holler*, in: MünchHdbGesR Bd. 7, 6. Aufl. 2020, § 75 Rn. 233, 236.

a. Eintritt eines Neugesellschafters aus dem Familienkreis

Zur Begründung einer geringeren Schutzwürdigkeit der familiär verbundenen Neugesellschafter gegenüber Neugesellschaftern „normaler" Gesellschaften hat *Holler* die Interessenlage der familiär verbundenen Neugesellschafter mit derer der Anleger einer Publikumsgesellschaft verglichen.[881] Nach diesem Vergleich sind die Gesellschafter einer Familiengesellschaft anders als die Gesellschafter einer Publikumsgesellschaft untereinander eng, persönlich und auf Dauer verbunden und daher nicht gleich schutzwürdig.[882] Diese Differenzierung zwischen Gesellschaftern einer Publikumsgesellschaft und Familiengesellschaftern ist im Ausgangspunkt richtig, allerdings bleibt hier größtenteils offen, inwiefern sich aus der persönlichen Verbundenheit der Alt- und Neugesellschafter tatsächlich eine konkret geringere Schutzwürdigkeit und -bedürftigkeit der Neugesellschafter ergibt. Denn diese kann sich nach hier vertretener Ansicht nur daraus ergeben, dass bei familiär verbundenen Neugesellschaftern eher die Kenntnis oder ein Kennenmüssen des subjektiven Verständnisses der Altgesellschafter vorausgesetzt werden kann. Dafür kann die persönliche Verbundenheit zwar Anhaltspunkte liefern[883], eine belastbare Aussage über eine stets festzustellende Korrelation einer persönlichen Verbundenheit der Gesellschafter und einer Kenntnis oder einem Kennenmüssen des subjektiven Vertragsverständnisses der Altgesellschafter ist hiermit aber noch nicht getroffen.

Gleiches gilt auch für den Vergleich der Realstruktur einer Familiengesellschaft mit der Struktur einer geschlossenen Gesellschaft.[884] Zwar ist es richtig, dass die Realstruktur der Familiengesellschaft derer einer personalistischen, geschlossenen Gesellschaft ähnelt, da das Feld der potenziellen Neugesellschafter auf den meist überschaubaren Kreis solcher Personen begrenzt ist, die das Merkmal der Familienzugehörigkeit aufweisen.[885] Allerdings ist die Gesellschaft damit eben doch auch darauf ausgerichtet, dass regelmäßig neue Gesellschafter eintreten, seien sie auch familiär mit den Altgesellschaftern verbunden; sie gleicht damit in gewisser Weise nicht nur einer geschlossenen Gesellschaft, sondern gleichzeitig auch einer Publikumsgesellschaft.[886] Wie in Publikumsgesellschaften auch, stellt der Eintritt eines Neugesellschafters, selbst wenn er zu Lebzeiten des Rechtsvorgängers vollzogen wird, anders als in sonstigen geschlossenen Gesellschaften – zumindest ab einer gewissen Größe des Gesellschafterkreises – auch keine Besonder-

---

881 *Holler*, in: MünchHdbGesR Bd. 7, 6. Aufl. 2020, § 75 Rn. 232 ff.

882 *Holler*, in: MünchHdbGesR Bd. 7, 6. Aufl. 2020, § 75 Rn. 232, 236. Hier ist zu beachten, dass *Holler* für die Auslegung von Gesellschaftsverträgen und Satzungen im Allgemeinen auf die Realstruktur der Gesellschaft abstellt, weshalb sich seine Argumentationen besonders auf die geschlossene Realstruktur der Familiengesellschaft (*closed shop*-Prinzip) stützen, Rn. 233 ff.

883 Hierzu sogleich.

884 *Holler*, in: MünchHdbGesR Bd. 7, 6. Aufl. 2020, § 75 Rn. 233 f.

885 Hierzu auch oben unter § 4.B.IV.5.d.

886 Ebd.

heit mehr dar, die sich in einer umfassenden Unterrichtung über die Gepflogenheiten in der Gesellschaft niederschlägt. Die Vergleichbarkeit der Schutzwürdigkeit der Neufamiliengesellschafter und sonstiger Neugesellschafter von (bisher) geschlossenen Gesellschaften wird insofern noch weiter abgesenkt.[887] Die Geschlossenheit der Gesellschaft gegenüber familienfremden Personen vermag die Schutzwürdigkeit der eintrittsberechtigten Personen im Eintrittszeitpunkt nach der hier gefundenen Lösung für die allgemeinen Auslegungsregeln jedenfalls nicht abstrakt zu beeinflussen.[888]

Ähnlich verhält es sich mit dem Argument, dass das Eigenleben der Familiengesellschaft sich – anders als dasjenige einer Publikumsgesellschaft – in dem Rahmen hält, den der Gründer bei Errichtung der Gesellschaft geschaffen hat, weshalb der subjektive Gründerwille fortwährend Wirkung entfalten müsse.[889] Selbst wenn man der Ansicht folgt, dass der Gründerwille bei subjektiver Vertragsauslegung mit der Zeit nicht mehr und mehr an Gewicht verliert[890], so ergibt sich daraus nicht, dass der Gesellschaftsvertrag stets subjektiv auszulegen ist. Denn der Vorrang des Gründerwillens kann sich nur auf das Verhältnis zum Willen der jetzigen Gesellschafter beziehen, nicht aber auf die vorgelagerte Frage, ob der Gesellschaftsvertrag *überhaupt* fortwährend einer subjektiven Auslegung unterliegt. Anzumerken bleibt jedoch, dass wenn der Gründerwille offensichtlich in die Vertragssystematik und den Gesellschaftszweck eingeflossen ist, realistischerweise eher von der Kenntnis oder einem Kennenmüssen auf Seiten des Neugesellschafters ausgegangen und die subjektive Auslegung so beibehalten werden kann.

Damit verbleibt die Frage, ob die Besonderheiten der auf ständige Gesellschafterwechsel angelegten, generationsübergreifenden Familiengesellschaft – mögen sie auch keine abstrakte Schutzwürdigkeitsreduktion für Neugesellschafter begründen – nicht zumindest auf der Ebene des Tatsächlichen regelmäßig die konkrete Schutzwürdigkeit der Neugesellschafter verringern können. Hier ist zunächst insbesondere die bereits angesprochene, erhöhte Wahrscheinlichkeit eines übereinstimmenden Verständnisses von Begrifflichkeiten und Wertvorstellungen wichtig. So wird sich der neu eingetretene Familiengesellschafter eher entgegenhalten lassen müssen, dass er den Sprachgebrauch und die Intentionen des Gründers oder sonstiger „Vertragsgestalter" kennt, wenn ihm diese Personen auch schon vor seinem Eintritt in die Gesellschaft bekannt waren und nahestanden. In eine ähnliche Richtung geht die Überlegung, dass die Neugesellschafter häufig schon ihr ganzes Leben Kontakt zu Gesellschaftern der Gesellschaft, namentlich einem eigenen Elternteil oder anderen Verwandten hatten, sodass sie – möglicherweise

887 Zu diesem tatsächlichen Aspekt auch sogleich.

888 Es sei erneut darauf hingewiesen, dass die abweichende Schwerpunktsetzung in den Argumentationen zur Auslegung des Familiengesellschaftsvertrags teilweise das Ergebnis unterschiedlicher Ansätze für die allgemeinen Auslegungsregeln ist.

889 So *Holler*, in: MünchHdbGesR Bd. 7, 6. Aufl. 2020, § 75 Rn. 233, 235 f.

890 Vgl. zur hier vertretenen a.A. bereits oben unter § 5.B.I.

auch nur zufällig („Küchentischgespräche") – die bisherigen Gepflogenheiten im Gesellschafterkreis und gegebenenfalls deren Entwicklung über die Jahre kennen. Gleichzeitig werden Familienmitglieder oft auch nicht „über Nacht" Neugesellschafter, vielmehr werden sie möglichst behutsam an die Gesellschaft und gegebenenfalls die Arbeit im Unternehmen herangeführt, sodass ihnen zum Eintrittszeitpunkt deutlich eher bekannt ist, welche Regeln in der Gesellschaft neben oder sogar statt dem objektiven Vertragsinhalt tatsächlich gelebt werden. Hierbei kann die persönliche Beziehung der Akteure untereinander faktisch auch zu geringeren Hemmschwellen für die Erkundigung nach „Familien- und Gesellschaftsinterna", die für die Auslegung wichtig sind führen und andersherum eine natürliche Bereitschaft zur Offenlegung bei den Altgesellschaftern bestehen. Insgesamt wird man dem Neugesellschafter in einem späteren Streit über die richtige Auslegungsmethode dann bei Verschaffung eines umfassenden Zugangs zur Gesellschaft im Zeitraum vor dem Eintritt die hierdurch offengelegten Informationen über das Vertragsverständnis entgegenhalten können. Zudem wird man dem Neugesellschafter bei vor dem Beitritt erhaltenen Zugang zur Gesellschaft bei auch bloß kleineren Hinweisen auf ein vom objektiven Vertragsgehalt abweichendes, subjektives Verständnis ausnahmsweise eine Nachforschungs- und Nachfragepflicht abverlangen können.

Das planvolle Verbinden von Gesellschaft und Familie findet auch in anderen möglicherweise auslegungsrelevanten Verhaltensmustern seinen Ausdruck. So haben große Familiengesellschaften häufig Familientage für sämtliche Familienmitglieder, an denen über die Beziehung der Familie zur Gesellschaft und die gemeinsamen Vorstellungen und Ziele gesprochen sowie – gegebenenfalls sogar unter Mitwirkung der Nichtgesellschafter – eine Familienverfassung errichtet bzw. aktualisiert wird. Auch die dort erlangten Informationen über das subjektive Vertragsverständnis muss der Neugesellschafter später gegen sich gelten lassen. Zuletzt finden sich insbesondere in älteren, großen Familiengesellschaften Gesellschafts- oder Familienarchive, die (teilweise nicht öffentlich zugängliche) Dokumente aus der Historie der Familiengesellschaft enthalten, welche Aufschluss über die subjektiven Vorstellungen der Gründer oder sonstiger relevanter „Vertragsgestalter" geben können.[891] Sofern ein solches Archiv existiert, dem Neugesellschafter bei Eintritt Zugang verschafft wird und sich aus den dortigen Unterlagen Rückschlüsse auf das Vertragsverständnis ziehen lassen, kann dem Neugesellschafter entgegengehalten werden, dass er das subjektive Verständnis zumindest kennen musste.

Die Besonderheiten der auf ständige Mitgliederwechsel angelegten, generationsübergreifenden Familiengesellschaft führen also nicht *per se* zu einer objektiven oder subjektiven Auslegung. Es existiert aber eine Reihe an Faktoren, die die Kenntnis oder ein

891 Zu Gesellschaftsarchiven allgemein und den Zugangsbeschränkungen vieler Familienarchive für Familienfremde *Fleischer*, ZGR 2021, 231 (238 ff., 252 f.).

Kennenmüssen des familiär verbundenen Neugesellschafters und damit eine fortwährend subjektive Auslegung wahrscheinlicher machen. Ob diese Faktoren jeweils tatsächlich vorliegen, ist eine Frage des Einzelfalls. Um Missverständnisse, zeit- und kostenintensive Auseinandersetzungen über die richtige Auslegungsmethode oder gar eine ungewollte Objektivierung des Vertrages zu vermeiden, sollte in Familiengesellschaftsverträgen entweder äußerst penibel formuliert oder jeder Neugesellschafter standardisiert über die Gepflogenheiten in der Gesellschaft und das Gesellschafterverständnis vom Vertragswerk informiert werden.

b. Eintritt eines familienfremden Neugesellschafters

Die oben beschriebenen Möglichkeiten zur Einsichtnahme in das Innenleben und die Interna der Familiengesellschaft hat ein familienfremder Neugesellschafter nicht in gleicher Weise bzw. zumindest in zeitlicher Hinsicht üblicherweise nicht gleich weit vor seinem Eintritt. Zudem kennt der familienfremde Dritte die Altgesellschafter häufig nicht persönlich, sodass auch keine Kenntnis von innerer Einstellung und üblichem Sprachgebrauch der Gründer und Altgesellschafter angenommen werden kann. Dies würde wegen der allgemeinen Schutzwürdigkeit und fehlenden Erkundigungsobliegenheit eines Neugesellschafters bei Ausbleiben einer Unterrichtung der Altgesellschafter über ihr subjektives Verständnis („Anhebung des Empfängerhorizonts des Neugesellschafters“[892]) tendenziell eher zu einer Objektivierung des Gesellschaftsvertrags führen, als dies bei neueintretenden Familienmitgliedern der Fall ist.

Gleichwohl sprechen insbesondere zum Zeitpunkt der erstmaligen Öffnung des Gesellschafterkreises der Familiengesellschaft für Familienfremde einige Aspekte für eine regelmäßig geringere Schutzwürdigkeit des familienfremden Neugesellschafters. So stellt der erstmalige Eintritt eines familienfremden Gesellschafters in der Entwicklung der Familiengesellschaft einen wichtigen Wendepunkt dar, der auch intern regelmäßig intensiv diskutiert und an gewisse Bedingungen geknüpft wird. Dabei geht es insbesondere um Vorstellungen hinsichtlich der Rolle des neuen Gesellschafters und den Erhalt bisher in der Gesellschaft „gelebter Traditionen“. Die Ergebnisse dieser internen Besprechungen werden dann von den gesellschaftsseitigen Verhandlungsführern an den potenziellen Neugesellschafter herangetragen und gegebenenfalls erläutert. Auf dieser Basis wird intensiv über die Rechte und Pflichten des Neugesellschafters, insbesondere über die Beschränkungen, denen der Gesellschaftsanteil und der Gesellschafter unterliegen sollen, gesprochen. Genau in diesen Bereichen entsteht später üblicherweise Streit über die richtige Auslegungsmethode. Im Rahmen der vorvertraglichen Verhandlungen wird der

---

[892] Hierzu oben unter § 5.A.I.

Neugesellschafter also oft schon umfangreiche Informationen über praktisch auslegungsrelevante Vorstellungen, die im bisherigen Gesellschafterkreis existieren, erlangen. Diese muss er sich später entgegenhalten lassen, wenn er dieses besondere Verständnis nicht durch Vereinbarung ausgeschaltet hat. Gleiches gilt für Informationen, die ihm i.R.d. *Due Diligence* Prüfung offengelegt werden, etwa die Dokumentation einer vom Vertragsinhalt abweichenden Gesellschafterpraxis. Sofern der Neugesellschafter das subjektive Vertragsverständnis zwar nicht seinem konkreten Inhalt nach erkennt, aber für ihn konkrete Anhaltspunkte für ein Abweichen des subjektiven Altgesellschafterverständnisses vom objektiven Vertragsgehalt bestehen, ist dem Neugesellschafter eine Nachforschungspflicht aufzuerlegen.[893] Erst wenn sein Empfängerhorizont dann durch die Altgesellschafter trotz Nachfrage nicht angehoben wird, darf der Neugesellschafter sich auf den objektiven Gehalt des Vertrages verlassen.[894]

Andererseits kann bei Eintritt in eine Familiengesellschaft aber nicht generell eine Nachforschungspflicht des familienfremden Neugesellschafters angenommen werden.[895] Zwar lässt sich hierfür anführen, dass bei erstmaligem Eintritt in eine bisher geschlossene Gesellschaft aus familiär verbundenen Gesellschaftern immer mit einem besonderen subjektiven Verständnis der Gesellschafter gerechnet werden kann. Dies ist im Grunde aber bei jeder geschlossenen Gesellschaft der Fall und stellt kein Spezifikum der Familiengesellschaft dar. Gleichwohl verbleibt es bei der Ausgangslage, dass die gegenwärtigen Gesellschafter näher am Vertragswerk stehen und die Möglichkeit haben, dieses vor der Aufnahme eines neuen Gesellschafters auch objektiv an ihr persönliches Verständnis anzupassen oder den Neugesellschafter über ihr Verständnis zu informieren. Hier verkehrt sich die hohe Bedeutung, die die erstmalige Öffnung für die Familiengesellschafter mit sich bringt sogar und streitet für eine geringere Schutzwürdigkeit der Familiengesellschafter. Denn der Neugesellschafter kann nicht damit rechnen, dass die Familiengesellschafter i.R.d. Vorbereitung seiner Aufnahme das Vertragswerk nicht für diese außergewöhnliche Situation vorbereiten oder ein Vertragsverständnis, welches sie unbedingt auch in die „nächste Phase“ der Familiengesellschaft transferieren wollen, nicht von sich aus mit ihm teilen.

Eine Nachforschungspflicht des Neugesellschafters besteht demnach nur, wenn sich für ihn konkrete Anhaltspunkte für ein besonderes Vertragsverständnis der Altgesellschafter aus den Vertragsverhandlungen oder den ihm sonst zur Verfügung gestellten Informationen ergeben. Teil dieser Informationen kann dabei auch die Präambel des

---

893 Anders *Fleischer*, DB 2013, 1466 (1475); vgl. auch Fn. 818.

894 Anders *Holler*, in: MünchHdbGesR Bd. 7, 6. Aufl. 2020, § 75 Rn. 237 (Fn. 813), welcher eine Lösung über eine Schadensersatzpflicht gem. §§ 311 Abs. 2, 280 Abs. 1 BGB (culpa in contrahendo) oder eine Anfechtbarkeit wegen Täuschung gem. § 123 Abs. 1 BGB bevorzugt.

895 So aber *Holler*, in: MünchHdbGesR Bd. 7, 6. Aufl. 2020, § 75 Rn. 237 f.

Gesellschaftsvertrags selbst sein, etwa wenn nach der Präambel der Inhalt des Gesellschaftsvertrags stets im Lichte der familiären Werte betrachtet werden soll.[896] In einem solchen Fall ist es angemessen, dass der Neugesellschafter von sich aus diesem Hinweis nachgehen und die familiären Werte und deren Auswirkungen auf den Vertragsgehalt von den Altgesellschaftern erfragen oder sich alternativ blind auf das subjektive Verständnis einlassen muss („Katze im Sack"[897]).

c. Einheitliche oder gespaltene Auslegung

Die Altgesellschafter können sich bei Eintritt eines konkret schutzwürdigen Neugesellschafters untereinander natürlich auch in der Familiengesellschaft weiterhin auf ihr bisheriges Verständnis berufen, sofern der Neugesellschafter hiervon nicht negativ beeinflusst wird.[898] So kann auch bei einer dauerhaften Öffnung der Familiengesellschaft nach außen, bei der aber planmäßig ein Teil der Anteile dauerhaft in Familienhand bleibt, zwischen diesen Gesellschaftern weiterhin ihr „Familienverständnis" angesetzt werden, soweit der Neugesellschafter hiervon nicht negativ berührt wird.

III. Nebenvereinbarungen

1. Allgemein

Nebenvereinbarungen werden insbesondere in generationsübergreifend ausgerichteten Familiengesellschaften stark genutzt. Sofern hier zentrale Regelungen getroffen werden, muss sichergestellt werden, dass ein Neugesellschafter bei Eintritt in die Gesellschaft zugleich zwingend auch Partei der Nebenvereinbarung wird.[899] Auf diese Weise wird der Vertragsinhalt für den Neugesellschafter unmittelbar rechtlich bindend.

Zudem stellen die Nebenvereinbarungen wie gesehen eine der Erkenntnisquellen für die Ermittlung des tatsächlichen Willens der an ihnen beteiligten Gesellschafter i.R.d. Gesellschaftsvertragsauslegung dar, wenn eine subjektive Auslegung des Gesellschaftsvertrags möglich ist.[900] Der zwangsweise auch in die Nebenvereinbarung eintretende Gesellschafter weiß selbstverständlich um den Inhalt der Nebenvereinbarung und muss sich

---

896 *Fleischer*, DB 2013, 1466 (1475). Gar eine Klausel, die die subjektive Auslegung auch für den Fall der Gesellschafterwechsel festschreibt für zulässig und wirksam erachtend *Zwanzger*, Der mehrseitige Vertrag, 2013, 189.

897 *Zwanzger*, Der mehrseitige Vertrag, 2013, 189.

898 Die Familiengesellschaft mit ihren besonderen familiären Werten als „*leuchtendes Beispiel*" für die Gebotenheit einer gespaltenen Auslegung bezeichnend *Prütting/Schirrmacher*, ZGR 2017, 829 (861).

899 Vgl. etwa *Trölitzsch*, in: BeckOK GmbHG, 64. Edition, Stand 1.5.2025, Anh. § 53 Rn. 3a.

900 Hierzu oben unter § 5.A.III.

diesen auch i.R.d. Auslegung des Gesellschaftsvertrags entgegenhalten lassen. Sofern der Neugesellschafter bei seinem Eintritt in die Hauptgesellschaft nicht an der Nebenvereinbarung beteiligt ist, aber um deren Existenz und Inhalt weiß, muss er sich ebenfalls die hieraus ziehbaren Schlüsse für den Willen der an der Nebenvereinbarung beteiligten Gesellschafter i.R.d. Auslegung entgegenhalten lassen. Etwas anderes gilt nur, wenn der Inhalt der Nebenvereinbarung dem Neugesellschafter nicht bekannt war und auch nicht bekannt sein musste.

In Familiengesellschaften stellt sich insofern die Frage, ob statt den allgemein für die Ermittlung des subjektiven Vertragsverständnisses der Altgesellschafter geltenden Regeln[901] nicht deutlich eher ein Kennenmüssen des Neugesellschafters für typische Nebenvereinbarungsinhalte angenommen werden kann. Hierfür könnte sprechen, dass Familiengesellschaften regelmäßig eine Tendenz zu Nebenvereinbarungen in den Bereichen der Nachfolge, Gewinnverwendung, Stammstruktur usw. aufweisen, weshalb Neugesellschafter beim Eintritt in die Gesellschaft möglicherweise mit solchen Vereinbarungen rechnen und daher von sich aus Nachforschungen anstellen müssen.[902] Dieser Ansatz gleicht der obigen Argumentation, dass bei Eintritt in bisher geschlossenen Familiengesellschaften davon auszugehen ist, dass ein subjektives Verständnis der bisherigen Gesellschafter existiert. Auch hier gilt aber, dass die Altgesellschafter der Familiengesellschaft näher am Vertragswerk stehen und es für sie ein Leichtes wäre, den Empfängerhorizont des Neugesellschafters bezüglich des sich aus den Nebenvereinbarungen ermittelbaren Willens der Gesellschafter in der Hauptgesellschaft entweder über Verweise auf die Nebenvereinbarungen im Gesellschaftsvertrag bzw. dessen Präambel, durch Zurverfügungstellung des Inhalts der Nebenvereinbarungen i.R.d. *Due Diligence* oder schlicht durch ausdrücklichen Hinweis anzuheben.[903] Die Schutzwürdigkeit des Neugesellschafters entfällt nur, wenn er einem solchen Hinweis im vorvertraglichen Zeitraum nicht nachgeht. Allerdings ist den familiär verbundenen Altgesellschaftern zuzugestehen, dass sich ein solcher Hinweis auch aus dem Fehlen jeglicher familienbezogener Elemente im Gesellschaftsvertrag ergibt, wenn die Gesellschaft und Gesellschafter aber bisher für jeden erkennbar nach typischen familiengesellschaftsrechtlichen Regelungen „verfahren" sind (Generationsnachfolgen, hohe Reinvestitionsbemühungen etc.).[904]

2. Familienverfassung

Zuletzt stellt sich die Frage, ob die obigen Grundsätze für die Wirkungen von Nebenver-

---

901 Hierzu oben unter § 5.A.I.2.a.
902 Vgl. zu diesem Ansatz *Prütting/Schirrmacher*, ZGR 2017, 829 (854).
903 So im Ergebnis auch *Prütting/Schirrmacher*, ZGR 2017, 829 (854).
904 Ähnlich *Prütting/Schirrmacher*, ZGR 2017, 829 (855).

einbarungen i.R.d. Auslegung in gleicher Weise für die Familienverfassung gelten können. Problematisch hieran ist, dass die an der Familienverfassung beteiligten Gesellschafter die Familienverfassung regelmäßig als rechtlich nicht durchsetzbare Vereinbarung *sui generis* ausgestaltet haben, sich also nicht oder zumindest nicht hinsichtlich aller Inhalte der Familienverfassung unmittelbar rechtlich binden wollen.[905] Eine unmittelbare rechtliche Wirkung für den Gesellschaftsvertrag (Änderung oder Ergänzung) kann der Familienverfassung auch in Personengesellschaften daher nicht zukommen.[906] Allerdings hat sich in der Literatur zuletzt vermehrt die Erkenntnis durchgesetzt, dass die Familienverfassung zumindest mittelbar Wirkung entfalten kann, insbesondere hinsichtlich der Auslegung des Gesellschaftsvertrags und anderer Nebenvereinbarungen.[907] Hierfür spricht schon, dass es merkwürdig anmuten würde, die Familienverfassung bei der Ermittlung eines subjektiven Willens der Gesellschafter vollkommen außer Acht zu lassen, wenn sie einen klaren Bezug zum Gesellschaftsverhältnis aufweist und eindeutige Hinweise zu einem aus dem Gesellschaftsvertrag nicht zweifelsfrei ermittelbaren Verständnis der Gesellschafter enthält.[908] Darüber hinaus ist zu beachten, dass die Familienverfassung oftmals als Ergänzung oder gar Mantel des Gesamtvertragswerks der Familiengesellschaft mit zahlreichen Bezügen zu vorgehenden oder nachfolgenden vertraglichen Vereinbarungen auf der Gesellschaftsebene ausgestaltet ist. Die Gesellschafter wollen in der Familienverfassung zwar keine rechtsverbindliche Vereinbarung zur Änderung oder Ergänzung des Gesellschaftsvertrags treffen, die Familienverfassung nimmt aber Bezug auf bereits existierende Regelungen oder enthält Aussagen zu Bereichen, in denen später auf der Gesellschaftsebene Regelungen etabliert werden. Die Gesellschafter haben so auf tatsächlicher Ebene ihre Vorstellungen vom Vertragsverständnis in der Familienverfassung dokumentiert. Diese Dokumentation des Gesellschafterverständnisses kann nach den o.g. Auslegungsgrundsätzen ebenso herangezogen werden, wie etwa vorvertragliche Verhandlungen der Gründer oder sonstige tatsächliche Umstände.[909] Die

---

905 Vgl. erneut die rechtliche Einordnung bei *Hueck*, Familienverfassung, 2017, 179 ff.; *ders.*, in: MünchHdbGesR Bd. 9, 6. Aufl. 2021, § 50 Rn. 27.

906 *Hueck*, in: MünchHdbGesR Bd. 9, 6. Aufl. 2021, § 50 Rn. 27, 32. vgl. aber die Dokumentationsfunktion hinsichtlich der Änderung und Ergänzung gesellschaftsvertraglicher Regelungen durch einverständliche Übung in Personengesellschaften ebd., Rn. 42 f.

907 *Fleischer*, ZIP 2016, 1509 (1517 f.); *Holler*, ZIP 2018, 553 (562); *Prütting*, in: Lange/Windthorst, Sicherung des Familieneinflusses, 2017, 35 (46 ff.); *Kalss*, in: FS Binz, 2014, 343 (350 f.); *Glässer*, in: FS Binz, 2014, 228 (235); *Reich/Bode*, DStR 2018, 305 (307 f.); die Familienverfassung gar als Grundlage der Auslegung betrachtend *Kalss/Probst*, Familienunternehmen, 2013, 50, 98 ff.; ausführlich *Hueck*, Familienverfassung, 2017, 252 ff.; *ders.*, in: MünchHdbGesR Bd. 9, 6. Aufl. 2021, § 50 Rn. 45 ff.

908 Dieses Argument gegen eine Außerachtlassung der Familienverfassung bei der Auslegung von Satzungen anbringend *Fleischer*, ZIP 2016, 1509 (1518).

909 Nach *Fleischer*, ZIP 2016, 1509 (1518), kann auch bei Ansetzung der herrschenden Meinung für die Auslegung von Satzungen bzw. korporative Satzungsbestandteile über den „*Vorbehalt der*

fehlende Rechtsverbindlichkeit der getroffenen Vereinbarungen hindert die Heranziehung der Familienverfassung in Auslegungsfragen also nicht.

Für die typischerweise auslegungsrelevanten Inhalte der Familienverfassung unterscheidet *Hueck* zwischen der erläuternden und der ergänzenden Auslegung.[910] Die Familienverfassung kann demnach für die erläuternde Auslegung den Entstehungsprozess später getroffener (gesellschafts-)vertraglicher Regelungen oder das Verständnis der Gesellschafter über bereits vorher getroffene (gesellschafts-)vertragliche Regelungen sowie eine etwaige Gesellschafterpraxis dokumentieren.[911] Sofern das Vertragswerk der Familiengesellschaft der ergänzenden Vertragsauslegung zugänglich ist, kann die Familienverfassung zudem Aufschluss über einen hypothetischen Parteiwillen geben.[912] Hierbei ist aber stets zu beachten, dass eine in der Familienverfassung enthaltene Regelung nicht schlicht über die ergänzende Vertragsauslegung auf Gesellschaftsebene gehoben werden kann, sondern nur ein Teil der zur Ermittlung des hypothetischen Parteiwillens heranzuziehenden Hinweise ist.[913] Die konkrete Wirkung der Familienverfassung ergibt sich also erst im Zusammenspiel mit den anderen auslegungsrelevanten Umständen.

Rechtsprechung, dass außerhalb der Vertragsurkunde liegende Sachzusammenhänge unter Umständen berücksichtigungsfähig sind, wenn deren Kenntnis bei den Mitgliedern und Organen allgemein vorausgesetzt werden kann" eine Einbeziehung der Familienverfassung begründet werden.

910 *Hueck*, Familienverfassung, 2017, 252 ff.; *ders.*, in: MünchHdbGesR Bd. 9, 6. Aufl. 2021, § 50 Rn. 45 ff.

911 *Hueck*, Familienverfassung, 2017, 252 ff.; *ders.*, in: MünchHdbGesR Bd. 9, 6. Aufl. 2021, § 50 Rn. 46 ff.

912 *Hueck*, Familienverfassung, 2017, 258; *ders.*, in: MünchHdbGesR Bd. 9, 6. Aufl. 2021, § 50 Rn. 49.

913 *Hueck*, Familienverfassung, 2017, 258; *ders.*, in: MünchHdbGesR Bd. 9, 6. Aufl. 2021, § 50 Rn. 49.

Besonderer Teil

Der jeweilige Umfang und Inhalt der Treuepflicht ist stark einzelfallabhängig. Die Konkretisierung speist sich aus einer Vielzahl verschiedener Faktoren. Die nachstehenden Ausführungen können sich daher stets nur auf Tendenzen der Treuepflicht in Familiengesellschaften beziehen. Die Evaluation einzelner sich auf die Treuepflicht auswirkender Parameter der Familiengesellschaft, wie sie hier vorgenommen wird, kann eine vollumfängliche Ermittlung der konkreten Treuepflicht mittels Berücksichtigung sämtlicher relevanter Umstände betreffend die Gesellschaft, die handelnden Akteure und den konkreten Sachverhalt nicht ersetzen.

§ 6. Mitgliedschaftliche Treuepflicht bei familiärer Verbindung der Gesellschafter

Zuerst sollen hier die Auswirkungen der familiären Verbindung der Gesellschafter auf die mitgliedschaftliche Treuepflicht in denjenigen Gesellschaften untersucht werden, in denen weder im Gesellschaftsvertrag noch in Nebenvereinbarungen an die Eigenschaft als Familienmitglied Rechtsfolgen geknüpft werden, die Gesellschafter also die Gesellschafts- und Familienebene nicht ausdrücklich verbunden haben. Weil die Treuepflicht der Organe nur im Verhältnis zur Gesellschaft besteht und die Gesellschafter ihre Verwandtschaft nicht oder zumindest nicht ausdrücklich auf die Gesellschaftsebene gehoben haben, wird sich die familiäre Verbundenheit der Gesellschafter – ihre Berücksichtigungsfähigkeit vorausgesetzt – auch primär in deren Treuebeziehung, also hinsichtlich der *horizontalen* Treuepflicht auswirken.[914] Allerdings erscheinen zumindest mittelbare Auswirkungen der besonderen, emotional geprägten Verbindung der Gesellschafter auf die Gesellschaft und die vertikale Treuepflicht der Gesellschafter nicht ausgeschlossen, sodass auch hierauf kurz eingegangen wird.

A. Bedeutung der mitgliedschaftlichen Treuepflicht bei familiär verbundenem Gesellschafterkreis

Es können zunächst Überlegungen zur Bedeutung der mitgliedschaftlichen Treuepflicht in Gesellschaften, deren Gesellschafter familiär verbunden sind, angestellt werden. Hier ist insbesondere die Funktion der Treuepflicht relevant. Die Treuepflicht ordnet als Verhaltenssteuerungs- bzw. Verhaltenssicherungsinstrument die Ausrichtung des Verhal-

[914] Zur organschaftlichen Treuepflicht in Familiengesellschaften unten unter § 9.

R. Knaup, *Die gesellschaftsrechtliche Treuepflicht in Familiengesellschaften*,
Juridicum – Familienunternehmen und Recht,
https://doi.org/10.1007/978-3-658-50770-1_3

tens des Treueverpflichteten an den Interessen des Treueberechtigten oder zumindest eine Berücksichtigung dieser Interessen im Entscheidungsprozess an.[915] Abseits der Treuepflicht existieren außerrechtliche, verhaltensökonomische Mechanismen, die ebenfalls die Ausrichtung an den bzw. Berücksichtigung der Interessen des Treueberechtigten zum Gegenstand haben.[916] Neben Mechanismen wie monetären Anreizen (Incentivierung), moralischen Vorstellungen und Reputationsinteressen kann hier auch die persönliche Bindung der Akteure verhaltenssteuernd wirken, indem der Treueverpflichtete eine natürliche Tendenz zur stärkeren Berücksichtigung der Interessen des ihm persönlich nahen Treueberechtigten hat, unabhängig von seiner rechtlichen Verpflichtung hierzu.[917] Dies stimmt mit dem Befund überein, dass Familiengesellschafter sich gegenüber ihren Familienmitgliedern, insbesondere gegenüber ihren Kindern, auch auf der Gesellschaftsebene regelmäßig (teil-)altruistisch verhalten.[918] Insoweit lässt sich mindestens eine Deckungsgleichheit, wenn nicht sogar ein Übertreffen der natürlichen Motivationslage des Familiengesellschafters mit demjenigen Zustand, der durch die Treuepflicht rechtlich hergestellt bzw. gesichert werden soll, feststellen.

Nun könnte man meinen, dass der Treuepflicht in ihrer Funktion als Verhaltenssteuerungs- bzw. Verhaltenssicherungsinstrument in der Familiengesellschaft demnach eine geringere Relevanz zukommt. Die familiäre Nähe der Gesellschafter bringt aber nicht nur positive, die gegenseitige Rücksichtnahme erhöhende Verhaltenseffekte mit sich. Vielmehr kann die familiäre Nähe der Gesellschafter innergesellschaftliche Konflikte auch weit über das übliche Maß hinaus eskalieren lassen, wenn neben den rein sachlichen Erwägungen auch emotionale Aspekte auf die Entscheidungsfindung der Gesellschafter einwirken.[919] Zudem können auch außerhalb der Gesellschaft entstehende Streitigkeiten zwischen den Gesellschaftern recht schnell in die Gesellschaft getragen und dort mit den Waffen der Gesellschafterstellung ausgetragen werden, sodass selbst bei Ausschaltung innergesellschaftlicher Konfliktquellen eine Belastung der Gesellschaft durch eigentlich dem außergesellschaftlichen Raum entspringende Gesellschafterstreitigkeiten nicht aus-

---

915 Hierzu oben unter § 3.A.

916 Solche Mechanismen sowie vertragliche Einzelpflichten werden i.R.d. Diskussion um die Abdingbarkeit der gesellschaftsrechtlichen Treuepflicht angeführt, um die Zulässigkeit der Abbedingung argumentativ zu stützen, vgl. *Mann*, Abdingbarkeit und Gegenstand der gesellschaftsrechtlichen Treuepflicht, 2018, 61 ff.

917 So mit Nachweisen zur US-amerikanischen Literatur *Mann*, Abdingbarkeit und Gegenstand der gesellschaftsrechtlichen Treuepflicht, 2018, 62 f. Von einem Kostenvorteil durch größeren Zusammenhalt und die disziplinierende Wirkung sozialer Normen sprechend *Bachmann/Eidenmüller/Engert et al.*, Rechtsregeln für die geschlossene Kapitalgesellschaft, 2012, 26 m.w.N.

918 *Woywode/Keese/Tänzler*, ZGR 2012, 418 (424) m.w.N.; s. für die Gefahren *Sigle*, in: FS Hoffmann-Becking, 2013, 1147 (1151).

919 Mit Beispielen für typische Streitgegenstände *Lange*, BB 2005, 2585 (2588 f.); s. auch *Binz/Weinand*, in: MünchHdbGesR Bd. 9, 6. Aufl. 2021, § 45 Rn. 30 f.; *H. Fischer*, in: MünchHdbGesR Bd. 9, 6. Aufl. 2021, § 46 Rn. 1 ff.; *Habersack*, in: Tröger/Wilhelmi, Rechtsfragen der Familiengesellschaften, 2006, 19 (20).

geschlossen werden kann.[920] Als zusätzlicher Konflikttreiber sind die unterschiedlichen Funktionslogiken der Systeme Familie, Unternehmen und Eigentümer zu nennen, die für den Familiengesellschafter zu Rollenkonflikten und Handlungsparadoxien führen können.[921] In solchen Situationen wird die Treuepflicht als Verhaltenssteuerungs- bzw. Verhaltenssicherungsinstrument besonders relevant, insbesondere wenn als Folge eines familiären Konflikts aus emotional bedingter, reiner Schadensabsicht bewusst gegen die Interessen der Familiengesellschaft oder Mitgesellschafter und möglicherweise sogar gegen die objektiven Eigeninteressen gehandelt wird.

Weiterhin spricht für eine erhöhte Relevanz der Treuepflicht, dass persönlich nahe Gründer den Gesellschaftsvertrag häufig bewusst recht schlank gestalten, da sie – beseelt von einer gewissen Gründungseuphorie – davon ausgehen, künftig auftretende Konfliktsituationen einvernehmlich lösen zu können (*over-optimism*) und die Vertragsverhandlungen sowie das persönliche Verhältnis nicht durch das Ansprechen potenzieller Streitgegenstände belasten wollen.[922] Insbesondere in Mehrheits-Minderheits-Konstellationen besteht so die erhöhte Gefahr eines *ex-post* Opportunismus, in welcher ein Gesellschafter seine Rechtsmacht in der Gesellschaft für seine eigenen Interessen ausnutzt, ohne durch ausdrückliche vertragliche Regelungen gebunden zu sein.[923] Sofern solche nicht ausdrücklich geregelten oder in den Vertragsverhandlungen nicht einmal besprochenen Konfliktsituationen später tatsächlich auftreten und eine Lösung bzw. unmittelbare vertragliche Verpflichtung über die (ergänzende) Vertragsauslegung nicht gefunden werden kann, stellt sich die Frage nach der Treuwidrigkeit des Gesellschafterverhaltens unter Berücksichtigung impliziter Vereinbarungen und berechtigter Erwartungen der anderen Gesellschafter.[924] Insgesamt kann demnach trotz der – zumindest bei Gründung der Gesellschaft – oft erhöhten Bereitschaft der familiär verbundenen Gesellschafter, gegenseitig rücksichtsvoll miteinander umzugehen, keine geringere Relevanz der Treuepflicht bei einem familiär verbundenen Gesellschafterkreis festgestellt werden.

B. Besonderes Interesse der Gesellschaft an Erhaltung der notwendigen Vertrauensbasis

Die Verwandtschaft der Gesellschafter könnte zunächst das Gesellschaftsinteresse beeinflussen. Wie im Allgemeinen Teil ausgeführt, hat die Gesellschaft ein Interesse daran,

---

920 *Bachmann/Eidenmüller/Engert et al.*, Rechtsregeln für die geschlossene Kapitalgesellschaft, 2012, 26.

921 Vgl. nur *Uffmann*, ZIP 2015, 2441 (2444) m.w.N.

922 *Bachmann/Eidenmüller/Engert et al.*, Rechtsregeln für die geschlossene Kapitalgesellschaft, 2012, 42 f.

923 Ebd., 25 ff.

924 Zur Einbeziehungsfähigkeit impliziter Vereinbarungen und berechtigter Erwartungen in den Schutzbereich der Treuepflicht oben unter § 3.E.I.

dass die Gesellschafter das zur gemeinsamen Zweckverfolgung notwendige Mindestmaß an Vertrauen erhalten und insofern vertrauensschädigende Handlungen unterlassen.[925] Hier ist in personalistisch geprägten Gesellschaften ein höheres Maß an Grundvertrauen notwendig als in Publikumsgesellschaften, da die Gesellschafter enger bzw. überhaupt regelmäßig zusammenarbeiten müssen („echte Arbeitsgemeinschaft"), weshalb der Privatbereich in kapitalistisch strukturierten Gesellschaften üblicherweise sämtlich vom Umfang bzw. von der Wirkung der Treuepflicht ausgenommen ist.[926]

Unabhängig vom durch die Struktur der Gesellschaft vorgegebenen Maß und Umfang des notwendigen Mindestmaßes an Vertrauen, ist zwischen verschiedenen Gesellschaftern in rein tatsächlicher Hinsicht ein unterschiedlicher Grad an Vertrautheit und Vulnerabilität dieses Vertrauens festzustellen. Für familiär verbundene Gesellschafter ist insoweit die besondere Vulnerabilität des gegenseitigen Vertrauens zu beachten. Die Gesellschafter kennen sich untereinander bereits vor Eintritt in die Gesellschaft lange und haben eine entsprechend umfangreiche „Vorgeschichte", welche bei Entscheidungen auf Gesellschaftsebene nicht immer ausgeblendet wird. Gleichzeitig ist die Beziehung meist von einer starken Emotionalität geprägt, die rationales Verhalten zusätzlich beeinträchtigen kann.[927] Entsprechend können gewisse Verhaltensweisen, insbesondere die Verfolgung (auch legitimer) eigener Interessen, schneller als Vertrauensbruch gewertet werden, als dies zwischen rational handelnden Akteuren der Fall wäre. Weiterhin können recht schnell – in anderen Gesellschafterkonstellationen regelmäßig fernliegende – außergesellschaftliche Streitigkeiten entstehen, die dann in die Familiengesellschaft getragen und mit den dortigen „Waffen der Gesellschafterstellung" ausgetragen werden.[928] Zudem ist zu beachten, dass die Streitigkeiten zwischen Familienmitgliedern wegen der starken Emotionalität auch nach Beendigung des Streits noch recht lange „schwelen" können, sodass bei späteren, eigentlich kleinen Konfliktsituationen wieder die gesamte Streitgeschichte „aufbrechen" kann.[929] Anders als die Gesellschafter „normaler" personalistisch gestalteter Gesellschaften suchen die Gesellschafter einer Familiengesellschaft sich zumindest ab der zweiten Generation auch nicht bewusst gegenseitig zur gemeinsamen Zweckverfolgung aus, sondern finden vielmehr bei Eintritt in die Gesellschaft „vollendete Tatsachen" vor, wenn ein Erblasser etwa sämtlichen seiner Abkömmlinge Gesellschafts-

---

925 Hierzu oben unter § 3.D.II.1.a.

926 Ebd.

927 Zum Verhältnis von Emotionen und Vernunft *Rost*, Emotionen. Elixiere des Lebens, 2. Aufl. 2001, 19; s. auch *Binz/Weinand*, in: MünchHdbGesR Bd. 9, 6. Aufl. 2021, § 45 Rn. 30 f.; *H. Fischer*, in: MünchHdbGesR Bd. 9, 6. Aufl. 2021, § 46 Rn. 1 ff.; *Habersack,* in: Tröger/Wilhelmi, Rechtsfragen der Familiengesellschaften, 2006, 19 (20).

928 Zur besonderen Gefahr des „Einschleppens" außergesellschaftlicher Konflikte in eine Familiengesellschaft *Binz/Weinand*, in: MünchHdbGesR Bd. 9, 6. Aufl. 2021, § 45 Rn. 31.

929 Ebd., Rn. 30.

anteile hinterlässt.[930] Die Gesellschafter haben so möglicherweise nicht die gleiche Bereitschaft, eigene Interessen zurückzustellen, wie diejenigen Gesellschafter, die eine Gesellschaft gemeinsam „von Tag eins an" aufgebaut haben.

Insofern ist im Hinblick auf Gefahren für das Gesellschaftsinteresse insbesondere an die Entstehung von Streitigkeiten im außergesellschaftlichen Raum und das „Hineintragen" in die Familiengesellschaft zu denken. Das Gesellschaftsinteresse ist bei außergesellschaftlichen Streitigkeiten darauf gerichtet, dass die Gesellschafter das innergesellschaftliche notwendige Vertrauen nicht dadurch beschädigen, dass sie den Streit in die Gesellschaft hereintragen und sich beispielsweise möglichst destruktiv gegenüber ihren familiär verbundenen Gesellschaftern verhalten. So kann das Gesellschaftsinteresse dann unter gewissen Umständen dazu verpflichten, außergesellschaftliche Familienstreitigkeiten auch auf der Familienebene zu belassen, um das innergesellschaftliche Vertrauen nicht zu gefährden und auch im außergesellschaftlichen Bereich zumindest die Zerstörung des Mindestmaßes an Vertrauen, das zur gemeinsamen Zweckverfolgung auf Gesellschaftsebene notwendig ist, zu erhalten.

Die vorstehenden Ausführungen beziehen sich aber lediglich auf spezifische Gefahren für das Vertrauen zwischen verwandten Gesellschaftern. Das Gesellschaftsinteresse wird dabei nicht seinem Wesen nach geändert, sondern konkretisiert sich nur anhand dieser besonderen Umstände, wie sie in „normalen" Gesellschaften i.d.R. nicht auftreten werden. Eine ähnliche Konkretisierung des Gesellschaftsinteresses kann sich aber zum Beispiel bei gut befreundeten Gesellschaftern ergeben, die auch außerhalb der Gesellschaft engen Kontakt pflegen und sich damit in einer ähnlichen emotionalen Lage wie die Familiengesellschafter befinden. Die Gefahrenlage ist damit zwar charakteristisch für Familiengesellschaften, aber nicht auf selbige begrenzt. Welchen exakten Inhalt die vertikale Treuepflicht darüber hinaus hat, wie sehr die Gesellschafter also das Gesellschaftsinteresse bei der Realisierung der Gefahren in ihrer Entscheidungsfindung zu berücksichtigen haben, kann nicht abstrakt gesagt werden. Es bedarf daher einer Konkretisierung anhand der üblichen Parameter.

C. Erhöhte Rücksichtnahmepflichten zwischen familiär verbundenen Gesellschaftern

Als Ansatzpunkt einer Modifikation oder Ergänzung der Treuepflicht familiär verbundener Gesellschafter kommt insbesondere die horizontale Treuepflicht der Gesellschafter in Betracht. Familiär verbundenen Gesellschaftern könnte nämlich wegen ihrer Verwandtschaft möglicherweise *per se* eine erhöhte Pflicht zur gegenseitigen Treue bzw. Rück-

930 Insofern weist *H. Fischer*, in: MünchHdbGesR Bd. 9, 6. Aufl. 2021, § 46 Rn. 4, auf die Gefahren einer als unbefriedigend empfundenen Rollenverteilung der Geschwister oder eines Entstammens aus verschiedenen Ehen des Erblassers hin.

sichtnahme innerhalb der Gesellschaft auferlegt sein. Alternativ könne eine solche gehobene Treuepflicht unmittelbar qua Willenserklärung zwischen den Familiengesellschaftern vereinbart werden oder zumindest als berechtigte Erwartung bzw. implizite Vereinbarung treuepflichtmodifizierend wirken. In der rechtswissenschaftlichen Literatur finden sich zur Berücksichtigungsfähigkeit der Verwandtschaft innerhalb der Treuepflicht nur wenige, meist kurze Ausführungen.[931]

I. Erhöhte Rücksichtnahmepflichten aufgrund familiärer Verbindung

1. Rechtsprechung

Die Rechtsprechung hat zur Bedeutung der Verwandtschaft für gegenseitige Rücksichtnahmepflichten der Gesellschafter verschiedentlich, aber stets nur sehr knapp Stellung genommen.[932] Die ausführlichste Behandlung der gegenseitigen Treuepflichten verwandter Gesellschafter hat der BGH anhand verschiedener Sachverhalte betreffend den Ausschluss eines Familiengesellschafters vorgenommen und dort ausgeführt, dass Verfehlungen der Gesellschafter in Familiengesellschaften einerseits schwerer wiegen können, andererseits aber auch deutlich eher über Fehlverhalten der Mitgesellschafter hinwegzusehen sei.[933] BGH und Literatur sprechen insoweit bei der Verwandtschaft von einem „ambivalenten Kriterium", welches einerseits mehr Rücksichtnahme vom Gesellschafter einfordert, ihm andererseits aber auch einen weitreichenderen Schutz durch die Erhöhung der ihm entgegenzubringenden Rücksichtnahme gewährt.[934] Dabei hat der BGH jedoch genau genommen nicht rein auf die Verwandtschaft abgestellt, sondern als einziges Beispiel für erhöhte Rücksichtnahmepflichten das ererbte Familienunternehmen genannt, welches nach dem Willen des Erblassers die Lebensgrundlage sämtlicher

---

931 Wenn die besondere Treuepflicht in der Familiengesellschaft ausführlicher behandelt wird, dann meist nur unter ausschließlicher oder schwerpunktmäßiger Berücksichtigung der generationsübergreifenden Familiengesellschaft und ihres besonderen Gesellschaftszwecks, vgl. *Holler*, DStR 2019, 931 (939 f.); *Holler*, in: MünchHdbGesR Bd. 7, 6. Aufl. 2020, § 75 Rn. 355 ff.; *ders./Mann*, NZG 2021, 402; unter knapper Einbeziehung der Verwandtschaft *Krämer*, Sonderrecht der Familiengesellschaften, 2019, 206 f., 221 ff.; die Rechtsprechung des BGH analysierend *Priester*, in: Tröger/Wilhelmi, Rechtsfragen der Familiengesellschaften, 2006, 53; auf die Verwandtschaft gestützt aber bei *K. Schmidt/Fleischer*, in: MünchKomm HGB, 5. Aufl. 2022, § 140 Rn. 35; monografisch *Fries*, Familiengesellschaft und Treuepflicht, 1971, passim.

932 BGH, Urteil v. 30.11.1951, Az. II ZR 109/51, NJW 1952, 461; BGH, Urteil v. 9.12.1968, Az. II ZR 42/67, NJW 1969, 793; BGH, Urteil v. 12.12.1994, Az. II ZR 206/93, NJW 1995, 597; BGH, Urteil v. 15.9.1997, Az. II ZR 97/96, NJW 1998, 146 (147). Ohne jegliche Erklärung ist das OLG München von einer verstärkten Treuepflicht in Familiengesellschaften ausgegangen, vgl. OLG München, Urteil v. 19.11.2003, Az. 7 U 4505/03, NZG 2004, 374 (375).

933 Erstmals BGH, Urteil v. 9.12.1968, Az. II ZR 42/67, NJW 1969, 793 (794).

934 *K. Schmidt*, in: Schlegelberger, HGB, 5. Aufl. 1992, § 140 Rn. 25; inhaltsgleich später *ders./Fleischer*, in: MünchKomm HGB, 5. Aufl. 2022, § 140 Rn. 35.

Gesellschaftererben bilden soll.[935] Diesen Bezug der Treuepflichtmodifikation zum „Charakter der Gesellschaft“ als (ererbte) Familiengesellschaft hat der BGH auch in der Folge betont.[936] Die erhöhte Pflicht zur Rücksichtnahme speist sich hier also nicht aus der bloßen Verwandtschaft, sondern aus dem Willen des gemeinsamen Rechtsvorgängers, die Gesellschaft möge seinen Rechtsnachfolgern jeweils als Lebensgrundlage dienen und dem Einfließen dieses Willens in die Regelungen auf Gesellschaftsebene. Eine Erklärung, warum allein die Verwandtschaft die Treuepflicht modifizieren soll, warum also etwa zwischen Geschwistern, die gemeinsam eine Gesellschaft gründen höhere Treuepflichten bestehen sollen als zwischen gut befreundeten Gründern, die einen inhaltsgleichen Gesellschaftsvertrag entwerfen, wird nicht gegeben. Eine wirkliche Berücksichtigung nur des tatsächlichen Merkmals der Verwandtschaft der Gesellschafter für die Bestimmung der aus der Treuepflicht erwachsenden Rücksichtnahmepflichten kann der Rechtsprechung daher nicht entnommen werden.

2. Einflüsse des Familienrechts

Eine Erhöhung der Treuepflicht der familiär verbundenen Gesellschafter untereinander oder zumindest eine Ergänzung der aus der Treuepflicht erwachsenden Rücksichtnahmepflichten könnte aus dem Familienrecht folgen.[937] Aus den §§ 1601 ff. BGB entspringen verschiedene Unterhaltspflichten für in gerader Linie verwandte Personen, wobei der Grad der Verwandtschaft sich nicht auf die Entstehung der Unterhaltspflichten auswirkt.[938] Von *Krämer* wurde der Gedanke vorgebracht, die strukturelle Ähnlichkeit der Rechtsfolgen einer Unterhaltspflicht aus den §§ 1601 ff. BGB und einer potenziell erhöhten Rücksichtnahmepflicht der Gesellschafter könne möglicherweise dafür sprechen, dass die Verwandtschaft die Rücksichtnahmepflicht auf Gesellschaftsebene modifiziert, ist die Rechtsfolge der Unterhaltspflicht doch wie die hier gesuchte erhöhte Rücksichtnahme auf die Aufgabe eigener (Vermögens-)Interessen zugunsten der (Vermögens-)Interessen eines Verwandten gerichtet.[939] Wie *Krämer* aber richtigerweise ausführt, spricht gegen die Annahme einer Modifikation des Gesellschafterverhältnisses durch die Unterhaltspflichten der §§ 1601 ff. BGB, dass das Unterhaltsrecht eigene Ansprüche gewährt, ohne bestehende Rechtsbeziehungen zu modifizieren und weiterhin, dass die Unterhalts-

---

935 BGH, Urteil v. 9.12.1968, Az. II ZR 42/67, NJW 1969, 793 (794).

936 BGH, Urteil v. 12.12.1994, Az. II ZR 206/93, NJW 1995, 597.

937 Hierzu bereits *Krämer*, Sonderrecht der Familiengesellschaften, 2019, 206 f.

938 Wohl aber auf den Stellenwert der Unterhaltspflicht (Rangordnung konkurrierender Unterhaltsansprüche, § 1609 BGB) und die Höhe des verbleibenden Selbstbehalts, vgl. *Selg*; in: BeckOGK BGB, Stand 1.2.2025, § 1601 Rn. 17 f.

939 *Krämer*, Sonderrecht der Familiengesellschaften, 2019, 206 f. Zur Ungeeignetheit weiterer Unterhaltspflichten ebenda (Fn. 577).

pflichten bedingt sind (Angehörigenverhältnis in gerader Linie, Bedürftigkeit des Berechtigten und Leistungsfähigkeit des Verpflichteten).[940] Die Unterhaltspflichten können daher keine allgemeine Rücksichtnahmepflicht auf der Gesellschaftsebene begründen.

Etwas anderes ergibt sich aber möglicherweise aus der familiären Fürsorge- und Treuepflicht. Sowohl das Verhältnis zwischen Eheleuten (vgl. § 1353 Abs. 1 Satz 2 BGB) als auch das Verhältnis zwischen Eltern und ihren Kindern (vgl. § 1626 Abs. 1 BGB) zeichnet sich durch eine umfassende Verantwortung und Fürsorge aus.[941] Dementsprechend besteht eine besondere *familiäre* Treuepflicht, die dem Verpflichteten gebietet, Nachteile für seinen engen Familienkreis zu verhindern.[942] So kann auf Grundlage der familiären Fürsorge- und Treuepflicht die Pflicht bestehen, Ansprüche gegenüber Familienmitgliedern nicht durchzusetzen, wenn die Geltendmachung das Familienmitglied erheblich belasten würde.[943] Die Fürsorge- und Treuepflicht begründet also die Pflicht zur Rücksichtnahme auf die Interessen der Mitglieder des unmittelbaren Familienkreises unter Aufgabe eigener Vermögensinteressen und ist damit strukturell der hier gesuchten, besonderen Rücksichtnahmepflicht der Familiengesellschafter ähnlich. Eine unmittelbare Änderung der Treuepflicht folgt hieraus aber nicht. Sofern Eheleute oder Eltern und ihre Kinder Gesellschafter in derselben Gesellschaft sind, wird ihre Treuepflicht von dieser familiären Fürsorge- und Treuepflicht *flankiert*.[944]

Zu beachten ist allerdings, dass der Gesetzgeber auch in der engeren Familie Ansprüche grundsätzlich anerkennt,[945] sodass die Wirkung der familiären Fürsorge- und Treuepflicht für die Rücksichtnahmepflichten innerhalb der Familiengesellschaft nicht überbewertet werden darf. Dies gilt erst recht, wenn die Familienmitglieder mit der Gesellschaft zwar eine zweite Ebene neben der Familie etabliert, die Ebenen aber in keiner Weise miteinander verbunden haben. So ist in der Rechtsprechung keine Konstellation ersichtlich, in welcher eine Verdichtung der familiären Fürsorge- und Treuepflicht zu einer konkreten Rücksichtnahmepflicht auf Gesellschaftsebene angenommen wurde, zumal etwaige Fallkonstellationen schon regelmäßig von der Treuepflicht erfasst werden dürften.[946]

---

940 *Krämer*, Sonderrecht der Familiengesellschaften, 2019, 206.

941 *Kähler*, in: BeckOGK BGB, Stand 1.6.2025, § 242 Rn. 1417.

942 *Kähler*, in: BeckOGK BGB, Stand 1.6.2025, § 242 Rn. 1417.

943 *Kähler*, in: BeckOGK BGB, Stand 1.6.2025, § 242 Rn. 1421. Im Besonderen deliktische Ansprüche sind i.d.R. nicht durchsetzbar, ebd., Rn. 1369; BGH, Urteil v. 15.6.2004, Az. VI ZR 60/03, NJW 2004, 2892 (2893); s. auch das Angehörigenprivileg in § 116 Abs. 6 SGB X a.F.

944 Ähnlich *Kalss/Probst*, Familienunternehmen, 2013, 22 f., 101 f., 209 f., die vertreten, dass gesellschaftsrechtliche Treuepflicht und „familiäre Fürsorgepflicht und Treuebindungen“ kumulieren.

945 *Kähler*, in: BeckOGK BGB, Stand 1.6.2025, § 242 Rn. 1422.

946 So entschied der BGH 1963 etwa, dass die gesellschaftsrechtliche Treuepflicht selbst in einer Ehegattengesellschaft bei Verschiebung des Leistungsgleichgewichts durch krankheitsbedingten Arbeitsausfall zu einer uneingeschränkten Ausgleichspflicht des ausfallenden Ehegatten bzgl. des so entstehenden Schadens führe, der andere Ehegatte sei also nicht verpflichtet, die gesundheitsbedingten Ausfälle ausgleichslos hinzunehmen, vgl. BGH, Urteil v. 15.1.1963, Az. VI ZR 79/62, VersR 63, 433.

Zusätzlich ist zu beachten, dass die familiäre Fürsorge- und Treuepflicht zwar auch über die Kernfamilie hinausreicht, dort aber deutlich weniger ausgeprägt ist.[947] Für eine weitreichende und unbedingte Erhöhung bzw. Flankierung der Rücksichtnahmepflichten zwischen familiär verbundenen Gesellschaftern eignet sich also auch die familiäre Fürsorge- und Treuepflicht nicht.

II. Erhöhte Rücksichtnahmepflichten aufgrund von Willenserklärung oder impliziter Vereinbarung

Eine umfassende Erhöhung der gegenseitigen Treuepflicht familiär verbundener Gesellschafter resultiert demnach nicht *per se* aus ihrer Verwandtschaft. Eine besondere Treuepflicht auf Grundlage der familiären Verbindung kann folglich nur durch die Gesellschafter selbst begründet werden, indem sie die Treuepflicht auf der Gesellschaftsebene entsprechend modifizieren. Dies kann einerseits durch eine ausdrückliche Steigerung der gegenseitigen Treue- bzw. Interessenwahrungs- und Rücksichtnahmepflicht für Mitglieder der Familie im Gesellschaftsvertrag geschehen.[948] Möglich erscheint darüber hinaus die Steigerung der Rücksichtnahmepflicht durch die Schaffung einer dauerhaften Verbindung von Familie und Gesellschaft, wie sie planvoll generationsübergreifend ausgerichtete Familiengesellschaften schaffen, insbesondere durch die Implementierung des besonderen Gesellschaftszwecks, worauf in diesem Kapitel jedoch noch nicht eingegangen werden soll.[949]

Es stellt sich aber die Frage, ob die Gesellschafter eine Modifikation der Treuepflicht nicht auch regelmäßig dann vornehmen, wenn sie mit einem Familienmitglied eine Gesellschaft gründen, selbst wenn sie ihre familiäre Verbindung weder im Gesellschaftsvertrag noch in Nebenvereinbarungen ausdrücklich ansprechen. Im Allgemeinen Teil dieser Arbeit wurde für die Eigenschaft einer Personenmehrheit als Familie verlangt, dass die Personen sich ihrer verwandtschaftlichen Beziehung bewusst sind.[950] Man könnte zumindest in Betracht ziehen, dass die Gesellschafter bei Kenntnis ihrer familiären Verbindung auch besondere Vorstellungen vom gegenseitigen Umgang miteinander haben und diese Vorstellungen rechtserheblich in die Gesellschaft einlegen. Eine solche Vorstellung rücksichtsvollen Umgangs könnte dabei auf den bisherigen, also außerhalb der Gesellschaft gelebten Umgangsformen der Familienmitglieder untereinander fußen. Eine Übertragung auf die Gesellschaftsebene durch eine Modifikation der Treuepflicht erscheint insofern durch eine Willenserklärung oder über eine Berücksichtigung der Vorstellungen der

---

947 *Kähler*, in: BeckOGK BGB, Stand 1.6.2025, § 242 Rn. 1419.
948 Hierzu bereits oben unter § 3.G.I.
949 Hierzu unten unter § 7.B.IV.2.
950 Hierzu oben unter § 4.B.I.1.

Gesellschafter als implizite Vereinbarung bzw. berechtigte Erwartung i.R.d. treuepflichtbedingten Abwägung möglich.

1. Willenserklärung der Gesellschafter

Die erstmalige ausführliche Behandlung der besonderen Treuepflicht in Familiengesellschaften findet sich in einer monografischen Abhandlung von *Fries*.[951] Nach *Fries* existiert eine „rein sittliche Pflicht" der Familienmitglieder, sich gegenseitig in besonderem Maße rücksichtvoll zu verhalten.[952] Diese sittliche Pflicht bedürfe jedoch einer Rechtspositivierung auf der Gesellschaftsebene, um so die Treuepflicht zu modifizieren.[953] Eine solche Rechtspositivierung sei beim Abschluss eines Gesellschaftsvertrags zwischen Familienmitgliedern durch eine billigende Kenntnisnahme aller Gesellschafter „*von dem Familienelement und dessen Beitrages, den es zum Gelingen der Gesellschaft leisten kann und soll*"[954] gegeben.[955] Ebenjenes „Familienelement" werde, auch wenn die Gesellschafter einen „normalen" Gesellschaftsvertrag ohne ausdrücklichen Bezug zur Familie gestalten, üblicherweise als günstiger Umstand zur Kenntnis genommen oder zumindest intuitiv erfasst, es soll insbesondere in Krisen- und Konfliktfällen als „rettender Faktor" eingreifen.[956] Durch die Aufnahme des „Familienelements" in den Gesellschaftsvertrag qua Willenserklärung treffe jeden Familiengesellschafter die Pflicht, „*sich innerhalb der Gesellschaft dem Solidaritätsgefühl und der Ordnung seiner Familienverbundenheit entsprechend zu verhalten.*"[957] Hierdurch werde die Treuepflicht letztlich u.a. so modifiziert, dass für den Familiengesellschafter eine deutlich erhöhte Rücksichtnahmepflicht gegenüber den mit ihm familiär verbundenen Gesellschaftern bestehe, dies ausdrücklich auch in Ausschließungssachverhalten und generell bei der Ausübung eigennütziger Rechte.[958]

Im Ansatz ist *Fries* grundsätzlich zuzustimmen, dass familiär verbundene Gesellschafter sich bei der Gründung einer Gesellschaft regelmäßig zumindest intuitiv vorstellen werden, dass die familiäre Beziehung sich in der innergesellschaftlichen Zusammenarbeit positiv auswirken und ihnen und der Gesellschaft zugutekommen wird.[959] Die persönliche Bindung und das in ihr begründete Vertrauen in eine einvernehmliche und rücksichtsvolle Zusammenarbeit sowie die Übereinstimmung des Wertesystems und einer Vision werden daher regelmäßig Motive zum Zusammenschluss in eben dieser Konstellation gegenüber

---

951 *Fries*, Familiengesellschaft und Treuepflicht, 1971, passim.
952 Ebd., 48 f.
953 Ebd., 52 ff., 65 ff.
954 Ebd., 67.
955 Ebd., 65 ff.
956 Ebd., 28 ff.
957 Ebd., 68.
958 Ebd., 87 ff.
959 Ebd., 27.

Alternativzusammenschlüssen mit fremden Personen darstellen.[960] Diesen Motiven für den Zusammenschluss in der konkreten Zusammensetzung rechtliches Gewicht bei der Ermittlung des Maßes einer innergesellschaftlichen Rücksichtnahmepflicht zukommen lassen zu wollen, ist vor dem Hintergrund der Modifizierbarkeit der Treuepflicht durch die Gesellschafter grundsätzlich legitim. Allerdings ist die rechtliche Herleitung einer Wirkung auf Gesellschaftsebene über eine Willenserklärung bei Gesellschaftsgründung oder einem Gesellschafterbeschluss durch eine „billigende Kenntnisnahme", wie sie *Fries* vornimmt, in mehrerlei Hinsicht problematisch.

Neben der Frage, ob die „rein sittliche" familiäre Treuepflicht der Familienmitglieder in der von *Fries* festgestellten Ausprägung so heute überhaupt noch anzuerkennen ist, spricht gegen das Modell insbesondere, dass nicht klar wird, wie die reine Kenntnis von der familiären Verbindung zu den Mitgesellschaftern und eine etwaige Vorstellung eines besonderen, von einem „Familienelement" geprägten Umgangs miteinander eine Willenserklärung der Gesellschafter darstellen soll, welche die anderen Gesellschafter ihrerseits wiederum erkennen und inhaltsgleich zurückgeben.[961] *Fries* nimmt hierzu nicht ausdrücklich Stellung.[962] Er führt lediglich aus, dass bei Kenntnis vom Familienelement und seiner fördernden Wirkung auf der tatsächlichen Ebene auch eine rechtserhebliche Komponente des Willens zur Sicherung des wirtschaftlichen Erfolgs anzunehmen ist, die das Familienelement in die Gesellschaft inkorporiert.[963] Letztlich hebt *Fries* so ein tatsächliches Element auf die rechtliche Ebene, indem er familiär verbundenen Gesellschaftern unterstellt, dass sie die tatsächliche Wirkung des „Familienelements" rechtsverbindlich in ihre Willenserklärungen eingebunden haben, weil dies für die Förderung des Gesellschaftszwecks und den Schutz ihrer eigenen Interessen sinnvoll ist. Sofern die Gesellschafter über die familiäre Beziehung und die familienbezogenen Motive für den gemeinsamen Zusammenschluss in einer Gesellschaft aber nicht mindestens gesprochen oder die Verbindung von Familie und Gesellschaft in irgendeiner Weise im Vertragswerk oder in Nebenvereinbarungen angedeutet haben, fehlt jeglicher Ansatzpunkt für eine rechtliche Inkorporation in Form einer Willenserklärung bei Vertragsschluss bzw. bei späterem Gesellschafterbeschluss. *Krämer* erklärt insoweit treffend, dass allein aus der Tatsache, dass eine Regelung der Familienbeziehung sinnvoll wäre, keine Rückschlüsse auf das Vorliegen einer dahingehenden Willenserklärung gezogen werden können.[964]

---

960 Ebd., 27 ff.

961 Ähnlich bereits *Krämer*, Sonderrecht der Familiengesellschaften, 2019, 228 f., der auch die Problematik der Bestimmung des exakten Zeitpunktes einer Gesellschaftsvertragsänderung, die Hürde formaler Anforderungen und den dissentierenden Gesellschafter anspricht.

962 Insoweit richtigerweise das Fehlen eines Erklärungstatbestandes in den Ausführungen *Fries'* bemängelnd ebd., 228.

963 *Fries*, Familiengesellschaft und Treuepflicht, 1971, 66 f.

964 *Krämer*, Sonderrecht der Familiengesellschaften, 2019, 228.

Bezeichnend für dieses Ergebnis sind auch *Fries'* Ausführungen zum Nachweis der billigenden Kenntnisnahme des Familienelements im Einzelfall. *Fries* möchte den Nachweis anhand der Auslegung des Gesellschaftsvertrags erbringen.[965] Dabei stellt er aber maßgeblich auf die ausdrückliche Bezugnahme des Gesellschaftsvertrags auf die Familie, typische familiengesellschaftliche Regelungen und das Gesamtbild des Gesellschaftsvertrages sowie Erklärungen der Vertragspartner während der Vorverhandlungen ab.[966] Diese Aspekte sind jedoch allesamt von einer besonderen Ausgestaltung des Gesellschaftsvertrags oder einer ausdrücklichen Behandlung der familiären Verbindung in den Verhandlungen abhängig, sodass die Konstellation eines „normalen" Gesellschaftsvertrags und einer stillschweigenden, ja möglicherweise sogar nur intuitiven Vorstellung erhöhter gegenseitiger Rücksichtnahme überhaupt nicht erfasst wird. Insofern limitiert *Fries* auch seine eigenen Ausführungen, wenn er erklärt, dass für die Wirkung des „Familienelements" im Einzelfall der dahingehende Wille im Gesellschaftsvertrag zum Ausdruck kommen muss, da *„allein der tatsächlich erklärte Wille* [...] *rechtserheblich"* ist.[967] Im Ergebnis stellt die verwandtschaftliche Beziehung der Gesellschafter also auch nach *Fries* nur einen Anknüpfungspunkt für eine Vermutung der Aufnahme des „Familienelements" bzw. einer erhöhten Rücksichtnahmepflicht in die Willenserklärung der Gesellschafter dar, die jedoch für den Einzelfall bestätigt werden muss.[968]

2. Implizite Vereinbarungen

Die Ablehnung der regelmäßigen Aufnahme eines „Familienelements" bzw. einer erhöhten Rücksichtnahmepflicht der Gesellschafter rein aufgrund ihrer verwandtschaftlichen Beziehung über das Modell einer unmittelbar hierauf gerichteten Willenserklärung ist richtig. Dies bedeutet allerdings nicht, dass die familiäre Verbindung der Gesellschafter und eine intuitiv hierauf beruhende Erwartung erhöhter gegenseitiger Rücksichtnahme nicht doch Berücksichtigung bei der Inhaltskonkretisierung der Treuepflicht erfahren könnte. Wie im Allgemeinen Teil dargelegt wurde, speist sich der Grad der konkreten gegenseitigen Rücksichtnahmepflicht der Gesellschafter aus verschiedensten Faktoren.[969] Dabei können nach hiesiger Ansicht auch implizite Vereinbarungen und die hierauf beruhenden Erwartungen der Vertragspartner den Inhalt der Treuepflicht konkretisieren.[970] Die Über-

---

965 *Fries*, Familiengesellschaft und Treuepflicht, 1971, 68 ff.

966 Ebd., 71 ff.

967 Ebd., 68.

968 Würde man die Inkorporation eines solchen Familienelements für Familiengesellschaften stets annehmen, würde sich das Problem der Bestimmung einer erhöhten Treue- bzw. Rücksichtnahmepflicht für den Einzelfall auch nur zur Definition der Familiengesellschaft verschieben, vgl. ebd., 69 ff.

969 Hierzu oben unter § 3.E.II.

970 Hierzu oben unter § 3.E.I.

tragung einer familienspezifischen gegenseitigen Rücksichtnahme, die man sich im außergesellschaftlichen Bereich bereits vorher entgegengebracht hat, auf die nun etablierte Gesellschaftsebene könnte eine solche implizite Vereinbarung darstellen. Im Ergebnis ist die Idee *Fries'* in ähnlicher Weise auf die Aufnahme besonderer Verhaltenspflichten der familiär verbundenen Gesellschafter gerichtet, wenn auch in rechtstechnisch anderer Ausgestaltung. Statt einer unmittelbaren Aufnahme des „Familienelements" in die Willenserklärung, wie sie *Fries* vertritt und wie sie mit diversen Problemen einhergeht, ist die Lösung über implizite Vereinbarungen und berechtigte Erwartungen deutlich flexibler. Implizite Vereinbarungen bedürfen keiner ausdrückliche Willenserklärung betreffend einen familienspezifischen Verhaltensmaßstab. Vielmehr bedarf es lediglich gewisser Anhaltspunkte für die Berechtigung der Erwartung erhöhter Rücksichtnahme im Gesellschaftsvertrag oder den in die Treuepflichtkonkretisierung einbeziehungsfähigen Nebenvereinbarungen. Als Grenze der Berechtigung einer Verhaltenserwartung wurde neben der Existenz dieser Anhaltspunkte lediglich ausgemacht, dass hierdurch nicht zu hohe Verifikationskosten verursacht werden dürfen.[971]

Auch dieses Modell begegnet aber Problemen, wenn es um die Ermittlung familienspezifischer Rücksichtnahmepflichten bzw. Anhaltspunkte für die implizite Vereinbarung derer aus weitestgehend konventionell gestalteten Gesellschaftsverträgen geht. Sofern die Gesellschafter die familiäre Beziehung weder im Gesellschaftsvertrag noch in Nebenvereinbarungen oder den vorvertraglichen Verhandlungen erwähnt haben, stellt sich bei Gründung der Gesellschaft mittels eines „normalen" Gesellschaftsvertrags schon die Frage, was Anhaltspunkt für die jeweilige Erwartung einer gesteigerten Interessenberücksichtigung durch die übrigen Gesellschafter sein kann. Wenn überhaupt kann ein ausreichender Anhaltspunkt für eine auf der Familieneigenschaft fußende Rücksichtnahmeerwartung auf der Gesellschaftsebene dann nur die Identität der Vertragspartner bzw. Mitgesellschafter sein. Dass dies allein tatsächlich als ausreichender „Widerhall" im Gesellschaftsvertrag und Gesellschaftsverhältnis verstanden werden kann, erscheint zweifelhaft.

Selbst wenn man die Identität der Mitgesellschafter als tauglichen Anhaltspunkt für eine besondere Erwartungshaltung erachtet, stellt sich im Anschluss die Frage, wie eine hierdurch implizit vereinbarte erhöhte Rücksichtnahme konkret gemessen werden kann, wie also durch den entscheidenden Richter ermittelt werden soll, welchen Grad der Rücksichtnahme die jeweilige – hier familiäre – Beziehung aufweist und inwieweit diese durch

---

971 Ebd. Auch insofern ergeben sich Ähnlichkeiten zu *Fries'* Modell, wenn dieser zum Nachweis der billigenden Kenntnisnahme des Familienelements maßgeblich auf die ausdrückliche Bezugnahme des Gesellschaftsvertrags auf die Familie, typische familiengesellschaftliche Regelungen und das Gesamtbild des Gesellschaftsvertrages sowie Erklärungen der Vertragspartner während der Vorverhandlungen abstellt.

die Gesellschafter auf die Gesellschaftsebene und die konkret zu entscheidende Situation übertragen wurde. Denn schon der bisherige außergesellschaftliche Umgang der Familienmitglieder und welchen Grad der Rücksichtnahme sie einander bisher entgegengebracht haben, kann nur dadurch ermittelt werden, dass die gesamte „Beziehungsgeschichte" der Gesellschafter aufgedeckt und auf einen besonderen Umgang geprüft wird, der sich auf die jeweilige Situation auf der Gesellschaftsebene übertragen ließe. Eine solche Untersuchung wäre i.d.R. derart umfangreich und würde solch hohe Verifikationskosten auslösen, dass hier die Grenzen der berechtigten Erwartungen weit überschritten würden.

Als mögliche Alternative ließe sich andenken, für die Berechtigung einer bestimmten Verhaltenserwartung abstrakt auf den jeweiligen Grad der Verwandtschaft abzustellen, also beispielsweise bei einer Eltern-Kind-Beziehung grundsätzlich von der Berechtigung der Erwartung stark erhöhter gegenseitiger Rücksichtnahme auszugehen, bei Geschwistern von immer noch erhöhten Rücksichtnahmepflichten, bei weiter entfernten Verwandten nur von leicht erhöhten Rücksichtnahmepflichten und so weiter. In diese Richtung geht auch die von *Fries* gewählte Lösung über die „rein sittliche Pflicht der familiären Treue", schafft diese doch einen handhabbaren Maßstab für die Messung der implizit vereinbarten Treue und Rücksichtnahme auf Gesellschaftsebene.[972] Mittels einer solchen Lösung würde jedoch der Bereich der konkreten impliziten Vereinbarung der Gesellschafter verlassen. Die Gesellschafter vereinbaren implizit wenn überhaupt keine abstrakte, rein am Grad der Verwandtschaft ausgerichtete, sondern eine an ihrer individuellen Beziehung orientierte Rücksichtnahmepflicht. Hinzu kommt, dass das traditionelle Familienbild, wie es eine natürliche Autorität des Vaters als Hausvorstand und eine Pietät der Nachfahren gegenüber den Vorfahren beinhaltete, heute wohl kaum noch ungeprüft vorausgesetzt werden kann[973] und sich vielmehr eine wohl nie dagewesene Vielfalt an unterschiedlichen Familienstrukturen und individuellen Familienverständnissen findet.[974] Eine abstrakte Bestimmung der Rücksichtnahmepflicht am Grad der Verwandtschaft scheidet daher nach hier vertretener Ansicht aus.

Letztlich lässt sich damit auch über die impliziten Erwartungen keine Modifikation der Treuepflicht rein durch die familiäre Verbindung der Gesellschafter begründen. Die familiär verbundenen Gesellschafter sind – zumindest mit der Zeit – vielfach trotzdem nicht gänzlich auf das „normale" Maß der Treue- und Rücksichtnahmepflicht verwiesen. So kann das bisherige Verhalten auf der Gesellschaftsebene entweder eine konkludente Änderung des Gesellschaftsvertrags darstellen, zur Auslegung des Gesellschaftsvertrags

---

972 Hierzu bereits oben unter § 6.C.II.1.

973 So bereits im Jahr 1971 *Fries*, Familiengesellschaft und Treuepflicht, 1971, 44 f. m.w.N., unter Ablehnung des autoritären Familientyps bei *Knur*, Die Familiengesellschaft, 1941, 7.

974 Vgl. etwa *Friedrich-Ebert-Stiftung*, Familienbild im Wandel, 2015, 9 ff.

anhand einverständlicher Übung führen[975] oder ein berechtigtes Vertrauen der Mitgesellschafter in ein bestimmtes Verhalten des Treueverpflichteten begründen.[976] Sofern die Gesellschafter ihre familienspezifische Rücksichtnahme also über einen längeren Zeitraum auch auf der Gesellschaftsebene walten lassen, kann die Treuepflicht eine entsprechende Modifikation erfahren.

975 Hierzu oben unter § 5.A.I.1.
976 Hierzu oben unter § 3.E.II.2.c.(ii).

§ 7. Mitgliedschaftliche Treuepflicht in der generationsübergreifenden Familiengesellschaft

Die verwandtschaftliche Beziehung der Gesellschafter allein modifiziert die mitgliedschaftliche Treuepflicht also nicht. Dieses Ergebnis ist um eine Untersuchung der Treuepflicht in generationsübergreifenden Familiengesellschaften zu ergänzen. Generationsübergreifende Familiengesellschaften können zunächst rein zufällig durch die Aufnahme der Abkömmlinge in den Gesellschafterkreis entstehen.[977] In der planvoll generationsübergreifend ausgerichteten Familiengesellschaft haben die Gesellschafter die Gesellschaft hingegen bewusst und dauerhaft mit der Familie verbunden. Wie im Allgemeinen Teil dargelegt wurde, weist insbesondere die planvoll generationsübergreifend ausgerichtete Familiengesellschaft eine ganze Reihe von Besonderheiten auf, die einen Einfluss auf die Treuepflicht haben könnten.

An dieser Stelle soll sich zunächst auf diejenigen Besonderheiten konzentriert werden, die sich in einer generationsübergreifend ausgerichteten Gesellschaft finden, deren Gesellschafterkreis ausschließlich aus familiär verbundenen Gesellschaftern besteht[978] und nicht nach einer Stammeszugehörigkeit geordnet ist. Dabei gelten die Ausführungen sowohl für Familienhauptgesellschaften als auch für durch Nebenvereinbarungen begründete Familiengesellschaften mit entsprechenden Merkmalen, wobei hier bei der Übertragung der nachstehenden Ergebnisse zu beachten ist, dass die Treuepflicht in der Hauptgesellschaft die konkrete Treuepflicht in der nebenvertraglich begründeten Gesellschaft im Einzelfall beeinflussen kann.[979]

A. Bedeutung der mitgliedschaftlichen Treuepflicht in generationsübergreifend ausgerichteten Familiengesellschaften

Im Allgemeinen Teil wurde ausgeführt, dass die mitgliedschaftliche Treuepflicht in verschiedenerlei Hinsicht Relevanz für die Ausübung der Gesellschafterrechte sowie für sonstiges Verhalten der Gesellschafter erlangen kann. Bei Betrachtung der Gesamtheit der Besonderheiten der planvoll generationsübergreifend ausgerichteten Familiengesellschaft können Überlegungen dazu angestellt werden, ob das Relevanzfeld der mitgliedschaftlichen Treuepflicht hier eher erhöht oder abgesenkt ist.

---

977 Hierzu etwa *Holler*, in: MünchHdbGesR Bd. 7, 6. Aufl. 2020, § 75 Rn. 30.

978 Zu den Auswirkungen der Aufnahme familienfremder Gesellschafter unten unter § 11.

979 Es stellt sich etwa die Frage, ob eine Stimmausübung, die auf Ebene der Hauptgesellschaft treuwidrig wäre im Pool ebenfalls als treuwidrig zu werten ist oder ob insofern strikt zwischen den Ebenen zu unterscheiden ist. Hierzu unten unter § 8.

I. Stetiger Aktualisierungsbedarf des Vertragswerks und emotional aufgeladene Streitigkeiten

Für eine erhöhte Relevanz der mitgliedschaftlichen Treuepflicht spricht zunächst, dass die planvoll generationsübergreifend ausgerichtete Familiengesellschaft tendenziell ein umfassenderes und dynamischeres Vertragswerk sowie eine insgesamt längere Lebensdauer als andere Gesellschaften und dementsprechend einen hohen Vertragsaktualisierungsbedarf aufweist.[980] Dies betrifft insbesondere Fragen der Nachfolge, etwa wenn ein Generationenwechsel vertraglich vor- bzw. nachbereitet werden soll oder wenn die Aufnahme der Neugesellschafter einer Zustimmung der jetzigen Gesellschafter bedarf. Sofern sich Gesellschafter gegen die Nachfolge (in ihrer konkreten Ausgestaltung) aussprechen und die Aufnahme bestimmter Neugesellschafter oder deren Rolle im Unternehmen, zum Beispiel die Übernahme von Geschäftsführungsaufgaben ablehnen, stellt sich stets die Frage nach dem Bestehen einer Zustimmungspflicht dieser Gesellschafter aus ihrer Treuepflicht.[981]

Weiterhin spricht für eine erhöhte Relevanz der mitgliedschaftlichen Treuepflicht und dort insbesondere der Stimmpflicht, dass Streitigkeiten in Familiengesellschaften wegen der emotionalen Verbindung der Gesellschafter untereinander und zum von der Gesellschaft getragenen Unternehmen verhältnismäßig schnell eskalieren.[982] In der Folge können sich in der meist mitgliederstarken generationsübergreifenden Familiengesellschaft um die ursprünglichen Streitparteien Gruppen bestehend aus den emotional enger mit dieser oder jener Streitpartei verbunden Gesellschaftern bilden,[983] was wiederum zu dauerhaft festgefahrenen Abstimmungs- und Blockadestrukturen im Gesellschafterkreis führt, die bei einem mitgliederstarken Gesellschafterkreis schwierig aufzulösen sind. Es blockiert dann jede der Gesellschaftergruppen ohne inhaltliche Differenzierung jeden von der Gegenseite initiierten Beschluss.[984] Auch hier stellt sich jeweils die Frage, ob die einen Beschluss initiierende Partei von den blockierenden Gesellschaftern die Zustimmung verlangen kann. Auch die weitgehende Beschränkung der Gesellschafterrechte und ins-

980 *Holler*, in: MünchHdbGesR Bd. 7, 6. Aufl. 2020, § 75 Rn. 355.

981 Ebd.

982 Hierzu bereits oben unter § 6.A.

983 Diese Grüppchenbildung kann durch eine Stammesordnung begünstigt werden, da die übrigen Gesellschafter schon von vornherein in Gruppen geteilt sind und in Entscheidungssituationen wegen des „Stammesdenkens“ schneller eine rationale Entscheidung zugunsten der Stammesloyalität opfern, hierzu oben unter § 4.B.IV.4.c.(ii).(4).

984 S. erneut die Spaltung eines der größten Familienunternehmen Deutschlands, dem Oetker-Konzern, welcher entsprechende Blockadeprobleme vorausgingen, hierzu etwa *Brück/Hielscher*, „Wie es zur Zerschlagung der Oetker-Gruppe kommen konnte“, Online-Artikel des Magazins WirtschaftsWoche vom 3.11.2021, abrufbar unter https://www.wiwo.de/my/unternehmen/handel/protokoll-der-familienfehde-wie-es-zur-zerschlagung-der-oetker-gruppe-kommen-konnte/27677900.html?ticket=ST-5472837-akYIj32EPRsBWvtJc5K5-ap3.

besondere in ihrer Wirkung über diese Beschränkungen noch hinausgehende Beschlüsse, etwa Gewinnverwendungsbeschlüsse, die eine höhere Reinvestitionsquote als die gesellschaftsvertraglich festgesetzte Mindestthesaurierungsquote vorsehen, bergen vor dem Hintergrund divergierender Einzelinteressen ein hohes Konfliktpotenzial.[985] Erschwerend kommt hinzu, dass der einzelne Gesellschafter die Gesellschaft wegen der Vinkulierungsregelungen und Abfindungsbeschränkungen oft nur unter Hinnahme einer (vermeintlichen) Vermögenseinbuße verlassen kann. So kann das Gefühl entstehen, Interessen lediglich durch Nutzung innergesellschaftlicher Blockademöglichkeiten und den Aufbau einer entsprechenden Verhandlungsposition wahren zu können.[986] Eine solche Konstellation wird insbesondere in fortgeschrittenem Stadium der Familiengesellschaft wahrscheinlicher, entfernen sich die Gesellschafter hier doch tendenziell emotional mehr und mehr von der Familiengesellschaft und überschneiden die Gesellschafts- und Gesellschafterinteressen sich nicht mehr auf die Weise, wie dies in jungen Familiengesellschaften häufig der Fall ist.[987]

II. Weitgehende Entmachtung des Gesellschafterkreises

Auf der anderen Seite ist zu beachten, dass in planvoll generationsübergreifend ausgerichteten Familiengesellschaften, die bereits mehrere Generationennachfolgen durchlaufen und einen entsprechend großen Gesellschafterkreis haben, viele der Entscheidungen, die insbesondere in Personengesellschaften und der GmbH dem (gesamten) Gesellschafterkreis zufallen, auf einen fakultativen Beirat oder zumindest auf bestimmte Gesellschafter bzw. Stimmrechtsvertreter ausgelagert werden.[988] Insofern ergibt sich für die mitgliedschaftliche Treuepflicht sämtlicher Gesellschafter nur ein begrenztes Anwendungsfeld. Wenn die Mitgliedschaftsrechte auf einen Beirat übertragen wurden, kann aber die Relevanz der organschaftlichen Treuepflicht entsprechend steigen oder die mitgliedschaftliche Treuepflicht gar auch die Beiratsmitglieder erfassen.[989] Auch Gesellschafter, denen Sonderrechte oder Rechte zur stellvertretenden Ausübung der Rechte anderer Gesellschafter zustehen, unterliegen selbstverständlich der mitgliedschaftlichen Treuepflicht. Gleichzeitig bleiben Grundlagenentscheidungen weiterhin Sache des (großen) Gesellschafterkreises, sodass insgesamt nicht von einer nennenswert geringeren Relevanz der mitgliedschaftlichen Treuepflicht ausgegangen werden kann. Insgesamt kommt der mitgliedschaftlichen Treuepflicht so insbesondere in der planvoll generations-

985 *Lange*, BB 2005, 2585 (2588 f.).
986 Ebd., (2588).
987 Hierzu oben unter § 4.B.IV.2.
988 Hierzu oben unter § 4.B.IV.4.
989 Hierzu ausführlich unten unter § 9.

übergreifend ausgerichteten Familiengesellschaft eine große Bedeutung zu.

B. Auswirkungen des besonderen Gesellschaftszwecks

Wegen der überragenden Bedeutung des Gesellschaftszwecks für die Bestimmung der Treuepflicht sind zuerst die Auswirkungen des besonderen Gesellschaftszwecks des generationsübergreifenden Vermögenserhalts für die (Versorgung der) Familie in der Zukunft auf die Treuepflicht zu untersuchen.[990]

I. Auswirkungen auf den Inhalt des Gesellschaftsinteresses

Der Gesellschaftszweck bildet den wichtigsten Parameter für die Bestimmung des Gesellschaftsinteresses.[991] Mit der Gewinnerzielung i.R.d. Unternehmensgegenstandes und der Wertsteigerung des getragenen Unternehmens weist der Regelgesellschaftszweck im deutschen Gesellschaftsrecht eine rein vermögensbezogene Ausgestaltung auf. Dies bedeutet freilich nicht, dass das abgeleitete Gesellschaftsinteresse stets lediglich auf die Vermögensangelegenheiten der Gesellschaft und die Erzielung möglichst hoher Gewinne im laufenden Geschäftsjahr gerichtet ist.[992] Selbst das rein gesellschaftsbezogene Interesse umfasst neben der Gewinnerzielung die Erhaltung der Gesellschaft.[993] Und auch im rein vermögensbezogenen Bereich des Gesellschaftsinteresses kann eine Konkretisierung dahingehend erfolgen, dass unter Verzicht auf gegenwärtig erzielbare Gewinne eine Strategie zur Sicherung einer dauerhaften Rentabilität oder zur langfristigen Gewinnmaximierung verfolgt wird.[994] So kann das Gesellschaftsinteresse etwa gebieten, kurzfristig gewinnbringende Maßnahmen zu unterlassen, um die Reputation des von der Gesellschaft getragenen Unternehmens nicht zu schädigen.[995]

Auch der besondere Gesellschaftszweck der generationsübergreifend ausgerichteten Familiengesellschaft hat einen Vermögensbezug. Allerdings betrifft dieser nicht die Steigerung von Gewinn und Wert der Gesellschaft jetzt und in der Zukunft, vielmehr bezieht sich der besondere Gesellschaftszweck auf das *bereits existierende Gesellschaftsvermögen* und gibt dessen *langfristigen Erhalt* vor. Tritt der besondere Gesellschaftszweck neben den Regelzweck der Gewinn- und Wertsteigerung, sind die Vermögensinteressen

990 Hierzu oben unter § 4.B.IV.5.b.

991 Hierzu oben unter § 3.D.II.1.a.

992 Zum interessenpluralistischen Gesellschaftsinteresse etwa *Weber*, in: Hölters/Weber, AktG, 5. Aufl. 2025, § 76 Rn. 19 ff.

993 *Ziemons*, in: Michalski/Heidinger/Leible/J. Schmidt, GmbHG, 4. Aufl. 2023, § 43 Rn. 178.

994 Hierzu etwa *Spindler*, in: MünchKomm AktG, 6. Aufl. 2023, § 87 Rn. 73 ff.; *Weber*, in: Hölters/Weber, AktG, 5. Aufl. 2025, § 76 Rn. 19.

995 Vgl. *Weber*, in: Hölters/Weber, AktG, 5. Aufl. 2025, § 76 Rn. 22.

der generationsübergreifenden Familiengesellschaft entsprechend stark auf den Schutz des bereits existierenden Vermögens der Gesellschaft gerichtet. In diesem Fall müssen dann jeweils das Gewinn- und Wertsteigerungsinteresse sowie andere Interessen in Ausgleich mit dem besonderen Vermögenssicherungsinteresse gebracht werden, um den konkreten Inhalt des Gesellschaftsinteresses im Einzelfall zu bestimmen. Sofern der besondere Gesellschaftszweck nicht nur gleichranging neben, sondern sogar vorrangig vor den Regelzweck der Gewinn- und Wertmaximierung tritt, verschieben sich entsprechend auch die vermögensbezogenen Interessen der Gesellschaft stärker hin zur Vermögenssicherung („Bestandsinteresse").[996]

Flankiert wird diese spezielle Ausgestaltung des Vermögensinteresses von einer ebenfalls aus dem besonderen Gesellschaftszweck resultierenden Koppelung des Gesellschaftsinteresses an die Identität der Gesellschafter in Gegenwart und Zukunft. Denn der Gesellschaftszweck, das in der Gesellschaft liegende Vermögen für die (Versorgung der) Familie in der Zukunft zu erhalten, kann auf Dauer nur sicher erfüllt werden, wenn Familienmitglieder die Kontrolle über die Gesellschaft und das in ihr liegende Vermögen innehaben und diesen das Gesellschaftsvermögen auch wirtschaftlich zugeteilt ist.[997] Für den Erhalt der Kontrolle bedarf es der Mehrheit der Stimmrechte oder zumindest einer Sperrminorität in Verbindung mit gewissen Sonderrechten für die Familie bzw. einer Familienbezogenheit des Gesellschaftsvertrags.[998] Die Gesellschaft hat daher ein besonderes Interesse daran, dass ihre (Neu-)Gesellschafter das Merkmal der Familienzugehörigkeit aufweisen, insbesondere wenn die familiär gehaltenen Anteile durch die Aufnahme familienfremder Gesellschafter kumulativ wichtige Kontrollschwellen unterschreiten würden („Familienkontrollinteresse").[999]

Fraglich ist nur, ob dieses Interesse der Gesellschaft auf einen Vermögenserhalt für einen möglichst großen Teil der Familie gerichtet ist, ob also das Ausscheiden des letzten Gesellschafters einer noch existierenden Familienlinie das Gesellschaftsinteresse beeinträchtigen würde oder ob das Gesellschaftsinteresse nur darauf gerichtet ist, dass überhaupt Familienmitglieder die Kontrolle über die Gesellschaft und ihr Vermögen halten, unabhängig davon, ob das Gesellschaftsvermögen effektiv nur noch einem sehr kleinen Teil der Familie zukommt. Die Antwort auf diese Frage liegt in der Auslegung des Gesellschaftsvertrags und insbesondere in der Auslegung der den besonderen Gesellschaftszweck (konkludent) begründenden vertraglichen Regelungen. Der Gesellschaftszweck

996 An dieser Stelle soll noch nicht auf die besondere Vulnerabilität, die das Gesellschaftsinteresse aufweist, eingegangen werden. Hierzu unten unter § 7.B.II.2.

997 Eine mögliche Gestaltung, in der es keine familiär verbundenen Gesellschafter gibt, das Vermögen aber trotzdem für die (Versorgung der) Familie in der Zukunft bewahrt wird, ist die der Familienstiftung, die in der hiesigen Untersuchung aber außen vor bleibt.

998 Hierzu oben unter § 4.B.I.

999 Zu den verschiedenen Qualitätsstufen der familiären Kontrolle ausführlich oben unter § 4.B.I.2.

des generationsübergreifenden Vermögenserhalts ist dabei besonders von den Vorstellungen der Gründer bzw. der den besonderen Gesellschaftszweck implementierenden Gesellschaftergeneration geprägt.[1000] In der Regel wird es also darauf ankommen, welche Vorstellungen diese Gesellschaftergeneration bezüglich des Verhältnisses von Familie und Gesellschaftsvermögen hatte, als der besondere Gesellschaftszweck (konkludent) in das Vertragswerk aufgenommen wurde, sofern sich nicht Änderungen durch die späteren Gesellschaftergenerationen feststellen lassen. Die Vorstellungen dieser Gesellschafter und das hierdurch geformte Gesellschaftsinteresse werden sich dabei meist in der Ausgestaltung der Anteilsvinkulierung widerspiegeln. Sieht die Vinkulierungsklausel vor, dass der Gesellschaftsanteil – zumindest in einem ersten Schritt – zustimmungsfrei oder in vereinfachter Weise nur an irgendein Mitglied der Familie weitergegeben werden darf, ohne genauer zwischen den verschiedenen Teilen der Familie zu differenzieren, ist das Gesellschaftsinteresse dementsprechend regelmäßig nicht darauf gerichtet, zukünftig einen möglichst großen bzw. diversen Teil der Familie an der Gesellschaft teilhaben zu lassen. Vielmehr geht es dann, das Fehlen anderslautender Hinweise im Vertragswerk vorausgesetzt, nur darum, dass die Gesellschaft überhaupt in Familienhand bleibt und der Versorgung irgendeines Teils der Familie dient.[1001] Wenn die Vinkulierungsklausel hingegen auf eine vorrangige Weitergabe innerhalb der eigenen Familienlinie (z.B. Lockerungen für die Weitergabe an Abkömmlinge der jetzigen Gesellschafter) gerichtet ist, spiegelt sich hierin der Wille der Gründer wider, das Gesellschaftsvermögen in Zukunft für einen möglich großen Teil der Familie zu erhalten und möglichst keine Zentrierung um einzelne Personen bzw. Familienlinien entstehen zu lassen. Entsprechend ist das Gesellschaftsinteresse in diesem Fall nicht nur auf die Familienzugehörigkeit der (Neu-)Gesellschafter, sondern zu einem gewissen Grad auch auf deren Zugehörigkeit zu einer bestimmten Familienlinie gerichtet. Dies gilt jedenfalls immer dann, wenn die Familiengesellschaft eine Stammesorganisation erfahren hat und die Vinkulierungsklauseln dieser Stammesorganisation entsprechen.

[1000] Hierzu bereits oben unter § 4.B.IV.5.b.(ii).(1). S. auch *Holler*, in: MünchHdbGesR Bd. 7, 6. Aufl. 2020, § 75 Rn. 364.

[1001] Diese Feststellung hat einen interessanten Bezug zu der im Allgemeinen Teil dieser Arbeit angesprochenen These, dass die Funktion einer Familiengesellschaft zumindest teilweise in der Schaffung eines „ewigkeitstauglichen Denkmals" für Gründer durch selbige liegen kann, vgl. hierzu oben unter § 4.B.IV.6. Für die Erfüllung der Denkmalfunktion der Gesellschaft kommt es nämlich nicht vornehmlich darauf an, ob die Gesellschaft von einem möglichst großen Teil der Familie gehalten wird bzw. diese versorgt oder nur einem kleinen Teil der Familie dient. Vielmehr ist vor allem relevant, dass die Gesellschaft unter der Kontrolle solcher Gesellschafter bleibt, die überhaupt Abkömmlinge der Gründer sind, damit das Denkmal möglichst sicher (im Gründersinne) fortexistiert und gepflegt wird. Anders wäre dies nur, wenn die vom Gründer vorgestellte Denkmalwirkung der Gesellschaft vornehmlich nach innen gerichtet ist, der Gründer also über seine Lebzeit hinaus sein Ansehen innerhalb seiner eigenen Familie erhöhen möchte. Dieser Wunsch würde durch eine möglichst weite Streuung der Gesellschaftsanteile in der Familie gefördert.

II. Auswirkungen auf die allgemeine Intensität der Treuepflicht

In einem nächsten Schritt ist der Einfluss des besonderen Gesellschaftszwecks der generationsübergreifenden Familiengesellschaft auf die Intensität der Treuepflicht zu untersuchen.[1002] Für die Intensität der Treuepflicht sind nach *Zöllner* insbesondere die Intensität des Gemeinschaftsverhältnisses und das Ausmaß des gegenseitigen Vertrauens in Form der Gewährung einer Einwirkungsmacht auf Gesellschafts- und Gesellschafterinteressen maßgeblich.[1003]

1. Intensität des Gemeinschaftsverhältnisses

Die besondere Verbindung zwischen dem Gesellschaftszweck der generationsübergreifenden Familiengesellschaft und der Person der Gesellschafter könnte die Intensität des Gemeinschaftsverhältnisses und dementsprechend die Intensität der Treuepflicht erhöhen. Die dauerhafte und sichere Erfüllung des besonderen Gesellschaftszwecks der generationsübergreifenden Familiengesellschaft setzt wie gesehen voraus, dass die Anteilsmehrheit dauerhaft familiär verbunden Personen zusteht oder die Familie aber zumindest eine Sperrminorität in einer Gesellschaft mit Familienbezug hält. Der Gesellschaftszweck kann also nicht durch den Zusammenschluss mit einer beliebigen Gruppe an Personen verfolgt werden, vielmehr determiniert der Gesellschaftszweck die Gruppe der potenziellen Mitgesellschafter zumindest ab dem Zeitpunkt, ab dem der Familie durch die Aufnahme eines nicht familiär verbundenen Neugesellschafters die Stimmmehrheit bzw. die Kontrolle über die Gesellschaft verloren ginge.[1004] Diese Angewiesenheit auf eine bestimmte Zusammensetzung des Gesellschafterkreises rückt den Typus der generationsübergreifend ausgerichteten Familiengesellschaft in die Nähe geschlossener, streng personalistischer Gesellschaften, in welcher die Gesellschafter den Zusammenschluss nur in der konkreten Zusammensetzung des Gesellschafterkreises vornehmen wollen.[1005] In diesen Gesellschaften gilt eine sehr intensive Treuepflicht.[1006]

Wie *Krämer* allerdings richtigerweise einwendet, sind die Familienmitglieder untereinander grundsätzlich austauschbar.[1007] Der Gesellschaftszweck kann mit jeder Person,

---

1002 Die Auswirkungen des besonderen Gesellschaftszwecks der Familiengesellschaft auf die Intensität der Treuepflicht wurden in der rechtswissenschaftlichen Literatur bisher wohl nur von *Krämer* ausführlich analysiert, der die Treuepflicht des Familiengesellschafters als Grundlage einer erhöhten Rücksichtnahmepflicht untersucht, um die Zulässigkeit von Abfindungsbeschränkungen in Familiengesellschaften zu begründen, vgl. *Krämer*, Sonderrecht der Familiengesellschaften, 2019, 221 ff., 230 ff.

1003 Hierzu oben unter § 3.D.

1004 Zu den verschiedenen Qualitätsstufen der familiären Kontrolle ausführlich oben unter § 4.B.I.2.

1005 Zur Einordnung des Realtypus der generationsübergreifenden Familiengesellschaft und der Ähnlichkeit zum Idealtypus der Personengesellschaften schon oben unter § 4.B.IV.5.d.

1006 Hierzu oben unter § 3.D.I.

1007 *Krämer*, Sonderrecht der Familiengesellschaften, 2019, 230.

die das Merkmal der Familienzugehörigkeit aufweist, erreicht werden, sodass der Pool an geeigneten Mitgesellschaftern dem aller Personen, die das Merkmal der Familienzugehörigkeit aufweisen, entspricht. Insofern relativiert sich die Vergleichbarkeit der Familiengesellschaft mit geschlossenen, personalistischen Gesellschaften.[1008]

Anders ist dies nach *Krämer* nur, wenn für die Frage nach der Geeignetheit neuer Gesellschafter neben das Merkmal der Familienzugehörigkeit zwingend das Merkmal unternehmerischer Fertigkeiten tritt, weil die Familiengesellschaft auf eine Führung des operativen Geschäfts durch ihre Gesellschafter angewiesen ist.[1009] Dem ist zuzustimmen. Denn in einem solchen Fall ist zur Zweckerreichung neben der Familienzugehörigkeit mit der notwendigen Unternehmensführungsfähigkeit der Gesellschafter ein Merkmal relevant, welches den Pool der potenziellen (Neu-)Gesellschafter üblicherweise deutlich kleiner werden lässt. Die konkrete Gesellschafterzusammensetzung ist hier also tendenziell alternativarm. Gleichzeitig rücken in diesem Fall auch wieder mehr die Person des Gesellschafters und dessen Fähigkeiten in den Fokus, was eher dem gesetzlichen Leitbild der Personengesellschaft entspricht.

Konsequent weitergedacht muss dies aber auch schon für solche Familiengesellschaften gelten, für die der Pool potenzieller Neugesellschafter von vornherein sehr klein ist, auch wenn zur Zweckerfüllung nur das Merkmal der Familienzugehörigkeit von (Neu-)Gesellschaftern gefordert wird. Dies wird vor allem bei recht jungen Familiengesellschaften der Fall sein. Denn wird die Familie etwa als Gruppe der „Abkömmlinge des Gründers" definiert und haben der Gründer und seine Kinder nicht ungewöhnlich viele Abkömmlinge, ist der Pool der potenziellen (Neu-)Gesellschafter vor der Aufnahme der dritten Generation noch relativ klein. Die Gesellschafter sind hier zur Zweckerreichung noch stark auf die existierenden Mitgesellschafter angewiesen. Parallel hierzu ist auch der Gesellschafterkreis noch sehr klein und oft in die operative Arbeit eingebunden, die Zusammenarbeit also tendenziell recht eng und vertraut. Das Gemeinschaftsverhältnis ist demnach ein intensiveres als in großen, mitgliederstarken Familiengesellschaften.[1010] Die Treuepflichtintensität steigt entsprechend.

Gleiches muss auch für den Fall gelten, in welchem der Gesellschaftszweck umfasst, dass möglichst große Teile der Familie, also möglichst jedes Familienmitglied an der

---

1008 Ebd., 230 f.

1009 Ebd., 230 (Fn. 662).

1010 Die Besonderheit der generationsübergreifenden Familiengesellschaft, dass ihr Gesellschafterkreis zunehmend größer wird, beruht zwar mittelbar auf den im besonderen Gesellschaftszweck zum Ausdruck kommenden Vorstellungen der Gründer, ist aber genau genommen nicht von selbigem abhängig. Denn auch bei einer Familiengesellschaft, die Vinkulierungsklauseln implementiert, bei der aber – mangels (konkludenter) Zustimmung aller Gesellschafter – nicht ein besonderer Gesellschaftszweck festgestellt werden kann, wird einen recht schnell wachsenden Gesellschafterkreis aufweisen, wenn die Anteile regelmäßig an die nächste Generation weitergegeben werden.

Gesellschaft partizipiert.[1011] Dann existiert kein Pool an Personen, deren Aufnahme nach dem Gesellschaftszweck nur optional ist. Vielmehr muss zur Erfüllung des Gesellschaftszwecks möglichst jede Familiengeneration irgendwann an der Familiengesellschaft partizipieren können. Die Zusammensetzung des Gesellschafterkreises wird so wieder deutlich alternativärmer. Die Treuepflichtintensität muss daher nach dem ersten Parameter *Zöllners* steigen.

Da der erste Parameter *Zöllners* aber ohnehin eher die Intensität der Treuepflicht im Hinblick auf den Umfang festlegt, kann die Intensitätssteigerung bei einem recht kleinen Pool möglicher Gesellschafter oder bei Ausrichtung der Gesellschaft auf die Aufnahme sämtlicher Familienmitglieder auch nur zu einer umfangreicheren Treuepflicht, also einer Treuepflicht, die eher auch private Betätigungen der Gesellschafter erfasst, führen.[1012]

2. Vulnerabilität des Gesellschaftsinteresses und Ausmaß des gegenseitigen Vertrauens

Einen deutlich höheren Einfluss könnte der besondere Gesellschaftszweck auf den zweiten Parameter zur Bestimmung der Treuepflichtintensität, das Ausmaß des gegenseitigen Vertrauens der Gesellschafter haben. Das gegenseitige Vertrauen der Gesellschafter findet seinen Ausdruck in der Gewährung von Einflussmöglichkeiten auf das Gesellschaftsinteresse und die Mitgesellschafterinteressen (Korrelation von Rechtsmacht und Treuepflicht).[1013] Dabei ist zunächst zu konstatieren, dass dem einzelnen Gesellschafter in einer Familiengesellschaft mit besonderem Gesellschaftszweck nicht mehr oder weitreichendere Rechte verliehen werden als dem Gesellschafter einer „normalen" Gesellschaft. Vielmehr erfahren die Gesellschafterrechte in der generationsübergreifend ausgerichteten Familiengesellschaft häufig sogar eine recht starke Beschneidung.[1014] Dementsprechend kann bei isolierter Betrachtung der Gesellschafterrechte als Einwirkungsinstrument keine Steigerung der Treuepflichtintensität festgestellt werden.

Allerdings ist zu beachten, dass das Gesellschaftsinteresse durch den besonderen Gesellschaftszweck der generationsübergreifenden Familiengesellschaft im Vergleich zum Gesellschaftsinteresse „normaler" Gesellschaften verändert wird.[1015] Diese Veränderung des Einwirkungsobjekts „Gesellschaftsinteresse" ist für die Bestimmung der Einwirkungsmacht der Familiengesellschafter relevant. Denn in Relation zu inhaltsverschiedenen Gesellschaftsinteressen kann sich ein und dasselbe Gesellschafterrecht als mehr oder weniger stark interessenbeeinflussend bzw. -beeinträchtigend erweisen. Dement-

[1011] Hierzu oben unter § 7.B.I.
[1012] Vgl. erneut *Zöllner*, Schranken mitgliedschaftlicher Stimmrechtsmacht, 1963, 339.
[1013] Hierzu oben unter § 3.D.II.
[1014] Hierzu oben unter § 4.B.IV.1.c. und unter § 4.B.IV.4.c.(i).
[1015] Hierzu bereits oben unter § 7.B.I.

sprechend kann die Intensität der Treuepflicht des Gesellschafters im Verhältnis zu seiner Gesellschaft trotz gleichbleibender Gesellschafterrechte steigen oder sinken.

Hinsichtlich des Gesellschaftsinteresses der generationsübergreifenden Familiengesellschaft mit besonderem Gesellschaftszweck ist dessen hohe Vulnerabilität zu berücksichtigen. Diese ergibt sich aus den Anforderungen, die die möglichst sichere Erfüllung des Vermögenssicherungsinteresses und des Interesses an einer Mindestanteilsgröße in der Hand familiär verbundener Personen mit sich bringt. Wie bereits im Allgemeinen Teil für die typischen Wertvorstellungen der Kontinuität und Unabhängigkeit der Familiengesellschafter ausgeführt, begrenzt das Interesse an einem langfristigen Erhalt des in der Gesellschaft liegenden Vermögens das im Einklang mit dem Gesellschaftsinteresse eingehbare Risiko in wirtschaftlichen Entscheidungen.[1016] Denn der Erhalt des jetzigen Vermögens kann nur verhältnismäßig sicher erreicht werden, wenn das Gesellschaftsvermögen von vornherein nur möglichst geringen Risiken ausgesetzt wird. Dies gilt hier umso mehr, da der Erhalt des Vermögens durch den besonderen Gesellschaftszweck für einen unbegrenzt langen Zeitraum vorgegeben wird, der Gesellschaftszweck also stark zukunftsbezogen ausgestaltet ist.[1017] Zwar ist auch die Gesellschaft mit Regelzweck auf die Zukunft ausgerichtet, da die Gewinn- und Wertsteigerung auch in Zukunft erzielt werden soll, dieser Bezug ist aber nicht unmittelbar im Gesellschaftszweck verankert, sondern nur Folge der Natur der Gesellschaft als unbefristeter Zweckverband.[1018] Die ausdrückliche Zukunftsbezogenheit des besonderen Gesellschaftszwecks der generationsübergreifenden Familiengesellschaft verstärkt deren Interesse an einer risikoaversen Strategie. Denn ein langer Zeithorizont geht mit einer höheren Wahrscheinlichkeit des Eintritts ungewöhnlicher Ereignisse und einer sinkenden Planungssicherheit einher, die in der Entwicklung einer mit dem Gesellschaftsinteresse übereinstimmenden Strategie zu berücksichtigen ist.[1019] Entsprechend muss auch ein von der Familiengesellschaft mit besonderem Gesellschaftszweck getragenes Unternehmen am Markt verhältnismäßig risikoavers agieren. So mag in einer Gesellschaft mit dem Regelzweck der Gewinn- und Wertsteigerung etwa die Ausweitung der Geschäftstätigkeit des getragenen Unternehmens unter Hinnahme hoher Anfangsinvestitionen und entsprechender Verluste im Gesellschaftsinteresse liegen, da dem Risiko ein adäquater Gegenwert in Form einer Chance zur dauerhaften Gewinnsteigerung gegenübersteht. In einem von einer Familiengesellschaft mit besonderem Gesellschaftszweck getragenen Unternehmen kann die Höhe des Risikos – auch bei adäquat hohem Gegenwert im Sinne einer Gewinn- und Wertsteigerungs-

1016 Hierzu oben unter § 4.B.III.1.

1017 Hierzu auch *Krämer*, Sonderrecht der Familiengesellschaften, 2019, 232.

1018 Zum Vergleich des Zukunftsbezugs des besonderen Gesellschaftszwecks mit anderen Gesellschaftszwecken und im Ergebnis ebenso ebd., 232 f.

1019 So auch ebd.

chance – die gleiche Maßnahme hingegen von Anfang an aus dem Gesellschaftsinteresse fallen lassen.

Erschwerend kommt hinzu, dass die Familiengesellschaft bei Realisierung eines eingegangenen Risikos oder in einer sonstigen Krisensituation etwaige Liquiditätsengpässe nicht durch die Aufnahme neuen Eigenkapitals qua Anteilsausgabe kompensieren kann. Denn durch die Aufnahme neuer Gesellschafter, die eine Kapitaleinlage regelmäßig nur gegen Gewährung von stimmberechtigten Anteilen vornehmen werden, sinkt die Kontrolle der familiär verbundenen Personen über die Gesellschaft.[1020] Dies liegt wie gesehen außerhalb des Gesellschaftsinteresses. Das Gesellschaftsinteresse umfasst daher zusätzlich das Interesse an einer möglichst hohen Eigenkapitalausstattung, um Liquiditätsengpässe auch in Krisensituationen möglichst nicht entstehen zu lassen.[1021] Daher ist das Gesellschaftsinteresse der Familiengesellschaft mit besonderem Gesellschaftszweck stärker auf eine möglichst umfangreiche Reinvestition der Gewinne zur Stärkung des Eigenkapitals gerichtet als das Interesse von Gesellschaften mit Regelzweck.

Gleiches gilt für die Verhinderung eines Kapitalabflusses durch das Ausscheiden eines familiär verbundenen Gesellschafters. Denn dessen Ausscheiden kann wegen dem besonderen Gesellschaftsinteresse an der Familieneigenschaft der Gesellschafter nicht einfach durch die Gewinnung familienfremder Gesellschafter in gleichem Umfang kompensiert werden, sodass eine ausscheidensbedingte Abfindung zu einem ersatzlosen Kapitalabfluss führt. Doch auch wenn die Eigenkapitalausstattung der Gesellschaft durch das ersatzlose Ausscheiden eines Gesellschafters nicht übermäßig belastet wird, da dieser nur einen sehr geringen Kapitalanteil hält und vermögensbezogene Überlegungen außenvorbleiben können, steht das Ausscheiden möglicherweise dem Gesellschaftsinteresse entgegen. Dies zum einen deshalb, weil der Familie bei Existenz familienfremder Gesellschafter und der einem Ausscheiden folgenden Anwachsung der Gesellschaftsanteile ein Teil der Stimmrechte über die Gesellschaft verloren geht.[1022] Zum anderen kann – je nach der Zugehörigkeit des ausscheidenden Gesellschafters zu diesem oder jenem Familienzweig und der (fehlenden) Gesellschafterstellung anderer Mitglieder dieses Familienzweigs – ein Teil der Familie dauerhaft von der Gesellschaft und dem Gesellschaftsvermögen abgeschnitten werden. Sofern das Gesellschaftsinteresse auch darauf gerichtet ist, das Gesellschaftsvermögen für einen möglichst großen Teil der Familie zu erhalten, kollidiert das Ausscheiden dann mit dem besonderen, auf die Identität der Gesellschafter gerichteten Gesellschaftsinteresse.

Wenn man diesen Überlegungen die Gesellschafterrechte von Familiengesellschaf-

---

[1020] Vgl. zum Wert der Unabhängigkeit und der entstehenden Eigenkapitalproblematik bereits oben unter § 4.B.III.1.

[1021] Vgl. *Krämer*, Sonderrecht der Familiengesellschaften, 2019, 233.

[1022] Zu dieser Konstellation bereits Fn. 539.

tern gegenüberstellt, ergibt sich, dass hier eine deutlich größere Einwirkungsmacht in Bezug auf die Gesellschaftsinteressen besteht als in Gesellschaften mit Regelzweck. So kollidiert etwa das besondere Eigenkapitalinteresse der Gesellschaft mit der Geltendmachung von Vermögensrechten durch die Gesellschafter, insbesondere der Geltendmachung von Gewinnansprüchen.

In gleicher Weise ist eine höhere Einwirkungsmacht bei Ausübung des Kündigungsrechts und – je nach konkreter Ausgestaltung – auch bei Veräußerung der Gesellschaftsanteile durch einen familiär verbundenen Gesellschafter festzustellen. Insgesamt ergibt sich hier bei der Einwirkung auf den eigenen Gesellschaftsanteil bzw. die eigene Gesellschafterposition durch die familiär verbundenen Personen ein Betroffensein des Gesellschaftsinteresses in einer Qualität, die „normalen" Gesellschaften fremd ist.

Zudem kann eine höhere Einwirkungsmacht auf das Gesellschaftsinteresse bei Ausübung bestimmter Verwaltungsrechte festgestellt werden. Dies gilt etwa für die Ausübung des Stimmrechts bei der Zustimmung zur Aufnahme neuer Gesellschafter, die bei fehlender Familieneigenschaft der Neugesellschafter das Gesellschaftsinteresse beeinträchtigen kann, außerdem im umgekehrten Fall bei der Verweigerung der Aufnahme familiär verbundener Personen. Die besondere Beziehung des Gesellschaftsinteresses und der Identität der Gesellschafter kann auch bei Abstimmungen betreffend die Gesellschafterposition jetziger Gesellschafter eine besondere Einwirkungsmacht der Gesellschafter erzeugen. Dies gilt insbesondere, wenn über den Ausschluss eines familiär verbundenen Gesellschafters abzustimmen ist. Denn durch diesen Ausschluss wird nicht nur ein Familienmitglied von der Partizipation an der Gesellschaft ausgeschlossen, vielmehr entfällt auch für sämtliche seiner Abkömmlinge, also seine ganze Familienlinie, dauerhaft die Möglichkeit zur Partizipation.

Die Intensität der vertikalen Treuepflicht in Gesellschaften mit besonderem Zweck ist entsprechend dieser höheren Einwirkungsmacht auf die Gesellschaftsinteressen deutlich erhöht. Demgegenüber lässt sich keine besondere Einwirkungsmacht bezogen auf die über das Gesellschaftsinteresse hinausgehenden Einzelinteressen der Mitgesellschafter feststellen.[1023] Diejenigen Einzelinteressen der Gesellschafter, zu denen sich die Rechtsmacht des Treueverpflichteten verhältnismäßig erhöht, sind bereits im Gesellschaftsinteresse enthalten. Die aus dem Parameter der Einwirkungsmacht ermittelbare Intensität der horizontalen Treuepflicht ist durch den besonderen Gesellschaftszweck mit Regelzweck also nicht erhöht.

1023 Zur Besonderheit der Überschneidung von Gesellschafter- und Gesellschaftsinteressen auch unten unter § 7.B.IV.2.

3. Zwischenergebnis

Der besondere Gesellschaftszweck des generationsübergreifenden Vermögenserhalts für die (Versorgung der) Familie in der Zukunft intensiviert die mitgliedschaftliche Treuepflicht der familiär verbundenen Gesellschafter.[1024] Für mitgliederarme Familiengesellschaften, deren Zusammenarbeit entsprechend eng ist und für welche der Kreis potenzieller Neugesellschafter sehr klein ist, lässt sich aus dem ersten Parameter *Zöllners* eine hohe Intensität bezogen auf den Umfang der Treuepflicht feststellen. Wichtiger ist die Feststellung, dass die Familiengesellschafter in der Familiengesellschaft mit besonderem Gesellschaftszweck eine höhere Einwirkungsmacht auf die Gesellschaftsinteressen haben, der besondere Gesellschaftszweck also den zweiten Parameter *Zöllners* beeinflusst. Die Einwirkungsmacht ergibt sich nicht aus der Gewährung zusätzlicher oder weitreichenderer Gesellschafterrechte, sondern aus dem Verhältnis der „normalen" Gesellschafterrechte zum besonderen Gesellschaftsinteresse, welches deutlich vulnerabler gegenüber der Ausübung dieser Rechte ist als das Gesellschaftsinteresse einer Gesellschaft mit Regelzweck. Daher lässt sich für die abstrakte Intensität der Treuepflicht der Gesellschafter sagen, dass diese in der Beziehung zur Familiengesellschaft deutlich erhöht ist.

III. Existenz eigennütziger Rechte unter einem solchen Gesellschaftszweck

Für die Ermittlung des konkreten Inhalts der mitgliedschaftlichen Treuepflicht ist in einem ersten Schritt festzustellen, ob die Gesellschafter im fremden oder im auch-fremden Interessenkreis handeln, wobei ersterem uneigennützige und letzterem eigennützige Rechte der Gesellschafter zugeordnet werden.[1025] Für die generationsübergreifende Familiengesellschaft mit besonderem Gesellschaftszweck stellt sich die Frage, ob den Gesellschaftern überhaupt eigennützige Rechte, also Rechte vornehmlich zur Verfolgung eigener Interessen verliehen werden. Wie im Allgemeinen Teil dargelegt wurde, erfolgt die Einordnung eines Rechts als uneigennützig oder eigennützig nicht starr, sie kann vielmehr von Gesellschaft zu Gesellschaft variieren und ist im Zweifel durch Auslegung zu ermitteln.[1026] Insoweit könnte man überlegen, ob in einer Familiengesellschaft mit besonderem Gesellschaftszweck nicht die gesamte Gesellschafterstellung uneigennützig ausgestaltet ist und folglich auch jedes dem Gesellschafter aus der Gesellschafterstellung zustehende Recht uneigennütziger Natur ist. Konsequenz wäre, dass die Gesellschafter sich bei Ausübung ihrer Rechte stets zuvorderst am Gesellschaftsinteresse orientieren müssten und eigene Interessen nur einfließen lassen dürften, wenn diese die

---

[1024] Zu möglichen Differenzierungen bei Existenz familienfremder Gesellschafter unten unter § 11.

[1025] Hierzu oben unter § 3.E.II.

[1026] Ebd.

Gesellschaftsinteressen nicht beeinträchtigen.[1027]

Die Gesellschafterstellung, in welche die Familiengesellschafter einrücken, ist durch den besonderen Gesellschaftszweck der generationsübergreifenden Familiengesellschaft in besonderer Weise geprägt.[1028] Die Erfüllung des Gesellschaftszwecks erfordert, dass Familienmitglieder jetzt und in Zukunft einen gewissen Anteil der Stimmrechte in der Gesellschaft halten. Der familiär verbundene Gesellschafter erhält den Anteil an der Gesellschaft damit von vornherein wegen seiner Zugehörigkeit zur im Gesellschafts- oder Nebenvertrag definierten Familie und mit der Maßgabe, ihn zu einem späteren Zeitpunkt ausschließlich oder zumindest vorrangig innerhalb dieser Familie weiterzugeben. Überspitzt formuliert hält der Gesellschafter den Anteil dann nicht (nur) für sich selbst, sondern (auch) für einen abgrenzbaren Personenkreis, den der im Gesellschaftsvertrag definierten Familie bzw. der jetzigen und zukünftigen Familiengesellschafter, für die er während seiner Zeit als Gesellschafter den Anteil verwaltet. Insofern liegt zwar kein Treuhandvertrag zwischen der Familie bzw. den übrigen Familiengesellschaftern und dem einzelnen Gesellschafter vor.[1029] In der rechtswissenschaftlichen Literatur hat sich in den letzten Jahren aber vermehrt die Erkenntnis durchgesetzt, dass die Gesellschafterstellung in Familiengesellschaften mit besonderem Zweck einen „quasi-treuhänderischen Charakter" aufweist.[1030]

Aus der Überlegung, dass die Gesellschafterstellung dem Gesellschafter verliehen wurde, um sie im Sinne des Gesellschaftszwecks für die Familie bzw. die gegenwärtigen und zukünftigen Familiengesellschafter für eine gewisse Zeit zu halten, könnte man folgern, dass auch sämtliche aus der Gesellschafterstellung erwachsenden Rechte immer nur zur Verfolgung des Gesellschaftszwecks als festgeschriebenes, überindividuelles Interesse der Familie bzw. der Familiengesellschafter verliehen wurden, also uneigennütziger Natur sind. Dies ist jedoch nicht der Fall. Zwar ist es richtig, dass dem Gesellschafter mit der Einräumung der Gesellschafterstellung ein besonderes, treuepflichtrelevantes Vertrauen entgegengebracht wird, mit dem Gesellschaftsanteil sorgsam umzugehen und die Gesellschafterrechte schonend auszuüben, um das Gesellschaftsvermögen zu erhalten.[1031] Hieraus kann aber nur eine Tendenz für die Verortung der Gesellschafterrechte auf der fließenden Skala von eigennützigen zu uneigennützigen Rechten gewonnen

---

[1027] Hierzu oben unter § 3.E.II.1.

[1028] Ähnlich *Holler/Mann*, NZG 2021, 402 (404), nach denen der besondere Gesellschaftszweck „*die Mitgliedschaft und die durch sie dem einzelnen Familiengesellschafter vermittelten Rechte und Pflichten*" determiniert und limitiert.

[1029] Ausführlich zur Treuhandqualität *Krämer*, Sonderrecht der Familiengesellschaften, 2019, 209 ff. m.w.N., der allerdings richtigerweise nur zu einer Vergleichbarkeit der Interessenlage kommt und den (konkludenten) Abschluss eines Treuhandvertrages ablehnt.

[1030] *Ulmer*, ZIP 2010, 549 (552, 557); *Krämer*, Sonderrecht der Familiengesellschaften, 2019, 209 ff.; *Habersack*, ZIP 2020, 2093 (2097 f.).

[1031] Vgl. *Holler*, in: MünchHdbGesR Bd. 7, 6. Aufl. 2020, § 75 Rn. 365.

werden, nicht hingegen das Ergebnis, dass der Gesellschafterstellung überhaupt keine eigennützigen Aspekte innewohnen und demnach keine eigennützigen Rechte entspringen. Denn die Gesellschafterstellung ist nicht rein fremdnützig ausgestaltet; sie dient nicht allein dazu, den Gesellschaftszweck zu fördern. Vielmehr soll sie nach dem auch im besonderen Gesellschaftszweck zum Ausdruck kommenden Willen der Gesellschafter ebenfalls dem gegenwärtigen Gesellschafter zugutekommen. So partizipiert der Familiengesellschafter über seine Gesellschafterstellung schon im eigenen Interesse am Gesellschaftsvermögen, indem er (wenn auch meist nur in beschränktem Umfang) Gewinne entnimmt.[1032] Er nimmt die Gesellschafterstellung also auch im eigenen Interesse wahr.

Die Stellung des Familiengesellschafters in der Gesellschaft ist ambivalenter Natur.[1033] Zum einen nimmt er eine „quasi-treuhänderische“ Position für die jetzige und zukünftige Familie bzw. die Familiengesellschafter ein, gleichzeitig wird ihm erst mit Einräumung der Gesellschafterstellung der Zugang zum Familienvermögen für seine eigene Versorgung eröffnet, sodass die Gesellschafterstellung auch der Verfolgung seiner Interessen dient. Ein rein fremdnütziges Verständnis der Gesellschafterstellung wird regelmäßig auch nicht den Vorstellungen der Gesellschafter entsprechen, die neu in die Gesellschaft eintreten, bzw. sich in einer späteren Generation im Gesellschafterkreis finden. Sie können aus den typischen gesellschaftsvertraglichen Regelungen der Familiengesellschaft und dem so begründeten Gesellschaftszweck zwar erkennen, dass ihnen eine besondere Verantwortung für den Gesellschaftsanteil zukommt und von den übrigen Gesellschaftern berechtigterweise erwartet wird, dass sie sorgsam mit dem Anteil und den aus der Gesellschafterstellung erwachsenden Rechten umgehen. Gleichzeitig ist aber auch ersichtlich, dass mit Einräumung der Gesellschafterstellung dem Gesellschafter die Vorteile der Gesellschafterstellung zustehen sollen. Nur mit einem solchen Verständnis ist es auch vereinbar, dass der Gesellschafter die Pflichten und Risiken der Gesellschafterstellung auf sich nimmt.

Ein pauschaler Verweis auf den „quasi-treuhänderischen“ Charakter der Gesellschafterstellung kann die einzelfallgerechte Einordnung eines Gesellschaftsrechts als (eher) eigen- oder fremdnützig daher nicht ersetzen. Insgesamt sind die Gesellschafterrechte in der Familiengesellschaft mit besonderem Zweck im Verhältnis zu Gesellschaften mit

[1032] Hier könnte man einwenden, dass selbst die Ausschüttung eines Gewinns im Interesse der Gesellschaft liegt, da diese ja auch den Zweck hat, die Familie aus ihrem Vermögen zu versorgen. Allerdings kann wohl nicht vertreten werden, dass der (oft durch Mindestthesaurierungsquote beschränkte) Gewinnanspruch dem einzelnen Gesellschafter nicht zuvorderst zur Befriedigung seiner eigenen Interessen eingeräumt wird und daher eigennützig ist. Auf weitere üblicherweise eigennützige Rechte wird hier noch nicht eingegangen, da die Einordnung i.R.d. Darstellung von Einzelfällen möglichst genau erfolgen soll, Hierzu unten unter § 7.E.

[1033] Dies ist nicht mit der ambivalenten Wirkung der horizontalen Treuepflicht gegenüber den Mitgesellschaftern in Familiengesellschaften zu verwechseln, die der BGH bei Hinzutreten weiterer Umstände festgestellt hat. Hierzu oben unter § 6.C.I.1.

Regelzweck wegen der besonderen Stellung des Gesellschafters aber tendenziell stark in Richtung der uneigennützigen Rechte verschoben.[1034]

IV. Bedeutung für die Inhaltskonkretisierung der Treuepflicht

Nachdem feststeht, dass die mitgliedschaftliche Treuepflicht gegenüber der Gesellschaft in der Familiengesellschaft mit besonderem Gesellschaftszweck tendenziell intensiver ist, dabei aber trotzdem noch eigennützige Rechte bestehen, stellt sich die Frage, welche Auswirkungen der Gesellschaftszweck auf den Inhalt der Treuepflicht hat. Bei Handeln im fremden Interessenkreis bzw. bei Ausübung uneigennütziger Gesellschafterrechte lässt sich insoweit kein Unterschied zur Treuepflicht in Gesellschaften mit Regelzweck feststellen. Der Gesellschafter darf vom Gesellschaftsinteresse abweichende Eigen- oder Drittinteressen nur in seinen Entscheidungsprozess einstellen, sofern das Gesellschaftsinteresse nicht negativ berührt wird.[1035] Insoweit sind lediglich die Besonderheiten zu beachten, die der besondere Gesellschaftszweck für den Inhalt des Gesellschaftsinteresses mit sich bringt.[1036]

Anders ist dies bei Handeln im auch-fremden Interessenkreis bzw. bei Ausübung eigennütziger Gesellschafterrechte. Hier könnte der besondere Gesellschaftszweck insbesondere die Verhältnismäßigkeitsprüfung beeinflussen. Im Rahmen der Verhältnismäßigkeitsprüfung hat der treueverpflichtete Gesellschafter zunächst die Interessen des Treueberechtigten zu ermitteln, nach diese schützenden, gleich geeigneten Handlungsalternativen für sich zu suchen und schlussendlich eine Abwägung mit seinen Interessen vorzunehmen, wobei die Gewichtung der Interessen von verschiedenen Aspekten abhängt.[1037] Insoweit ist zwischen der vertikalen Treuepflicht gegenüber der Gesellschaft und der horizontalen Treuepflicht gegenüber den Mitgesellschaftern bzw. zwischen der Abwägung mit Gesellschafts- oder Mitgesellschafterinteressen zu unterscheiden.[1038] Es sei darauf hingewiesen, dass die nachstehenden Ausführungen wiederum nur Tendenzen für den Inhalt der Treuepflicht in Gesellschaften mit besonderem Gesellschaftszweck geben und eine einzelfallgerechte Inhaltskonkretisierung nicht ersetzen können.

[1034] Ohne weitere Erläuterungen erkennt *Belz* in der Familienkommanditgesellschaft mit besonderem Gesellschaftszweck eine geringere Bedeutung der Unterscheidung von uneigennützigen und eigennützigen Rechten, vgl. *Belz*, Die große Familienkommanditgesellschaft, 2018, 103 f.

[1035] Hierzu oben unter § 3.E.II.1.

[1036] Hierzu oben unter § 7.B.I.

[1037] Hierzu oben unter § 3.E.II.2.b.

[1038] Hierzu oben unter § 3.E.II.2.c.

1. Vertikale Treuepflicht

Die vertikale Treuepflicht gebietet dem treueverpflichteten Gesellschafter i.R.d. Ausübung eigennütziger Rechte grundsätzlich lediglich die Berücksichtigung des Gesellschaftsinteresses bei seiner Entscheidungssuche.[1039] Insoweit hat der Gesellschafter der Familiengesellschaft mit besonderem Zweck auf der ersten Stufe, derjenigen der Interessenermittlung, die durch den Gesellschaftszweck geschaffene, besondere Gestalt des Gesellschaftsinteresses zu beachten; in Sachverhalten, in welchen der Gesellschafter Kapital aus der Gesellschaft ziehen will (Geltendmachung von Vermögensrechten) oder anderweitig ein Kapitalabfluss droht also das besondere (Eigen-)Kapitalinteresse der Gesellschaft, in Sachverhalten, in denen das ersatzlose Ausscheiden eines familiär verbundenen Gesellschafters droht, das besondere Interesse der Gesellschaft am Erhalt der Anteile in Familienhand.[1040] Für die zweite Ebene, diejenige der Suche nach Handlungsalternativen, lassen sich keine abstrakten Feststellungen treffen.

Wie im Allgemeinen Teil ausgeführt, ist für die dritte Stufe, diejenige der Abwägung der Eigen- oder Fremdinteressen mit dem Gesellschaftsinteresse, zunächst relevant, wie nah das vom Gesellschafter auszuübende Gesellschafterrecht an den uneigennützigen, zur Zweckverfolgung verliehenen Rechten liegt (*Zweckverfolgungsnähe*).[1041] Für die Zweckverfolgungsnähe des Gesellschafterrechts ist in der Familiengesellschaft mit besonderem Zweck wie bereits geschildert die „quasi-treuhänderische“ Stellung des Gesellschafters und die hieraus resultierende, tendenzielle Verschiebung der Gesellschafterrechte in die Nähe uneigennütziger Rechte zu beachten.[1042] Zwar ist jedes Recht separat auf der Skala von uneigennützigen und eigennützigen Rechten zu verorten, über alle typischerweise eigennützigen Gesellschafterrechte hinweg kann wie gesehen aber eine Verschiebung hin zu den uneigennützigen Rechten ausgemacht werden, sodass dem Gesellschaftsinteresse in der Interessenabwägung tendenziell ein höheres Gewicht einzuräumen ist.

Für ein höheres Gewicht der Gesellschaftsinteressen spricht darüber hinaus, dass die Folgenbetrachtung, die i.R.d. Abwägung zu treffen ist, häufig einen besonders tiefen Einschnitt in die Interessen der Gesellschaft aufzeigen wird. Zwar sind die konkreten Folgen jeweils einzelfallabhängig zu bestimmen, wie aber bereits bezüglich der Intensität der mitgliedschaftlichen Treuepflicht in Familiengesellschaften mit besonderem Zweck aufgezeigt, hat der einzelne Gesellschafter relativ weitgehende Möglichkeiten zur Beeinträchtigung des Gesellschaftsinteresses, da dieses eine spezielle Vulnerabilität

[1039] Hierzu oben unter § 3.E.II.2.a.
[1040] Hierzu oben unter § 7.B.I. Zur Auswirkung dieses besonderen Gesellschaftsinteresses auf den Inhalt der horizontalen Treuepflicht unten unter § 7.B.IV.2.
[1041] Hierzu oben unter § 3.E.II.2.c.
[1042] Hierzu bereits oben unter § 7.B.III.

aufweist.[1043]

Bei Betrachtung der typischerweise in jede treuepflichtbasierte Abwägung einzubeziehenden Parameter ergibt sich im Vergleich zu Gesellschaften mit Regelzweck danach eine recht starke Verschiebung zugunsten des Gesellschaftsinteresses. Dieses ist folglich deutlich höher zu gewichten und würde demnach tendenziell eher die eigentlich vorzugswürdigen Eigeninteressen des Gesellschafters verdrängen, sodass der treueverpflichtete Gesellschafter ihm dann im Entscheidungsprozess Vorrang einräumen müsste. Fraglich ist aber, ob aus den Besonderheiten der generationsübergreifende Familiengesellschaft nicht sogar eine gänzliche Umkehr des Grundsatzes des Vorrangs der Eigeninteressen des Gesellschafters folgt und schon im Ausgangspunkt gilt, dass sich grundsätzlich die Interessen der Gesellschaft durchsetzen und der Gesellschafter nur in Ausnahmefällen seinen eigenen Interessen den Vorrang geben darf.[1044] Diese in der Literatur umstrittene Frage soll an dieser Stelle noch nicht aufgegriffen werden, da neben dem besonderen Gesellschaftszweck auch andere Merkmale der generationsübergreifenden Familiengesellschaft relevant werden.[1045]

Unabhängig hiervon bleibt für den Inhalt der vertikalen Treuepflicht zu beachten, dass auch bei einer Pflicht der Gesellschafter, die Gesellschaftsinteressen in ihrer Entscheidungsfindung vorrangig anzusetzen nicht die Wirkweise der Treuepflicht verändert wird. Zwar wird der Entscheidungsprozess des verpflichteten Gesellschafters verbindlich vorgegeben, die konkrete Entscheidung am Ende eines treuepflichtkonformen Entscheidungsprozesses steht aber auch in der Familiengesellschaft mit Regelzweck grundsätzlich im Ermessen des Gesellschafters.[1046]

2. Horizontale Treuepflicht

Im Gegensatz zur Veränderung des Gesellschaftsinteresses ist kein Einfluss des besonderen Gesellschaftszwecks auf den Inhalt der über das Gesellschaftsinteresse hinausgehenden Einzelinteressen der Gesellschafter festzustellen. Für die horizontale Treuepflicht der Gesellschafter untereinander lässt sich aus dem besonderen Gesellschaftszweck wie gesehen auch keine erhöhte Intensität ermitteln.[1047] Zudem können keine abstrakten

---

[1043] Hierzu oben unter § 7.B.II.2.

[1044] So schon ansatzweise *Holler*, DStR 2019, 931 (939 f.); eindeutig *Holler*, in: MünchHdbGesR Bd. 7, 6. Aufl. 2020, § 75 Rn. 365 ff.; *ders./Mann*, NZG 2021, 402 (405 f.); a.A. wohl *Priester*, in: Tröger/Wilhelmi, Rechtsfragen der Familiengesellschaften, 2006, 53 (59).

[1045] Zur Frage nach einer Verkehrung des Regel-Ausnahmeverhältnisses i.R.d. Interessenabwägung bei eigennützigen Rechten unten unter § 7.D.

[1046] Hierzu oben unter § 3.C.I. S. auch die Ausführungen des BGH im Media-Saturn Urteil, wonach die Gesellschafter entscheiden, wie das Gesellschaftsinteresse am besten gewahrt bleibt, vgl. BGH, Urteil v. 12.4.2016, Az. II ZR 275/14 („Media-Saturn"), NJW 2016, 2739 (2739 f.).

[1047] Hierzu oben unter § 7.B.II.

Feststellungen zur Auswirkung auf die i.R.d. Interessenabwägung vorzunehmende Folgenbetrachtung für die Interessen der Mitgesellschafter getroffen werden.

Allerdings ist für die abschließend vorzunehmende Abwägung der Eigeninteressen des treueverpflichteten Gesellschafters mit den Interessen seiner Mitgesellschafter die besondere Verbindung des Gesellschaftsinteresses mit der Identität der Gesellschafter in Gegenwart und Zukunft zu beachten. Denn das besondere Gesellschaftsinteresse kann für solche Sachverhalte, die in Gesellschaften mit Regelzweck ausschließlich die Mitgesellschafterinteressen, also die horizontale Treuepflicht betreffen, eine Mitbetroffenheit der Gesellschaftsinteressen bedeuten, die i.R.d. Abwägung widerstreitender Gesellschafterinteressen zu beachten ist.

So hat die Familiengesellschaft mit besonderem Zweck ein besonderes Interesse an einer vertrauensvollen und möglichst unbelasteten Zusammenarbeit der Gesellschafter.[1048] Zwar ist grundsätzlich jede Gesellschaft zur Zweckerfüllung auf ein Mindestmaß an Vertrauen und Kooperation zwischen ihren Gesellschaftern angewiesen, was wie gesehen in personalistisch gestalteten Gesellschaften sogar Fehlverhalten im Privatbereich gegen die Treuepflicht gegenüber der Gesellschaft verstoßen lassen kann.[1049] Für die Familiengesellschaft mit besonderem Zweck ist diese Angewiesenheit wegen der Koppelung des Gesellschaftsinteresses an die Identität der Gesellschafter aber in besonderer Weise gegeben. Denn wenn sich ein Streit zwischen den Familiengesellschaftern aufschaukelt oder gar ein kompletter Vertrauensverlust auftritt, drohen der Gesellschaft nicht nur störende Innenstreitigkeiten. Vielmehr wird das Gesellschaftsinteresse auch bei Auflösung der Streitigkeiten durch Austritt oder Ausschluss eines streitenden Gesellschafters stark beeinträchtigt, fällt so doch ein Teil der Familie dauerhaft aus der Gesellschafterposition.[1050]

Eine vollständige Wahrung der Gesellschaftsinteressen kann in der Familiengesellschaft mit besonderem Zweck letztlich nur erreicht werden, wenn Streitigkeiten einvernehmlich beendet werden oder überhaupt nicht auftreten.[1051] Insoweit liegen die Interessen einer Familiengesellschaft mit besonderem Zweck nah an den Interessen jeder streng personalistischen Gesellschaft, in der die Person der Gesellschafter im Vordergrund steht. Hinzukommt für die Familiengesellschaft mit besonderem Zweck aber eine Reihe an Besonderheiten, die Streitigkeiten deutlich wahrscheinlicher und folgenreicher machen als in „normalen" Gesellschaften. Dies ist zum einen in der verwandtschaftlichen

---

1048 Hierzu bereits oben unter § 6.B.

1049 Hierzu oben unter § 3.D.II.1.a. und unter § 6.B.

1050 Im Falle des Austritts wird auch das besondere Eigenkapitalinteresse – je nach Eigenkapitalausstattung und Abfindungshöhe mehr oder weniger stark – beeinträchtigt.

1051 Entsprechend genießt das Konfliktmanagement in der Familiengesellschaft üblicherweise einen hohen Stellenwert. S. zum Konfliktmanagement in Familienunternehmen etwa *Schmeing*, Konfliktmanagement in Familienunternehmen, 2018, passim.

Beziehung und der – schon oben näher beleuchteten[1052] – Gefahr emotionaler Streitigkeiten der Gesellschafter begründet. Die Gesellschafter kennen sich untereinander bereits vor Eintritt in die Gesellschaft lange und haben eine entsprechend umfangreiche „Vorgeschichte". Gleichzeitig ist die Beziehung meist von einer starken Emotionalität geprägt, die rationales Verhalten beeinträchtigen kann.[1053] Auf diese Weise können – in anderen Gesellschafterkonstellationen regelmäßig fernliegende – außergesellschaftliche Streitigkeiten entstehen, die dann in die Familiengesellschaft getragen werden.[1054] Anders als die Gesellschafter „normaler" personalistisch gestalteter Gesellschaften, suchen sich die Gesellschafter einer generationsübergreifenden Familiengesellschaft ab der zweiten Generation gegenseitig auch nicht bewusst zur gemeinsamen Zweckverfolgung aus, sondern finden vielmehr bei Eintritt in die Gesellschaft „vollendete Tatsachen" vor.[1055] Hinzu kommen die gesellschaftsvertraglichen Besonderheiten der planvoll generationsübergreifend ausgerichteten Familiengesellschaft, die beim einzelnen Gesellschafter das Gefühl entstehen lassen können, er sei in der Gesellschaft „gefangen" und könne seine Interessen nur durch möglichst störende Nutzung seiner Gesellschafterrechte durchsetzen.[1056] Dies gilt umso mehr für Minderheitsgesellschafter, die sich einer gefestigten Gruppe aus Mehrheitsgesellschaftern gegenübersehen.

Daher gibt das Gesellschaftsinteresse den Gesellschaftern und insbesondere dem Mehrheitsgesellschafter auf, auch bei eigentlich rein die horizontale Treuepflicht betreffenden Sachverhalten verhältnismäßig rücksichtsvoll miteinander umzugehen und die Interessen der Mitgesellschafter stärker in den eigenen Entscheidungsprozess miteinzubeziehen, als dies in Gesellschaften mit Regelzweck der Fall ist. Das besondere Gesellschaftsinteresse wirkt insoweit stets unterstützend für den jeweils treueberechtigten Familiengesellschafter. Die geforderte Rücksichtnahme ist damit insgesamt grundsätzlich *gegenseitiger Natur*. Jeder der Gesellschafter hat in seinem Entscheidungsprozess die Interessen des jeweils anderen Gesellschafters tendenziell stärker zu berücksichtigen als dies in Gesellschaften mit Regelzweck notwendig wäre.

Die erhöhte gegenseitige Rücksichtnahmepflicht der Gesellschafter von Familiengesellschaften mit besonderem Gesellschaftszweck wird ansatzweise auch in der Recht-

---

1052 Hierzu oben unter § 6.A.

1053 Zum Verhältnis von Emotionen und Vernunft *Rost*, Emotionen. Elixiere des Lebens, 2. Aufl. 2001, 19; s. auch *Binz/Weinand*, in: MünchHdbGesR Bd. 9, 6. Aufl. 2021, § 45 Rn. 31; *Habersack*, in: Tröger/Wilhelmi, Rechtsfragen der Familiengesellschaften, 2006, 19 (20).

1054 Zur besonderen Gefahr des „Einschleppens" außergesellschaftlicher Konflikte in eine Familiengesellschaft *Binz/Weinand*, in: MünchHdbGesR Bd. 9, 6. Aufl. 2021, § 45 Rn. 31.

1055 Nach Eintritt in die Gesellschaft haben die Gesellschafter einen gewissen Einfluss auf die Identität der Mitgesellschafter, sofern ihre Zustimmung zur Aufnahme neuer Gesellschafter erforderlich ist. Dieser wird durch die üblicherweise geringen Stimmrechtsmacht der Gesellschafter späterer Generationen und der schnell entstehenden Zustimmungspflichten des Familiengesellschafters allerdings relativiert, hierzu unten unter § 7.E.IV.1.

1056 Hierzu bereits ansatzweise oben unter § 7.A.I.

sprechung des BGH zur Treuepflicht zwischen familiär verbundenen Gesellschaftern deutlich, die oben bereits i.R.d. Diskussion zu den Auswirkungen der verwandtschaftlichen Verbindung angesprochen wurde.[1057] So hat der BGH anhand von Ausschließungssachverhalten zur Treuepflicht zwischen verwandten Gesellschaftern ausgeführt, dass Verfehlungen der Gesellschafter in Familiengesellschaften einerseits schwerer wiegen können, andererseits aber auch deutlich eher über Fehlverhalten der Mitgesellschafter hinwegzusehen sei.[1058] Die Literatur spricht insoweit bei der Verwandtschaft von einem „ambivalenten Kriterium".[1059] Dabei hat der BGH jedoch genau genommen nicht rein auf die Verwandtschaft abgestellt, sondern als einziges Beispiel für erhöhte Rücksichtnahmepflichten das ererbte Familienunternehmen genannt, welches nach dem Willen des Erblassers die Lebensgrundlage sämtlicher Gesellschafter-Erben bilden soll.[1060] Dies liegt inhaltlich nah an den obigen Ausführungen zum besonderen Interesse der Familiengesellschaft an einer rücksichtsvollen Zusammenarbeit der Gesellschafter. Im Falle des aus dem Gesellschaftszweck entspringenden besonderen Gesellschaftsinteresses hat der – inhaltlich insoweit identische – Wille des Erblassers mit der Implementierung des Gesellschaftszwecks eine unmittelbare Verankerung auf Gesellschaftsebene und damit im Gesellschaftsinteresse selbst erfahren. Entsprechend muss die gegenseitige Rücksichtnahme hier erst recht erhöht sein.

3. Zusammenfassung

Inhaltlich gebietet die Treuepflicht dem Gesellschafter der Familiengesellschaft mit besonderem Zweck i.R.d. Ausübung eigennütziger Gesellschafterrechte sowohl bei Betroffensein der Gesellschaftsinteressen als auch bei Betroffensein der darüber hinausgehenden Einzelinteressen seiner Mitgesellschafter tendenziell eine stärkere Einbeziehung der fremden Interessen in seinen Entscheidungsprozess. Dies gilt in hohem Maße bei Betroffensein der besonderen Gesellschaftsinteressen an der Vermögenssicherung und der Identität neuer Gesellschafter, weniger bei ausschließlicher Betroffenheit der Interessen der Mitgesellschafter, wobei das Gesellschaftsinteresse an der Bewahrung des zur Zweckverfolgung notwendigen Grundvertrauens dem jeweils treueberechtigten Familiengesellschafter hier unterstützend zur Seite steht.

1057 Hierzu oben unter § 6.C.I.1.

1058 BGH, Urteil v. 30.11.1951, Az. II ZR 109/51, NJW 1952, 461; BGH, Urteil v. 9.12.1968, Az. II ZR 42/67, NJW 1969, 793.

1059 *K. Schmidt*, in: Schlegelberger, HGB, 5. Aufl. 1992, § 140 Rn. 25; inhaltsgleich später *ders./Fleischer*, in: MünchKomm HGB, 5. Aufl. 2022, § 140 Rn. 35.

1060 BGH, Urteil v. 9.12.1968, Az. II ZR 42/67, NJW 1969, 793 (794).

C. *Sonstige typische Besonderheiten der generationsübergreifenden Familiengesellschaft*

Stellt der besondere Gesellschaftszweck auch das wichtigste Merkmal zur Bestimmung der besonderen Treuepflicht in planvoll generationsübergreifend ausgerichteten Familiengesellschaften dar, so finden sich neben dem besonderen Gesellschaftszweck doch weitere typische Merkmale, die die Treuepflicht beeinflussen könnten. Dabei ergibt sich teilweise eine Überschneidung mit den Auswirkungen des besonderen Gesellschaftszwecks. Die nachstehenden Besonderheiten sollen aber möglichst isoliert betrachtet werden.[1061] Neben diesen Besonderheiten finden sich darüber hinaus typische Merkmale der generationsübergreifenden Familiengesellschaft, die aber nur in besonderen Konstellationen Relevanz für die Treuepflicht erlangen, etwa der besondere Verdienst eines Gesellschafters bzw. einer Gesellschafterlinie, der i.R.d. Ausschlusses eines Abkömmlings Relevanz erlangen kann.[1062] Diese sollen hier mangels ihrer Verallgemeinerungsfähigkeit ebenfalls außenvorbleiben, werden aber i.R.d. Behandlung von Einzelkonstellationen beleuchtet.[1063]

I. Ausrichtung des Gesamtvertragswerk auf den Erhalt der Gesellschaft in Familienhand

Die Intensität und der Inhalt der Treuepflicht werden letztlich durch den Gesellschaftsvertrag und das begründete Gesellschaftsverhältnis von den Gesellschaftern selbst bestimmt.[1064] Zur Ermittlung des geschuldeten Maßes der Treue kann neben dem Gesellschaftszweck auch das gesamte Vertragswerk der Familiengesellschaft inklusive omnilateraler Gesellschaftervereinbarungen herangezogen werden, nach hiesiger Ansicht sowohl in Personen- als auch in Kapitalgesellschaften.[1065] Mangels ausdrücklicher Festschreibung der geschuldeten Treue ist insoweit insbesondere die Auslegung dieses Gesamtvertragswerks entscheidend für die Ermittlung, welches Maß an Treue und Rücksichtnahme durch die Gesellschafter geschuldet wird, wobei Rechtsprechung und Literatur verschiedene Parameter entwickelt haben, um Intensität und Inhalt der Treuepflicht im Einzelfall zu ermitteln.[1066]

1061 Zu Besonderheiten i.R.d. Stammesorganisation, die hier nicht behandelt werden sollen, unten unter § 8.

1062 Die situationsabhängigen Besonderheiten werden aber i.R.d. Untersuchung bestimmter Einzelfälle besprochen, vgl. unten unter § 7.E.

1063 Ebd.

1064 Hierzu oben unter § 3.G.

1065 Hierzu oben unter § 3.E.III.

1066 Hierzu oben unter § 3.D. und § 3.E. Ebenfalls maßgeblich auf die Auslegung des Gesellschaftsvertrags und der Nebenvereinbarungen abstellend *Holler/Mann*, NZG 2021, 402 (405 f.).

Für die planvoll generationsübergreifend ausgerichtete Familiengesellschaft kann hier regelmäßig – selbst wenn der besondere Gesellschaftszweck mangels Einstimmigkeit nicht entsprechend § 33 Abs. 1 Satz 2 BGB implementiert wurde – aus dem gesamten Vertragswerk, genauer aus den Vinkulierungs- und Gewinnbeschränkungsklausen sowie Kündigungs- und Abfindungsbeschränkungen die besondere Bedeutung ermittelt werden, die die Familiengesellschafter der Sicherung des Erhalts der Gesellschaft in Familienhand sowie der Sicherung des Fortbestands der Gesellschaft allgemein zumessen.[1067] Insofern bedarf es für die eintretenden Neugesellschafter – gleich welcher Generation – i.d.R. keiner besonderen Kenntnis eines ausdrücklichen entsprechenden Willens der Gesellschafter. Sie können ohne Weiteres erkennen, dass im Gesellschafterkreis voneinander grundsätzlich ein Verhalten erwartet wird, welches den kontinuierlichen Bestand der Gesellschaft (Gewinn-, Kündigungs- und Abfindungsbeschränkungen) in der Hand der Familie (Schutzgemeinschaftsverträge, Vinkulierungs-, Nachfolge- und Einziehungsklauseln und Kündigungsbeschränkungen) sichert, weist das gesamte Vertragswerk doch eine dahingehende, offensichtliche *Grundtendenz* auf.[1068] Dies gilt erst recht, wenn die Gesellschafter sich seit der Gründung erkennbar auch in kongruenter Weise verhalten, also eine risikoaverse Geschäftsstrategie verfolgen, sich über einen langen Zeitraum für eine umfangreiche Gewinnthesaurierung entscheiden und die Weitergabe der Gesellschaft in der Familie von Generation zu Generation „gelebt" wird.[1069] Die Auslegung des Gesellschaftsvertrags erfolgt dann, auch wenn das Vertragswerk in Bezug auf die besonderen Vereinbarungen der planvoll generationsübergreifend ausgerichteten Familiengesellschaft lückenhaft sein sollte, anhand dieser *einverständlichen Übung*.[1070]

Weiterhin auslegungsrelevant können die Ausführungen in der Präambel des Gesellschaftsvertrags werden. In generationsübergreifend ausgerichteten Familiengesellschaften findet sich hier teilweise ausdrücklich die Verankerung der Werte der Unabhängigkeit und Kontinuität.[1071] Hinzukommt, dass die i.R.d. Auslegung berücksichtigungsfähige „allgemeine Lebenserfahrung" bei generationsübergreifenden Familiengesellschaften dafür spricht, dass die jetzigen Gesellschafter regelmäßig die besonderen Werte der Kontinuität und Unabhängigkeit auf der Gesellschaftsebene verfolgen, also das Gesellschaftsvermögen bewahren und Familienfremde aus der Gesellschaft halten wollen.[1072]

Versucht man nun, die aus dem Gesellschaftsvertrag und Gesellschaftsverhältnis

1067 Insoweit auf die entsprechende Realstruktur der Gesellschaft, die den Erhalt der familiären Prägung und die Bestandssicherung vorgibt abstellend *Holler/Mann*, NZG 2021, 402 (405 f.).

1068 Hierzu oben unter § 5.B.II.1.

1069 Zum Aspekt, dass die Weitergabe der Gesellschaftsanteile innerhalb der Familie gelebt wird *Priester*, in: Tröger/Wilhelmi, Rechtsfragen der Familiengesellschaften, 2006, 53 (59).

1070 Hierzu oben unter § 5.A.I.1.

1071 Hierzu und zu den Implikationen für die Gesellschafts- bzw. Unternehmenskultur oben unter § 4.B.III.1.

1072 Zu den typischen Werten der Kontinuität und Unabhängigkeit oben ebd. Zur Einbeziehungsfähigkeit der „allgemeinen Lebenserfahrung" i.R.d. Auslegung oben unter § 5.B.I.

erwachsende Treuepflicht anhand dieser Auslegungstendenzen zu ermitteln, ergibt sich ein ähnliches Bild wie hinsichtlich der Wirkung des besonderen Gesellschaftszwecks. Insoweit kann die Treuepflicht auch in generationsübergreifend ausgerichteten Familiengesellschaften ohne besonderen Gesellschaftszweck als dahingehend modifiziert angesehen werden, dass die Gesellschafter die besonderen Anforderungen, die die innerfamiliäre, möglichst sichere Weitergabe eines intakten Gesellschaftsvermögens an ihr Verhalten stellt, innerhalb ihrer Entscheidungsfindung in besonderer Weise zu berücksichtigen haben.[1073] Daher hat der Treueverpflichtete auch bei Ausübung seiner eigennützigen Rechte und dort insbesondere in Sachverhalten, die die Vermögensinteressen der Gesellschaft, seinen eigenen Austritt aus der Gesellschaft oder die Aufnahme neuer Familiengenerationen in die Gesellschaft betreffen, in deutlich erhöhtem Maß die Auswirkungen auf die Kapitalausstattung der Gesellschaft und die Sicherung der familiären Beherrschung der Gesellschaft zu beachten und die entsprechenden Interessen stärker in seinen Entscheidungsfindungsfindungsprozess einzubeziehen. Ob insofern zumindest bei Berührung der letztgenannten Aspekte eine generelle Umkehr des Grundsatzes des Eigeninteressenvorrangs im auch-fremden Interessenkreis bzw. bei Ausübung eigennütziger Rechte erfolgt und der Familiengesellschafter auch in diesem Bereich vorrangig die Interessen der Gesellschaft verfolgen muss, wenn er nicht ausnahmsweise erhebliche eigene Interessen vorweisen kann, soll an dieser Stelle noch nicht diskutiert werden.[1074]

II. Geteilte Werte der Gesellschafter und eine darauf basierende Unternehmenskultur

Eine weitere Besonderheit der Familiengesellschaft stellen die von den Gesellschaftern geteilten Wert- und Zielvorstellungen sowie die auf ihnen basierende Unternehmenskultur dar.[1075] Diese Besonderheit ist zwar nicht auf generationsübergreifende Familiengesellschaften beschränkt, es finden sich in der planvoll generationsübergreifend ausgerichteten Familiengesellschaft jedoch häufiger als in anderen Familiengesellschaften entsprechende Verschriftlichungen der Familienwerte, zudem bringt jedenfalls ihre oft langandauernde Existenz unter der Kontrolle einer Familie eine höhere Wahrscheinlichkeit der Entstehung einer auf den Werten und Zielvorstellungen basierenden Gesellschafts- bzw. Unternehmenskultur mit sich. Im Allgemeinen Teil wurden die typischen Werte der Familiengesellschafter dabei in drei Kategorien eingeteilt: diejenige der Kontinuität und

1073 Plakativ *Priester*, in: Tröger/Wilhelmi, Rechtsfragen der Familiengesellschaften, 2006, 53 (59): „*Die im Gesellschaftsvertrag und etwaigen Nebenabreden enthaltenen Vorgaben zum Schutz des Familiencharakters sind nicht nur ihren Buchstaben, sondern auch ihrem Geiste nach von den Gesellschaftern auszufüllen. Sie bilden die Verhaltensleitlinie, vor allem für die Stimmrechtsausübung, soweit es keine entsprechenden Einzelregelungen gibt.*“

1074 Hierzu unten unter § 7.D.

1075 Hierzu oben unter § 4.B.III.

Unabhängigkeit, diejenige des besonderen Verantwortungsbewusstseins für Mitarbeiter, Standort und Gesellschaft und diejenige des besonders rücksichtsvollen Umgangs und Verhaltens der Familienmitglieder untereinander und der Bescheidenheit in der Außendarstellung.[1076] Auf die besonderen Wert- und Zielvorstellungen der Kontinuität und Unabhängigkeit, die den langfristigen Erhalt der Gesellschaft und des in ihr liegenden Vermögens in Familienhand vorgeben und deren Auswirkungen auf die Treuepflicht wurde bereits umfangreich eingegangen, sowohl in Form der Verankerung im besonderen Gesellschaftszweck als auch bei Ausrichtung des restlichen Vertragswerks und Gesellschafterverhaltens anhand dieser Werte.[1077] Daher soll sich nachstehend auf die Werte der zweiten und dritten Kategorie konzentriert werden.

Für den Einfluss dieser geteilten Werten und Zielvorstellungen der Gesellschafter auf die mitgliedschaftliche Treuepflicht existieren verschiedene Ansatzpunkte, deren konkretes Vorliegen jeweils für den Einzelfall zu prüfen ist. Dabei ist in einem ersten Schritt insbesondere wichtig, ob und in welcher Form die Werte und Zielvorstellungen eine Verschriftlichung bzw. ausdrückliche Aufnahme in das Vertragswerk der Familiengesellschaft erfahren haben. Für die Aufnahme der Werte in eine Familienverfassung und deren Auswirkung wird dabei auf das Kapitel über Familienverfassungen verwiesen.[1078]

1. Verschriftlichung

Für die ausdrückliche Aufnahme von der Familie eigenen Wertvorstellungen in die Präambel des Gesellschaftsvertrags oder in Nebenvereinbarungen lässt sich nach dem Verhältnis von Vertragsauslegung und Treuepflicht[1079] über die Auslegungsrelevanz der Präambel und der Nebenvereinbarungen zumindest mittelbar eine Wirkung für die Treuepflicht feststellen. Besonders deutlich wird dies für die Werte der dritten Kategorie, die den Umgang der Familiengesellschafter untereinander und das Verhalten der Gesellschafter allgemein betreffen (beispielsweise die Werte Respekt, Vertrauen, Rücksichtnahme, Toleranz, Bescheidenheit und Bodenständigkeit[1080]). Sofern die Gesellschafter in der Präambel oder in Nebenvereinbarungen die Werte einer besonders verträglichen Zusammenarbeit und eines rücksichtsvollen Verhaltens ausdrücklich erwähnen, erfolgt die Vertragsauslegung im Lichte dieser Werte, sodass sich für die horizontale Treuepflicht unabhängig vom konkreten Sachverhalt eine Pflicht zur erhöhten Rücksichtnahme auf die Interessen der Mitgesellschafter im Vergleich zu ähnlich ausgestalteten Gesell-

---

[1076] Ebd.
[1077] Hierzu oben unter § 7.B. und unter § 7.C.I.
[1078] Hierzu unten unter § 1.
[1079] Hierzu oben unter § 3.C.II.
[1080] Hierzu oben unter § 4.B.III.3.

schaften ohne entsprechende Werteverankerung ergeben kann. Wegen der ausdrücklichen schriftlichen Verankerung kann so auch schon bei Gesellschaftsgründung eine berechtigte Erwartung der Gesellschafter bestehen, dass die Mitgesellschafter die eigenen Interessen in besonderem Maße in ihrer Entscheidungsfindung berücksichtigen. Als Indiz dafür, dass die Gesellschafter auch tatsächlich nach diesen Werten verfahren und der Rücksichtnahme auf die Belange der jeweils anderen Familiengesellschafter dauerhaft einen hohen Stellenwert einräumen, kann auch die Existenz regelmäßiger umfangreicher Aussprachen der Gesellschafter außerhalb von Gesellschafterversammlungen, etwa an Familientagen, dienen.

Schwieriger einzuordnen sind die Auswirkungen der Werte der zweiten Kategorie. Diese betreffen anders als die Werte der dritten Kategorie nicht den durch die Treuepflicht geschützten Bereich der innergesellschaftlichen Zusammenarbeit der Gesellschafter; anders als die Werte der ersten Kategorie beziehen sie sich auch nicht auf die Beziehung der Gesellschafter zur Gesellschaft und die besondere Verantwortung für den Schutz des Gesellschaftsvermögens und der familiären Kontrolle über die Gesellschaft. Vielmehr geht es um das Verhältnis der Gesellschaft bzw. des getragenen Unternehmens zum Standort, zu den Mitarbeitern und zur Allgemeinheit. Insofern ist fraglich, ob ihnen für den Bereich der mitgliedschaftlichen Treuepflicht überhaupt relevante Wertungen zu entnehmen sind. Da die Ausgestaltung der Beziehung der Gesellschaft bzw. des getragenen Unternehmens zur Außenwelt weitestgehend in den Aufgabenbereich der operativen Ebene, also der Geschäftsleitung fällt, scheinen insbesondere Auswirkungen auf die organschaftliche Treuepflicht möglich. Handeln die Gesellschafter tatsächlich in ihrer Funktion als Gesellschafter, sind nur sehr wenige Konstellationen denkbar, in denen die genannten Werte tatsächlich berührt werden. Vorstellbar erscheint etwa, dass die Gesellschafterversammlung über eine Verlagerung des Standorts des getragenen Unternehmens entscheiden soll, die Gesellschafter also ihr von der Treuepflicht erfasstes Stimmrecht hinsichtlich eines unmittelbar die Werte der Standort- und Mitarbeiterverbundenheit betreffenden Beschlussgegenstandes ausüben sollen. Sofern die Mehrheit der Gesellschafter für eine Standortverlagerung stimmt, kann ein ausdrückliches „Bekenntnis" zum Standort in der Präambel des Gesellschaftsvertrags oder den Nebenvereinbarungen von den gegen die Verlagerung stimmenden Minderheitsgesellschaftern angeführt werden, um die Berechtigung ihrer Erwartungshaltung, dass der Standort nicht verlagert wird, zu begründen und den Verlagerungsbeschluss anzufechten.[1081] Damit ist nicht gesagt, dass die Standortverlagerung in jedem Fall ausgeschlossen ist und den Mehrheitsgesellschaftern eine Durchsetzung des Beschlusses stets verwehrt bleibt, die Wertefestschreibung also faktisch den Rang einer Klausel im Gesellschaftsvertrag erreicht, die für den

[1081] Zur Notwendigkeit einer Anfechtung oben unter § 3.F.IV.

Beschluss über die Standortverlagerung Einstimmigkeit verlangt. Allerdings können die Mehrheitsgesellschafter die Standortverlagerung wegen der berechtigten Erwartungshaltung der übrigen Gesellschafter nicht mehr ohne Weiteres beschließen, vielmehr bedarf es weiterer Umstände, die die Berechtigung der Erwartungshaltung der übrigen Gesellschafter, weiterhin an dem Standort festzuhalten, beseitigt. So ist insbesondere vorstellbar, dass die Verlagerung dem Schutz der Werte der ersten Kategorie, also der Sicherung der wirtschaftlichen Stabilität der Gesellschaft und damit mittelbar des Erhalts des Gesellschaftsvermögens in Familienhand dienen soll, da ohne Standortverlagerung wirtschaftliche Nachteile drohen. In diesem Fall kann sich die Erwartungshaltung der Minderheitsgesellschafter, dass unter den wirtschaftlichen Umständen auch weiterhin am derzeitigen Standort festgehalten wird, als unberechtigt erweisen.

2. Keine Verschriftlichung

Fraglich ist, ob die mitgliedschaftliche Treuepflicht auch beeinflusst werden kann, wenn die Gesellschafter eine Verschriftlichung gemeinsamer Werte überhaupt nicht vorgenommen haben. Dabei ist zwischen Gesellschafterkreisen zu unterscheiden, die ihre geteilten Werte immerhin mündlich besprochen haben und Gesellschafterkreisen, die über die tatsächlich geteilten Werte nicht einmal gesprochen haben.

Sofern die Gesellschafter i.R.d. Gesellschaftsgründung oder bei Gesellschafterversammlungen ihre gegenseitigen Vorstellungen, die Gesellschaft auf der Grundlage gewisser Werte zu führen sprechen, ist dieser Gesprächsstoff der Vertragsverhandlungen i.R.d. Vertragsauslegung als Umstand der Vertragsentstehung zu berücksichtigen.[1082] Gleichzeitig kann die mehr oder weniger deutliche Aussprache über geteilte Wert- und Zielvorstellungen zum Zeitpunkt der Vertragsverhandlungen bei den Mitgesellschaftern in tatsächlicher Hinsicht die Erwartung auslösen, dass sich nach dem Vertragsschluss auch entsprechend dieser Werte verhalten wird. Fraglich und für den Einzelfall zu prüfen ist aber, ob diese Erwartung Widerhall im Gesellschaftsvertrag oder den Nebenvereinbarungen findet, dem Vertragswerk also entnommen werden kann, dass die Erwartungshaltung auch berechtigt ist. Da für die Werte der dritten Kategorie, namentlich die Rücksichtnahmepflicht, ohnehin insbesondere auf die Enge der Zusammenarbeit und das Näheverhältnis der Gesellschafter abzustellen ist[1083], kann die besondere, über das Maß vergleichbarer Gesellschaften hinausgehende Rücksichtnahmepflicht jedenfalls nicht allein durch einen starken personalistischen Einschlag der Gesellschaft gerechtfertigt werden. Regelmäßig wird sich erst durch das tatsächliche Verhalten der Gesellschafter auf

---

1082 Hierzu oben unter § 5.A.I.1.
1083 Hierzu oben unter § 3.E.II.2.c.(ii).

Gesellschaftsebene schützenswertes Vertrauen der übrigen Gesellschafter auf Orientierung an den Werten rechtfertigen lassen.

Dasselbe gilt für Gesellschaften, in denen die Gesellschafter unausgesprochen gemeinsame Werte teilen und eine entsprechende Gesellschafts- und Unternehmenskultur etablieren. Sofern hier von den Gesellschaftern über einen längeren Zeitraum entsprechend der geteilten Werte gehandelt wird, kann ein schützenswertes Vertrauen der Mitgesellschafter entstehen, dass in vergleichbaren Situationen auch in Zukunft entsprechend verfahren wird.[1084]

III. Schenkungsvertrag, letztwillige Verfügung und unentgeltliche Aufnahme der Abkömmlinge

Auch ohne die planvolle Ausrichtung auf einen generationsübergreifenden Erhalt des in ihr liegenden Vermögens in Familienhand kann eine Gesellschaft in rein tatsächlicher Hinsicht eine generationsübergreifende Familiengesellschaft werden, wenn der Gründer – meist unentgeltlich, also auf der Grundlage eines Schenkungsvertrags, zumindest sofern es sich um eine kapitalistische Beteiligung handelt[1085] oder im Wege der letztwilligen Verfügung – erstmals eine andere Familiengeneration, meist seine Kinder, in die Gesellschaft aufnimmt. Es stellt sich die Frage, ob sich dieser erstmalige Nachfolgevorgang auf die mitgliedschaftliche Treuepflicht auswirkt. Der Schenkende bzw. Erblasser kann den Gesellschaftsvertrag vorher selbstverständlich allein oder, sofern andere Gesellschafter existieren, zusammen mit den übrigen Gesellschaftern modifizieren und so die Rechtsposition und mitgliedschaftliche Treuepflicht der Neugesellschafter bestimmen.[1086]

Darüber hinaus könnten die Besonderheiten der Aufnahme von Neugesellschaftern gegenüber der Aufnahme von Gesellschaftern in „normalen" Gesellschaften treuepflichtmodifizierend wirken. Wie gesehen, kann eine besondere Treuepflicht nach der festgestellten Unbeachtlichkeit der rein tatsächlichen Verwandtschaft der Gesellschafter nicht auf deren familiärer Verbindung basieren.[1087] Allerdings erscheint es möglich, dass der Schenkungsvertrag unmittelbar die Rechtsstellung des Gesellschafters beeinflusst, die Gesellschafter im Schenkungsvertrag auslegungsrelevant ihren Willen in Bezug auf eine besondere Treue- und Rücksichtnahmepflicht auf Gesellschaftsebene dokumentiert haben oder aufgrund der besonderen Modalitäten des Zusammenschlusses implizit eine

---

1084 Ebd.

1085 Hierzu sogleich.

1086 Zur Weite der Gestaltungsfreiheit des Erblassers auf Gesellschaftsebene auch unter Herausarbeitung und Einbeziehung schenkungsrechtlicher Wertungsgesichtspunkte ausführlich *Strothmann*, Die letztwillige Gesellschaftsgründungsklausel, 1983, 72 ff., 98 ff.

1087 Hierzu oben unter § 6.

besondere Treue- und Rücksichtnahmepflicht vereinbart wurde, wenn der Schenkende weiterhin Gesellschaftsanteile hält. Gleichsam erscheint es auch möglich, dass der Erblasserwille die Treuepflicht der Erben beeinflusst. Für die letztwillige Verfügung ist darüber hinaus der Sonderfall des Einzelkaufmanns, der sein nicht von einer Gesellschaft getragenes Unternehmen unter mehreren Erben aufteilt, diesen dann aber die gemeinsame Gründung einer Gesellschaft auferlegt, zu beleuchten.

1. Schenkung

Tatsächlich generationsübergreifende Familiengesellschaften entstehen oft durch die Aufnahme eines oder mehrerer Abkömmlinge in eine bisherige Einpersonengesellschaft zu Lebzeiten des bisherigen Alleingesellschafters bzw. durch Überführung des Unternehmens eines Einzelkaufmanns in eine hierfür gegründete Gesellschaft, in welche dann der Abkömmling bzw. die Abkömmlinge des bisherigen Einzelunternehmers aufgenommen werden. Anders als bei der erstmaligen Gründung einer Gesellschaft durch mehrere familiär verbundene Gesellschafter, die Einlagen erbringen, werden die Neugesellschafter hier vom Gründer *unentgeltlich* per Schenkung des Gesellschaftsanteils in die bestehende Gesellschaft aufgenommen, zumindest sofern die Neugesellschafter nur eine kapitalistische Beteiligung erhalten.[1088] Schenkungsvertrag und Gesellschaftsvertrag werden teilweise auch in derselben Urkunde geschlossen.[1089] Der Schenkende kann dabei in der Gesellschaft verbleiben oder seine Anteile vollständig übertragen. Der Schenkende hat vor dem Eintritt des Neugesellschafters selbstverständlich die Möglichkeit, mittels seiner innergesellschaftlichen Gestaltungsmöglichkeiten den Gesellschaftsvertrag und die hieraus erwachsende Gesellschafterstellung genau zu bestimmen und so die Treuepflicht zu modifizieren.[1090]

Möglicherweise kann auch ohne eine vorherige Umgestaltung des Gesellschaftsvertrags der geschlossene Schenkungsvertrag unmittelbar Einfluss auf die Rechtsstellung des Neugesellschafters und damit den Inhalt seiner Treuepflicht nehmen. Es erscheint insbesondere möglich, dass Neugesellschaftern hier von Anfang an eine schwächere Rechtsposition zukommt, die eine höhere Rücksichtnahme auf Gesellschafts- und Mitgesellschafterinteressen fordert, wenn der Schenkungsvertrag Rückforderungsrechte des

1088 Zur Ablehnung einer – auch nur gemischten – Schenkung bei Eintritt als persönlich haftender Gesellschafter und zur Unbeachtlichkeit einer ergebnisidentischen Konstruktion über die erstmalige Gesellschaftsgründung, in die lediglich der Schenkende Vermögen einbringt BGH, Urteil v. 2.7.1990, Az. II ZR 243/89, NJW 1990, 2616 (2617) m.w.N.

1089 Vgl. *Fleischer*, in: MünchKomm HGB, 5. Aufl. 2022, § 105 Rn. 139.

1090 Ausführlich zur Reichweite der Gestaltungsfreiheit des Erblassers auf Gesellschaftsebene unter Einbeziehung schenkungsrechtlicher Wertungsgesichtspunkte *Strothmann*, Die letztwillige Gesellschaftsgründungsklausel, 1983, 72 ff., 98 ff.

Schenkenden als Auflagen enthält.[1091] Allerdings hat der BGH in seiner Rechtsprechung die Trennung von Schenkungsvertrag und Gesellschaftsbeziehung betont (*Trennungsdogma*) und ausdrücklich klargestellt, dass der Neugesellschafter, der den Gesellschaftsanteil durch Schenkung erhält, kein „Gesellschafter zweiter Klasse" sei, sodass der Altgesellschafter die Rechtsstellung des Neugesellschafters so akzeptieren müsse, wie sie auf Gesellschaftsebene begründet worden ist.[1092] Schenkungsvertrag und Gesellschaftsvertrag bleiben getrennte Rechtsgeschäfte, selbst wenn beide voneinander abhängen sollen und in einer Urkunde geschlossen werden.[1093] Dass der Neugesellschafter aufgrund einer Schenkung in die Gesellschafterposition gelangt ersetzt also nicht das Erfordernis, eine besondere Treuepflicht des Gesellschafters auf der Gesellschaftsebene zu begründen.

Fraglich ist aber, ob der Inhalt des Schenkungsvertrags nicht wenigstens zur Auslegung des Gesellschaftsvertrags herangezogen werden kann und so zunächst einmal mittelbar Bedeutung für die Treuepflicht erlangt. Sofern im Zuge der Aufnahme der Neugesellschafter in eine bisherige Einpersonengesellschaft Gesellschaftsvertragsanpassungen erfolgen und der Schenkungsvertrag erkennbar Aussagen zum Willen der (zukünftigen) Gesellschafter bzw. des aufnehmenden Gesellschafters in Bezug zu diesen Anpassungen enthält, wird man diese Willensdokumentation bei der Suche nach dem tatsächlichen Gesellschafterwillen auf Gesellschaftsebene, der für die subjektive Auslegung maßgeblich ist, nicht vollständig außenvorlassen können. Hierfür spricht schon, dass die Anpassungen des Gesellschaftsvertrags und der Abschluss des Schenkungsvertrags meist „in einem Rutsch" vorgenommen oder gar in einer Urkunde festgehalten werden. Bei den diesbezüglichen Gesprächen oder Verhandlungen zwischen aufnehmenden und aufzunehmenden Gesellschaftern wird realistischerweise umfänglich über die Rolle der neuen Gesellschafter und die Vorstellungen des Altgesellschafters von dieser gesprochen wird, mag dies auch nur unvollständig aus dem Gesellschaftsvertrag erkennbar sein, dabei aber möglicherweise im Schenkungsvertrag Ausdruck finden. Der Gesellschaftsvertrag wird über die Auslegungsrelevanz des im Schenkungsvertrag erkennbaren Willens des aufnehmenden Gesellschafters nicht um etwaige Abreden des Schenkungsvertrags, etwa bestimmte Auflagen an die Beschenkten, ergänzt oder sonst unmittelbar geändert. Die Ebenen des Gesellschaftsvertrags- und Schenkungsvertrags bleiben strikt getrennt. Zur Ermittlung des Willens der Parteien auf Gesellschaftsebene zum Zeitpunkt der Aufnahme in die Gesellschaft kann aber dann auf den Schenkungsvertrag

---

1091 Ausführlich zu Rückforderungsrechten *Krauß*, in: MünchHdbGesR Bd. 9, 6. Aufl. 2021, § 29 Rn. 86 ff.

1092 BGH, Urteil v. 9.1.1989, Az. II ZR 83/88, NJW 1989, 2685 (2686); bestätigt durch BGH, Urteil v. 2.7.1990, Az. II ZR 243/89, NJW 1990, 2616 (2618). Weitere Nachweise, auch zu den abweichenden Ansichten in der Literatur, finden sich bei *Bütter/Tonner*, NZG 2003, 193 (194 f.).

1093 *Fleischer*, in: MünchKomm HGB, 5. Aufl. 2022, § 105 Rn. 139.

zurückgegriffen werden, wenn dessen Inhalt einen übereinstimmenden Parteiwillen bezüglich der Stellung des Neugesellschafters zum Zeitpunkt der Verhandlungen auch über den Gesellschaftsvertrag bzw. zum Zeitpunkt der Aufnahme in die Gesellschaft erkennen lässt. Da die Auslegung des Gesellschaftsvertrags der Treuepflicht vorgeht, kann so eine mittelbare Wirkung auf die Treuepflicht bestehen.

Möglicherweise kann auch bei Außerachtlassung des Schenkungsvertrags den besonderen Eintrittsmodalitäten, namentlich der Einräumung des Gesellschaftsanteils durch einen Altgesellschafter ohne Erlangung einer Gegenleistung, implizit die Vereinbarung der Gesellschafter bzw. die unausgesprochene, aber berechtigte Erwartungshaltung des Altgesellschafters auf Gesellschaftsebene entnommen werden, dass die Neugesellschafter in besonderer Weise das Gesellschaftsinteresse und die mitgliedschaftlichen Interessen der Mitgesellschafter, insbesondere des übertragenden Altgesellschafters, wenn er denn in der Gesellschaft verbleibt, beachten müssen. Um eine solche implizite Vereinbarung aber sinnvoll ermitteln und sicher von der Begründung einer „normalen" Treuepflicht abgrenzen zu können, muss dem Gesellschaftsvertrag, den Nebenvereinbarungen oder den vorvertraglichen Absprachen zwischen den Gesellschaftern wenigstens ansatzweise entnommen werden können, dass die Gesellschafter eine entsprechende Vereinbarung implizit getroffen haben bzw. diese Verhaltenserwartung des Altgesellschafters berechtigt ist. Nur so kann durch den entscheidenden Richter auch das konkrete Maß der geschuldeten Treue ermittelt werden, sprich in welchem Bereich die durch die üblichen gesellschaftlichen Parameter vorgegebene Treuepflicht in welcher Weise durch die Gesellschafter modifiziert werden sollte. Wie für die Treuepflichtmodifikation rein durch die Verwandtschaft auch, stellt sich die Frage, wie der entscheidende Richter ohne jegliche Anhaltspunkte hierfür im Gesellschaftsvertrag oder in einbeziehungsfähigen Nebenvereinbarungen ermitteln soll, welchen Grad der besonderen Zweckförderungs- oder Rücksichtnahmepflicht die Gesellschafter auf der Grundlage der unentgeltlichen Aufnahme implizit vereinbart haben. Würde man hier *per se* von einer impliziten Vereinbarung erhöhter Treue- und Rücksichtnahmepflichten allein aufgrund der Art der Aufnahme ausgehen, würde zudem nicht nur der Boden der konkreten Abreden der Gesellschafter für den Einzelfall verlassen, vielmehr würden die Neugesellschafter so im Ausgangspunkt zu „Gesellschaftern zweiter Klasse" gemacht, was nach dem BGH aber richtigerweise nicht der Fall sein soll.

Nach einer Ansicht in der Literatur können die Eintrittsmodalitäten aber jedenfalls – und das gilt sowohl für die Schenkung als auch für die Erlangung der Gesellschafterstellung qua letztwilliger Verfügung – die i.R.d. Treuepflicht zu treffende Interessenabwägung beeinflussen. Nach dieser Ansicht hat das *Desinvestitionsinteresse* des Gesellschafters weniger Gewicht als dasjenige eines Gesellschafters, dessen Beitragserlangung auf Eigenleistung beruht oder der sich zumindest nach der unentgeltlichen Erlangung des Gesellschaftsanteils durch Einbringung in die Geschäftsleitung um die Gesellschaft verdient gemacht hat.[1094] Problematisch hieran ist, dass der Gesellschafter – zumindest bis er eigene Leistungen in der bzw. für die Gesellschaft erbringt – erneut nur rein aufgrund der Eintrittsmodalitäten gegenüber sonstigen Gesellschaftern benachteiligt würde, ohne dass hierfür auf eine entsprechende Vereinbarung der Gesellschafter abgestellt wird. Dies müsste sogar in „normalen" Gesellschafterkreisen ohne verwandtschaftliche Bindungen im Verhältnis zu allen nicht unentgeltlich eingetretenen Gesellschaftern gelten, wenn zum Zeitpunkt der Aufnahme neben dem Schenkenden bzw. Erblasser auch noch weitere Gesellschafter in der Gesellschaft existieren. Die Neugesellschafter hätten dann etwa ein weniger gewichtiges Desinvestitionsinteresse als der zeitgleich eingetretene Neugesellschafter, der seinen Anteil entgeltlich erworben hat, obwohl beide Gesellschafter – das Fehlen anderweitiger Vereinbarungen vorausgesetzt – ja jeweils in die Rechtsposition eingetreten sind, die ihr Rechtsvorgänger innehatte. Zwar ist es richtig, dass einem Gesellschafter bei der Interessenabwägung nach hier vertretener Ansicht losgelöst vom Gesellschaftsanteil auch in seiner Person liegende Umstände, wie etwa sein besonderer Verdienst um die Gesellschaft oder die Dauer seiner Gesellschafterstellung (insbesondere bei Sachverhalten betreffend den verhaltensbedingten Gesellschafterausschluss) zugutegehalten werden können, wenn sich hieraus die berechtigte Erwartung ergibt, dass die Mitgesellschafter diese Verdienste bei der Abwägung berücksichtigen.[1095] Daraus folgt aber nicht, dass Neugesellschaftern das Fehlen solcher Umstände angelastet werden kann, insbesondere nicht allein wegen der Unentgeltlichkeit des Anteilserwerbs. Gerade bei planmäßig generationsübergreifend ausgerichteten Familiengesellschaften wird vielmehr vertreten, dass besondere Verdienste des Rechtsvorgängers einer Familienlinie für sämtliche Gesellschafter dieser Linie positiv in die Abwägung miteinfließen können.[1096] Die Schutzwürdigkeit des Desinvestitionsinteresses des Gesellschafters wird durch die Eintrittsmodalitäten allein also nicht geschmälert. Allerdings ist den Vertretern einer geringeren Schutzwürdigkeit des Desinvestitionsinteresses zugutezuhalten, dass sie ihre Argumentation stets mit der planvoll generationsübergreifend ausgerichteten Familiengesellschaft und dem Einrücken des Neugesellschafters in selbige verbinden.[1097] In der planvoll generationsübergreifend ausgerichteten Familiengesellschaft kann dem Gesellschaftszweck und dem restlichen Vertragswerk regelmäßig entnommen werden, dass der Neugesellschafter den Gesellschaftsanteil mit der Maßgabe erhält, ihn nach der eigenen, mittels Gewinnbeschränkungen limitierten Partizipation am

---

[1094] *Ulmer*, ZIP 2010, 805 (807); zustimmend *Holler*, BB 2012, 719 (720); *ders./Mann*, NZG 2021, 402 (407).

[1095] Hierzu oben unter § 3.E.II.2.c.(i).(3).

[1096] *K. Schmidt*, in: Schlegelberger, HGB, 5. Aufl. 1992, § 140 Rn. 25; inhaltsgleich später *ders./Fleischer*, in: MünchKomm HGB, 5. Aufl. 2022, § 140 Rn. 35.

[1097] *Ulmer*, ZIP 2010, 805 (807); *Holler*, BB 2012, 719 (720); *ders./Mann*, NZG 2021, 402 (407).

Gesellschaftsvermögen auch wieder an die nächste Generation weiterzugeben.[1098] In diesem Fall erhält die Unentgeltlichkeit des Eintritts aber eine andere Facette als in „normalen“ Gesellschaften, in denen ein Gesellschafter lediglich seinen Anteil an seine Abkömmlinge weitergeben will. Die unentgeltliche Weitergabe wird nämlich bei einem späteren Austritt des unentgeltlich eingetreten Gesellschafters auch von diesem erwartet. Das Desinvestitionsinteresse ist also nicht wegen der Unentgeltlichkeit des Eintritts limitiert, sondern wegen der berechtigten Erwartung der übrigen Gesellschafter, dass die Austritts- den Eintrittsmodalitäten entsprechen werden, der Gesellschaftsanteil also auch unentgeltlich an die nächste Generation der Familie weitergegeben wird.[1099]

2. Letztwillige Verfügung

Neben der unentgeltlichen Aufnahme der neuen Gesellschafter zu Lebzeiten des Altgesellschafters qua Schenkung besteht die Möglichkeit, dass ein Gesellschaftsanteil den Erben qua letztwilliger Verfügung mit dem Tod des Gesellschafters zuteilwird.[1100] Sofern ein Erbe Alleingesellschafter wird, stellt sich die Frage nach der Treuepflicht schon nicht,[1101] sodass hier nur die Konstellationen mehrerer Gesellschaftererben und des Einrückens eines Erben in eine Mehrpersonengesellschaft betrachtet werden sollen. Wie bereits dargestellt, geht der BGH davon aus, dass der Wille des Erblassers, die Gesellschaft möge als Lebensgrundlage seiner Abkömmlinge dienen, die gegenseitige Rücksichtnahmepflicht erhöhen kann.[1102] Fraglich ist aber, wie genau sich diese Beeinflussung der Treuepflicht auf Gesellschaftsebene durch den Erblasserwillen rechtstechnisch vollzieht. Hierfür ist zwischen zwei verschiedenen Konstellationen zu unterscheiden. Der Erblasser kann bestehende Gesellschaftsanteile vererben oder aber als bisheriger Einzelkaufmann, Freiberufler oder Kleingewerbetreibender sein Unternehmen vererben und dabei eine „letztwillige Gesellschaftsgründungsklausel“ in sein Testament aufnehmen.

a. Bestehende Gesellschaftsanteile

Sofern der Erblasser sämtliche Anteile einer Gesellschaft hält oder mit den übrigen Gesellschaftern eine entsprechende Vereinbarung treffen kann, steht ihm die Möglichkeit offen, die Treuepflichten vor dem Übergang der Gesellschaftsanteile auf seine Rechts-

---

1098 S. erneut die bisherigen Ausführungen in diesem Kapitel.

1099 Zum Kündigungs- und Abfindungsrecht der Familiengesellschafter auch noch unten unter § 7.E.

1100 Die letztwillige Verfügung umfasst auch Erbverträge und das Berliner Testament als spezielle Testamentsart für Eheleute oder eingetragene Lebenspartner, diese werden bei der hiesigen Betrachtung außenvorgelassen.

1101 Hierzu oben unter § 3.B.I.1.

1102 Hierzu oben unter § 6.C.I.1.

nachfolger seinen Vorstellungen entsprechend zu gestalten, etwa indem er ausdrücklich im Gesellschaftsvertrag festschreibt, dass die Gesellschafter auf die Belange der Gesellschaft und Mitgesellschafter in besonderer Weise Rücksicht zu nehmen haben oder indem er die Gesellschaft mit den bereits besprochenen Folgen für die Treuepflicht planvoll generationsübergreifend ausrichtet.[1103] Da die Erben vollumfänglich in die so geschaffenen Rechtspositionen eintreten, trifft sie die bestehende Treuepflicht unmittelbar bei Eintritt in den Gesellschafterkreis. Sie können sich auch nicht allein von der besonderen Treuepflicht lösen, aber nach dem Eintritt gemeinsam (konkludent) eine Treuesenkung herbeiführen.

Zusätzlich oder alternativ kann der auf eine besondere Treue- oder Rücksichtnahmepflicht der Gesellschafter zielende Erblasserwillen auch im Testament Niederschlag finden. Es sind insbesondere Ausführungen denkbar, die sich zum Wunsch bzw. zur Vorstellung des Erblassers verhalten, dass das von der Gesellschaft getragene Unternehmen durch die Gesellschaftererben einvernehmlich bzw. rücksichtsvoll betrieben wird und in Familienhand verbleibt, möglicherweise auch, dass es zukünftig als Lebensgrundlage aller Gesellschaftererben dient. Die Äußerung eines solchen Wunsches bzw. einer solchen Vorstellung kann im Einzelfall eine Auflage i.S.d. § 1940 BGB darstellen, was bei unklarer Formulierung durch Auslegung des Erblasserwillens zu ermitteln ist.[1104] Eine Auflage ist eine Verfügung von Todes wegen, durch die einem Erben oder Vermächtnisnehmer eine Verpflichtung auferlegt wird, wobei einer begünstigten Person nicht das Recht auf die jeweilige Leistung zusteht.[1105] Inhalt der Auflage kann dabei ein Tun oder Unterlassen (vgl. § 241 Abs. 1 Satz 2 BGB) jeglicher Art sein, welches auch Gegenstand eines Schuldverhältnisses sein könnte.[1106] Nicht selten finden sich etwa Auflagen, die ausdrücklich vorsehen, dass der Gesellschaftsanteil für eine vorgegebene Dauer nicht veräußert oder gekündigt werden darf, damit die Gesellschaft weiterhin ausschließlich von Familienmitgliedern kontrolliert wird.[1107] Zu beachten ist stets, dass eine solche Auflage nicht dinglich, sondern nur obligatorisch wirkt, vgl. § 137 BGB.

Regelmäßig mit Problemen behaftet ist die Sicherstellung der Erfüllung der Auflagen.[1108] Die Vollziehung einer Auflage können nach § 2194 Satz 1 BGB nur der Erbe, der Miterbe und derjenige verlangen, welchem der Wegfall des mit der Auflage zunächst

---

1103 Zur Weite der Gestaltungsfreiheit des Erblassers allgemein *Strothmann*, Die letztwillige Gesellschaftsgründungsklausel, 1983, 72 ff., 98 ff.

1104 *Tegelkamp*, in: BeckOGK BGB, Stand 1.5.2025, § 1940 Rn. 14.

1105 *Leipold*, in: MünchKomm BGB, 9. Aufl. 2022, § 1940 Rn. 2; ausführlich zur Auslegung des Testaments *Horn/Kroiß*, Testamentsauslegung, 2. Aufl. 2019, passim.

1106 BGH, Urteil v. 24.6.2009, Az. IV ZR 202/07, NJW-RR 2009, 1455 (Rn. 20).

1107 *Remmel*, in: Keim/Lehmann, Beck'sches Formularbuch Erbrecht, 5. Aufl. 2023, G.VI.4. § 2, hierzu Rn. 1 ff.

1108 Hierzu und zu weiteren Nachteilen *Ludwig Kroiß*, in: Kroiß/Horn, NK-BGB, 6. Aufl. 2022, Vor. §§ 2192–2196 Rn. 7.

Beschwerten unmittelbar zustattenkommen würde.[1109] Zudem kann ein Testamentsvollstrecker die Vollziehung verlangen, vgl. §§ 2203, 2208 Abs. 2 BGB; dies kann sogar seine einzige Aufgabe sein.[1110] Die fehlende Berechtigung der durch die Auflage begünstigten Person, die Vollziehung zu verlangen, stellt für den vorliegenden Fall mehrerer Gesellschaftererben aber schon kein vergleichbar großes Hindernis dar, da Begünstigter die Gesellschaft oder die Mitgesellschafter sind, wobei die übrigen Gesellschafter regelmäßig sämtlich Miterben sind. Kann durch Auslegung des Testaments festgestellt werden, dass der Erblasser die einvernehmliche und auf Dauer angelegte Zusammenarbeit der Gesellschaftererben und die Wahrung der familiären Kontrolle über die Gesellschaft zur Auflage gemacht hat, kann jeder der Mitgesellschaftererben als Berechtigter i.S.d. § 2194 BGB die Vollziehung dieser Auflagen verlangen und nötigenfalls gerichtlich durchsetzen. Befürchtet der Erblasser, dass seine Erben gemeinsam gegen seinen Willen handeln werden und etwa einvernehmlich keine besondere Rücksichtnahme gegenüber dem Gesellschaftsinteresse walten lassen, kann er einen Testamentsvollstrecker einsetzen, der die Befolgung der Auflage durchsetzt.[1111] In der Literatur findet sich auch der Vorschlag, die vermögensverwaltende GmbH selbst als Miterben einzusetzen und so in den Kreis der nach § 2194 BGB berechtigten Personen aufzunehmen.[1112]

Die erhöhte Pflicht zur Berücksichtigung der Gesellschafts- und Mitgesellschafterinteressen ergibt sich so nicht aus einer Vereinbarung der Neugesellschafter oder der Modifikation der mit den Gesellschaftsanteilen einhergehenden Rechtsposition durch den Altgesellschafter zu seinen Lebzeiten, sondern aus der Auflage des Erblassers, deren Vollziehung durch die übrigen Gesellschaftererben verlangt werden kann. Daher wird hier auch nicht die mitgliedschaftliche Treuepflicht modifiziert, sie wird vielmehr von der erbrechtlichen Auflage flankiert und teilweise in ihrer Reichweite überholt. Wenn die Gesellschaftererben die Vollziehung einfordern oder klageweise durchsetzen,[1113] handeln sie so auch nicht in ihrer Funktion als Gesellschafter, sondern als Miterben.

Möglicherweise lässt sich die Modifikation der Treuepflicht hier aber über die berechtigte Erwartung der Mitgesellschafter, dass sich auf der Gesellschaftsebene entsprechend des Erblasserwillens verhalten wird, konstruieren. Sofern der auf eine besondere Treue- bzw. Rücksichtnahmepflicht zielende Erblasserwille auch im Gesellschaftsvertrag oder in Nebenvereinbarungen, in die alle Gesellschafter eintreten, Ausdruck gefunden

1109 Liegt die Vollziehung im öffentlichen Interesse, so kann auch die zuständige Behörde die Vollziehung verlangen, § 2194 Satz 2 BGB. Dies spielt hier aber keine Rolle.

1110 *Ludwig Kroiß*, in: Kroiß/Horn, NK-BGB, 6. Aufl. 2022, § 2194 Rn. 5; *Rudy*, in: MünchKomm BGB, 9. Aufl. 2022, § 2194 Rn. 4.

1111 Ausführlich zur Rolle des Testamentsvollstreckers in der Nachfolgeplanung von Familienunternehmen, die auch deutlich weitgehender sein kann *Holler*, in: MünchHdbGesR Bd. 9, 6. Aufl. 2021, § 33 Rn. 1 ff.

1112 *Heeg*, DStR 2007, 89 (92).

1113 Hierzu *Rudy*, in: MünchKomm BGB, 9. Aufl. 2022, § 2194 Rn. 9 f.

hat, kann dies Ansatzpunkt für eine solche berechtigte Erwartung darstellen. Der im Testament näher ausgeführte Erblasserwille kann in diesem Fall die Treuepflicht über die berechtigten Erwartungen der Mitgesellschafter ausgestalten. Was aber ist, wenn das Gesamtvertragswerk zum Zeitpunkt des Eintritts der Neugesellschafter keine Ansatzpunkte für eine derart ausgestaltete Treue- oder Rücksichtnahmepflicht enthält? Dann kann sich eine berechtigte Erwartung der Mitgesellschafter, dass sich entsprechend des Erblasserwillens verhalten wird und eine erhöhte Treuepflicht gilt nur aus entsprechenden Vereinbarungen der Gesellschafter zur Ergänzung des Gesellschaftsvertrags, einer konkludenten Änderung des Gesellschaftsvertrags oder einer entsprechenden Auslegung anhand einverständlicher Übung ergeben.

b. Unternehmer und „letztwillige Gesellschaftsgründungsklausel"

Neben der Vererbung von Gesellschaftsanteilen besteht die Möglichkeit, dass ein Erblasser sein Unternehmen, welches er bisher als Einzelunternehmer in der Rechtsform des Kleingewerbetreibenden, eingetragenen Kaufmanns oder Freiberuflers betrieben hat, an mehrere Personen vererbt. Die Literatur empfiehlt nachdrücklich, diese Konstellation zu vermeiden und das Unternehmen zu Lebzeiten oder bedingt mit dem Tod des Unternehmers in eine Personen- oder Kapitalgesellschaft zu übertragen, möglicherweise flankiert von Erbverzichtsverträgen, Schenkungsverträgen und ehevertraglichen Vereinbarungen, welche einen möglichst konfliktfreien Übergang der Gesellschaftsanteile auf die gewünschten Erben erlauben.[1114]

Hat der Erblasser eine solche Gestaltung nicht vorgenommen, fällt das vererbte Unternehmen in den ungeteilten Nachlass, mithin werden sämtliche Miterben zu Mitunternehmern.[1115] Die Erbengemeinschaft ist dann als Gesamthandsgemeinschaft Kaufmann.[1116] Innerhalb der Erbengemeinschaft besteht aber keine „Miterbentreuepflicht".[1117] Überlegungen, dass die Erbengemeinschaft sich nach Ablauf einer gewissen Zeit kraft Rechtsformzwangs in eine OHG oder GbR umwandelt[1118], sind von der h.M. seit jeher richtigerweise abgelehnt worden.[1119] Die Erben können das Unternehmen aber aktiv in

---

[1114] *Najdecki*, in: Kössinger/Najdecki/Zintl, Hdb. Testamentsgestaltung, 7. Aufl. 2024, § 22 Rn. 2 m.w.N.

[1115] *K. Schmidt*, JuS 2017, 809 (812).

[1116] Etwa *Seulen*, in: Semler/Stengel/Leonard, Beck'scher KK UmwG, 5. Aufl. 2021, § 152 Rn. 26; *K. Schmidt/Fleischer*, in: MünchKomm HGB, 6. Aufl. 2025, § 1 Rn. 54; *M. T. Schwab*, in: Lutter, UmwG, 7. Aufl. 2024, § 152 Rn. 14.

[1117] BGH, Urteil v. 7.12.1988, Az. IV a ZR 290/87, NJW-RR 1989, 450; s. auch die Anmerkung zu BGH, Beschluss v. 23.5.2007, Az. IV ZR 19/06, ZEV 2007, 486 (488) m. Anm. *Ann*.

[1118] So *Sobich*, Erbengemeinschaft und Handelsunternehmen, 1975, 116 ff.

[1119] Vgl. BGH, Urteil v. 8.10.1984, Az. II ZR 223/83, NJW 1985, 136 m. Anm. *K. Schmidt*; zustimmend *Strothmann*, ZIP 1985, 969; *K. Schmidt/Fleischer*, in: MünchKomm HGB, 6. Aufl. 2025, § 1 Rn. 54; *ders.*, JuS 2017, 809 (813).

eine zuvor gegründete Gesellschaft transferieren, entweder durch eine Übertragung der Vermögensgegenstände des Unternehmens (*asset transfer*), durch Einbringung aller Erbteile als Sacheinlage in diese Gesellschaft (vgl. § 2033 BGB) oder im Wege der Gesamtrechtsnachfolge der Gesellschaft in analoger Anwendung der §§ 152 ff. UmwG.[1120] Hier gestalten sie dann die mitgliedschaftliche Treuepflicht entsprechend ihren Vereinbarungen im Gesellschaftsvertrag selbst.

Der Erblasser kann auch ausdrücklich vorsehen, dass seine Erben eine Gesellschaft gründen („Gesellschaftsgründungsklausel"), was rechtstechnisch eine Verbindung einer Auflage mit einer Teilungsanordnung darstellt.[1121] Hier ist auch zulässig, dass der Erblasser den zu schließenden Gesellschaftsvertrag detailliert vorgibt, mithin auch die Treuepflicht der Gesellschafter bestimmt.[1122] Die Grenzen der Gestaltung entsprechen grundsätzlich den Grenzen eines Individualvertrages, der zwischen den Gesellschaftern selbst ausgehandelt wird, insbesondere im Bereich des Minderheitenschutzes und des Individualschutzes, im Einzelfall kann nach *Strothmann* sogar über diese Grenzen hinausgegangen werden, insbesondere bei Ausgestaltung der vermögensrechtlichen Position der Gesellschafter.[1123] Demnach stehen dem Erblasser zumindest sämtliche Möglichkeiten offen, die Gestaltung des Gesellschaftsvertrags und damit der Treuepflicht vorzugeben, die bei Aushandlung eines Individualvertrags bestehen.

IV. Großer Gesellschafterkreis

Wie im Allgemeinen Teil dargestellt, durchläuft die planvoll generationsübergreifend ausgerichtete Familiengesellschaft meist typische Phasen, die von einem kleinen, eng verwandten Gesellschafterkreis in der ersten Generation hin zu einem mitgliederstarken, weniger eng verwandten Gesellschafterkreis in späteren Generationen führen.[1124] Ein Großteil der Gesellschafter ist nicht unmittelbar in die Geschäftsführung eingebunden, die Kompetenzen des Gesellschafterkreises sind auf Grundlagenentscheidungen beschränkt und der einzelne Gesellschafter hält nur noch einen Bruchteil des Anteils seines Rechtsvorgängers aus der Gründergeneration.[1125] Mit fortschreitender Größe des Gesellschafterkreises, zunehmendem Verlust der verwandtschaftlichen Nähe und Anpassung

---

1120 *Flume*, in: FS Maier-Reimer, 2010, 103 (118); *K. Schmidt*, in: MünchKomm HGB, 6. Aufl. 2025, § 1 Rn. 54; *ders.*, JuS 2017, 809 (813); *M. T. Schwab*, in: Lutter, UmwG, 7. Aufl. 2024, § 152 Rn. 14.

1121 *Strothmann*, Die letztwillige Gesellschaftsgründungsklausel, 1983, 29 ff.

1122 *Esch/Baumann/Schulze zur Wiesche*, Hdb. Vermögensnachfolge, 7. Aufl. 2009, Rn. 1647 f.

1123 Ausführlich *Strothmann*, Die letztwillige Gesellschaftsgründungsklausel, 1983, 72 ff., 98 ff.

1124 Hierzu oben unter § 4.B.IV.2.

1125 Die Anteilsgrößen können aber wegen der unterschiedlich hohen Zahl an Abkömmlingen der Rechtsvorgänger auch stark divergieren, sodass unter Umständen noch Familiengesellschafter mit einer intakten, recht hohen Anteilsgröße existieren, vgl. etwa *Lange*, in: Röthel/K. Schmidt, Die Verträge der Familienunternehmer, 2013, 33 (36).

der inneren Kompetenzverteilung ähneln der Gesellschafterkreis und die Struktur so mehr und mehr der Publikumsgesellschaft, in welcher die Anleger sich als anonyme Kapitalanleger gegenüberstehen.[1126] Entsprechend kann man aufgrund des ersten Parameter *Zöllners* zur Bestimmung der Intensität der Treuepflicht, der Intensität des Gemeinschaftsverhältnisses, ab einem gewissen Zeitpunkt eine Absenkung der Treuepflichtintensität, zumindest bezogen auf den Umfang der Treuepflicht, annehmen.[1127] Dem steht wie gesehen auch nicht der besondere Gesellschaftszweck der Familiengesellschaft entgegen.[1128] Anderweitiges kann sich aus Vereinbarungen der Gesellschafter ergeben, die eine höhere Rücksichtnahme und ein besonders enges Verhältnis der Gesellschafter indizieren, insbesondere der Familienverfassung.[1129]

Gleichzeitig ist aber auch festzuhalten, dass bei Fortbestehen des besonderen Gesellschaftszwecks und sonstiger typischer vertraglicher Vereinbarungen der Gesellschafter auch eine starke Anteilsverwässerung und Entfremdung im Gesellschafterkreis nicht die Rechtswirkung des besonderen Gesellschaftszwecks[1130] und des restlichen Vertragswerks für die Treuepflicht entfallen lassen. Die Familiengesellschafter unterliegen auch in einem großen, teilweise dem Leitbild einer Publikumsgesellschaft entsprechenden Gesellschafterkreis einer besonderen Treuepflicht. Allerdings ist für die Ermittlung der Intensität der Treuepflicht anhand der Rechtsmacht des Gesellschafters und für die Folgenbetrachtung i.R.d. Inhaltskonkretisierung der Treuepflicht jeweils die typischerweise geringe Anteilsgröße und Stimmrechtsmacht der Gesellschafter zu beachten. So stellt sich etwa ein drohender Kapitalabfluss aufgrund des Entstehens eines Abfindungsanspruchs nach einer Kündigung des Gesellschafters als deutlich weniger einschneidend für das Eigenkapitalinteresse der Gesellschaft dar, als dies in frühen Gesellschaftergenerationen mit großen Anteilen der Fall ist.[1131]

D. Vorrang des Gesellschaftsinteresses auch bei Ausübung gewöhnlich eigennütziger Rechte

Nachdem die verschiedenen Besonderheiten der planvoll generationsübergreifend ausgerichteten Familiengesellschaft demnach eine teils deutliche Erhöhung der Treuepflicht der Gesellschafter mit sich bringen, bleibt zuletzt die Frage zu beantworten, ob sich aus diesen Besonderheiten regelmäßig sogar eine Umkehr des allgemeinen

---

[1126] Vgl. auch die Einordnung der generationsübergreifenden Familiengesellschaft oben unter § 4.B.IV.5.d.
[1127] Hierzu oben unter § 3.D.I.
[1128] Hierzu bereits oben unter § 7.B.II.1.
[1129] Hierzu unten unter § 1.
[1130] So für den Vorrang des Gesellschaftsinteresses auch *Holler*, in: MünchHdbGesR Bd. 7, 6. Aufl. 2020, § 75 Rn. 64.
[1131] Hierzu unten unter § 7.E.I.

Treuepflichtgrundsatzes des Vorrangs der Eigeninteressen im auch-fremden interessenkreis ergibt. Die Gesellschafter hätten dann auch bei Ausübung gewöhnlich eigennütziger Gesellschafterrechte zuvorderst das Gesellschaftsinteresse in ihrem Entscheidungsprozess anzusetzen und dürften ihren eigenen Interessen nur in Ausnahmekonstellationen Vorrang einräumen.

Nach *Holler* und zuletzt auch *Mann* ist bei einer Abwägung zwischen den Interessen der generationsübergreifend ausgerichteten Familiengesellschaft und divergierenden Interessen des Gesellschafters genau dies der Fall.[1132] So soll insbesondere der Realstruktur und dem besonderen Gesellschaftszweck der generationsübergreifenden Familiengesellschaft entnommen werden können, dass die Gesellschafter die mitgliedschaftliche Treuepflicht dahingehend modifiziert haben, dass divergierende Eigeninteressen bei der Abwägung grundsätzlich zurückzustehen haben und sich nur ausnahmsweise durchsetzen („*Umkehr des nach allgemeinen gesellschaftsrechtlichen Grundsätzen bestehenden Regel-Ausnahme-Verhältnisses*").[1133] Im Ergebnis ähnlich, aber ohne umfangreiche Begründung erkennt *Belz* in der Familienkommanditgesellschaft mit besonderem Gesellschaftszweck eine geringere Bedeutung der Unterscheidung zwischen uneigennützigen und eigennützigen Rechten, da ein erhöhtes Rücksichtnahmegebot auch im Zusammenhang mit eigennützigen Rechten bestehe und die Interessen der Gesellschaft auch insoweit im Vordergrund stünden.[1134] *Priester* vertritt zwar im Rahmen eines Abgleichs der Familiengesellschaftseigenschaften mit der BGH-Rechtsprechung zur Treuepflicht die Ansicht, dass die Gesellschafter einer generationsübergreifend ausgerichteten Familiengesellschaft zwar die in Gesellschaftsvertrag und Nebenvereinbarungen enthaltenen Vorgaben zum Schutz des Familiencharakters nicht nur ihren Buchstaben, sondern auch ihrem Geiste nach auszufüllen haben, weshalb eine erhöhte Treuepflicht gelte.[1135] Dabei sollen aber trotzdem eigene Interessen vertreten werden dürfen.[1136] Dies gelte umso mehr, je schlechter das „Binnenklima" der Gesellschaft sei.[1137]

Ob die Gesellschafterinteressen im auch-fremden Interessenkreis gegenüber den Gesellschaftsinteressen grundsätzlich nachrangig anzusetzen sind, hängt letztlich davon ab, ob sich aus dem Gesellschaftsvertrag und den omnilateralen Nebenvereinbarungen ergibt, dass die Gesellschafter die Treuepflicht entsprechend modifiziert haben.[1138]

1132 Noch vorsichtig und insbesondere auf eine Kollision mit dem Bestandsinteresse der Gesellschaft bezogen *Holler*, BB 2012, 719 (720 f.); *ders.*, in: MünchHdbGesR Bd. 7, 6. Aufl. 2020, § 75 Rn. 366 f.; weiter nun *ders./Mann*, NZG 2021, 402 (405 f.). In eine ähnliche Richtung, aber zurückhaltender *Krämer*, Sonderrecht der Familiengesellschaften, 2019, 235 f.

1133 *Holler*, in: MünchHdbGesR Bd. 7, 6. Aufl. 2020, § 75 Rn. 366 f.; *ders./Mann*, NZG 2021, 402 (405 f.).

1134 *Belz*, Die große Familienkommanditgesellschaft, 2018, 103 f.

1135 *Priester*, in: Tröger/Wilhelmi, Rechtsfragen der Familiengesellschaften, 2006, 53 (59).

1136 Ebd.; ähnlich *Lieder*, in: Michalski/Heidinger/Leible/J. Schmidt, GmbHG, 4. Aufl. 2023, § 13 Rn. 156.

1137 *Priester*, in: Tröger/Wilhelmi, Rechtsfragen der Familiengesellschaften, 2006, 53 (59).

1138 Hierzu oben unter § 3.E.II.2. und unter § 3.G.

Mangels ausdrücklicher Bestimmung des Treuepflichtniveaus im Gesellschaftsvertrag ist dabei in einem ersten Schritt die sich aus der Realstruktur und der Rechtsmacht der Gesellschafter ergebende Intensität der Treuepflicht maßgeblich. Zu Beginn dieses Kapitels wurde festgestellt, dass die Gesellschafter planvoll generationsübergreifend ausgerichteter Familiengesellschaften, insbesondere wenn der besondere Gesellschaftszweck des generationsübergreifenden Vermögenserhalts für die Familie in der Zukunft implementiert wurde[1139], aber auch, wenn nur das restliche Vertragswerk entsprechend ausgerichtet ist[1140], eine deutlich intensivere Treuepflicht trifft, da dem einzelnen Gesellschafter hier eine deutlich erhöhte Rechtsmacht in Bezug auf die Gesellschaftsinteressen zukommt. Dies gilt im Einzelnen insbesondere für die Vermögensrechte des Gesellschafters und diejenigen Verwaltungsrechte, die die (zukünftige) Kontrolle der Familie über die Gesellschaft betreffen.

Für die Bestimmung des Inhalts der Treuepflicht ist neben der Treuepflichtintensität wichtig, ob das jeweils auszuübende Gesellschafterrecht im Interesse der Gesellschaft oder im Interesse des Gesellschafters eingeräumt wurde, wobei der Übergang fließend sein kann.[1141] Für die planvoll generationsübergreifend ausgerichtete Familiengesellschaft konnte dabei festgestellt werden, dass nicht nur einzelne Gesellschafterrechte eher in Richtung der uneigennützigen Gesellschafterrechte verschoben werden, sondern gar die gesamte Mitgliedschaft durch ihre „quasi-treuhänderische" Ausgestaltung in Richtung der Uneigennützigkeit verschoben wird.[1142] Die Grenze zwischen uneigennützigen und eigennützigen Gesellschafterrechten verschwimmt daher stark[1143], es existieren aber nichtsdestotrotz Gesellschafterrechte, die als eigennützig zu klassifizieren sind.[1144] Trotz der starken Nähe der üblicherweise ausschließlich eigennützigen Gesellschafterrechte zu uneigennützigen Gesellschafterrechten ist die Unterscheidung wichtig. Denn nur bei der Ausübung eigennütziger Rechte ist ein Ansetzen eigener Interessen im Entscheidungsprozess bei gleichzeitiger Berührung von Gesellschaftsinteressen überhaupt gestattet, sei es vorrangig oder nachrangig.

Problematisch an der umfassenden Umkehr der grundsätzlichen Interessengewichtung erscheint, dass insofern nicht zwischen den verschiedenen Gesellschafterrechten und Gesellschaftsinteressen unterschieden wird, mithin sämtliche Gesellschafterrechte gleichsam als grundsätzlich nachrangig gegenüber jedem Gesellschaftsinteresse eingeordnet werden. Wenn man aber die Wertungen, die der Gesellschaftsvertrag und die Nebenvereinbarungen planvoll generationsübergreifend ausgerichteter

1139 Hierzu oben unter § 7.B.II.
1140 Hierzu oben unter § 7.C.I.
1141 Hierzu oben unter § 3.E.II.
1142 Hierzu oben unter § 7.B.III.
1143 Ähnlich *Belz*, Die große Familienkommanditgesellschaft, 2018, 103 f.
1144 Hierzu oben unter § 7.B.III.

Familiengesellschaften enthalten, betrachtet, so zeigt sich, dass der Vorrang des Gesellschaftsinteresses dort eigentlich nur für die Fälle angelegt ist, in denen die Ausübung des Gesellschafterrechts das Bestandsinteresse oder das Interesse an einer Kontrolle der Gesellschaft durch Familienmitglieder beeinträchtigt.[1145] Deutlich zum Ausdruck kommt dies in den Bestandssicherungsvorkehrungen der Beschränkung von Gewinn-, Kündigungs- und Abfindungsrechten der Gesellschafter sowie den Kontrollsicherungsinstrumenten zugunsten der Familie wie etwa Vinkulierungs-, Ehevertrags- und Güterstandsklauseln. Der Grund hierfür wurde bereits ausführlich behandelt: die bei Ausübung eigennütziger Gesellschafterrechte bestehende, hohe Vulnerabilität des gemeinsamen Wunsches der Gesellschafter und des inhaltsgleichen besonderen Gesellschaftsinteresses, die Gesellschaft und das in ihr liegende Vermögen für die Familie in der Zukunft zu erhalten.[1146] Die Gesellschafter haben nach der dem gesamten Vertragswerk innewohnenden Tendenz genau diesen Interessen gegenüber den Individualinteressen der Gesellschafter den Vorrang eingeräumt. Dieser im Gesellschaftsvertrag und in Nebenvereinbarungen verankerten Wertung muss die Interessenabwägung der Gesellschafter auch im Rahmen eigennütziger Rechte gerecht werden. Daher ist auch bei der Ausübung solcher Rechte, die trotz ihrer Nähe zu den uneigennützigen Rechten noch eigennützigen Charakter haben, dem Gesellschaftsinteresse insofern Vorrang einzuräumen, als das besondere Bestandsinteresse der Gesellschaft oder die familiäre Kontrolle der Familie über die Gesellschaft betroffen sind.[1147] Seine eigenen Interessen oder Drittinteressen kann der Gesellschafter nur in Ausnahmefällen ansetzen, nämlich dann, wenn diese ein solch hohes Gewicht haben, dass ihnen ausnahmsweise der Vorrang gebührt. Damit wird zuvorderst die Ausübung von Vermögensrechten, aber auch die Ausübung gewisser Verwaltungsrechte der Gesellschafter stark beschränkt.

Sofern das Bestandsinteresse oder das Interesse an der familiären Kontrolle über die Gesellschaft nicht tangiert werden, kann hingegen grundsätzlich nicht vom Gesellschafter verlangt werden, den Gesellschaftsinteressen bei Ausübung eigennütziger Rechte den Vorrang einzuräumen. Denn für einen *allumfassenden* Vorrang des Gesellschaftsinteresses gegenüber *jeglichen* Individualinteressen der Gesellschafter existieren regelmäßig keine Anhaltspunkte im Vertragswerk der Familiengesellschaft. Eine Ausnahme kann sich hier möglicherweise daraus ergeben, dass die Familiengesellschafter teilweise in der Familienverfassung festgeschrieben haben, dass das Gesellschaftsinteresse stets gegenüber allen Individualinteressen Vorrang haben soll.[1148] Für eine derartige Klausel in

---

1145 Ähnlich noch *Holler*, BB 2012, 719 (720 f.); *ders.*, in: MünchHdbGesR Bd. 7, 6. Aufl. 2020, § 75 Rn. 366 f.; weiter nun *ders./Mann*, NZG 2021, 402 (405 f.). Zurückhaltender auch *Krämer*, Sonderrecht der Familiengesellschaften, 2019, 235 f.

1146 Hierzu oben unter § 7.B.II.2.

1147 So auch *Holler*, BB 2012, 719 (720 f.); *ders.*, in: MünchHdbGesR Bd. 7, 6. Aufl. 2020, § 75 Rn. 366 f.

1148 Hierzu oben unter § 4.B.IV.3.

der Familienverfassung kann über deren Auslegungsrelevanz[1149] mittelbar eine Bedeutung für die Treuepflicht und die Pflicht zur Interessenabwägung bei Ausübung eigennütziger Rechte resultieren. Ob die Familienverfassung darüberhinausgehende Bedeutung für die mitgliedschaftliche Treuepflicht erlangt, ist an anderer Stelle zu erörtern.[1150]

Die mitgliedschaftliche Treuepflicht wird in planvoll generationsübergreifend ausgerichteten Familiengesellschaften also regelmäßig derart modifiziert, dass die Gesellschafter auch bei der Ausübung eigentlich eigennütziger Gesellschafterrechte dem Bestandsinteresse und dem Familienkontrollinteresse grundsätzlich Vorrang in ihrer Entscheidungsfindung einzuräumen haben. Bei Berührung anderer Gesellschaftsinteressen lässt sich eine derartige Umkehr des generellen Vorrangs des Gesellschafterinteresses bei Ausübung eigennütziger Rechte nicht feststellen.

E. Die besondere mitgliedschaftliche Treuepflicht in ausgewählten Konstellationen

Nachdem feststeht, wie die mitgliedschaftliche Treuepflicht durch die Besonderheiten der generationsübergreifenden und insbesondere der planvoll generationsübergreifend ausgerichteten Familiengesellschaft modifiziert wird, sollen nachstehend solche Konstellationen beleuchtet werden, in denen die mitgliedschaftliche Treuepflicht für die Familiengesellschaft und Familiengesellschafter besonders relevant wird.

I. Kündigung

Die erste Konstellation betrifft dabei die Ausübung des Kündigungsrechts durch den Gesellschafter. Wie im Allgemeinen Teil bereits ausgeführt wurde, ist das Kündigungsrecht dem Gesellschafter in seinem Interesse verliehen worden, weshalb er die Interessen der Gesellschaft bei seiner Entscheidung zur Kündigung grundsätzlich nur berücksichtigen muss.[1151] Diese Einordnung des Kündigungsrechts als eigennützig gilt auch für die Familiengesellschaft. In der planvoll generationsübergreifend ausgerichteten Familiengesellschaft ist bei Ausübung des Kündigungsrechts allerdings zu beachten, dass die Kündigung zum einen das besondere Gesellschaftsinteresse an der familiären Kontrolle über die Gesellschaft berührt, da ein Familienmitglied und mit diesem auch sämtliche seiner Abkömmlinge dauerhaft aus der Gesellschafterstellung fallen.[1152] Das besondere Gesellschaftsinteresse wird hier durch die Kündigung jedenfalls dann berührt, wenn es auf

---

1149 Hierzu oben unter § 5.B.III.2.
1150 Hierzu unten unter § 1.
1151 Hierzu oben unter § 3.E.V.3.
1152 *Ulmer*, ZIP 2010, 805 (813); ähnlich *Holler/Mann*, NZG 2021, 402 (407), die auf das Gesellschaftsinteresse an dem Erhalt der familiären Prägung abstellen.

einen Erhalt der Gesellschaft für einen möglichst großen Teil der Familie gerichtet ist[1153] oder wenn bereits familienfremde Dritte im Gesellschafterkreis existieren und daher bei Ausscheiden eines Familienmitglieds aus dem Gesellschafterkreis die kumulative Stimmrechtsmacht der Familie sinkt.[1154] Zum anderen ist zu beachten, dass mit Wirksamwerden der Kündigung ein Abfindungsanspruch entsteht, mithin das besondere Gesellschaftsinteresse an einer ausreichenden Liquidität und Eigenkapitalausstattung berührt wird.[1155] Zwar ist der Abfindungsanspruch in der planvoll generationsübergreifend ausgerichteten Familiengesellschaft regelmäßig vertraglich – wirksam[1156] – beschränkt und der Liquiditätsabfluss durch weitere vertragliche Regelungen in seiner Wirkung zumindest abgefedert.[1157] Nichtsdestotrotz kann der Liquiditätsabfluss, insbesondere wenn ein recht großer Gesellschaftsanteil gekündigt wird, das Gesellschaftsinteresse stark beeinträchtigen, teilweise sogar zweck- oder bestandsgefährdende Wirkung entfalten.[1158]

Entsprechend dem oben gefundenen Ergebnis ist das Gesellschaftsinteresse wegen der Berührung des besonderen Interesses an einer ausreichenden Liquiditäts- bzw. Eigenkapitalausstattung und an einer Kontrolle der Gesellschaft durch (möglichst sämtliche) Familienmitglieder trotz der Eigennützigkeit des Kündigungsrechts grundsätzlich vorrangig im Entscheidungsprozess des Gesellschafters anzusetzen.[1159] Der Gesellschafter darf sein Kündigungsrecht demnach im Ergebnis nur ausüben, wenn er ein Eigeninteresse vorweisen kann, welches das besondere Gesellschaftsinteresse stark übersteigt. Dies kann zum einen bei Vorliegen gewichtiger Eigeninteressen des Gesellschafters der Fall sein, wenn dieser etwa finanziell auf den Abfindungsbetrag angewiesen ist oder ihm ein Verbleib in der Gesellschaft nicht zumutbar ist, insbesondere wegen des Verhaltens seiner Mitgesellschafter. Zum anderen kann sich der Vorrang des Gesellschafterinteresses ausnahmsweise aus dem Fehlen einer starken Beeinträchtigung des Gesellschaftsinteresses ergeben, etwa weil die Gesellschaft über eine starke Liquiditätsbasis verfügt, der gekündigte Gesellschaftsanteil nur einen sehr geringen Umfang hat, keine Abkömmlinge des Gesellschafters existieren und auch nicht zu erwarten ist, dass

---

1153 Zur Unterscheidung, ob das Gesellschaftsinteresse nur auf eine Beherrschung durch irgendeinen Teil der definierten Familie gerichtet ist oder ob das Gesellschaftsinteresse auch auf eine Beherrschung durch einen möglichst großen Teil der Familie gerichtet ist oben unter § 7.B.I.

1154 Vgl. bereits die Ausführungen zur Notwendigkeit der Anteilsvinkulierung oben unter § 4.B.IV.1.b.

1155 Hierzu schon *Hennerkes/May*, NJW 1988, 2761 (2765 f.); zuletzt etwa *Jorde/Immes*, WPg 2017, 270 (270 f.); *Skusa/Thürauf*, NJW 2015, 3478; *Wolf*, MittBayNot 2013, 9 (10).

1156 Der Abfindungsanspruch in einer planvoll generationsübergreifend ausgerichteten Familiengesellschaft wird hier nicht näher beleuchtet, da hierzu bereits ausführliche Darstellungen existieren, die auch die gesellschaftsrechtliche Treuepflicht miteinbeziehen, so insbesondere *Krämer*, Sonderrecht der Familiengesellschaften, 2019, passim.

1157 Hierzu oben unter § 4.B.IV.1.c., s. auch Fn. 569.

1158 *Hennerkes/May*, NJW 1988, 2761 (2765 f.); *Holler*, in: MünchHdbGesR Bd. 7, 6. Aufl. 2020, § 75 Rn. 23.

1159 Hierzu oben unter § 7.D.

solche in Zukunft existieren werden und keine familienfremden Gesellschafter in der Gesellschaft existieren oder die familiäre Kontrolle zumindest nicht unter eine der wichtigen Kontrollschwellen[1160] fällt, sodass die Vermögensinteressen und die familiäre Kontrolle nicht oder nur in sehr geringem Maße berührt sind.

Die Stimmen in der Literatur, die eine solche Verschärfung des Kündigungsrechts in planvoll generationsübergreifend ausgerichteten Familiengesellschaften vertreten, argumentieren für dieses Ergebnis über die Aspekte der besonderen Vulnerabilität des Gesellschaftsinteresses und der Realstruktur der Gesellschaft hinaus mit dem eingeschränkten Desinvestitionsinteresse der Gesellschafter, welches aus der unentgeltlichen Anteilserlangung resultieren soll, zumindest sofern der Gesellschafter nach seinem Eintritt keine Leistungen in der Gesellschaft bzw. auf der Unternehmensebene erbracht hat.[1161] Wie bereits i.R.d. Diskussion um die Auswirkungen der Erlangung des Gesellschaftsanteils qua Schenkung oder letztwilliger Verfügung gesehen, kann dieser Argumentation nicht gefolgt werden, die Begrenzung des Desinvestitionsinteresses lässt sich aber auf andere Weise begründen.[1162] Nicht die unentgeltliche Anteilserlangung an sich begrenzt das Desinvestitionsinteresse, sondern die sich im Gesellschaftsvertrag und den Nebenvereinbarungen widerspiegelnde, berechtigte Erwartungshaltung der Mitgesellschafter, dass die Austritts- auch den Eintrittsmodalitäten entsprechen werden, der Gesellschafter also den Gesellschaftsanteil entsprechend seiner „quasi-treuhänderischen“ Stellung nach seiner Partizipation am Gesellschaftsvermögen seinen Abkömmlingen oder anderen Familienmitgliedern unentgeltlich überträgt.[1163]

Die aus der Erhöhung der Treuepflicht resultierende Verschärfung des Kündigungsrechts ist auch mit § 723 Abs. 3 BGB a.F. und § 725 Abs. 6 BGB n.F.vereinbar.[1164] Nach § 723 Abs. 3 BGB a.F. war eine Vereinbarung nichtig, durch welche das Recht zur ordentlichen oder außerordentlichen[1165] Kündigung ausgeschlossen oder den gesetzlichen Bestimmungen zuwider beschränkt wird. § 725 Abs. 6 BGB n.F. beschränkt dies auf außerordentliche Kündigungen. Die Norm, der eine das gesamte Personengesellschaftsrecht erfassende Bedeutung zukommt[1166], stellt sowohl für die unmittelbare Beschränkung des Kündigungsrechts als auch für mittelbare Beschränkungen eine gesetzliche Schranke dar, die regelmäßig mit den besonderen Gestaltungswünschen der Gesellschafter einer planvoll generationsübergreifend ausgerichteten Familiengesellschaft,

1160 Hierzu oben unter § 4.B.I.2.

1161 *Ulmer*, ZIP 2010, 805 (807); zustimmend *Holler*, BB 2012, 719 (720); *ders./Mann*, NZG 2021, 402 (407).

1162 Hierzu oben unter § 7.C.III.

1163 Hierzu oben unter § 7.C.III.1.

1164 So auch *Holler/Mann*, NZG 2021, 402 (407).

1165 Hierzu *Westermann*, in: Erman, BGB, 16. (Alt-)Aufl. 2020, § 723 Rn. 22.

1166 So *Hey*, Freie Gestaltung in Gesellschaftsverträgen und ihre Schranken, 2004, 257.

etwa dem Wunsch nach einer starken Abfindungsbeschränkung oder dem Ausschluss des Kündigungsrechts für mehrere Jahrzehnte, kollidiert.[1167] Die Erhöhung der Treuepflicht speziell i.R.d. Ausübung des Kündigungsrechts führt nach dem vorliegenden Ergebnis dazu, dass der Gesellschafter seine Mitgliedschaft regelmäßig nicht ordentlich kündigen kann, da sich sein Eigeninteresse an einer Kündigung gewöhnlich nicht gegen die besonderen Gesellschaftsinteressen wird durchsetzen können, wenn nicht zur außerordentlichen Kündigung berechtigende Umstände vorliegen. Daher könnte man der Ansicht sein, dass die Erhöhung der Treuepflicht i.R.d. Ausübung des Kündigungsrechts nach § 723 Abs. 3 BGB a.F. unzulässig war. Der Gesellschafter würde dann bei Ausübung des Kündigungsrechts nur der Treuepflicht eines Gesellschafters einer „normalen" Gesellschaft unterliegen.

Für die durch § 723 Abs. 3 BGB a.F. gesetzten Gestaltungsgrenzen ist jedoch zu beachten, dass diese nicht starr zu bestimmen sind und in jeder Gesellschaft die gleiche Gestalt haben, sondern vielmehr die Besonderheiten der jeweiligen Gesellschaft und der Gesellschafterstellung für die Reichweite des § 723 Abs. 3 BGB a.F. relevant werden.[1168] Der BGH hat etwa für die Frage nach der Zulässigkeit der zeitlichen Beschränkung des Kündigungsrechts (Ausschluss der Kündigung für einen gewissen Zeitraum ab Gründung der Gesellschaft) *„auch die Struktur der Gesellschaft, die Art und das Ausmaß der für die Beteiligten aus dem Gesellschaftsvertrag folgenden Pflichten sowie das durch den Gesellschaftszweck begründete Interesse an möglichst langfristigem Bestand der Gesellschaft"*[1169] berücksichtigt. Insofern kann eine Kündigungsbeschränkungen in einer Gesellschaft unzulässig, in der nächsten Gesellschaft jedoch wieder zulässig sein oder sich selbst innerhalb einer Gesellschaft als für persönlich haftende Gesellschafter unzulässig, für nur begrenzt haftende Gesellschafter aber als zulässig erweisen. In der planvoll generationsübergreifend ausgerichteten Familiengesellschaft haften die Gesellschafter üblicherweise nicht persönlich und sind auch meist nicht mehr auf der operativen Ebene tätig, die Gesellschaft ist hier also keine echte Arbeits- und Haftungsgemeinschaft und entspricht damit nicht dem Leitbild der Personengesellschaften, welches § 723 Abs. 3

1167 *Ulmer*, ZIP 2010, 805 (811 f.); *Müller*, ZIP 1995, 1561; *Krämer*, Sonderrecht der Familiengesellschaften, 2019, 339 ff., 354 f.; s. auch *Rasner*, NJW 1983, 2905 (2907 f.); zu Poolvereinbarungen und Stimmbindungsverträgen *Schäfer*, in: MünchKomm BGB, 9. Aufl. 2024, Vor. § 705 Rn. 71 f.; *Wicke/Berkefeld*, in: MünchHdbGesR Bd. 9, 6. Aufl. 2021, § 18 Rn. 10; *Holler*, in: MünchHdbGesR Bd. 7, 6. Aufl. 2020, § 75 Rn. 160 f.

1168 Für die Bestimmung der zeitlichen Grenzen des Ausschlusses der ordentlichen Kündigung in Personengesellschaften unter Berücksichtigung der Besonderheiten der planvoll generationsübergreifend ausgerichteten Familiengesellschaft etwa *Ulmer*, ZIP 2010, 805 (806 ff.); *Schäfer*, in: MünchKomm BGB, 9. Aufl. 2024, § 725 Abs. 67; für die Zulässigkeit starker Abfindungsbeschränkungen in der Familiengesellschaft *Ulmer*, ZIP 2010, 805 (813 ff.); im Anschluss ähnlich, aber deutlich ausführlicher *Krämer*, Sonderrecht der Familiengesellschaften, 2019, 365 ff.; s. auch *Belz*, Die große Familienkommanditgesellschaft, 2018, 121 ff., 129 ff.

1169 BGH, Urteil v. 22. 5. 2012, Az. II ZR 205/10, NJW-RR 2012, 1242 (Rn. 19).

BGB a.F. zugrunde liegt.[1170] Gleichzeitig macht der besondere Gesellschaftszweck des generationsübergreifenden Vermögenserhalts eine möglichst umfangreiche Begrenzung des Kündigungsrechts notwendig. Die Familiengesellschaft mit besonderem Gesellschaftszweck ist nicht nur deutlich eher auf eine möglichst starke und dauerhafte Bindung ihrer Gesellschafter an die Gesellschaft angewiesen als vergleichbare Gesellschaften mit Regelzweck. Der Gesellschaftszweck kann vielmehr nur durch eine ununterbrochene Bindung der Familienmitglieder bzw. Gesellschafter an die Gesellschaft erreicht werden, die außergewöhnliche Gesellschafterbindung ist insoweit unverzichtbares Element der Gesellschaft.[1171] Die Erhöhung der Treuepflicht i.R.d. Ausübung des Kündigungsrechts in planvoll generationsübergreifend ausgerichteten Familiengesellschaften ist daher sachlich gerechtfertigt.

Selbst wenn man die hiesige Ansicht ablehnt, da man in § 723 Abs. 3 BGB a.F. eine starre Schranke und in der Treuepflichterhöhung einen unzulässigen Eingriff in das Recht zur ordentlichen Kündigung erkennen will, so ist zu beachten, dass durch das MoPeG zum 1.1.2024 eine Änderung der Rechtslage erfolgt ist. Dies hat zur Folge, dass das Verbot der Kündigungsbeschränkung der Treuepflichterhöhung nicht mehr entgegensteht. Denn nach §§ 725 Abs. 6, 731 Abs. 2 BGB n.F. ist die zwingende Geltung des Kündigungsrechts nur noch auf das Recht zur außerordentlichen Kündigung der Mitgliedschaft bzw. der Gesellschaft begrenzt. Dabei sollen Beschränkungen der ordentlichen Kündigung nur noch am Maßstab der Sittenwidrigkeit gem. § 138 Abs. 1 BGB gemessen werden.[1172] Schon nach der alten Rechtslage ging die h.M. für die Beurteilung der Sittenwidrigkeit von Kündigungsbeschränkungen davon aus, dass eine weitgehende Beschränkung und sogar ein Kündigungsausschluss nicht *per se* sittenwidrig sind.[1173] Zudem wird gerade aus der ausdrücklichen Streichung der Beschränkung ordentlicher Kündigungen aus dem Anwendungsbereich des § 725 Abs. 6 BGB n.F. die gesetzgeberische Wertung deutlich, dass weitgehende Beschränkungen oder gar der Ausschluss des ordentlichen Kündigungsrechts grundsätzlich zulässig sein sollen.[1174] Die Erhöhung der Treuepflicht auch i.R.d. Ausübung des Kündigungsrechts ist nach dem oben gefundenen Ergebnis demnach spätestens seit dem 1.1.2024 möglich.

1170 Insofern für eine teleologische Reduktion des § 723 Abs. 3 BGB bei planvoll generationsübergreifend ausgerichteter Familiengesellschaft *Holler*, DStR 2019, 931 (942); *ders./Mann*, NZG 2021, 402 (407). Hierzu auch oben unter § 4.B.IV.4.

1171 Hierzu oben unter § 7.B.I. und unter § 7.B.II.2.

1172 Begr. RegE MoPeG, 20.1.2021, 201.

1173 Ausführlich hierzu *Lübke*, in: BeckOGK BGB, Stand 1.9.2023, § 723 Rn. 95.2 m.w.N.

1174 *Lübke*, in: BeckOGK BGB, Stand 1.9.2023, § 723 Rn. 95.2.

II. Gewinnverwendungsbeschluss

Ein regelmäßig besonders stark umstrittenes Thema in Familiengesellschaften ist die konkrete Ausgestaltung der Thesaurierungs- und Gewinnausschüttungspolitik, sprich welcher Anteil am Jahresgewinn reinvestiert und welcher Anteil an die Gesellschafter ausgeschüttet wird. In der generationsübergreifenden Familiengesellschaft steht hier regelmäßig ein Minderheitsgesellschafter mit dem Wunsch nach hoher Gewinnausschüttung einer Gruppe aus Mehrheitsgesellschaftern gegenüber, die eine umfassende Thesaurierung zulasten der Gewinnausschüttungsquote beschließen. Fraglich ist, ob die besondere Ausgestaltung der Treuepflicht in planvoll generationsübergreifend ausgerichteten Familiengesellschaften Auswirkungen auf die Zulässigkeit dieser Mehrheitsgesellschafterentscheidung hat.

Das Gewinnrecht der Gesellschafter ist von Rechtsform zu Rechtsform unterschiedlich ausgestaltet. Im GmbH-Recht steht den Gesellschaftern ein Anspruch auf den Jahresüberschuss zuzüglich eines Gewinnvortrags und abzüglich eines Verlustvortrags zu, sofern dieser Anspruch nicht durch Gesellschaftsvertrag, durch Beschluss (§ 29 Abs. 2 GmbHG) oder als zusätzlicher Aufwand aufgrund des Beschlusses über die Verwendung des Ergebnisses von der Verteilung unter die Gesellschafter ausgeschlossen ist, vgl. § 29 Abs. 1 Satz 1 GmbHG. Die Entscheidung über die Gewinnverwendung wird vom Gesetzgeber somit von vornherein den Gesellschaftern zugewiesen.

Im Recht der Personengesellschaften sehen die §122 HGB, § 709 Abs. 3 BGB hingegen einen Anspruch des Gesellschafters auf Ausschüttung des gesamten auf seinen Anteil entfallenden Gewinns vor.[1175] Diese gesetzliche Ausgangslage wird von den Gesellschaftern generationsübergreifend ausgerichteter Familiengesellschaften und auch von den Gesellschaftern sonstiger Personengesellschaften jedoch regelmäßig als unzureichend erachtet. Daher finden sich in Personengesellschaftsverträgen häufig Klauseln, welche die Entscheidung über die jeweilige Gewinnverwendung auf die Gesellschafterversammlung übertragen, wobei die Gewinnverwendungsbeschlüsse dann wiederum ausdrücklich unter die Anwendung der Mehrheitsklausel gestellt bzw. nach herrschender Ansicht auch von einer allgemein gehaltenen Mehrheitsklausel erfasst werden.[1176] In der Aktiengesellschaft sind hingegen einige Sonderregelungen zu beachten, weshalb diese in der hiesigen Betrachtung außen vor gelassen wird.[1177]

1175 Zum Grundsatz des „Vollausschüttungsanspruchs" im Personengesellschaftsrecht etwa BGH, Urteil v. 29.3.1996, Az. II ZR 263/94, NJW 1996, 1678 (1681); OLG Karlsruhe, Urteil v. 28.2.2003, Az. 4 U 8/02, NZG 2003, 429 (430); s. auch *Stephanie Eberl*, in: Heidel/Schall, HGB, 3. (Alt-)Aufl. 2020, § 169 Rn. 7; *Priester*, in: MünchKomm HGB, 5. Aufl. 2022, § 122 Rn. 1.

1176 Hierzu *Priester*, in: MünchKomm HGB, 5. Aufl. 2022, § 122 Rn. 52 ff.; *Staake*, in: BeckOGK HGB, Stand 1.12.2022, § 122 Rn. 92 ff. Speziell zu Mehrheitsklauseln bereits oben unter § 4.B.IV.4.c.(i).

1177 Aus der Perspektive der Familiengesellschaften *Otte*, in: MünchHdbGesR Bd. 9, 6. Aufl. 2021, § 47 Rn. 90 f.

Ist die Thesaurierungspolitik durch den Gesellschaftsvertrag nicht geregelt[1178], sondern entscheiden die Gesellschafter durch einen Gewinnverwendungsbeschuss über die konkrete Gewinnverteilung, so bietet dieser Beschluss einen tauglichen Ansatzpunkt für die Wirkung der Treuepflicht.[1179] Denn der Gewinnverwendungsbeschluss unterliegt sowohl in der GmbH[1180] als auch in Personengesellschaften[1181] der an der Treuepflicht orientierten Beschlusskontrolle.[1182] Bei dieser materiellen Beschlusskontrolle wird nicht der individuelle Entscheidungsprozess des Treueverpflichteten, sondern der Inhalt des Beschlusses geprüft, wobei diese Prüfung ergebnisoffen erfolgt.[1183] Für die materielle Kontrolle des Gewinnverwendungsbeschlusses sind das Gesellschaftsinteresse an der Gewinnthesaurierung und das Interesse des Minderheitsgesellschafters an einer Ausschüttung des Gewinns gegeneinander abzuwägen.[1184] Die exakte Grenzziehung, ab wann genau also ein gegen die Treuepflicht verstoßender Gewinnverwendungsbeschluss der Mehrheit vorliegt, ist umstritten.

Teilweise wird vertreten, dass nur in äußersten Ausnahmefällen von einer Grenzüberschreitung durch die Mehrheit auszugehen sei.[1185] Dies sei etwa in Konstellationen der Fall, in welchen ein etwaiges Finanzierungsinteresse der Gesellschaft durch die Mehrheitsgesellschafter nur zum Schein argumentativ vorgebracht wird, tatsächlich aber bewusst ein „Aushungern" der Minderheitsgesellschafter erfolgen soll, um diese zur Veräußerung oder Kündigung ihrer Beteiligung zu bewegen.[1186] Die gegenteilige Extremansicht vertritt, dass zumindest vollständige Gewinnthesaurierungen – selbst im GmbH-Recht – nur unter engen Voraussetzungen zulässig sind, sodass gewichtige Umstände zur Begründung des Vorrangs des Thesaurierungsinteresses der Gesellschaft vorliegen

1178 Gestaltungsempfehlungen zumindest für eine Mindestthesaurierungsquote in Familiengesellschaften finden sich etwa bei *Otte*, in: MünchHdbGesR Bd. 9, 6. Aufl. 2021, § 47 Rn. 86 f., 89, 92.

1179 Die Gesellschaftsvertragsänderung und etwaige Zustimmungspflichten der Gesellschafter als Ansatz für die Diskussion um die Abwägung von Thesaurierungs- und Ausschüttungsinteresse wählend *Belz*, Die große Familienkommanditgesellschaft, 2018, 160 ff.

1180 *Ekkenga*, in: MünchKomm GmbHG, 5. Aufl. 2025, § 29 Rn. 167 ff.: „*bewegliche Thesaurierungsschranken kraft Treuepflicht*"; s. auch *Mock*, in: Michalski/Heidinger/Leible/J. Schmidt, GmbHG, 4. Aufl. 2023, § 29 Rn. 182 ff.; *Leuschner*, in: Habersack/Casper/Löbbe, GmbHG Großkomm., 3. Aufl. 2020, § 29 Rn. 128 ff.

1181 *Priester*, in: MünchKomm HGB, 5. Aufl. 2022, § 122 Rn. 56, unter Hinweis auf BGH, Urteil v. 29.3.1996, Az. II ZR 263/94, NJW 1996, 1678.

1182 Hierzu oben unter § 3.F.IV.

1183 Ebd.

1184 Für Personengesellschaften *Priester*, in: MünchKomm HGB, 5. Aufl. 2022, § 122 Rn. 56; für die GmbH etwa *Leuschner*, in: Habersack/Casper/Löbbe, GmbHG Großkomm., 3. Aufl. 2020, § 29 Rn. 128 ff.

1185 *Liebs*, DB 1986, 2421.

1186 Nur das „Aushungern" oder die Konstellation, dass trotz ausreichender Gewinne mangels Gewinnausschüttung nicht einmal die Vermögenssteuer durch die Minderheitsgesellschafter gezahlt werden kann als erfasst ansehend *Liebs*, DB 1986, 2421 (2422); ausdrücklich auch Konstellationen unterhalb eines „Aushungerns" als erfasst ansehend *Priester*, in: MünchKomm HGB, 5. Aufl. 2022, § 122 Rn. 56; *Kindler*, in: Koller/Kindler/ Drüen, HGB, 10. Aufl. 2023, § 122 Rn. 4; *Staake*, in: BeckOGK HGB, Stand 1.12.2022, § 122 Rn. 94.

müssen.[1187] Diese Mindermeinungen verkennen zum einen, dass eine weitestgehende Schutzlosstellung der Minderheit droht, wenn die Treupflicht dem Minderheitsgesellschafter nur in Ausnahmekonstellationen zu Seite steht, zum anderen, dass die Innenfinanzierung einer Gesellschaft durch Gewinnthesaurierung nach der gesetzlichen Konzeption generell zulässig ist.[1188]

Die g.h.M. geht richtigerweise davon aus, dass die Gestaltungsgrenzen für die Mehrheit nur für den jeweiligen Einzelfall gezogen werden können und starre Bestimmungen nicht zielführend sind.[1189] Im Rahmen der Beschlussfassung ist durch die Mehrheitsgesellschafter im Sinne einer Verhältnismäßigkeitsprüfung[1190] abzuwägen, inwiefern die Gesellschaft zur Zweckverfolgung auf die Thesaurierung der Gewinne angewiesen ist (Erforderlichkeit). Für die Prüfung der Erforderlichkeit sind dabei auch die Lage der Gesellschaft, die Risiken ihres Unternehmensumfelds, Investitionsplanungen für die Zukunft, das Zinsniveau am Kapitalmarkt und die nach dem Gesellschaftszweck notwendige Flexibilität unter Berücksichtigung des erforderlichen Planungshorizonts zu beachten.[1191] Dabei steht den Mehrheitsgesellschaftern grundsätzlich ein weiter Ermessensspielraum im Hinblick auf die Bewertung der Gesellschaftsinteressen zu, der i.R.d. Abwägung zu berücksichtigen ist.[1192] Dem steht das Interesse jedes einzelnen Gesellschafters an der freien Verfügbarkeit des auf ihn entfallenden, potenziellen Ausschüttungsbetrags entgegen. Das Interesse richtet sich zwar nicht in dem Sinne nach den persönlichen Verhältnissen des Gesellschafters, dass ein Gesellschafter, der im privaten Bereich derzeit hohe Ausgaben hat (etwa wegen eines derzeit erfolgenden Hausbaus) eher schützenswert ist als andere Gesellschafter.[1193] Allerdings kann hier in engen Grenzen etwas anderes gelten, wenn die regelmäßige Gewinnausschüttung in personalistisch strukturierten Gesellschaften der Bestreitung des Lebensunterhaltes der Gesellschafter dienen soll.[1194] Jedenfalls sind das so ermittelte Renditeinteresse des Gesellschafters und das Vorliegen bzw. Fehlen vergangener Ausschüttungen für die Interessengewichtung zu berück-

---

1187 *Ehlke*, DB 1987, 671 (678).

1188 *Leuschner*, in: Habersack/Casper/Löbbe, GmbHG Großkomm., 3. Aufl. 2020, § 29 Rn. 130.

1189 Ausführlich ebd. 128 ff.; vgl. auch *Priester*, in: MünchKomm HGB, 5. Aufl. 2022, § 122 Rn. 56; *Staake*, in: BeckOGK HGB, Stand 1.12.2022, § 122 Rn. 94; *Mock*, in: Michalski/Heidinger/Leible/J. Schmidt, GmbHG, 4. Aufl. 2023, § 29 Rn. 185.

1190 *Leuschner*, in: Habersack/Casper/Löbbe, GmbHG Großkomm., 3. Aufl. 2020, § 29 Rn. 132.

1191 Eine umfangreiche Aufzählung abwägungserheblicher Kriterien findet sich bei OLG Nürnberg, Urteil v. 9.7.2008, Az. 12 U 690/07, DB 2008, 2415 (2418); s. auch *Leuschner*, in: Habersack/Casper/Löbbe, GmbHG Großkomm., 3. Aufl. 2020, § 29 Rn. 133; *Verse*, in: Scholz, GmbHG, 13. Aufl. 2022, § 29 Rn. 58; *Fleischer/Trinks*, NZG 2015, 289 (292).

1192 Für Personengesellschaften *Priester*, in: MünchKomm HGB, 5. Aufl. 2022, § 122 Rn. 56; für die GmbH unter genauer Ermittlung der Ermessensgrenzen etwa *Leuschner*, in: Habersack/Casper/Löbbe, GmbHG Großkomm., 3. Aufl. 2020, § 29 Rn. 125, 128 ff.

1193 So mit dem Beispiel eines Neuwagenkaufs schon *Hommelhoff*, ZGR 1986, 418 (431 f.).

1194 *Verse*, in: Scholz, GmbHG, 13. Aufl. 2022, § 29 Rn. 59.

sichtigen.[1195]

Stellt man diesen Grundsätzen die Besonderheiten der generationsübergreifend ausgerichteten Familiengesellschaft und die besondere vertikale Treuepflicht ihrer Gesellschafter gegenüber, so ergibt sich, dass den Mehrheitsgesellschaftern hier ein verhältnismäßig weiter Spielraum zur Thesaurierung der Gewinne zukommt, der i.R.d. Beschlusskontrolle zu beachten ist. Denn die generationsübergreifend ausgerichtete Familiengesellschaft ist mehr als andere Gesellschaften auf die Stärkung der Eigenkapitalbasis durch Gewinnthesaurierung angewiesen, muss sie sich zur erfolgreichen Zweckverfolgung doch möglichst flexibel für mögliche Krisensituationen halten und stehen ihr regelmäßig nur verhältnismäßig schwache Alternativen zur zweckwahrenden Befriedigung dieses besonderen Finanzierungsinteresses zur Verfügung.[1196] Der einzelne Gesellschafter hat hingegen von vornherein ein durch den Gesellschaftszweck und die „quasitreuhänderische" Stellung begrenztes Renditeinteresse, mithin auch ein nur begrenztes Ausschüttungsinteresse.[1197]

Nimmt man den oben erwähnten, recht weiten Ermessensspielraum der Mehrheitsgesellschafter hinzu, erscheint damit jede Überprüfung der Thesaurierungsentscheidungen in planvoll generationsübergreifend ausgerichteten Familiengesellschaften obsolet, da die Mehrheit sich selbst bei mehrjähriger Vollthesaurierung des Gewinns stets auf das besondere Finanzierungsinteresse der Familiengesellschaft berufen kann. Allerdings ist es auch in der planvoll generationsübergreifend ausgerichteten Familiengesellschaft nicht unmöglich, dass das besondere Finanzierungsinteresse der Familiengesellschaft für die mittel- und sogar die langfristige Zukunft offensichtlich befriedigt ist und auch bei Eintritt schwererer Krisensituationen keine existenzgefährdenden Liquiditätsengpässe drohen, wenn ein höherer Gewinnanteil ausgeschüttet würde. Insofern wird das besondere Gesellschaftsinteresse der generationsübergreifenden Familiengesellschaft an einer außergewöhnlich starken Kapitalbasis nicht mehr gleich intensiv berührt, die Abwägung ist daher nicht mehr stark in Richtung der Familiengesellschaftsinteressen verschoben. Weiterhin ist zu beachten, dass die planvoll generationsübergreifend ausgerichtete Familiengesellschaft nicht nur der Bewahrung des Vermögens für die Familie in der Zukunft, sondern auch der Versorgung der verschiedenen Familiengenerationen dienen soll.[1198] Der Gesellschaftszweck gibt also nicht nur den Schutz des Gesellschaftsver-

---

1195 Ebd., Rn. 58 m.w.N.

1196 Hierzu oben unter § 7.B.I. und unter § 7.B.II.2. Vgl. auch *Belz*, Die große Familienkommanditgesellschaft, 2018, 161 f.; ansatzweise auch *Otte*, in: MünchHdbGesR Bd. 9, 6. Aufl. 2021, § 47 Rn. 83: *„In Familienunternehmen wird man auch ein gewisses Bedürfnis zur Unabhängigkeit von externen Kapitalgebern anerkennen müssen."*

1197 Insofern ähnlich zum begrenzten Desinvestitionsinteresse des Gesellschafters, vgl. hierzu oben unter § 7.C.III.1. Maßgeblich auf die schützenswerte Erwartungshaltung der Minderheitsgesellschafter abstellend *Mock*, in: Michalski/Heidinger/Leible/J. Schmidt, GmbHG, 4. Aufl. 2023, § 29 Rn. 185.

1198 Hierzu oben unter § 4.B.IV.5.b.

mögens, sondern in gewisser Weise auch die Verteilung der Erträge aus dem Familienvermögen vor. Die jeweils in der Gesellschafterstellung befindliche Familiengeneration soll nach der Grundkonzeption der Gesellschaft zwar nicht das Gesellschaftsvermögen für sich verbrauchen, die Gesellschafter sollen aber nichtsdestotrotz am Vermögen partizipieren. Die Gewinnausschüttung an die Gesellschafter ist also vom Gesellschaftszweck gerade gefordert, wenn auch nur in begrenztem Maße.[1199] Insoweit ähnelt die Familiengesellschaft einer personalistisch strukturierten Gesellschaft, die auf die regelmäßige Ausschüttung von Gewinnen zur Bestreitung des Lebensunterhalts der Gesellschafter ausgerichtet ist.[1200] Daher kann eine kontinuierliche Vollthesaurierung des Gewinns zumindest dann unzulässig sein, wenn das den Einzelinteressen vorgehende, besondere Finanzierungsinteresse der Gesellschaft offensichtlich befriedigt ist. Für die Praxis ist zu beachten, dass die Rechtsprechung vor dem Hintergrund des weiten Ermessensspielraums der Mehrheitsgesellschafter nur recht selten zugunsten der Minderheitsgesellschafter entscheidet, zur erfolgreichen Beschlussanfechtung also regelmäßig gewichtige und außergewöhnliche Umstände vorliegen müssen.[1201]

III. Ausschluss eines Gesellschafters

Dem Beschluss über den Ausschluss eines Familiengesellschafters kommt ebenfalls hohe Relevanz zu. Der Beschluss unterliegt rechtsformübergreifend der Beschlusskontrolle, welche Ansatzpunkt für eine ergebnisoffene, treuepflichtorientierte Interessenabwägung ist.[1202] Für den Ausschluss ist ein in der Person oder im Verhalten des auszuschließenden Gesellschafters liegender, wichtiger Grund erforderlich, der es den Mitgesellschaftern unzumutbar macht, die Gesellschaft mit dem auszuschließenden Gesellschafter weiter zu betreiben.[1203] Im Rahmen der Interessenabwägung ist grundsätzlich zu beachten, dass der Ausschluss aus der Gesellschaft für den auszuschließenden Gesellschafter den größtmöglichen Eingriff in seine mitgliedschaftlichen Interessen bedeutet, weshalb neben dem Erfordernis eines gewichtigen Ausschlussgrundes auch immer

---

1199 Zur Überlegung, ob das Gewinnrecht daher nicht sogar uneigennützig sein kann, da es auf eine gewisse Weise der Erfüllung des Gesellschaftszwecks dient schon Fn. 1032.

1200 Vgl. erneut *Verse*, in: Scholz, GmbHG, 13. Aufl. 2022, § 29 Rn. 59.

1201 OLG Nürnberg, Urteil v. 9.7.2008, Az. 012 U 690/07, DB 2008, 2415 (2418): „*Eine gerichtliche Überprüfung dieser Abwägung kann nicht dazu führen, dass nur eine einzig denkbare Entscheidung alle abzuwägenden Interessen angemessen berücksichtigt und sämtliche anderen Entscheidungsmöglichkeiten über eine Ergebnisverwendung fehlerhaft wären. Anderenfalls würden unternehmerische Entscheidungen allein vom Gericht getroffen. Ein derartiger Eingriff des Gerichts in den Kernbereich unternehmerischer Autonomie ist unzulässig*"; erfolgreich aber bei kontinuierlicher, sieben Jahre andauernder Vollthesaurierung, vgl. OLG Brandenburg, Urteil v. 31.3.2009, Az. 6 U 4/08, DB 2009, 1342 (Rn. 143).

1202 Hierzu oben unter § 3.E.V.3.

1203 Ebd.

eine gehobene Pflicht der restlichen Gesellschafter zur Suche nach Alternativlösungen besteht (*ultima ratio*).[1204]

Für die Familiengesellschaft ergibt sich ein ambivalentes Bild in Ausschlusssachverhalten.[1205] Zum einen ist die Familiengesellschaft wegen der Geschlossenheit des Gesellschafterkreises gegenüber Familienfremden, wegen der Ausrichtung auf einen langfristigen Erhalt des Gesellschaftsvermögens und nicht zuletzt auch wegen der von emotionalen Streitigkeiten ausgehenden Gefahren für die Gesellschaftsinteressen[1206] auf einen möglichst rücksichts- und vertrauensvollen Umgang der Gesellschafter untereinander angewiesen.[1207] Daher kann ein Familiengesellschafter tendenziell recht schnell die Schwelle zu einem zum Ausschluss berechtigenden Fehlverhalten überschreiten.[1208] In tatsächlicher Hinsicht stellt sich hier insbesondere die oft sehr lang andauernde Mitgliedschaft der Familiengesellschafter als problematisch dar, da die Gesellschafter über Jahre oder gar Jahrzehnte auch nur kleinere Vertrauensverletzungen begehen können, die sich jedoch zu einem solchen Maß summieren, dass insgesamt das notwendige Vertrauensverhältnis der Familiengesellschafter zerstört wird.[1209]

Darüber hinaus wird in der Literatur speziell für den notwendigen Gesellschaftsbezug des zu einem Ausschluss berechtigenden Grundes in der Person oder dem Verhalten des Gesellschafters darauf hingewiesen, dass Familien- und Gesellschaftsebene eng miteinander verknüpft sind, weshalb auch ein familienschädigendes Verhalten außerhalb der Gesellschaft einen wichtigen Grund darstellen könne.[1210] Für die planvoll generationsübergreifend ausgerichtete Familiengesellschaft wurde bereits festgestellt, dass die Schaffung einer dauerhaften Verbindung von Familie und Gesellschaft, welche die Realstruktur der planvoll generationsübergreifend ausgerichteten Familiengesellschaft in Richtung streng personalistischer Gesellschaften rückt, den Umfang der Treuepflicht auch auf privates Verhalten der Gesellschafter erstrecken kann.[1211] Daher ist es richtig, dass auch ein außergesellschaftliches Fehlverhalten der Gesellschafter, wenn es denn familienschädigende Wirkung entfaltet, in die Abwägung einzubeziehen ist und zum

---

1204 Ebd.

1205 Anerkannt ist, dass auch der Verlust der Familieneigenschaft infolge einer Scheidung einen wichtigen, zum Ausschluss berechtigenden Grund darstellen kann, vgl. BGH, Urteil v. 9.11.1972, Az. II ZR 30/70, NJW 1973, 92 (zur KG).

1206 Zu den Faktoren, die insbesondere in der planvoll generationsübergreifend ausgerichteten Familiengesellschaft Streitigkeiten wahrscheinlicher und gesellschaftsschädlicher machen sowie eine nachhaltige Streitlösung behindern oben unter § 6.A., § 6.B. und unter § 7.A.I.

1207 S. hierzu auch die Ausführungen zum Einfluss des besonderen Gesellschaftszwecks auf die horizontale Treuepflicht oben unter § 7.B.IV.2.

1208 So i.E. auch *Kilian*, in: Henssler/Strohn, Gesellschaftsrecht, 6. Aufl. 2024, § 727 BGB Rn. 5.

1209 Ähnlich *Staake*, in: MünchHdbGesR Bd. 9, 6. Aufl. 2021, § 51 Rn. 79.

1210 *Staake*, in: MünchHdbGesR Bd. 9, 6. Aufl. 2021, § 51 Rn. 80.

1211 Wobei bei Anwachsen der im Gesellschaftsvertrag definierten Familie nach hiesiger Ansicht eine Relativierung dieser Umfangserweiterung eintritt, hierzu oben unter § 7.B.II.1.

Ausschluss des Gesellschafters berechtigen kann.[1212]

Andererseits kann es auch so sein, dass Streitigkeiten und Vertrauensverletzungen nicht immer vom auszuschließenden Gesellschafter, sondern teilweise auch von den die Ausschließung betreibenden Gesellschaftern ausgegangen sind.[1213] Ein solches, von allen Familiengesellschaftern zu verantwortendes, schlechtes „Binnenklima“ in der Gesellschaft kann dazu führen, dass die Vertrauensverletzungen des auszuschließenden Gesellschafters nicht zum Ausschluss berechtigen.[1214] Weiterhin ist zu beachten, dass durch den Ausschluss eines Gesellschafters nicht nur der störende Gesellschafter, sondern regelmäßig auch alle seine Abkömmlinge, die noch nicht in die Gesellschaft eingerückt sind, dauerhaft von der Partizipation am Gesellschaftsvermögen ausgeschlossen werden, mithin ein Teil der Familie auf Dauer von der Gesellschaft abgeschnitten wird. Sofern der Gesellschaftszweck auch darauf gerichtet ist, einen möglichst großen Teil der Familie an der Gesellschaft und am Gesellschaftsvermögen partizipieren zu lassen,[1215] ist bei Ausschluss eines Gesellschafters bzw. Familienzweigs neben dem Individualinteresse des auszuschließenden Gesellschafters auch das besondere Gesellschaftsinteresse betroffen. Dem auszuschließenden Gesellschafter steht das Gesellschaftsinteresse in der Interessenabwägung dann unterstützend zur Seite.[1216] Relevanz erlangt dieser Umstand insbesondere für die Pflicht zur Suche nach Handlungsalternativen der die Ausschließung betreibenden Gesellschafter, also i.R.d. Prüfung der Erforderlichkeit des Ausschlusses. So kann es nach hiesiger Ansicht geboten sein, dass die die Ausschließung betreibenden Familiengesellschafter vor einem Ausschluss prüfen, ob ein – nach Maßgabe des Vertragswerks der Familiengesellschaft geeigneter – Nachfolger des störenden Gesellschafters existiert, der einen in der Person des bisherigen Gesellschafters liegenden Ausschlussgrund nicht aufweist und bei dem auch kein ausschlussbegründendes Verhalten zu erwarten ist. In diesem Fall kann es geboten sein, dem auszuschließenden Gesellschafter vor der Beschlussfassung die Gründe für den Ausschluss darzulegen und zu versuchen, ihn zur (vorzeitigen) Übertragung des Gesellschaftsanteils an einen nachfolgeberechtigten Abkömmling zu bewegen. Denn durch die Übertragung des Gesellschaftsanteils auf einen nachfolgeberechtigtes Familienglied wird dem Gesellschaftsinteresse an einer breiten Verteilung der Gesellschaftsanteile auf möglichst sämtliche Familienmitglieder bzw. -linien Rechnung getragen, während das Gesellschafts-

1212 Für eine OHG zweier Brüder bereits BGH, Urteil v. 30.11.1951, Az. II ZR 109/51, NJW 1952, 461.

1213 *Staake*, in: MünchHdbGesR Bd. 9, 6. Aufl. 2021, § 51 Rn. 79.

1214 *Priester*, in: Tröger/Wilhelmi, Rechtsfragen der Familiengesellschaften, 2006, 53 (59), geht bei schlechtem „Binnenklima“ sogar davon aus, dass Eigeninteressen ganz allgemein stärker vertreten werden dürfen, mithin die Treuepflicht insgesamt abgesenkt ist.

1215 Hierzu oben unter § 7.B.I.

1216 I.E. ähnlich *Schulte*, in: MünchHdbGesR Bd. 1, 6. Aufl. 2024, § 104 Rn. 48. Die ambivalente Wirkung, die das Vorliegen einer (planvoll generationsübergreifend ausgerichteten) Familiengesellschaft insoweit hat, wurde bereits i.R.d. horizontalen Treuepflicht thematisiert, hierzu oben unter § 7.B.IV.2.

und Gesellschafterinteresse an einer Beseitigung des unzumutbaren Zustands des Verbleibs des störenden Gesellschafters befriedigt wird.

In die Interessenabwägungen sind generell auch bisher erbrachte Leistungen des auszuschließenden Gesellschafters und die Dauer seiner Mitgliedschaft miteinzubeziehen.[1217] In der generationsübergreifenden Familiengesellschaft können die Gesellschafter regelmäßig auf eine lange Familienlinie, in der verschiedene Vorfahren die Gesellschafterposition innehatten, zurückblicken. Es stellt sich die Frage, ob für einen Gesellschafter hier auch die Leistungen, die ein Rechtsvorgänger für die Gesellschaft erbracht hat, in die Abwägung einzubeziehen sein können.[1218] Hierfür spricht, dass die Familiengesellschaft in besonderer Weise auf die Weitergabe der Anteile ausschließlich an Familienmitglieder und insbesondere an Abkömmlinge gerichtet ist. Die Gesellschafter, die jetzt Teil des Gesellschafterkreises sind, wissen also, dass sich im Gesellschafterkreis in Zukunft vermutlich nur Abkömmlinge der jetzigen Gesellschafter gegenüberstehen werden. In gewisser Weise sieht der Gesellschaftsvertrag damit nicht nur die jeweiligen Einzelpersonen der Familie, sondern vielmehr die verschiedenen Familienlinien als Gesellschafter vor. Aus diesem Grund scheint es gerechtfertigt, wenn die Gesellschafter voneinander erwarten, dass die Leistungen der jetzigen Gesellschafter mit ihrem Ausscheiden aus der Gesellschaft nicht einfach aus der Abwägung fallen, sondern zumindest dann in diese einzustellen sind, wenn es zukünftig um das Ausscheiden der gesamten Familienlinie aus der Gesellschaft geht. Die von der Familienlinie erbrachten Leistungen wird man daher in die Abwägung miteinbeziehen müssen, wenn der letzte Abkömmling eines die Gesellschaftsinteressen besonders fördernden Rechtsvorgängers ausgeschlossen werden soll. Wenn sich also etwa ein Vorfahre des auszuschließenden Gesellschafters in besonderem Maße um die Familiengesellschaft verdient gemacht hat, weil er in einer entscheidenden Phase des Unternehmenswachstums intensiv und lange auf der operativen Ebene mitgearbeitet hat oder der Erfinder eines Produkts ist, auf dem der Erfolg der Familiengesellschaft gründet, kann dies im Einzelfall für den auszuschließenden Gesellschafter streiten. Dieser Aspekt kann jedoch niemals schwere Verfehlungen des jetzigen Gesellschafters kompensieren, sondern nur ausnahmsweise den Ausschlag zu seinen Gunsten geben.

Insgesamt ist für die planvoll generationsübergreifend ausgerichtete Familiengesellschaft damit festzuhalten, dass Verfehlungen des auszuschließenden Gesellschafters schneller die Schwelle zu einem zum Ausschluss berechtigenden Verhalten erreichen, die die Ausschließung betreibenden Gesellschafter aber verpflichtet sind, intensiver als sonst nach den Konflikt von Gesellschafter- und Gesellschaftsinteressen lösenden

---

[1217] Hierzu oben unter § 3.E.II.2.c.(i).(3).

[1218] So jedenfalls bei einer Stammesstruktur für die Stammesverdienste *K. Schmidt/Fleischer*, in: MünchKomm HGB, 5. Aufl. 2022, § 140 Rn. 35.

Optionen zu suchen. Zwar können für den auszuschließenden Gesellschafter auch besondere Leistungen seiner Familienlinie zu berücksichtigen sein, wenn er der letzte Vertreter dieser Linie ist, dieser Umstand steht dem Ausschluss aber nur in Ausnahmefällen entgegen.

IV. Zustimmungspflicht

Die Zustimmungspflicht hat in planvoll generationsübergreifend ausgerichteten Familiengesellschaften insbesondere mit zunehmendem Anwachsen des Gesellschafterkreises eine hohe Bedeutung, besteht hier doch eine erhöhte Gefahr der Blockade notwendiger Geschäftsführungsmaßnahmen (soweit der Gesellschafterkreis hierauf noch Einfluss nimmt und die Zustimmung des sich verweigernden Gesellschafter zur Erreichung der notwendigen Stimmmehrheit bzw. zur Erzielung der Einstimmigkeit notwendig ist) oder erforderlicher Vertragsänderungen durch einzelne Gesellschafter oder Gesellschaftergruppen.[1219] Da selbst Vertragsänderungen in der planvoll generationsübergreifend ausgerichteten Familiengesellschaft regelmäßig durch eine (qualifizierte) Gesellschaftermehrheit gefasst werden dürfen und dem einzelnen Gesellschafter daher nur selten Blockademöglichkeiten zukommen, wird die Zustimmungspflicht insbesondere in Konstellationen virulent, in denen es um den Eingriff in unentziehbare Gesellschafterrechte geht. Denn hier wird die Zustimmung all jener Gesellschafter erforderlich, in deren Rechte eingegriffen werden soll.[1220]

Im Allgemeinen Teil dieser Arbeit wurde für die Annahme einer Zustimmungspflicht in Einklang mit der h.M. sowohl in Bezug auf Geschäftsführungs- als auch in Bezug auf Grundlagenentscheidungen rechtsformunabhängig verlangt, dass der „Korridor" der Handlungsoptionen des Treueverpflichteten infolge der treuepflichtkonformen Interessenabwägung so sehr verengt wird, dass nur noch eine bestimmte Handlung, hier also die Ausübung des Stimmrechts in dieser oder jener Weise, Inhalt eines treuepflichtkonformen Verhaltens sein kann.[1221] Die Rechtsprechung erfasst diese Anforderungen mittels der Kriterien der „Erforderlichkeit" der Maßnahme und „Zumutbarkeit" der Zustimmung für den Verpflichteten.[1222] Es stellt sich die Frage, ob in der planvoll generationsübergreifend ausgerichteten Familiengesellschaft eher eine Zustimmungspflicht angenommen werden kann als in „gewöhnlichen" Gesellschaften.

Die wenigen Erörterungen der Zustimmungspflicht speziell in Familiengesellschaften

1219 Hierzu schon oben unter § 7.A.I.; s. auch *Holler*, in: MünchHdbGesR Bd. 7, 6. Aufl. 2020, § 75 Rn. 372; *ders./Mann*, NZG 2021, 402 (407).
1220 *Enzinger*, in: MünchKomm HGB, 5. Aufl. 2022, § 119 Rn. 25.
1221 Hierzu oben unter § 3.E.V.1.c.
1222 Ebd.

haben sich bisher weitestgehend auf bestimmte Konstellationen, insbesondere für Familiengesellschaften relevante Nachfolgesituationen[1223] oder etwa die Nachschusspflicht bzw. „Sanieren oder Ausscheiden"-Sachverhalte[1224], konzentriert.[1225] Diese Konzentration der Diskussion auf bestimmte Beschlussgegenstände überrascht nicht, ist die Analyse von familiengesellschafterlichen Zustimmungspflichten doch deutlich ergiebiger, wenn man das Familiengesellschaftsinteresse für die jeweilige Situation konkretisieren und die geforderte „Verengung des Korridors der Handlungsoptionen" des Treueverpflichteten[1226] in dieser Konstellation überprüfen kann.[1227]

Es lassen sich trotzdem abstrakte Aussagen zur treuepflichtbegründeten Zustimmungspflicht der Gesellschafter einer planvoll generationsübergreifend ausgerichteten Familiengesellschaft treffen. Hier ist zunächst zu beachten, dass das Gesellschaftsinteresse nach der hier gefundenen Lösung in all jenen Sachverhalten, in denen die familiäre Kontrolle über die Gesellschaft oder das besondere Finanzierungsinteresse der Gesellschaft betroffen ist trotz der Eigennützigkeit des Stimmrechts regelmäßig vorrangig im Entscheidungsprozess des Gesellschafters anzusetzen ist, also anders als bei gewöhnlichen Gesellschaften die Eigeninteressen des Gesellschafters einer Zustimmungspflicht deutlich seltener im Wege stehen.[1228] Insofern spielt die „Zumutbarkeit" der Maßnahme für den Gesellschafter oft eine eher untergeordnete Rolle.[1229] Sofern allerdings mittels der Zustimmung bzw. des durch die Zustimmung (gegenüber dem Gesellschafter) wirksam werdenden Beschlusses stark in die Rechtsposition des Gesellschafters eingegriffen wird[1230], kann die Zumutbarkeitsprüfung auch bei grundsätzlichem Vorrang der besonderen Gesellschaftsinteressen wieder Relevanz erlangen, da das Gewicht der Gesellschafterinteressen i.R.d. Interessenabwägung doch signifikant steigt.

Weniger eindeutig sind die Auswirkungen der besonderen Treuepflicht hinsichtlich der „Erforderlichkeit" der Maßnahme bzw. des Beschlusses, dem der Gesellschafter zustimmen soll. Ob exakt die Maßnahme, zu der der Gesellschafter seine Zustimmung geben soll, die Gesellschaftsinteressen im erforderlichen Maße wahren kann, ist in der

---

1223 BGH, Urteil v. 20.10.1986, Az. II ZR 86/85, NJW 1987, 952; BGH, Urteil v. 8.11.2004, Az. II ZR 350/02, NJW-RR 2005, 263; hierzu auch *Priester*, in Rechtsfragen der Familiengesellschaften, 2006, 53 (56 f., 59); weiterhin *Leinekugel*, in: BeckOK GmbHG, 64. Edition, Stand 1.5.2025, Anh. § 47 Rn. 109.3.

1224 *Jungmann*, in: MünchHdbGesR Bd. 9, 6. Aufl. 2021, § 53 Rn. 157 ff.

1225 Eine umfangreichere Behandlung findet sich aber bei *Belz*, Die große Familienkommanditgesellschaft, 2018, 159 ff.; *Holler*, in: MünchHdbGesR Bd. 7, 6. Aufl. 2020, § 75 Rn. 371 ff.; s. auch *ders./Mann*, NZG 2021, 402 (407 ff.).

1226 Vgl. erneut oben unter § 3.E.V.1.c.

1227 Zu diesen speziellen Konstellationen sogleich.

1228 Hierzu oben unter § 7.D.

1229 So auch *Holler/Mann*, NZG 2021, 402 (408).

1230 Gemeint ist hier nicht der Eingriff in das Stimmrecht mittels der Auferlegung einer Zustimmungspflicht, sondern ein Eingriff in relativ unentziehbare Rechte, der eine Zustimmung des betroffenen Gesellschafters verlangt.

Familiengesellschaft – wie in „gewöhnlichen" Gesellschaften auch – eine Frage des Einzelfalls. Der Vorrang des Gesellschaftsinteresses im Entscheidungsprozess des Treueverpflichteten allein ändert nichts an der Wirkweise der Treuepflicht, die dem Treueverpflichteten auch bei sehr intensiver Treuepflicht regelmäßig einen weiten Ermessensspielraum für seine konkrete Entscheidung einräumt. So kommt auch einem Familiengesellschafter bei der Verfolgung der (besonderen) Gesellschaftsinteressen ein weiter Ermessensspielraum zu, der gerichtlich nur eingeschränkt überprüfbar ist. Wie genau die Besonderheiten der Familiengesellschaft hier sachverhaltsunabhängig die Annahme einer schnelleren Verengung des Ermessensspielraums auf nur eine Entscheidung rechtfertigen sollen, ist nicht ersichtlich. Insoweit ist lediglich vorstellbar, dass die besonderen Interessen der planvoll generationsübergreifend ausgerichteten Familiengesellschaft in gewissen Sachverhaltskonstellationen deutlich eher nur durch eine bestimmte Maßnahme gewahrt werden können, etwa weil der dynamische Nachfolgeprozess nur durch eine stetige und schnelle Aktualisierung des Vertragswerks der Familiengesellschaft vernünftig begleitet werden kann.[1231] Um dieses recht offene Ergebnis so weit wie möglich zu konkretisieren, sollen nachstehend die wichtigsten Fallgruppen der Zustimmungspflicht im Umfeld der planvoll generationsübergreifend ausgerichteten Familiengesellschaft untersucht werden.

1. Aufnahme neuer Familiengesellschafter

Eine der wichtigsten Konstellationen, in denen eine Zustimmungspflicht in Familiengesellschaften relevant wird, betrifft die Aufnahme neuer Familiengesellschafter. Sofern der Gesellschafter hier seine Zustimmung dazu geben muss, dass ein Nachfolger in die Gesellschaft eintreten darf, entsteht regelmäßig Streit darüber, ob der Nachfolger fachlich geeignet ist, also die erforderlichen Kenntnisse und Fähigkeiten besitzt und ob die Nachfolge zum jetzigen Zeitpunkt überhaupt schon erforderlich ist.[1232]

Hier ist zwischen der Zustimmung zur Aufnahme selbst und der Zustimmung zu einer vorgelagerten Gesellschaftsvertragsänderung, die die Weitergabe der Anteile an die Abkömmlinge zu Lebzeiten der Gesellschafter überhaupt erlaubt, zu unterscheiden. Planvoll generationsübergreifend ausgerichtete Familiengesellschaften verfügen bereits über solche Gesellschaftsvertragsklauseln, die die Anteilsübertragung unter Lebenden erlauben. Nach hiesiger Ansicht ist für die Annahme eines familienorientierten Fortführungswillens

[1231] So *Holler/Mann*, NZG 2021, 402 (408); s. dazu auch *Holler*, in: MünchHdbGesR Bd. 7, 6. Aufl. 2020, § 75 Rn. 381 f., der den gesetzlichen Wertungsmaßstab des § 314 Abs. 1 Satz 1 BGB mit entsprechender gesellschaftsrechtlicher Adaption anwenden will.

[1232] Vgl. erneut die Konstellationen, in denen der (einzige) Mitgesellschafter jeweils der Meinung war, dass die Nachfolge zum gewünschten Zeitpunkt noch nicht erforderlich war bei BGH, Urteil v. 20.10.1986, Az. II ZR 86/85, NJW 1987, 952; BGH, Urteil v. 8.11.2004, Az. II ZR 350/02, NJW-RR 2005, 263.

der Gesellschafter, der das entscheidende Merkmal einer planvoll generationsübergreifend ausgerichteten Familiengesellschaft darstellt, eine Vertragsgestaltung erforderlich, welche die vereinfachte oder sogar zustimmungslose Weitergabe der Gesellschaftsanteile an Abkömmlinge ermöglicht.[1233] Die Frage nach einer Zustimmungspflicht zur familieninternen Anteilsübertragung durch die Mitgesellschafter stellt sich daher in planvoll generationsübergreifend ausgerichteten Familiengesellschaften i.d.R. nicht.

In jungen Familienpersonengesellschaften, die nicht planvoll generationsübergreifend ausgerichtet sind, bestehen regelmäßig wenn überhaupt nur Vereinbarungen, die die Fortsetzung der Personengesellschaft mit den Erben nach dem Tod des jetzigen Gesellschafters betreffen, nicht aber Klauseln, die die Möglichkeit zur (familieninternen) Weitergabe der Anteile zu Lebzeiten regeln. Hier stellt sich dann bei Wunsch eines der Gesellschafter, den Nachfolgeprozess schon zu seinen Lebzeiten zu beginnen, die Frage, ob sein Mitgesellschafter nach ordnungsgemäßer Abwägung der verschiedenen Interessen nur zum Ergebnis der Zustimmungserteilung kommen kann.

Der BGH hat in zwei Entscheidungen, die jeweils eine OHG mit zwei Brüder gehobenen Alters als Gesellschafter betrafen, in denen der Gesellschaftsvertrag keine Nachfolgemöglichkeiten zu Lebzeiten vorsah, nach der Auslegung des Gesellschaftsvertrags[1234] entschieden, dass auf Grundlage der Treuepflicht ein Anspruch auf Zustimmung zur Vertragsänderung bestehe.[1235] Das gehobene Alter der Gesellschafter mache es trotz ihrer jetzt noch bestehenden gesundheitlichen Eignung zur Führung des Geschäfts nötig, die Nachfolge bereits zu vollziehen, da andernfalls ein Übergang der Geschäftsführung auf gänzlich unerfahrene Neugesellschafter drohe.[1236] Zumindest wenn das von der Gesellschaft getragene Unternehmen also auf die Geschäftsführung durch die Gesellschafter angewiesen ist und bei Abwarten der Eintritt eines die Professionalität der Geschäftsführung gefährdenden Zustands sehr wahrscheinlich ist, muss der jeweils andere Gesellschafter seine Zustimmung zur Vertragsänderung und damit letztlich zur Nachfolge geben. Denn „[d]*ie Sicherung der Kontinuität der Führung des Gesellschaftsunternehmens liegt innerhalb des Vertragszwecks und ist nicht nur eine Zweckmäßigkeitsfrage, die jeder Gesellschafter nach seinem eigenen Ermessen entscheiden und bei der er deshalb seine Mitwirkung unter Umständen auch ganz versagen kann. Sie ist vielmehr eine Maßnahme, die zur Erhaltung des Unternehmens und damit zur Erreichung des Vertragszwecks dringend geboten ist.*“[1237] Diese Einschätzung des BGH stimmt gänzlich mit der hier

[1233] Hierzu oben unter § 4.B.IV.1.b.
[1234] So zumindest BGH, Urteil v. 20.10.1986, Az. II ZR 86/85, NJW 1987, 952 (953).
[1235] BGH, Urteil v. 20.10.1986, Az. II ZR 86/85, NJW 1987, 952 (953 f.); BGH, Urteil v. 8.11.2004, Az. II ZR 350/02, NJW-RR 2005, 263.
[1236] BGH, Urteil v. 20.10.1986, Az. II ZR 86/85, NJW 1987, 952 (953 f.); BGH, Urteil v. 8.11.2004, Az. II ZR 350/02, NJW-RR 2005, 263 (264).
[1237] BGH, Urteil v. 20.10.1986, Az. II ZR 86/85, NJW 1987, 952 (954).

vertretenen Ansicht überein, dass dem Gesellschafter keine anderen treuepflichtkonformen Handlungsalternativen verbleiben dürfen, damit ihm eine Pflicht zur Zustimmung auferlegt werden darf. Daher muss der Gesellschafter dem Begehren seines Mitgesellschafters dann zustimmen, wenn absehbar ist, dass die Zustimmungsverweigerung zu einem den Gesellschaftszweck stark gefährdenden Zustand führen wird. Diese Feststellung gilt jedoch unabhängig davon, ob es sich um eine Familiengesellschaft oder eine „normale" Gesellschaft handelt. Da junge Familienpersonengesellschaften ohne generationsübergreifende Ausrichtung keinen besonderen Gesellschaftszweck aufweisen, ist für diese auch nicht von der schnelleren Annahme einer Zustimmungspflicht wegen eines vulnerableren Gesellschaftszwecks als dem Regelgesellschaftszweck auszugehen.

Über diese Konstellation hinausgehende Feststellungen zur Zustimmungspflicht in Nachfolgesachverhalten lassen sich nicht treffen. Der Mitgesellschafter darf einem Gesellschafterwechsel nach der Grundkonzeption des Personengesellschaftsrechts die Zustimmung verweigern, wenn er diesen nicht wünscht. Für die Annahme einer Zustimmungspflicht sind also jedenfalls solche Umstände zu fordern, die in ihrer Gewichtigkeit dem drohenden Verlust der Professionalität der Geschäftsführung als zweckgefährdendem Umstand gleichstehen.

2. Nachschusspflicht und Zustimmung zum Nachschuss ohne Beteiligungspflicht

Eine weitere, auch in der planvoll generationsübergreifend ausgerichteten Familiengesellschaft wichtige Fallgruppe betrifft die Zustimmung zur nachträglichen Erhöhung der Beiträge der Gesellschafter, auch Nachschusspflicht genannt. Eine solche Nachschusspflicht besteht nach dem gesellschaftsrechtlichen Grundsatz des Belastungsverbots weder in Personen- noch in Kapitalgesellschaften (vgl. § 710 BGB, s. auch § 53 Abs. 3 GmbHG, §§ 54 Abs. 1, 180 Abs. 1 AktG).[1238] Die Gesellschafter einer Personengesellschaft und einer GmbH können aber nach g.h.M. im Gesellschaftsvertrag vereinbaren, dass sie verpflichtet sind, Nachschüsse zu leisten; streitig ist hier lediglich, ob § 710 BGB insoweit disponibel ist oder ob auf eine antizipierte Zustimmung zum Nachschuss im Gesellschaftsvertrag abzustellen ist, sodass der Anwendungsbereich des § 710 BGB schon gar nicht eröffnet ist.[1239] Unabhängig davon gelten in Personengesellschaften jedenfalls striktere Grenzen für die konkrete Ausgestaltung der Nachschusspflicht im

---

1238 Hierzu oben unter § 3.E.V.4.

1239 Zur Disponibilität BGH, Urteil v. 19.3. 2007, Az. II ZR 73/06, NJW-RR 2007, 832 (Rn. 17); BGH, Urteil v. 5.11.2007, Az. II ZR 230/06, NJW-RR 2008, 419 (Rn. 17); *Barfuß*, DB 1977, 571; *Wilde*, NZG 2012, 215 (215); auf die antizipierte Zustimmung der Gesellschafter zur Beitragserhöhung im Gesellschaftsvertrag abstellend *Schäfer*, in: MünchKomm BGB, 9. Aufl. 2024, § 710 Rn. 3; *Armbrüster*, ZGR 2009, 1 (9 f.); *Nentwig*, WM 2011, 2168 (2170).

Gesellschaftsvertrag.[1240] Die Nachschusspflicht darf insbesondere nicht überraschend sein, muss also aus dem Gesellschaftsvertrag hervorgehen, weiterhin muss der Umfang des nachzuschießenden Betrags erkennbar sein.[1241]

Über diese vertraglich vereinbarte Nachschusspflicht hinaus kann die Treuepflicht in sehr besonderen Konstellationen – mit Ausnahme der Aktiengesellschaft (vgl. § 54 Abs. 1 AktG) rechtsformübergreifend – die Grundlage einer Nachschusspflicht darstellen.[1242] Das Bestehen der Nachschusspflicht setzt, wie jede Zustimmungspflicht, letztlich voraus, dass dem Gesellschafter keine treuepflichtkonforme Handlungsalternative verbleibt.[1243] Da die gesetzliche Ausgangslage eine Nachschusspflicht der Gesellschafter nicht vorsieht, die Gesellschafter eine solche auch nicht vertraglich implementiert haben und die Annahme einer Nachschusspflicht letztlich in das Privatvermögen der Gesellschafter eingreifen würde, muss die Treuepflicht hier außergewöhnlich hoch sein und es müssen gewichtige, für eine ausnahmeweise Nachschusspflicht des Gesellschafters streitende Umstände vorliegen, um eine solche überhaupt in Betracht zu ziehen. Die stets vorauszusetzenden Aspekte der Sanierungsbedürftigkeit der Gesellschaft, eines sinnvollen und nachhaltigen Sanierungskonzepts und der Sicherstellung, dass die Gesellschafter trotz des Nachschusses noch ihren Lebensunterhalt bestreiten können, reichen allein jedenfalls nicht aus.

In planvoll generationsübergreifend ausgerichteten Familiengesellschaften besteht eine außergewöhnlich hohe Treuepflicht. Die Gesellschafter haben hier bei der Berührung der besonderen Gesellschaftsinteressen des Erhalts der Gesellschaft in Familienhand, des Erhalts des bestehenden Gesellschaftsvermögens und des damit verbundenen, besonderen Finanzierungsinteresses selbst bei Ausübung herkömmlich eigennütziger Gesellschafterrechte die Gesellschaftsinteressen vorrangig in ihrem Entscheidungsprozess anzusetzen.[1244] Diese Aspekte sind bei der Frage nach einer Nachschusspflicht jeweils berührt, würde das Ausbleiben einer Sanierung doch zur Insolvenz und Liquidation der Gesellschaft führen, mithin also die Gesellschaft nicht mehr ihren besonderen Zweck der Versorgung der Familie in der Zukunft verfolgen können. Diese Unmöglichkeit der Zweckverfolgung bei Verweigerung der Zustimmung zum Nachschuss ist jedoch nicht familiengesellschaftsspezifisch, vielmehr würde bei Ausbleiben einer Sanierung auch in anderen sanierungsbedürftigen Gesellschaften der jeweilige Gesellschaftszweck nicht mehr erreicht werden können. Demnach muss die Frage hier vielmehr lauten, ob die

---

[1240] Ausführlich *Schäfer*, in: MünchKomm BGB, 9. Aufl. 2024, § 710 Rn. 8 f.; s. auch *Schöne*, in: BeckOK BGB, 68. Edition, Stand 1.11.2023 § 707 Rn. 8 f.

[1241] Hierzu *v. Falkenhausen/H. C. Schneider*, in: MünchHdbGesR Bd. 1, 5. (Alt-)Aufl. 2019, § 60 Rn. 102 ff.

[1242] Hierzu oben unter § 3.E.V.4.

[1243] Hierzu und zum Nachstehenden ebd.

[1244] Hierzu oben unter § 7.D.

Familiengesellschafter zur fortlaufenden Ermöglichung der Zweckförderung eher als andere Gesellschafter ihre eigenen Belange in einer solch starken Weise zurückstellen müssen, dass sie auch aus ihrem Privatvermögen Kapital in die Gesellschaft nachzuschießen haben.

Nach dieser Maßgabe scheidet eine Nachschusspflicht auch in planvoll generationsübergreifend ausgerichteten Familiengesellschaften regelmäßig aus.[1245] Die Realstruktur der planvoll generationsübergreifend ausgerichteten Familiengesellschaften ist zwar in besonderer Weise auf einen langfristigen Erhalt der Gesellschaft ausgerichtet und zeichnet sich durch eine besondere Verantwortung der Gesellschafter für die Gesellschaft und ihren jeweiligen Gesellschaftsanteil aus, die sich in der Pflicht zur starken Berücksichtigung der Gesellschaftsinteressen und zur Zurückstellung eigener Interessen niederschlägt. Hiervon zu trennen ist aber die Frage, ob von den Familiengesellschaftern erwartet werden kann, dass sie die Rettung der Gesellschaft auch zulasten ihrer privaten (Vermögens-)Interessen vornehmen. Denn die Beschränkungen, denen die Gesellschafter unterliegen und die sich in der Treuepflicht besonders prominent widerspiegeln, beziehen sich nur auf die innergesellschaftliche Rechtsstellung und Rechtsausübung zugunsten des jetzigen Gesellschaftsvermögens bzw. zugunsten der familiären Kontrolle über die Gesellschaft. Dem Gesellschaftsvertrag und den Nebenvereinbarungen ist zu entnehmen, dass den Gesellschaftern mit Einräumung der Gesellschafterstellung die Verpflichtung auferlegt wird, entsprechend ihrer „quasi-treuhänderischen" Stellung zulasten ihrer innergesellschaftlichen Rechte das bestehende Vermögen für die Familie zu bewahren und aus diesem Vermögen gewonnene Erträge zu einem großen Teil zu reinvestieren. Hingegen kann den Vereinbarungen regelmäßig nicht entnommen werden, dass von den Gesellschaftern erwartet wird, aus ihrem Privatvermögen auch verbrauchtes Gesellschaftsvermögen wiederherzustellen.

Dieses Ergebnis stimmt auch mit der partiellen Überschneidung der Realstruktur zumindest mitgliederstarker generationsübergreifender Familiengesellschaften mit kapitalistisch strukturierten Gesellschaften überein. Die Familiengesellschafter halten in späteren Generationen vielfach nur noch Gesellschaftsanteile, ohne auf der operativen Ebene mitzuwirken. Eine Pflicht der Familiengesellschafter zur Einbringung etwaiger Leistungen in die Gesellschaft, seien es finanzielle oder sonstige Leistungen, besteht nach der Grundkonzeption der Gesellschaft regelmäßig nicht.

In der Literatur wird dafür, dass in der Familiengesellschaft trotz des Ausnahmecharakters der Nachschusspflicht selbige eher angenommen werden kann, angeführt, dass einige Gesellschafter neben dem Gesellschaftsanteil häufig auch Vermögen erben,

---

1245 Unter Nennung einiger Besonderheiten, die eine Nachschusspflicht wahrscheinlicher machen sollen, i.E. aber auch in Familienpersonengesellschaften eine Nachschusspflicht regelmäßig ablehnend *Jungmann*, in: MünchHdbGesR Bd. 9, 6. Aufl. 2021, § 53 Rn. 157 ff.

welches dem Erblasser ursprünglich aus Gewinnausschüttungen der Gesellschaft zugeflossen ist.[1246] Es wird allerdings nicht näher erläutert, wie sich dieser Umstand in der Pflicht, an nicht vertraglich geregelten Nachschüssen zu partizipieren, niederschlagen soll. Auf der Gesellschaftsebene finden sich regelmäßig keine Anhaltspunkte dafür, dass der Gesellschafter, der neben seinem Gesellschaftsanteil Vermögen erbt, dieses in einer Krisensituation (wieder) in die Gesellschaft einbringen soll bzw. dass eine etwaige Erwartungshaltung nachschusswilliger Gesellschafter berechtigt wären. Selbst wenn man hierüber hinwegsehen würde, so ist nicht ersichtlich wie genau bestimmt werden soll, welcher Teil vererbten Vermögens aus der Gesellschaft stammt und dementsprechend wieder eingeschossen werden muss, wird das aus der Gesellschaft gewonnene Vermögen des Erblassers doch regelmäßig nicht gesondert vom restlichen Privatvermögen geführt, teilweise verbraucht oder im Rahmen privater Vermögensanlage investiert.

Durch eine solche Wertung würden zudem letztlich entweder Gesellschafter, welche die ausgeschütteten Gewinne bzw. das geerbte Vermögen für sich verbraucht haben gegenüber den anderen Gesellschaftern privilegiert oder es könnte sich – wenn die Nachschusspflicht unabhängig vom zwischenzeitlichen Verbrauch der ausgeschütteten Gewinne bzw. des geerbten Vermögens angenommen würde – kein Familiengesellschafter bzw. Erbe mehr darauf verlassen, dass ausgeschüttetes Vermögen nur ihm zusteht und nicht wieder einzuschießen ist.

Eine Verbindung zwischen dem als Gewinn abgeschöpften Vermögen des Erblassers bzw. Erben und dem Gesellschaftsvermögen existiert vorbehaltlich ausdrücklich anderer Gestaltungen durch die Gesellschafter oder den Erblasser daher auch in der planvoll generationsübergreifend ausgerichteten Familiengesellschaft nicht. Frühere Gewinnausschüttungen können daher nach hiesiger Ansicht regelmäßig keine Rolle für die Interessenabwägung spielen.[1247]

Ähnlich verhält es sich mit dem Argument, dass Gesellschafter, die ihren Gesellschaftsanteil i.R.d. vorweggenommenen Erbfolge erhalten haben, eher nachschusspflichtig seien, wenn die Gesellschafter, die ihnen den Anteil unentgeltlich übertragen haben, noch Gesellschafter sind. Wie bereits i.R.d. Diskussion um die Auswirkungen der Unentgeltlichkeit des Anteilserwerbs gesehen, kann allein der Umstand, dass der Anteil dem Neugesellschafter unentgeltlich übertragen wurde seine Rechtsstellung und Treuepflicht – auch gegenüber dem in der Gesellschaft verbleibenden Gesellschafter, der die

[1246] *Jungmann*, in: MünchHdbGesR Bd. 9, 6. Aufl. 2021, § 53 Rn. 162.

[1247] Etwas anderes kann sich nach nur dann ergeben, wenn die Gesellschafter die Gesellschaft durch eine übermäßige Gewinnabschöpfung zulasten der Gewinnthesaurierung erkennbar erst in die einen Nachschuss erfordernde Situation gebracht haben. In diesem Fall verlangt die Treuepflicht gegenüber der Gesellschaft, die gegen das vorrangig anzusetzende Gesellschaftsinteresse aus der Gesellschaft gezogenen Mittel wieder in die Gesellschaft einzuschießen.

Anteile unentgeltlich übertragen hat – nicht beeinflussen.[1248] Die Intensität und der Inhalt der Treuepflicht und damit auch die Frage nach einer Nachschusspflicht müssen auf der Grundlage des Gesellschaftsvertrags und der Nebenvereinbarungen bestimmt werden, die Eintrittsmodalitäten beeinflussen diese und das durch sie begründete Gesellschaftsverhältnis i.d.R. nicht.[1249] Anders kann dies nach den oben ermittelten Grundsätzen nur dann sein, wenn i.R.d. Vertragsverhandlungen bzw. Gespräche über die Aufnahme des Neugesellschafters auslegungsrelevant der Wille deutlich wird, die Treuepflicht des Neugesellschafters solle stark erhöht sein und er solle eine besondere Verantwortung für die Gesellschaft tragen. Eine solche – ausdrückliche oder implizite Vereinbarung – wird sich jedoch nur sehr selten sicher feststellen lassen. Noch seltener wird sich die implizite Vereinbarung, dass vom Neugesellschafter die Aufgabe von Privatvermögen zugunsten der Gesellschaft erwartet wird, feststellen lassen. Im Ergebnis ist daher regelmäßig auch keine Zustimmungspflicht des unentgeltlich eintretenden Familiengesellschafters zu einer ihn erfassenden Beitragserhöhung anzunehmen.

Von der Nachschusspflicht zu unterscheiden ist die Frage, ob der sanierungsunwillige Familiengesellschafter nicht trotzdem dem Nachschussbegehren seiner Mitgesellschafter nachkommen muss, sofern er durch den Beschluss nicht selbst zum Nachschuss verpflichtet wird. Problematisch hieran ist die mit der Zustimmung einhergehende Verringerung der Beteiligungsquote der sanierungsunwilligen Gesellschafter, wegen der in „normalen" Gesellschaften auch hier regelmäßig eine Zustimmungspflicht ausscheidet.[1250] In planvoll generationsübergreifend ausgerichteten Familiengesellschaften wird man aber deutlich eher als in normalen Gesellschaften zur Zustimmungspflicht des Gesellschafters kommen müssen. Anders als bei der unmittelbaren Nachschusspflicht des einzelnen Gesellschafters wird nämlich nicht in das Privatvermögen des Gesellschafters eingegriffen, sondern in seine Rechtsstellung auf Gesellschaftsebene. Dieser Eingriff in die Rechtsstellung auf Gesellschaftsebene zugunsten der Gesellschaftsinteressen ist aber im Vertragswerk der planvoll generationsübergreifend ausgerichteten Familiengesellschaft durchgehend angelegt und spiegelt sich in der Treuepflicht der Gesellschafter besonders prominent wider. Der Gesellschafter muss auf Gesellschaftsebene seine eigenen Gesellschaftsinteressen zurückstellen und den besonderen Gesellschaftsinteressen den Vorrang in seinem Entscheidungsprozess einräumen. Entsprechend kann vom Familiengesellschafter im Vergleich zu Gesellschaftern „gewöhnlicher" Gesellschaften berechtigterweise deutlich eher erwartet werden, dass er einer Sanierung der Gesellschaft zustimmt, auch wenn die Zustimmung zur Kapitalerhöhung sich letztlich zulasten seiner Beteiligungsquote auswirkt.

1248 Hierzu oben unter § 7.C.III.

1249 Ebd.

1250 Hierzu oben unter § 3.E.V.4.

3. „Sanieren oder Ausscheiden"

Von der Nachschusspflicht und der Zustimmungspflicht zum Nachschuss allein der Mitgesellschafter zu trennen ist die Frage, ob der Familiengesellschafter nicht seine Zustimmung dazu erteilen muss, dass nur die nachschusswilligen Gesellschafter Kapital nachschießen und zusätzlich diejenigen Gesellschafter, die nicht am Nachschuss partizipieren wollen, aus der Gesellschaft ausscheiden („Sanieren oder Ausscheiden"). Wie im Allgemeinen Teil gesehen, handelt es sich genau genommen um eine Problematik aus dem Bereich des zwangsweisen Gesellschafterausschlusses, würde der sanierungsunwillige Gesellschafter im Ergebnis doch seinem eigenen Ausschluss zustimmen.[1251] Argumentativ lässt sich der Ausschluss des sanierungsunwilligen Gesellschafters in „Sanieren oder Ausscheiden"-Konstellationen damit rechtfertigen, dass es den nachschießenden Gesellschaftern nicht zugemutet werden kann, dass der den Nachschuss verweigernde Gesellschafter (wenn auch mit einem nun geringeren Gesellschaftsanteil) von der erfolgreichen Sanierung profitieren würde und, dass dieser zudem bei seinem Ausschluss aus der Gesellschaft nicht schlechter gestellt wird als im Falle des Scheiterns einer Sanierung und der Liquidation der Gesellschaft.[1252]

In planvoll generationsübergreifend ausgerichteten Familiengesellschaften sind im Hinblick auf die Feststellung der Unzumutbarkeit des Verbleibs des sich verweigernden Gesellschafters für die sanierungswilligen Gesellschafter mehrere Besonderheiten zu beachten. So finden sich in Familiengesellschaften trotz ähnlicher Rechtsstellung der Gesellschafter eher als in sonstigen Gesellschaften Unterschiede zwischen den Leistungen, die die Gesellschafter bisher zum Erfolg der Gesellschaft beigetragen haben und zwar sowohl im Hinblick auf eingeschossenes Kapital als auch auf Mitarbeit auf operativer Ebene.[1253] Besonders deutlich wird dies für den Gründer der Familiengesellschaft, der die Gesellschaft oft unter Einsetzung privaten Vermögens und langjähriger Mitarbeit in der Geschäftsleitung vom ersten Tag an aufgebaut hat. Hier ist deutlich eher davon auszugehen, dass es den anderen Gesellschaftern zumutbar ist, bei eigenem Sanierungswunsch den Verbleib des Gründers in der Gesellschaft zu dulden, auch wenn dieser sich nicht an der Sanierung beteiligen will.[1254] Denn wie i.R.d. Diskussion um die Besonderheiten in Ausschlusssachverhalten bereits ausgeführt, sind auch vergangene Leistungen des auszuschließenden Gesellschafters in die Interessenabwägung miteinzubeziehen, in

---

1251 Ebd.

1252 Ebd.

1253 Vgl. *Jungmann*, in: MünchHdbGesR Bd. 9, 6. Aufl. 2021, § 53 Rn. 207 ff.

1254 So auch ebd., Rn. 208. Realistischerweise wird es allerdings selten so sein, dass der Gründer sich nicht an der Sanierung beteiligen will, insbesondere, weil dieser regelmäßig über die entsprechenden finanziellen Mittel verfügt und eine besonders emotionale Verbindung zur Gesellschaft bzw. zum getragenen Unternehmen hat.

„Sanieren oder Ausscheiden"-Sachverhalten bietet es sich an, die vergangenen Dienste als Kompensation für den Verbleib in der Gesellschaft ohne Erbringung von Sanierungsleistungen zu klassifizieren.[1255]

Erneut nicht überzeugen kann hingegen das Argument der unterschiedlichen Eintrittsmodalitäten der Gesellschafter, also die Annahme, dass Gesellschafter, die einen Teil ihrer Anteile unentgeltlich an die nächste Generation geben haben gegenüber den Mitgesellschaftern privilegiert sein sollen.[1256] Es ist richtig, dass es in der generationsübergreifenden Familiengesellschaft regelmäßig solche Gesellschafter gibt, die Teile ihrer Anteile im Wege der vorweggenommenen Erbfolge unentgeltlich übertragen haben und spiegelbildlich solche Gesellschafter, die diese Anteile unentgeltlich übertragen bekommen haben. Die Berechtigung des Ausschlusses richtet sich aber nur nach den auf Gesellschaftsebene getroffenen Vereinbarungen, dem durch sie begründeten Gesellschaftsverhältnis und den Leistungen des auszuschließenden Gesellschafters in der Gesellschaft. Die Art des Eintritts in die Gesellschaft berührt diese Aspekte nicht. Allenfalls ließe sich argumentieren, dass auch die vorzeitige Übertragung von Anteilen an Abkömmlinge in gewisser Weise eine abwägungsrelevante Leistung auf Gesellschaftsebene darstellt, da der Gesellschafter dem besonderen Interesse der Gesellschaft an einer generationsübergreifenden Kontrolle der Familie Vorschub geleistet hat, indem er den Nachfolgeprozess unter Aufgabe eigener Gesellschaftsanteile frühzeitig eingeleitet hat. Genau genommen kommen die Altgesellschafter – zumindest in der planvoll generationsübergreifend ausgerichteten Familiengesellschaft – mit der unentgeltlichen Aufnahme ihrer Abkömmlinge aber nur den Anforderungen nach, die ihre „quasi-treuhänderische" Stellung an die Weitergabe der Anteile an Nachfolger stellt, wenn auch gegebenenfalls zu einem früheren Zeitpunkt, als dies nach dem Vertragswerk erforderlich wäre. Warum sie hierfür bei „Sanieren oder Ausscheiden"-Konstellationen privilegiert werden sollten, ist nicht ersichtlich.

In der – zugegebenermaßen recht überschaubaren – rechtswissenschaftlichen Literatur zu „Sanieren oder Ausscheiden"-Konstellationen speziell in Familiengesellschaften wird auch unabhängig von der Leistung der sanierungsunwilligen Familiengesellschafter vertreten, dass es den sanierenden Gesellschaften deutlich eher zumutbar sei, dass sanierungsunwillige Familiengesellschafter in der Gesellschaft verbleiben.[1257] Hierfür werden allerdings keine konkreten Argumente genannt. Richtigerweise ist für die Zumut-

---

[1255] Ebd., unter Verweis aus LG Saarbrücken, Urteil v. 10.8.2010, Az. 4 O 174/08, BeckRS 2011, 12852; aus der Sicht der Zumutbarkeit des Ausscheidens für verdiente Gesellschafter dann ebd., Rn. 213, wobei auch eine emotionale Komponente für den Gründer bzw. „Senior" berücksichtigt wird.

[1256] Anders *Jungmann*, in: MünchHdbGesR Bd. 9, 6. Aufl. 2021, § 53 Rn. 210.

[1257] *Priester*, ZIP 2010, 497 (501 f.); zustimmend *Lieder*, in: MünchKomm GmbHG, 5. Aufl. 2025, § 55 Rn. 45; wohl a.A., wenn auch unter Anerkennung leicht erhöhter Ausschlussgrenzen in Familiengesellschaften *Döge*, ZIP 2018, 1220 (1224).

barkeit des Verbleibs sanierungsunwilliger Gesellschafter argumentativ auf den besonderen Gesellschaftszweck planvoll generationsübergreifend ausgerichteter Familiengesellschaften und die besondere mitgliedschaftliche Treuepflicht der Familiengesellschafter abzustellen.

Die Gesellschafter planvoll generationsübergreifend ausgerichteter Familiengesellschaften unterliegen insbesondere wegen des besonderen Gesellschaftszwecks einer intensiven Treuepflicht, die sie bei Berührung des besonderen Bestands- und Familienkontrollinteresses grundsätzlich dazu verpflichtet, dem Gesellschaftsinteresse Vorrang in ihrer Entscheidungsfindung einzuräumen.[1258] In „Sanieren oder Ausscheiden"-Sachverhalten ist der Aspekt des Familienkontrollinteresses zumindest dann berührt, wenn die Gesellschaft auf eine möglichst breite Verteilung der Anteile auf alle Familienmitglieder ausgerichtet ist.[1259] Daher ist hier grundsätzlich dem Gesellschaftsinteresse, welches durch den Ausschluss sanierungsunwilliger Gesellschafter verletzt würde, der Vorrang einzuräumen und dem Ausschluss die Berechtigung zu versagen. Zwar wurde in dieser Arbeit i.R.d. Diskussion um Nachschusspflichten in Familiengesellschaften die Ansicht vertreten, dass die Gesellschafter trotz einer hohen vertikalen Treuepflicht nicht ihr privates Vermögen zugunsten der Interessen der Gesellschaft in selbige einbringen müssen.[1260] Daher könnte man der Ansicht sein, dass spiegelbildlich bei freiwilligem Einschuss von Privatvermögen ebenfalls nicht das besondere Gesellschaftsinteresse beachtet werden bzw. diesem der Vorrang gegeben werden muss. Dies würde jedoch die vollkommen unterschiedliche Ausgangslage dieser Sachverhalte verkennen. Die Annahme einer Nachschusspflicht des Familiengesellschafters gegenüber seiner Gesellschaft wurde in dieser Arbeit abgelehnt, da die Nachschusspflicht den Gesellschafter in seinem *privaten* Bereich zugunsten der Gesellschaft verpflichten würde, während sich die Beschränkungen, denen die Gesellschafter planvoll generationsübergreifend ausgerichteter Familiengesellschaften unterliegen und die sich in der Treuepflicht besonders prominent widerspiegeln, nur auf die *innergesellschaftliche* Rechtsstellung und Rechtsausübung beziehen.[1261] Dem Gesellschaftsvertrag und den Nebenvereinbarungen ist zu entnehmen, dass den Gesellschaftern mit Einräumung der Gesellschafterstellung die Verpflichtung auferlegt wird, entsprechend ihrer „quasi-treuhänderischen" Stellung zulasten ihrer innergesellschaftlichen Rechte das bestehende Vermögen für die Familie zu bewahren und aus diesem Vermögen gewonnene Erträge zu einem großen Teil zu reinvestieren. Hingegen kann den Vereinbarungen regelmäßig nicht entnommen werden, dass von den Gesellschaftern erwartet wird, aus ihrem Privatvermögen auch verbrauchtes

[1258] Hierzu oben unter § 7.D.
[1259] Hierzu oben unter § 7.B.I.
[1260] Hierzu oben unter § 7.E.IV.2
[1261] Ebd.

Gesellschaftsvermögen wiederherzustellen.

Bei „Sanieren oder Ausscheiden“-Sachverhalten geht es hingegen nicht um den Nachschuss aus Privatvermögen an sich, sondern um den anschließenden Ausschluss der sanierungsunwilligen Gesellschafter. Die Berechtigung zum Ausschluss ergibt sich wie gesehen in „normalen“ Gesellschaften daraus, dass es den nachschießenden Gesellschaftern nicht zumutbar ist, dass die nachschussunwilligen Gesellschafter in der Gesellschaft verbleiben. Würden die Gesellschafter verbleiben, so würde den nachschießenden Gesellschaftern ein Nachteil entstehen, da die nachschussunwilligen Gesellschafter von ihrem Nachschuss profitieren würden, sei es auch mit einem nun verwässerten Gesellschaftsanteil. Das betroffene Interesse des nachschusswilligen und den Ausschluss betreibenden Familiengesellschafters ist hier aber – anders als bei der Frage nach einer Nachschusspflicht – innergesellschaftlich. Die Begrenzungen, die für die Nachschusspflicht und das Privatvermögen der Gesellschafter angenommen wurden, greifen demnach nicht. Durch die den Ausschluss betreibenden Gesellschafter ist daher das besondere Gesellschaftsinteresse zu beachten und entsprechend der in diesem Kapitel § 7 ermittelten Vorgaben in ihrem Entscheidungsprozess vorrangig zu gewichten. Ist das Gesellschaftsinteresse auf eine Kontrolle durch möglichst große Teile der Familie gerichtet, so erscheint es dem sanierenden Gesellschafter deutlich eher als in „normalen“ Gesellschaften zumutbar, dass die sanierungsunwilligen Gesellschafter in der Gesellschaft verbleiben. Als Kompensation für den einseitigen Nachschuss muss dann ausreichen, dass die nicht am Nachschuss beteiligten Gesellschafter nur noch eine geringere Beteiligungsquote aufweisen.

Durchweg überzeugend ist der Hinweis der Literatur auf die unterschiedliche finanzielle Leistungsfähigkeit der Familiengesellschafter, die sich auch aus ihrem großen Altersunterschied ergibt.[1262] Die Familiengesellschaft ist darauf ausgerichtet, dass regelmäßig junge, den bisherigen Gesellschaftern finanziell meist nicht ebenbürtige Neugesellschafter in die Gesellschaft eintreten. Die fehlende Möglichkeit mancher Gesellschafter, an etwaigen Sanierungsmaßnahmen und Nachschüssen vollumfänglich teilnehmen zu können, ist damit von vornherein im Gesellschaftsvertrag und in der besonderen Verbindung der Familie und der Gesellschaft angelegt. Daher ist es den sanierenden Gesellschaftern eher zumutbar, dass sie trotz der fehlenden Beteiligung an der Sanierung von einem Ausschluss der Mitgesellschafter absehen.[1263]

1262 *Jungmann*, in: MünchHdbGesR Bd. 9, 6. Aufl. 2021, § 53 Rn. 211.

1263 So auch *Grunewald*, in: MünchKomm HGB, 5. Aufl. 2022, § 161 Rn. 28; *Jungmann*, in: MünchHdb-GesR Bd. 9, 6. Aufl. 2021, § 53 Rn. 211.

4. Rechtsfolgen der Zustimmungspflicht

In der rechtswissenschaftlichen Literatur zur Zustimmungspflicht in Familiengesellschaften wird teilweise vertreten, dass bei der Annahme von Zustimmungspflichten durchgängig eine Stimmfiktion zu erfolgen habe.[1264] Wie im Allgemeinen Teil ausgeführt, unterscheidet die h.M. für „gewöhnliche" Gesellschaften grundsätzlich nach Geschäftsführungs- und Grundlagenbeschlüssen, was meist zu richtigen Ergebnissen führt.[1265] Eigentlich geht es aber um die Frage, ob der Gesellschafter i.R.d. Entscheidungsfindung bezüglich der Ausübung seines Stimmrechts seinen eigenen Interessen den Vorrang einräumen darf oder ob den Interessen des Treueberechtigten der Vorrang einzuräumen ist, wobei eine Stimmfiktion nur anzunehmen ist, wenn der Gesellschafter den Interessen des Treueberechtigten grundsätzlich den Vorrang einzuräumen hat.[1266] Die Unterscheidung nach Geschäftsführungs- und Grundlagenentscheidungen kommt hier deshalb zu richtigen Ergebnissen, weil der Gesellschafter bei Geschäftsführungsangelegenheiten und diesbezüglicher Stimmrechtsausübung ausschließlich das Gesellschaftsinteresse ansetzen darf.

Legt man diese Maßstäbe an die planvoll generationsübergreifend ausgerichtete Familiengesellschaft an, so ergibt sich, dass hier grundsätzlich von einer Stimmfiktion auszugehen ist. Denn die Eigennützigkeit der Gesellschafterrechte spielt in der planvoll generationsübergreifend ausgerichteten Familiengesellschaft zumindest bei Berührung der besonderen Gesellschaftsinteressen der familiären Kontrolle über die Gesellschaft, des Vermögenserhalts und der besonderen Finanzierungsinteressen regelmäßig keine Rolle.[1267] Der Gesellschafter muss seine eigenen Interessen regelmäßig hinter diese Interessen der Gesellschaft stellen. Entsprechend hat auch auf Rechtsfolgenseite eine Verschärfung zu erfolgen.[1268]

V. Negative Stimmpflicht

Die Stimmpflicht kann nicht nur zu einer Zustimmungspflicht führen, sondern auch dazu verpflichten, einem Beschluss nicht zuzustimmen.[1269] Für die planvoll generationsübergreifend ausgerichtete Familiengesellschaft scheinen insbesondere Konstellationen

---

1264 *Holler*, in: MünchHdbGesR Bd. 7, 6. Aufl. 2020, § 75 Rn. 384 ff.; *ders./Mann*, NZG 2021, 402 (408 f.).
1265 Hierzu oben unter § 3.F.I.
1266 Ebd.
1267 Hierzu oben unter § 7.D.
1268 Mit sehr ausführlicher Begründung der generellen Gebotenheit der Stimmfiktionen auch in „normalen" Gesellschaften *Holler*, in: MünchHdbGesR Bd. 7, 6. Aufl. 2020, § 75 Rn. 384 ff.; s. auch *ders./Mann*, NZG 2021, 402 (408 f.).
1269 *Roth*, in: Hopt, HGB, 44. Aufl. 2025, § 109 Rn. 30; *Klimke*, in: BeckOK HGB, 46. Edition, Stand 1.1.2025, § 109 Rn. 34; *Drescher*, in: MünchKomm GmbHG, 4. Aufl. 2023, § 47 Rn. 261.

denkbar, in denen die Mehrheitsgesellschafter entgegen dem besonderen Finanzierungsinteresse der Gesellschaft eine vollständige Gewinnausschüttung beschließen wollen. Wenn die Familiengesellschaft offensichtlich auf eine Thesaurierung der Gewinne angewiesen ist, etwa weil absehbar ist, dass kurz- oder mittelfristig kapitalintensive Investitionen notwendig werden, um technologischen Veränderungen im Marktumfeld des getragenen Unternehmens gerecht zu werden, so kann eine Zustimmungserteilung zum Ausschüttungsbeschluss gegen die Treuepflicht der Gesellschafter verstoßen. Einzige treuepflichtkonforme Handlungsoption ist dann die Ablehnung des Beschlusses. Bei Beschlussvorlage ist daher jeder der Gesellschafter aus seiner Treuepflicht dazu verpflichtet, seine Zustimmung zu verweigern und den Beschluss abzulehnen. Anders kann dies nur sein, wenn sich alle Gesellschafter gemeinsam für eine Gewinnausschüttung entscheiden und so konkludent den besonderen Gesellschaftszweck der Familiengesellschaft ändern.[1270]

VI. Aufklärungs- und Informationspflichten

Eine weitere wichtige Fallgruppe der mitgliedschaftlichen Treuepflicht betrifft Aufklärungs- und Informationspflichten der Gesellschafter gegenüber ihren Mitgesellschaftern. Wie im Allgemeinen Teil ausgeführt, kann die Treuepflicht die Gesellschafter dazu verpflichten, den Mitgesellschaftern von sich aus Informationen mitzuteilen, wenn diese andernfalls ihre berechtigten Interessen nicht wahrnehmen könnten.[1271] In streng personalistisch gestalteten Gesellschaften kann die Treuepflicht sogar gebieten, geschäftsunerfahrene Mitgesellschafter über die Rechtslage bzw. über Rechtsfolgen einer Entscheidung aufzuklären.[1272]

Für generationsübergreifende Familiengesellschaften ist es, unabhängig davon, ob sie planvoll generationsübergreifend ausgerichtet sind oder nur zufällig entstehen, typisch, dass sich junge, recht unerfahrene Gesellschafter und ältere, erfahrene Gesellschafter gegenüberstehen. Sofern hier i.R.d. Beschlussfassung durch den Gesellschafterkreis erkennbar ist, dass die jungen Gesellschafter die Bedeutung und Auswirkungen eines Beschlusses nicht in ihrer Gänze erfassen, müssen die älteren Gesellschafter sie über die Bedeutung und Tragweite des Beschlusses aufklären.[1273] Hierfür spricht schon, dass zumindest die junge Familiengesellschaft meist personalistisch strukturiert und auf eine

[1270] Zum Erfordernis der einheitlichen Zustimmung aller Gesellschafter zur Änderung oder Ergänzung des Gesellschaftszwecks entsprechend § 33 Abs. 1 Satz 2 BGB oben unter § 4.B.IV.5.b.(i).

[1271] Hierzu oben unter § 3.E.V.2.

[1272] Ebd.

[1273] So lag der Fall auch bei BGH, Urteil v. 7.10.1991, Az. II ZR 194/90, NJW 1992, 300, der BGH stellte hier auch auf die verwandtschaftliche Beziehung der Gesellschafter ab, vgl. ebd., (302).

sehr vertrauensvolle Beziehung der Gesellschafter ausgerichtet ist. Dies gilt auch in der planvoll generationsübergreifend ausgerichteten Familiengesellschaft mit großem Gesellschafterkreis jedenfalls für die Geschlossenheit des Gesellschaftskreises gegenüber familienfremden Personen.

In planvoll generationsübergreifend ausgerichteten Familiengesellschaften ist zudem der regelmäßige Eintritt recht junger, unerfahrener Gesellschafter im Vertragswerk gerade angelegt, hierdurch wird den erfahrenen Gesellschaftern in gewisser Weise die regelmäßige Begleitung des Nachfolgeprozesses anvertraut. Den Umfang der aus der Treuepflicht entspringenden Pflicht zur ordentlichen Begleitung des Nachfolgeprozesses wird man hier auch auf die Einweisung und Unterrichtung junger bzw. unerfahrener Gesellschafter erstrecken müssen. Mithin ergeben sich für generationsübergreifende Familiengesellschaften regelmäßig recht ausgeprägte Aufklärungs- und Informationspflichten im Gesellschafterkreis.

VII. Der besondere Einfluss und rechtzeitige Rückzug des Gründers

Zuletzt soll hier noch über die besondere Rolle des Gründers oder Patriarchen bzw. der Gründerin oder Matriarchin (nachstehend: „der Gründer") in der Familiengesellschaft gesprochen werden. Der Gründer unterliegt in seiner Rolle als Gesellschafter ebenfalls der mitgliedschaftlichen Treuepflicht, in der planvoll generationsübergreifend ausgerichteten Familiengesellschaft also auch der besonderen Treuepflicht, die zur vorrangigen Ansetzung der Gesellschaftsinteressen im Entscheidungsprozess verpflichtet. Abgesehen von besonderen Leistungen des Gründers um den Erfolg der Gesellschaft und deren Berücksichtigung i.R.d. Interessenabwägung in Ausschlusssachverhalten, ergeben sich üblicherweise keine inhaltlichen Unterschiede zur Treuepflicht der Mitgesellschafter.

Allerdings sind mehrere umstandsbezogene Besonderheiten dieses Gesellschaftertyps zu beachten. Hier ist zunächst der besondere Einfluss des Gründers auf die Entscheidungen der Mitgesellschafter zu nennen. Dem Gründer wird ein natürlicher, in der erbrachten Leistung und gesammelten Lebenserfahrung begründeter Respekt der übrigen Gesellschafter entgegengebracht, der sich in einer hohen Berücksichtigung der Gründermeinung in der Entscheidungsfindung niederschlagen kann.[1274] Auch wenn dem Gründer in rechtlicher Hinsicht nur begrenzte Macht in der Gesellschaft zukommt, kann er so faktisch die Kontrolle über die Entscheidungen des Gesellschafterkreises innehaben, wenn die anderen Gesellschafter üblicherweise auf „Zuruf" so entscheiden, wie es der Gründer jeweils vorgibt.[1275] Zwar entbindet der „Zuruf" durch den Gründer die übrigen

[1274] Hierzu oben unter § 4.B.IV.6.
[1275] Ebd.

Gesellschafter nicht von ihrer jeweiligen Treuepflicht, wenn sie daraufhin ihre individuellen Gesellschafterrechte ausüben. Die Gesellschafter müssen auch bei vorheriger Einflussnahme durch den Gründer jeweils das Gesellschaftsinteresse beachten oder gar vorrangig in ihrer Entscheidungsfindung ansetzen.

Es stellt sich aber die Frage, ob den Gründer aus seiner eigenen Treuepflicht die vorgelagerte Pflicht trifft, schon bei Einflussnahme auf die Mitgesellschafter die Gesellschaftsinteressen zu berücksichtigen bzw. gegebenenfalls vorrangig anzusetzen. Die tatsächliche Einwirkung auf die Gesellschafter stellt keine Ausübung eines Gesellschafterrechts dar, sondern vielmehr ein tatsächliches Verhalten, welches aber einen unmittelbaren Gesellschaftsbezug aufweist. Zieht man die gängigen Funktionsbegründungen der Treuepflicht heran, die auf die Kompensation der dem Gesellschafter anvertrauten Rechtsmacht abzielen[1276], so gäbe es keinen Grund, eine solche tatsächliche Einflussnahme des Gründers auf die Entscheidungen seiner Mitgesellschafter als von der Wirkung der Treuepflicht erfasst anzusehen. Dem könnte man entgegenhalten, dass die Treuepflicht in personalistischen Gesellschaften ausnahmsweise sogar außergesellschaftliches Gesellschafterverhalten erfasst, wenn dieses geeignet ist, das zur gemeinschaftlichen Betreibung der Gesellschaft notwendige Grundvertrauen aller Gesellschafter zu zerstören.[1277] Versucht man diese Erweiterung des Wirkungsbereichs der Treuepflicht auf außergesellschaftliches Verhalten mit der Funktionsbegründung der Treuepflicht in Einklang zu bringen, so ist festzustellen, dass die Konzentration der Funktionsbegründung auf die Kompensation lediglich rechtlicher Handlungsmöglichkeiten in bestimmten Konstellationen zu kurz greift. Nicht nur die rechtliche Macht, sondern zu einem gewissen Grad auch die sonstigen Einflussmöglichkeiten eines Gesellschafters müssen von dessen Treuepflicht erfasst sein, zumindest wenn diese zweckgefährdende Wirkung entfalten können.

Diese Feststellung gibt auch den Maßstab für die Beantwortung der Frage, ob der Gründer bei der Einflussnahme auf die Mitgesellschafter durch die Treuepflicht eingeschränkt wird, vor. Die Einflussnahme des Gründers auf die Entscheidungen seiner Mitgesellschafter verstößt nur dann gegen seine mitgliedschaftliche Treuepflicht, wenn der Gründer die Mitgesellschafter unter Ausnutzung seiner faktischen Macht zu einem zweckgefährdenden Verhalten bewegt. Dies wird sich – ähnlich vertrauenszerstörender, außergesellschaftlicher Verhaltensweisen, die zweckgefährdende Wirkung erreichen – praktisch nur sehr selten feststellen lassen.

Neben der „tatsächlichen Macht" des Gründers über innergesellschaftliche Entscheidungen seiner Mitgesellschafter wird seine Treuepflicht auch dann relevant, wenn er ein

---

1276 Hierzu oben unter § 3.A.

1277 Hierzu oben unter § 3.D.II.1.

gewisses Alter erreicht, in welchem er seine Gesellschafterrechte und -pflichten, insbesondere das Geschäftsführungsrecht, entweder nicht mehr in adäquater Weise wahrnehmen kann oder absehbar ist, dass dieser Zustand in absehbarer Zeit eintreten wird. Möchte der Gründer sich trotzdem nicht aus der Gesellschaft oder zumindest aus der Geschäftsführung zurückziehen bzw. damit beginnen, den Nachfolgeprozess auf der Ebene der Geschäftsleitung konkret vorzubereiten, stellt sich die Frage, ob er nicht aus seiner Treuepflicht hierzu verpflichtet ist. Insoweit ergeben sich Ähnlichkeiten zu der in dieser Arbeit bereits diskutierten Konstellation der Zustimmungspflicht eines Mitgesellschafters zur lebzeitigen Anteilsübertragung des Gesellschaftsanteils seines Mitgesellschafters in streng personalistischen Gesellschaften.[1278] Wie in der Zustimmungspflicht in Nachfolgekonstellationen gesehen, besteht eine notwendige Verengung des „Handlungskorridors“ für den Treueverpflichteten nach dem BGH dann, wenn bei jeder anderen Entscheidung des Treueverpflichteten droht, dass in zweckgefährdender Weise ein Zustand mangelnder Professionalität in der Geschäftsführung entsteht.[1279] Genau dies ist in der Konstellation eines Gründers, der trotz der altersbedingten Erforderlichkeit eines Rückzugs aus dem operativen Geschäft bzw. der Notwendigkeit der konkreten Vorbereitung seiner Nachfolge keine Anstalten unternimmt, seinen Rückzug einzuleiten, gegeben. Die Weigerung der Vorbereitung der Nachfolge bzw. Einleitung des Rückzugs läuft hier zwangsläufig darauf hinaus, dass altersbedingte Fehler in der Geschäftsführung auftreten oder bei einem mit steigendem Alter wahrscheinlicher werdenden Ableben des Gründers kein geeigneter Nachfolger für die Geschäftsführung bereitsteht. Die Hinnahme des hiermit verbundenen Risikos ist insbesondere im Hinblick auf den besonderen Gesellschaftszweck und die aus diesem ableitbaren, besonders vulnerablen Gesellschaftsinteressen der planvoll generationsübergreifend ausgerichteten Familiengesellschaft problematisch. Auch ein hochverdienter Gründer ist daher aus seiner Treuepflicht heraus dazu verpflichtet, an seinen rechtzeitigen Rückzug aus der Gesellschaft zu denken und diesen gegebenenfalls freiwillig vorzubereiten, um den Bestand und Erfolg der Familiengesellschaft nicht zu gefährden.[1280]

F. Zusammenfassung

I. Die mitgliedschaftliche Treuepflicht hat in der generationsübergreifenden Familiengesellschaft eine hohe praktische Bedeutung. Diese Bedeutung ergibt sich aus der emotionalen Verbundenheit der Gesellschafter, welche Rationalitätsdefizite mit sich bringen und zur Eskalation von Streitigkeiten beitragen kann sowie dem relativ hohen

1278 Hierzu oben unter § 7.E.IV.1.
1279 Ebd.
1280 So auch *Priester*, in: Tröger/Wilhelmi, Rechtsfragen der Familiengesellschaften, 2006, 53 (59).

Vertragsaktualisierungsbedarf generationsübergreifender Gesellschaften. Darüber hinaus können die vertraglichen Beschränkungen der Austrittsmöglichkeiten speziell in der planvoll generationsübergreifend ausgerichteten Familiengesellschaft dem Gesellschafter das Gefühl geben, sein (Desinvestitions-)Interesse nur durch möglichst störende Nutzung seiner Gesellschafterrechte zu wahren. Eine solche Divergenz zwischen den Gesellschafts- und Gesellschafterinteressen wird mit zunehmender emotionaler Entfremdung späterer Gesellschaftergenerationen von der Familiengesellschaft wahrscheinlicher.

II. Der besondere Gesellschaftszweck der planvoll generationsübergreifend ausgerichteten Familiengesellschaft verändert den Inhalt des Gesellschaftsinteresses. Das Gesellschaftsinteresse verschiebt sich – bei Existenz weiterer Gesellschaftszwecke je nach deren Rangverhältnis mehr oder weniger stark – von der Ausrichtung auf Gewinn- und Wertsteigerungserzielung in Richtung der Sicherung des bereits bestehenden Gesellschaftsvermögens und des Erhalts der familiären Kontrolle über die Gesellschaft zugunsten der Familie in der Zukunft. Das Gesellschaftsinteresse kann dabei auf eine Kontrolle durch möglichst viele Mitglieder der definierten Familie gerichtet sein, sodass eine Zentrierung der Gesellschaftsanteile um bestimmte Familienmitglieder oder Familienlinien aus dem Gesellschaftsinteresse fällt. Eine solche Konkretisierung des Gesellschaftsinteresses lässt sich regelmäßig durch die Auslegung des Vertragswerks aus der Gestaltung der Anteilsvinkulierung ermitteln, wenn diese eine Lockerung für die Anteilsübertragung speziell innerhalb der eigenen Familienlinie und nicht nur zugunsten aller Familienmitglieder vorsieht.

III. Das besondere Gesellschaftsinteresse ist besonders vulnerabel gegenüber der Ausübung der Gesellschafterrechte. Die Vulnerabilität ergibt sich aus dem langen Zeithorizont, welcher dem Gesellschaftszweck zugrunde liegt und den Anforderungen, welche die möglichst sichere Bewahrung der familiären Kontrolle über die Gesellschaft an die Kapitalausstattung der Gesellschaft und an die Rechtsausübung und das Verhalten der Gesellschafter stellt. Die Intensität der vertikalen Treuepflicht der Familiengesellschafter ist in Gesellschaften mit besonderem Zweck daher nach dem zweiten Parameter *Zöllners* zur Ermittlung der Treuepflichtintensität stark erhöht. Die Geschlossenheit des Gesellschafterkreises gegenüber familienfremden Dritten und der insoweit festzustellende personalistische Einschlag des Gesellschafterkreises, der nach dem ersten Parameter *Zöllners* ebenfalls eine erhöhte Treuepflichtintensität bedeuten kann, spielt hingegen nur eine untergeordnete Rolle. Die Zusammensetzung des Gesellschafterkreises ist meist nicht ähnlich alternativarm wie in einer dem gesetzlichen Leitbild entsprechenden Personengesellschaft mit kleinem Gesellschafterkreis.

IV. Die Rechtsstellung der Gesellschafter planvoll generationsübergreifend ausgerichteter Familiengesellschaften ist „quasi-treuhänderischer“ Natur. Der einzelne Gesellschafter hält den Anteil nicht nur für sich, sondern nach dem Vertragswerk der Familiengesellschaft in gewisser Weise auch für die jetzigen und zukünftigen Familiengesellschafter. Die Gesellschafterrechte sind daher stark in Richtung der uneigennützigen, dem Gesellschaftsinteresse dienenden Rechte verschoben. Dem Familiengesellschafter verbleiben trotzdem Rechte eigennütziger Natur. Der besondere Gesellschaftszweck modifiziert die vertikale Treuepflicht inhaltlich aber so, dass der Familiengesellschafter die Gesellschaftsinteressen in seinem Entscheidungsprozess höher gewichten muss als ein vergleichbarer Gesellschafter einer „normalen" Gesellschaft. Die horizontale Treuepflicht gegenüber den Mitgesellschaftern wird nicht modifiziert, allerdings steht das besondere Gesellschaftsinteresse an einer dauerhaften familiären Kontrolle über die Gesellschaft jedem Gesellschafter in der Interessenabwägung unterstützend zur Seite, wenn es um nicht (allein) zu verantwortende innergesellschaftliche Streitigkeiten oder gar den Ausschluss eines Familiengesellschafters geht.

V. Neben dem besonderen Gesellschaftszweck modifiziert auch die restliche Vertragsgestaltung einer planvoll generationsübergreifend ausgerichteten Familiengesellschaft die mitgliedschaftliche Treuepflicht. Das gesamte Vertragswerk weist eine auf die Erhaltung des Gesellschaftsvermögens und der familiären Kontrolle gerichtete Grundtendenz auf. Gleichzeitig wird die familieninterne Weitergabe der Anteile und der Schutz des Gesellschaftsvermögens in planvoll generationsübergreifend ausgerichteten Familiengesellschaften regelmäßig in auslegungsrelevanter Weise „gelebt".

VI. Die geteilten Wert- und Zielvorstellungen der Gesellschafter können bei einer Verschriftlichung im Vertragswerk der Gesellschaft die berechtigte Erwartung der Mitgesellschafter wecken, dass sich entsprechend dieser Werte verhalten wird. So kann etwa die Erwartung erhöhter gegenseitiger Rücksichtnahme bei Festschreibung der Werte „Respekt, Vertrauen, Rücksichtnahme, Toleranz" im Vertragswerk berechtigt sein. Sofern die Werte nicht verschriftlicht wurden, aber bei Gesellschaftsgründung oder i.R.d. Gesellschafterversammlungen von allen Gesellschaftern der Wunsch geäußert wird, nach diesen Werten zu verfahren, kann dies zumindest Auslegungsrelevanz erlangen und den Inhalt der mitgliedschaftlichen Treuepflicht so mittelbar modifizieren.

VII. Die unentgeltliche Anteilserlangung der Neugesellschafter einer Familiengesellschaft allein modifiziert deren Rechtsstellung nicht. Sie kann auch nicht das Desinvestitionsinteresse der Gesellschafter limitieren. Die schwache Gesellschafterstellung und die Beschränkung des Desinvestitionsinteresses der Familiengesellschafter ergibt sich aber aus der generationsübergreifenden Ausrichtung der Gesellschaft und der nach dieser Ausrichtung berechtigten Erwartung der Mitgesellschafter, dass der Treueverpflichtete seine Interessen zugunsten der Gesellschaftsinteressen und Interessen zukünftiger Gesellschafter zurückstellen wird.

VIII. Sofern der einer Anteilsübertragung zugrundeliegende Schenkungsvertrag den

Willen der Gesellschafter dokumentiert, den Neugesellschaftern zum Zeitpunkt der Anteilserlangung eine schlechtere Rechtsstellung und eine erhöhte Pflicht zur Berücksichtigung der Gesellschafts- und Gesellschafterinteressen aufzuerlegen, kann diese Willensdokumentation die Auslegung des Gesellschaftsvertrags oder der omnilateralen Nebenvereinbarungen und damit mittelbar die Treuepflicht beeinflussen. Ansatzpunkt für die Ermittlung der Treuepflicht bleibt aber weiterhin das Vertragswerk und das durch dieses begründete Gesellschaftsverhältnis, niemals der Schenkungsvertrag selbst.

IX. Der Erblasser hat die Möglichkeit, mittels testamentarischer Auflagen eine der Wirkung der Treuepflicht ähnliche erbrechtliche Gestaltung zur Sicherung des Erhalts des Gesellschaftsvermögens in Familienhand und der möglichst einvernehmlichen Zusammenarbeit der Gesellschaftererben zu schaffen. Der Erblasser kann darüber hinaus die Errichtung einer Gesellschaft durch seine Erben und den konkret durch sie zu schließenden Gesellschaftsvertrag, mithin auch die Gestalt und den Inhalt der Treuepflicht vorgeben.

X. Die Besonderheiten der planvoll generationsübergreifend ausgerichteten Familiengesellschaft modifizieren die Treuepflicht dahingehend, dass das besondere Gesellschaftsinteresse am Vermögenserhalt, an einer starken Kapitalausstattung und an der Familieneigenschaft ihrer Gesellschafter auch i.R.d. Ausübung eigennütziger Gesellschafterrechte grundsätzlich vorrangig im Entscheidungsprozess anzusetzen ist. Eine generelle Umkehr der herkömmlichen Interessengewichtung bei Berührung anderer Gesellschaftsinteressen ist hingegen abzulehnen.

XI. Bei der Kündigung ihrer Mitgliedschaft müssen die Gesellschafter das Gesellschaftsinteresse am Erhalt des Gesellschaftsvermögens und der familiären Kontrolle über die Gesellschaft in ihrem Entscheidungsprozess vorrangig ansetzen. Die hieraus regelmäßig resultierende Unmöglichkeit der ordentlichen Kündigung der Mitgliedschaft war bereits mit § 723 Abs. 3 BGB a.F. vereinbar. Die treuepflichtorientierte, materielle Kontrolle des Gewinnverwendungsbeschlusses einer Familiengesellschaft hat neben dem starken Interesse der Gesellschaft an einer hohen Thesaurierungsquote auch die Ausrichtung der Familiengesellschaft auf die Versorgung der jeweiligen Gesellschaftergeneration zu berücksichtigen. Daher kann eine mehrjährige Vollthesaurierung des Gewinns auch in der planvoll generationsübergreifend ausgerichteten Familiengesellschaft ungerechtfertigt sein. In Entscheidungen betreffend den Ausschluss eines Familiengesellschafters wirkt die besondere mitgliedschaftliche Treuepflicht ambivalent. Einerseits lässt sie Fehlverhalten in der Gesellschaft deutlich schwerer wiegen, andererseits verlangt die Treuepflicht von den die Ausschließung betreibenden Gesellschaftern, intensiv nach Alternativlösungen zu suchen und eher über Fehlverhalten hinwegzusehen.

XII. Die Anforderungen an eine Zustimmungspflicht der Gesellschafter sind auch in der Familiengesellschaft hoch. Zwar ist das Gesellschaftsinteresse durch die Gesellschafter oft vorrangig zu verfolgen, wie dieses Interesse gewahrt wird, steht aber weiterhin im Ermessen der Gesellschafter. Eine Verengung des „Handlungskorridors“ hin zur Zustimmungspflicht wird sich nur selten feststellen lassen. Für die lebzeitige Aufnahme der Abkömmlinge eines Gesellschafters trotz Fehlens einer entsprechenden Klausel im Gesellschaftsvertrag kann eine Zustimmungspflicht bestehen, wenn die gegenwärtigen Gesellschafter gehobenen Alters sind und abzusehen ist, dass bei deren Ableben ein langwieriger und zweckgefährdender Verlust der Professionalität der Geschäftsführung auftreten wird. Eine Nachschusspflicht besteht hingegen auch in der planvoll generationsübergreifend ausgerichteten Familiengesellschaft regelmäßig nicht. Der Gesellschafter ist aber eher als in „normalen“ Gesellschaften dazu verpflichtet, den anderen Gesellschaftern einen freiwilligen Nachschuss zu ermöglichen. Auch für „Sanieren oder Ausscheiden“-Konstellationen sind Besonderheiten zu beachten. So müssen die sanierungswilligen Gesellschafter deutlich eher akzeptieren, dass die sanierungsunwilligen bzw. -unfähigen Gesellschafter in der Gesellschaft verbleiben. Negative Stimmpflichten der Familiengesellschafter können insbesondere bei Gefährdung der besonderen Gesellschaftsinteressen durch einen geplanten Beschluss bestehen, so etwa bei hoher Gewinnausschüttungsquote.

XIII. Die Gesellschafter sind in der planvoll generationsübergreifend ausgerichteten Familiengesellschaft aus ihrer mitgliedschaftlichen Treuepflicht heraus regelmäßig dazu verpflichtet, die neu eintretenden, meist unerfahrenen Gesellschafter über die Bedeutung von Beschlüssen zu unterrichten und bei deren Einarbeitung in die Gesellschaft zu unterstützen. Den Gründer oder den Patriarchen bzw. die Matriarchin trifft wie alle Gesellschafter die modifizierte Treuepflicht. Diese kann zu einem rechtzeitigen Rückzug aus der Gesellschaft verpflichten.

§ 8. Stammesorganisation und mehrere Familien

Nachdem feststeht, dass die mitgliedschaftliche Treuepflicht durch die Besonderheiten der planvoll generationsübergreifend ausgerichteten Familiengesellschaft modifiziert wird, sollen nachstehend die Auswirkungen der vertraglich geregelten[1281] Stammesstruktur auf die mitgliedschaftliche Treuepflicht untersucht werden. Planvoll generationsübergreifend ausgerichtete Familiengesellschaften weisen häufig eine solche Gesellschafterstruktur auf. Die Gesellschafter und ihre Gesellschaftsanteile sind dann nach dem Kriterium eines gemeinsamen Vorfahren bzw. Rechtsvorgängers aus der ersten oder zweiten Gesellschaftergeneration einem Gesellschaftsstamm zugeteilt.[1282] Diese bewusste Unterteilung des Gesellschafterkreises geht meist auf den Wunsch der Stammesgründer zurück, den Einfluss ihrer Abkömmlinge für die Zukunft zu erhalten und zugunsten der Funktionsfähigkeit der Gesellschaft und des Machterhalts des Stammes ein einheitliches Stammeshandeln zu sichern.[1283] Sie schlägt sich daher in der Implementierung stammesbegünstigender Vinkulierungslockerungen sowie Stimmbindungsregelungen oder der Vereinbarung einer obligatorischen Vertretung der Stammesmitglieder nieder.[1284] Als Alternative zum Modell unmittelbar an der Gesellschaft beteiligter Stammesangehöriger, die dann im Gesellschaftsvertrag oder in Nebenvereinbarungen in Stämmen organisiert sind, können auch jeweils Holdinggesellschaften von den Stammesangehörigen gegründet werden, wobei die Holdings dann wiederum an der Familienhauptgesellschaft beteiligt sind.

A. Treuepflicht im Stamm

Durch die Bündelung der Gesellschafter in Stämmen können Stammesgesellschaften entstehen.[1285] Hierfür muss der Stamm nicht in einer Holding organisiert sein, die Stammesgesellschafter können vielmehr auch als unmittelbare Gesellschafter der Hauptgesellschaft in einer schuldrechtlichen Nebenvereinbarung organisiert sind, die eine GbR begründet.[1286] Die Treuepflicht wirkt dann nicht nur in der Beziehung der Familiengesellschafter untereinander und zur Hauptgesellschaft. Vielmehr unterliegen die Gesellschafter der Stammesgesellschaft darüber hinaus einer originären Treuepflicht gegenüber

---

1281 Zur Unterscheidung zwischen der tatsächlichen und vertraglich organisierten Stammesstruktur oben unter § 4.B.IV.4.c.(ii).(1).

1282 Ebd.

1283 Ebd.

1284 Ebd.

1285 Ebd.

1286 Ebd.

ihrer Stammesgesellschaft und gegenüber den weiteren Stammesgesellschaftern.[1287] Eine stammesbezogene Treuepflicht besteht nur dann nicht, wenn die Stammesorganisation sich zwar in schuldrechtlichen Verträgen der Stammesangehörigen niederschlägt, diese Nebenvereinbarungen aber keine Gesellschaft begründen.

Da die Stammesgesellschaften regelmäßig viele der Besonderheiten einer planvoll generationsübergreifend ausgerichteten Familiengesellschaft aufweisen (der Stamm als „Familiengesellschaft in der Familiengesellschaft")[1288], kann für die Gestalt der Treuepflicht im Stamm weitestgehend auf die in Kapitel § 7 gewonnenen Erkenntnisse verwiesen werden. Zwar liegt der Gesellschaftszweck der Stammesgesellschaft entsprechend den oben beschriebenen Vorstellungen der Stammesgründer regelmäßig auch in der Bündelung der Stimmkraft der Stammesangehörigen zur Erhöhung des Stammeseinflusses und zur Sicherung einer funktionierenden Gesellschafterversammlung in der Hauptgesellschaft. Die Gesellschaft verfolgt daneben aber regelmäßig auch den Zweck, die Anteile an der Hauptgesellschaft und damit den Zugang zum Vermögen der Hauptgesellschaft für die Stammesmitglieder in der Zukunft zu erhalten. Dies entspricht dem besonderen Gesellschaftszweck der planvoll generationsübergreifend ausgerichteten Familiengesellschaft, sodass der wichtigste Bestimmungsparameter für Intensität und Inhalt der Treuepflicht, der Gesellschaftszweck, inhaltlich mit demjenigen der in Kapitel § 7 untersuchten generationsübergreifend ausgerichteten Familiengesellschaft übereinstimmt. Die Stammesangehörigen unterliegen also auch gegenüber ihrer Stammesgesellschaft einer besonderen Treuepflicht.

B. Verhältnis des Hauptgesellschafts- und Stammesinteresses

Die Organisation der Willensbildung im Stamm erfolgt zumeist in Nebenvereinbarungen der Stammesangehörigen. Die Stammesimplementierung selbst erfolgt hingegen häufig unmittelbar im Gesellschaftsvertrag der Familienhauptgesellschaft, teilweise aber ebenfalls nur in Nebenvereinbarungen der Stammesangehörigen. Es stellt sich die Frage, ob die Gesellschafter bei Implementierung einer Stammesstruktur die Treuepflicht in der Hauptgesellschaft dahingehend modifizieren, dass die Gesellschafter die Interessen des eigenen Stammes höher als das Gesellschaftsinteresse oder zumindest als die Interessen der anderen Stämme in ihrem Entscheidungsprozess ansetzen dürfen. Zudem könnte das Gesellschaftsinteresse der Hauptgesellschaft durch die Vereinbarung der

---

1287 Zur Treuepflicht in der Poolgesellschaft BGH, Urteil v. 24.11.2008, Az. II ZR 116/08 („Schutzgemeinschaftsvertrag II"), NJW 2009, 669 (Rn. 17); aus dem Blickwinkel der Beschlusskontrolle *Schäfer*, ZGR 2009, 768 (778 ff.); *Klein-Wiele*, NZG 2018, 1401 (1403 f.); zur Treuepflicht in der Holding *v. Ditfurth*, in: MünchHdbGesR Bd. 1, 6. Aufl. 2024, § 55 Rn. 36.

1288 Ebd.

Stammesstruktur inhaltlich verändert werden.

Vor dem Hintergrund der Bedeutung des Regelungsstandorts für die Modifikation der Treuepflicht soll nachstehend zwischen der Schaffung der Stämme im Gesellschaftsvertrag und in jeweils durch Stammesangehörige geschlossenen Nebenvereinbarungen unterschieden werden. Da das Verhältnis von Hauptgesellschafts- und Stammesinteresse nur relevant ist, wenn die Stammesgesellschafter auch Gesellschafter der Hauptgesellschaft sind, soll die Holding-Konstruktion bei der nachstehenden Untersuchung außenvorbleiben.[1289]

I. Gesellschaftsvertrag der Hauptgesellschaft als Regelungsstandort

1. Einfluss auf den Inhalt des Gesellschaftsinteresses der Hauptgesellschaft

Wenn die Stammesstruktur im Gesellschaftsvertrag der Hauptgesellschaft angelegt ist, kann hierdurch der Inhalt des Gesellschaftsinteresses der Hauptgesellschaft konkretisiert werden. Denn der Gesellschaftsvertrag ist die primäre Quelle zur Ermittlung des Gesellschaftsinteresses.[1290] Wie in Kapitel § 7 gesehen, kann das besondere Gesellschaftsinteresse der planvoll generationsübergreifend ausgerichteten Familiengesellschaft auch darauf gerichtet sein, dass die Anteile an der Gesellschaft und das Gesellschaftsvermögen in Zukunft nicht nur irgendwelchen Familienmitgliedern, sondern einem möglichst großen Teil der Familie zukommen.[1291] Dies ist nach hiesiger Ansicht dann der Fall, wenn die Anteilsvinkulierung vornehmlich zugunsten der Weitergabe der Gesellschaftsanteile an die eigenen Abkömmlinge und nicht schlicht für die Weitergabe der Anteile an irgendein Familienmitglied gelockert wird. Dieser Gestaltung lässt sich die von den Gesellschaftern in die Gesellschaft eingebrachte Vorstellung entnehmen, dass eine Zentrierung der Gesellschaftsanteile um bestimmte Familienmitglieder oder Familienlinien vermieden werden soll, sodass jede Familiengeneration möglichst in ihrer Gänze an der Gesellschaft partizipiert.[1292]

Die Einteilung des Gesellschafterkreises in Stämme und die Gestaltung der Anteilsvinkulierung zugunsten der vornehmlichen Weitergabe im eigenen Stamm konkretisieren ebenfalls das besondere Interesse der Gesellschaft an der Identität ihrer Gesellschafter. Die Stammesgründer haben bei der Implementierung der Stammesstruktur im Gesellschaftsvertrag der Hauptgesellschaft üblicherweise die gemeinsame Vorstellung, dass die zwischen ihnen bestehende Machtbalance auch zwischen ihren Abkömmlingen

[1289] Zur Holding-Konstruktion unten unter § 8.C.
[1290] Hierzu oben unter § 3.D.II.1.a.
[1291] Hierzu oben unter § 7.B.I.
[1292] Ebd.

erhalten bleiben soll. Die kumulierten Stimmrechtsanteile eines Stammes sollen also der zur Zeit der Implementierung bestehenden Stimmrechtsmacht des Stammesgründers entsprechen. Diese Vorstellung lassen die Gesellschafter erkennbar in den Gesellschaftsvertrag einfließen. Entsprechend ist das besondere Familienkontrollinteresse der Gesellschaft auch darauf gerichtet, dass nicht nur irgendwelche Familienmitglieder die Gesellschaft in irgendeiner Zusammensetzung kontrollieren, sondern dass die Kontrolle über die Gesellschaft zwischen den Stämmen in einem bestimmten Verhältnis steht. Es geht – vorbehaltlich einer Regelung innerhalb der Stammesgestaltung im Gesellschaftsvertrag, welche die Weitergabe der Gesellschaftsanteile vornehmlich an die eigenen Abkömmlinge erleichtert – hingegen nicht darum, dass ein möglichst großer bzw. diverser Teil der Familie an der Familiengesellschaft partizipiert.

2. Rangverhältnis von Gesellschafts- und Stammesinteresse

Das Gesellschafts- und das Stammesinteresse können im Einzelfall kollidieren.[1293] So mag der Stamm ein Interesse an der Durchsetzung eigener Wahlvorschläge für die Geschäftsführung oder einen Beirat zur Erweiterung des eigenen Einflusses haben, der Stammeskandidat aber entweder persönlich oder fachlich nicht geeignet sein[1294] oder der Versuch der Durchsetzung des eigenen Kandidaten offensichtlich zu einer Pattsituation in der Abstimmung führen, da die anderen Stämme ihren jeweiligen Kandidaten durchsetzen wollen.[1295] Das Gesellschaftsinteresse an einer funktionierenden und professionellen Geschäftsführung würde in diesen Fällen beeinträchtigt. Die Gesellschafter eines Familienstammes können auch allesamt ein Interesse an einer Vollausschüttung des Gewinns haben, die Interessen der Hauptgesellschaft sind hingegen regelmäßig auf eine umfangreiche Thesaurierung der Gewinne gerichtet.[1296]

In diesen Konstellationen stellt sich die Frage nach dem Rangverhältnis der Interessen i.R.d. Entscheidungsfindung des Gesellschafters. Wie in Kapitel § 7 gesehen, verpflichtet die besondere Treuepflicht die Gesellschafter planvoll generationsübergreifend ausgerichteter Familiengesellschaften auch bei Ausübung eigennütziger Rechte zur vorrangigen Ansetzung des besonderen Bestands- und Familienkontrollinteresses in seinem Entscheidungsprozess.[1297] Die Gesellschafter könnten mit der Implementierung der Stammesstruktur im Gesellschaftsvertrag die Treuepflicht aber dahingehend modifiziert

---

[1293] Vgl. *Holler*, in: MünchHdbGesR Bd. 7, 6. Aufl. 2020, § 75 Rn. 93.

[1294] Zur Deckung des unfähigen Geschäftsführers durch seinen Stamm aus dem Blickwinkel der Treuepflicht auch *Lutter*, ZHR 162 (1998), 164 (169).

[1295] Zur Patt-Problematik insbesondere bei Existenz zweier stimmgleichen Stämmen *Holler*, in: MünchHdbGesR Bd. 7, 6. Aufl. 2020, § 75 Rn. 93.

[1296] Hierzu oben unter § 7.E.II.

[1297] Hierzu oben unter § 7.D.

haben, dass die Gesellschafter den Interessen ihres Stammes grundsätzlich Vorrang vor den allen Gesellschaftsinteressen einräumen dürfen, sofern sie eigennützige Rechte ausüben.

Für eine dahingehende Modifikation spricht, dass die Implementierung der Stammesstruktur u.a. auf der Vorstellung der Stammesgründer basiert, dass der eigene Stamm seinen Einfluss in der Gesellschaft in Zukunft bewahren oder möglicherweise sogar ausbauen wird.[1298] Für jeden der Gesellschafter ist so zum Zeitpunkt der Implementierung der Stammesstruktur und der mit ihr einhergehenden Sicherung des Stammeseinflusses im Gesellschaftsvertrag erkennbar, dass die anderen Gesellschafter dem Interesse des eigenen Stammes einen hohen Stellenwert einräumen und dieses Interesse gegenüber anderen Interessen verteidigen wollen. Entsprechend dieser Ausrichtung auf den innergesellschaftlichen Erhalt oder gar Ausbau des Stammeseinflusses verschiebt sich mit Implementierung stammesbezogener Vinkulierungsklauseln auch die „quasitreuhänderische" Rechtsstellung[1299] der Gesellschafter. Die Gesellschafter halten den Gesellschaftsanteil nicht mehr nur für die gesamte Familie und deren Kontrolle über die Hauptgesellschaft, sondern vorrangig für ihren jeweiligen Stamm und dessen jetzige und zukünftige Gesellschafter zugunsten deren Partizipation an und Einflusses in der Gesellschaft. Entsprechend könnte man annehmen, dass die aus der Gesellschafterstellung erwachsenden Rechte nicht mehr für die Familie bzw. die Familiengesellschaft, sondern für den Stamm bzw. die Stammesgesellschaft eingesetzt werden sollen, sodass auch die Interessen des eigenen Stammes vorrangig verfolgt werden sollen.

Letztlich kann der Existenz einer Stammesstruktur im Gesellschaftsvertrag trotzdem nicht der Gesellschafterwille entnommen werden, das Stammesinteresse dauerhaft über die besonderen Gesellschaftsinteressen zu stellen. Denn durch die Stammesstruktur soll nur das innergesellschaftliche Interessenverhältnis der Stämme untereinander geregelt werden, das Verhältnis des Gesellschaftsinteresses zu sonstigen Interessen erfährt hingegen keine Modifikation. Wenn die Stammesgründer die Kontrolle des eigenen Stammes über die jetzt gehaltenen Anteile zulasten der Möglichkeit nicht-stammesangehöriger Familiengesellschafter und anderer Stämme, diese Stimmrechtsanteile in Zukunft zu erlangen dauerhaft sichern und ein einheitliches Vorgehen des Stammes organisieren, bringen sie lediglich zum Ausdruck, dass sie die Interessen des eigenen Stammes gegenüber dem Interesse der nicht-stammesangehörigen Gesellschafter innergesellschaftlich als vorrangig erachten.

Durch die Implementierung der Stammesstruktur wird hingegen nicht der besondere Gesellschaftszweck, zu dessen Verfolgung sich die Gesellschafter bzw. die Stämme

---

1298 Vgl. *Sigle*, in: Liber amicorum Happ, 2006, 295 (296).

1299 Hierzu oben unter § 7.B.III.

zusammengeschlossen haben, modifiziert.[1300] Daher weist auch die in Stämmen organisierte, planvoll generationsübergreifend ausgerichtete Familiengesellschaft ein besonders vulnerables Bestands-, Finanzierungs- und auf die Familienkontrolle gerichtetes Gesellschaftsinteresse auf.[1301] Den Gesellschaftern stehen im Verhältnis zu diesen besonderen Interessen weiterhin potenziell stark beeinträchtigende Rechte zu, womit die Treuepflicht unverändert intensiv bleibt.[1302]

Die Familiengesellschaft ist bei der Implementierung einer Stammesstruktur unabhängig vom Gesellschaftszweck auch gesamtvertraglich unverändert auf den Erhalt des jetzigen Vermögens für die (Versorgung der) Familie in der Zukunft gerichtet, lediglich unter konkretisierter Vorgabe der Anteilsverteilung zwischen verschiedenen Gesellschaftergruppen. Über das gesamte Vertragswerk hinweg wird dem besonderen Bestands- und Familienkontrollinteresse der Gesellschaft der Vorrang vor jeglichen anderen Interessen eingeräumt, was sich in den auch bei Bestehen einer Stammesstruktur weiterhin existenten Beschränkung von Gewinn-, Kündigungs- und Abfindungsrechten der Gesellschafter und Kontrollsicherungsinstrumenten wie etwa Ehevertrags- und Güterstands- sowie Vinkulierungsklauseln, seien sie nun auch stammesbezogen, widerspiegelt.[1303] Dafür, dass die Gesellschafter an dem Vorrang der besonderen Gesellschaftsinteressen gegenüber sonstigen Interessen durch die Implementierung der Stammesstruktur nichts ändern wollen, spricht auch, dass eines der Hauptmotive für die Etablierung der Stammesstruktur üblicherweise in der effizienteren Organisation des Gesellschafterkreises der Hauptgesellschaft liegt. Die Stammesstruktur dient damit zu einem gewissen Teil gar der Förderung des besonderen Gesellschaftsinteresses, da mit ihr zeit- und kostenintensive oder gar bestandsgefährdende Auseinandersetzungen aller Gesellschafter über notwendige Beschlüsse durch die vorherige Bündelung des Gesellschafterwillens innerhalb der Stämme vermieden werden sollen. Das besondere Gesellschaftsinteresse ist daher von den Gesellschaftern auch gegenüber den eigenen Stammesinteressen vorrangig im Entscheidungsprozess anzusetzen, die vertikale Treuepflicht der stammesangehörigen Gesellschafter wird nicht modifiziert.[1304]

3. Verhältnis der Stammesinteressen zum Interesse anderer Stämme

Wie bereits angesprochen, kann der Implementierung der Stammesstruktur im Gesellschaftsvertrag aber der Wille der Gesellschafter entnommen werden, dass die Interessen

---

1300 So auch *Holler*, in: MünchHdbGesR Bd. 7, 6. Aufl. 2020, § 75 Rn. 370.
1301 Hierzu oben unter § 7.B.I.
1302 Hierzu oben unter § 7.B.II.2.
1303 Hierzu oben unter § 7.C.I.
1304 So auch *Holler*, in: MünchHdbGesR Bd. 7, 6. Aufl. 2020, § 75 Rn. 370.

des eigenen Stammes gegenüber dem Interesse anderer Stämme dauerhaft Vorrang haben sollen.[1305] Letztlich ergeben sich hieraus aber keine Besonderheiten, auch nicht für die planvoll generationsübergreifend ausgerichtete Familiengesellschaft. Gegenüber den Interessen anderer Gesellschafter darf der Gesellschafter der planvoll generationsübergreifend ausgerichteten Familiengesellschaft eigene Interessen ohnehin vorrangig ansetzen, lediglich unter leicht erhöhter Pflicht zur Rücksichtnahme auf die Interessen der Mitgesellschafter, da das ausgeprägte Gesellschaftsinteresse an einem vertrauensvollen Umgang dem jeweils treueberechtigten Gesellschafter zur Seite steht.[1306] Die Stammesstruktur ändert also nichts an der Grundkonzeption der horizontalen Treuepflicht in generationsübergreifend ausgerichteten Familiengesellschaften, sie hat insoweit eher klarstellenden Charakter.

II. Nebenvereinbarungen als Regelungsstandort

Nach dem im Allgemeinen Teil gefundenen Ergebnis zum Verhältnis von Treuepflicht und Nebenvereinbarungen kann eine Nebenvereinbarung die Treuepflicht der Gesellschafter sowohl in Personen- als auch in Kapitalgesellschaften nur dann modifizieren, wenn sämtliche Gesellschafter an ihr beteiligt sind oder die Einbeziehung der Nebenvereinbarung in die Ermittlung der horizontalen Treuepflicht der an ihr beteiligten Gesellschafter nicht zulasten der nicht an der Nebenvereinbarung beteiligten Gesellschafter geht.[1307] Darüber hinaus kann das Gesellschaftsinteresse durch Nebenvereinbarungen der Gesellschafter nur dann konkretisiert werden kann, wenn sämtliche Gesellschafter an dieser Nebenvereinbarung beteiligt sind.[1308]

Nach dieser Maßgabe werden weder das Gesellschaftsinteresse der Hauptgesellschaft noch die vertikale oder horizontale Treuepflicht der Gesellschafter durch Stammesvereinbarungen modifiziert. Denn die restlichen Gesellschafter sind nicht an den jeweiligen Stammesverträgen beteiligt. Es ist lediglich vorstellbar, dass die Nebenvereinbarung eines Stammes die horizontale Treuepflicht der beteiligten Stammesgesellschafter zueinander erhöht, da durch die Nebenvereinbarung jeweils die berechtigte Erwartung geschaffen wird, dass die Stammesmitglieder untereinander in besonderer Weise ihre gegenseitigen Interessen berücksichtigen, soweit die nicht an der Nebenvereinbarung beteiligten Gesellschafter hierdurch nicht negativ berührt werden.

1305 *Holler*, in: MünchHdbGesR Bd. 7, 6. Aufl. 2020, § 75 Rn. 370; wohl auch *Priester*, in: Tröger/Wilhelmi, Rechtsfragen der Familiengesellschaften, 2006, 53, (59), der den eigenen Stammesinteressen den Vorrang vor den Interessen anderer einräumt, aber darauf hinweist, dass Stammesegoismen nicht die Gesellschaft gefährden dürfen.

1306 Hierzu oben unter § 7.B.IV.2.

1307 Hierzu oben unter § 3.E.III.

1308 Ebd. S. auch erneut *Hoffmann-Becking*, ZGR 1994, 442 (458 f.).

C. Stamm-Holding und ebenenübergreifende Treuepflichten

Für die Auswirkungen der Errichtung von Holdinggesellschaften durch die einzelnen Stämme, die jeweils die Anteile des Stammes an der Familienhauptgesellschaft halten, ist zunächst festzustellen, dass die Holding als Gesellschafter der Hauptgesellschaft ebenfalls der Treuepflicht unterliegt. Die Holding hat daher in der planvoll generationsübergreifend ausgerichteten Familiengesellschaft ihre Pflicht zur vorrangigen Ansetzung der besonderen Interessen der Hauptgesellschaft zu beachten, auch wenn sie eigennützige Rechte ausübt. Insofern ergeben sich keine Unterschiede zur Treuepflicht der natürlichen Personen, die Gesellschafter der Hauptgesellschaft sind. Es stellt sich aber die Frage, ob auch die Gesellschafter der Holding einer Treuepflicht gegenüber der Hauptgesellschaft und deren Gesellschaftern unterliegen, ob die Treuebindung also mehrere Gesellschaftsebenen umspannen kann oder ob Treuebindungen stets nur auf der Gesellschaftsebene existieren, auf der sie begründet werden.

Die Frage nach einer ebenenübergreifenden Treuebindung wurde in der Rechtsprechung und rechtswissenschaftlichen Literatur vor allem anhand der mittelbaren Veräußerung von vinkulierten Anteilen diskutiert.[1309] Dabei geht es um Konstellationen, in denen eine Anteilsvinkulierung umgangen wird, indem nicht ein Anteil an der Hauptgesellschaft, sondern stattdessen die Mehrheit der stimmberechtigten Anteile an der Gesellschaftergesellschaft, die die vinkulierten Anteile an der Hauptgesellschaft hält, veräußert wird. Die Vinkulierungsklausel auf der Ebene der Hauptgesellschaftsebene greift in diesem Fall nicht, da die Gesellschaftsanteile an der Hauptgesellschaft demselben Gesellschafter, der Holding, zugeteilt bleiben.

Sofern ein Gesellschafter der Hauptgesellschaft zunächst die Zustimmung seiner Mitgesellschafter zur Übertragung seiner Anteile in die Holding eingeholt hat und dann nach Übertragung der Anteile in die von ihm kontrollierte Holding und Ablauf einer „Schamfrist" seine Anteile an dieser Holding veräußert, verstößt dies jedenfalls gegen seine zeitlich nachwirkende[1310] Treuepflicht und je nach Gestaltung möglicherweise gegen § 138 BGB (Konstellation des „offenkundigen Umgehungsfalls").[1311] Daher bedarf es hier schon keiner ebenenübergreifenden Treuepflicht. Wenn aber keine bewusste Umgehung der Anteilsvinkulierung festzustellen ist, weil die Holdingstruktur schon über einen langen Zeitraum oder gar seit Gründung der Hauptgesellschaft existiert, wie dies auch im Falle

---

[1309] *Lutter/Grunewald*, AG 1989, 409 (411); *Liebscher*, ZIP 2003, 825 (827 ff.), unter Hinweis auf LG München, Urteil v. 12.9.2002, Az. 15 HK O 15764/02 („Springer/Kirch"); *Loritz*, NZG 2007, 361 (362 ff.); OLG Karlsruhe, Urteil v. 13.3.2008, Az. 8 U 60/07, BeckRS 2008, 12851; *Binz/Mayer*, NZG 2012, 201 (208 f.); *Häckl*, Gesellschaften als Gesellschafter, 2011, 114 ff.

[1310] Zum zeitlichen Wirkungsbereich der Treuepflicht oben unter § 3.B.I.1.b.

[1311] *Binz/Mayer*, NZG 2012, 201 (208); ausführlich und unter Ablehnung solcher in der Literatur diskutierter Lösungen, die die Treuepflicht außenvorlassen *Häckl*, Gesellschaften als Gesellschafter, 2011, 101 ff. m.w.N.

der Familienstamm-Holding regelmäßig der Fall sein wird, ist die Anteilsveräußerung auf der Holdingebene nicht sittenwidrig i.S.d. § 138 BGB und verstößt auch nicht gegen eine nachwirkende Treuepflicht des Holdinggesellschafters gegenüber der Hauptgesellschaft. In diesem Fall ist zu überlegen, ob der Gesellschafter der Holding gegenüber der Hauptgesellschaft und ihren Gesellschaftern einer unmittelbaren Treuepflicht unterliegt, die der Veräußerung der Anteile an der Holding entgegensteht.

Die Stimmen in der Literatur, die eine solche ebenenübergreifende Treuepflicht annehmen, begrenzen deren Wirkung weitestgehend auf den Mehrheitsgesellschafter der Holding, da regelmäßig nur dieser erheblichen Einfluss auf die Tochtergesellschaften der Holding ausüben kann.[1312] Grund hierfür ist die Funktion der Treuepflicht, die Kompensation der anvertrauten Rechtsmacht, die in Bezug auf die Tochtergesellschaftsinteressen realistischerweise nur ein Mehrheitsgesellschafter der Holding aufweisen wird.[1313] Intensität und Inhalt der ebenenübergreifenden Treuepflicht des mittelbaren Gesellschafters sollen sich neben der Beteiligungshöhe in der Holding nach dem Zweck, der Schutzbedürftigkeit und der Realstruktur der Tochtergesellschaft und nach der Struktur und dem Zweck der Holding richten.[1314] Sofern die Holding etwa weiteres nennenswertes Vermögen neben der Beteiligung an der Tochtergesellschaft aufweist, soll die mittelbare Treupflicht des Mehrheitsgesellschafters der Holding gegenüber der Tochtergesellschaft eher abgeschwächt sein.[1315] Wenn der Zweck der Holding vornehmlich darin liegt, den Mehrheits- oder Alleingesellschafter der Holding in der Hauptgesellschaft zu repräsentieren, steige die Intensität der Treuepflicht gegenüber der Tochtergesellschaft stark an.[1316]

Eine zweite Konstellation, in der diese Ansicht zum Ergebnis kommt, dass ebenenübergreifende Treuebindungen existieren, findet sich in Konstellationen, in denen Gesellschafter der Holding in Wettbewerb zur Tochtergesellschaft treten. Der BGH hat für eine Muttergesellschaft, deren hundertprozentige Tochtergesellschaft mit hoher Mehrheit sowohl am Kommanditkapital der KG als auch am Kapital der Komplementär-GmbH in einer GmbH & Co. KG beteiligt war, ein Wettbewerbsverbot der Muttergesellschaft aus ihrer Treuepflicht gegenüber der GmbH und der KG hergeleitet.[1317] Die Literatur hat sich dieser Entscheidung weitestgehend angeschlossen.[1318] Abgesehen vom Argument der tatsächlich bestehenden Einflussmöglichkeit der Muttergesellschaft auf die Interessen der Enkel-

---

[1312] *Liebscher*, ZIP 2003, 825 (830). Dies als Ausnahme bezeichnend *Lutter/Grunewald*, AG 1989, 409 (411), unter Verweis auf *Stimpel*, AG 1986, 117 (120).

[1313] *Liebscher*, ZIP 2003, 825 (830).

[1314] Ebd.

[1315] Ebd.

[1316] Ebd., (830 f.).

[1317] BGH, Urteil v. 5.12.1983, Az. II ZR 242/82 („Heumann/Ogilvy"), NJW 1984, 1351 (1352).

[1318] Vgl. nur *Habersack*, in: Emmerich/Habersack, Aktien- und GmbH-Konzernrecht, 10. Aufl. 2022, Anh. § 318 AktG Rn. 28; *Liebscher*, in: MünchKomm GmbHG, 5. Aufl. 2025, Anh. § 13 Rn. 321, jeweils m.w.N.

Gesellschaften hat der BGH aber nicht erläutert, wie sich diese ebenenübergreifende Treuebindung dogmatisch vollzieht. In der Literatur wurde insoweit vorgeschlagen, die originäre mitgliedschaftliche Treuepflicht der Holdinggesellschafter gegenüber der Holding über das Rechtsinstitut des Vertrags mit Schutzwirkung zugunsten Dritter auch auf die Gesellschaften, an denen die Holding beteiligt ist, zu strecken.[1319]

Die a.A. argumentiert gegen die Annahme ebenenübergreifender Treuebindungen mit dem Relativitätsprinzip des Schuldrechts.[1320] Da Schuldverhältnisse grundsätzlich nur *inter partes* wirken und das BGB nur in Ausnahmefällen die Bindung Dritter an Verträge anerkennt, z.B. bei rechtsgeschäftsähnlichen Schuldverhältnissen (§ 311 Abs. 2, 3 BGB), könne für die Treuepflicht als Produkt der gesellschaftsvertraglichen Beziehung nichts anderes gelten.[1321] Eine Treuebindung der Holdinggesellschafter in Bezug auf die Hauptgesellschaft könne daher nur dann angenommen werden, wenn eine die Holdinggesellschafter bindende, schuldrechtliche Verpflichtung gegenüber der Hauptgesellschaft bestehe.[1322] Wie *Loritz* argumentiert, würde es zudem merkwürdig anmuten, einen Finanzinvestoren, der über eine von ihm gehaltene Holding eine Beteilung an einer Gesellschaft erwirbt, in eine Treuepflichtbeziehung zu allen Gesellschaftern dieser Gesellschaft treten zu lassen.[1323] Eine Ausnahme ließe sich allenfalls für Vertragskonzerne andenken, in welchem den Gesellschaftern der Obergesellschaft ein vertraglicher Einfluss auf die Tochter- oder Enkelgesellschaften zugesichert wird.[1324]

Der letztgenannten Ansicht ist grundsätzlich zu folgen. Wie im Allgemeinen Teil dieser Arbeit dargelegt, ist Grundlage der mitgliedschaftlichen Treuepflicht stets der Gesellschaftsvertrag und das durch ihn begründete Gesellschaftsverhältnis.[1325] Der Gesellschaftsvertrag bindet aber nur die Gesellschafter, auch die sich aus dem Gesellschaftsvertrag ergebende Treuepflicht kann daher nur die unmittelbaren Gesellschafter binden. Die Annahme einer ebenenübergreifenden Treuepflicht lässt sich mit den gefestigten

---

[1319] Vgl. nur die Darstellung dieser Ansicht bei *Weller*, ZHR 175 (2011), 110 (130). Die andere dort dargestellte Ansicht orientiert sich eher an den Ausführungen des BGH und vertritt quasi spiegelbildlich, dass die Treuepflicht der Holding, die ja selbst einem Wettbewerbsverbot gegenüber den Gesellschaften, an denen sie beteiligt ist unterliegt, auf ihre Gesellschafter durchgreift und so die Wirkung der Treuepflicht „von unten nach oben" erstreckt wird (Zurechnungsdurchgriff der originären Treuepflicht der Holding).

[1320] *Loritz*, NZG 2007, 361 (366 f.); sich anschließend OLG Karlsruhe, Urteil v. 13.3.2008, Az. 8 U 60/07, BeckRS 2008, 12851; *Binz/Mayer*, NZG 2012, 201 (209); *Grigoleit*, in: Grigoleit, AktG, 2. Aufl. 2020, § 1 Rn. 49; *Rieckers*, in: MünchHdbGesR Bd. 4,6. Aufl. 2024, § 17 Rn. 20.

[1321] *Loritz*, NZG 2007, 361 (367).

[1322] Speziell für die GmbH & Co. KG und die Treuebeziehung der verschiedenen Ebenen von KG, Kommanditisten, Komplementärin und Gesellschaftern der Komplementärin unter Anwendung des Rechtsinstituts des Vertrags mit Schutzwirkung zugunsten Dritter ausführlich *Ridder*, Ebenenübergreifende Treuepflichten in der Kapitalgesellschaft & Co. KG, 2018.

[1323] *Loritz*, NZG 2007, 361 (366).

[1324] Ebd.

[1325] Hierzu oben unter § 3.B.II.1.

Grundsätzen des Rechtsinstituts der Treuepflicht nicht in Einklang bringen.

Darüber hinaus wird es einer ebenenübergreifenden Treuepflicht mit Ausnahme der o.g. Vinkulierungskonstellation und des Wettbewerbsverbots einer Muttergesellschaft regelmäßig auch nicht bedürfen, um das mit der Treuepflicht verfolgte Ziel des sorgsamen Umgangs mit fremden Interessen zu erreichen. Die Gesellschafter der Holding unterliegen wie gesehen im Verhältnis zu ihrer Holdinggesellschaft und ihren dortigen Mitgesellschaftern der Treuepflicht.[1326] Die Treuepflicht der Holdinggesellschafter gegenüber ihrer Holding umfasst dabei mittelbar auch die Pflicht zur Berücksichtigung der Interessen der Tochtergesellschaft.[1327] Denn der Zweck der Holding besteht – insbesondere in Familienstamm-Holdings – vornehmlich in der Verwaltung der der Holdinggesellschaft zugeteilten Anteile an deren Tochtergesellschaft, in der Stamm-Holding meist zugunsten der o.g. Vorstellungen des Stammesgründers, den Einfluss des eigenen Stammes in der Gesellschaft und die bestmögliche Nutzung dieses Einflusses zu sichern. Die Gesellschafter der Holdinggesellschaft entscheiden letztlich mittels ihrer Stimmrechte in der Holding über deren Auftreten als Gesellschafter der Tochtergesellschaft. In der Tochtergesellschaft unterliegt die Holding als Gesellschafter aber ihrerseits der Treuepflicht gegenüber der Tochtergesellschaft und den Mitgesellschaftern. Sofern die Holding gegen ihre Treuepflicht gegenüber der Tochtergesellschaft und den Mitgesellschaftern verstößt, drohen ihr die Rechtsfolgen der Treuepflichtverletzung, die von der Unbeachtlichkeit ihrer Stimmabgabe bis hin zur Schadensersatzpflicht reichen können.[1328] Der Eintritt dieser Rechtsfolgen fällt in jedem Fall aus dem Interesse der Stamm-Holding. Demnach beeinträchtigt die Missachtung der Tochtergesellschaftsinteressen durch die Gesellschafter der Holding letztlich das Gesellschaftsinteresse der Holding. Die Treuepflicht der Gesellschafter der Holding verpflichtet diese daher dazu, das Interesse der Tochtergesellschaft in der Art und Weise zu beachten, wie die Holding dieses selbst beachten muss. Dies gilt in besonderer Weise für die Familienstamm-Holding, da diese regelmäßig keine Beteiligung an anderen Gesellschaften aufweist und ihr Gesellschaftsinteresse sich vornehmlich auf die bestmögliche Nutzung ihrer Gesellschafterstellung in der Familienhauptgesellschaft konkretisieren wird. Selbst wenn die Gesellschafter der Holding die Interessen der Hauptgesellschaft nicht beachten und die Holding anweisen, gegen ihre Treuepflicht in der Hauptgesellschaft zu verstoßen, so haben die Hauptgesellschaft und ihre restlichen Gesellschafter die Möglichkeit, diese Treuepflichtverletzung geltend zu machen. Sie werden insoweit durch die bereits dargelegten Rechtsfolgen der Treuepflichtverletzung

1326 Hierzu oben unter § 8.A.

1327 Hingegen über die Konstruktion einer eigenen Treuepflicht des Holdinggesellschafters gegenüber der von der Holding gehaltenen Gesellschaft speziell für Familien-Holdings *v. Ditfurth*, in: MünchHdbGesR Bd. 1, 6. Aufl. 2024, § 55 Rn. 37.

1328 Hierzu oben unter § 3.F.

geschützt.

Führt man sich dieses Ineinandergreifen der jeweiligen Treuebindungen vor Augen, so verwundert es nicht, dass gerade die Vinkulierungskonstellation und das Wettbewerbsverbot den Boden für die Diskussionen um die ebenenübergreifende Treuepflicht bereitet haben. Denn in diesen Fällen handelt nicht die zwischengeschaltete Holding, sondern lediglich deren Gesellschafter. Die Treuepflicht der Holding gegenüber der Tochtergesellschaft und ihren Mitgesellschaftern kann daher nicht als Korrektiv eingreifen. Zumindest das Problem der Vinkulierungslücken bei Gesellschaftergesellschaften kann aber selbst von den Vertretern einer ebenenübergreifenden Treuepflicht regelmäßig nicht befriedigend aufgelöst werden. Denn die aufgestellten Kriterien für eine Treuepflichtverletzung des mittelbaren Gesellschafters in Veräußerungsfällen lassen wegen der Erheblichkeit des Zwecks und der Realstruktur der Holding regelmäßig solche Gesellschaften durch das Raster fallen, die nicht bloß eine Beteiligung an einer Tochtergesellschaft halten, sondern darüber hinaus Aktivität entfalten.[1329] Auch eine Familienstamm-Holding mag zwar in der Phase unmittelbar nach ihrer Gründung nur die Beteiligung an der Familiengesellschaft halten, mit der Zeit ist es aber nicht ausgeschlossen, dass sich ihr Geschäftsfeld erweitert oder gar schwerpunktmäßig verschiebt, etwa wenn Stammesangehörige Beteiligungen an anderen Unternehmen in die Stamm-Holding einbringen. Aus diesem Grund lassen sich ebenenübergreifende Vinkulierungen und die Abwehr familienfremder Gesellschafter nur durch sog. Change of Control-Klauseln adäquat sichern.[1330]

Das fehlende Wettbewerbsverbot einer Muttergesellschaft stellt hingegen tatsächlich ein Problem dar, welches mit der Annahme ebenenübergreifender Treuepflichten rechtssicher zu lösen wäre. Der Mangel an anderweitigen Rechtsinstituten zur interessengerechten Lösung dieser Problematik scheint auch der Hauptgrund für die Fülle an Literaturstimmen zu sein, die sich im Anschluss an das „*Heumann/Ogilvy*"-Urteil des BGH[1331] für eine konzerndimensionale Treuepflicht ausgesprochen haben.[1332] Die Notwendigkeit eines konzernübergreifenden Wettbewerbsverbots kann aber nicht dazu führen, dass die Treuepflicht auch in anderen Bereichen über ihre dogmatischen Grenzen hinausgestreckt wird. Selbst wenn man hier für die Begründung des Wettbewerbsverbots eine Ausnahme erwägen mag und eine Treuepflicht zwischen der Mutter- und Enkelgesellschaft über den Vertrag mit Schutzwirkung zugunsten Dritter ausnahmsweise bejaht, wie dies die h.M. tut, so spricht dies nicht für umfassende ebenenübergreifende Treuepflichten. Eine unmittelbare Treuepflicht der Familienholdinggesellschafter gegenüber der Hauptgesellschaft ist daher nach hiesiger Sicht grundsätzlich abzulehnen.

[1329] *Häckl*, Gesellschaften als Gesellschafter, 2011, 118 f., 122 f.; *Liebscher*, ZIP 2003, 825 (829 ff.).

[1330] *Häckl*, Gesellschaften als Gesellschafter, 2011, 123.

[1331] BGH, Urteil v. 5.12.1983, Az. II ZR 242/82 („Heumann/Ogilvy"), NJW 1984, 1351.

[1332] S. die Nachweise bei *Liebscher*, in: MünchKomm GmbHG, 5. Aufl. 2025, Anh. § 13 Rn. 321 (Fn. 392).

D. Zum Stammesvertreter

Eine weitere Besonderheit der Familienstämme findet sich in der Existenz obligatorischer Vertreter, die für die Gesellschafter eines Stammes die Rechte in der Familiengesellschaft ausüben.[1333] Die obligatorische Gruppenvertretung tritt in der Praxis insbesondere bei Familiengesellschaften in der Rechtsform der KG oder GmbH auf.[1334] Es stellt sich die Frage, ob die Stammesvertreter, der selbst nicht Gesellschafter sind, auch der Treuepflicht unterliegen, entweder einer originären, persönlichen Treuepflicht oder ob sie bei der Ausübung der Gesellschafterrechte zumindest die Treuepflicht der Gesellschafter, die sie vertreten, beachten müssen. Für die Beantwortung dieser Frage kann auf die rechtswissenschaftliche Diskussion um die persönliche Treuepflicht des Stimmrechtsvertreters in Aktiengesellschaften zurückgegriffen werden.

I. Die persönliche Treuepflicht des Stimmrechtsvertreters in Rechtsprechung und Literatur

In der rechtswissenschaftlichen Literatur bestand lange Streit darüber, ob ein Stimmrechtsvertreter persönlich der mitgliedschaftlichen Treuepflicht unterliegt, wenn er selbst nicht Gesellschafter ist.[1335] Die Debatte um die Treuepflicht des Stimmrechtsvertreters vollzog sich dabei an der Aktiengesellschaft, in welcher Minderheitsaktionäre wegen der mit einem Hauptversammlungsbesuch verbundenen Kosten und Mühen und ihrem oftmals geringen Stimmrechtsanteil regelmäßig Stimmrechtsvertreter beauftragen. Den wichtigsten Meilenstein in dieser Debatte stellt das „*Girmes*“-Urteil des BGH dar.[1336] Zwar war die Diskussion um die Treuepflicht des Stimmrechtsvertreters schon vorher geführt worden,[1337] im Anschluss verschob sich das Meinungsbild aber zunehmend.[1338]

Dem „*Girmes*“-Urteil des BGH lag folgender Sachverhalt zugrunde: Der Herausgeber eines Börsenmagazins hatte bei Minderheitsaktionären einer Aktiengesellschaft, die in der nächsten Hauptversammlung über ein Sanierungskonzept entscheiden lassen wollte, öffentlich darum geworben, ihn zur Stimmrechtsvertretung zu bevollmächtigen, um die

---

1333 Hierzu oben unter § 4.B.IV.4.c.(ii).(1).

1334 Hierzu *Holler*, in: MünchHdbGesR Bd. 7, 6. Aufl. 2020, § 75 Rn. 111 m.w.N.

1335 Ist der Stimmrechtsvertreter selbst Gesellschafter, unterliegt er nach allg. Ansicht *insgesamt* der Treuepflicht, vgl. etwa *Henze/Notz,* in: Hopt/Wiedemann, Großkomm. AktG, 4. Aufl. 2009, Anh. § 53a Rn. 30; *Timm*, WM 1991, 481 (488).

1336 BGH, Urteil v. 20.3.1995, Az. II ZR 205/94 („Girmes“), NJW 1995, 1739 m. Anm. *Altmeppen*.

1337 Die Treuepflicht bejahend *Schick*, ZIP 1991, 938 (940); *Timm*, WM 1991, 481 (487 f.); wohl auch *Schöne*, WM 1992, 209 (212); *Marsch-Barner*, ZHR 157 (1993), 172 (184); a.A. schon vor dem „*Girmes*“-Urteil *Heermann*, ZIP 1994, 1243 (1244 f.). Für eine ausführliche Analyse der Treuepflicht des Stimmrechtsvertreters vgl. *Beckerhoff,* Treupflichten bei der Stimmrechtsausübung und Eigenhaftung des Stimmrechtsvertreters, 1996, 149 ff.

1338 Hierzu sogleich.

dem Sanierungskonzept zugrundeliegende Kapitalerhöhung zu verhindern. Er vertrat die Ansicht, das von der Verwaltung vorgeschlagene Sanierungskonzept benachteilige einseitig die Kleinaktionäre. Der Stimmrechtsvertreter erlangte letztlich Bevollmächtigungen für Stimmrechte, die kumulativ die für eine Sperrminorität in der Hauptversammlung notwendige Stimmzahl erreichten. Infolgedessen konnte er die vorgesehene Kapitalerhöhung verhindern, sodass die Sanierung scheiterte. Daraufhin nahm ihn ein Aktionär, welcher der Kapitalerhöhung zugestimmt hatte, wegen der Entwertung seines Aktienbesitzes auf Schadensersatz in Anspruch. Er hielt den Stimmrechtsvertreter u.a. unter dem Gesichtspunkt einer Treupflichtverletzung für schadensersatzpflichtig.[1339]

Der BGH entschied, dass ein Stimmrechtsvertreter nicht persönlich der mitgliedschaftlichen Treuepflicht unterliegt, wenn er nicht ebenfalls Gesellschafter ist.[1340] Der Stimmrechtsvertreter dürfe zwar das Stimmrecht nur unter denselben aus der Treupflicht folgenden Einschränkungen wahrnehmen, wie der die Vollmacht erteilende Aktionär selbst.[1341] Da das Stimmrecht aber nur von dem die Vollmacht erteilenden Aktionär abgeleitet sei, rechtlich jedoch bei diesem verbleibe, müsse das gleiche für die Treupflicht gelten.[1342] Die Loslösung der Treuepflicht von der Mitgliedschaft würde letztlich den Grundprinzipen der Treuepflicht widersprechen.[1343] Der BGH kam letztlich über eine entsprechende Anwendung des § 179 Abs. 1 BGB zur Schadensersatzpflicht des Stimmrechtsvertreters.[1344]

In den Jahren vor dem „*Girmes*"-Urteil hatte ein gewichtiger Teil der Literatur noch die Ansicht vertreten, dass der Stimmrechtsvertreter unter gewissen Bedingungen von der Treuepflicht erfasst sei.[1345] Die Vertreter der Erstreckung der mitgliedschaftlichen Treuepflicht auf den Stimmrechtsvertreter argumentieren hierfür vornehmlich mit dessen Einflussmöglichkeiten auf die Interessen der Gesellschaft.[1346] Unmittelbar nach dem „*Girmes*"-Urteil prägte insbesondere *Lutter* mit dem Argument der „Rollenübernahme" die Diskussion um die Treupflichterstreckung auf den Stimmrechtsvertreter.[1347] Der Stimmrechtsvertreter übernehme für die Zeit der Hauptversammlung die Rolle des Gesellschafters, für diesen Zeitraum treffe ihn dann auch persönlich die Treuepflicht, aus welcher er

[1339] Vgl. zu weiteren Verfahren in Sachen Girmes die Übersicht bei *Marsch-Barner*, ZIP 1996, 853 (853).
[1340] BGH, Urteil v. 20.3.1995, Az. II ZR 205/94 („Girmes"), NJW 1995, 1739 (1742) m. Anm. *Altmeppen*.
[1341] Ebd.
[1342] Ebd.
[1343] Ebd.
[1344] Ebd., (1742 ff.).
[1345] *Timm*, WM 1991, 481 (487 f.); *Schick*, ZIP 1991, 938 (940); *Schöne*, WM 1992, 209 (212); *ders.*, EWiR 1992, 952 (953); *Marsch-Barner*, ZHR 157 (1993), 172 (184); a.A. schon vor dem „*Girmes*"-Urteil *Heermann*, ZIP 1994, 1243 (1244 f.).
[1346] So auch heute noch *Drygala*, in: KölnKomm AktG, 3. Aufl. 2010, § 53a Rn. 87; vor dem „*Girmes*"-Urteil bereits *Schick*, ZIP 1991, 938 (940); *Marsch-Barner*, ZHR 157 (1993), 172 (184).
[1347] *Lutter*, JZ 1995, 1053 (1056).

mithin auch haften könne.[1348] Für die „Rollenübernahme“ sei aber erforderlich, dass der Stimmrechtsvertreter selbst entscheiden kann, wie er in der Hauptversammlung abstimmt, er dürfe also keine Weisung des Aktionärs erhalten haben.[1349] Sofern der Aktionär dem Stimmrechtsvertreter eine Weisung zur Stimmrechtsausübung in diesem oder jenem Sinne erteilt habe, übernehme dieser nicht die Rolle des Aktionärs, sodass er auch nicht der Treuepflicht unterliegen könne, dann hafte aber der Aktionär wegen der gegen seine persönliche Treuepflicht verstoßenden Weisung an den Stimmrechtsvertreter.[1350]

Seit dem „*Girmes*“-Urteil hat sich im Schrifttum ein bemerkenswerter Wandel des Meinungsbilds hin zur nahezu einhelligen Ablehnung einer persönlichen Treuepflicht des Stimmrechtsvertreters vollzogen.[1351] Dabei wird die Argumentation auf die bereits vom BGH angesprochenen Gesichtspunkte gestützt. Die Treuepflicht beruhe auf der Mitgliedschaft des Aktionärs und dem geschlossenen Gesellschaftsvertrag, der gesellschaftsfremde Stimmrechtsvertreter könne daher schon gar nicht einer persönlichen Treuepflicht unterliegen.[1352] Dem Stimmrechtsvertreter werde auch nicht das Stimmrecht als solches übertragen, sondern nur die Befugnis zu dessen Ausübung.[1353] Daher erfasse die mitgliedschaftliche Treuepflicht auch bei einer Vertretung nur den Aktionär, diese verpflichte den Aktionär dann aber zur ordnungsgemäßen Auswahl des Stimmrechtsvertreters.[1354]

Der heute g.h.M. in Rechtsprechung und Literatur ist zuzustimmen. Noch klarer als im Falle des Gesellschaftergesellschafters[1355] hat der Stimmrechtsvertreter keinerlei vertragliche Beziehung oder irgendwie geartete Sonderverbindung zur Gesellschaft und ihren Gesellschaftern. Der Stimmrechtsvertreter ist vielmehr ein komplett außenstehender Dritter. Die Annahme einer persönlichen Treuepflicht des Stimmrechtsvertreters würde den Grundprinzipien der Treuepflicht, wie sie im Allgemeinen Teil dieser Arbeit dargestellt wurden,[1356] widersprechen. Einer persönlichen Treuepflicht des Stimmrechtsvertreters bedarf es auch gar nicht. Die Rechtsausübung des Stimmrechtsvertreters unterliegt nach dem „*Girmes*“-Urteil des BGH den Anforderungen aus der Treuepflicht, denen auch die

---

1348 Ebd.

1349 Ebd.; so auch schon vor dem „*Girmes*“-Urteil *Timm*, WM 1991, 481 (488); *Marsch-Barner*, ZHR 157 (1993), 172 (184 f.).

1350 *Lutter*, JZ 1995, 1053 (1056).

1351 Etwa *Rieckers*, in: MünchHdbGesR Bd. 4, 6. Aufl. 2024, § 17 Rn. 20; *Koch*, AktG, 19. Aufl. 2025, § 53a Rn. 23, § 53a Rn. 23; *Henze/Notz* in: Hopt/Wiedemann, Großkomm. AktG, 4. Aufl. 2009, Anh. § 53a Rn. 31; *Götze*, in: MünchKomm AktG, 6. Aufl. 2024, Vor. § 53a Rn. 37; *Arnold*, in: MünchKomm AktG, 6. Aufl. 2024, § 135 Rn. 160; *Horcher/Janssen*, in: Heidel, AktR und KapitalmarktR, 6. Aufl. 2024, § 53a Rn. 26; *Bungert*, DB 1995, 1749 (1753); *Grigoleit*, in: Grigoleit, AktG, 2. Aufl. 2020, § 1 Rn. 48; a.A. nach wie vor *Drygala*, in: KölnKomm AktG, 3. Aufl. 2010, § 53a Rn. 87; differenzierend *Wilhelm*, Dritterstreckung im Gesellschaftsrecht, 2017, 277 ff.

1352 *Koch*, AktG, 19. Aufl. 2025, § 53a Rn. 23.

1353 *Henze/Notz* in: Hopt/Wiedemann, Großkomm. AktG, 4. Aufl. 2009, Anh. § 53a Rn. 31.

1354 Ebd.

1355 Hierzu oben unter § 8.C.

1356 Hierzu oben unter § 3.B.

Rechtsausübung des Gesellschafters unterliegen würde.[1357] Die Frage nach einer persönlichen Treuepflicht des Stimmrechtsvertreters wird nur relevant, wenn es um dessen Haftung geht, also in einer Konstellation, wie sie auch dem „*Girmes*“-Urteil des BGH zugrunde lag. Wie der BGH aber richtigerweise herausgearbeitet hat, können § 179 Abs. 1 BGB oder § 826 BGB als Anspruchsgrundlage gegen den Stimmrechtsvertreter dienen.[1358] Gleichzeitig verletzt der Aktionär nach der heute g.h.M. bei einer Weisung zu dieser oder jener treuepflichtverletzenden Stimmrechtsausübung an den Stimmrechtsvertreter auch seine Treuepflicht, bei fehlender Weisung ist zumindest ein Auswahlverschulden des Aktionärs analog § 664 Abs. 1 Satz 2 BGB zu prüfen.[1359] Anders als im Falle des mittelbaren Gesellschafters, der über eine zwischengeschaltete Holding auf die Interessen der Gesellschaft einwirkt, kann hier also nicht einmal mit einem Schutzbedürfnis der Gesellschaft oder der Mitgesellschafter, welche eine Überdehnung der Treuepflicht erforderlich mache, argumentiert werden. Der Stimmrechtsvertreter unterliegt also keiner persönlichen Treuepflicht.

II. Anwendbarkeit auf den gemeinsamen Vertreter des Familienstammes

Fraglich ist, ob sich diese für den Stimmrechtsvertreter weitestgehend gefestigten Grundsätze auf den gemeinsamen Vertreter von Familienstämmen übertragen lassen. Der Vertreter wird im Regelfall, insbesondere bei mitgliederstarken Familienstämmen, die über Jahrzehnte gewachsen sind, ein stammesangehöriger Familiengesellschafter sein, der ohnehin der Treuepflicht gegenüber der Familiengesellschaft und den Mitgesellschaftern unterliegt.

Wenn im Gesellschaftsvertrag aber die Vertretung des Stammes durch einen gemeinsamen Vertreter, der selbst nicht Gesellschafter ist, zugelassen ist,[1360] kann die Frage nach dessen Treuepflicht doch einmal virulent werden. Übertrüge man die g.h.M. zur Treuepflicht des Stimmrechtsvertreters, so würde der Stammesvertreter zwar bei der Rechtsausübung den – in der generationsübergreifend ausgerichteten Familiengesellschaft wie gesehen hohen – Schranken der Treuepflicht unterliegen, denen auch die Vertretenen unterliegen würden, wenn sie selbst ihre Gesellschafterrechte ausüben würden.

1357 BGH, Urteil v. 20.3.1995, Az. II ZR 205/94 („Girmes“), NJW 1995, 1739 (1742) m. Anm. *Altmeppen*.

1358 Ebd., (1742 ff.).

1359 *Grigoleit*, in: Grigoleit, AktG, 2. Aufl. 2020, § 1 Rn. 48; *Götze*, in: MünchKomm AktG, 6. Aufl. 2024, Vor. § 53a Rn. 37; *Arnold*, in: MünchKomm AktG, 6. Aufl. 2024, § 135 Rn. 161; für die Entwicklung einer gesetzlichen Substitution der Aktionäre durch „institutionelle“ Stimmrechtsvertreter aus § 135 Abs. 1 AktG, welche die Treuebindung zur Gesellschaft bei dem Gesellschafter belasse, aber seine Haftung nach dem Rechtsgedanken des § 664 Abs. 1 Satz 2 BGB auf Auswahlverschulden begrenzt und eine Eigenhaftung des Substituten nach den Grundsätzen, die für den Aktionär gelten würde, erlaubt *Koch*, AktG, 19. Aufl. 2025, § 53a Rn. 23.

1360 Hierzu oben unter § 4.B.IV.4.c.(ii).(2).

Persönlich würde der Vertreter aber nicht von der Treuepflicht erfasst werden. Zwar sind nicht sämtliche Charakteristika des durch den Aktionär ausgesuchten Stimmrechtsvertreters in der Aktiengesellschaft und dem als Stammesvertreter in der Familiengesellschaft fungierenden, gesellschaftsfremden Dritten identisch, allerdings üben beide für einen oder mehrere Gesellschafter deren Gesellschaftsrechte aus, sei es wie im Falle des Stimmrechtsvertreters das Stimmrecht oder wie im Falle des Stammesvertreters ein weites Spektrum an Gesellschafterrechten. Umso mehr überrascht es, dass die Übertragung der Erkenntnisse zum Stimmrechtsvertreter auf den Stammesvertreter in der rechtswissenschaftlichen Literatur – soweit ersichtlich – nicht einmal diskutiert wird. Vielmehr findet sich in der Literatur trotz umfangreicher allgemeiner Ausführungen zur Vertreterklausel keine intensive Auseinandersetzung mit der Treuepflicht des gesellschaftsfremden Vertreters. So nehmen beinahe alle auffindbaren Quellen ohne weitere Erklärung an, dass der gesellschaftsfremde Vertreter der Treuepflicht unterliegt.[1361] Allerdings wird insofern in keiner der Literaturstellen deutlich, ob hiermit die – ja auch für den Stimmrechtsvertreter geltenden – Grenzen für die Rechtsausübung aus der Treuepflicht der Vertretenen gemeint sind oder ob der Vertreter tatsächlich einer persönlichen Treuepflicht unterliegen soll.[1362]

Der Stammesvertreter übt üblicherweise nicht nur das Stimmrecht für die im Stamm organisierten Gesellschafter aus, sondern auch weitere Rechte, insbesondere Informations-, Teilnahme- und Rederechte der Gesellschafter.[1363] Die Rechte selbst gehen aber ebenso wenig auf den gemeinsamen Vertreter über, wie das Stimmrecht eines Aktionärs auf dessen Stimmrechtsvertreter übergeht. Der BGH hat ausdrücklich klargestellt, dass sämtliche Rechte, die unter eine Vertreterklausel fallen, der Substanz nach voll in der

---

1361 *Enzinger*, in: MünchKomm HGB, 5. Aufl. 2022, § 119 Rn. 54; *Böttcher/Otte/Dietlein*, in: BeckOGK HGB, Stand 1.3.2025, § 109 Rn. 216; *Roth*, in: Hopt, HGB, 44. Aufl. 2025, § 163 Rn. 10; *Stengel*, in: Prinz/Kahle, Beck'sches Hdb. PersGes, 5. Aufl. 2020, § 3 Rn. 357; *Holler*, in: MünchHdbGesR Bd. 7, 6. Aufl. 2020, § 75 Rn. 113.

1362 *Enzinger*, in: MünchKomm HGB, 5. Aufl. 2022, § 119 Rn. 54: *„Er unterliegt der gesellschafterlichen Treupflicht, weil er Gesellschafterrechte ausübt“*; *Böttcher*, in: BeckOGK HGB, Stand 15.8.2023, § 119 Rn. 96: *„Er unterliegt zudem, auch wenn es sich um einen gesellschaftsfremden Dritten handeln sollte, aufgrund der Ausübung des Stimmrechts und ggf. weiterer Gesellschafterrechte der gebundenen Gesellschafter der gesellschafterliche* [sic!] *Treuepflicht gegenüber den anderen Gesellschafter* [sic!] *der OHG/KG“*; *Roth*, in: Hopt, HGB, 44. Aufl. 2025, § 163 Rn. 10: *„Er unterliegt auch als NichtGfter der gesellschafterlichen Treupflicht, da er GfterRechte ausübt“*; *Stengel*, in: Prinz/Kahle, Beck'sches Hdb. PersGes, 5. Aufl. 2020, § 3 Rn. 357: *„Im Übrigen unterliegen die durch Vertreterklausel Bevollmächtigten den gesellschaftsrechtlichen Schranken der Treuepflicht und des Kernbereichsschutzes“*; *Holler*, in: MünchHdbGesR Bd. 7, 6. Aufl. 2020, § 75 Rn. 113: *„Er unterliegt dabei in jedem Fall auch als Nichtgesellschafter der gesellschafterlichen Treupflicht, da er Gesellschafterrechte ausübt“*; anders wohl nur *Schäfer*, in: Staub, HGB, 6. Aufl. 2024, § 109 Rn. 74, der für den Fall eines aufgrund des Einstimmigkeitsprinzips scheiternden Beschlusses der Vertretenen ausführt, dass der Vertreter *„sich - im Rahmen der gesellschaftsrechtlichen Treupflicht - vom Gruppeninteresse leiten zu lassen“* hat, die Treuepflicht also lediglich als Ausübungsschranke begreift.

1363 Hierzu oben unter § 4.B.IV.4.c.(ii).(2).

Hand der Gesellschafter verbleiben, ohne ganz oder teilweise abgespalten zu werden.[1364] Der gesellschaftsfremde Stammesvertreter ist darüber hinaus auch nicht Partei des Gesellschaftsvertrags. Zwar kann der Vertreter im Gesellschaftsvertrag bereits konkret benannt werden.[1365] Hierdurch wird der Vertreter aber nicht Vertragspartei bzw. in das Gesellschaftsverhältnis aufgenommen.[1366] Vielmehr steht der Vertreter „nur" in einem Auftrags- (§§ 662 ff. BGB) bzw. Geschäftsbesorgungsverhältnis (§ 675 Abs. 1 BGB) zu den von ihm Vertretenen.[1367] Aus diesen Gründen müssen die für den Stimmrechtsvertreter weitestgehend gefestigten Grundsätze auch für den gemeinsamen Vertreter Anwendung finden.

Wie beim Stimmrechtsvertreter auch, bedarf es letztendlich auch keiner persönlichen Treuepflicht des gemeinsamen Vertreters. Dieser wird i.R.d. Rechtsausübung ebenso durch die Treuepflicht beschränkt, wie die durch ihn vertretenen Gesellschafter bei eigener Rechtsausübung beschränkt würden. Gleichzeitig unterliegen die vertretenen Gesellschafter weiterhin der Treuepflicht gegenüber der Gesellschaft und den Mitgesellschaftern, gegen die sie etwa verstoßen, wenn sie dem Vertreter eine Weisung erteilen, die eine die Treuepflicht verletzende Rechtsausübung beinhaltet.[1368] Der Vertreter selbst kann nach den oben zum Stimmrechtsvertreter genannten Maßgaben selbst zum Schadensersatz verpflichtet sein, sodass nicht einmal insoweit eine Erstreckung der Treuepflicht auf den gesellschaftsfremden gemeinsamen Vertreter nötig ist.

Insgesamt ergibt sich daher, dass der gemeinsame Vertreter wie ein Stimmrechtsvertreter zu behandeln ist. Er unterliegt keiner persönlichen Treuepflicht, sondern nur den durch die Treuepflicht gesetzten Schranken i.R.d. Ausübung der Rechte der Vertretenen, denen diese bei eigener Rechtsausübung auch unterliegen würden.

E. Übertragbarkeit der Erkenntnisse auf die Mehrfamilien-Gesellschaft

Die in diesem Kapitel § 8 gewonnenen Erkenntnisse zur Treuepflicht in einer Familiengesellschaft, deren familiär verbundene Gesellschafter bzw. Anteile nach Stämmen aufgeteilt sind, lassen sich auf die Familiengesellschaft bestehend aus Stämmen, deren Mitglieder jeweils verwandtschaftlich verbunden sind, die aber keine verwandtschaftliche Beziehung zu den anderen Stämmen haben übertragen. Auch in einer Mehrfamilien-

1364 BGH, Urteil v. 12.12.1966, Az. II ZR 41/65, NJW 1967, 826 (827).
1365 Hierzu oben unter § 4.B.IV.4.c.(ii).(2).
1366 Zu einem gänzlich anderen Ergebnis käme man nach *Wiedemann*, der den Vertreter als Gesellschaftsorgan, welches aber die Interessen der vertretenen Gesellschafter wahrzunehmen hat, begreift, vgl. *Wiedemann*, Die Übertragung und Vererbung von Mitgliedschaftsrechten bei Handelsgesellschaften, 1965, 389; *ders.*, GesR Bd. II, 2004, 327.
1367 Hierzu oben unter § 4.B.IV.4.c.(ii).(2).
1368 Wobei hier nur solche Gesellschafter gegen ihre Treuepflicht verstoßen, die auch für die entsprechende Weisung gestimmt haben.

Gesellschaft, die planvoll generationsübergreifend ausgerichtet ist, besteht der besondere Gesellschaftszweck regelmäßig im generationsübergreifenden Erhalt der Gesellschaft und des in ihr liegenden Vermögens für die an der Gesellschaft beteiligten Familien. Gleichzeitig ist auch das restliche Vertragswerk auf den Schutz des Gesellschaftsvermögens und die Abwehr solcher Gesellschafter, die nicht Mitglied einer der Familien sind, gerichtet.

Die verwandtschaftliche Beziehung selbst modifiziert die mitgliedschaftliche Treuepflicht hingegen wie gesehen nicht,[1369] sodass das Fehlen verwandtschaftlicher Beziehungen zwischen Mitgliedern unterschiedlicher Stämme keine Rolle für die Vergleichbarkeit mit der ausschließlich von familiär verbundenen Gesellschaftern kontrollierten Gesellschaft spielt. Die Gesellschafter einer Mehrfamilien-Gesellschaft schulden ihrer Gesellschaft daher insgesamt regelmäßig eine ebenso intensive Treuepflicht, wie die Gesellschafter einer nur aus verwandtschaftlich verbundenen Gesellschaftern bestehenden Familiengesellschaft. Das besondere Gesellschaftsinteresse am Bestand der Gesellschaft, dem Erhalt des Gesellschaftsvermögens und der Identität der Gesellschafter ist auch in der Mehrfamilien-Gesellschaft regelmäßig als vorrangig zu erachten. Im Verhältnis zu den Mitgesellschaftern bzw. zu anderen Stämmen kann der Gesellschafter seine eigenen Interessen hingegen nach wie vor vorrangig ansetzen. Die Pflicht zur leicht erhöhten Rücksichtnahme auf die Interessen der Mitgesellschafter im Vergleich zu „normalen“ Gesellschaften, die aus dem besonderen Gesellschaftsinteresse an einer starken Vertrauensbasis der Gesellschafter resultiert, ist aber zu beachten.

Im Einzelfall können sich insofern Besonderheiten für die Treuepflicht der Gesellschafter ergeben, dass die verschiedenen Stämme keine gemeinsamen Nebenvereinbarungen und insbesondere keine Familienverfassung geschlossen haben, welche das Gesellschaftsinteresse oder die konkrete Gestalt der Treuepflicht möglicherweise modifizieren oder zumindest zur Bestimmung des Inhalts der Treuepflicht im Einzelfall herangezogen werden können.[1370]

1369 Hierzu oben unter § 6.C.I.

1370 Zum Einfluss einer Familienverfassung auf die Treuepflicht unten unter § 1.

§ 9. Organschaftliche Treuepflicht

Die organschaftliche Treuepflicht bindet die Organmitglieder der Gesellschaft und verpflichtet sie, ausschließlich die Gesellschaftsinteressen in ihren Entscheidungsprozess einzustellen.[1371] Die Bestimmung der Intensität und des Inhalts der organschaftlichen Treuepflicht ist damit von vornherein deutlich unkomplizierter als für das mitgliedschaftliche Pendant. Dies gilt auch für die Bestimmung der organschaftlichen Treuepflicht in Familiengesellschaften. Die Organmitglieder dürfen grundsätzlich nur das Interesse der Familiengesellschaft verfolgen.

Für Familiengesellschaften ist lediglich zu beachten, dass die Gesellschafter oft entweder in der Geschäftsleitung oder in anderen Gesellschaftsorganen aktiv sind,[1372] wenn auch bei generationsübergreifenden Gesellschaften in späteren Generationen häufig eine gegenläufige Tendenz zu beobachten ist.[1373] Die Familiengesellschafter bzw. Organmitglieder werden dann sowohl von der mitgliedschaftlichen Treuepflicht als auch von der organschaftlichen Treuepflicht erfasst.[1374] Speziell für planvoll generationsübergreifend ausgerichteten Familiengesellschaften wurde zudem in Kapitel § 4 dieser Abhandlung herausgearbeitet, dass diese häufig einen fakultativen Beirat bestehend aus repräsentativen Persönlichkeiten, Experten und ausgeschiedenen oder noch aktiven Familiengesellschaftern implementieren.[1375]

A. Allgemein

Für die Organmitglieder ergeben sich – auch in planvoll generationsübergreifend ausgerichteten Familiengesellschaften – grundsätzlich keine Besonderheiten im Hinblick auf die Gestalt ihrer Treuepflicht. Die Organmitglieder haben ausschließlich das Interesse der Familiengesellschaft in ihren Entscheidungsprozess einzustellen. Insofern ist nur zu beachten, dass das Gesellschaftsinteresse insbesondere in der Familiengesellschaft mit besonderem Gesellschaftszweck eine besondere Gestalt hat und stärker auf die Bestandssicherung sowie den Erhalt der familiären Prägung und damit einhergehend auf risikoaverse Geschäftsstrategien gerichtet ist.[1376]

Neben dieser dem Gesellschaftszweck und der Realstruktur zu entnehmenden Ausrichtung des Gesellschaftsinteresses auf die Bestandssicherung treten zudem die beson-

---

1371 Hierzu und zu den wenigen Ausnahmen oben unter § 3.E.II.1.a.
1372 Hierzu oben unter § 4.B.II.
1373 Hierzu oben unter § 4.B.IV.4.a.
1374 Hierzu oben unter § 3.B.I.3.
1375 Hierzu oben unter § 4.B.IV.4.b.
1376 Hierzu oben unter § 7.B.I.

deren Familienwerte.[1377] Die Familienwerte können Eingang in den Gesellschaftsvertrag, in das Gesellschaftsinteresse konkretisierende Nebenvereinbarungen oder in die tatsächliche Ausgestaltung der Gesellschaft und des Gesellschaftsverhältnisses durch langanhaltende Orientierung der Gesellschafter und Gesellschaftsorgane an diesen Werten („Unternehmenskultur") gefunden haben.[1378] Sofern das Gesellschaftsinteresse eine Konkretisierung durch die Familienwerte oder die aus diesen Familienwerten entstehende Unternehmenskultur erfahren hat, ist dies von den Organmitgliedern ebenfalls zu beachten.

B. Geschäftsleitung

Familiengesellschafter, die neben ihrer Rolle als Gesellschafter auch in der Geschäftsleitung aktiv sind, weisen regelmäßig eine besondere Interessen- und Motivationslage auf. Der geschäftsführende Gesellschafter hat regelmäßig ein mit der Gesellschaft und dem restlichen Gesellschafterkreis gleichlaufendes Interesse, welches Fremdgeschäftsleiter ohne Implementierung künstlicher Incentivierungsinstrumente nicht aufweisen.[1379] Bei einer Gesellschaft mit Regelzweck ist das gleichlaufende Interesse etwa auf die Steigerung des Gewinns und des Wertes der Gesellschaft gerichtet.[1380] In generationsübergreifend ausgerichteten Familiengesellschaften, in denen das Interesse der Gesellschaft nicht vornehmlich auf Gewinnerzielung und Wertsteigerung, sondern vielmehr auf die Sicherung des Gesellschaftsvermögens für die Familie in der Zukunft gerichtet ist, werden auch die geschäftsführenden Gesellschafter häufig ein stark auf den Erhalt des Gesellschaftsvermögens in Familienhand gerichtetes Interesse aufweisen. Darüber hinaus unterliegt der mit den anderen Gesellschaftern familiär verbundene Geschäftsleiter anders als Fremdgeschäftsführer einem besonderen sozialen Erwartungsdruck seiner Familienmitglieder, der zu einem höheren Engagement in der Geschäftsleitung führen kann.[1381] Die Interessen- und Motivationslage des geschäftsführenden Familiengesellschafters spricht also dafür, dass es der verhaltenslenkenden bzw. -korrigierenden Wirkung der organschaftlichen Treuepflicht oft gar nicht bedarf.

Die organschaftliche Treuepflicht wird in Familiengesellschaften aber immer dann relevant, wenn die Interessen des geschäftsführenden Gesellschafters doch einmal nicht mit denen der Gesellschaft übereinstimmen. Diese Interessendivergenz kann in Familiengesellschaften gerade aus dem besonderen sozialen Erwartungsdruck der Familien-

---

1377 Zu den typischen Werten einer Familiengesellschaft oben unter § 4.B.III.
1378 Zum Einfluss dieser Werte auf die mitgliedschaftliche Treuepflicht schon oben unter § 7.C.II.
1379 Hierzu oben unter § 4.B.II.
1380 Ebd.
1381 Ebd.

mitglieder resultieren, wenn diese von dem geschäftsführenden Gesellschafter offenkundig erwarten, dass er vornehmlich die Interessen der Familie oder gar nur eines Familienstammes bzw. einer Familienlinie verfolgt und hierfür auch die Interessen der Gesellschaft zurückstellt. Dies wird i.d.R. gegen die organschaftliche Treuepflicht des Geschäftsleiters verstoßen, wenn diese nicht (konkludent) stark modifiziert bzw. abbedungen wurde. Ein anderes Ergebnis lässt sich auch nicht mit dem Argument rechtfertigen, dass die Geschäftsleiter zumindest gegenüber den Gesellschaftern, also einem Teil der Familie, zur Treue verpflichtet seien. Die organschaftliche Treuepflicht verpflichtet die Organmitglieder zur Treue ausschließlich gegenüber der Gesellschaft, wohingegen eine unmittelbare Treuepflicht der Gesellschaftsorgane gegenüber den Gesellschaftern nach g.h.M. nicht besteht.[1382] Die Gesellschafter- bzw. Familieninteressen, die vom Gesellschaftsinteresse abweichen, müssen daher vorbehaltlich etwaiger Modifikation i.R.d. Entscheidungsfindung des Geschäftsleiters – wie jedes sonstige Fremdinteresse auch – zurückstehen.

C. Beirat

Die Mitglieder eines organschaftlichen Beirats unterliegen ebenfalls der organschaftlichen Treuepflicht gegenüber der Gesellschaft.[1383] Für sie gilt daher grundsätzlich, dass sie in ihrem Entscheidungsprozess ausschließlich das Interesse der Familiengesellschaft ansetzen dürfen. Insoweit kann auf die obigen Ausführungen zur Treuepflicht des Geschäftsleiters verwiesen werden.[1384] Fraglich ist aber, ob sich an diesem Grundsatz etwas ändert, wenn der Beirat als sog. Gruppenbeirat implementiert wird oder wenn zumindest eines der Beiratsmitglieder von einer Gesellschaftergruppe, die nach dem Gesellschaftsvertrag im Beirat repräsentiert werden soll, entsendet wird. Darüber hinaus ist speziell der schuldrechtliche Beirat im Hinblick auf Besonderheiten der Treuepflicht seiner Mitglieder zu untersuchen.

I. Beiratsmitglied als Repräsentant einer Gesellschaftergruppe

Steht einer Gesellschaftergruppe – in einer Familiengesellschaft meist einem Stamm oder, sofern Familienfremde Teil des Gesellschafterkreises sind, der Gruppe der familiär verbundenen Gesellschafter – aus dem Gesellschaftsvertrag ein Entsendungsrecht für

---

1382 Hierzu oben unter § 3.B.I.2.

1383 *Voormann*, Der Beirat im Gesellschaftsrecht, 2. Aufl. 1990, 151 f.; *Mutter*, in: MünchHdbGesR Bd. 2, 6. Aufl. 2024, § 8 Rn. 80; *Lieder/Becker*, in: MünchHdbGesR Bd. 9, 6. Aufl. 2021, § 5 Rn. 174; nach der Funktion des Beirats unterscheidend *Mertens*, in: FS Stimpel, 1985, 417 (418).

1384 Hierzu oben unter § 9.B.

einen oder mehrere Beiratssitze zu, damit die Gesellschaftergruppe im Beirat repräsentiert ist, so ist umstritten, ob es diesen entsendeten Beiratsmitgliedern zumindest in solchen Angelegenheiten, die von der Gesellschafterversammlung auf den Beirat übertragen wurden, erlaubt sein soll, die Interessen der sie entsendeten Gesellschafter vorrangig in ihrem Entscheidungsprozess anzusetzen.[1385]

Nach einer Ansicht in der Literatur können Beiratsmitglieder in einem Beirat, dem Kompetenzen der Gesellschafterversammlung übertragen wurden, jedenfalls insoweit die Interessen der sie entsendenden Gesellschafter beachten, wie diese bei eigener Entscheidung ihr Interesse ansetzten dürften.[1386] Die Treuepflicht für die Rechtsausübung der Beiratsmitglieder würde damit – nicht unähnlich zur Konstellation des Stimmrechtsvertreters[1387] – durch die mitgliedschaftliche Treuepflicht der entsendenden Gesellschafter vorgegeben. Nach der h.M. darf auch das Beiratsmitglied, welches als Repräsentant eines Gesellschafters oder einer Gesellschaftergruppe in den Beirat entsendet wird, ausschließlich die Gesellschaftsinteressen verfolgen, selbst wenn der Beirat Kompetenzen der Gesellschaftersammlung ausübt.[1388]

Im Ausgangspunkt unterliegen sämtliche Mitglieder eines Gesellschaftsorgans der organschaftlichen Treuepflicht.[1389] Sie sind folglich dazu verpflichtet, ausschließlich die Interessen der Gesellschaft in ihrer Entscheidungsfindung zu berücksichtigen. Allerdings besteht die Möglichkeit, die organschaftliche Treuepflicht der Organmitglieder zu modifizieren und nach einer Ansicht sogar gänzlich abzubedingen.[1390] Daher ist es grundsätzlich jedenfalls möglich, dass der Gesellschaftsvertrag die Treuepflicht einzelner Organmitglieder dahingehend modifiziert, dass sie Drittinteressen verfolgen dürfen, in der vorliegenden Konstellation zumindest in dem Umfang, in dem die repräsentierten Gesellschafter dies in der jeweiligen Entscheidungssituation selbst dürften. Allerdings stellt sich die Frage, wann eine solche Modifikation angenommen werden kann. Die bloße Übertragung von Kompetenzen der Gesellschafterversammlung auf den Beirat und die Einräumung eines Entsendungsrechts an Gesellschafter oder Gesellschaftergruppen allein kann jedenfalls nicht genügen, auch wenn in der Vertragsklausel ausgeführt wird, dass

1385 Nachweise zu den verschiedenen Ansichten werden in den nachstehenden Fußnoten angegeben.

1386 *Reichert/Ullrich*, in: Reichert, GmbH & Co. KG, 9. Aufl. 2024, § 19 Rn. 130, die dies jedoch nur bei entsprechender Auslegung des Gesellschaftsvertrags annehmen; s. auch *Mertens*, in: FS Stimpel, 1985, 417 (418).

1387 Hierzu oben unter § 8.D.I.

1388 *Voormann*, Der Beirat im Gesellschaftsrecht, 2. Aufl. 1990, 147 f.; *Bochmann*, in: BeckOGK GmbHG, Stand 1.1.2023, § 52 Rn. 356; *Seyfarth*, in: Scholz, GmbHG, 13. Aufl. 2024, § 52 Rn. 610 m.w.N.

1389 Hierzu oben unter § 3.B.I.2.

1390 Hierzu und zu den Grenzen einer Modifikation *Mann*, Abdingbarkeit und Gegenstand der gesellschaftsrechtlichen Treuepflicht, 2018, passim; *Haunschild*, Die Abdingbarkeit der Treuepflicht im Gesellschaftsrecht, 2018, passim. Dies erkennt auch die letztgenannte Ansicht im Grunde an, vgl. *Voormann*, Der Beirat im Gesellschaftsrecht, 2. Aufl. 1990, 147 f.

der Gesellschafter bzw. die Gesellschaftergruppe hierdurch „repräsentiert" wird.[1391] Denn durch eine solche Vertragsgestaltung wird nur zum Ausdruck gebracht, dass den Entsendenden das Recht zur Auswahl der konkreten Person des Beiratsmitglieds zukommen soll, nicht aber, dass das entsendete Beiratsmitglied für die Entsendenden Beiratsrechte in ihrem Sinne ausüben darf, also quasi eine Art Vertreter des Gesellschafters in solchen Angelegenheiten, die von der Gesellschafterversammlung auf den Beirat übertragen wurden, sein soll. Eine derartige Modifikation der Rechtsposition und damit auch der Treuepflicht des Beiratsmitglieds wird sich regelmäßig nur durch eine ausdrückliche Regelung im Gesellschaftsvertrag ergeben, wenn also in der das Entsendungsrecht gewährenden Klausel geregelt wird, dass das entsendete Mitglied vornehmlich die Interessen des Gesellschafters vertritt, soweit herkömmlich den Gesellschaftern zustehende Rechte ausgeübt werden.[1392]

In planvoll generationsübergreifend ausgerichteten Familiengesellschaften ergeben sich nach den Ergebnissen zur Untersuchung der mitgliedschaftlichen Treuepflicht in Kapitel § 7 dieser Arbeit ohnehin nur wenige Unterschiede zwischen den beiden Ansichten. So hat der Gesellschafter ohnehin das Gesellschaftsinteresse vorrangig anzusetzen, wenn das Interesse an der familiären Prägung der Gesellschaft und der Bestandssicherung berührt ist.[1393] Daher müsste das Beiratsmitglied in der planvoll generationsübergreifend ausgerichteten Familiengesellschaft bei der Ausübung solcher Rechte, die von der Gesellschafterversammlung auf den Beirat übertragen wurden, auch nach den Grenzen der mitgliedschaftlichen Treuepflicht des repräsentierten Gesellschafters regelmäßig das Gesellschaftsinteresse vorrangig in seiner Entscheidungsfindung ansetzen.

II. Gruppenbeirat

Fraglich ist, ob Mitglieder solcher gesellschaftsvertraglich implementierter Gruppenbeiräte, die nach Maßgabe des Gesellschaftsvertrags als Repräsentanten eines Familienstammes bzw. – sofern familienfremde Gesellschafter existieren – als Repräsentanten der familiär verbundenen Gesellschafter fungieren,[1394] ebenfalls von der organschaftlichen Treuepflicht erfasst werden und ob die Beiratsmitglieder die Interessen der Gesellschaft vorrangig in ihrem Handeln berücksichtigen müssen. Insoweit ist bereits umstritten, ob es sich bei einem solchen Beirat um ein Gesellschaftsorgan handelt.

1391 So auch *Voormann*, Der Beirat im Gesellschaftsrecht, 2. Aufl. 1990, 148 f.

1392 Auch die Vertreter der Zulässigkeit der Verfolgung von Gesellschaftsinteressen empfehlen eine klare Satzungsregelung *Reichert/Ullrich*, in: Reichert, GmbH & Co. KG, 9. Aufl. 2024, § 19 Rn. 130.

1393 Hierzu oben unter § 7.D.

1394 Hierzu oben unter § 4.B.IV.4.b.

Nach einer Ansicht ist der Gruppenbeirat kein Gesellschaftsorgan.[1395] Hierfür wird auf die durch den Gesellschaftsvertrag vorgesehene Rolle des Beirats abgestellt. Wenn die Auslegung des Gesellschaftsvertrags ergäbe, dass der Beirat die Interessen einer Gesellschaftergruppe wahrnehmen soll, sei der Beirat kein Organ. Eine Organstellung des Beirats setze voraus, dass dieser auf die Förderung des gemeinsamen Zwecks, also des Gesellschaftsganzen verpflichtet sei.[1396] Der Gruppenbeirat unterläge unter Zugrundelegung dieser Ansicht auch nicht der organschaftlichen Treuepflicht. Die Vertreter der Ansicht nehmen aber an, dass der Gruppenbeirat trotzdem nicht frei von jeglicher Interessenberücksichtigungspflicht ist. Der Beirat müsse die Interessen der Gesellschaftergruppe zurückstellen, wenn deren Berücksichtigung der mitgliedschaftlichen Treuepflicht der repräsentierten Gesellschafter zuwiderlaufe.[1397]

Nach der Gegenansicht ist auch der gesellschaftsvertraglich implementierte Gruppenbeirat ein Organ, wobei teilweise die Bezeichnung als „Gruppenorgan" gewählt wird, um vom „Gesamtorgan" abzugrenzen.[1398] Inhaltlich ergibt sich für die Frage nach der Interessenwahrungspflicht aber kein nennenswerter Unterschied zur erstgenannten Ansicht. Zwar wird angenommen, der Gruppenbeirat unterliege wegen der Organstellung der organschaftlichen Treuepflicht.[1399] Das Beiratsmitglied dürfe daher keine eigenen Vorteile aus der Organstellung ziehen und müssen sich gegenüber der Gesellschaft loyal verhalten.[1400] Das Herzstück der organschaftlichen Treuepflicht, die Pflicht zur Berücksichtigung der Interessen des Treueberechtigten vor jeglichen anderen Interessen, wird aber auch von den Vertretern dieser Ansicht „modifiziert".[1401] Die Mitglieder des Gruppenbeirats dürfen danach die Partikularinteressen der Gesellschaftergruppe, die sie repräsentieren, vorrangig verfolgen. Das „Gruppenorgan" sei in diesem Fall lediglich insoweit zur Berücksichtigung der Interessen der Gesellschaft verpflichtet, wie die repräsentierten Gesellschafter verpflichtet wären, wenn sie selbst die Entscheidungen der Beiratsmitglieder treffen würden.[1402]

Danach sehen beide Ansichten für die Rechtsausübung der Mitglieder des Gruppen-

---

1395 Für den Kommanditistenausschuss der GmbH & Co. KG *Hüffer*, ZGR 1980, 320 (321 f.); s. auch *Reichert/Ullrich*, in: Reichert, GmbH & Co. KG, 9. Aufl. 2024, § 19 Rn. 61.

1396 *Hüffer*, ZGR 1980, 320 (321 f.).

1397 *Reichert/Ullrich*, in: Reichert, GmbH & Co. KG, 8. Aufl. 2021, § 19 Rn. 130; *Mutter*, in: MünchHdbGesR Bd. 2, 6. Aufl. 2024, § 8 Rn. 78.

1398 *Voormann*, Der Beirat im Gesellschaftsrecht, 2. Aufl. 1990, 63 ff.; *Frank/Möllmann*, in: Bank/Möllmann, Venture Capital Agreements in Germany, 1. Aufl. 2017, Teil 6 Rn. 10; wohl auch *Heermann*, in: Habersack/Casper/Löbbe, GmbHG Großkomm., 3. Aufl. 2020, § 52 Rn. 322.

1399 *Voormann*, Der Beirat im Gesellschaftsrecht, 2. Aufl. 1990, 151.

1400 Ebd.

1401 Die Annahme einer atypischen Interessenrangordnung für die Entscheidungsfindung der Beiratsmitglieder wird aber nicht ausdrücklich als Modifikation der organschaftlichen Treuepflicht bezeichnet, vgl. ebd., 148 ff.

1402 Ebd.

beirats die mitgliedschaftliche Treuepflicht der repräsentierten Gesellschafter als maßgeblich an. In der generationsübergreifend ausgerichteten Familiengesellschaft wird die mitgliedschaftliche Treuepflicht der repräsentierten Gesellschafter hier ohnehin regelmäßig gebieten, zumindest die besonderen Gesellschaftsinteressen vorrangig in den Entscheidungsprozess einzustellen.[1403] Der Streit ist aus diesem Grund nicht zu entscheiden.

III. Schuldrechtlicher Beirat

Der schuldrechtliche Beirat, der nicht durch die Satzung, sondern durch Gesellschafterbeschluss implementiert wird, ist kein Organ der Gesellschaft.[1404] Die Beiratsmitglieder unterliegen daher auch nicht der organschaftlichen Treuepflicht. Das ist so lange unproblematisch, wie der schuldrechtliche Beirat nur repräsentative und beratende Funktion hat, also keine unmittelbaren Einflussmöglichkeiten auf die Gesellschaftsinteressen hat. In der Literatur ist aber umstritten, ob der schuldrechtliche Beirat neben der Repräsentation der Gesellschaft nach außen und der Beratung nicht auch die Überwachung der Geschäftsführung wahrnehmen kann.

Die wohl h.M. vertritt, dass der schuldrechtliche Beirat mangels Organqualität nicht organschaftliche Befugnisse erlangen könne.[1405] Dem wird von einer anderen Ansicht entgegengehalten, dass der schuldrechtliche Beirat trotz fehlender Organqualität sehr wohl auch im Bereich der Überwachung der Geschäftsführung tätig werden könne.[1406] Der beauftragte (§ 662 BGB bzw. §§ 675, 611 BGB) schuldrechtliche Beirat könne nämlich als Erfüllungsgehilfe der Gesellschafterversammlung in Überwachungsangelegenheiten tätig werden, er würde so schließlich nicht unzulässigerweise Inhaber des Überwachungsrechts, sondern übe dieses nur für die Gesellschafter aus.[1407] Zur Durchsetzung der zur Überwachung notwendigen Rechte bedürfe es der Schaffung eines Weisungsrechts des Beirats gegenüber der Geschäftsführung, welches in der GmbH über die Einsetzung des Beirats als Vertreterausschuss für die Gesellschafterversammlung (§§ 164 ff. BGB) oder in Personengesellschaften und der GmbH über eine Anweisung der Geschäftsführung durch die Gesellschafterversammlung zur Befolgung der Wei-

---

1403 Hierzu oben unter § 7.D.

1404 *Reichert/Ullrich*, in: Reichert, GmbH & Co. KG 9. Aufl. 2024 § 19 Rn. 59; *Heermann*, in: Habersack/Casper/Löbbe, GmbHG Großkomm., 3. Aufl. 2020, § 52 Rn. 318; *Uffmann*, NZG 2015, 169 (170) m.w.N.

1405 *Reichert/Ullrich*, in: Reichert, GmbH & Co. KG 9. Aufl. 2024, § 19 Rn. 59; *Heermann*, in: Habersack/Casper/Löbbe, GmbHG Großkomm., 3. Aufl. 2020, § 52 Rn. 318; s. auch *Mutter*, in: MünchHdb-GesR Bd. 2, 6. Aufl. 2024, § 8 Rn. 7.

1406 S. die Darstellung dieser Ansicht bei *Uffmann*, NZG 2015, 169 (170) m.w.N.

1407 *Uffmann*, NZG 2015, 169 (171); s. auch *Heermann*, in: Habersack/Casper/Löbbe, GmbHG Großkomm., 3. Aufl. 2020, § 52 Rn. 324.

sungen des Beirats erreicht werden könne.[1408]

Folgt man der letztgenannten Ansicht, so ergibt sich das Problem, dass der Beirat nun potenziell interessenbeeinflussende Rechte gegenüber der Gesellschaft bzw. der Geschäftsführung ausüben darf, jedoch nicht durch die organschaftliche Treuepflicht gebunden ist. Der schuldrechtliche Beirat unterliegt zunächst nur einer Pflicht zur Interessenwahrung und Loyalität gegenüber den Gesellschaftern aus dem Auftrag bzw. Geschäftsbesorgungsvertrag.[1409] Für die Frage nach der Treuepflicht gegenüber der Gesellschaft ist es wichtig, zwischen den vorgenannten Varianten zur Herstellung der Verbindlichkeit etwaiger Beiratsbeschlüsse gegenüber der Geschäftsführung zu unterscheiden.

Sofern die Gesellschafter die Beiratsmitglieder als ihre Stellvertreter eingesetzt haben, unterliegen die Beiratsmitglieder zwar keiner persönlichen Treuepflicht gegenüber der Gesellschaft. Wie im Falle des (Stammes-)Vertreters auch, bindet die mitgliedschaftliche Treuepflicht der vertretenen Gesellschafter die Beiratsmitglieder aber insoweit, dass die Grenzen der Rechtsausübung durch die mitgliedschaftliche Treuepflicht der vertretenen Gesellschafter gesetzt werden.[1410]

In der Alternativgestaltung, der Verpflichtung der Geschäftsführung zur Befolgung von Beiratsanweisungen kraft Gesellschafterbeschluss, scheint die Begründung einer das Beiratshandeln beschränkenden Treuepflicht auf den ersten Blick schwieriger. Denn hier üben die Beiratsmitglieder zwar auch die Überwachungsrechte der Gesellschafter aus, dies aber nicht als Stellvertreter i.S.d. §§ 164 ff. BGB. Vielmehr weisen die Gesellschafter die Geschäftsführung hier nur dazu an, den Weisungen des Beirats so Folge zu leisten, als ob die Gesellschafterversammlung diese Weisungen gegeben hätte.[1411] Die Vertreter der Zulässigkeit einer solchen Konstruktion erachten die jeweiligen Weisungen des Beirats in diesem Fall als Konkretisierung der vorherigen, allgemeinen Überwachungsanordnung der Gesellschafterversammlung.[1412] Die Überwachungsanordnung der Gesellschafter unterliegt, wie jedes Gesellschafterhandeln, jedenfalls deren mitgliedschaftlicher Treuepflicht. Geht man nun davon aus, dass die Weisungen des Beirats diese allgemeine Überwachungsanordnung der Gesellschafterversammlung jeweils konkretisieren, müssen die den Gesellschaftern durch ihre mitgliedschaftliche Treuepflicht gesetzten Grenzen auch für die Weisungen der Beiratsmitglieder gelten. Die Beiratsmitglieder unterliegen also auch in diesem Fall keiner persönlichen Treuepflicht, allerdings setzt die mitgliedschaftliche Treuepflicht der Gesellschafter den Beiratsmitgliedern Grenzen, die sie bei ihren Weisungen gegenüber der Geschäftsführung zu beachten haben.

1408 *Uffmann*, NZG 2015, 169 (172 ff.).

1409 Hierzu etwa *Heermann*, in: MünchKomm BGB, 9. Aufl. 2023, § 675 Rn. 13; *Uffmann*, NZG 2015, 169 (175).

1410 Zum Stammesvertreter oben unter § 8.D.II.

1411 *Uffmann*, NZG 2015, 169 (174).

1412 Ebd.

§ 10. Familienverfassung

Insbesondere planvoll generationsübergreifend ausgerichtete Familiengesellschaften verfügen häufig über eine Familienverfassung.[1413] Familienverfassungen können so verschieden sein wie die sie nutzenden Familien und ihre Gesellschaften. Typischerweise vereinbaren die Familiengesellschafter hier aber gemeinsame Werte und Ziele, Rollen der Familienmitglieder, Verhaltensmaßgaben für die Gesellschafter, Gewinnverteilungs-, Ausscheidens- und Beirats- bzw. Aufsichtsratsregelungen, Familieninstitutionen (z.B. den *Family Day*) sowie Bestimmungen zur Laufzeit oder regelmäßigen Aktualisierung der Verfassung.[1414] Dabei wird die Rechtsverbindlichkeit der Familienverfassung regelmäßig ausgeschlossen. Nachstehend sollen die Auswirkungen einer typischen Familienverfassung, die nicht explizit durch Gesellschafterbeschluss auf die Gesellschaftsebene gehoben wurde, in Bezug auf die Treuepflicht untersucht werden.

In Kapitel § 5 konnte festgestellt werden, dass die Familienverfassung trotz der weit verbreiteten Annahme ihr komme keine rechtliche Relevanz zu, zur Auslegung des Gesellschaftsvertrags herangezogen werden kann.[1415] Denn die Familienverfassung ist oftmals als Ergänzung oder gar Mantel des Gesamtvertragswerks der Familiengesellschaft mit zahlreichen Bezügen zu ihr vorgehenden oder nachfolgenden vertraglichen Vereinbarungen auf der Gesellschaftsebene ausgestaltet, sodass sie eine ideale Quelle für die Ermittlung des wahren Willens der Gesellschafter auf der Ebene der Gesellschaft darstellt.[1416] Da die Auslegung des Gesellschaftsvertrags der Ermittlung der Treuepflicht vorgeht,[1417] kann die Familienverfassung so zumindest über die Auslegung des Gesellschaftsvertrags Einfluss auf die Treuepflicht nehmen.

A. Mitgliedschaftliche Treuepflicht

In der Literatur finden sich darüber hinaus weitere Ansätze, um einen Einfluss der Familienverfassung auf die mitgliedschaftliche Treuepflicht zu begründen.[1418] Wichtigster dog-

---

1413 Hierzu oben unter § 4.B.V.2.

1414 Ebd.

1415 Hierzu oben unter § 5.B.III.2.

1416 Ebd.

1417 Hierzu oben unter § 3.C.II.

1418 Ohne ausführlichen Ansatz, aber einen Einfluss grundsätzlich annehmend *Reich/Bode*, DStR 2018, 305 (308); *Foerster*, BB 2019, 1411 (1418); *Holler*, ZIP 2018, 553 (562); *ders.*, in: MünchHdbGesR Bd. 7, 6. Aufl. 2020, § 75 Rn. 208 f.; *Uffmann*, ZIP 2015, 2441 (2450); *Bochmann*, NotBZ 2019, 361 (369); auf den Einfluss auf die Vertragsauslegung und die damit bestehende mittelbare Wirkung für die Treuepflicht abstellend *Prütting/Schirrmacher*, ZGR 2017, 829 (849 ff.); so auch *Holler/Mann*, NZG 2021, 402 (409); mit ausführlich Ansatz aber *Prütting*, in: Lange/Windthorst, Sicherung des Familieneinflusses in Familienunternehmen, 2017, 35 (42 ff., 50 f.); *Hueck*, Familienverfassung, 2017, 271; s.

matischer Ansatzpunkt für einen Einfluss der Familienverfassung auf die mitgliedschaftliche Treuepflicht ist das Vertrauen der an der Familienverfassung beteiligten Gesellschafter, dass sich auf der Gesellschaftsebene anhand der in der Familienverfassung zum Ausdruck kommenden Familienwerte und Erwartungen der restlichen Gesellschafter verhalten wird.[1419] In diesem Zusammenhang wird zu Recht immer wieder auf die bereits in Kapitel § 3 dieser Arbeit dargestellte Diskussion um den Schutz impliziter Vereinbarungen und berechtigter Verhaltenserwartungen durch die mitgliedschaftliche Treuepflicht verwiesen.[1420] Wie i.R.d. Untersuchung zum Inhalt der Treuepflicht gesehen, fallen auch implizite Vereinbarungen und Verhaltenserwartungen, die nicht ausdrücklich in den Gesellschaftsvertrag aufgenommen werden, in den Schutzbereich der Treuepflicht, sofern sich das Vertrauen des Treueberechtigten auf dieses oder jenes Verhalten nicht als einseitige Wunschvorstellung erweist.[1421] Wenn aber schon implizite Vereinbarungen in den Schutzbereich der Treuepflicht fallen, dann muss dies erst recht für eine schriftliche Vereinbarung wie die Familienverfassung gelten („qualitatives Mehr").[1422]

Zwar mag man hiergegen einwenden, dass die Familienverfassung nach dem meist ausdrücklich erklärten Willen der an ihr beteiligten Parteien keine rechtliche Bindungswirkung entfalten soll. Der Familienverfassung kommt aber gerade eine Vertrauensbildungsfunktion für den Gesellschafterkreis zu, indem sie sich zu Themen mit unmittelbarem Gesellschaftsbezug, wie etwa dem Umgang der Gesellschafter untereinander, den Rollen der Stämme und Gesellschafter, der allgemeinen Geschäftsstrategie und sonstigen Wünschen und Vorstellungen der Gesellschafter verhält.[1423] Die Gesellschafter, die sich an der Familienverfassung beteiligen, kennen zum Zeitpunkt ihrer Beteiligung also die entsprechenden Erwartungen ihrer Mitgesellschafter. Sofern sie einer in der Familienverfassung zum Ausdruck kommenden Erwartung ihrer Mitgesellschafter nicht widersprechen, kann diese den Inhalt der mitgliedschaftlichen Treuepflicht konkretisieren.[1424] Eine derartige Konkretisierung kann beispielsweise für den Inhalt der Treuepflicht in Gewinnverwendungsabstimmungen erfolgen, wenn die Familienverfassung bezüglich der Mindestthesaurierung konkrete Vorgaben macht, der Gesellschaftsvertrag hierzu aber schweigt.[1425]

---

auch *Fleischer*, ZIP 2016, 1509 (1518 f.); *Hamburger Kreis Recht der Familienunternehmen*, DB 2018, M26 (Nr. 15 f.).

1419 *Fleischer*, ZIP 2016, 1509 (1518); *Hueck*, Familienverfassung, 2017, 271. S. auch die Ausführungen zum Einfluss von Nebenvereinbarungen auf die Treuepflicht oben unter § 3.E.IV.

1420 *Fleischer*, ZIP 2016, 1509 (1519); *Hueck*, Familienverfassung, 2017, 271.

1421 Hierzu oben unter § 3.E.I.

1422 *Fleischer*, ZIP 2016, 1509 (1519); *Hueck*, Familienverfassung, 2017, 271.

1423 *Wedemann*, Gesellschafterkonflikte in geschlossenen Kapitalgesellschaften, 2013, 94 f.; *Hueck*, Familienverfassung, 2017, 21; *Bochmann/Driftmann*, RFamU 2022, 17 (18).

1424 *Fleischer*, ZIP 2016, 1509 (1519); *Hueck*, Familienverfassung, 2017, 271.

1425 Mit diesem Beispiel auch *Fleischer*, ZIP 2016, 1509 (1519).

Die Familienverfassung wird durch diesen vertrauensgestützten Einfluss auf die Treuepflicht nicht etwa ungefiltert auf die Gesellschaftsebene gehoben und erfährt auch keine unmittelbare Rechtsverbindlichkeit. Vielmehr dient sie lediglich als Erkenntnisquelle zur Ermittlung impliziter Vereinbarungen und berechtigter Erwartungen der Gesellschafter auf der Gesellschaftsebene. Dies gilt umso mehr, wenn i.R.d. Erstellung der Familienverfassung ausführlich über ihre verschiedenen Inhalte, deren Hintergründe sowie die Wünsche und das Verständnis der Gesellschafter von den getroffenen Vereinbarungen gesprochen wurde. Unterstützend kann hinzukommen, dass sich vor und nach Vereinbarung einer Familienverfassung stets entsprechend der in der Familienverfassung dokumentierten Vorstellungen verhalten wurde, der Inhalt der Familienverfassung also bisher auch tatsächlich „gelebt" wird.[1426] Die mitgliedschaftliche Treuepflicht selbst kann dann bei einer entsprechenden Verengung des „Entscheidungs-" bzw. „Handlungskorridors" zu einer Handlungspflicht führen, die dem Inhalt der Familienverfassung entspricht. Das Zusammenspiel von Familienverfassung und Treuepflicht ähnelt damit demjenigen der Familienverfassung und der Auslegung des Gesellschaftsvertrags.[1427]

Die Familienverfassung kann so auch für den Treueverpflichteten unterstützend wirken. Wenn er sich entsprechend der in der Familienverfassung niedergelegten Wertungen und Regelungen verhalten hat, kann zur Erbringung des Nachweises der Treuepflichtkonformität seines Handelns auf den Inhalt der Familienverfassung als *„Safe Harbour"* verweisen.[1428]

Ein treuepflichtrelevanter Vertrauenstatbestand wird dann nicht geschaffen oder zumindest nicht verstärkt, wenn der Gesellschafter sich entweder von vornherein weigert, sich an der Familienverfassung zu beteiligen oder wenn er seine Mitgesellschafter – mit ausreichendem zeitlichem Vorlauf – darüber informiert, dass er sich nicht entsprechend der in der Familienverfassung zum Ausdruck kommenden Verhaltenserwartung seiner Mitgesellschafter verhalten wird.[1429] Diese einseitige Lösung von der Wirkung der Familienverfassung ist im Vergleich zu sonstigen außerstatuarischen Vereinbarungen oder Einflüssen eine Besonderheit, sie ist vor dem Hintergrund der rechtlichen Unverbindlichkeit der Familienverfassung nichtsdestotrotz zu gewähren.[1430] Es ist jedoch nicht ausge-

---

1426 Zur Dokumentationsfunktion der Familienverfassung hinsichtlich des *„tatsächlich Gelebten" Foerster*, BB 2019, 1411 (1418); *Hueck*, Familienverfassung, 2017, 272 f.

1427 Zum Zusammenspiel von Familienverfassung und Auslegung des Gesellschaftsvertrags oben unter § 5.B.III.2.

1428 *Hueck*, Familienverfassung, 2017, 274; *ders.* in: MünchHdbGesR Bd. 9, 6. Aufl. 2021, § 50 Rn. 53.

1429 Hierzu unter dem Aspekt der gesetzlichen Rücksichtnahmepflicht aus § 241 Abs. 1 Satz 2 BGB für diejenigen – als rechtlich eigenständig einzuordnenden – Teile der Familienverfassung, die ein gesetzliches Schuldverhältnis begründen, insbesondere Verständigungen zum Gesellschaftsverhältnis, wobei i.R.d. Behandlung des Verhältnisses der Familienverfassung zur Treuepflicht hierhin verwiesen wird *Hueck*, Familienverfassung, 2017, 211 ff., 219 ff., 272.

1430 Ebd., 220, 272.

schlossen, dass die bisherige Gesellschafterpraxis, die sich anhand der in der Familienverfassung niedergelegten Grundsätze vollzogen hat, die mitgliedschaftliche Treuepflicht des Familiengesellschafters auch weiterhin so konkretisiert, dass die in der Familienverfassung niedergelegten Grundsätze hierüber ihre inhaltskonkretisierende Wirkung für die Treuepflicht erhalten. Weiterhin muss der Gesellschafter die treuepflichtkonkretisierende Wirkung der Familienverfassung selbstverständlich dann weiterhin hinnehmen, wenn er von vornherein geplant hat, seine Zustimmung zur Familienverfassung zu widerrufen.[1431]

Sofern ein neuer Gesellschafter in die Gesellschaft eintritt, der vom Inhalt der Familienverfassung weiß, wird man ihm jedenfalls zumuten müssen, sich über die Auswirkungen auf die innergesellschaftliche Praxis, ob die Familienverfassung also "gelebt" wird und damit auch seine Treuepflicht modifizieren kann, zu informieren und der Wirkung vor seinem Eintritt zu widersprechen.[1432]

Neben der inhaltlichen Konkretisierung der mitgliedschaftlichen Treuepflicht durch die Verschriftlichung gemeinsamer Verhaltenserwartungen und Werte, werden auch abstrakte, inhaltsunabhängige Aspekte der Familienverfassung herangezogen, um einen Einfluss auf die mitgliedschaftliche Treuepflicht zu begründen. So wird in der Literatur etwa darauf hingewiesen, dass schon die bloße Existenz einer Familienverfassung einen Anhaltspunkt für die personalistische Struktur der Gesellschaft bietet, was – auch nach dem hier verwendeten Modell *Zöllners*, genauer dessen ersten Parameter[1433] – die Intensität der mitgliedschaftlichen Treuepflicht steigen ließe.[1434] Dem ist zuzustimmen. Die Familienverfassung dient gerade dazu, die Zusammenarbeit der Gesellschafter zu regeln und sie zugunsten eines reibungslosen innergesellschaftlichen Miteinanders auf ein gemeinsames Fundament an Werten und Zielen zu stellen. Die Gesellschafter zeigen so, dass sie gerade mit den an der Familienverfassung beteiligten Personen, die ihre Werte und Vorstellungen teilen, einvernehmlich in der Gesellschaft zusammenarbeiten wollen. Weiterhin zeigt sich ein hohes gegenseitiges Vertrauen der Gesellschafter gerade darin, dass sie auf rechtsverbindliche Regelungen verzichten, obwohl sie offensichtliche diverse Bereiche erkannt haben, in denen sie einen gewissen Verhaltensstandard als wichtig erachten.[1435]

Außerdem kann schon der Existenz und dem groben Regelungsinhalt einer Familienverfassung entnommen werden, dass die Gesellschafter einen Fortführungswillen auf-

---

1431 Ebd.; zum Einwand widersprüchlichen Verhaltens gem. § 242 BGB (*venire contra factum proprium*) *Holler*, in: MünchHdbGesR Bd. 7, 6. Aufl. 2020, § 75 Rn. 209 m.w.N.

1432 So auch *Prütting*, in: Lange/Windthorst, Sicherung des Familieneinflusses in Familienunternehmen, 2017, 35 (51).

1433 Hierzu oben unter § 3.D.I.

1434 *Hueck*, Familienverfassung, 2017, 272.

1435 Ebd.; vgl. auch die Ausführungen *Zöllners* zum Verhältnis von ungeregelten Bereichen des Gesellschaftsverhältnisses und dem Anstieg der Treuepflichtintensität im Diskussionsbericht geführt von *Schumann*, in: Tröger/Wilhelmi, Rechtsfragen der Familiengesellschaften, 2006, 61 (62).

weisen, da sich die Familienverfassung typischerweise als Instrument der Governance und Streitschlichtung den generationsübergreifenden Erhalt der Familiengesellschaft sichern soll und die Werte der Kontinuität und Unabhängigkeit in den Mittelpunkt stellt.[1436] Die Familiengesellschafter bringen so also gerade die anvisierte Langfristigkeit ihres Zusammenschlusses zum Ausdruck. Der Fortführungswille stellt die Grundlage der generationsübergreifenden Ausrichtung der Gesellschaft dar[1437], welche wiederum die Treuepflicht nach den in Kapitel § 7 dieser Arbeit ermittelten Maßgaben modifiziert. Nimmt die Familienverfassung also Bezug auf die Werte der Unabhängigkeit und Kontinuität oder stellt sie das sichere Fortbestehen der Familiengesellschaft für die zukünftige Familie offensichtlich in den Mittelpunkt, so kann dies als Argument für eine gesteigerte Treuepflicht in solchen Entscheidungssituationen, die die Sicherung des Bestands und der familiären Prägung der Gesellschaft betreffen, dienen. Dies gilt umso mehr, wenn die Familienverfassung ausdrücklich den Vorrang des Gesellschaftsinteresses vor Individualinteressen zum Schutz des Gesellschaftsvermögens und des Fortbestands der Gesellschaft erklärt.[1438]

Eine Familienverfassung mit typischem Inhalt intensiviert die mitgliedschaftliche Treuepflicht also zunächst schon ganz allgemein. Gerade für die Aspekte der Bestands- und Vermögenssicherung sowie der einvernehmlichen Zusammenarbeit bietet sie darüber hinaus Ansätze für die Ermittlung impliziter Vereinbarungen und berechtigter Erwartungen auf der Gesellschaftsebene.

B. Organschaftliche Treuepflicht

Zum Einfluss der Familienverfassung auf die organschaftliche Treuepflicht finden sich deutlich weniger Ausführungen in der rechtswissenschaftlichen Literatur.[1439] Wenn über das Zusammenspiel zwischen Familienverfassung und Gesellschaftsorganen gesprochen wird, dann geht es meist um Vorgaben zur Besetzung von Gesellschaftsorganen bzw. zu Eigenschaften oder Qualifikationen der Organmitglieder in der Familienverfassung.[1440] Darüber hinaus wird gelegentlich die Möglichkeit diskutiert, eine der Geschäftsführung ausgehändigte Businessversion der Familienverfassung je nach Formulierung als Gesellschafter- bzw. Weisungsbeschluss zu werten.[1441]

1436 *Hueck*, Familienverfassung, 2017, 260.
1437 Hierzu oben unter § 4.B.IV.
1438 Hierzu oben unter § 4.B.IV.3.
1439 Soweit ersichtlich nur *Hueck*, Familienverfassung, 2017, 273 f.
1440 *Bochmann*, in: MünchHdbGesR Bd. 9, 6. Aufl. 2021, § 4 Rn. 9 f.; *Holler*, in: MünchHdbGesR Bd. 7, 6. Aufl. 2020, § 75 Rn. 209.
1441 *Holler*, ZIP 2018, 553 (561); *Bochmann*, in: MünchHdbGesR Bd. 9, 6. Aufl. 2021, § 4 Rn. 11; *Hueck*, Familienverfassung, 2017, 262 ff.

Als Ansatzpunkt für die Begründung eines Einflusses einer Familienverfassung auf die organschaftliche Treuepflicht kann zuvorderst das Gesellschaftsinteresse dienen.[1442] Das Gesellschaftsinteresse ist letztlich das im Gesellschaftsvertrag von den Gesellschaftern festgelegte, gemeinsame Interesse.[1443] Weiterhin können – nach hiesiger Ansicht auch in Kapitalgesellschaften – Nebenvereinbarungen aller Gesellschafter herangezogen werden, um das Gesellschaftsinteresse innerhalb der Grenzen des Gesellschaftsvertrags zu konkretisieren.[1444] Die Familienverfassung stellt zwar in ihrer Gesamtheit keine rechtlich verbindliche Nebenvereinbarung dar. Sie kann aber wie rechtlich verbindliche Nebenvereinbarungen das Gesellschaftsinteresse beeinflussen. Wie bereits dargelegt, können Existenz und Inhalt der Familienverfassung als Argument für das Bestehen eines Fortführungswillens der Gesellschafter und die generationsübergreifende Ausrichtung der Familiengesellschaft dienen.[1445] Das Gesellschaftsinteresse kann sich entsprechend weg von der Gewinn- und Wertsteigerung hin zur Bestandssicherung verschieben, sodass Geschäftsleiter und Beiratsmitglieder dazu gehalten sind, eine risikoaverse Geschäftsstrategie zu verfolgen.

Darüber hinaus könnte die Familienverfassung auch eine unmittelbare und tiefergehende Modifikation der organschaftlichen Treuepflicht begründen. Hierfür ließe sich anführen, dass einzelne Passagen der Familienverfassung nach Teilen der Literatur als Gesellschafterbeschluss zu qualifizieren sein können.[1446] In Familienverfassungen findet sich teilweise die Formulierung, dass die Familie noch vor der Gesellschaft bzw. dem getragenen Unternehmen an erster Stelle steht (*Family First*).[1447] Es ließe sich argumentieren, dass die Gesellschafter mit dieser Formulierung rechtsverbindlich einen Gesellschafterbeschluss zur Modifikation der organschaftlichen Treuepflicht fassen wollen, sodass Geschäftsleiter und Beiratsmitglieder vorrangig die Interessen der Familie zu verfolgen haben und die Gesellschaftsinteressen erst nachrangig zu verfolgen sind. Rechtstechnisch würde so konkludent die Treuepflicht des Organmitglieds abbedungen oder zumindest stark abgesenkt und sodann eine Verpflichtung des Organmitglieds zur Wahrung des Familieninteresses geschaffen.

Die Treuepflicht der Organmitglieder ist innerhalb der durch die §§ 134, 138 BGB und die Satzungsstrenge im Aktienrecht (§ 23 Abs. 5 AktG) gesetzten Grenzen grundsätzlich

---

1442 So auch *Hueck*, Familienverfassung, 2017, 273, unter Verweis auf *Hoffmann-Becking*, ZGR 1994, 442 (455 ff.).

1443 Hierzu oben unter § 3.D.II.1.a.

1444 Ebd.

1445 Hierzu oben unter § 10.A.

1446 So *Holler*, ZIP 2018, 553 (561); *Bochmann*, in: MünchHdbGesR Bd. 9, 6. Aufl. 2021, § 4 Rn. 11; *Hueck*, Die Familienverfassung, 2017, 262 ff.

1447 Zur Regelung der Gretchenfrage *„Business First or Family First?"* in Familienverfassungen *Fleischer*, ZIP 2016, 1509 (1519).

modifizierbar und nach neuester Meinung auch gänzlich abdingbar.[1448] Da die organschaftliche Treuepflicht zumindest bei Geschäftsleitern neben dem Organ- auch auf das Anstellungsverhältnis gestützt wird,[1449] muss die Abbedingung sowohl im Gesellschaftsvertrag als auch im Anstellungsvertrag erfolgen.[1450] Für Kapitalgesellschaften ergibt sich hier bereits, dass eine tiefgreifende Modifikation der Treuepflicht der Organmitglieder durch die Familienverfassung ausscheidet. Denn auch wenn man grundsätzlich annimmt, dass die Familienverfassung bzw. einzelne Abschnitte als Gesellschafterbeschluss zu verstehen sein können, so setzt die erforderliche Satzungsänderung stets die notarielle Beurkundung des Beschlusses voraus (§ 53 Abs. 2 Satz 1 GmbHG, §§ 130 Abs. 1 Satz 1, 179 Abs. 1 Satz 1 AktG). Die Familienverfassung wird jedoch nicht notariell beurkundet. Daher kann die Familienverfassung keinen satzungsändernden Beschluss darstellen.[1451] Auch wenn die Familienverfassung vor oder zeitgleich mit der Satzung erstellt wird, stellt sie keinen Teil der notariell zu beurkunden Gründungssatzung dar. Die Familienverfassung ist daher in Kapitalgesellschaften auf mittelbare Rechtswirkungen beschränkt. Sie kann als Erkenntnisquelle für die Auslegung der Satzung, als vertrauensbegründender Umstand für den Inhalt der mitgliedschaftlichen Treuepflicht und für den Inhalt des Gesellschaftsinteresses Relevanz erlangen, allerdings nicht die Verpflichtung der Organmitglieder auf das Gesellschaftsinteresse einschränken oder gar abbedingen.

Anders kann dies in Personengesellschaften sein. Da hier keine Formerfordernisse bestehen, kann der Gesellschaftsvertrag durch einfachen Gesellschafterbeschluss geändert werden. Streitig ist insoweit nur, ob es zulässig ist, die Abbedingung der Treuepflicht unter eine Mehrheitsklausel im Gesellschaftsvertrag zu stellen, ob die Abbedingung über die Auslegung gar unter eine allgemein gehaltene Mehrheitsklausel fallen kann oder ob für die Abbedingung der Treuepflicht stets Einstimmigkeit zu fordern ist (§ 33 Abs. 1 Satz 2 BGB).[1452] Da regelmäßig keine Änderung des Gesellschaftszweck vorliegen wird und darüber hinaus die Gesellschaft und die Gesellschafter auch bei Abbedingung der organschaftlichen Treuepflicht nicht gänzlich schutzlos gestellt sind, wird man jedenfalls bei ausdrücklicher Aufführung der Treuepflichtabbedingung in einer Mehrheitsklausel von der Zulässigkeit der Mehrheitsentscheidung ausgehen können.[1453] In Familiengesell-

---

1448 Hierzu oben unter § 3.G.III.

1449 Hierzu oben unter § 3.B.II.2.

1450 Wobei *Mann*, Abdingbarkeit und Gegenstand der gesellschaftsrechtlichen Treuepflicht, 2018, 156, bei Modifikation der Treuepflicht im Gesellschaftsvertrag geschlossener Gesellschaften annimmt, dass die Anforderungen an die Änderung des Anstellungsvertrags regelmäßig ebenfalls erfüllt sind.

1451 Auch satzungsdurchbrechende Beschlüsse mit Dauercharakter sind in der GmbH nach h.M. nichtig, vgl. die Streitdarstellung bei *Altmeppen*, in: Altmeppen, GmbHG, 11. Aufl. 2023, § 53 Rn. 58 ff.

1452 Eine übersichtliche Darstellung zur – weitestgehend i.R.d. Abbedingung der mitgliedschaftlichen Treuepflicht geführten – Diskussion findet sich bei *Mann*, Abdingbarkeit und Gegenstand der gesellschaftsrechtlichen Treuepflicht, 2018, 154 f., 197.

1453 *Mann*, Abdingbarkeit und Gegenstand der gesellschaftsrechtlichen Treuepflicht, 2018, 155 ff., 197.

schaften mit ausschließlich familiär verbundenem Gesellschafterkreis werden ohnehin regelmäßig sämtliche Gesellschafter an der Familienverfassung und damit an den hierin potenziell enthaltenen Gesellschafterbeschlüssen beteiligt sein, sodass sich die Frage nach der notwendigen Mehrheit nicht stellt.

Trotzdem wird sich auch in Personengesellschaften regelmäßig keine Abbedingung der organschaftlichen Treuepflicht auf Grundlage der Familienverfassung feststellen lassen. Denn Familienverfassungen sind i.d.R. eben nicht rechtsverbindlich ausgestaltet. Gerade solche allgemeinen Formulierungen wie der „grundsätzliche Vorrang des Familieninteresses" können daher regelmäßig nicht als Gesellschafterbeschluss hin zur Abbedingung eines solch grundlegenden Instituts wie der organschaftlichen Treuepflicht verstanden werden. Ein dahingehender Wille der Gesellschafter wird regelmäßig nur dann feststellbar sein, wenn das Institut der organschaftlichen Treuepflicht eindeutig benannt und abbedungen wird. Aus diesem Grund kann eine einfache *„Family First"*-Klausel in der Familienverfassung die organschaftliche Treuepflicht nicht modifizieren, selbst wenn der Inhalt der Familienverfassung den Organmitgliedern bekannt gemacht wird.

§ 11. Existenz familienfremder Gesellschafter

Auch wenn generationsübergreifend ausgerichtete Familiengesellschaften auf die Abwehr familienfremder Dritter gerichtet sind und typischerweise über viele Jahre partiell geschlossene Gesellschaften bleiben, so wird die Gesellschaft in ihren späteren Entwicklungsstufen häufig doch für familienfremde Gesellschafter geöffnet. Eine solche Öffnung des Gesellschafterkreises kann verschiedene Hintergründe haben.[1454] So kann etwa einem familienfremden Manager, der für die Geschäftsführung gewonnen werden soll, eine befristete Managerbeteiligung gewährt werden. Die Familiengesellschaft kann mit der Aufnahme eines bestimmten familienfremden Gesellschafters auch eine strategische Partnerschaft zur Erweiterung der Produktpalette oder zur Erhöhung des Marktanteils, des Umsatzes oder des Gewinns des getragenen Unternehmens anstreben. Möglicherweise stellt die Öffnung des Gesellschafterkreises auch die einzige Möglichkeit dar, zur Tätigung von Investitionen oder Bewältigung einer Krisensituation erforderliches Kapital zu erträglichen Konditionen aufzunehmen. Unabhängig von den Hintergründen der Öffnung des Gesellschafterkreises stellt sich die Frage, wie sich der Eintritt familienfremder Gesellschafter auf die Gestalt der mitgliedschaftlichen Treuepflicht in der Familiengesellschaft auswirkt. Hierbei ist zwischen der Treuepflicht der familiär verbundenen Gesellschafter und der Treuepflicht der familienfremden Gesellschafter zu unterscheiden. Dabei wird hier zunächst davon ausgegangen, dass nur einem oder einigen wenigen familienfremden Gesellschaftern Zugang zur Gesellschaft gewährt wird und die Familiengesellschafter mit den jeweiligen Neugesellschaftern vor deren Eintritt individuell über die Konditionen des Eintritts und gegenseitige Vorstellungen verhandeln, also nicht etwa ein Teilbörsengang der Familiengesellschaft erfolgt oder die Familiengesellschaft sonst zur gegenüber wechselnden Kleinanlegern offenen Publikumsgesellschaft wird. Diese Konstellation wird aber im Anschluss gezielt überprüft.

A. Auswirkungen auf die Treuepflicht der familiär verbundenen Gesellschafter

Die bisher im Besonderen Teil dieser Arbeit durchgeführte Untersuchung der Auswirkungen der typischen Familiengesellschaftseigenschaften auf die Treuepflicht erfolgte unter der Annahme eines ausschließlich aus familiär verbundenen Personen bestehenden Gesellschafterkreises. Dabei konnte in Kapitel § 6 festgestellt werden, dass die familiäre Verbundenheit der Gesellschafter als tatsächlicher Umstand grundsätzlich keine Auswirkungen auf die Treuepflicht hat.[1455] Spiegelbildlich bringt das Fehlen der Verwandtschaft zwischen dem neu eintretenden Gesellschafter und den Familiengesellschaftern eben-

1454 Vgl. *Richter/Junginger/Stille*, RFamU 2022, 170 (171).

1455 Hierzu oben unter § 6.

falls keine Änderung für die Treuepflicht der Familiengesellschafter mit sich.[1456]

In Kapitel § 7 wurde sodann festgestellt, dass insbesondere die vertikale Treuepflicht der Familiengesellschafter durch den besonderen Gesellschaftszweck des generationsübergreifenden Vermögenserhalts für die Familie, die planvoll generationsübergreifende Ausrichtung der Familiengesellschaft sowie die vertragliche Implementierung der Familienwerte und tatsächliche Ausrichtung des Gesellschaftslebens anhand dieser Werte erhöht wird.[1457] Diese Besonderheiten sind es, die der Treuepflicht ihre besondere Gestalt in der generationsübergreifend ausgerichteten Familiengesellschaft geben. Eine Veränderung der Treuepflicht der Familiengesellschafter könnte sich daher daraus ergeben, dass die treuepflichtmodifizierenden Besonderheiten mit dem Eintritt eines familienfremden Neugesellschafters verloren gehen oder zumindest in ihrer treuepflichtmodifizierenden Wirkung abgeschwächt werden.

I. Gesellschaftszweck

Die erste und wichtigste Frage ist, ob durch den Entschluss der Gesellschafter zur Aufnahme familienfremder Gesellschafter der besondere Gesellschaftszweck des generationsübergreifenden Vermögenserhalts geändert oder in seinem Rangverhältnis zum Regelzweck der Gewinnerzielung und Wertsteigerung zumindest herabgesetzt wird. Zur Änderung des Gesellschaftszwecks bedarf es der Zustimmung sämtlicher Gesellschafter (entsprechend § 33 Abs. 1 Satz 2 BGB), wobei diese auch konkludent durch Zustimmung zu einer zweckändernden Gestaltung der Gesellschaft bzw. des Gesellschaftsvertrags erteilt werden kann.[1458] Auch die Entscheidung des Gesellschafterkreises, familienfremde Gesellschafter aufzunehmen und den Gesellschaftsvertrag in Vorbereitung dieser Aufnahme anzupassen, kann also zweckändernde Wirkung entfalten.

Wenn die Gesellschafter aber nicht ausdrücklich erklären, dass sie den besonderen Gesellschaftszweck des generationsübergreifenden Erhalts des Gesellschaftsvermögens in Familienhand aufgeben wollen, so stellt sich die Frage, wie der Anteilserwerb und die Änderung des Gesellschaftsvertrags ausgestaltet sein müssen, damit eine konkludente Zweckänderung angenommen werden kann. Möglicherweise bietet die Ausgestaltung der Rechtsposition des familienfremden Neugesellschafter hierfür Anhaltspunkte. Da die familienfremden Gesellschafter – mit Ausnahme des Modells der befristeten Managerbeteiligung[1459] – meist daran interessiert sind, ihre Beteiligung an der Familiengesellschaft zu einem späteren, von ihnen gewählten Zeitpunkt gewinnbringend zu verkau-

[1456] So auch *Krämer*, Sonderrecht der Familiengesellschaften, 2019, 239.
[1457] Hierzu oben unter § 7.
[1458] Hierzu oben unter § 4.B.IV.5.b.(i).
[1459] Hierzu *Schockenhoff*, NZG 2018, 201.

fen oder zumindest die Möglichkeit hierzu haben wollen, nehmen sie einen Anteilskauf regelmäßig nur unter der Bedingung vor, dass ihr Anteil nicht ähnlich starken Beschränkungen wie die Anteile der familiär verbundenen Gesellschafter unterliegt.[1460] Der familienfremde Gesellschafter kann seinen Anteil daher oft weiterverkaufen. In diesem Fall entziehen sich das auf den Gesellschaftsanteil entfallende Gesellschaftsvermögen sowie die dem Neugesellschafter gewährten Stimmrechte dauerhaft der Kontrolle der Familienmitglieder.

Die Entscheidung der Familie zur „Abspaltung" eines Teils des Gesellschaftsvermögens und der bisher ungeteilten Kontrollposition über die Gesellschaft ändert aber nichts daran, dass die familiär verbundenen Gesellschafter typischerweise weiterhin einen Fortführungswillen zugunsten der Familie aufweisen. Dies zeigt sich insbesondere darin, dass die Beschränkungen der der Familie zugeteilten Anteile weiterhin bestehen bleiben. So werden für die Anteile der Familiengesellschafter weder die Vinkulierung noch die Kündigungs-, Abfindungs- oder Gewinnbeschränkungen aufgehoben. Die Gesellschaft, das in ihr liegende Vermögen und die Kontrollposition der Familie sollen somit erkennbar weiterhin einen möglichst hohen Schutz genießen. Allein in der Gewährung von frei übertragbaren und nicht bzw. nicht ähnlich stark rechtlich beschränkten Anteilen an den Neugesellschafter kann folglich auch kein Wille zur Zweckänderung erblickt werden.

Von einer Zweckänderung ist – abgesehen von einer ausdrücklichen Änderung – vielmehr nur dann auszugehen, wenn die Gesellschafter wichtige Grundsätze der generationsübergreifenden Ausrichtung aus dem Gesellschaftsvertrag streichen, also etwa die Gewinnverwendung von einer hohen Thesaurierungs- hin zu einer hohen Ausschüttungsquote modifizieren.[1461] Hierzu gehört auch eine Gestaltung, durch die dem familienfremden Neugesellschafter eine Kontrollposition über die Gesellschaft zuteilwird, die es ihm erlaubt, die Gesellschaft zukünftig nach seinen Interessen auszurichten und zu verändern. Denn in diesem Fall geben die Familiengesellschafter das Schicksal der Gesellschaft bewusst aus der eigenen Hand bzw. der Hand der jetzigen und zukünftigen Familienmitglieder. Die Gesellschaft ist nicht mehr sicher auf die zukünftige Kontrolle durch die Familie gerichtet, auch wenn sie abgesehen von der beherrschenden Stellung der Familie im Gesellschafterkreis noch alle typischen Merkmale einer Familiengesellschaft aufweist. Anders ist dies nur, wenn den Familienmitgliedern mindestens eine Sperrminorität bei weiterhin generationsübergreifender und familienbezogener Ausrichtung des Gesellschaftsvertrags und damit der Gesellschaft insgesamt verbleibt und die familiär

---

[1460] Zu dieser Überlegung schon *Krämer*, Sonderrecht der Familiengesellschaften, 2019, 238 f. (Fn. 680).

[1461] Ähnlich *Belz*, Die große Familienkommanditgesellschaft, 2018, 87 f., der eine Zweckänderung bei Eintritt eines Investors annimmt, wenn auf dessen Verlangen der Gesellschaftsvertrag angepasst wird, sodass ihm eine beherrschende Stellung zukommt und Gewinne entgegen dem familiengesellschaftlichen Selbstfinanzierungsgrundsatz zunächst zur Deckung seiner Verzinsungserwartung verwendet werden.

verbundenen Gesellschafter vertraglich eine einheitliche Stimmausübung gesichert haben, sodass der familienfremde Gesellschafter die Besonderheiten der Familiengesellschaft nicht einseitig beseitigen kann.[1462] Dann ist grundsätzlich davon auszugehen, dass der besondere Gesellschaftszweck des generationsübergreifenden Vermögenserhalts für die Familie zumindest gleichrangig neben dem Regelzweck der Gewinnerzielung und Wertsteigerung bestehen bleiben soll. Aus diesem Grund bleiben auch die Einflüsse des Gesellschaftszwecks auf die Intensität und den Inhalt der Treuepflicht der familiär verbundenen Gesellschafter erhalten.[1463]

II. Weiteres Vertragswerk

Das zum Fortbestehen des Gesellschaftszwecks Gesagte gilt grundsätzlich auch i.R.d. Ausrichtung des restlichen Vertragswerks. Das restliche Vertragswerk stellt regelmäßig weiterhin die Bestandssicherung sowie die familiäre Kontrolle über die Gesellschaft in den Mittelpunkt. Dies spiegelt sich neben der fortdauernden Anteilsvinkulierung in den Gewinn- sowie Kündigungs- und Abfindungsbeschränkungen zumindest für die Anteile der familiär verbundenen Gesellschafter wider.[1464]

Fraglich ist aber, wie es sich auswirkt, wenn Regelungen durch die Familiengesellschafter in Familienkapitalgesellschaften nur in Nebenvereinbarungen getroffen wurden und i.R.d. Vorbereitung des Eintritts eines familienfremden Dritten keine Übertragung in die Satzung erfolgt. Für die der Treuepflicht vorgeschaltete Auslegung der Satzung wurde bereits festgehalten, dass die Nebenvereinbarungen nur dann weiterhin als Erkenntnisquelle für den Willen der Gesellschafter auf Ebene der Hauptgesellschaft herangezogen werden können, wenn der Neugesellschafter – gleich ob er Familienmitglied oder Dritter ist – von dieser Nebenvereinbarung Kenntnis hatte oder haben musste und dem hierin enthaltenen Verständnis der Altgesellschafter vom Gesellschaftsvertrag bei Kenntniserlangung nicht widerspricht.[1465] Dabei wurde auch festgestellt, dass die Tendenz von Familiengesellschaften, Nebenvereinbarungen intensiv zu nutzen, keine Nachforschungspflicht des familienfremden Dritten bei seinem Eintritt begründet.[1466] Vielmehr spricht die besondere Situation, in der sich die Familiengesellschafter bei der erstmaligen Öffnung der Gesellschaft befinden sogar dafür, dass potenzielle Neugesellschafter davon ausgehen dürfen, dass alles, dem die Familiengesellschafter auch in Zukunft Einfluss auf der Gesellschaftsebene zusprechen wollen, offengelegt oder in die Satzung übertragen

1462 Hierzu oben unter § 4.B.I.2.d.
1463 Hierzu oben unter § 7.B.
1464 Hierzu oben unter § 7.C.I.
1465 Hierzu oben unter § 5.B.III.1.
1466 Ebd.

wurde.[1467] Kennt der Neugesellschafter das Verständnis der Altgesellschafter nicht und muss er es auch nicht kennen, so kann es zu einer gespaltenen Auslegung kommen, bei der sich die Altgesellschafter untereinander immerhin insoweit auf ihr subjektives Verständnis aus den Nebenvereinbarungen verlassen können, wie der Neugesellschafter hierdurch nicht negativ berührt wird.[1468]

Diese Feststellungen lassen sich weitestgehend auf das Schicksal des treuepflichtmodifizierenden Einflusses von Nebenvereinbarungen übertragen. Die Erwartung an die Gesellschafter bzw. ihr Verhalten, die sich aus dem Inhalt der Nebenvereinbarungen ergibt, ist nur dann auch gegenüber dem Neugesellschafter berechtigt, wenn dieser Partei der Nebenvereinbarungen wird oder sonst berechtigterweise von ihm erwartet werden kann, dass er den in der Nebenvereinbarung zum Ausdruck kommenden Verhaltenserwartungen seiner Mitgesellschafter folgt. Tatsächlich wird es meist so sein, dass die Öffnung der Gesellschaft gegenüber familienfremden Gesellschaftern einen derart bedeutenden Moment in der Historie einer generationsübergreifenden Familiengesellschaft darstellt, dass die Familiengesellschafter hier untereinander und in ihren Verhandlungen mit potenziellen Neugesellschaftern intensiv über die Rolle des Neugesellschafters und die Erwartungen an dessen Verhalten in der Gesellschaft sprechen. Hier werden dem potenziellen Neugesellschafter häufig auch Businessversionen der Nebenvereinbarungen ausgehändigt, insbesondere der Familienverfassung. Wenn sich aus den ausgehändigten Nebenvereinbarungen i.V.m. dem Inhalt der Verhandlungen dann ergibt, dass mit dem Neugesellschafter zumindest implizit eine Geltung der in den Nebenvereinbarungen zum Ausdruck kommenden Grundsätze auf der Gesellschaftsebene vereinbart wurde, umfasst die Treuepflicht des Neugesellschafters auch die Beachtung dieser Grundsätze. In diesem Fall kann auch die Treuepflicht der Familiengesellschafter nicht gegenüber den in Kapitel § 7 ermittelten Grundsätzen modifiziert werden.

Wenn der Neugesellschafter hingegen nicht vom Inhalt der Nebenvereinbarungen weiß und auch sonst nicht erwartet werden kann, dass er den dort niedergelegten Grundsätzen folgt, ändert dies nichts daran, dass die an der Nebenvereinbarung beteiligten Altgesellschafter untereinander weiterhin die berechtigte Erwartung haben, dass sich auf Gesellschaftsebene entsprechend der in den Nebenvereinbarungen niedergelegten Wertungen verhalten wird. Der Einbeziehung der Nebenvereinbarungen werden hier dann aber Grenzen gesetzt, wenn die Interessen des nicht an der Nebenvereinbarung beteiligten Neugesellschafters entgegenstehen.[1469] Daher ist Familiengesellschaften, die die treuepflichtkonkretisierende Wirkung der Nebenvereinbarungen erhalten wollen, vor der Aufnahme familienfremder Gesellschafter eine Übertragung der dort aufge-

1467 Ebd.
1468 Hierzu oben unter § 5.B.II.2.c.
1469 Hierzu bereits oben unter § 3.E.III.

führten Grundsätze in die Satzung zu empfehlen. Dies gilt umso mehr, wenn der familienfremde Neugesellschafter seine Anteile jederzeit ohne Zustimmung der Familiengesellschafter verkaufen kann und hierdurch ohne Interventionsmöglichkeit andere Gesellschafter eintreten können, mit denen überhaupt nicht oder nicht ähnlich intensiv über die gegenseitigen Erwartungen und ihre Rolle in der Gesellschaft gesprochen werden konnte.

III. Sonstige Auswirkungen

Die familiär verbundenen Gesellschafter werden nach dem Eintritt eines Neugesellschafters typischerweise die Mehrheit der Stimmrechte auf sich vereinen. Zwar unterscheidet die Treuepflicht nicht von vornherein zwischen dem Mehrheits- und Minderheitsgesellschafter, der Mehrheitsgesellschafter hat aber eine derart starke innergesellschaftliche Machtposition, dass ihn aus seiner Treuepflicht besondere Rücksichtnahmepflichten bezüglich der Interessen der Minderheitsgesellschafter treffen können.[1470] Daher ist für die Bestimmung der Treuepflicht der Familiengesellschafter als meist einheitlich stimmender Block gegenüber dem Minderheitsgesellschafter für jeden Beschluss genau zu untersuchen, wie sehr den Familiengesellschaftern nach dem Gesellschaftsvertrag ein Eingriff in die Rechte des familienfremden Minderheitsgesellschafters erlaubt ist.

B. Treuepflicht der familienfremden Gesellschafter

Auch der familienfremde Gesellschafter unterliegt der mitgliedschaftlichen Treuepflicht. Es stellt sich die Frage, ob diese in der planvoll generationsübergreifend ausgerichteten Familiengesellschaft ebenfalls eine besondere Intensität aufweist und bei Berührung der besonderen Gesellschaftsinteressen deren vorrangige Ansetzung anordnet oder ob die Treuepflicht des familienfremden Gesellschafters nicht dem Maße einer „normalen" Treuepflicht entspricht. Wie bereits ausgeführt, kommt dem Umstand, dass keine familiäre Beziehung zu den übrigen Gesellschaftern besteht, keine Bedeutung zu. Daher müssen andere Unterschiede zwischen den Gesellschaftertypen auf ihre treuepflichtmodifizierende Wirkung hin untersucht werden.

Der wichtigste Unterschied zwischen den Familiengesellschaftern und dem familienfremden Gesellschafter findet sich in der Rechtsposition innerhalb der Gesellschaft. Die Gesellschaftsanteile des familienfremden Gesellschafters sind üblicherweise nicht vinkuliert, teilweise ist der Gesellschafter auch von Kündigungs-, Abfindungs- oder Gewinnbeschränkungen befreit. Die Gewährung beschränkungsfreier Anteile ist in gewisser Weise

---

1470 Hierzu oben unter § 3.B.I.1.b.

Ausdruck der dauerhaften „Abspaltung“ des dem Anteil zugeordneten Gesellschaftsvermögens und des Stimmrechts von der Familie. Es ist nämlich meist nicht vorgesehen, dass der Gesellschaftsanteil später wieder in die Hand der Familie zurückfällt.[1471] Anders als die Familiengesellschafter hält der familienfremde Gesellschafter den Gesellschaftsanteil damit auch nicht „quasi-treuhänderisch“ für die Familie und deren Kontrolle über die Gesellschaft.

Hieraus ergibt sich bereits ein erster Hinweis für Unterschiede zwischen der Treuepflicht der zwei Gesellschaftertypen. In Kapitel § 7 konnte festgestellt werden, dass die „quasi-treuhänderische“ Stellung der Familiengesellschafter die Einordnung der Gesellschafterrechte als uneigennützige oder eigennützige Rechte tendenziell in Richtung der uneigennützigen Rechte verschiebt, da schon die Gewährung der Gesellschafterstellung als solche vornehmlich dem generationsübergreifenden Gesellschaftszweck dient und damit auch die aus der Gesellschafterposition erwachsenden Gesellschafterechte eher uneigennütziger Natur sind.[1472] Für den familienfremden Gesellschafter kann eine derartige Verschiebung aufgrund seiner Rechtsposition nicht angenommen werden.

Dies beantwortet die Frage nach der Einordnung der Gesellschafterrechte, nicht aber nach dem Rangverhältnis der Interessen bei Ausübung der eigennützigen Gesellschafterrechte. Der familienfremde Gesellschafter unterliegt wie jeder andere Gesellschafter auch dem besonderen Gesellschaftszweck, der auch nach seinem Eintritt regelmäßig unverändert fortbesteht.[1473] Die Bindung des Gesellschafters an den besonderen Gesellschaftszwecks ist nicht davon abhängig, ob Beschränkungen für seinen eigenen Gesellschaftsanteil existieren.[1474]

Der familienfremde Gesellschafter hat bezüglich des sich aus diesem Gesellschaftszweck ergebenden Gesellschaftsinteresses an der Sicherung des Bestands der Familiengesellschaft eine ebenso hohe Rechtsmacht wie die familiär verbundenen Gesellschafter. Denn er kann sein Stimmrecht – wie jeder andere Gesellschafter auch – dazu nutzen, die Geschäftsstrategie der Gesellschaft risikoaffiner zu gestalten oder die Liquiditätsbasis durch Zustimmung zu übermäßigen Gewinnausschüttungen zu schwächen, zudem kann er durch die Kündigung seiner Mitgliedschaft einen Anspruch auf Abfindung entstehen lassen, dessen Durchsetzung je nach konkreter Höhe einen existenzgefährdenden Abfluss finanzieller Mittel bedeuten mag. Sofern das Bestandssicherungsinteresse der Gesellschaft berührt ist, unterliegt der familienfremde Gesellschafter daher einer ebenso intensiven Treuepflicht, wie der Familiengesellschafter auch.

[1471] Anders ist dies etwa bei einer befristeten Managementbeteiligung. Gegenseitige Vorkaufsrechte als Lösung der sich oft aufzeigenden *Exit*-Problematik beim Eintritt eines Finanzinvestors bezeichnend *Richter/Junginger/Stille*, RFamU 2022, 170 (172).

[1472] Hierzu oben unter § 7.B.III.

[1473] Hierzu oben unter § 11.A.I.

[1474] So auch *Krämer*, Sonderrecht der Familiengesellschaften, 2019, 240 f.

Eine mit den Familiengesellschaftern vergleichbar hohe Rechtsmacht des familienfremden Gesellschafters besteht hingegen nicht, wenn es um die Bewahrung der familiären Kontrolle über die Gesellschaft geht. Denn anders als im Falle des Familiengesellschafters, der seinen Anteil an familienfremde Dritte verkaufen oder mit der Kündigung seines Anteils ersatzlos aus der Familiengesellschaft ausscheiden und damit die familiäre Kontrolle schwächen könnte, wird die familiäre Kontrolle durch die Einwirkungen auf den Anteil des familienfremden Gesellschafters nicht berührt. Der Anteil des familienfremden Gesellschafters ist bereits aus der Hand der Familie gefallen, weitere Einwirkungen berühren daher das besondere Gesellschaftsinteresse an der familiären Kontrolle nicht. Eine Rechtsmacht des familienfremden Gesellschafters bezüglich des besonderen Gesellschaftsinteresses an der familiären Kontrolle wird regelmäßig nur in Ausschlusssachverhalten bestehen. Denn nur hier kann der Gesellschafter mittels der Ausübung seines Stimmrechts auf die familiäre Kontrolle über die Gesellschaft Einfluss nehmen.

Aus dieser Überlegung ergibt sich auch, inwiefern die vertikale Treuepflicht des familienfremden Gesellschafters mit der Treuepflicht des familiär verbundenen Gesellschafters vergleichbar ist. Das sich aus dem Gesellschaftszweck ergebende besondere Gesellschaftsinteresse an der Bestandssicherung hat der familienfremde Gesellschafter – wie ein familiär verbundener Gesellschafter auch – grundsätzlich vorrangig vor seinen Eigen- und Drittinteressen anzusetzen, und zwar auch dann, wenn er eigennützige Gesellschafterrechte ausübt. Hierfür spricht neben dem besonderen Gesellschaftszweck auch die Realstruktur der Gesellschaft. Die Familiengesellschaft ist auch nach dem Eintritt des familienfremden Gesellschafters auf die Sicherung des Gesellschaftsvermögens gerichtet, sie ist weiterhin eng mit der Familie verbunden und wird auch in tatsächlicher Hinsicht weiterhin ein am Fortführungswillen der Gesellschafter ausgerichtetes Innenleben aufweisen. Es entspricht regelmäßig auch nicht dem Willen der Familiengesellschafter, die Treuepflicht des familienfremden Neugesellschafters im Bereich der Bestandssicherung bei seinem Eintritt umfassend gegenüber der Treuepflicht der restlichen Gesellschafter zu modifizieren. Die Familiengesellschafter haben vielmehr die Vorstellung, dass der familienfremde Gesellschafter ebenso auf die besondere Vulnerabilität der Familiengesellschaft und ihres Bestandsinteresses Rücksicht nimmt. Genau hierüber wird regelmäßig auch in den Verhandlungen zwischen den Familiengesellschaftern und dem familienfremden Neugesellschafter ausführlich gesprochen werden. Die Erwartungshaltung der übrigen Gesellschafter gegenüber dem familienfremden Gesellschafter ist diesem also auch bewusst.

Diese Überlegungen zur Vergleichbarkeit der vertikalen Treuepflicht der familienfremden Gesellschafter mit derer familiär verbundener Gesellschafter lassen sich teilweise auf die horizontale Treuepflicht übertragen. Wie in Kapitel § 7 gesehen, wird die horizontale Treuepflicht der Gesellschafter regelmäßig mittelbar durch die vertikale Treuepflicht beeinflusst.[1475] Denn das besondere Gesellschaftsinteresse an der Bestandssicherung und Sicherung der Familienkontrolle erfordert mehr als in vergleichbaren Gesellschaften eine einvernehmliche und vertrauensvolle Zusammenarbeit der Gesellschafter. Die Familiengesellschaft liegt mit ihrem gehobenen Interesse an einer soliden Vertrauensbasis insofern nah an einer streng personalistischen Gesellschaft. Die vertikale Treuepflicht fordert daher bei solchen Sachverhalten, die eigentlich nur die horizontale Treuepflicht betreffen, eine höhere Rücksichtnahme ein, die das Grundvertrauen intakt lässt. Dies gilt bei der Aufnahme familienfremder Gesellschafter unverändert fort. Zwar drohen zwischen Familiengesellschaftern und familienfremden Gesellschaftern keine ähnlich emotionalen Streitigkeiten und der Familiengesellschaft auch kein Verlust eines familiär verbundenen Gesellschafters, wenn der familienfremde Gesellschafter nach einem Verlust der erforderlichen Vertrauensbasis aus der Familiengesellschaft austritt. Allerdings führt die Kündigung des Gesellschaftsanteils durch den Austritt des familienfremden Gesellschafters zur Entstehung eines üblicherweise nicht vertraglich beschränkten Abfindungsanspruchs, der wiederum den Bestand der Familiengesellschaft gefährden kann, also das Bestandsinteresse der Gesellschaft beeinträchtigt.

Betrachtet man die dem familienfremden Gesellschafter auferlegte, nach hiesiger Ansicht insbesondere im vertikalen Anwendungsbereich recht stark verschärfte Treuepflicht, so ergeben sich auf den ersten Blick Bedenken hinsichtlich des Minderheitenschutzes.[1476] Denn dem familienfremden Gesellschafter wird eine Interessenwahrungspflicht auferlegt, die in erster Linie dem Interesse der Familie bzw. der jetzigen und zukünftigen Familiengesellschafter zu dienen scheint. Erschwerend kommt hinzu, dass der familienfremde Gesellschafter sich meistens in einer dauerhaften Minderheitsposition gegenüber einem geschlossenen Block an Familiengesellschaftern wiederfindet.

Allerdings ist zu beachten, dass der familienfremde Gesellschafter bei seinem Eintritt in die planvoll generationsübergreifend ausgerichtete Familiengesellschaft deren Besonderheiten und ihre Bedeutung für seine Rechtsposition und damit auch für seine Treuepflicht freiwillig akzeptiert. Bedenken hinsichtlich des Minderheitenschutzes ergeben sich auch dann nicht, wenn der familienfremde Gesellschafter schon an der Gründung der Gesellschaft beteiligt ist und die planvoll generationsübergreifende Ausrichtung akzeptiert. In beiden Fällen begibt der Treueverpflichtete sich willentlich in diese Rechtsposition. Der Minderheitenschutz wird daher nur dann relevant, wenn die generationsübergreifende und an der Familie orientierte Ausrichtung der Gesellschaft nach dem Eintritt des familienfremden Gesellschafters vorgenommen wird und der familienfremde Minderheitsgesellschafter widerspricht.[1477]

[1475] Hierzu oben unter § 7.B.IV.2.

[1476] Hierzu ausführlich *Krämer*, Sonderrecht der Familiengesellschaften, 2019, 242 ff.

[1477] So auch ebd., 242.

Dem kann auch nicht entgegengehalten werden, dass sich nur die wenigsten Gesellschafter bei Eintritt in die Familiengesellschaft bewusst machen werden, in welcher Situation sie die Treuepflicht wie trifft und dass eine exakte Prognose der konkreten Interessenwahrungs- und Rücksichtnahmepflichten für den Einzelfall vielfach auch gar nicht möglich ist. Der exakte Inhalt der Treuepflicht kann immer nur durch eine Berücksichtigung aller Umstände des Einzelfalls sicher vorhergesagt werden. Diese Flexibilität der Treuepflicht und das mit ihrer Geltung einhergehende Fehlen einer gewissen Transparenz der Rechtsfolgen treffen daher nicht nur den familienfremden Drittgesellschafter, sondern jeden treueverpflichteten Gesellschafter.[1478] Die Treuepflicht ist dabei aber immer das Produkt der im Gesellschaftsvertrag getroffenen Vereinbarungen und der tatsächlichen Ausgestaltung des Gesellschaftslebens. Wenn sie auch für den Einzelfall konkretisiert werden muss, so hat der einzelne Gesellschafter ihre Wirkung letztlich doch akzeptiert. Ungewollten Inhalten oder Einflüssen der Treuepflicht kann darüber hinaus recht einfach durch ausdrückliche Regelungen entgegengewirkt werden.[1479] So kann etwa im Gesellschaftsvertrag festgeschrieben werden, dass familienfremde Gesellschafter jederzeit frei von der Pflicht zur Berücksichtigung sonstiger Interessen ihren Gesellschaftsanteil kündigen können oder Anspruch auf eine Mindestausschüttungsquote für den auf sie entfallenden Gewinn haben.

Im Übrigen ist auch schon der Aussage, dass der familienfremde Gesellschafter letztlich nur zugunsten der Familie Rücksicht auf das Bestandsinteresse der Gesellschaft nimmt, nicht zuzustimmen. Die Interessenwahrungspflicht gegenüber der Gesellschaft kommt auch dem Gesellschafter selbst zugute. Denn er erhält eine Beteiligung an einer Gesellschaft, in welcher er und alle anderen Gesellschafter ihre Individualinteressen grundsätzlich dem Bestandsinteresse unterordnen müssen, sodass die Gesellschaft frei von Egoismen operieren kann.[1480] Gleichzeitig weist die Familiengesellschaft häufig eine konsistente Gesellschafterstruktur und Geschäftsführung auf, womit zukünftige Komplikationen und „Reibungsverluste" durch ständige Gesellschafter- und Geschäftsleiterwechsel vermieden werden können. Die Beteiligung an der generationsübergreifend ausgerichteten Familiengesellschaft stellt daher im Vergleich zu anderen Gesellschaftsbeteiligungen insgesamt eine risikoarme und nachhaltige Investition dar. In der Praxis wird dies häufig auch einer der Hauptbeweggründe für die Beteiligung an einer Familiengesellschaft sein. Etwaige Nachteile, welche die Beteiligung an der Familiengesellschaft für den familienfremden Gesellschafter mit sich bringen, sind zudem bereits im Kaufpreis für die Anteile berücksichtigt. Für den Erwerb einer Minderheitsposition bei Existenz einer geschlossenen Mehrheit an Familiengesellschaftern wird etwa ein Preisnachlass

1478 Ebd., 243.
1479 Ebd., 244.
1480 Mit diesem rechtspraktischen Argument auch ebd., 243.

anfallen.

Anders als der Familiengesellschafter kann der familienfremde Gesellschafter darüber hinaus auch etwaige Wertsteigerungen der Gesellschaft für sich realisieren. Selbst wenn er also etwa durch seine Treuepflicht gehalten ist, der Vollthesaurierung von Gewinnen zuzustimmen, so steigt hierdurch der Wert der Gesellschaft und damit auch der Wert seiner Anteile. Der familienfremde Gesellschafter kann seine Anteile sodann verkaufen und die seit seinem Eintritt erfolgte Wertsteigerung realisieren. Insgesamt stehen der Annahme einer hohen Treuepflicht des familienfremden Gesellschafters, die ihn grundsätzlich zur vorrangigen Ansetzung des Bestandsinteresses der Gesellschaft auch bei der Ausübung eigennütziger Rechte verpflichtet, folglich keine Bedenken entgegen.

C. Ausrichtung auf häufig wechselnde, anonyme Kleinanleger

Wenn die Familiengesellschafter sich dazu entscheiden, die Familiengesellschaft nicht nur für einzelne familienfremde Gesellschafter, sondern für häufig wechselnde, anonyme Kleinanleger zu öffnen, so hat dies Auswirkungen auf die Treuepflicht der familienfremden Gesellschafter. Bei einer derartigen Öffnung des Gesellschafterkreises finden keine individuellen Verhandlungen mit den eintretenden Gesellschaftern mehr statt. Entsprechend ist der Gesellschaftsvertrag – soweit der Neugesellschafter betroffen ist – objektiv auszulegen.[1481] Denn die Familiengesellschafter teilen den Neugesellschaftern ihr subjektives Verständnis hier nicht mit, oftmals wissen sie nicht einmal, wer Neugesellschafter wird.

In gleicher Weise können auch keine impliziten Vereinbarungen oder berechtigten Erwartungen der Familiengesellschafter aus vorvertraglichen Verhandlungen mit den Neugesellschaftern entstehen und mithin auch nicht in den Schutzbereich der Treuepflicht fallen. Für die Bestimmung der Treuepflicht der familienfremden Neugesellschafter ist daher ausschließlich auf den objektiven Gehalt des Gesellschaftsvertrags und die hieraus ermittelbaren Wertungen abzustellen. Aus diesem Grund kommt es entscheidend darauf an, ob die Familiengesellschafter die Besonderheiten der Familiengesellschaft auch in den Gesellschaftsvertrag und seinen objektiven Gehalt einfließen lassen haben. Die Familiengesellschafter müssen hier aber beachten, dass der Gestaltung anders als im Falle der gegenüber familienfremden Gesellschaftern geschlossenen Gesellschaft oder des individuell verhandelten Eintritts einzelner Familienfremder[1482], Grenzen durch die Inhaltskontrolle von Gesellschaftsverträgen aus § 242 BGB gesetzt sein können.[1483]

[1481] Hierzu oben unter § 5.B.II.2.b.

[1482] *Ulmer*, ZIP 2010, 549 (555); s. zur Inhaltskontrolle bei der großen, geschlossenen Familien-KG auch *Hey*, Freie Gestaltung in Gesellschaftsverträgen und ihre Schranken, 2004, 295 f.

[1483] Vgl. etwa *Kähler*, in: BeckOGK BGB, Stand 1.6.2025, § 242 Rn. 1061 ff.

Anders als im Falle des Eintritts einzelner familienfremder Gesellschafter, die über ihre Rechtsposition individuell verhandeln und i.d.R. Stimmrechte in einer solchen Höhe erhalten, dass sie einen gewissen Einfluss in der Gesellschaft haben, kommt den Kleinanlegern regelmäßig jeweils nur eine sehr geringe Stimmmacht und auch nur eine geringe Einflussmöglichkeit auf die Interessen der Gesellschaft und Mitgesellschafter zu. Die Kleinanleger sind hierdurch nicht etwa von der Treuepflicht befreit.[1484] Ihre Treuepflicht erlangt hier nur deutlich seltener Relevanz.

Für das Schicksal des besonderen Gesellschaftszwecks des generationsübergreifenden Vermögenserhalts für die Familie in der Zukunft und dessen Einfluss auf die Treuepflicht sämtlicher Gesellschafter gilt grundsätzlich das bereits oben Gesagte.[1485] Aus der Gestaltung des Gesellschaftsvertrags muss hier hervorgehen, dass der Gesellschaftszweck des generationsübergreifenden Vermögenserhalts hinter den Zweck der Gewinnerzielung und Wertsteigerung zurücktreten oder gar entfallen soll. Wollen die Familiengesellschafter den Zweck erhalten, empfiehlt sich hier die ausdrückliche Aufnahme in den Gesellschaftsvertrag. Denn wenn der Gesellschaftszweck nicht ausdrücklich festgeschrieben wird, ist er durch Auslegung zu ermitteln. Die Auslegung erfolgt nun aber nach dem objektiven Gehalt des Gesellschaftsvertrags, subjektive Vorstellungen wie der Fortführungswille der Familiengesellschafter oder das Gründerverständnis vom Gesellschaftsvertrag verlieren ihren Einfluss.

1484 Hierzu oben unter § 3.B.I.1.b.

1485 Hierzu oben unter § 11.A.I.

Gestaltungsempfehlungen und Zusammenfassung

§ 12. Gestaltung einer Treuepflichtklausel für generationsübergreifend ausgerichtete Familiengesellschaften

Die mitgliedschaftliche Treuepflicht wird nach dem hier gefundenen Ergebnis insbesondere durch die Besonderheiten der generationsübergreifend ausgerichteten Familiengesellschaft und deren Einfluss auf die treuepflichtrelevanten Parameter teilweise stark modifiziert. Vor dem Hintergrund der grundsätzlichen Zulässigkeit einer ausdrücklichen Modifikation der Treuepflicht im Gesellschaftsvertrag mittels einer Treuepflichtklausel[1486] stellt sich die Frage, ob eine solche Klausel überhaupt einen zusätzlichen Nutzen für die Familiengesellschaft hat und welche Gestaltung hier empfehlenswert ist, um den typischen Interessen der Gesellschafter gerecht zu werden.

A. *Zum Nutzen der bewussten Gestaltung der mitgliedschaftlichen Treuepflicht in der Familiengesellschaft*

Zu Beginn von Kapitel § 6[1487] und Kapitel § 7[1488] wurde die Relevanz der mitgliedschaftlichen Treuepflicht bei familiär verbundenem Gesellschafterkreis und in planvoll generationsübergreifend ausgerichteten Familiengesellschaften untersucht und festgestellt, dass diese insbesondere in der generationsübergreifend ausgerichteten Familiengesellschaft deutlich erhöht ist. Hintergrund war zuvorderst die emotionale Dimension von Gesellschafterstreitigkeiten und die zunehmende Entfremdung der Gesellschafter von der Familiengesellschaft in späteren Generationen, welche die Gefahr des Handelns gegen die Interessen der Gesellschaft und Mitgesellschafter – sei es aus reiner Schadensabsicht oder zum Zwecke der Verfolgung von Eigeninteressen – signifikant erhöht.

Die bloße Existenz einer Treuepflichtklausel kann hier präventiv Schutz vor einer Interessenvernachlässigung bieten, unabhängig davon, ob sie die Treuepflicht erhöht, absenkt oder bloß die bereits bestehende Rechtslage wiedergibt. Denn erst durch die Treuepflichtklausel wird die Treuepflicht als Rechtsinstitut überhaupt explizit im Gesellschaftsvertrag genannt. Auch Gesellschafter, die nicht über vertiefte Kenntnisse im Gesellschaftsrecht verfügen, können so durch einen Blick in den Gesellschaftsvertrag erkennen, dass sie bei ihrem Handeln der Treuepflicht unterliegen und die Interessen der Gesellschaft und der Mitgesellschafter mindestens berücksichtigen müssen. Die Kenntnis

1486 Hierzu oben unter § 3.G.I.2.
1487 Hierzu oben unter § 6.A.
1488 Hierzu oben unter § 7.A.I.

R. Knaup, *Die gesellschaftsrechtliche Treuepflicht in Familiengesellschaften*,
Juridicum – Familienunternehmen und Recht,
https://doi.org/10.1007/978-3-658-50770-1_4

von einer derartigen Pflicht wird tendenziell dazu führen, dass die Gesellschafter sich vor der Entscheidung zu einem potenziell interessenschädigenden Verhalten deutlich eher rechtlichen Rat einholen oder ihr Verhalten sonst überdenken.[1489] Dies ist insbesondere in späteren Gesellschaftergenerationen einer Familiengesellschaft wichtig, wenn die Gesellschafter nicht mehr oder zumindest nicht ähnlich intensiv am täglichen Gesellschaftsleben teilnehmen, die innere Verbundenheit der Gesellschafter abnimmt und die Stellung als Gesellschafter nicht mehr eine ähnlich große Rolle im Leben des durchschnittlichen Familiengesellschafters spielt, sodass die rechtlichen Rahmenbedingungen soziale Normen als wichtigsten gesellschafterlichen Verhaltensmaßstab verdrängen.

Darüber hinaus bietet schon der Prozess der Erarbeitung einer Treuepflichtklausel einen Nutzen, zumindest für die eine Treuepflichtklausel implementierende Gesellschaftergeneration. Insbesondere in generationsübergreifenden Familiengesellschaften betrifft eine der wichtigsten Fragen zur Ausgestaltung des Gesellschaftsvertrags und des hierauf beruhenden Gesellschaftslebens das Verhältnis von Gesellschaftsinteresse und anderen Interessen, namentlich dem Familieninteresse und den Individualinteressen der Gesellschafter jetzt und in Zukunft. Während einige Familiengesellschafter möglicherweise voraussetzen, dass im Gesellschafterkreis Einigkeit darüber besteht, dass alle jetzigen und zukünftigen Gesellschafter ihre Eigeninteressen hintenanstellen, können die tatsächlichen Vorstellungen der Mitgesellschafter hiervon abweichen. Sofern die Klausel eine umfassende Festschreibung des Treuepflichtniveaus zum Inhalt haben soll, werden die Gesellschafter i.R.d. Erstellungsprozesses oder zumindest bei Beschlussfassung ihre Vorstellungen vom Interessenverhältnis offenlegen, sodass Fehlevaluationen und hierdurch auftretenden Konflikten vorgebeugt wird. Zudem werden die Gesellschafter bei einer ausdrücklichen Regelung des Treuepflichtniveaus deutlich eher das Gefühl haben, dass die jeweiligen Rechtsfolgen der Treuepflicht tatsächlich das Ergebnis ihrer eigenen Vereinbarungen sind, unabhängig davon, dass dies auch ohne ausdrückliche Regelung der Treuepflicht der Fall wäre. Ein solches Gefühl wird tendenziell eine höhere Bereitschaft zur Berücksichtigung der Treuepflicht mit sich bringen, zumindest in der Gesellschaftergeneration, welche die Treuepflichtklausel gestaltet und im Gesellschaftsvertrag implementiert.

Neben der Innenwirkung gegenüber den Gesellschaftern hat die Treuepflichtklausel auch einen Nutzen in der Außenwirkung. Wie bereits in Kapitel § 3 dargestellt, ist ein Grund für die Abbedingung der Treuepflicht häufig, dass die Treuepflicht es dem entscheidenden Richter als außenstehenden Dritten ermöglicht, in die Gesellschaft und ihr Innenleben einzugreifen.[1490] Da die Treuepflicht das Produkt des Gesellschaftsvertrags

1489 Zur präventiven Funktion der Treuepflicht allgemein schon oben unter § 3.G.I.1.
1490 Ebd.

und der Nebenvereinbarungen ist, erfolgt dieser Eingriff grundsätzlich anhand der Vorgaben der Gesellschafter. Allerdings geht die korrekte Bestimmung des Treuepflichtniveaus und -inhalts anhand der verschiedenen relevanten Parameter mit erheblichen Unsicherheiten einher. Dies gilt insbesondere für die Bestimmung der nach hiesiger Ansicht in die Inhaltskonkretisierung der Treuepflicht einzubeziehenden impliziten Vereinbarungen und berechtigten Erwartungen der Mitgesellschafter. Bei der Beurteilung durch den Richter drohen Fehlevaluationen und Missverständnisse, sodass das tatsächlich von den Gesellschaftern Gewollte unbewusst zugunsten eigener Wertungen des entscheidenden Richters verzerrt werden kann. Aus Sorge vor einer solchen Fehlevaluation kann die oben angesprochene, präventive Wirkung der Treuepflicht sich gar zu einer interessenschädlichen Übervorsicht umkehren, wenn unter allen Umständen der Eindruck einer Treuepflichtverletzung vermieden werden soll.[1491] Die Gefahr einer richterlichen Fehlevaluation ist in Familiengesellschaften ungleich höher. Zwar verfügen Familiengesellschaften häufiger als andere Gesellschaften über ein umfangreiches Vertragswerk und eine ausführlich dokumentierte Gesellschaftshistorie. Gerade diese Fülle an aus verschiedenen Generationen stammenden Verträgen bzw. Vertragsversionen und Gesellschaftervereinbarungen sowie das komplexe innergesellschaftliche Leben einer Familiengesellschaft können aber die Bestimmung des vereinbarten Treuepflichtniveaus bzw. die Konkretisierung des Treuepflichtinhalts im Einzelfall auch erschweren, da schon die Ordnung der sich teils überschneidenden oder widersprechenden Vereinbarungen eine zeitintensive und fehleranfällige Aufgabe darstellt.[1492] Dieses Problem wird durch die verschiedenen Ebenen, die eine generationsübergreifende Familiengesellschaft üblicherweise aufweist, noch verstärkt.[1493] Die verschiedenen Gesellschaftergenerationen können zudem – schon rein alters- und zeitgeistbedingt – unterschiedliche Ausdrucksweisen nutzen, was die Auswertung zusätzlich erschweren kann. Weiterhin ist es insbesondere bei der Erstellung von Familienverfassungen nicht unüblich, dass eine nicht-juristische Ausdrucksweise gewählt wird. Hier können die Familienmitglieder geteilte Vorstellungen von der Bedeutung und den Implikationen bestimmter Formulierungen haben, die einem Dritten verborgen bleiben.[1494] In all diesen Fällen kann der gesteigerten Gefahr einer Fehlevaluation durch den Richter vorgebeugt werden, wenn eine Treuepflichtklausel im Gesellschaftsvertrag existiert, die das Treuepflichtniveau ausdrücklich und unmissverständlich festschreibt.

Darüber hinaus wurde in Kapitel § 3 dieser Arbeit dargestellt, dass die Einbeziehungsfähigkeit einiger der Parameter zur Bestimmung der Treuepflicht in Rechtsprechung und

1491 Ebd.
1492 Vgl. *Prütting/Schirrmacher*, ZGR 2017, 829 (837 ff.).
1493 Vgl. ebd.
1494 Hierzu bereits i.R.d. Auslegung oben unter § 5.B.I.

Literatur umstritten ist. Dies gilt neben der Einbeziehungsfähigkeit von impliziten Vereinbarungen und berechtigten Erwartungen[1495] und in der Person des Gesellschafters liegenden Umständen[1496] insbesondere für die Einbeziehungsfähigkeit von Nebenvereinbarungen in Kapitalgesellschaften.[1497]

Selbst unumstrittene Parameter wie die Realstruktur der Gesellschaft sind nicht immer eindeutig zu bestimmen. Dies gilt insbesondere für die planvoll generationsübergreifend ausgerichtete Familiengesellschaft als eine Art Mischform verschiedener gesetzlich vorgesehener Idealgesellschaftstypen.[1498] Solchen rechtlichen Unsicherheiten kann dadurch entgegengewirkt werden, dass Treuepflichtniveau und -inhalt oder zumindest die einzubeziehenden Parameter ausdrücklich festgeschrieben werden. Alles in allem bietet die Treuepflichtklausel daher besonders für Familiengesellschaften einen deutlichen Nutzen.

B. Entwurf einer Treuepflichtklausel

I. Ansätze in der Literatur

In der ohnehin recht überschaubaren rechtswissenschaftlichen Literatur zur Treuepflichtklausel gibt es nur wenige Überlegungen dazu, wie eine solche Klausel ausgestaltet werden kann. Die existierenden Ansätze können danach unterteilt werden, ob nur gewisse Aspekte der Treuepflicht modifiziert werden oder ob die Treuepflicht in ihrer Gesamtheit ausdrücklich geregelt wird.

Der erstgenannte Ansatz wurde insbesondere anhand der „Sanieren oder Ausscheiden"-Konstellationen[1499] entwickelt. So hat *Wicke* zwei Klausel entworfen, welche die Erwartungshaltung der Gesellschafter einer Anlagegesellschaft bezüglich der Anwendbarkeit des Grundsatzes „Sanieren oder Ausscheiden" festschreiben.[1500] Während in der ersten Klausel die Erwartungshaltung der Gesellschafter dokumentiert wird, dass sich in Sanierungsfällen entweder an einer Kapitalerhöhung beteiligt wird oder der sanierungsunwillige Gesellschafter unter Zahlung des anteiligen Fehlbetrags ausscheidet, sofern eine Dreiviertelmehrheit hierfür stimmt, wird dem Gesellschafter in der Alternativklausel – vorbehaltlich der Feststellung eines zwingenden Ausscheidens qua Treuepflicht – die Wahl zwischen der Teilnahme an der Kapitalerhöhung und der Hinnahme der Verwäs-

1495 Hierzu oben unter § 3.E.I.
1496 Hierzu oben unter § 3.E.II.2.c.(i).(3).
1497 Hierzu oben unter § 3.E.III.
1498 Hierzu oben unter § 4.B.IV.5.d.
1499 Hierzu allgemein oben unter § 3.E.V.4. und speziell zur planvoll generationsübergreifend ausgerichteten Familiengesellschaft oben unter § 7.E.IV.3.
1500 *Wicke*, MittBayNot 2017, 125 (129).

serung seiner Beteiligung gelassen. In etwas anderer Weise, wenn auch ohne konkreten Formulierungsvorschlag, hat *Jungmann* speziell für Familiengesellschaften vorgeschlagen, die Treuepflicht für „Sanieren oder Ausscheiden"-Konstellationen dadurch zu modifizieren, dass diejenigen Parameter einer Familiengesellschaft, die der Anwendbarkeit der „Sanieren oder Ausscheiden"-Rechtsprechung entgegenstünden, ausdrücklich als unmaßgeblich bezeichnet werden.[1501] Alternativ könne in der Klausel ausdrücklich festgeschrieben werden, dass aus der Treuepflicht keine Pflicht zur Zustimmung zum eigenen Ausscheiden besteht, was bei sachlicher Rechtfertigung auch nur für bestimmte Gesellschafter, etwa verdiente Gründer, vorgesehen werden könne.[1502]

Über diese „Sanieren oder Ausscheiden"-Konstellationen hinaus hat *Geier* speziell für die Satzung der Aktiengesellschaft Treuepflichtklauseln zur Modifikation unterschiedlicher Einzelausprägungen der Treuepflicht entworfen und deren Zulässigkeit untersucht.[1503] Während Klauseln, welche die mitgliedschaftliche Treuepflicht i.R.d. Ausübung des Aktionärsstimmrechts abbedingen generell unzulässig seien,[1504] sollen zumindest in personalistisch strukturierten Aktiengesellschaften Klauseln zulässig sein, die die Rücksichtnahmepflicht der Aktionäre untereinander auch für den außergesellschaftlichen Bereich festschreiben, etwa bei der Veräußerung von Aktienpaketen oder bei öffentlichen Stellungnahmen.[1505]

Geier ist es auch, der – soweit ersichtlich bisher alleinig – einen ausführlichen Ansatz zur Modifikation der gesamten Treuepflicht mittels Treuepflichtklausel entwickelt hat. Das gewählte Gestaltungsinstrument ist hier die sog. Realstrukturfiktion.[1506] Da die Realstruktur der Gesellschaft das wichtigste Kriterium zur Ermittlung der Treuepflichtintensität ist, bietet es sich an, die Treuepflicht umfassend dadurch zu modifizieren, dass in der Treuepflichtklausel festgeschrieben wird, welche Realstruktur die Gesellschaft für den Maßstab der Treuepflicht fiktiv haben soll.[1507] Hier kann dann jede zulässige Struktur an die Gesellschaft angelegt werden, also etwa diejenige einer personalistischen Aktiengesellschaft oder einer Publikumsgesellschaft.[1508]

Zugleich wird festgeschrieben, dass die Aktionärstreuebindung durch eine fiktive Aktionärsstruktur der Gesellschaft bestimmt werden soll, also etwa durch die Aktionärsstruktur einer aus zwei Aktionären bestehenden Gesellschaft oder einer im Streubesitz

1501 *Jungmann*, in: MünchHdbGesR Bd. 9, 6. Aufl. 2021, § 53 Rn. 222.

1502 Ebd.

1503 Zur Zulässigkeit speziell in der Aktiengesellschaft und zu Formulierungsvorschlägen *Geier*, Gestaltungsfreiheit und Gestaltungsgrenzen der mitgliedschaftlichen Treupflicht des Aktionärs, 2007, 65 ff., 135 f.

1504 Vgl. Beispiel 3 und 4 sowie die Gründe für die Unzulässigkeit der Klauseln ebd., 136 f.

1505 Vgl. Beispiel 5 und 6 ebd., 138 f.

1506 Ebd., 48, 135 f, 140 f.

1507 S. Beispiel 1 und 2 ebd., 135 f.

1508 S. Beispiel 1 und 2 ebd., 135 f.

befindlichen Aktiengesellschaft.[1509] Hierüber lässt sich auch auf recht elegante Weise die mitgliedschaftliche Treuepflicht in personalistisch strukturierten Aktiengesellschaften gänzlich abbedingen, wenn festgeschrieben wird, dass der Verband für den Maßstab der Treuepflicht als eingliedrig gilt und die Intensität der Treuebindung dadurch bestimmt wird, dass alle Anteile als von einem Aktionär gehalten gelten.[1510]

Einen weiteren Ansatz, der ebenfalls der ganzheitlichen Regelung der Treuepflicht zugeordnet werden kann, ohne hierfür aber eine Treuepflichtklausel zu nutzen, findet sich in einem jüngst erschienenen Aufsatz von *Holler* und *Mann*.[1511] Sie vertreten zwar ausdrücklich die Ansicht, dass eine Festschreibung der Treuepflicht angesichts der offenen Wirkweise nicht zu empfehlen sei und es einer Treuepflichtklausel auch nicht bedürfe.[1512] Daran anschließend wird jedoch empfohlen, dass der grundsätzliche Vorrang des Gesellschaftsinteresses im Gesellschaftsvertrag der Familiengesellschaft und den typischen Nebenvereinbarungen ausdrücklich erklärt wird, etwa i.R.d. Definition des Gesellschaftszwecks oder in der Präambel des Gesellschaftsvertrags.[1513] Wenn auf diese Weise auch nicht unmittelbar die Treuepflicht angesprochen wird, so berührt eine derartige Gestaltung des Gesellschaftsvertrags doch unmittelbar den Kern der Treuepflicht, die Pflicht zur Berücksichtigung der Interessen des Treueverpflichteten. Daher wird diese Gestaltungsempfehlung hier ebenfalls dem ganzheitlichen Ansatz zur bewussten Regelung der mitgliedschaftlichen Treuepflicht zugeordnet.

II. Anforderungen an die Treuepflichtklausel in der Familiengesellschaft

Möglicherweise können die bereits in der Literatur geschaffenen Ansätze für die Gestaltung einer Treuepflichtklausel in Familiengesellschaften nutzbar gemacht werden. Hierfür ist zu untersuchen, welche Vor- oder Nachteile die gewählten Gestaltungen mit sich bringen und ob die Gestaltungsvarianten den besonderen Nutzen der Treuepflichtklausel in Familiengesellschaften realisieren können.

An den Treuepflichtklauseln, die einzelne Ausformungen oder Anwendungsfälle der Treuepflicht zum Gegenstand haben, ist zunächst vorteilhaft, dass die Klauseln auch für juristische Laien verständlich sind und unmittelbar ersichtlich ist, welche Rechtsfolgen die Klausel mit sich bringen soll. Gleichzeitig erlaubt dieser Ansatz, nur bestimmte Aspekte der Treuepflicht zu modifizieren, ohne möglicherweise ungewollte, tiefgreifende Ver-

---

1509 S. Beispiel 1, 2 und 9 ebd., 135 f., 140 f.
1510 S. Beispiel 9 ebd., 140 f.
1511 *Holler/Mann*, NZG 2021, 402 (410).
1512 Ebd.
1513 Ebd.; zuletzt ebenso *Lieder*, in: Michalski/Heidinger/Leible/J. Schmidt, GmbHG, 4. Aufl. 2023, § 13 Rn. 156.

änderungen auszulösen. Nachteilig ist hingegen, dass mit diesem Ansatz nicht die gesamte Treuepflicht rechtssicher modifiziert werden kann. Zwar könnte man die Klausel so gestalten, dass möglichst alle denkbaren Anwendungsfälle der Treuepflicht einzeln geregelt werden. Zum einen würde die Klausel damit aber zunehmend unübersichtlich, zum anderen droht bei dieser Gestaltung, dass einzelne Anwendungsfälle der Treuepflicht übersehen werden. Zum anderen minimiert die detaillierte Regelung der verschiedenen Einzelanwendungsfälle die offene Wirkweise der Treuepflicht, die grundsätzlich aber sowohl für den Treueverpflichteten als auch den Treueberechtigten vorteilhaft ist.[1514] Für eine umfassende Regelung der Treuepflicht eignet sich diese Gestaltungsvariante daher nicht.

An der Strukturfiktion ist vorteilhaft, dass die in der Vergangenheit ergangene Rechtsprechung zu der Gesellschaftsform, deren Struktur fiktiv angelegt wird, über die Treuepflichtklausel ohne Weiteres auf die Gesellschaft übertragen werden kann. Hierdurch werden insbesondere Kosten bei der Bestimmung der Treuepflicht im Einzelfall gespart. Weiterhin bietet der Ansatz den Vorteil, dass die Treuepflicht umfassend festgeschrieben wird, sodass auch für unbedachte Bereiche bzw. Einzelausprägungen der Treuepflicht immerhin ein bewusst durch die Gesellschafter gewähltes Treuepflichtniveau besteht. Nachteile können sich hingegen daraus ergeben, dass die korrekte Bewertung der Klausel Vorkenntnisse über die Bedeutung der Realstruktur i.R.d. Treuepflichtintensität erfordert. Insofern wird juristischen Laien, wie sie auch in Familiengesellschaften regelmäßig Gesellschafter sind, häufig das Wissen fehlen, um den Inhalt und die Rechtsfolgen der Treuepflichtklausel adäquat zu beurteilen. Weiterhin ist insbesondere für generationsübergreifende Familiengesellschaften problematisch, dass nicht unmittelbar ersichtlich ist, welche Gesellschaftsstruktur der Interessenlage der Familiengesellschaft angemessen ist bzw. ob es überhaupt eine Struktur gibt, welche die Interessenlage der Familiengesellschaft und Familiengesellschafter in jeder Situation angemessen repräsentiert. Jedenfalls für den Wunsch der ersten Gesellschaftergenerationen, sicherzustellen, dass die Gesellschafter untereinander eine hohe gegenseitige Rücksichtnahme walten lassen, um ihr Vertrauensverhältnis zu erhalten und so den kontinuierlichen Fortbestand der Gesellschaft zu sichern, ist aber jedenfalls für die horizontale Treuepflicht die Orientierung an einer personalistisch strukturierten Gesellschaft mit kleinem Gesellschafterkreis erkennbar die richtige Wahl.[1515] Insofern kann die Strukturfiktion jedenfalls für die horizontale Treuepflicht in die Treuepflichtklausel aufgenommen werden.

An der Festschreibung des Rangverhältnisses der relevanten Interessen innerhalb der Gesellschaft ist vorteilhaft, dass hier sehr kostengünstig und zugleich umfassend festge-

---

[1514] Hierzu oben unter § 3.C.I.

[1515] Zur intensiveren Treuepflicht bei personalistisch strukturierten Gesellschaften mit kleinem Gesellschafterkreis oben unter § 3.D.I.

legt werden kann, welchen Inhalt die Treuepflicht haben soll. Auch juristische Laien können mit einem Blick in den Gesellschaftsvertrag erkennen, dass sie bei ihrer Entscheidungsfindung – je nach Ausgestaltung immer oder nur in bestimmten Sachverhalten – diesen oder jenen Interessen den Vorrang einräumen müssen bzw. dürfen. Dieser Aspekt hilft auch, den zusätzlichen Nutzen der Treuepflichtklausel, der in der vorherigen Aussprache über die gegenseitigen Vorstellungen und Erwartungen liegt, tatsächlich zu realisieren, da hier nicht über abstrakte Strukturen, sondern über das für juristische Laien sehr viel einfacher handhabbare Rangverhältnis der berührten Interessen gesprochen wird. Anders als i.R.d. Strukturfiktion kann die Treuepflicht so auch passgenau anhand der Vorstellungen der Gesellschafter modifiziert werden. So wird insbesondere vermieden, dass unerwünschte Rechtsfolgen ausgelöst werden, wie dies i.R.d. Übernahme einer nicht genau passenden, fiktiven Gesellschaftsstruktur der Fall sein kann. Die Festschreibung des Interessenrangverhältnisses trifft zudem auch den Kern des Regelungsinteresses der Familiengesellschafter bezüglich der Treuepflicht, insbesondere bezüglich der vertikalen Treuepflicht. Die Familiengesellschafter haben insbesondere in den ersten Gesellschaftergenerationen üblicherweise den Wunsch, dass auch die zukünftigen Gesellschafter die Interessen der Familiengesellschaft in den Mittepunkt stellen, insbesondere das Bestandsinteresse und das Familienkontrollinteresse. Die entsprechende Ausgestaltung der Treuepflichtklausel erlaubt ihnen die sichere Inkorporation dieses Wunsches in den Gesellschaftsvertrag.

Aus diesen Gründen ist die Festschreibung des Interessenrangverhältnisses für Familiengesellschaften grundsätzlich die vorzugswürdige Gestaltungsvariante. Es stellt sich aber die Frage, ob hierfür eine Treuepflichtklausel in den Gesellschaftsvertrag aufgenommen werden muss oder ob es nicht ausreicht und sogar vorzugswürdig ist, das Interessenrangverhältnis ausschließlich i.R.d. Präambel des Gesellschaftsvertrags oder Definition des Gesellschaftszwecks und damit ohne direkten Bezug zur Treuepflicht anzusprechen.[1516] *Holler* und *Mann* begründen ihre ablehnende Haltung gegenüber einer ausdrücklichen Regelung der Treuepflicht in Familiengesellschaften mit der offenen Wirkweise der Treuepflicht.[1517] Dem liegt wohl der Gedanke zugrunde, dass eine ausführliche Regelung der aus der Treuepflicht erwachsenden Einzelpflichten die der Treuepflicht innewohnende Flexibilität, die auch dem Treueberechtigten zugutekommt[1518], stark einschränken würde. Dem ist zuzustimmen, wenn die Treuepflichtklausel wie in der ersten hier erörterten Gestaltungsvariante eine minutiöse Regelung der aus der Treuepflicht entspringenden Einzelpflichten des Treueverpflichteten bzw. der üblichen Anwendungsfälle der Treuepflicht enthält. Gleiches kann aber nicht für die zweite in der Literatur gewählte

[1516] So *Holler/Mann*, NZG 2021, 402 (410).
[1517] Ebd.
[1518] Hierzu oben unter § 3.C.

Gestaltungsvariante, die Strukturfiktion, oder die hier favorisierte Aufnahme eines Interessenrangverhältnisses in die Treuepflichtklausel gesagt werden. Denn in diesen Fällen wird die offene Wirkweise der Treuepflicht nicht beeinträchtigt. Während die Strukturfiktion einen Parameter berührt, der für die Intensität und den Inhalt der Treuepflicht von Relevanz ist und die Festschreibung des Interessenrangverhältnisses die Treuepflicht umfassend inhaltlich regelt, bleibt die offene Wirkweise der Treuepflicht in beiden Gestaltungsvarianten erhalten. Der Treueverpflichtete hat weiterhin die Freiheit, selbst zu entscheiden, wie das Interesse des Treueverpflichteten am besten gewahrt wird. Ihm steht weiterhin der übliche „Korridor" an Handlungsalternativen offen. Die Treuepflichtklausel zwängt dem Treueverpflichteten in diesen Gestaltungsvarianten nicht eine bestimmte Verhaltensweise auf, wenn sich der „Korridor" nicht ausnahmsweise entsprechend verengt. Der einzige Grund, warum auch eine mittels eines Interessenrangverhältnisses ausgestaltete Treuepflichtklausel möglicherweise die offene Wirkweise der Treuepflicht beeinträchtigen kann, liegt in der bereits angesprochenen Gefahr, dass Treueverpflichtete sich angesichts einer ausdrücklichen Treuepflichtklausel selbst einschränken, um schon den Anschein einer Treuepflichtverletzung zu vermeiden. Die Gefahr einer solchen mittelbaren Beeinflussung der offenen Wirkweise der Treuepflicht ist der Treuepflichtklausel aber immanent. Wie bereits dargestellt, überwiegen nichtsdestotrotz die Vorteile einer Treuepflichtklausel, insbesondere in Familiengesellschaften.[1519]

Gleichzeitig steht bei einer bloßen Aufnahme des Interessenrangverhältnisses in die Präambel oder den Gesellschaftszweck zu befürchten, dass die Vorteile einer Treuepflichtklausel nicht oder zumindest nicht in ihrer Gänze realisiert werden. Das gilt insbesondere für die innergesellschaftliche Präventionswirkung der Treuepflichtklausel und die Wirkung nach außen gegenüber dem entscheidenden Richter. Zwar ist es richtig, dass auch bei Implementierung des Interessenrangverhältnis bloß in die Präambel des Gesellschaftsvertrags oder die Definition des Gesellschaftszwecks eine mittelbare Modifikation der Treuepflicht erfolgt. Jedoch eröffnet die fehlende Bezugnahme auf die Treuepflicht zum einen die Möglichkeit, dass die Gesellschafter etwa den Inhalt der Präambel des Gesellschaftsvertrags nicht adäquat in die Bestimmung ihrer Treuepflicht einbeziehen. Hierdurch kann die Präventionswirkung der Treuepflicht beeinträchtigt werden. Zum anderen besteht die Gefahr, dass die Regelung des Interessenrangverhältnisses nur ein weiterer Parameter neben den üblichen Parametern zur Bestimmung der konkreten Treuepflicht wird und von diesen verdrängt wird. Da durch die Implementierung des Interessenrangverhältnisses unmittelbar in einer Treuepflichtklausel nach hier vertretener Ansicht keine Nachteile entstehen, ist diese Inkorporation des Interessenrangverhältnisses in den Gesellschaftsvertrag vorzugswürdig.

[1519] Hierzu oben unter § 12.A.

Das bedeutet nicht, dass speziell der Vorrang des Gesellschaftsinteresses darüber hinaus nicht an anderen Orten im Gesellschaftsvertrag angesprochen werden kann und auch angesprochen werden sollte. Insbesondere i.R.d. Definition des Gesellschaftszwecks, der auch nach hier vertretener Ansicht explizit in den Gesellschaftsvertrag einer planvoll generationsübergreifend ausgerichteten Familiengesellschaft aufgenommen werden sollte, ist eine ausdrückliche Festschreibung des Vorrangs des Gesellschaftsinteresses, insbesondere des Bestands- und Familienkontrollinteresses, empfehlenswert.

III. Entwurf einer Treuepflichtklausel

Der nachstehende Entwurf einer Treuepflichtklausel ist als Ergänzung für den Gesellschaftsvertrag einer planvoll generationsübergreifend ausgerichteten Familiengesellschaft mit geschlossenem Gesellschafterkreis gedacht. Dabei wird davon ausgegangen, dass die in der Treuepflichtklausel angesprochene „Familie" i.R.d. Gesellschaftsvertrags bereits definiert wurde. Unter Einbeziehung der typischen Interessenlage in einer planvoll generationsübergreifend ausgerichteten Familiengesellschaft in den ersten Gesellschaftergenerationen und unter Berücksichtigung der Gefahren für die Erfüllung des Gesellschaftszwecks und -interesses in Zukunft wird folgende Gestaltung der Treuepflichtklausel vorgeschlagen:

Mitgliedschaftliche Treuepflicht

1. *Das Gesellschaftsinteresse ist vornehmlich auf die Sicherung des kontinuierlichen Bestands der Gesellschaft und die Bewahrung des Gesellschaftsvermögens für die jetzigen und zukünftigen Generationen der Familie gerichtet* (zusammen das „**Bestandsinteresse**"). *Im Rahmen der Ausübung ihrer Gesellschafterrechte, gleich ob diese uneigennütziger oder eigennütziger Natur sind, sind die Gesellschafter aus ihrer mitgliedschaftlichen Treuepflicht heraus dazu verpflichtet, dem Bestandsinteresse den Vorrang vor jeglichen anderen Interessen einzuräumen. Dies umfasst auch den Vorrang des Bestandsinteresses gegenüber den jeweiligen Individualinteressen der Gesellschafter. Von dieser Pflicht sind die Gesellschafter nur befreit, wenn gewichtige und außergewöhnliche Umstände vorliegen, welche die Abwägung zwischen dem Bestandsinteresse und anderen Interessen stark zugunsten letzterer verschieben.*
2. *Das Gesellschaftsinteresse ist zusätzlich auf den Erhalt der Kontrolle der in § […] definierten Familie über die Gesellschaft gerichtet* (das „**Familienkontrollinteresse**"). *Im Rahmen der Ausübung ihrer Gesellschafterrechte, gleich ob diese uneigennütziger oder eigennütziger Natur sind, sind die Gesellschafter*

aus ihrer mitgliedschaftlichen Treuepflicht heraus dazu verpflichtet, dem Familienkontrollinteresse den Vorrang vor jeglichen anderen Interessen einzuräumen. Dies umfasst auch den Vorrang des Familienkontrollinteresses gegenüber den jeweiligen Individualinteressen der Gesellschafter. Von dieser Pflicht sind die Gesellschafter nur befreit, wenn gewichtige und außergewöhnliche Umstände vorliegen, welche die Abwägung zwischen dem Familienkontrollinteresse und anderen Interessen stark zugunsten letzterer verschieben.

3. *Die Gesellschafter sind aus ihrer mitgliedschaftlichen Treuepflicht heraus dazu verpflichtet, die Interessen ihrer Mitgesellschafter stets jedenfalls in dem Umfang zu beachten, in welchem eine Interessenmissachtung berechtigterweise das zur gesellschafterlichen Zusammenarbeit notwendige Grundvertrauen der Mitgesellschafter beeinträchtigen würde. Diese Berücksichtigungspflicht umfasst – soweit erforderlich – auch außergesellschaftliche Interessen der Mitgesellschafter. Da die Gesellschaft auf eine langfristige Existenz unter der Kontrolle der Familie gerichtet ist und vor dem Hintergrund der von Gesellschafterstreitigkeiten und einem gesellschafterlichen Vertrauensverlust ausgehenden Gefahren für den Bestand der Gesellschaft und die familiäre Kontrolle über die Gesellschaft soll das zur gesellschafterlichen Zusammenarbeit notwendige Mindestvertrauen zwischen den Gesellschaftern – unabhängig von der tatsächlichen Gesellschafts- und Gesellschafterstruktur – dem notwendigen Grundvertrauen in einer personalistisch strukturierten Personengesellschaft mit zwei je hälftig am Grundkapital und den Stimmrechten beteiligten Gesellschaftern entsprechen (partielle Strukturfiktion).*

Der Formulierungsvorschlag sollte lediglich als Grundlage für einen hierauf aufbauenden Eigenentwurf verstanden werden. Neben dem Erfordernis passgenauer Abstimmung mit dem restlichen Vertragswerk ist nämlich zu beachten, dass nur durch eine bewusste Gestaltung der Treuepflicht der zusätzliche Nutzen, den die Gespräche über die gegenseitigen Vorstellungen und Erwartungen i.R.d. Erstellung mit sich bringen, realisiert werden kann. Die Treuepflichtklausel kann bei Bedarf selbstverständlich um exakte Vorgaben für bestimmte Bereiche ergänzt werden, wobei hier die bereits angesprochene Beeinträchtigung der offenen Wirkweise der Treuepflicht beachtet werden sollte. Eine umfassende Anpassung der Treuepflichtklausel muss jedenfalls für in Stämme geordnete Familiengesellschaften und Familiengesellschaften, in denen auch familienfremde Gesellschafter existieren, vorgenommen werden. Hier sollte insbesondere ausführlich darüber gesprochen werden, in welchem Verhältnis das Stammes-, Familien- und Gesellschaftsinteresse bzw. das Interesse der familienfremden Gesellschafter, der Gesellschaft und der Familiengesellschafter stehen sollen.

§ 13. Zusammenfassung der wesentlichen Ergebnisse

A. *Ergebnisse zur Treuepflicht*

I. Die Treuepflicht ist als gesellschaftsrechtliches Institut allgemein anerkannt. Ihre Funktion kann in der Institutionalisierung des gegenseitigen Vertrauens der Vertragsparteien und der Kompensation der mit der Einräumung einer Rechtsmacht über fremde Interessen einhergehenden Gefahren gesehen werden.

II. Die Treuepflicht wirkt rechtsformübergreifend in der Beziehung zwischen Gesellschaftern und Gesellschaft, Gesellschaftern und ihren Mitgesellschaftern (*vertikale* und *horizontale* Treuepflicht im Bereich der *mitgliedschaftlichen* Treuepflicht) und zwischen der Gesellschaft und ihren Gesellschaftsorganen (*organschaftliche* Treuepflicht). Für die mitgliedschaftliche Treuepflicht werden als dogmatische Grundlage u.a. § 242 BGB, § 705 BGB, der Gesellschaftsvertrag oder Kombinationsmodelle genannt, für die organschaftliche Treuepflicht wird auf das Anstellungsverhältnis oder das Organverhältnis abgestellt.

III. Die Treuepflicht setzt am inneren Entscheidungsprozess des Treueverpflichteten an und verpflichtet ihn, die Interessen des Treueberechtigten zuvorderst oder zumindest überhaupt in diesen Prozess einzustellen. Die konkrete Entscheidung, die sich aus diesem Prozess ergibt, wird hingegen nicht vorgegeben. Die Treuepflicht hat daher eine beschränkende und zugleich offene Wirkweise.

IV. Intensität und Umfang der mitgliedschaftlichen Treuepflicht werden durch den Gesellschaftsvertrag und das so begründete Gesellschaftsverhältnis festgelegt. Für die Ermittlung der Intensität der Treuepflicht im mitgliedschaftlichen Bereich können nach *Zöllner* die Intensität der Gemeinschaftsbeziehung, das Ausmaß des gegenseitigen Vertrauens (gemessen anhand der innergesellschaftlichen Rechtsmacht) und das Ausmaß der eingeräumten Rechtsmacht als Parameter herangezogen werden. Die Intensität der Treuepflicht kann das konkrete Relevanzfeld der Treuepflicht (Umfang) und den konkreten Inhalt der Treuepflicht beeinflussen. Die Rechtsform der Gesellschaft spielt im Ergebnis bei keinem dieser Parameter eine Rolle, vielmehr ist ihre konkrete Ausgestaltung (Realstruktur) entscheidend.

V. Die Interessen der Gesellschaft ergeben sich zuvorderst aus dem Gesellschaftszweck, die Interessen der Gesellschafter sind für den Einzelfall zu bestimmen. Dabei ist zu beachten, dass über die *horizontale* Treuepflicht nur mitgliedschaftliche Interessen der Gesellschafter geschützt werden. Die Beeinträchtigung privater Interessen kann aber mittelbar über die Interessen der Gesellschaft (*vertikale* Treuepflicht) erfasst werden, da die Gesellschaft für die Zweckverfolgung – je nach ihrer Ausgestaltung mehr oder weniger stark – auf eine ausreichend intakte Vertrauensbeziehung ihrer Gesellschafter angewiesen ist.

VI. Der konkrete Inhalt der Treuepflicht, den die Gesellschafter festgelegt haben, muss jeweils für den Einzelfall ermittelt werden. Bei Handeln im *fremden* Interessenkreis, wie es bei Gesellschaftsorganmitgliedern stets und im Gesellschafterbereich bei Ausübung der sog. *uneigennützigen*, zur Zweckverfolgung im Interesse der Gesellschaft gewährter Rechte der Fall ist, darf der Treueverpflichtete zunächst nur die Interessen des Treueberechtigten (der Gesellschaft) in seinen Entscheidungsprozess ansetzen.

VII. Im Gegensatz dazu darf der Treueverpflichtete im *auch-fremden* Interessenkreis bzw. bei Ausübung *eigennütziger* Gesellschafterrechte auch seine divergierenden Eigeninteressen ansetzen und grundsätzlich sogar stärker gewichten als die Interessen des Treueberechtigten. Er darf jedoch nicht willkürlich handeln. Er muss zudem stets den Verhältnismäßigkeitsgrundsatz beachten. Hierzu müssen die betroffenen Interessen ermittelt und gleich geeignete, weniger einschneidende Alternativen gesucht werden, bevor eine Abwägung vorzunehmen ist. Das Ergebnis dieser Abwägung spiegelt wider, welche Erwartungen an die Zweckförderung bzw. Rücksichtnahme des Treueverpflichteten berechtigterweise gestellt werden können. Die abwägungsrelevanten Umstände können nicht abschließend aufgezählt werden, ihre Einbeziehungsfähigkeit und ihr Gewicht sind für den Einzelfall zu bestimmen. Abwägungsrelevante Umstände sind bei der Abwägung mit Gesellschaftsinteressen jedenfalls die Zweckverfolgungsnähe des ausgeübten Rechts und die Intensität der Treuepflicht insgesamt. Bei der Abwägung mit Gesellschafterinteressen können zudem etwa ein in der Vergangenheit geschaffenes Vertrauen in ein bestimmtes Verhalten, Verdienste eines Gesellschafters um die Gesellschaft und ein mittelbares Betroffensein der Gesellschaftsinteressen berücksichtigt werden. Dabei sind nach hiesiger Ansicht auch die impliziten Vereinbarungen der Gesellschafter und die sich hieraus ergebenden berechtigten Erwartungen der Gesellschafter geeignet, den Inhalt der Treuepflicht zu konkretisieren.

VIII. Die offene Wirkweise der Treuepflicht äußert sich dahingehend, dass inhaltlich meist eine lediglich leicht (rechts-)beschränkende Wirkung eintritt, der „Korridor" an Handlungsoptionen für den Treueberechtigten also „nur" mehr oder weniger stark verengt wird. Sofern die Ansetzung der Interessen des Treueberechtigten in gebotenem Maße im Ergebnis dazu führt, dass dem Treueberechtigten nur eine treuekonforme Option verbleibt, verdichtet die Treuepflicht sich zu einer konkreten Handlungs- oder Unterlassungspflicht. Bekannte Einzelausprägungen bzw. Fallgruppen sind etwa das Wettbewerbsverbot, die Geschäftschancenlehre, die Stimmrechtsausübung in Geschäftsführungs- und Grundlagenangelegenheiten inklusive etwaiger Stimmpflichten, Mitteilungspflichten, Kündigungen sowie Ausschluss- und Nachschussentscheidungen als mit besonderen Interessen verbundene Stimmrechts- und Stimmpflichtensachverhalte. Neben der individuellen Treuepflicht, wie sie Schwerpunkt der hiesigen Untersuchung ist, wird der „Treuepflichtgedanke" vom BGH herangezogen, um Mehrheitsbeschlüsse materiell zu überprüfen.

IX. Die Verletzung der Treuepflicht kann abhängig von den konkreten Umständen einen Primärleistungsanspruch auf treuekonformes Handeln bzw. Unterlassen, einen Sekundärleistungsanspruch auf Zahlung von Schadensersatz oder die Unwirksamkeit eines Handelns zur Folge haben. Stimmfiktionen wird man i.d.R. nur in Geschäftsführungsangelegenheiten annehmen können, wobei Ausnahmen denkbar sind. Für Beschlussmängel ist zwischen den verschiedenen Rechtsformen zu unterscheiden.

X. Vor dem Hintergrund der Bedeutung des Gesellschaftsvertrags für Intensität, Umfang und Inhalt der Treuepflicht kann hier eine weitgehende Treuepflichtmodifikation durch die Gesellschafter erfolgen. Nach einer im Vordringen befindlichen Ansicht kann die Treuepflicht sogar weitestgehend abbedungen werden. Entsprechend ist von der Zulässigkeit einer Verschärfung der Treuepflicht auszugehen. Hierfür bietet sich eine sog. „Treuepflichtklausel" an.

B. Ergebnisse zur Familiengesellschaft

I. Trotz verschiedentlicher Ansätze in der Literatur existiert vor dem Hintergrund des weiten Spektrums an potenziellen Familiengesellschaften und familiengesellschafterlichen Besonderheiten keine allgemein anerkannte Definition für die Familiengesellschaft. Eine universelle Antwort auf die Frage nach der konkreten Treuepflicht in allen Familiengesellschaften kann somit nicht gegeben werden. Daher muss sich für die Beantwortung der Frage nach der Gestalt der Treuepflicht in Familiengesellschaften auf die typischen Besonderheiten der Familiengesellschaft und deren Einfluss auf die Treuepflicht konzentriert werden.

II. Eine erste Besonderheit der Familiengesellschaft findet sich im bestimmenden Einfluss familiär verbundener Personen im Gesellschafterkreis. Für die familiäre Verbundenheit ist neben der gemeinsamen Abstammung oder Schwägerschaft auch die Kenntnis der Gesellschafter von der familiären Verbindung zu fordern. Einer ausdrücklichen „Abschottung" der Familie nach außen durch entsprechende Vertragsgestaltung bedarf es hingegen nicht, wenngleich eine derartige Abschottung weiteres typisches Merkmal der Familiengesellschaft sein kann („generationsübergreifend ausgerichtete Familiengesellschaft"). Für die Qualität der Einflussnahme der familiär verbundenen Personen ist zwischen vier Konstellationen zu unterscheiden, in denen das Merkmal der bestimmenden Einflussnahme familiär verbundener Personen auf der Ebene des Gesellschafterkreises in abnehmender Qualität vorliegt. Die Familiengesellschaftsanteile können ausschließlich von familiär verbundenen Gesellschaftern gehalten werden, die familiär verbundenen Gesellschafter können eine satzungsändernde Mehrheit der Stimmrechte, lediglich die einfache Mehrheit der Stimmrechte oder eine Sperrminorität auf sich vereinigen. Im letztgenannten Fall liegt das Merkmal nur vor, wenn neben der Sperrminorität eine Familienbezogenheit des Gesellschaftsvertrags besteht oder weitere Einflussinstrumente der Familiengesellschafter existieren, die über die Sperrminorität jeweils erhalten werden können.

III. Eine weitere Besonderheit der Familiengesellschaft findet sich darin, dass das getragene Unternehmen familiengeführt ist. So finden sich in vielen Familiengesellschaften Unternehmensleitungen, die nur aus familiär verbundenen Personen bestehen. Daneben gibt es verschiedene Mischkonstellationen, in denen mehr oder weniger stark Familienfremde in die Unternehmensleitung eingebunden werden.

IV. Familiengesellschaften haben häufig eine spezifische Gesellschafts- und Unternehmenskultur, die auf die familiären Werte zurückzuführen ist. Die familienspezifischen Werte können entweder unausgesprochen bestehen, teilweise findet sich jedoch eine Aufzählung einer Reihe von Werten in der Präambel des Gesellschaftsvertrags oder aber in Nebenvereinbarungen der familiär verbundenen Gesellschafter und gegebenenfalls anderer Familienmitglieder, insbesondere in der Familienverfassung. Die typischen Wertvorstellungen und die durch sie ausgelöste Unternehmenskultur lassen sich in die Kategorien „Kontinuität und Unabhängigkeit", „Verantwortungsbewusstsein für Mitarbeiter, Standort und Gesellschaft" und „Zusammenarbeit und Verhalten der Familienmitglieder" unterteilen.

V. Die Werte der Kategorie „Kontinuität und Unabhängigkeit", die den Wunsch der Familiengesellschafter, die Gesellschaft und das getragene Unternehmen sowie das Gesellschaftsvermögen zugunsten der zukünftigen Familienmitglieder langfristig unter der Kontrolle der Familie zu halten, führen regelmäßig zu einer generationsübergreifenden Ausrichtung der Familiengesellschaft durch die Gesellschafter. Wichtigstes Merkmal der generationsübergreifenden Ausrichtung ist die Anteilsvinkulierung, die lediglich für die familieninterne Weitergabe der Anteile gelockert wird. Weitere typische Vereinbarungen im Gesellschaftsvertrag oder in Nebenvereinbarungen betreffen die Beschränkung von Gewinn-, Kündigungs-, und Abfindungsrechten. Hintergrund ist jeweils die besondere Vulnerabilität, die der Gesellschafterwunsch nach einer kontinuierlichen Kontrolle der Familie und dem Vermögenserhalt wegen des langfristigen Zeithorizonts und der Gefahren des Gesellschafterhandelns in Zukunft aufweist. Während die Gesellschafter einer planvoll generationsübergreifenden Familiengesellschaft in den ersten Generationen nämlich noch eng mit der Gesellschaft verbunden sind, oft gar auf der operativen Ebene mitarbeiten und freiwillig ihre eigenen Interessen zurückstellen, halten die Familiengesellschafter späterer Generationen kleinere Anteile und entfernen sich tendenziell emotional zunehmend von der Gesellschaft, sodass sie stärker anonymen Kapitalanlegern gleichen, die zuvorderst ihre Eigeninteressen erfolgen.

VI. Eine Empfehlung zur Festschreibung des Vorrangs des Gesellschaftsinteresses in planvoll generationsübergreifend ausgerichteten Familiengesellschaften findet sich in der rechtswissenschaftlichen Literatur nur sehr selten. Die wenigen Empfehlungen konzentrieren sich dabei auf die Implementierung in die Familienverfassung.

VII. Die planvoll generationsübergreifend ausgerichtete Familiengesellschaft weist ein besonders Organisationsbedürfnis auf. Die Geschäftsführung durch alle Gesellschafter wird mit zunehmendem Zeitablauf unwahrscheinlicher. Häufig wird ein Beirat installiert, dem von der bloßen Beratung und Repräsentation bis zur partiellen Geschäftsführung diverse Kompetenzen zugewiesen werden können. Die Gesellschafterversammlung verliert zudem üblicherweise Kompetenzen, ihr obliegen dann häufig nur Grundlagenentscheidungen. Die Gesellschafterversammlung ist häufig vertraglich in Stämme unterteilt. Hier werden regelmäßig vorab auf der Stammesebene Entscheidungen getroffen, die mittels eines obligatorischen Vertreters auf die Ebene der Hauptgesellschaft getragen werden, sodass dort durch die Stammesvertreter ein kleiner Gesellschafterkreis abgebildet wird.

VIII. In der rechtswissenschaftlichen Literatur hat sich in den letzten Jahren vermehrt eine Debatte um den Typus der mitgliederstarken, generationsübergreifenden Familiengesellschaft entsponnen. Neben den bereits genannten Besonderheiten der planvoll generationsübergreifend ausgerichteten Familiengesellschaft stellt der besondere Gesellschaftszweck das wichtigste Merkmal des Typus dar. Planvoll generationsübergreifend ausgerichtete Familiengesellschaften haben ausdrücklich oder konkludent durch die Vertragsgestaltung den Gesellschaftszweck des generationenübergreifenden Vermögenserhalts für die (Versorgung der) Familie jetzt und Zukunft implementiert. Der Typus weist eine leichte Nähe zum Idealtypus der Personengesellschaften in der Bedeutung des dauerhaften Erhalts einer familiären Prägung des Gesellschafterkreises auf, andererseits rückt die Gesellschaft mit ihrer körperschaftlichen Organisation in die Nähe des Idealtypus der Kapitalgesellschaften und mit ihrem großen, zunehmend ungleichen Gesellschafterkreis in die Nähe der Publikumsgesellschaften, während die starke Beschränkung der Rechte der Gesellschafter Ansätze für eine Vergleichbarkeit mit einem Wirtschaftsverein oder gar einer privatnützigen Stiftung bietet. Ein Sonderrecht für den Typus der generationsübergreifenden Familiengesellschaft braucht nicht entwickelt zu werden. Denn eine Umsetzung der typischen Gestaltungswünsche der Gesellschafter ist auch nach derzeitiger Rechtslage möglich.

IX. Eine weitere typische Besonderheit der Familiengesellschaft findet sich in der intensiven Nutzung von Nebenvereinbarungen. Eine typische und zugleich besondere Nebenvereinbarung ist die Familienverfassung. Die Familienverfassung kann ganz unterschiedliche Inhalte haben, üblicherweise werden hier Werte, Ziele, Rollen der Familienmitglieder, Verhaltensmaßgaben für die Gesellschafter, Gewinnverteilungs-, Ausscheidens- und

Beirats- bzw. Aufsichtsratsregelungen, Familieninstitutionen (z.B. der *Family Day*) sowie Bestimmungen zur Laufzeit und regelmäßigen Aktualisierung der Verfassung festgehalten. Die Familienverfassung stellt in ihrer Gesamtheit eine Vereinbarung *sui generis* dar. Auch wenn in der Literatur nach wie vor häufig erklärt wird, die Familienverfassung sei rechtlich unverbindlich, hat sich zuletzt vermehrt die Erkenntnis durchgesetzt, dass zumindest von einer mittelbaren Teilrechtsverbindlichkeit der Familienverfassung ausgegangen werden kann.

C. Ergebnisse zur Auslegung des Gesellschaftsvertrags in Familiengesellschaften

I. Nach nahezu einhelliger Meinung in Literatur und Rechtsprechung sind die Gesellschaftsverträge von Personengesellschaften im Ausgangspunkt subjektiv auszulegen. Die Auslegung von Satzungen in Kapitalgesellschaften ist hingegen stark umstritten. Während die wohl herrschende Ansicht zwischen korporativen und individualrechtlichen Satzungsbestandteilen unterscheidet und nur letztere subjektiv auslegen will, stellen andere auf die Realstruktur der Kapitalgesellschaft ab und wollen bei personalistischer Struktur zumindest für Satzungsbestimmungen, die sich auf das Innenverhältnis der Gesellschaft beziehen, die subjektive Auslegung heranziehen.

II. Für die Auslegung ist rechtsformunabhängig zu überlegen, wer ein berechtigtes Interesse an einer Objektivierung hat. Nur auf diese Weise können einzelfallgerechte Ergebnisse erzielt werden. Die Gläubigerinteressen stehen einer subjektiven Auslegung auch in der Kapitalgesellschaft nicht entgegen. Sowohl in Personen- als auch in Kapitalgesellschaften besteht ein berechtigtes Interesse an einer objektiven Auslegung des Gesellschaftsvertrags aber dann, wenn Neugesellschafter eintreten, die keine Kenntnis vom subjektiven Vertragsverständnis der Altgesellschafter haben und diese auch nicht haben müssen und dem subjektiven Verständnis bei Kenntniserlangung widersprechen. Denn die Altgesellschafter haben die Möglichkeit, vor der Aufnahme neuer Gesellschafter ihr Vertragsverständnis zu objektivieren oder den Neugesellschafter über ihr Verständnis aufzuklären. Dabei besteht keine generelle Nachforschungspflicht für den Neugesellschafter. Im Ergebnis kommt die Ansicht, die nach der Realstruktur der Kapitalgesellschaft unterscheidet, so oft zu richtigen Ergebnissen, da in personalistisch gestalteten Gesellschaften nur selten Neugesellschafter eintreten und mit diesen regelmäßig ausführlich über die Gesellschaft und den Gesellschaftsvertrag gesprochen wird, während kapitalistisch gestaltete Gesellschaften häufig anonyme und stetig wechselnde Gesellschafter haben.

III. Nach Maßgabe der Schutzwürdigkeit der Betroffenen ist – entgegen anderslautenden Stimmen in der Literatur – auch eine gespaltene Auslegung des Gesellschaftsvertrags zulässig, sofern der Neugesellschafter, der das subjektive Verständnis der Altgesellschafter bei Eintritt nicht kannte und auch nicht kennen musste, hierdurch in seinen Interessen nicht negativ berührt wird. Denn würde man fordern, dass der Gesellschaftsvertrag nach dem Eintritt eines einzelnen Neugesellschafters in jeder Beziehung objektiv auszulegen ist, würde letztlich das subjektive Verständnis der Altgesellschafter zu deren Lasten ersetzt, ohne dass hierfür ein zusätzlicher Nutzen für den Neugesellschafter entstehen würde.

IV. Das in dieser Arbeit gefundene Ergebnis zur Auslegung von Satzungen entschärft auch einen anderen Streit in der Auslegungsthematik: die Einbeziehungsfähigkeit von Nebenvereinbarungen i.R.d. Satzungsauslegung. Sofern die Satzung subjektiv auszulegen ist, können die Nebenvereinbarungen hier als Erkenntnisquelle für das tatsächlich auf Gesellschaftsebene Gewollte herangezogen werden.

V. Diese Auslegungsregeln gelten grundsätzlich auch für die Familiengesellschaft. Allerdings führt die familiäre Verbundenheit der Gesellschafter vor dem Hintergrund der höheren Wahrscheinlichkeit geteilter Erfahrungen und Werte sowie anderer häufig überschneidender Faktoren in der Person der Gesellschafter (Herkunft, Erziehung, soziale Klasse etc.) realistischerweise eher zu übereinstimmenden Vorstellungen und Begriffsverständnissen.

VI. Das Gründerverständnis, das auf eine familiäre Kontrolle über die Gesellschaft und den Erhalt des Gesellschaftsvermögens gerichtet ist, verliert in einer planvoll generationsübergreifend ausgerichteten Familiengesellschaft – wie in jeder anderen Gesellschaft auch – zwar mit der Zeit an Bedeutung, wird i.d.R. aber durch ein identisches Verständnis der jetzigen Gesellschafter ersetzt. Zudem wirkt es über das Einfließen in die Systematik des Vertragswerks und den besonderen Gesellschaftszweck weiter, sofern das Vertragswerk nicht grundlegend verändert wird.

VII. Auch die mit den Altgesellschaftern familiär verbundenen Neugesellschafter von planvoll generationsübergreifend ausgerichteten Familiengesellschaften weisen eine Schutzbedürftigkeit auf, die eine objektive Auslegung des Gesellschaftsvertrags bei fehlender Kenntnis und fehlenden Kennenmüssen vom subjektiven Vertragsverständnis der Altgesellschafter begründen kann. In tatsächlicher Hinsicht sprechen allerdings einige Aspekte dafür, dass die Neugesellschafter das subjektive Verständnis der Altgesellschafter kennen. Neben der erhöhten Wahrscheinlichkeit der Übereinstimmung persönlichkeitsprägender Lebensumstände spricht hierfür etwa, dass Familiengesellschafter vor ihrer Aufnahme in die Gesellschaft, u.a. durch Mitarbeit auf operativer Ebene, langsam an selbige herangeführt werden und so langfristig Einblick in die Gesellschaft erhalten, die Neugesellschafter schon ihr ganzes Leben in Kontakt zu Altgesellschaftern stehen und die Familiengesellschaft ein zentraler Bestandteil des täglichen Lebens dieser Gesellschafter ist, über den auch im privaten Bereich gesprochen wird („Küchentischgespräche"). Die persönliche Beziehung der Akteure untereinander führt auch zu geringeren

Hemmschwellen für die Erkundigung nach „Familien- und Gesellschaftsinterna" und einer höheren Bereitschaft zur vollständigen Auskunftserteilung.

VIII. Diese Umstände spielen beim Eintritt eines familienfremden Gesellschafters regelmäßig keine Rolle. Denn dieser kennt die Altgesellschafter nicht oder zumindest nicht ähnlich gut. Der familienfremde Neugesellschafter muss nach hiesiger Ansicht nicht damit rechnen, dass ein besonders Vertragsverständnis besteht, nur weil die restlichen Gesellschafter familiär verbunden sind und er der erste familienfremde Gesellschafter ist. Vielmehr kann er erwarten, dass die Familiengesellschafter die besondere Situation der erstmaligen Öffnung der Gesellschaft zum Anlass nehmen, ihm gegenüber alles offenzulegen, was sie in diese neue Phase der Familiengesellschaft transferieren wollen. In tatsächlicher Hinsicht wird diese Aufklärung des Neugesellschafters auch regelmäßig erfolgen, da mit dem familienfremden Neugesellschafter intensiv über dessen Rolle, die zu erhaltenen Traditionen der Familiengesellschaft und damit letztlich auch über die auslegungsrelevanten Vorstellungen der Gesellschafter gesprochen wird. Einem Neugesellschafter werden i.R.d. *Due Diligence* Prüfung regelmäßig auch Nebenvereinbarungen, alte Vertragsversionen und andere Informationen ausgehändigt, welche Informationen zum Vertragsverständnis der Familiengesellschafter enthalten.

IX. Die Familienverfassung kann bei subjektiver Auslegung des Gesellschaftsvertrags – entgegen anderslautenden Stimmen in der Literatur – als Erkenntnisquelle für den Willen der Gesellschafter auf Gesellschaftsebene herangezogen werden. Nach *Hueck* kann sie insbesondere den Entstehungsprozess später getroffener (gesellschafts-)vertraglicher Regelungen oder das Verständnis der Gesellschafter über bereits vorher getroffene (gesellschafts-)vertragliche Regelungen sowie eine etwaige Gesellschafterpraxis dokumentieren. Sofern das Vertragswerk der Familiengesellschaft der ergänzenden Vertragsauslegung zugänglich ist, kann die Familienverfassung zudem Aufschluss über einen hypothetischen Parteiwillen geben.

D. Ergebnisse zur mitgliedschaftlichen Treuepflicht bei familiär verbundenem Gesellschafterkreis

I. Die familiäre Beziehung der Gesellschafter bringt eine erhöhte Gefahr emotionaler und gesellschaftsschädigender Streitigkeiten mit sich. Das Gesellschaftsinteresse konkretisiert sich anhand dieser besonderen Umstände und verpflichtet dazu, Streitigkeiten aus dem Privatbereich nicht in die Gesellschaft zu tragen.

II. BGH und Literatur haben die Auswirkungen der Verwandtschaft auf die mitgliedschaftliche Treuepflicht bisher nur sehr spärlich behandelt. Prominenteste Aussage des BGH ist hier, dass die Verwandtschaft ein „ambivalentes Kriterium" sei, welches die Rücksichtnahmepflicht der Gesellschafter untereinander, also auf der horizontalen Ebene, einerseits erhöhen, andererseits aber auch Verfehlungen durch die Gesellschafter weniger schwerwiegend erscheinen lassen könne. Dabei hat der BGH jedoch genau genommen nicht rein auf die Verwandtschaft abgestellt, sondern als einziges Beispiel für erhöhte gegenseitige Rücksichtnahmepflichten das ererbte Familienunternehmen genannt, welches nach dem Willen des Erblassers die Lebensgrundlage sämtlicher Gesellschaftererben bilden soll, also einen generationsübergreifenden Charakter aufweist. Daher kann nicht davon ausgegangen werden, dass der BGH die Verwandtschaft selbst als treuepflichtmodifizierend klassifiziert.

III. Das Familienrecht hat keinen Einfluss auf die Treuepflicht als solche. Das Unterhaltsrecht gewährt eigene Ansprüche, ohne bestehende Rechtsbeziehungen zu modifizieren und ist stets bedingt, sodass hierüber keine allgemeine Rücksichtnahmepflicht auf der Gesellschaftsebene begründet werden kann. Die familiäre Fürsorge- und Treuepflicht kann neben der Treuepflicht wirken und eine besondere Rücksichtnahme einfordern, ist aber in ihrem Wirkungsbereich und ihrer Intensität stark beschränkt.

IV. Eine besondere Treuepflicht auf Grundlage der familiären Verbindung kann folglich nur durch die Gesellschafter selbst begründet werden, indem sie die Treuepflicht auf der Gesellschaftsebene entsprechend modifizieren. Es wäre zumindest denkbar, dass die Gesellschafter aufgrund der Kenntnis von ihrer Verwandtschaft eine besondere Treuepflicht in den Gesellschaftsvertrag aufnehmen. Ein Modell, in welchem davon ausgegangen wird, dass die Gesellschafter ein „Familienelement“ unmittelbar in ihre Willenserklärungen aufnehmen, sieht sich verschiedenen rechtstechnischen Problemen ausgesetzt und überzeugt im Ergebnis nicht.

V. Eine Rechtswirkung der regelmäßig intuitiv bestehenden Vorstellung der Familiengesellschafter, dass die familiäre Beziehung sich positiv zugunsten der Gesellschaft und gesellschafterlichen Zusammenarbeit auswirkt, lässt sich über die impliziten Vereinbarungen und berechtigten Erwartungen, die in den Schutzbereich der Treuepflicht fallen, begründen. Hierfür bedarf es aber weitergehender Hinweise im Gesellschaftsvertrag, da andernfalls nur die Identität der Gesellschafter Anknüpfungspunkt für das Bestehen und den Inhalt der impliziten Vereinbarungen wäre. Eine Aufarbeitung und Evaluierung der gesamten Beziehungsgeschichte der Gesellschafter würde zudem die durch die Kosten der Ermittlung gesetzten Grenzen impliziter Vereinbarungen sprengen. Als mögliche Alternative könnte man überlegen, für die Berechtigung einer bestimmten Verhaltenserwartung abstrakt auf den jeweiligen Grad der Verwandtschaft abzustellen, also beispielsweise bei einer Eltern-Kind-Beziehung grundsätzlich von der Berechtigung der Erwartung stark erhöhter gegenseitiger Rücksichtnahme ausgehen, bei Geschwistern von immer noch erhöhten Rücksichtnahmepflichten, bei weiter entfernten Verwandten nur von leicht erhöhten Rücksichtnahmepflichten und so weiter. Mittels einer solchen Lösung würde jedoch der Bereich der konkreten impliziten Vereinbarung der Gesellschafter verlassen.

Die Gesellschafter vereinbaren implizit wenn überhaupt keine abstrakte, rein am Grad der Verwandtschaft ausgerichtete, sondern eine an ihrer individuellen Beziehung orientierte Rücksichtnahmepflicht. Hinzu kommt, dass das traditionelle Familienbild, wie es eine natürliche Autorität des Vaters als Hausvorstand und eine Pietät der Nachfahren gegenüber den Vorfahren beinhaltete, heute wohl kaum noch vorausgesetzt werden kann und sich vielmehr eine nie dagewesene Vielfalt an unterschiedlichen Familienstrukturen und individuellen Familienverständnissen findet.

VI. Die Treue- und Rücksichtnahmepflichten sind – zumindest mit der Zeit – vielfach trotzdem nicht gänzlich auf das „normale" Maß begrenzt. So kann das bisherige Verhalten auf der Gesellschaftsebene entweder eine konkludente Änderung des Gesellschaftsvertrags darstellen, zur Auslegung des Gesellschaftsvertrags anhand einverständlicher Übung führen oder ein berechtigtes Vertrauen der Mitgesellschafter in ein bestimmtes Verhalten des Treueverpflichteten begründen. Sofern die Gesellschafter ihre familienspezifische Rücksichtnahme über einen längeren Zeitraum auch auf der Gesellschaftsebene walten lassen, kann die Treuepflicht so eine entsprechende Modifikation erfahren.

E. Ergebnisse zur mitgliedschaftlichen Treuepflicht in der planvoll generationsübergreifend ausgerichteten Familiengesellschaft

I. Die mitgliedschaftliche Treuepflicht hat in der generationsübergreifenden Familiengesellschaft eine hohe praktische Bedeutung. Diese Bedeutung ergibt sich aus der emotionalen Beziehung der Gesellschafter, welche Rationalitätsdefizite mit sich bringen und zur Eskalation von Streitigkeiten beitragen kann sowie dem relativ hohen Vertragsaktualisierungsbedarf generationsübergreifender Gesellschaften. Darüber hinaus können die vertraglichen Beschränkungen der Austrittsmöglichkeiten speziell in der planvoll generationsübergreifend ausgerichteten Familiengesellschaft dem Gesellschafter das Gefühl geben, sein (Desinvestitions-)Interesse nur durch möglichst störende Nutzung seiner Gesellschafterrechte zu wahren. Eine solche Divergenz zwischen den Gesellschafts- und Gesellschafterinteressen wird mit zunehmender emotionaler Entfremdung späterer Gesellschaftergenerationen von der Familiengesellschaft wahrscheinlicher.

II. Der besondere Gesellschaftszweck der planvoll generationsübergreifend ausgerichteten Familiengesellschaft verändert den Inhalt des Gesellschaftsinteresses. Das Gesellschaftsinteresse verschiebt sich – bei Existenz weiterer Gesellschaftszwecke je nach deren Rangverhältnis mehr oder weniger stark – von der Ausrichtung vornehmlich auf Gewinnerzielung und Wertsteigerung in Richtung der Sicherung des bereits bestehenden Gesellschaftsvermögens und des Erhalts der familiären Kontrolle über die Gesellschaft zugunsten der Familie in der Zukunft. Das Gesellschaftsinteresse kann dabei auf eine Kontrolle durch möglichst viele Mitglieder der definierten Familie gerichtet sein, sodass eine Zentrierung der Gesellschaftsanteile um bestimmte Familienmitglieder oder Familienlinien aus dem Gesellschaftsinteresse fällt. Eine solche Konkretisierung des Gesellschaftsinteresses lässt sich regelmäßig durch die Auslegung des Vertragswerks aus der Gestaltung der Anteilsvinkulierung ermitteln, wenn diese eine Lockerung für die Anteilsübertragung speziell innerhalb der eigenen Familienlinie und nicht nur zugunsten aller Familienmitglieder vorsieht.

III. Das besondere Gesellschaftsinteresse ist besonders vulnerabel gegenüber der Ausübung der Gesellschafterrechte. Die Vulnerabilität ergibt sich aus dem langen Zeithorizont, welcher dem Gesellschaftszweck zugrunde liegt und den Anforderungen, welche die möglichst sichere Bewahrung der familiären Kontrolle über die Gesellschaft an die Kapitalausstattung der Gesellschaft und an die Rechtsausübung und das Verhalten der Gesellschafter stellt. Die Intensität der vertikalen Treuepflicht der Familiengesellschafter ist in Gesellschaften mit besonderem Zweck daher nach dem zweiten Parameter *Zöllners* zur Ermittlung der Treuepflichtintensität stark erhöht. Die Geschlossenheit des Gesellschafterkreises gegenüber familienfremden Dritten und der insoweit festzustellende personalistische Einschlag des Gesellschafterkreises, der nach dem ersten Parameter *Zöllners* ebenfalls eine erhöhte Treuepflichtintensität bedeuten kann, spielt hingegen nur eine untergeordnete Rolle. Die Zusammensetzung des Gesellschafterkreises der planvoll generationsübergreifend ausgerichteten Familiengesellschaft ist meist nicht ähnlich alternativarm wie in einer dem gesetzlichen Leitbild entsprechenden Personengesellschaft mit kleinem Gesellschafterkreis.

IV. Die Rechtsposition der Gesellschafter planvoll generationsübergreifend ausgerichteter Familiengesellschaften ist „quasi-treuhänderischer" Natur. Der einzelne Gesellschafter hält den Anteil nicht nur für sich, sondern nach dem Vertragswerk der Familiengesellschaft in gewisser Weise auch für die jetzigen und zukünftigen Familiengesellschafter. Die Gesellschafterrechte sind daher stark in Richtung der uneigennützigen, dem Gesellschaftsinteresse dienenden Rechte verschoben. Dem Familiengesellschafter verbleiben trotzdem Rechte eigennütziger Natur. Der besondere Gesellschaftszweck modifiziert die vertikale Treuepflicht inhaltlich aber so, dass der Familiengesellschafter die Gesellschaftsinteressen in seinem Entscheidungsprozess jedenfalls höher gewichten muss als ein vergleichbarer Gesellschafter einer „normalen" Gesellschaft. Die horizontale Treuepflicht gegenüber den Mitgesellschaftern wird nicht modifiziert, allerdings steht das besondere Gesellschaftsinteresse an einer dauerhaften familiären Kontrolle über die Gesellschaft jedem Gesellschafter in der Interessenabwägung unterstützend zur Seite, wenn es um nicht zu verantwortende innergesellschaftliche Streitigkeiten oder gar den Ausschluss eines Familiengesellschafters geht.

V. Neben dem besonderen Gesellschaftszweck modifiziert auch die restliche Vertragsgestaltung einer planvoll generationsübergreifend ausgerichteten Familiengesellschaft die mitgliedschaftliche Treuepflicht. Das gesamte Vertragswerk weist eine auf den Erhalt des Gesellschaftsvermögens und der familiären Kontrolle gerichtete Grundtendenz auf. Gleichzeitig wird die familieninterne Weitergabe der Anteile und der Schutz des Gesellschaftsvermögens in planvoll generationsübergreifend ausgerichteten Familiengesellschaften regelmäßig in treuepflichtkonkretisierender Weise „gelebt".

VI. Die geteilten Wert- und Zielvorstellungen der Gesellschafter können bei einer Verschriftlichung im Vertragswerk der Gesellschaft die berechtigte Erwartung der Mitgesellschafter wecken, dass sich entsprechend dieser Werte verhalten wird. So kann etwa die Erwartung erhöhter gegenseitiger Rücksichtnahme bei Festschreibung der Werte „Respekt, Vertrauen, Rücksichtnahme, Toleranz" im Vertragswerk berechtigt sein. Sofern die Werte nicht verschriftlicht wurden, aber bei Gesellschaftsgründung oder i.R.d. Gesellschafterversammlungen von allen Gesellschaftern der Wunsch geäußert wird, nach diesen Werten zu verfahren, kann dies zumindest Auslegungsrelevanz erlangen und den Inhalt der mitgliedschaftlichen Treuepflicht so mittelbar konkretisieren.

VII. Die Unentgeltlichkeit der Anteilserlangung der Neugesellschafter einer Familiengesellschaft allein modifiziert deren Rechtsstellung nicht. Sie kann auch nicht das Desinvestitionsinteresse der Gesellschafter limitieren. Die schwache Gesellschafterstellung und die Beschränkung des Desinvestitionsinteresses der Familiengesellschafter ergibt sich aber aus der bewussten generationsübergreifenden Ausrichtung der Gesellschaft und der nach dieser Ausrichtung berechtigten Erwartung der Mitgesellschafter, dass der Treueverpflichtete seine Interessen zugunsten der Gesellschaftsinteressen und Interessen zukünftiger Gesellschafter zurückstellen wird.

VIII. Sofern der einer Anteilsübertragung zugrundeliegende Schenkungsvertrag den Willen der Gesellschafter dokumentiert, den Neugesellschaftern zum Zeitpunkt der Anteilserlangung eine schlechtere Rechtsstellung und eine erhöhte Pflicht zur Berücksichtigung der Gesellschafts- und Gesellschafterinteressen aufzuerlegen, kann diese Willensdokumentation die Auslegung des Gesellschaftsvertrags oder der omnilateralen Nebenvereinbarungen und damit mittelbar die Treuepflicht beeinflussen. Ansatzpunkt für die Ermittlung der Treuepflicht bleibt aber weiterhin das durch das Vertragswerk begründete Gesellschaftsverhältnis, niemals der Schenkungsvertrag selbst.

IX. Der Erblasser hat die Möglichkeit, mittels testamentarischer Auflagen eine der Wirkung der Treuepflicht ähnliche, erbrechtliche Gestaltung zur Sicherung des Erhalts des Gesellschaftsvermögens in Familienhand und der verträglichen Zusammenarbeit der Gesellschaftererben zu schaffen. Der Erblasser kann darüber hinaus die Errichtung einer Gesellschaft durch seine Erben und den konkret durch sie zu schließenden Gesellschaftsvertrag, mithin auch die Gestalt und den Inhalt der Treuepflicht vorgeben.

X. Die Besonderheiten der planvoll generationsübergreifend ausgerichteten Familiengesellschaft modifizieren die Treuepflicht dahingehend, dass das besondere Gesellschaftsinteresse am Vermögenserhalt, an einer starken Kapitalausstattung und an der Familieneigenschaft ihrer Gesellschafter auch i.R.d. Ausübung eigennütziger Gesellschafterrechte grundsätzlich vorrangig im Entscheidungsprozess anzusetzen ist. Eine Umkehr der herkömmlichen Interessengewichtung bei Berührung anderer Gesellschaftsinteressen ist hingegen abzulehnen.

XI. Bei der Kündigung ihrer Mitgliedschaft müssen die Gesellschafter das Gesellschaftsinteresse am Erhalt des Gesellschaftsvermögens und der familiären Kontrolle über die Gesellschaft vorrangig in ihrem Entscheidungsprozess ansetzen. Die hieraus regelmäßig resultierende Unmöglichkeit der ordentlichen Kündigung der Mitgliedschaft war bereits mit § 723 Abs. 3 BGB a.F. vereinbar.

XII. Die treuepflichtorientierte, materielle Kontrolle des Gewinnverwendungsbeschlusses einer Familiengesellschaft hat neben dem starken Interesse der Gesellschaft an einer hohen Thesaurierungsquote auch die Ausrichtung der Familiengesellschaft auf die Versorgung der jeweiligen Gesellschaftergeneration zu berücksichtigen. Daher kann eine mehrjährige Vollthesaurierung des Gewinns auch in der planvoll generationsübergreifend ausgerichteten Familiengesellschaft ungerechtfertigt sein.

XIII. In Entscheidungen betreffend den Ausschluss eines Familiengesellschafters wirkt die besondere mitgliedschaftliche Treuepflicht ambivalent. Einerseits lässt sie Fehlverhalten in der Gesellschaft deutlich schwerer wiegen, andererseits verlangt die Treuepflicht von den die Ausschließung betreibenden Gesellschaftern, intensiv nach Alternativlösungen zu suchen und über Fehlverhalten eher hinwegzusehen.

XIV. Die Anforderungen an eine Zustimmungspflicht der Gesellschafter sind auch in der Familiengesellschaft hoch. Zwar ist das Gesellschaftsinteresse durch die Gesellschafter oft vorrangig zu verfolgen, wie dieses Interesse gewahrt wird, steht aber weiterhin im Ermessen der Gesellschafter. Eine Verengung des „Handlungskorridors" hin zur Zustimmungspflicht wird sich nur selten feststellen lassen. Für die lebzeitige Aufnahme der Abkömmlinge eines Gesellschafters kann eine Zustimmungspflicht bestehen, wenn die gegenwärtigen Gesellschafter gehobenen Alters sind und abzusehen ist, dass bei deren Ableben ein langwieriger und zweckgefährdender Verlust der Professionalität der Geschäftsführung auftritt. Eine Nachschusspflicht besteht hingegen auch in der planvoll generationsübergreifend ausgerichteten Familiengesellschaft regelmäßig nicht. Der Gesellschafter ist aber eher als in „normalen" Gesellschaften dazu verpflichtet, den anderen Gesellschaftern einen freiwilligen Nachschuss zu ermöglichen. Für „Sanieren oder Ausscheiden"-Konstellationen sind Besonderheiten zu beachten. So müssen die nachschussbereiten Gesellschafter deutlich eher akzeptieren, dass die nachschussunwilligen bzw. -unfähigen Gesellschafter in der Gesellschaft verbleiben. Negative Stimmpflichten der Familiengesellschafter können insbesondere bei Gefährdung der besonderen Gesellschaftsinteressen durch einen geplanten Beschluss bestehen, so etwa bei hoher

Gewinnausschüttungsquote.

XV. Die Gesellschafter sind in der planvoll generationsübergreifend ausgerichteten Familiengesellschaft aus ihrer mitgliedschaftlichen Treuepflicht heraus regelmäßig dazu verpflichtet, die neu eintretenden, meist unerfahrenen Gesellschafter über die Bedeutung von Beschlüssen zu unterrichten und bei deren Einarbeitung in die Gesellschaft zu unterstützen. Den Gründer oder den Patriarchen bzw. die Matriarchin trifft wie alle Gesellschafter die modifizierte Treuepflicht. Diese kann zu einem rechtzeitigen Rückzug aus der Gesellschaft verpflichten.

F. Ergebnisse zur mitgliedschaftlichen Treuepflicht bei Stammesorganisation und mehreren Familien

I. Auch in der Stammesgesellschaft sind die Gesellschafter einander und der Gesellschaft zur Treue verpflichtet. Dabei spielt es keine Rolle, ob der Stamm in einer Holding organisiert ist, die wiederum an der Familienhauptgesellschaft beteiligt ist oder die Stammesgesellschafter als unmittelbare Gesellschafter der Hauptgesellschaft in einer schuldrechtlichen Nebenvereinbarung organisiert sind, die eine GbR begründet. Da die Stammesgesellschaften regelmäßig viele der Besonderheiten aufweisen, die eine planvoll generationsübergreifend ausgerichtete Familiengesellschaft aufweist, kann grundsätzlich auf die obigen Ergebnisse zu dieser verwiesen werden.

II. Wenn die Stammesstruktur im Gesellschaftsvertrag der Hauptgesellschaft angelegt ist, kann hierdurch der Inhalt des Gesellschaftsinteresses der Hauptgesellschaft konkretisiert werden. Die Stammesgründer haben bei der Implementierung der Stammesstruktur im Gesellschaftsvertrag der Hauptgesellschaft üblicherweise die gemeinsame Vorstellung, dass die zwischen ihnen bestehende Machtbalance zwischen ihren Abkömmlingen als jeweilige Gruppe erhalten bleiben soll. Daher ist das Gesellschaftsinteresse auch darauf gerichtet, dass nicht nur irgendwelche Familienmitglieder die Gesellschaft in irgendeiner Zusammensetzung kontrollieren, sondern dass die Kontrolle über die Gesellschaft zwischen den Stämmen in einem bestimmten Verhältnis steht.

III. Zwar kann der Implementierung der Stammesstruktur und der Sicherung der eigenen Stammesinteressen im Gesellschaftsvertrag der Hauptgesellschaft entnommen werden, dass die Stammesgründer dem Interesse ihres eigenen Stammes einen hohen Stellenwert einräumen. Letztlich kann der Existenz einer Stammesstruktur im Gesellschaftsvertrag trotzdem nicht der Gesellschafterwille entnommen werden, das Stammesinteresse gegenüber dem besonderen Gesellschaftsinteresse als vorrangig zu erachten. Denn durch die Stammesstruktur soll nur das innergesellschaftliche Interessenverhältnis der Stämme untereinander geregelt werden, das Verhältnis des Gesellschaftsinteresses zu sonstigen Interessen erfährt hingegen keine Modifikation. Wie für die Individualinteressen der Gesellschafter auch gilt für das Stammesinteresse also, dass es bei der Entscheidungssuche hinter dem besonderen Gesellschaftsinteresse zurückzustehen hat.

IV. Für das Rangverhältnis der Interessen der Stämme kann auf das Rangverhältnis der Individualinteressen der Gesellschafter in planvoll generationsübergreifend ausgerichteten Familiengesellschaften verwiesen werden. Die Stämme dürfen ihr eigenes Interesse grundsätzlich vorrangig ansetzen, lediglich unter leicht erhöhter Pflicht zur Rücksichtnahme auf die Interessen der anderen Stämme, da das Gesellschaftsinteresse an einem vertrauensvollen Umgang im Gesellschafterkreis den anderen Stämmen bzw. Stammesmitgliedern zur Seite steht.

V. Die Frage nach einer ebenenübergreifenden Treuebindung bzw. einer Treuebindung von Nichtgesellschaftern wurde in der Rechtsprechung und rechtswissenschaftlichen Literatur u.a. mit Blick auf die Familienstamm-Holding vor allem anhand der mittelbaren Veräußerung von vinkulierten Anteilen diskutiert. Das verwundert nicht, denn nur in dieser Konstellation, bei Fragen betreffend das Wettbewerbsverbot der Gesellschaftergesellschaft und i.R.d. Stimmrechtsausübung durch einen Vertreter wäre eine Treuebindung von Nichtgesellschaftern überhaupt erforderlich. Sie ist grundsätzlich abzulehnen, Ausnahmen mag man wenn überhaupt für die Herleitung eines Wettbewerbsverbot der Konzernmutter gegenüber einer Enkelgesellschaft andenken. Stimmrechtsvertreter unterliegen jedenfalls bei Rechtsausübung den Grenzen, die die Treuepflicht des Vertretenen diesem bei persönlicher Rechtsausübung setzen würde. Entsprechend trifft Stammesholdinggesellschafter und nicht an der Gesellschaft beteiligte Stammesvertreter keine unmittelbare Treuepflicht gegenüber der Familiengesellschaft.

VI. Die Erkenntnisse zur Treuepflicht in der planvoll generationsübergreifend ausgerichteten Familiengesellschaft und zur Stammesorganisation lassen sich weitestgehend auf die Mehrfamilien-Gesellschaft übertragen. Zwar sind die Gesellschafter in Beziehung zu den anderen Stämmen teilweise nicht verwandtschaftlich verbunden, die verwandtschaftliche Beziehung ist aber wie gesehen an und für sich nicht relevant für die Bestimmung der Treuepflicht. Auch in einer Mehrfamilien-Gesellschaft, die planvoll generationsübergreifend ausgerichtet ist, besteht aber der besondere Gesellschaftszweck regelmäßig im generationsübergreifenden Erhalt der Gesellschaft und des in ihr liegenden Vermögens jeweils für die an der Gesellschaft beteiligten Familien. Die Gesellschafter schulden der Gesellschaft eine ebenso hohe Treuepflicht, wie die Gesellschafter einer nur aus verwandtschaftlich verbundenen Gesellschaftern bestehenden Familiengesellschaft.

G. Ergebnisse zur organschaftlichen Treuepflicht in Familiengesellschaften

I. Trotz der auch in Familiengesellschaften oft gleichlaufenden Interessen von geschäftsführenden Gesellschaftern und nicht-geschäftsführenden Gesellschaftern kann die organschaftliche Treuepflicht des Geschäftsleiters Relevanz erlangen. In Familiengesellschaften sind insbesondere Konstellationen denkbar, in denen der Geschäftsführer das Interesse der Familiengesellschaft außer Acht lässt und dafür das Interesse der Familie oder eines bestimmten Familienstammes verfolgt. Hier ist für den Einzelfall zu prüfen, ob die organschaftliche Treuepflicht des Geschäftsleiters möglicherweise dahingehend modifiziert wurde, dass andere Interessen als das Gesellschaftsinteresse vorrangig verfolgt werden dürfen.

II. Die Mitglieder eines organschaftlichen Beirats unterliegen ebenfalls der organschaftlichen Treuepflicht gegenüber der Gesellschaft. Wenn dem Beirat Kompetenzen der Gesellschafterversammlung übertragen werden und einzelnen Gesellschaftern oder Gesellschaftergruppen ein Entsendungsrecht eingeräumt wird, reicht dies allein jedenfalls nicht aus, um die organschaftliche Treuepflicht als dahingehend modifiziert anzusehen, dass die entsendeten Beiratsmitglieder das Interesse der entsendenden Gesellschafter zumindest insoweit beachten dürfen, wie diese bei eigener Entscheidung ihr Interesse ansetzten dürften. Hierfür ist vielmehr regelmäßig eine ausdrückliche Regelung erforderlich.

III. Der Streit, ob der Gruppenbeirat ein Gesellschaftsorgan ist, muss für die Zwecke dieser Arbeit nicht entschieden werden. Denn die verschiedenen Ansichten nehmen jeweils an, dass für die Rechtsausübung der Mitglieder des Gruppenbeirats die mitgliedschaftliche Treuepflicht der repräsentierten Gesellschafter maßgeblich ist.

IV. Sofern man der Ansicht folgt, dass ein schuldrechtlicher Beirat organschaftliche Befugnisse erlangen kann, ist für die Ermittlung der Treuepflicht nach der Gestaltung zu unterscheiden. Sofern die Gesellschafter die Beiratsmitglieder als ihre Stellvertreter eingesetzt haben, unterliegen die Beiratsmitglieder zwar keiner persönlichen Treuepflicht gegenüber der Gesellschaft. Wie im Falle des Stammesvertreters auch, bindet die mitgliedschaftliche Treuepflicht der vertretenen Gesellschafter die Beiratsmitglieder aber insoweit, dass die Grenzen der Rechtsausübung durch die Treuepflicht der vertretenen Gesellschafter gesetzt werden. In der Alternativgestaltung, der Verpflichtung der Geschäftsführung zur Befolgung von Beiratsanweisungen kraft Gesellschafterbeschluss, ist darauf abzustellen, dass die Überwachungsanordnung der Gesellschafter, wie jedes Gesellschafterhandeln, jedenfalls deren mitgliedschaftlicher Treuepflicht unterliegt. Geht man nun davon aus, dass die Weisungen des Beirats diese allgemeine Anordnung der Gesellschafterversammlung jeweils konkretisieren, müssen die den Gesellschaftern durch ihre mitgliedschaftliche Treuepflicht gesetzten Grenzen auch für die konkretisierenden Weisungen der Beiratsmitglieder gelten. Die Beiratsmitglieder unterliegen also auch in dieser Konstellation keiner persönlichen Treuepflicht, allerdings setzt die mitgliedschaftliche Treuepflicht der Gesellschafter den Beiratsmitgliedern Grenzen, die sie bei ihren Weisungen gegenüber der Geschäftsführung zu beachten haben.

H. Ergebnisse zu den Einflüssen der Familienverfassung auf die Treuepflicht

I. Die Familienverfassung kann die mitgliedschaftliche Treuepflicht der Familiengesellschafter modifizieren. Wichtigster dogmatischer Ansatzpunkt für einen Einfluss der Familienverfassung auf die mitgliedschaftliche Treuepflicht ist das Vertrauen der an der Familienverfassung beteiligten Gesellschafter, dass sich auf der Gesellschaftsebene anhand der in der Familienverfassung zum Ausdruck kommenden Familienwerte und Erwartungen der restlichen Gesellschafter verhalten wird. Denn wenn schon implizite Vereinbarungen in den Schutzbereich der mitgliedschaftlichen Treuepflicht fallen, so muss dies erst recht für eine schriftliche Vereinbarung wie die Familienverfassung gelten, die zwar nicht rechtsverbindlich ausgestaltet ist, der aber eine Vertrauensbildungsfunktion zukommt. Dies gilt umso mehr, wenn i.R.d. Erstellung der Familienverfassung ausführlich über ihre verschiedenen Inhalte, ihre Hintergründe sowie die Wünsche und das Verständnis der Gesellschafter von den getroffenen Vereinbarungen gesprochen wurde. Unterstützend kann hinzukommen, dass sich vor und nach Vereinbarung einer Familienverfassung bereits entsprechend der in der Familienverfassung dokumentierten Vorstellungen verhalten, der Inhalt der Familienverfassung also auch tatsächlich „gelebt" wurde.
II. Die Familienverfassung wird durch diesen vertrauensgestützten Einfluss auf die Treuepflicht nicht etwa ungefiltert auf die Gesellschaftsebene gehoben und erfährt auch keine unmittelbare Rechtsverbindlichkeit. Vielmehr dient sie lediglich als Erkenntnisquelle zur Ermittlung impliziter Vereinbarungen und berechtigter Erwartungen der Gesellschafter auf der Gesellschaftsebene.
III. Nimmt die Familienverfassung etwa Bezug auf die Werte der Unabhängigkeit und Kontinuität oder stellt sie das sichere Fortbestehen der Familiengesellschaft für die zukünftige Familie offensichtlich in den Mittelpunkt, so kann dies als Argument für eine gesteigerte Treuepflicht in solchen Entscheidungssituationen, die die Sicherung des Bestands und der familiären Prägung der Gesellschaft betreffen, dienen. Dies gilt umso mehr, wenn die Familienverfassung zum Schutz des Gesellschaftsvermögens ausdrücklich den Vorrang des Gesellschaftsinteresses vor Individualinteressen vorschreibt.
IV. Die Familienverfassung kann darüber hinaus auch für den Treueverpflichteten unterstützend wirken. Wenn er sich entsprechend der in der Familienverfassung niedergelegten Wertungen und Anweisungen verhalten hat, kann er zur Begründung der Treuepflichtkonformität seines Handelns auf den Inhalt der Familienverfassung als *„Safe Harbour"* verweisen.
V. Ein treuepflichtrelevanter Vertrauenstatbestand wird dann nicht geschaffen oder zumindest nicht verstärkt, wenn der Gesellschafter sich entweder von vornherein weigert, sich an der Familienverfassung zu beteiligen oder wenn er seine Mitgesellschafter – mit ausreichendem zeitlichem Vorlauf – darüber informiert, dass er sich nicht entsprechend

der in der Familienverfassung zum Ausdruck kommenden Verhaltenserwartung seiner Mitgesellschafter verhalten wird. Diese einseitige Lösung von der Wirkung der Familienverfassung ist im Vergleich zu sonstigen außerstatuarischen Vereinbarungen oder Einflüssen eine Besonderheit, sie ist vor dem Hintergrund der rechtlichen Unverbindlichkeit der Familienverfassung nichtsdestotrotz zu gewähren. Es ist jedoch nicht ausgeschlossen, dass die bisherige Gesellschafterpraxis, die sich anhand der in der Familienverfassung niedergelegten Grundsätze vollzogen hat, die mitgliedschaftliche Treuepflicht des Familiengesellschafters auch weiterhin so konkretisiert, dass die in der Familienverfassung niedergelegten Grundsätze hierüber ihre inhaltskonkretisierende Wirkung für die Treuepflicht erhalten.

VI. Als Ansatzpunkt für die Begründung eines Einflusses einer Familienverfassung auf die organschaftliche Treuepflicht kann zuvorderst das Gesellschaftsinteresse dienen. Die Familienverfassung stellt zwar in ihrer Gesamtheit keine rechtlich verbindliche Nebenvereinbarung dar. Sie kann aber wie rechtlich verbindliche Nebenvereinbarungen das Gesellschaftsinteresse beeinflussen.

VII. Auch wenn in der Familienverfassung festgeschrieben wird, dass das Familieninteresse dem Gesellschaftsinteresse bei Kollision vorgehen soll, kann hierin keine dahingehende Modifikation der organschaftlichen Treuepflicht gesehen werden, dass Organmitglieder, die an der Familienverfassung beteiligt sind oder von dieser in Kenntnis gesetzt werden, das Familieninteresse dem Gesellschaftsinteresse vorziehen dürfen. Dies gilt grundsätzlich auch in Familienpersonengesellschaften.

I. Ergebnisse zu den Einflüssen der Existenz familienfremder Gesellschafter

I. Auch bei Eintritt eines familienfremden Gesellschafters besteht der besondere Gesellschaftszweck der planvoll generationsübergreifend ausgerichteten Familiengesellschaft i.d.R. unverändert fort. Dementsprechend besteht der Einfluss des besonderen Gesellschaftszwecks auf die Treuepflicht der Familiengesellschafter unverändert fort.

II. Der besondere Gesellschaftszweck verpflichtet auch den familienfremden Neugesellschafter und beeinflusst seine Treuepflicht. Zwar hält der familienfremde Gesellschafter den Anteil nicht „quasi-treuhänderisch“ für die Familie, sodass keine ähnlich starke Verschiebung der herkömmlich eigennützigen Gesellschafterrechte hin zu uneigennützigen Rechten stattfindet. Er hat aber in Bezug auf das weiterhin bestehende Gesellschaftsinteresse an der Sicherung des Bestands der Gesellschaft und des Gesellschaftsvermögens eine ebenso starke Rechtsmacht, wie familiär verbundene Gesellschafter. Das sich aus dem Gesellschaftszweck ergebende besondere Gesellschaftsinteresse an der Bestandssicherung hat der familienfremde Gesellschafter daher, wie die Familiengesellschafter auch, grundsätzlich vorrangig vor seinen Eigeninteressen anzusetzen, auch wenn er eigennützige Rechte ausübt. Dem stehen auch keine Bedenken hinsichtlich des Minderheitenschutzes entgegen, wenn diese Modifikation der Treuepflicht des familienfremden Gesellschafters nicht nach dessen Eintritt und gegen dessen Willen vorgenommen wird.

III. Die obigen Ergebnisse gelten grundsätzlich auch für das restliche Vertragswerk. Wenn aber Regelungen nur in Nebenvereinbarungen getroffen wurden, so kann ein Einfluss dieser Nebenvereinbarungen auf die Treuepflicht des familienfremden Gesellschafters nur bestehen, wenn dieser sich an den Nebenvereinbarungen beteiligt oder sonst berechtigterweise von ihm erwartet werden kann, dass er den in der Nebenvereinbarung zum Ausdruck kommenden Verhaltenserwartungen folgt. Die Öffnung der Gesellschaft gegenüber familienfremden Gesellschaftern wird regelmäßig einen derart bedeutenden Moment in der Historie einer generationsübergreifenden Familiengesellschaft darstellen, dass die Familiengesellschafter hier untereinander und in ihren Verhandlungen mit potenziellen Neugesellschaftern intensiv über die Rolle des Neugesellschafters und die Erwartungen an dessen Verhalten in der Gesellschaft sprechen. Hier werden dem potenziellen Neugesellschafter häufig auch Businessversionen der Nebenvereinbarungen ausgehändigt, insbesondere der Familienverfassung. Wenn sich aus den ausgehändigten Nebenvereinbarungen i.V.m. dem Inhalt der Verhandlungen dann ergibt, dass mit dem Neugesellschafter zumindest implizit eine Geltung der in den Nebenvereinbarungen zum Ausdruck kommenden Grundsätze auf der Gesellschaftsebene vereinbart wurde, umfasst die Treuepflicht des Neugesellschafters auch die Beachtung dieser Grundsätze.

III. Die familiär verbundenen Gesellschafter können sich untereinander weiterhin auf die Wirkung der Nebenvereinbarungen für die Treuepflicht berufen, auch wenn der familienfremde Gesellschafter von den Nebenvereinbarungen keine Kenntnis hatte oder haben musste. Eine Grenze wird der fortwährenden Wirkung der Nebenvereinbarungen dadurch gesetzt, dass der familienfremde Gesellschafter hierdurch nicht negativ berührt werden darf.

IV. Wenn die Familiengesellschafter sich dazu entscheiden, die Familiengesellschaft nicht nur für einzelne familienfremde Gesellschafter, sondern für häufig wechselnde, anonyme Kleinanleger zu öffnen, ist für die Ermittlung der Treuepflicht grundsätzlich nur noch auf den objektiven Gehalt des Gesellschaftsvertrags abzustellen. Aus diesem Grund kommt es entscheidend darauf an, ob die Familiengesellschafter die Besonderheiten der Familiengesellschaft auch in den Gesellschaftsvertrag und seinen objektiven Gehalt einfließen lassen haben. Die Familiengesellschafter müssen hier aber beachten, dass der Gestaltung anders als im Falle der gegenüber familienfremden Gesellschaftern geschlossenen Gesellschaften oder beim individuell verhandelten Eintritt einzelner Familienfremder Grenzen durch die Inhaltskontrolle von Gesellschaftsverträgen aus § 242 BGB gesetzt sein können.

Rechtsprechungsverzeichnis

Gericht, Datum	Aktenzeichen	Fundstelle
RG, Urteil vom 3.4.1908	II 608/07	Warn. 1908 (464), 356.
RG, Urteil vom 8.4.1908	I 595/07	RGZ 68, 235.
RG, Urteil vom 1.5.1908	II 623/07	RGZ 68, 314.
RG, Urteil vom 29.11.1912	II 369/12	RGZ 81, 37.
RG, Urteil vom 16.1.1913	II 530/12	JW 1913, 429.
RG, Urteil vom 6.2.1917	II 403/16	RGZ 89, 398.
RG, Urteil vom 23.11.1917	II 242/17	RGZ 91, 166.
RG, Urteil vom 22.6.1923	II 888/22	RGZ 107, 72.
RG, Urteil vom 20.10.1923	V 830/22	BeckRS 1923, 100323.
RG, Urteil vom 30.3.1926	II 226/25	RGZ 113, 188.
RG, Urteil vom 10.1.1928	II 173/27	RGZ 119, 386.
RG, Urteil vom 31.3.1931	II 222/30	RGZ 132, 149.
RG, Urteil vom 6.2.1932	V 235/31	JW 1932, 1647.
RG, Urteil vom 11.11.1933	I 130/33	RGZ 142, 212.
RG, Urteil vom 4.12.1934	II 62/34	RGZ 146, 71.
RG, Urteil vom 22.1.1935	II 198/34	RGZ 146, 385.
RG, Urteil vom 26.2.1937	II 200/36	JW 1937, 1986.
RG, Urteil vom 21.9.1938	II 183/37	RGZ 158, 248.
RG, Urteil vom 17.1.1940	II 126/39	RGZ 162, 388.
RG, Urteil vom 1.4.1943	II 138/42	RGZ 171, 51.
BVerfG, Beschluss vom 24.6.2014	1 BvR 2926/13	NJW 2014, 2853.
BGH, Urteil vom 29.1.1951	IV ZR 171/50	NJW 1951, 308.

R. Knaup, *Die gesellschaftsrechtliche Treuepflicht in Familiengesellschaften*,
Juridicum – Familienunternehmen und Recht,
https://doi.org/10.1007/978-3-658-50770-1

BGH, Urteil vom 30.11.1951	II ZR 109/51	NJW 1952, 461.
BGH, Urteil vom 12.11.1952	II ZR 260/51	NJW 1953, 102.
BGH, Urteil vom 28.1.1953	II ZR 265/51	NJW 1953, 740.
BGH, Urteil vom 1.4.1953	II ZR 235/52	NJW 1953, 780.
BGH, Urteil vom 28.4.1954	II ZR 211/53	NJW 1954, 998.
BGH, Urteil vom 9.6.1954	II ZR 70/53	BGHZ 14, 25.
BGH, Urteil vom 13.1.1955	II ZR 249/53	NJW 1955, 457.
BGH, Urteil vom 27.10.1955	II ZR 310/53	NJW 1955, 1919.
BGH, Urteil vom 20.12.1956	II ZR 177/55	NJW 1957, 591.
BGH, Urteil vom 26.1.1961	II ZR 240/59	NJW 1961, 724.
BGH, Urteil vom 15.1.1963	VI ZR 79/62	VersR 63, 433.
BGH, Urteil vom 10.6.1965	II ZR 6/63	WM 1965, 744.
BGH, Urteil vom 12.12.1966	II ZR 41/65	NJW 1967, 826.
BGH, Urteil vom 29.5.1967	II ZR 105/66	NJW 1967, 1963.
BGH, Urteil vom 13.7.1967	II ZR 72/67	NJW 1967, 2157.
BGH, Urteil vom 13.7.1967	II ZR 238/64	NJW 1967, 2159.
BGH, Urteil vom 9.12.1968	II ZR 42/67	NJW 1969, 793.
BGH, Urteil vom 9.11.1972	II ZR 30/70	NJW 1973, 92.
BGH, Urteil vom 7.12.1972	II ZR 131/68	NJW 1973, 1602.
BGH, Urteil vom 28.4.1975	II ZR 16/73	NJW 1975, 1410.
BGH, Urteil vom 5.6.1975	II ZR 23/74	NJW 1976, 191.
BGH, Urteil vom 16.2.1976	II ZR 61/74	JZ 1976, 561.
BGH, Urteil vom 10.2.1977	II ZR 79/75	WM 1977, 361.
BGH, Urteil vom 21.2.1978	KZR 6/77	NJW 1978, 1001.
BGH, Urteil vom 28.9.1978	II ZR 218/77	NJW 1979, 419.

BGH, Urteil vom 16.2.1981	II ZR 89/79	GmbHR 1982, 129.
BGH, Urteil vom 15.11.1982	II ZR 62/82	NJW 1983, 1056.
BGH, Urteil vom 20.1.1983	II ZR 243/81	NJW 1983, 1910.
BGH, Urteil vom 5.12.1983	II ZR 242/82	NJW 1984, 1351.
BGH, Urteil vom 8.10.1984	II ZR 223/83	NJW 1985, 136.
BGH, Urteil vom 5.11.1984	II ZR 111/84	NJW 1985, 974.
BGH, Urteil vom 19.11.1984	II ZR 102/84	NJW 1985, 972.
BGH, Urteil vom 15.4.1985	II ZR 274/83	NJW 1985, 1901.
BGH, Urteil vom 23.9.1985	II ZR 257/84	NJW 1986, 584.
BGH, Urteil vom 25.9.1986	II ZR 262/85	NJW 1987, 189.
BGH, Urteil vom 25.9.1986	II ZR 272/85	NJW 1987, 890.
BGH, Urteil vom 20.10.1986	II ZR 86/85	NJW 1987, 952.
BGH, Urteil vom 1.2.1988	II ZR 75/87	NJW 1988, 1579.
BGH, Urteil vom 7.12.1988	IV a ZR 290/87	NJW-RR 1989, 450.
BGH, Urteil vom 9.1.1989	II ZR 83/88	NJW 1989, 2685.
BGH, Urteil vom 8.5.1989	II ZR 229/88	NJW 1989, 2687.
BGH, Urteil vom 22.5.1989	II ZR 211/88	NJW-RR 1989, 1259.
BGH, Urteil vom 5.2.1990	II ZR 94/89	NJW 1990, 2684.
BGH, Urteil vom 2.7.1990	II ZR 243/89	NJW 1990, 2616.
BGH, Urteil vom 7.10.1991	II ZR 194/90	NJW 1992, 300.
BGH, Urteil vom 16.12.1991	II ZR 58/91	NJW 1992, 892.
BGH, Urteil vom 22.6.1992	II ZR 178/90	NJW 1992, 3167.
BGH, Urteil vom 28.9.1992	II ZR 299/91	NJW 1993, 193.
BGH, Beschluss vom 6.10.1992	KVR 24/91	NJW 1993, 1265.
BGH, Urteil vom 11.10.1993	II ZR 155/92	NJW 1994, 51.

BGH, Urteil vom 13.6.1994	II ZR 38/93	NJW 1994, 2536.
BGH, Urteil vom 10.10.1994	II ZR 18/94	NJW 1995, 194.
BGH, Urteil vom 12.12.1994	II ZR 206/93	NJW 1995, 597.
BGH, Urteil vom 13.2.1995	II ZR 225/93	NJW 1995, 1358.
BGH, Urteil vom 20.3.1995	II ZR 205/94	NJW 1995, 1739.
BGH, Urteil vom 29.3.1996	II ZR 263/94	NJW 1996, 1678.
BGH, Urteil vom 15.9.1997	II ZR 97/96	NJW 1998, 146.
BGH, Urteil vom 7.6.1999	II ZR 278/98	NJW 1999, 3113.
BGH, Urteil vom 5.7.1999	II ZR 126/98	NJW 1999, 3197.
BGH, Urteil vom 9.9.2002	II ZR 198/00	NJW-RR 2003, 169.
BGH, Urteil vom 24.3.2003	II ZR 4/01	NJW-RR 2003, 820.
BGH, Urteil vom 15.6.2004	VI ZR 60/03	NJW 2004, 2892.
BGH, Urteil vom 4.10.2004	II ZR 356/03	NZG 2005, 33.
BGH, Urteil vom 8.11.2004	II ZR 350/02	NJW-RR 2005, 263.
BGH, Urteil vom 4.7.2005	II ZR 354/03	NJW-RR 2005, 1347.
BGH, Urteil vom 23.1.2006	II ZR 306/04	NJW-RR 2006, 827.
BGH, Urteil vom 11.12.2006	II ZR 166/05	NJW 2007, 917.
BGH, Urteil vom 15.1.2007	II ZR 245/05	NJW 2007, 1685.
BGH, Urteil vom 5.3.2007	II ZR 282/05	NJW-RR 2007, 757.
BGH, Urteil vom 19.3.2007	II ZR 73/06	NJW-RR 2007, 832.
BGH, Beschluss vom 23.5.2007	IV ZR 19/06	ZEV 2007, 486.
BGH, Hinweisbeschluss vom 2.7.2007	II ZR 181/06	NZG 2007, 860.
BGH, Urteil vom 5.11.2007	II ZR 230/06	NJW-RR 2008, 419.
BGH, Urteil vom 24.11.2008	II ZR 116/08	NJW 2009, 669.
BGH, Urteil vom 24.6.2009	IV ZR 202/07	NJW-RR 2009, 1455.

BGH, Urteil vom 19.10.2009	II ZR 240/08	NJW 2010, 65.
BGH, Urteil vom 11.1.2011	II ZR 187/09	NJW 2011, 921.
BGH, Urteil vom 25.1.2011	II ZR 122/09	NJW 2011, 1667.
BGH, Urteil vom 22.5.2012	II ZR 205/10	NJW-RR 2012, 1242.
BGH, Urteil vom 4.12.2012	II ZR 159/10	NZG 2013, 216.
BGH, Urteil vom 21.10.2014	II ZR 84/13	NJW 2015, 859.
BGH, Urteil vom 9.6.2015	II ZR 420/13	NJW 2015, 2882.
BGH, Urteil vom 12.4.2016	II ZR 275/14	NJW 2016, 2739.
BGH, Urteil vom 11.9.2018	II ZR 307/16	NJW 2019, 157.
BGH, Urteil vom 14.2.2019	IX ZR 149/16	NJW 2019, 1289.
BGH, Urteil vom 13.10.2020	II ZR 359/18	NZG 2020, 1384.
BFH, Urteil vom 5.6.1986	IV R 52/82	ZIP 1986, 1551.
BSG, Urteil vom 8.12.1987	7 RAr 25/86	BB 1989, 72.
BSG, Urteil vom 14.12.1999	B 2 U 48/98 R	GmbHR 2000, 618.
BSG, Urteil vom 17.5.2001	B 12 KR 34/00	NZS 2001, 644.
BSG, Urteil vom 29.8.2012	B 12 KR 25/10 R	NZA-RR 2013, 252.
OLG Düsseldorf, Urteil vom 14.3.1996	6 U 119/94	ZIP 1996, 1083.
OLG Oldenburg, Urteil vom 17.2.2000	1 U 155/99	NZG 2000, 1038.
OLG Stuttgart, Urteil vom 7.2.2001	20 U 52/97	BB 2001, 794.
OLG Karlsruhe, Urteil vom 28.2.2003	4 U 8/02	NZG 2003, 429.
OLG München, Urteil vom 19.11.2003	7 U 4505/03	NZG 2004, 374.
OLG Koblenz, Urteil vom 20.12.2007	6 U 1161/0	NZG 2008, 423.
OLG Köln, Urteil vom 10.1.2008	18 U 1/07	NZG 2009, 306.
OLG Karlsruhe, Urteil vom 13.3.2008	8 U 60/07	BeckRS 2008, 12851.
OLG Nürnberg, Urteil vom 9.7.2008	12 U 690/07	DB 2008, 2415.

OLG Brandenburg, Urteil vom 31.3.2009	6 U 4/08	DB 2009, 1342.
OLG Stuttgart, Urteil vom 31.3.2010	14 U 20/09	BeckRS 2010, 11561.
OLG Düsseldorf, Urteil vom 27.6.2014	I-16 U 149/13	ZIP 2014, 2183.
LG München I, Urteil vom 12.9.2002	15 HK O 15764/02	–
LG München I, Urteil vom 13.4.2006	5 HK O 4326/05	MittBayNot 2007, 142.
LG Saarbrücken, Urteil vom 10.8.2010	4 O 174/08	BeckRS 2011, 12852.

Literaturverzeichnis

Altmeppen, Holger, Zum Vorstandsdoppelmandat in einer beherrschten AG & Co. KG. Zugleich Besprechung OLG Hamburg v. 29.6.2007 – 11 U 141/06, ZIP 2008, 437–444.

Altmeppen, Holger, Kernbereichslehre, Bestimmtheitsgrundsatz und Vertragsfreiheit in der Personengesellschaft, NJW 2015, 2065–2071.

Altmeppen, Holger, GmbHG: Kommentar, 11. Auflage, Verlag C.H.Beck, München 2023.

Ammer, Jakob, Die Organisation der Unternehmerfamilie in Stämmen: Strategien und Maßnahmen zur Prävention von intergruppalen Konflikten in Stammesorganisationen, Verlag V&R unipress, Göttingen 2017.

Armbrüster, Christian, Die treuhänderische Beteiligung an Gesellschaften, Verlag Heymanns, Köln 2001.

Armbrüster, Christian, Nachschusspflicht im Personengesellschaftsrecht, ZGR 2009, 1–30.

Armour, John/Whincop, Michael J., An Economic Analysis of Shared Property in Partnership and Close Corporations Law, 26 J. Corp. L. (2001) 983–1000.

Artmann, Eveline/Rüffler, Friedrich/Torggler, Ulrich (Hrsg.), Die Verbandsverfassung zwischen Satzung, Syndikatsvertrag und zwingendem Gesellschaftsrecht, Verlag Manz, Wien 2013.

Bachmann, Gregor/Eidenmüller, Horst/Engert, Andreas et al., Rechtsregeln für die geschlossene Kapitalgesellschaft, ZGR Sonderheft 18, Verlag De Gruyter, Berlin/Boston 2012.

Bacina, Denis/Redeker, Rouven, „Sanieren oder Ausscheiden“ – Die Treuepflicht des Gesellschafters in Sanierungsfällen, DB 2010, 996–1002.

Baltl, Hermann (Hrsg.), Walter Wilburg zum 70. Geburtstag, Verlag Leykam, Graz (Österreich) 1975.

Bank, Stephan/Möllmann, Peter (Hrsg.), Venture Capital Agreements in Germany: Englischsprachige VC-Verträge nach deutschem Recht, 1. Auflage, Verlag C.H.Beck, München 2017.

Barfuß, Werner, Zur Erhöhung der Einlagen bei Personengesellschaften, DB 1977, 571–575.

Barsch, Philipp, Die Rechtspraxis von Beiräten in Familienunternehmen, Verlag Nomos, Baden-Baden 2017.

Bartels, Peter/May, Peter/Rau, Sabine, Der Beirat in Familienunternehmen, Studie pwc, 2013. Online abrufbar unter: https://www.pwc.de/de/mittelstand/der_beirat_in_familienunternehmen.pdf (letzter Aufruf: 30.06.2023).

Bartuschka, Wolfram, Die Integration von Compliance in die Systeme der Unternehmensüberwachung - ein mittelständischer Ansatz, CB 2017, 30–35.

Baumgärtner, Thomas, Rechtsformübergreifende Aspekte der gesellschaftsrechtlichen Treuepflicht im deutschen und angloamerikanischen Recht, Verlag Peter Lang, Frankfurt a.M. u.a. 1990.

Baums, Theodor, Recht der Unternehmensfinanzierung, 1. Auflage 2017, Verlag C.H.Beck, München 2021.

R. Knaup, *Die gesellschaftsrechtliche Treuepflicht in Familiengesellschaften*, Juridicum – Familienunternehmen und Recht,
https://doi.org/10.1007/978-3-658-50770-1

Baur, Jürgen F./Hopt, Klaus J./Mailänder, K. Peter (Hrsg.), Festschrift für Ernst Steindorff zum 70. Geburtstag am 13. März 1990, Verlag De Gruyter, Berlin 1990.

Baus, Kirsten, Die Familienstrategie, 5. Auflage, Verlag Springer, Wiesbaden 2016.

Becker, Michael, Der Ausschluß aus der Aktiengesellschaft, ZGR 1986, 383–417.

Beckerhoff, Tom, Treupflichten bei der Stimmrechtsausübung und Eigenhaftung des Stimmrechtsvertreters, Verlag Peter Lang, Frankfurt am Main u.a. 1996.

BeckOGK Handels- und Gesellschaftsrecht: beck-online Großkommentar, hrsg. v. Henssler, Martin, Online-Verlag C.H.Beck.

BeckOGK Zivilrecht: beck-online Großkommentar, hrsg. v. Gsell, Beate/Krüger, Wolfgang/Lorenz, Stephan et al., Online-Verlag C.H.Beck.

Beck'scher Kurz-Kommentar GmbHG, begr. v. Baumbach, Adolf, hrsg. v. Noack, Ulrich/Servatius, Wolfgang/Haas, Ulrich, 24. Auflage, Verlag C.H.Beck, München 2025.

Beck'scher Kurz-Kommentar UmwG, begr. v. Semler, Johannes, hrsg. v. Stengel, Arndt//Leonard, Nina, Umwandlungsgesetz, 5. Auflage, Verlag C.H.Beck, München 2021.

Beck'scher Online-Kommentar BGB, hrsg. v. Hau, Wolfgang/Poseck, Wolfgang, Online-Verlag C.H.Beck, München.

Beck'scher Online-Kommentar HGB, hrsg. v. Häublein, Martin/Hoffmann-Theinert, Roland, Online-Verlag C.H.Beck, München.

Beck'scher Online-Kommentar GmbHG, hrsg. v. Ziemons, Hildegard/Jaeger, Carsten/Pöschke, Moritz, Online-Verlag C.H.Beck, München.

Beck'sches Formularbuch Bürgerliches, Handels- und Wirtschaftsrecht, hrsg. v. Gebele, Alexander/Scholz, Kai-Steffen, 14. Auflage, Verlag C.H.Beck, München 2022.

Beck'sches Formularbuch Erbrecht, hrsg. v. Keim, Christopher/Lehmann, Daniel, 5. Auflage, Verlag C.H.Beck, München 2023.

Beck'sches Formularbuch GmbH-Recht, hrsg. v. Lorz, Rainer/Pfisterer, Benedikt/Gerber, Olaf, 1. Auflage, Verlag C.H.Beck, München 2010.

Beck'sches Handbuch der AG, hrsg. v. Drinhausen, Florian/Eckstein, Hans-Martin, 3. Auflage, Verlag C.H.Beck, München 2018.

Beck'sches Handbuch der Personengesellschaften, Gesellschaftsrecht, Steuerrecht, hrsg. v. Prinz, Ulrich/Kahle, Holger, 5. Auflage, Verlag C.H.Beck, München 2020.

Belz, Alexander, Die große Familienkommanditgesellschaft - Ausgewählte Probleme eines Gesellschaftstypus, Verlag Ruprecht-Karls-Universität Heidelberg, Heidelberg 2018.

Bierich, Marcus/Hommelhoff, Peter/Kropff, Bruno (Hrsg.), Festschrift für Johannes Semler zum 70. Geburtstag am 28. April 1993: Unternehmen und Unternehmensführung im Recht, Verlag De Gruyter, Berlin 1993.

Binz, Mark K./Mayer, Gerd, Anteilsvinkulierung bei Familienunternehmen, NZG 2012, 201–212.

Blair, Margaret/Stout, Lynn A., Trust, Trustworthiness, and the Behavioral Foundations of Corporate Law, 149 U. Pa. L. Rev. (2001), 1735–1810.

Blasche, Sebastian, Vinkulierungsklauseln in GmbH-Gesellschaftsverträgen, RNotZ 2013, 515–534.

Bochmann, Christian, Aktuelle Herausforderungen und Gestaltungsmöglichkeiten bei der Nachfolgeplanung in Familienunternehmen, NotBZ 2019, 361–369.

Bochmann, Christian/Bron, Jan F./Staake, Marco, Krisenbewältigung durch Familienunternehmen: Stärken, Chancen und Handlungsoptionen, BB 2020, 1367–1374.

Bochmann, Christian/Driftmann, Friederike, Zur Mitwirkung von Nichtgesellschaftern bei der Erarbeitung von Familienverfassungen, RFamU 2022, 17–22.

Bong, Sebastian, Gesellschaftsrechtliche Wirkungen einer Familienverfassung, Verlag Mohr Siebeck, Tübingen 2022.

Borries, Stephan, Anforderungen an Mehrheitsbeschlüsse in Personengesellschaften – Zugleich Besprechung von BGH, Urt. v. 13.10.2020 – II ZR 359/18, NZG 2020, 1384, NZG 2021, 194–198.

Brand, Marco, "Sanieren oder Ausscheiden" in der Aktiengesellschaft, KTS 2011, 481–503.

Breyer, Michael, Family Governance – Die Organisation der Familie, FuS 2015, 151–154.

Brück, Mario/Hielscher, Henryk, „Wie es zur Zerschlagung der Oetker-Gruppe kommen konnte", Online-Artikel des Magazins WirtschaftsWoche vom 3.11.2021. Online abrufbar unter https://www.wiwo.de/my/unternehmen/handel/protokoll-der-familienfehde-wie-es-zur-zerschlagung-der-oetker-gruppe-kommen-konnte/27677900.html?ticket=ST-5472837-akYIj32EPRsBWvtJc5K5-ap3 (letzter Aufruf: 24.11.2025).

Bügler, Georg, Die Behandlung der Familiengesellschaft im Steuerrecht, Mannheim 1979.

Bungert, Hartwin, Die Treuepflicht des Minderheitsaktionärs, DB 1995, 1749–1756.

Bütter, Michael/Tonner, Martin, Wirksamkeit von Rückkaufrechten und auflösenden Bedingungen in Schenkungsverträgen über Gesellschaftsanteile, NZG 2003, 193–199.

Bydlinski, Franz, System und Prinzipien des Privatrechts, Verlag Springer, Wien 1996.

Bydlinski, Franz, Die Suche nach der Mitte als Daueraufgabe der Privatrechtswissenschaft, AcP 204 (2004), 309–395.

Chua, Jess H./Chrisman, James J./Sharma, Pramodita, Defining the Family Business by Behavior, 1999, Entrepreneurship Theory and Practice 23 (4), 19–39.

Churchill, Neil C./Hatten, Kenneth J., Non-Market-Based Transfers of Wealth and Power: A Research Framework for Family Businesses, 1997, Family Business Review 10 (1), 53–67.

Crezelius, Georg, Unternehmenserbrecht: Erbrecht, Gesellschaftsrecht, Steuerrecht, 2. Auflage, Verlag C.H.Beck, München 2009.

Dauner-Lieb, Barbara/Fredenberg, Götz/Werner, Götz W. (Hrsg.), Familienunternehmen im Fokus von Wirtschaft und Wissenschaft: Festschrift für Mark K. Binz, Verlag C.H.Beck, München 2014.

Dauner-Lieb, Barbara/Langen, Werner, Bürgerliches Gesetzbuch: Kommentar, Band 2: §§ 241-853, 4. Auflage, Verlag Nomos, Baden-Baden 2021.

De Mol, Jan/Lemmens, Gilbert/Verhofstadt, Lesley/Kuczynski, Leon, Intergenerational Transmission in a Bidirectional Context, Psychologica Belgica, 53 (3), 7–23.

Dembski, Jan, Gesellschaftsrechtliche Treubindungen von Nichtmitgliedern, insbesondere nachmitgliedschaftliche Treupflichten, Verlag Duncker & Humblot, Berlin 2009.

Döge, Melanie, Sanieren oder Ausscheiden aus der GmbH, ZIP 2018, 1220–1227.

Dorka, Richard/Derwald, Britta, Sanieren oder Ausscheiden – ein Modell auch für die Kommanditgesellschaft, NZG 2010, 694–696.

Dorpalen, Andreas, Die Treuepflicht des Aktionärs, ZHR 102 (1936), 1–32.

Dreher, Meinrad, Die gesellschaftsrechtliche Treuepflicht bei der GmbH, DStR 1993, 1632–1636.

Dreher, Meinrad/Drescher, Ingo/Mülbert, Peter O./Verse, Dirk A. (Hrsg.), Festschrift für Alfred Bergmann zum 65. Geburtstag am 13. Juli 2018, Verlag De Gruyter, Berlin 2018.

Ebenroth, Carsten Thomas/Boujong, Karlheinz/Joost, Detlev (Begr.)/*Strohn, Lutz* u.a. (Hrsg.), Handelsgesetzbuch: Kommentar, Band 1: §§ 1-342e HGB, 5. Auflage, Verlag C.H.Beck/Vahlen, München 2024.

Ehlke, Michael, Ergebnisverwendungsregelungen in der GmbH nach dem BiRiLiG, DB 1987, 671–679.

Ellesser, Wolfgang/Lahme, Stefan, Bewertung nichtnotierter Anteile an Familien-Kapitalgesellschaften, BB 2002, 2201–2205.

Emmerich, Volker/Habersack, Mathias, Aktien- und GmbH-Konzernrecht: Kommentar, 10. Auflage, Verlag C.H.Beck, München 2022.

Erker, Martin, Beiräte – Der institutionalisierte Einfluss Dritter – Konfliktvermeidung in Familienunternehmen, DStR 2014, 105–110.

Erman, Walter (Begr.), BGB: Handkommentar mit AGG, EGBGB (Auszug), ErbbauRG, LPartG, ProdHaftG, VBVG, VersAusglG, WEG, Band 1: §§ 1-778, AGG, 16. (Alt-)Auflage, Verlag Otto Schmidt, Köln 2020.

Erman, Walter (Begr.), BGB: Handkommentar mit AGG, EGBGB (Auszug), ErbbauRG, LPartG, ProdHaftG, VBVG, VersAusglG, WEG, Band 1: §§ 1-778, AGG, 17. Auflage, Verlag Otto Schmidt, Köln 2023.

Esch, Günter/Baumann, Wolfgang/Schulze zur Wiesche, Dieter, Handbuch der Vermögensnachfolge: Bürgerlich-rechtliche und steuerliche Gestaltung der Vermögensnachfolge von Todes wegen und unter Lebenden, 7. Auflage, Verlag Erich Schmidt, Berlin 2009.

Felden, Birgit/Hack, Andreas/Hoon, Christina, Management von Familienunternehmen, 2. (vollständig überarbeitete) Auflage, Verlag Springer, Wiesbaden 2014/2019.

Felden, Birgit/Peyerl, Christopher, Zukunftsfähigkeit eines Unternehmens: Die Bedeutung der Familienverfassung für erfolgreiche Familienunternehmen, PU 2021, 124–128.

Fiegle, G., Zum Begriff der Familien-Aktiengesellschaft, BB 1953, 594–595.

Fischer, Robert (Hrsg.), Wirtschaftsfragen der Gegenwart: Festschrift für Carl Hans Barz zum 65. Geburtstag am 6. Dezember 1974, Verlag De Gruyter, Berlin 1974.

Fleischer, Holger, Zur organschaftlichen Treuepflicht der Geschäftsleiter im Aktien- und GmbH-Recht, WM 2003, 1045–1058.

Fleischer, Holger, Gesetz und Vertrag als alternative Problemlösungsmodelle im Gesellschaftsrecht – Prolegomena zu einer Theorie gesellschaftsrechtlicher Regelsetzung, ZHR 168 (2004), 673–707.

Fleischer, Holger, Die Geschäftschancenlehre im Recht der BGB-Gesellschaft – Von der corporate opportunities zur partnership opportunities doctrine, NZG 2013, 361–367.

Fleischer, Holger, Zur Auslegung von Gesellschaftsverträgen und Satzungen, DB 2013, 1466–1476.

Fleischer, Holger, Das Rätsel Familienverfassung: Realbefund – Regelungsnatur – Rechtswirkungen, ZIP 2016, 1509–1519.

Fleischer, Holger, Familiengesellschaften und Familienverfassungen: Eine historisch-vergleichende Standortbestimmung, NZG 2017, 1201–1210.

Fleischer, Holger, Organisation der Inhaberfamilie und Ownership Management in Familienunternehmen – eine rechtliche Bestandsaufnahme, BB 2019, 2819–2826.

Fleischer, Holger, Gesellschaftsrecht trifft Unternehmensgeschichte: Forschungszugänge und Fallbeispiele, ZGR 2021, 231–258.

Fleischer, Holger/Harzmeier, Lars, Zur Abdingbarkeit der Treuepflichten bei Personengesellschaft und GmbH, NZG 2015, 1289–1297.

Fleischer, Holger/Kalss, Susanne/Vogt, Hans-Ueli (Hrsg.), Aktuelle Entwicklungen im deutschen, österreichischen und schweizerischen Gesellschafts- und Kapitalmarktrecht 2012, Verlag Mohr Siebeck, Tübingen 2012.

Fleischer, Holger/Maas, Jannik L., Börsennotierte Familiengesellschaften im Kapitalmarktrecht, AG 2021, 893–904.

Fleischer, Holger/Maas, Jannik L., Börsennotierte Familienunternehmen: Rechtliche Grundlagen und Gestaltungsoptionen, DB 2021, 37–46.

Fleischer, Holger/Mock, Sebastian, Gesellschaftsverträge und Satzungen im Wandel der Zeiten, NZG 2020, 161–169.

Fleischer, Holger/Trinks, Jennifer, Minderheitenschutz bei der Gewinnthesaurierung in der GmbH, NZG 2015, 289–298.

Flume, Werner, Allgemeiner Teil des Bürgerlichen Rechts, Erster Teil, Die Personengesellschaft, Verlag Springer, Berlin/Heidelberg 1977.

Foerster, Max, Zusammenspiel von Familienverfassung und Verbandsverfassung in der Familiengesellschaft, BB 2019, 1411–1418.

Frank, Michael Adam, Die "kleine" AG als Organisationsform für die Nachfolge in Familienunternehmen, Verlag Nomos, Baden-Baden 2002.

Freese, Günter, Die positive Treuepflicht: ein Beitrag zur Konkretisierung von Treu und Glauben, Münster 1970.

Frey, Urs/Sieger, Philipp/Zellweger, Thomas, Wie Familienunternehmen die Wirtschaftskrise meistern, IO New Management 78 (2010), 11, 37–40.

Friedrich Ebert Stiftung, Studie Familienbild im Wandel – Lebensentwürfe zwischen Wunsch und Wirklichkeit, 2015. Online abrufbar unter: https://library.fes.de/pdf-files/bueros/stuttgart/11598.pdf (letzter Aufruf: 24.11.2025).

Fries, Thomas, Familiengesellschaft und Treuepflicht. Eine Untersuchung zum Recht der Personengesellschaft, Verlag C. Heymann, Köln 1971.

Geier, Bernd, Gestaltungsfreiheit und Gestaltungsgrenzen der mitgliedschaftlichen Treupflicht des Aktionärs, Verlag Peter Lang, Frankfurt a.M. 2007.

Gesellschaftsrechtliche Vereinigung (Hrsg.), Gesellschaftsrecht in der Diskussion 2016: Jahrestagung der Gesellschaftsrechtlichen Vereinigung (VGR), Verlag Otto Schmidt, Köln 2017.

Goette, Wulf/Goette, Maximilian, Mehrheitsklauseln im Personengesellschaftsrecht, DStR 2016, 74–84.

Graf, Helmut/Bisle, Michael, Der „Governance Kodex für Familienunternehmen": Kein Ersatz für „maßgeschneiderte" Gesellschaftsverträge, DStR 2010, 2409–2413.

Grigoleit, Hans Christoph, Gesellschafterhaftung für interne Einflussnahme im Recht der GmbH: Dezentrale Gewinnverfolgung als Leitprinzip des dynamischen Gläubigerschutzes, Verlag C.H.Beck, München 2006.

Grigoleit, Hans Christoph (Hrsg.), Aktiengesetz: Kommentar, 2. Auflage, Verlag C.H.Beck, München 2020.

Grobecker, Wolfgang/Hueck, Tobias, Familienunternehmen und Börse? – Pros und Cons eines IPOs, AG 2017, R140–R141.

Grundmann, Stefan, Der Treuhandvertrag, insbesondere die werbende Treuhand, Verlag C.H.Beck, München 1997.

Grunewald, Barbara, Die Auslegung von Gesellschaftsverträgen und Satzungen, ZGR 1995, 68–92.

Grunewald, Barbara, Grenzen der Gestaltungsfreiheit bei der Einrichtung von Beiträgen und der Schaffung von Vertreterklauseln im Recht der Kommanditgesellschaft, ZEV 2011, 283–287.

Grunewald, Barbara/Westermann, Harm Peter (Hrsg.), Festschrift für Georg Maier-Reimer zum 70. Geburtstag, Verlag C.H.Beck, München 2010.

Habersack, Mathias, Gesetzesfolgen für Familienunternehmen abschätzen, ZIP 2020, 2093–2101.

Habersack, Mathias/Casper, Matthias/Löbbe, Marc (Hrsg.), GmbHG Großkommentar, Band 1: Einleitung, §§ 1-28, 3. Auflage, Verlag Mohr Siebeck, Tübingen 2019.

Habersack, Mathias/Casper, Matthias/Löbbe, Marc (Hrsg.), GmbHG Großkommentar, Band 2: §§ 29-52, 3. Auflage, Verlag Mohr Siebeck, Tübingen 2020.

Habersack, Mathias/Lüdeking, Matthias, Die Haftung des Gesellschafters nach Aufhebung des § 708 BGB durch das MoPeG – Ein neues Haftungsregime (nicht nur) für die Familiengesellschaft, RFamU 2022, 3–9.

Habersack, Mathias/Schäfer, Carsten, Das Recht der OHG – Kommentierung der §§ 105 bis 160 HGB, 2. Auflage, Verlag De Gruyter, Berlin/Boston 2019.

Hachenburg, Max, Aus dem Rechte der Gesellschaft mit beschränkter Haftung, LZ 1907, 460–472.

Häckl, Martin, Gesellschaften als Gesellschafter – Vinkulierungen und Vererblichkeitsbeschränkungen unter dem Einfluss eines Change of Control in der Beteiligungsgesellschaft, Online-Veröffentlichung Universität Regensburg, Regensburg 2011.

Hamburger Kreis Recht der Familienunternehmen, Die Familienverfassung aus rechtlicher Perspektive, DB 2018, M26–M27.

Hamburger Kreis Recht der Familienunternehmen, Familienunternehmen und die Reform des Personengesellschaftsrechts – Plädoyer für eine Neuregelung des Abfindungsrechts, NZG 2020, 104–105.

Hanau, Peter/Lorenz, Egon/Matthes, Hans-Christoph (Hrsg.), Festschrift für Günther Wiese zum 70. Geburtstag, Verlag Luchterhand, Neuwied 1998.

Hannes, Frank (Hrsg.), Formularbuch Vermögens- und Unternehmensnachfolge: Zivilrecht, Gesellschaftsrecht, Steuerrecht, 2. Auflage, Verlag C.H.Beck, München 2017.

Häsemeyer, Ludwig, Obstruktion gegen Sanierungen und gesellschaftsrechtliche Treuepflichten, ZHR 160 (1996), 109–132.

Haunschild, Alexander Julian, Die Abdingbarkeit der Treuepflicht im Gesellschaftsrecht, Verlag Peter Lang, Berlin 2018.

Häuser, Franz, Unbestimmte "Maßstäbe" als Begründungselement richterlicher Entscheidungen, Verlag Duncker & Humblot, Berlin 1981.

Heckschen, Heribert/Bachmann, Daniel, Mehrheitsklauseln bei Personengesellschaften, NZG 2015, 531–537.

Heeg, Volker, Alternativen zur Nacherbeneinsetzung: Ist die erbrechtliche Auflage ein geeignetes Instrument zur Erbschaft(steuer)planung?, DStR 2007, 89–95.

Heermann, Peter, Stimmrechtsvertretung in der Hauptversammlung und Schadensersatzhaftung, ZIP 1994, 1243–1250.

Hefermehl, Wolfgang (Hrsg.), Festschrift für Philipp Möhring: zum 75. Geburtstag; 4. September 1975, Verlag C.H.Beck, München 1975.

Heidel, Thomas, Aktienrecht und Kapitalmarktrecht, 6. Auflage, Verlag Nomos, Baden-Baden 2024.

Heidel, Thomas/Schall, Alexander (Hrsg.), Handelsgesetzbuch: Handkommentar, 3. (Alt-)Auflage, Verlag Nomos, Baden-Baden 2020.

Heidel, Thomas/Schall, Alexander (Hrsg.), Handelsgesetzbuch: Handkommentar, 4. Auflage, Verlag Nomos, Baden-Baden 2024.

Heimann, Klaus, Die kartellrechtliche Zulässigkeit von Wettbewerbsverboten in Gesellschaftsverträgen von OHG und KG, München 1966.

Hennerkes, Brun-Hagen (Hrsg.), Unternehmenshandbuch Familiengesellschaften. Sicherung von Unternehmen, Vermögen und Familie, 1. Auflage, Verlag C. Heymanns, Köln 1995.

Hennerkes, Brun-Hagen/Binz, Mark K./May, Peter, Die Steuerungsfunktion des Beirates in der Familiengesellschaft – Zur notwendigen Anpassung von Gesellschaftsverträgen an geänderte Erfordernisse der Unternehmensführung, DB 1987, 469–475.

Hennerkes, Brun-Hagen/Kirchdörfer, Rainer, Die Familie und ihr Unternehmen – Strategie, Liquidität, Kontrolle, 3. Auflage, Verlag Campus, Frankfurt a.M. 2015.

Hennerkes, Brun-Hagen/May, Peter, Der Gesellschaftsvertrag des Familienunternehmens – Ein Überblick über Gestaltungsschwerpunkte, NJW 1988, 2761–2768.

Hennrichs, Joachim, Treupflichten im Aktienrecht - zugleich Überlegungen zur Konkretisierung der Generalklausel des § 242 BGB sowie zur Eigenhaftung des Stimmrechtsvertreters, AcP 195 (1995), 221–273.

Henssler, Martin/Strohn, Lutz (Hrsg.), Gesellschaftsrecht, 6. Auflage, Verlag C.H.Beck, München 2024.

Henze, Hartwig, Gedanken zur Rechtsprechung des Bundesgerichtshofes von 'Kali und Salz' über 'Linotype' und 'Kochs Adler' bis zu 'Girmes', BB 1996, 489-499.

Herrler, Sebastian (Hrsg.), Gesellschaftsrecht in der Notar- und Gestaltungspraxis, 2. Auflage, Verlag C.H.Beck, München 2021.

Hey, Felix, Freie Gestaltung in Gesellschaftsverträgen und ihre Schranken, Verlag C.H.Beck, München 2004.

Hiebl, Martin R. W., Risk aversion in family firms: what do we really know?, Journal of Risk Finance 14 (1), 2012, 49–70.

Hinterhuber, Hans H./Minrath, Reiner, Der Beirat einer mittelständischen Familienunternehmung, BB 1991, 1201–1210.

Hirte, Heribert/Mülbert, Peter O./Roth, Markus (Hrsg.), Großkommentar Aktiengesetz, Band 4.2: §§ 92-94, 5. Auflage, Verlag De Gruyter, Berlin 2014.

Hoffmann-Becking, Michael, Der Einfluß schuldrechtlicher Gesellschaftervereinbarungen auf die Rechtsbeziehungen in der Kapitalgesellschaft, ZGR 1994, 442–464.

Hoffmann-Becking, Michael/Ludwig, Rüdiger (Hrsg.), Liber amicorum Wilhelm Happ: zum 70. Geburtstag am 30. April 2006, Verlag Heymanns, Köln 2006.

Holler, Lorenz, Sanierung aus wichtigem Grund – Neues zur mehrheitlichen Vertragsänderung und Beschlusskontrolle in (Publikums-)Personengesellschaften, ZIP 2010, 1678–1685.

Holler, Lorenz, Zur Familien-KG – Bedarf es eines Sonderrechts für Familienpersonengesellschaften?, BB 2012, 719–721.

Holler, Lorenz, Die Familienverfassung im Recht der Familienunternehmen, ZIP 2018, 553–564.

Holler, Lorenz, Das Recht der Familienunternehmen und ihre Besonderheiten in der Rechtsanwendung und -gestaltung (Teil I) – Das Gesellschaftsrecht der Familienunternehmen – Auf dem Weg zu einem Sonderrecht?, DStR 2019, 880–886.

Holler, Lorenz, Das Recht der Familienunternehmen und ihre Besonderheiten in der Rechtsanwendung und -gestaltung (Teil II) – Vom Familienverband der Gesellschafter zum besonderen Gesellschaftszweck der Familiengesellschaft als Geschäftsgrundlage und Wesensmerkmal des Familienunternehmens, DStR 2019, 931–942.

Holler, Lorenz/Mann, Maximilian, Die gesellschaftsrechtliche Treuepflicht in der Familiengesellschaft, NZG 2021, 402–410.

Hölters, Wolfgang/Weber, Markus (Hrsg.), Aktiengesetz: Kommentar, 5. Auflage, Verlag C.H.Beck, München 2025.

Hommelhoff, Peter, Die Ergebnisverwendung in der GmbH nach dem Bilanzrichtliniengesetz, ZGR 1986, 418–462.

Hommelhoff, Peter/Schmidt-Diemitz, Rolf/Sigle, Axel (Hrsg.), Familiengesellschaften: Festschrift für Walter Sigle zum 70. Geburtstag, Verlag Otto Schmidt, Köln 2000.

Hopt, Klaus J., Familien- und Aktienpools unter dem Wertpapierhandelsgesetz, ZGR 1997, 1–31.

Hopt, Klaus J., Interessenwahrung und Interessenkonflikte im Aktien-, Bank- und Berufsrecht, ZGR 2004, 1–52.

Hopt, Klaus J., Vergleichende Corporate Governance – Forschung und internationale Regulierung, ZHR 175 (2011), 444–527.

Hopt, Klaus J., HGB: mit GmbH & Co., Handelsklauseln, Bank- und Kapitalmarktrecht, Transportrecht (ohne Seerecht), 44. Auflage, Verlag C.H.Beck, München 2025.

Hopt, Klaus J./Wiedemann, Herbert (Hrsg.), Großkommentar Aktiengesetz, Band 2: 53a-75, 4. Auflage, Verlag De Gruyter, Berlin 2009.

Hopt, Klaus J./Wiedemann, Herbert (Hrsg.), Großkommentar Aktiengesetz, Band 7.2: §§ 241-277, 4. Auflage, Verlag De Gruyter, Berlin 2012.

Horn, Claus-Henrik/Kroiß, Ludwig, Testamentsauslegung, 2. Auflage, Verlag C.H.Beck, München 2019.

Huber, Ulrich/Jayme, Erik (Hrsg.), Festschrift für Rolf Serick zum 70. Geburtstag, Verlag Recht und Wirtschaft, Heidelberg 1992.

Hübner, Ulrich/Ebke, Werner F., Festschrift für Bernhard Großfeld zum 65. Geburtstag, Verlag Recht und Wirtschaft, Heidelberg 1998.

Hueck, Alfred, Das Recht der offenen Handelsgesellschaft, 1. Auflage, Verlag De Gruyter, Berlin 1946.

Hueck, Alfred, Der Treuegedanke im modernen Privatrecht, Vortrag am 06.09.1946, Sitzungsberichte der Bayerischen Akademie der Wissenschaften 1944/46, Heft 7, München 1947.

Hueck, Alfred, Der gemeinschaftliche Vertreter mehrerer Erben in einer Kommanditgesellschaft, ZHR 125 (1963), 1–24.

Hueck, Tobias, Die Familienverfassung, Verlag Mohr Siebeck, Tübingen 2017.

Hüffer, Uwe, Der Aufsichtsrat in der Publikumsgesellschaft, ZGR 1980, 320–358.

Immenga, Ulrich, Die personalistische Kapitalgesellschaft, Verlag Athenäum, Bad Homburg 1970.

Immenga, Ulrich, Die Minderheitsrechte des Kommanditisten, ZGR 1974, 385–426.

Intes Akademie für Familienunternehmen, FBN Deutschland und die Familienunternehmer, Governance Kodex für Familienunternehmen, Mai 2021. Online abrufbar unter: http://www.kodex-fuer-familienunternehmen.de (letzter Aufruf: 24.11.2025).

Janke, Matthias, Gesellschaftsrechtliche Treuepflicht – Neubewertung der richterrechtlichen Generalklausel im Rahmen einer rechtsvergleichenden und ökonomischen Analyse, Verlag Peter Lang, Frankfurt a.M. 2003.

Jilg, Thomas, Die Treuepflicht des Aktionärs, Verlag Peter Lang, Frankfurt a.M. u.a. 1995.

Jorde, Thomas/Immes, Katja, Praxishinweise zu Abfindungsvereinbarungen in Familienunternehmen, WPg 2017, 270–278.

Kalss, Susanne/Probst, Stephan, Familienunternehmen, Gesellschafts- und zivilrechtliche Fragen, Verlag Manz, Wien 2013.

Keese, Detlef/Tänzler, Jan-Klaus/Hauer, Annegret, Die Wahrnehmung gesellschaftlicher Verantwortung in Familien- und Nicht-Familienunternehmen, ZfKE 58 (2010), Heft 3, 197–225.

Kern, Jens-Hendrick, Die Bedeutung der gesellschaftsrechtlichen Treuepflicht im Insolvenzplanverfahren, Verlag Duncker & Humblot, Berlin 2017.

Kindler, Peter/Koch, Jens/Ulmer, Peter/Winter, Martin (Hrsg.), Festschrift für Uwe Hüffer zum 70. Geburtstag, Verlag C.H.Beck, München 2010.

Kinzl, Ulrich-Peter, Gesellschaftervereinbarungen: Praxishandbuch mit Mustern, Verlag C.H.Beck, München 2021.

Kirchdörfer, Rainer/Lorz, Rainer/Wiedemann, Andreas et al. (Hrsg.), Familienunternehmen in Recht, Wirtschaft, Politik und Gesellschaft: Festschrift für Prof. Dr. Brun-Hagen Hennerkes, Verlag C.H.Beck, München 2009.

Klein, Sabine B., Familienunternehmen – Theoretische Und Empirische Grundlagen, Verlag Josef Eul, Köln 2010.

Klein-Wiele, Christian, Der Poolvertrag im Familienunternehmen, NZG 2018, 1401–1407.

Kley, Max Dietrich/Leven, Franz-Josef/Rudolph, Bernd/Schneider, Uwe H. (Hrsg.), Aktie und Kapitalmarkt: Anlegerschutz, Unternehmensfinanzierung und Finanzplatz; Festschrift für Professor Dr. Rüdiger von Rosen zum 65. Geburtstag, Verlag Schäffel-Poeschel, Stuttgart 2008.

Klöhn, Lars, Minderheitenschutz im Personengesellschaftsrecht: Rechtsökonomische Grundlagen und Perspektiven, AcP (216) 2016, 281–319.

Knafo-Noam, Ariel/Galansky, Neta, The Influence of Children on Their Parents' Values, 2008, Social and Personality Psychology Compass 2 (3), 1143 – 1161.

Knöll, André/Kettern, Thomas J. M., Finanzierung – Analyse der aktuellen Finanzierungssituation von Familienunternehmen in Deutschland, Studie INTES Akademie und DZ Bank AG, 2012. Online abrufbar unter: https://www.intes-akademie.de/fileadmin/intes_akademie/Dateien/Publikationen/PDF/Studie_Finanzierung.pdf (letzter Aufruf: 24.11.2025).

Knur, Alexander, Die Familiengesellschaft – Eine vergleichende Untersuchung der Unternehmensformen, Verlag Vahlen, Berlin 1941.

Koch, Jens, Aktiengesetz, 19. Auflage, Verlag C.H.Beck, München 2025.

Koeberle-Schmid, Alexander, Betriebswirtschaftliche Ausgestaltung von Aufsichtsgremien in Familienunternehmen, DB 2009, 1249–1255.

Koeberle-Schmid, Alexander/Fahrion, Hans-Jürgen/Witt, Peter (Hrsg.), Family Business Governance, 3. Auflage, Verlag Erich Schmidt, Berlin 2018.

Koller, Arnold, Grundfragen einer Typuslehre im Gesellschaftsrecht, Verlag Universität Freiburg, Freiburg 1967.

Koller, Ingo/Kindler, Peter/Drüen, Klaus-Dieter (Hrsg.), Handelsgesetzbuch: Kommentar, 10. Auflage, Verlag C.H.Beck, München 2023.

Kölner Kommentar zum Aktiengesetz, Band 1: §§ 1 - 75 AktG, 3. Auflage, hrsg. v. Zöllner, Wolfgang/Noack, Ulrich, Verlag Heymanns, Köln 2010.

Kölner Kommentar zum Aktiengesetz, Band 7: §§ 76-94, 4. Auflage, hrsg. v. Noack, Ulrich/Zetzsche, Dirk, Verlag Heymanns, Köln 2023.

Kormann, Hermut, Governance des Familienunternehmens, Verlag Springer, Wiesbaden 2017.

Kormann, Hermut, Zusammenhalt der Unternehmerfamilie: Verträge, Vermögensmanagement, Kommunikation, 2. Auflage, Verlag Springer, Berlin/Heidelberg 2018.

Kössinger, Reinhard/Najdecki, Damian Wolfgang/Zintl, Josef, Handbuch der Testamentsgestaltung: Grundlagen und Gestaltungsmittel für Verfügungen von Todes wegen und vorbereitende Erbfolgemaßnahmen, 7. Auflage, Verlag C.H.Beck, München 2024.

Krämer, Gerrit, Das Sonderrecht der Familiengesellschaften – Befund eines gesellschaftsrechtlichen Realtypus und ausgewählte Rechtsfolgen, Verlag Nomos, Baden-Baden 2019.

Krieger, Gerd/Lutter, Marcus/Schmidt, Karsten (Hrsg.), Festschrift für Michael Hoffmann-Becking zum 70. Geburtstag, Verlag C.H.Beck, München 2013.

Kroiß, Ludwig/Horn, Claus-Henrik, NomosKommentar Bürgerliches Gesetzbuch, Band 5: Erbrecht, 6. Auflage, Baden-Baden 2022.

Kronke, Herbert, Stiftungstypus und Unternehmensträgerstiftung, Verlag Mohr, Tübingen 1988.

Krüger-Nieland, Gerda, 25 Jahre Bundesgerichtshof, Verlag C.H.Beck, München 1975.

Kübler, Friedrich/Mertens, Hans-Joachim/Werner, Winfried (Hrsg.), Festschrift für Theodor Heinsius zum 65. Geburtstag am 25. September 1991, Verlag De Gruyter, Berlin/Boston 1991.

Kübler, Friedrich/Waltermann, Jens, Geschäftschancen der Kommanditgesellschaft, ZGR 1991, 161–174.

Kumpan, Christoph, Der Interessenkonflikt im Deutschen Privatrecht, Verlag Mohr Siebeck, Tübingen 2014.

Lang, Dominik, Die Familien-Publikumsgesellschaft, RFamU 2022, 299.

Lange, Knut Werner, Corporate Governance in Familienunternehmen, BB 2005, 2585–2590.

Lange, Knut Werner/Windthorst, Kay, Sicherung des Familieneinflusses in Familienunternehmen, Verlag Nomos, Baden-Baden 2017.

Larenz, Karl, Methodenlehre der Rechtswissenschaft, 6. Auflage, Verlag Springer, Berlin 1991.

Lepiarczyk, Robert, Die materielle Kontrolle des Umwandlungsbeschlusses bei der Kapitalgesellschaft, Verlag Duncker & Humblot, Berlin 2014.

Leuering, Dieter/Rubner, Daniel, Mehrheitsklauseln im Personengesellschaftsrecht, NJW-Spezial 2017, 655–656.

Liebs, Rüdiger, Die Anpassung des Gesellschaftsvertrags der GmbH an das Bilanzrichtlinien-Gesetz, DB 1986, 2421–2425.

Liebscher, Thomas, Umgehungsresistenz von Vinkulierungsklauseln, ZIP 2003, 825–833.

Löhnig, Martin, Treuhand – Interessenwahrnehmung und Interessenkonflikte, Verlag Mohr Siebeck, Tübingen 2006.

Loritz, Karl-Georg, Die Reichweite von Vinkulierungsklauseln in GmbH-Gesellschaftsverträgen, NZG 2007, 361–368.

Lutter, Marcus, Zur Treuepflicht des Großaktionärs, JZ 1976, 225–233.

Lutter, Marcus, Anmerkung zu BGH, Urteil v. 16.2.1976, JZ 1976, 562–563.

Lutter, Marcus (Hrsg.), Festschrift für Robert Fischer, Verlag De Gruyter, Berlin 1979.

Lutter, Marcus, Theorie der Mitgliedschaft - Prolegomena zu einem Allgemeinen Teil des Korporationsrechts, AcP 180 (1980), 84–159.

Lutter, Marcus, Festschrift 100 Jahre GmbH-Gesetz, Verlag Otto Schmidt, Köln 1992.

Lutter, Marcus, Das Girmes-Urteil, JZ 1995, 1053–1056.

Lutter, Marcus, Treuepflichten und ihre Anwendungsprobleme, ZHR 162 (1998), 164–185.

Lutter, Marcus (Begr.), Kommentar zum Umwandlungsgesetz mit systematischer Darstellung des Umwandlungssteuerrechts und Kommentierung des SpruchG, hrsg. v. Bayer, Walter/Vetter, Jochen, 7. Auflage, Verlag Otto Schmidt, Köln 2024.

Lutter, Marcus/Mertens, Hans-Joachim/Ulmer, Peter (Hrsg.), Festschrift für Walter Stimpel zum 68. Geburtstag am 29. November 1985, Verlag De Gruyter, Berlin 1985.

Lutter, Marcus/Grunewald, Barbara, Gesellschaften als Inhaber vinkulierter Aktien und Geschäftsanteile, AG 1989, 409–414.

Lutter, Marcus/Hommelhoff, Peter (Hrsg.), GmbH-Gesetz: Kommentar, 21. Auflage, Verlag Otto Schmidt, Köln 2023.

Mann, Maximilian, Abdingbarkeit und Gegenstand der gesellschaftsrechtlichen Treuepflicht – Eine dogmatische Abhandlung de lege lata mit Blick auf die Rechtswissenschaft in den Vereinigten Staaten und die Rechtsökonomik, Verlag Duncker & Humblot, Berlin 2018.

Marsch-Barner, Reinhard, Treuepflichten zwischen Aktionären und Verhaltenspflichten bei der Stimmrechtsbündelung, ZHR 157 (1993), 172–191.

Marsch-Barner, Reinhard, Treupflicht und Sanierung, ZIP 1996, 853–857.

Martens, Klaus-Peter, Mehrheits- und Konzernherrschaft in der personalistischen GmbH, Verlag Otto Schmidt, Köln 1970.

May, Peter/Bartels, Peter, Governance im Familienunternehmen: Das Handbuch für die erfolgreiche Führung von Familienunternehmen und Unternehmerfamilien, Verlag Bundesanzeiger, Köln 2017.

May, Peter/Koeberle-Schmid, Alexander, Die drei Dimensionen eines Familienunternehmens: Teil I, BFuP 2011, 656–672.

May, Peter/Koeberle-Schmid, Alexander, Die drei Dimensionen eines Familienunternehmens: Teil II, BFuP 2012, 52–72.

Mayer-Uellner, Richard/Otte, Daniel, Die SE & Co. KGaA als Rechtsform kapitalmarktfinanzierter Familienunternehmen, NZG 2015, 737–743.

Means, Benjamin, A Contractual Approach to Shareholder Oppression Law, 79 Fordh. L. Rev. 1161 (2010), 1161–1211.

Megerle, Marcel/Zenner, Thomas, Ganzheitliche Familienstrategie – die Herausforderung und Lösung für Familienunternehmer!, ErbR 2016, 7–10.

Merkel, Angela, Rede anlässlich des "Tages des deutschen Familienunternehmens", 15.6.2012. Online abrufbar unter: https://www.bundeskanzlerin.de/bkin-de/aktuelles/rede-von-bundeskanzlerin-angela-merkel-anlaesslich-des-tages-des-deutschen-familienunternehmens-der-stiftung-familienunternehmen-479222 (letzter Aufruf: 24.11.2025).

Mecklenbrauck, Dirk, Abfindungsbeschränkungen in Gesellschaftsverträgen, BB 2000, 2001–2006.

Mestmäcker, Ernst-Joachim, Verwaltung, Konzerngewalt und Rechte der Aktionäre, Verlag C.F. Müller, Karlsruhe 1958.

Meyer, Susanne, Sanierung der Personengesellschaft durch Nachschüsse der Gesellschafter oder: Ist § 707 BGB dispositiv?, ZIP 2015, 256–262.

Michalski, Lutz, Treuepflichten persönlich haftender Gesellschafter (OHG, KG), NZG 1998, 460–461.

Michalski, Lutz (Begr.)/*Heidinger, Andreas/Leible, Stefan/Schmidt, Jessica* (Hrsg.), GmbHG: Kommentar, Band 1: Systematische Darstellungen, §§ 1-34 GmbHG, 4. Auflage, Verlag C.H.Beck, München 2023.

Michalski, Lutz (Begr.)/*Heidinger, Andreas/Leible, Stefan/Schmidt, Jessica* (Hrsg.), GmbHG: Kommentar, Band 2: §§ 35-88 GmbHG, EGGmbhG, 4. Auflage, Verlag C.H.Beck, München 2023.

Mittelbach, Rolf, Angehörige als Arbeitnehmer und Gesellschafter, 3. Auflage, Verlag Neue Wirtschafts-Briefe, Herne 1977.

Moll, Wilhelm (Hrsg.), Festschrift für Hans-Jochem Lüer zum 70. Geburtstag, Verlag C.H.Beck, München 2008.

Möschel, Wernhard, Die Benachteiligung der Familienunternehmen durch Recht und Staat und Wege zu deren Überwindung, ZRP 2011, 116–120.

Mühlebach, Corinne, Familyness als Wettbewerbsvorteil: ein integrierter Strategieansatz für Familienunternehmen, Verlag Haupt, Bern (Schweiz) 2004.

Mülbert, Peter O., Aktiengesellschaft, Unternehmensgruppe und Kapitalmarkt, 2. Auflage, Verlag C.H.Beck, München 1996.

Müller, Christina/Pfeiffer, Alisa/Hülsbeck, Marcel, Gemischte Geschäftsführungsteams in Familienunternehmen, Studie pwc, INTES Akademie und WIFU, 2016. Als Download verfügbar unter: https://www.wifu.de/bibliothek/gemischte-geschaeftsfuehrungsteams-in-familienunternehmen/# (letzter Aufruf: 24.11.2025).

Müller, Gerd, Die Buchwertklausel – ein Dauerthema, ZIP 1995, 1561–1573.

Müller, Klaus J., Nachschusspflicht der Gesellschafter einer KG und Ausschließung aus wichtigem Grund bei Verweigerung von Nachschüssen, DB 2005, 95–96.

Münchener Anwaltshandbuch Erbrecht, 6. Auflage, hrsg. v. Scherer, Stephan, Verlag C.H.Beck, München 2024.

Münchener Anwaltshandbuch Personengesellschaftsrecht, 4. Auflage, hrsg. v. Gummert, Hans, Verlag C.H.Beck, München 2023.

Münchener Handbuch des Gesellschaftsrechts, Band 1: BGB-Gesellschaft, Offene Handelsgesellschaft, Partnerschaftsgesellschaft, Partenreederei, EWIV, 5. (Alt-)Auflage, hrsg. v. Gummert, Hans/Schäfer, Carsten, Verlag C.H.Beck, München 2019.

Münchener Handbuch des Gesellschaftsrechts, Band 1: BGB-Gesellschaft, Offene Handelsgesellschaft, Partnerschaftsgesellschaft, Partenreederei, EWIV, 6. Auflage, hrsg. v. Gummert, Hans/Schäfer, Carsten, Verlag C.H.Beck, München 2024.

Münchener Handbuch des Gesellschaftsrechts, Band 2: Kommanditgesellschaft, GmbH & Co. KG, Publikums-KG, Stille Gesellschaft, 6. Auflage, hrsg. v. Gummert, Hans/Schäfer, Carsten, Verlag C.H.Beck, München 2024.

Münchener Handbuch des Gesellschaftsrechts, Band 4: Aktiengesellschaft, 6. Auflage 2024, hrsg. v. Hoffmann-Becking, Michael/Austmann, Andreas, Verlag C.H.Beck, München 2024.

Münchener Handbuch des Gesellschaftsrechts, Band 7: Gesellschaftsrechtliche Streitigkeiten (Corporate Litigation), 6. Auflage, hrsg. v. Born, Manfred/Ghassemi-Tabar, Nima/Gehle, Burkhard, Verlag C.H.Beck, München 2020.

Münchener Handbuch des Gesellschaftsrechts, Band 9: Recht der Familienunternehmen, 6. Auflage, hrsg. v. Bochmann, Christian/Scheller, Johannes/Prütting, Jens, Verlag C.H.Beck, München 2021.

Münchener Kommentar zum Aktiengesetz, Band 1: §§ 1-75, 6. Auflage, hrsg. v. Goette, Wulf/Habersack, Mathias/Kalss, Susanne, Verlag C.H.Beck, München 2024.

Münchener Kommentar zum Aktiengesetz, Band 2: §§ 76-117, MitbestG, DrittelbG, 6. Auflage, hrsg. v. Goette, Wulf/Habersack, Mathias/Kalss, Susanne, Verlag C.H.Beck, München 2023.

Münchener Kommentar zum Aktiengesetz, Band 3: §§ 118-178, 6. Auflage, hrsg. v. Goette, Wulf/Habersack, Mathias/Kalss, Susanne, Verlag C.H.Beck, München 2024.

Münchener Kommentar zum Aktiengesetz, Band 4: §§ 179-277, 6. Auflage, hrsg. v. Goette, Wulf/Habersack, Mathias/Kalss, Susanne, Verlag C.H.Beck, München 2025.

Münchener Kommentar zum Bürgerlichen Gesetzbuch, Band 6: §§ 631-704, 9. Auflage, hrsg. v. Säcker, Franz Jürgen/Rixecker, Roland/Oetker, Hartmut/Limperg, Bettina/Schubert, Claudia, Verlag C.H.Beck, München 2023.

Münchener Kommentar zum Bürgerlichen Gesetzbuch, Band 7: §§ 705-853 BGB, PartGG, ProdHaftG, 9. Auflage, hrsg. v. Säcker, Franz Jürgen/Rixecker, Roland/Oetker, Hartmut/Limperg, Bettina/Schubert, Claudia, Verlag C.H.Beck, München 2024.

Münchener Kommentar BGB zum Bürgerlichen Gesetzbuch, Band 11: §§ 1922-2385 BGB, §§ 27-35 BeurkG, 9. Auflage, hrsg. v. Säcker, Franz Jürgen/Rixecker, Roland/Oetker, Hartmut/Limperg, Bettina/Schubert, Claudia, Verlag C.H.Beck, München 2022.

Münchener Kommentar zum GmbHG, Band 1: §§ 1-34, 5. Auflage, hrsg. v. Fleischer, Holger/Goette, Wulf, Verlag C.H.Beck, München 2025.

Münchener Kommentar zum GmbHG, Band 2: §§ 35-52, 4. Auflage, hrsg. v. Fleischer, Holger/Goette, Wulf, Verlag C.H.Beck, München 2023.

Münchener Kommentar zum GmbHG, Band 3: §§ 53-88, 5. Auflage, hrsg. v. Fleischer, Holger/Goette, Wulf, Verlag C.H.Beck, München 2025.

Münchener Kommentar zum Handelsgesetzbuch, Band 1: Erstes Buch, Handelsstand, §§ 1-104a Konzernrecht der Personengesellschaften, 6. Auflage, hrsg. v. Schmidt, Karsten, Verlag C.H.Beck, München 2025.

Münchener Kommentar zum Handelsgesetzbuch, Band 2: Zweites Buch, §§ 105-229, Konzernrecht der Personengesellschaften, 5. Auflage, hrsg. v. Schmidt, Karsten, Verlag C.H.Beck, München 2022.

Nehls, Albrecht, Die gesellschaftliche Treuepflicht im Aktienrecht, Verlag W. Mauke Söhne, Hamburg 1993.

Nentwig, Martin, Grenzen der Gestaltungsfreiheit im Hinblick auf Beitragserhöhungen im Personengesellschaftsrecht - § 707 BGB als dogmatische Herausforderung für die Kautelarpraxis, WM 2011, 2168–2175.

Neumueller, Marco Henry V., Family Compliance: Der erfolgreiche Umgang mit einer Familienverfassung, Verlag V&R unipress, Göttingen 2020.

Nitschke, Manfred, Die körperschaftlich strukturierte Personengesellschaft, Verlag Gieseking, Bielefeld 1970.

Noack, Ulrich, Gesellschaftervereinbarungen bei Kapitalgesellschaften, Verlag Mohr Siebeck, Tübingen 1994.

Oetker, Hartmut (Hrsg.), HGB: Kommentar, 8. Auflage, Verlag C.H.Beck, München 2024.

O'Kelley Jr., Charles R. T., Filling Gaps in the Close Corporation Contract: A Transaction Cost Analysis, 87 Nw. U. L. Rev. (1992), 216–253.

Otte, Daniel, Beschlussmängelstreitigkeiten in Personengesellschaften nach dem Mauracher Entwurf für ein Gesetz zur Modernisierung des Personengesellschaftsrechts, ZIP 2020, 1743–1749.

Otte, Daniel, Auswirkungen des MoPeG auf die anwaltliche Gestaltungs- und Beratungspraxis, ZIP 2021, 2162–2169.

Pawlowski, Hans Martin, Methodenlehre für Juristen, 3. Auflage, Verlag Müller, Heidelberg 1999.

Pehle, Rudolf/Stimpel, Walter, Richterliche Rechtsfortbildung unter besonderer Berücksichtigung des gewerblichen Rechtsschutzes und des Personalgesellschaftsrechts: Vorträge, gehalten vor der Juristischen Studiengesellschaft in Karlsruhe am 28. Juni 1968, Verlag C.F. Müller, Karlsruhe 1969.

Perzborn, Philipp, Gesellschaftsvertragliche Nachfolgeregelungen bei Gesellschaften mit beschränkter Haftung und Aktiengesellschaften, RNotZ 2017, 405–427.

Pfeiffer, Gerd/Wiese, Günther/Zimmermann, Klaus (Hrsg.), Festschrift für Heinz Rowedder zum 75. Geburtstag, Verlag C.H.Beck, München 1994.

Priester, Hans-Joachim, „Sanieren oder Ausscheiden" im Recht der GmbH, ZIP 2010, 497–503.

Prütting, Jens/Schirrmacher, Paul, Die Auslegung von familiengesellschaftsbezogenen Rechtsgeschäften, ZGR 2017, 829–864.

Raiser, Thomas, Die Treuepflicht im GmbH-Recht als Beispiel der Rechtsfortbildung, 100 Bände BGHZ: GmbH-Recht, ZHR 151 (1987), 422–443.

Ralph, Peter/Coop, Graham, The Geography of Recent Genetic Ancestry across Europe, PLoS Biology 11 (5), 1–20.

Rasner, Henning, Abfindungsklauseln in OHG- und KG-Verträgen, NJW 1983, 2905–2911.

Rechenberg, Wolf-Georg Freiherr von/Thies, Angelika/Wiechers, Heiko (Hrsg.), Handbuch Familienunternehmen und Unternehmerfamilien: Gestaltungspraxis in Zivil-, Gesellschafts- und Steuerrecht, 2. Auflage, Verlag Schäffer-Poeschel, Stuttgart 2020.

Rechts- und Wirtschaftswissenschaftliche Fakultät der Universität Jena (Hrsg.), Festschrift für Rudolf Hübner zum siebzigsten Geburtstag, Verlag Fromann, Jena 1935.

Reich, Manfred/Bode, Christoph, Familienverfassung für das Familienunternehmen, DStR 2018, 305–309.

Reichert, Jochem, GmbH & Co. KG, 9. Auflage, Verlag C.H.Beck, München 2024.

Reif, Sebastian/Walter, Tim, Die gesellschaftsrechtliche Treuepflicht, JuS 2021, 630–635.

Reimann, Wolfgang, Die qualifizierte Nachfolgeklausel - Gestaltungsmittel und Störfaktor, ZEV 2002, 487—493.

Reinisch, Armin, Der Ausschluß von Aktionären aus der Aktiengesellschaft, Verlag Otto Schmidt, Köln 1992.

Reuter, Dieter, Privatrechtliche Schranken der Perpetuierung von Unternehmen: ein Beitrag zum Problem der Gestaltungsfreiheit im Recht der Unternehmensformen, Verlag Athenäum, Frankfurt a.M.1973.

Reuter, Dieter, Neuere Rechtsprechung zum Personengesellschaftsrecht - Teil 1, JZ 1986, 16–23.

Richter, Andreas/Junginger, Tim/Stille, Karl, Finanzinvestoren und Familienunternehmen: Freundschaft oder Feindschaft?, RFamU 2022, 170–172.

Ridder, Philip, Ebenenübergreifende Treuepflichten in der Kapitalgesellschaft & Co. KG, Verlag Mohr Siebeck, Tübingen 2018.

Rieger, Elisabeth/Sandmaier, Stephanie/Keese, Detlef, Firmenbeiräte mittelständischer Unternehmen: Ergebnisse einer Befragung von 124 Beiratsunternehmen im Sommer 2001, Gemeinschaftsprojekt von: Forschungsstelle für Betriebswirtschaft und Sozialpraxis e.V. (FBS), Institut für Mittelstandsforschung der Universität Mannheim (ifm), Mannheim 2003.

Ritter, Carl, Gleichmäßige Behandlung der Aktionäre, JW 1934, 3025–3029.

Rittmann, Uwe/Müller, Christina, Das Image deutscher Familienunternehmen 2021, Studie pwc, 2021. Online abrufbar unter: https://www.pwc.de/de/mittelstand/pwc-image-deutscher-familienunternehmen.pdf (letzter Aufruf: 24.11.2025).

Robertz, Franz-Joachim, Der Beirat als freiwilliges Organ der Gesellschaft, MittRhNotK 1991, 239–252.

Röder, Erik, Ein frischer Blick auf den Typenvergleich: Gestiegene gesellschaftsrechtliche Komplexität erfordert radikale Vereinfachung, IStR 2021, 795–805.

Rogier, Joachim, Die Auslegung von Gesellschaftsverträgen und Satzungen privatrechtlicher Personenverbände, Köln 1981.

Rohde, Johannes, Zustimmungspflicht bei der Veräußerung von vinkulierten GmbH-Geschäftsanteilen aufgrund der gesellschaftsrechtlichen Treuepflicht, GmbHR 2021, 530–536.

Rosenbauer, Iris/Eichholz, Rüdiger, Der Beirat in Familienunternehmen als Instrument der Nachfolgesteuerung, BC 2021, 87–90.

Rost, Wolfgang, Emotionen: Elixiere des Lebens, 2. Auflage 2021, Verlag Springer, Berlin/Heidelberg 2001.

Röthel, Anne/Schmidt, Karsten (Hrsg.), Die Verträge der Familienunternehmer, Verlag Bucerius Law School Press, Hamburg 2013.

Röthel, Anne/Schmidt, Karsten (Hrsg.), Grundfragen der Organisation von Familienunternehmen, Verlag Nomos, Baden-Baden 2021.

Rowedder, Heinz (Begr.)/*Pentz, Andreas* (Hrsg.), GmbHG Kommentar, 7. Auflage, Verlag Vahlen, München 2022.

Saenger, Ingo/Inhester, Michael (Hrsg.), GmbHG: Handkommentar, 5. Auflage, Verlag Nomos, Baden-Baden 2024.

Sanders, Anne, Der Beirat als Instrument der Family Business Governance in der Entwicklung des Familienunternehmens, NZG 2017, 961–968.

Schäfer, Carsten, Mehrheitserfordernisse bei Stimmrechtskonsortien, ZGR 2009, 768-787.

Schäfer, Carsten, Der Bestimmtheitsgrundsatz ist (wirklich) Rechtsgeschichte, NZG 2014, 1401–1404.

Scherer, Stephan, Familienunternehmen: Zivil- und steuerrechtliche Besonderheiten bei der Gestaltung des Gesellschaftsvertrags, BB 2010, 323–329.

Scherer, Stephan (Hrsg.), Unternehmensnachfolge, 6. Auflage, Verlag C.H.Beck, München 2020.

Scherer, Stephan/Blanc, Michael/Kormann, Hermut/Groth, Torsten/Wimmer, Rudolf (Hrsg.), Familienunternehmen – Erfolgsstrategien zur Unternehmenssicherung, 2. Auflage, Verlag Deutscher Fachverlag, Frankfurt a.M. 2012.

Schick, Werner, Die gesellschaftsrechtliche Treuepflicht des Vertreters von Minderheitsaktionären, ZIP 1991, 938–940.

Schlegelberger, Franz (Hrsg.), Handelsgesetzbuch: Kommentar, Band 3.1, 5. Auflage, Verlag Vahlen, Berlin/Frankfurt 1992.

Schmeing, Thomas, Konfliktmanagement in Familienunternehmen, Verlag Nomos, Baden-Baden 2018.

Schmidt, Karsten, Organverantwortlichkeit und Sanierung im Insolvenzrecht der Unternehmen, ZIP 1980, 328–337.

Schmidt, Karsten, Die obligatorische Gruppenvertretung im Recht der Personengesellschaften und der GmbH –Probleme der sog Vertreterklausel, ZHR 146 (1982), 525–554.

Schmidt, Karsten (Hrsg.), Rechtsdogmatik und Rechtspolitik – Hamburger Ringvorlesung, Verlag Duncker & Humblot, Berlin 1990.

Schmidt, Karsten, Gesellschaftsrecht, 4. Auflage, Verlag Heymanns, Köln 2002.

Schmidt, Karsten, Der Einzelunternehmer – Herausforderung des Handels- und Wirtschaftsrechts, JuS 2017, 809–816.

Schmolke, Klaus Ulrich, Grenzen der Selbstbindung im Privatrecht –Rechtspaternalismus und Verhaltensökonomik im Familien-, Gesellschafts- und Verbraucherrecht, Verlag Mohr Siebeck, Tübingen 2014.

Schockenhoff, Martin, Die Auslegung von GmbH- und AG-Satzungen, ZGR 2013, 76–108.

Schockenhoff, Martin, Managerbeteiligung und das Verbot der Hinauskündigung, NZG 2018, 201–208.

Scholz, Franz (Begr.), Kommentar zum GmbH-Gesetz, Band 1: §§ 1-34, 13. Auflage, Verlag Otto Schmidt, Köln 2022.

Scholz, Franz (Begr.), Kommentar zum GmbH-Gesetz, Band 2: §§ 35-52, 13. Auflage, Verlag Otto Schmidt, Köln 2024.

Schöne, Torsten, Girmes/Effektenspiegel - Zur Schadensersatzpflicht des ein Sanierungskonzept ablehnenden Aktionärsvertreters gegenüber einem von ihm nicht vertretenen Aktionär, EWiR 1992, 951–952.

Schöne, Torsten, Haftung des Aktionärs-Vertreters für pflichtwidrige Stimmrechtsausübung, WM 1992, 209–214.

Schuhmacher, Florian/Stockenhuber, Peter/Straube, Manfred/Torggler, Ulrich/Zib, Christian (Hrsg.), Festschrift für Josef Aicher, Verlag Österreich, Wien 2012.

Schulz, Peter/Werz, Ralf Stefan, Die Familienverfassung (Teil 1) – Ziele, Grundlagen, Inhalte, ErbStB 2007, 310–313.

Schweinsberg, Klaus/Laschet, Carsten, Haftung und Compliance in Familienunternehmen, Studie INTES Akademie, 2010. Online abrufbar unter https://docplayer.org/16400579-Haftung-und-compliance-in-familienunternehmen-ergebnisse-und-handlungsempfehlungen.html (letzter Aufruf: 24.11.2025).

Schwope, Steffen, Die Dynamik von Principal-Agent-Modellen: Adverse Selektion und Moral Hazard, Verlag Diplomica, Hamburg 2015.

Servatius, Johanna, Entscheidungsfindung mit Vertreterklausel in KG und GmbH, Verlag Nomos, Baden-Baden 2010.

Sester, Peter, Treupflichtverletzung bei Widerspruch und Zustimmungsverweigerung im Recht der Personenhandelsgesellschaften, Verlag Nomos, Baden-Baden 1996.

Sester, Peter, Zustimmungspflicht und Zustimmungsfiktion bei Personengesellschaften, BB 1997, 1–6.

Simon, Fritz B., Die Familie des Familienunternehmens, Familiendynamik 2001, 359–377.

Skusa, Nico/Thürauf, Andreas, Die Wirksamkeit von Abfindungsregelungen bei Gesellschaften bürgerlichen Rechts, NJW 2015, 3478–3481.

Sobich, Peter-Juergen, Erbengemeinschaft und Handelsgeschäft – zur Zulässigkeit der Geschäftsfortführung, Kiel 1975.

Soergel, Hans Theodor (Begr.)/*Siebert, Wolfgang* (Hrsg.), Bürgerliches Gesetzbuch: mit Einführungsgesetz und Nebengesetzen: Band 11.1, Schuldrecht 9/1: §§ 705-758, 13. Auflage, Verlag Kohlhammer, Stuttgart 2012.

Söntgerath, Björn, Vermittelte Mehrheit – Eine systematische Untersuchung des Rechts der satzungsergänzenden Nebenverträge, Beteiligungsgesellschaften und Vertreterklauseln, Verlag Duncker & Humblot, Berlin 2010.

Spiegelberger, Sebastian, Unternehmensnachfolge: Gestaltung nach Zivil- und Steuerrecht, 3. Auflage, Verlag C.H.Beck, München 2022.

Spindler, Gerald/Kepper, Katrin, Funktionen, rechtliche Rahmenbedingungen und Gestaltungsmöglichkeiten des GmbH-Beirats, DStR 2005, 1738–1743.

Staake, Marco, Wandel familiärer Leitbilder und Rollenverständnisse in Familienunternehmen, RFamU 2022, 49–50.

Staub, Hermann (Begr.)/*Canaris, Claus- Wilhelm/Schilling, Wolfgang/Ulmer, Peter* (Hrsg.), Handelsgesetzbuch, Band 2: §§ 105-237, 4. (Alt-)Auflage, Verlag De Gruyter, Berlin 2004.

Staub, Hermann (Begr.)/*Canaris, Claus- Wilhelm/Habersack, Mathias/Schäfer, Carsten* (Hrsg.), Handelsgesetzbuch, Band 3: §§ 105-160, 6. Auflage, Verlag De Gruyter, Berlin 2024.

Stefanink, Richard/Punte, Jan-Henric, Der Ausschluss eines Gesellschafters aus der GmbH, GWR 2018, 403–407.

Stiftung Familienunternehmen (Hrsg.), Familienunternehmen und die aktuelle Wirtschaftskrise – Eine empirische Bestandsaufnahme, München 2009. Als Download verfügbar unter: https://www.researchgate.net/publication/329872065_Familienunternehmen_und_die_aktuelle_Wirtschaftskrise_-_Eine_empirische_Bestandsaufnahme_Studie_im_Auftrag_der_Stiftung_Familienunternehmen (letzter Aufruf: 24.11.2025).

Stiftung Familienunternehmen (Hrsg.), Die volkswirtschaftliche Bedeutung der Familienunternehmen, 2. Auflage, München 2011. Als Download verfügbar unter: http://www.institut-fuer-mittelstandsforschung.de/kos/WNetz?art=Project.show&id=133 (letzter Aufruf: 24.11.2025).

Stiftung Familienunternehmen (Hrsg.), Börsennotierte Familienunternehmen in Deutschland – Bedeutung, Merkmale, Performance, München 2019. Online abrufbar unter: https://www.familienunternehmen.de/media/public/pdf/publikationen-studien/studien/Boersennotierte-Familienunternehmen-in-Deutschland_Studie_Stiftung-Familienunternehmen_2019.pdf (letzter Aufruf: 30.06.2023).

Stiftung Familienunternehmen (Hrsg.), Die volkswirtschaftliche Bedeutung der Familienunternehmen, 5. Auflage, München 2019. Online abrufbar unter: https://www.familienunternehmen.de/media/public/pdf/publikationen-studien/studien/Die-volkswirtschaftliche-Bedeutung-der-Familienunternehmen-2019_Stiftung_Familienunternehmen.pdf (letzter Aufruf: 30.06.2023).

Stiftung Familienunternehmen (Hrsg.), Stiftungsunternehmen in Deutschland – Gesetzliche Grundlagen, unternehmerische Motive, Reformvorschläge, Autor: Habersack, Mathias, München 2021. Online abrufbar unter: https://www.econstor.eu/bitstream/10419/250016/1/1759901121.pdf (letzter Aufruf: 24.11.2025).

Stimpel, Walter, Die Rechtsprechung des Bundesgerichtshofes zur Innenhaftung des herrschenden Unternehmens im GmbH-Konzern, AG 1986, 117–123.

Strothmann, York, Die letztwillige Gesellschaftsgründungsklausel, Verlag R. v. Decker, Heidelberg/Hamburg 1983.

Strothmann, York, Einzelkaufmännisches Unternehmen und Erbenmehrheit im Spannungsfeld von Handels-, Gesellschafts-, Familien- und Erbrecht, ZIP 1985, 969–978.

Sudhoff, Heinrich (Begr.), Familienunternehmen, 2. Auflage, Verlag C.H.Beck, München 2005.

Tänzler, Jan Klaus, Corporate Governance und Corporate Social Responsibility im deutschen Mittelstand: ein empirischer Vergleich mittelständischer Unternehmen mit unterschiedlichem Familieneinfluss, Verlag Josef Eul, Köln 2014.

Taube, Carl-Tessen, Die Anwendung der Business Judgment Rule auf den GmbH-Geschäftsführer, Verlag Duncker & Humblot, Berlin 2018.

Tieves, Johannes, Der Unternehmensgegenstand der Kapitalgesellschaft, Verlag Otto Schmidt, Köln 1998.

Timm, Wolfram, Zur Sachkontrolle von Mehrheitsentscheidungen im Kapitalgesellschaftsrecht, ZGR 1987, 403–442.

Timm, Wolfram, Treuepflichten im Aktienrecht, WM 1991, 481–494.

Tröger, Tobias/Wilhemi, Rüdiger, Rechtsfragen der Familiengesellschaften, Symposion aus Anlass der Emeritierung von Professor Dr. Harm Peter Westermann, Verlag C.F. Müller, Heidelberg 2006.

Turner, George, Der Beirat als fakultatives Organ im sog. Ein-Kammer-System, DB 1996, 1609–1610.

Uffmann, Katharina, Family Business Governance – Rule-Making in the Shadow of Law and Love, ZIP 2015, 2441–2451.

Uffmann, Katharina, Überwachung der Geschäftsführung durch einen schuldrechtlichen GmbH-Beirat?, NZG 2015, 169–176.

Ulmer, Peter, Verletzung schuldrechtlicher Nebenabreden als Anfechtungsgrund im GmbH-Recht?, NJW 1987, 1849–1855.

Ulmer, Peter, Testamentsvollstreckung am Kommanditanteil - Voraussetzungen und Rechtsfolgen, NJW 1990, 73–83.

Ulmer, Peter, Die große, generationsübergreifende Familien-KG als besonderer Gesellschaftstyp, ZIP 2010, 549–558

Ulmer, Peter, Die vertragliche Beschränkung des Austrittsrechts und der Abfindungsansprüche ausscheidenswilliger Gesellschafter in der großen, generationsübergreifenden Familien-KG, ZIP 2010, 805–816.

Ulrich, Patrick/Speidel, Sarah, Die Familienverfassung als Instrument der Corporate Governance in Familienunternehmen – Aktuelle empirische Befunde, ZCG 2017, 197–201.

Vogt, Hans-Ueli/Fleischer, Holger/Kalss, Susanne, Recht der Familiengesellschaften, Siebtes deutsch-österreichisch-schweizerisches Symposium, Zürich 12.-13. Mai 2016, Verlag Mohr Siebeck, Tübingen 2017.

Voigt, Jörn F., Familienunternehmen – Im Spannungsfeld zwischen Eigentum und Fremdmanagement, Verlag Gabler, Wiesbaden 1990.

Vollmer, Lothar, Der unternehmensleitende Beirat, WiB 1995, 578–582.

Voormann, Volker, Der Beirat im Gesellschaftsrecht, 2. Auflage, Verlag Heymann, Köln 1990.

Wachter, Thomas (Hrsg.), Festschrift für Sebastian Spiegelberger zum 70. Geburtstag: Vertragsgestaltung im Zivil- und Steuerrecht, Verlag Zerb, Bonn 2009.

Waclawik, Erich, Zulässigkeit und Regelungsmacht satzungsmäßiger Treuepflicht- und Gerichtsstandsregeln bei der Aktiengesellschaft, DB 2005, 1151–1158.

Wälzholz, Eckhard, Besonderheiten der Satzungsgestaltung bei der Familien-AG (Teil I), DStR 2004, 779–782.

Wälzholz, Eckhard, Besonderheiten der Satzungsgestaltung bei der Familien-AG (Teil II), DStR 2004, 819–823.

Weber, Martin, Vormitgliedschaftliche Treuebindungen, Verlag C.H.Beck München 1999.

Weber, Werner, Anfechtung von Gesellschafterbeschlüssen bei Verstoß gegen side letter-Abreden, DStR 1997, 824–829.

Wedemann, Frauke, Gesellschafterkonflikte in geschlossenen Kapitalgesellschaften, Verlag Mohr Siebeck, Tübingen 2013.

Weisser, Johannes, Corporate Opportunities, Verlag C. Heymanns, Köln 1991.

Weitnauer, Wolfgang, Kein Ausschluss der nicht sanierungsbereiten Gesellschafter bei vereinbarter „Verwässerung" (Abgrenzung zu „Sanieren oder Ausscheiden"), GWR 2011, 209–210.

Weller, Marc-Philippe, Wettbewerbsverbote und ihre Drittwirkung in der Kapitalgesellschaft & Co. KG, ZHR 175 (2011), 110–145.

Werner, Rüdiger, Der Beirat als Instrument der Unternehmensnachfolge, ZEV 2010, 619–622.

Wertenbruch, Johannes, Begründung von Nachschusspflichten in der Personengesellschaft, DStR 2007, 1680–1684.

Westermann, Harm Peter, Vertragsfreiheit und Typengesetzlichkeit im Recht der Personengesellschaften, Verlag Springer, Berlin 1970.

Westermann, Harm Peter, Das Verhältnis von Satzung und Nebenordnungen in der Kapitalgesellschaft, Verlag C.F. Müller, Heidelberg 1994.

Westermann, Harm Peter/Wertenbruch, Johannes (Hrsg.), Handbuch der Personengesellschaften: Gesellschaftsrecht, Steuerrecht, Arbeitsrecht, Sozialversicherungsrecht, Verträge und Formulare, 92. Lieferung, Verlag Otto Schmidt, Köln 2025.

Wicke, Hartmut, Corporate Governance-Fragen in der Kautelarjurisprudenz kleiner und mittelgroßer Unternehmen, ZGR 2012, 450–488.

Wicke, Hartmut, Mehrheitsentscheidungen in Personengesellschaften, MittBayNot 2017, 125–130.

Wicke, Hartmut, Gesetz betreffend die Gesellschaften mit beschränkter Haftung (GmbHG): Kommentar, 5. Auflage, Verlag C.H.Beck, München 2024.

Wiedemann, Herbert, Die Übertragung und Vererbung von Mitgliedschaftsrechten bei Handelsgesellschaften, Verlag C.H.Beck, München 1965.

Wiedemann, Herbert, Die Auslegung von Satzungen und Gesellschaftsverträgen, DNotZ-Sonderheft 1977, 99–111.

Wiedemann, Herbert, Gesellschaftsrecht Band I: Grundlagen, Verlag C.H.Beck, München 1980.

Wiedemann, Herbert, Erfahrungen mit der Gestaltungsfreiheit im Gesellschaftsrecht, ZGR Sonderheft Nr. 13, 1998, 5–32.

Wiedemann, Herbert, Gesellschaftsrecht Band II: Recht der Personengesellschaften, Verlag C.H.Beck, München 2004.

Wilde, Heiko, Nachschusspflichten in KG und GbR, NZG 2012, 215–217.

Wilhelm, Alexander, Dritterstreckung im Gesellschaftsrecht, Verlag Mohr Siebeck, Tübingen 2017.

Winter, Martin, Mitgliedschaftliche Treubindungen im GmbH-Recht – rechtsformspezifische Aspekte eines allgemeinen gesellschaftsrechtlichen Prinzips, Verlag C.H.Beck, München 1988.

Winter, Martin, Organisationsrechtliche Sanktionen bei Verletzung schuldrechtlicher Gesellschaftervereinbarungen?, ZHR 154 (1990), 259–283.

Wolf, Peter, Abfindungsbeschränkungen bei Familiengesellschaften, MittBayNot 2013, 9–16.

Woywode, Michael/Keese, Detlef/Tänzler, Jan, Corporate Governance in geschlossenen Gesellschaften – insbesondere in Familienunternehmen – unter besonderer Berücksichtigung von Aufsichtsgremien, ZGR 2012, 418–445.

Wulff, Christian, Rede anlässlich der "Tage der Familienunternehmer", 12.5.2011. Online abrufbar unter: https://www.bundespraesident.de/SharedDocs/Reden/DE/Christian-Wulff/Reden/2011/05/110512-Familienunternehmer-Muenchen.html (letzter Aufruf: 24.11.2025).

Zetzsche, Dirk, Family Offices und Familienvermögen zwischen Recht und Regulierung, ZIP 2017, 945–958.

Zöllner, Wolfgang, Die Schranken mitgliedschaftlicher Stimmrechtsmacht bei den privatrechtlichen Personenverbänden, Verlag C.H.Beck, München 1963.

Zwanzger, Michael, Der mehrseitige Vertrag, Verlag Mohr Siebeck, Tübingen 2013.

Kolibri 360 GmbH
Ferdinand-Jühlke-Straße 7
99095 Erfurt, Deutschland
produktsicherheit@kolibri360.de